Critik der reinen Vernunft

von

Immanuel Kant

Professor in Königsberg.

Riga,

verlegts Johann Friedrich Hartknoch

1781

Critik
der
reinen Vernunft

von

Immanuel Kant,

Professor in Königsberg,

der Königl. Academie der Wissenschaften in Berlin

Mitglied.

Zweyte hin und wieder verbesserte Auflage.

Riga,

bey Johann Friedrich Hartknoch

1787.

中外哲学典籍大全

总主编 李铁映 王伟光

外国哲学典籍卷

纯粹理性批判

〔德〕康德 著

韩林合 译

商务印书馆
创于1897 The Commercial Press

Immanuel Kant

Critik der reinen Vernunft

本书根据 Riga, verlegts Johann Friedrich Hartknoch 1781 年版和 Zweyte hin und wieder verbesserte Auflage，Riga，bey Johann Friedrich Hartknoch 1787 年版并参照其他版本译出

中外哲学典籍大全

外国哲学典籍卷

中外哲学典籍大全
总　　序

《中外哲学典籍大全》的编纂，是一项既有时代价值又有历史意义的重大工程。

中华民族经过了近一百八十年的艰苦奋斗，迎来了中国近代以来最好的发展时期，迎来了奋力实现中华民族伟大复兴的时期。中华民族只有总结古今中外的一切思想成就，才能并肩世界历史发展的大势。为此，我们须要编纂一部汇集中外古今哲学典籍的经典集成，为中华民族的伟大复兴、为人类命运共同体的建设、为人类社会的进步，提供哲学思想的精粹。

哲学是思想的花朵、文明的灵魂、精神的王冠。一个国家、民族，要兴旺发达，拥有光明的未来，就必须拥有精深的理论思维，拥有自己的哲学。哲学是推动社会变革和发展的理论力量，是激发人的精神砥石。哲学能够解放思想，净化心灵，照亮人类前行的道路。伟大的时代需要精邃的哲学。

一　哲学是智慧之学

哲学是什么？这既是一个古老的问题，又是哲学永恒的话题。追问“哲学是什么”，本身就是“哲学”问题。从哲学成为思维的那一天起，哲学家们就在不停的追问中发展、丰富哲学的篇章，给出一张又一张答卷。每个时代的哲学家对这个问题都有自己的诠释。哲学是什么，是悬在人类智慧面前的永恒之问，这正是哲学之为哲学的基本特点。

哲学是全部世界的观念形态、精神本质。人类面临的共同问题，是哲学研究的根本对象。本体论、认识论、世界观、人生观、价值观、实践论、方法论等，仍是哲学的基本问题，是哲学的生命力所在！哲学研究的是世界万物的根本性、本质性问题。人们已经对哲学作出许多具体定义，但我们可以尝试再用"遮诠"的方式描述哲学的一些特点，从而使人们加深对"何为哲学"的认识。

哲学不是玄虚之观。哲学来自人类实践，关乎人生。哲学对现实存在的一切追根究底、"打破砂锅问到底"。它不仅是问"是什么（being）"，而且主要是追问"为什么（why）"，特别是追问"为什么的为什么"。它关注整个宇宙，关注整个人类的命运，关注人生。它关心柴米油盐酱醋茶和人的生命的关系，关心人工智能对人类社会的挑战。哲学是对一切实践经验的理论升华，它关心具体现象背后的根据，关心"人类如何会更好"。

哲学是在根本层面上追问自然、社会和人本身，以彻底的态度反思已有的观念和认识，从价值理想出发把握生活的目标和历史的趋势，从而展示了人类理性思维的高度，凝结了民族进步的智慧，寄托了人们热爱光明、追求真善美的情怀。道不远人，人能弘道。哲学是把握世界、洞悉未来的学问，是思想解放与自由的大门！

古希腊的哲学家们被称为"望天者"。亚里士多德在《形而上学》一书中说："最初人们通过好奇－惊赞来做哲学。"如果说知识源于好奇的话，那么产生哲学的好奇心，必须是大好奇心。这种"大好奇心"只为一件"大事因缘"而来。所谓"大事"，就是天地之间一切事物的"为什么"。哲学精神，是"家事、国事、天下事，事事要问"，是一种永远追问的精神。

哲学不只是思想。哲学将思维本身作为自己的研究对象之一，对思想本身进行反思。哲学不是一般的知识体系，而是把知识概念作为研究的对象，追问"什么才是知识的真正来源和根据"。哲学的"非对象性"的思维方式，不是"纯形式"的推论原则，而有其"非对象性"之对象。哲学不断追求真理，是认识的精粹，是一个理论与实践兼而有之的过程。哲学追求真理的过程本身就显现了哲学的本质。天地之浩瀚，变化之奥妙，正是哲思的玄妙之处。

哲学不是宣示绝对性的教义教条，哲学反对一切形式的绝对。哲学解放束缚，意味着从一切思想教条中解放人类自身。哲学给了我们彻底反思过去的思想自由，给了我们深刻洞察未来的思想能力。哲学就是解放之学，是圣火和利剑。

哲学不是一般的知识。哲学追求"大智慧"。佛教讲"转识成智"，"识"与"智"之间的关系相当于知识与哲学的关系。一般知识是依据于具体认识对象而来的、有所依有所待的"识"，而哲学则是超越于具体对象之上的"智"。

公元前六世纪，中国的老子说："大方无隅，大器晚成，大音希声，大象无形，道隐无名。夫唯道，善贷且成。"又说："反者道之动，弱者道之用。天下万物生于有，有生于无。"对"道"的追求就是对有之为有、无形无名的探究，就是对"天地何以如此"的探究。这种追求，使得哲学具有了天地之大用，具有了超越有形有名之有限经验的大智慧。这种大智慧、大用途，超越一切限制的篱笆，具有趋向无限的解放能力。

哲学不是经验科学，但又与经验有联系。哲学从其诞生之日起，就包含于科学形态之中，是以科学形态出现的。哲学是以理性的方式、概念的方式、论证的方式来思考宇宙与人生的根本问题。在亚里士多德那里，凡是研究“实体（ousia）”的学问，都叫作“哲学”。而“第一实体”则是存在者中的“第一个”。研究“第一实体”的学问被称为“神学”，也就是“形而上学”，这正是后世所谓“哲学”。一般意义上的科学正是从“哲学”最初的意义上赢得自己最原初的规定性的。哲学虽然不是经验科学，却为科学划定了意义的范围，指明了方向。哲学最后必定指向宇宙、人生的根本问题，大科学家的工作在深层意义上总是具有哲学的意味，牛顿和爱因斯坦就是这样的典范。

哲学既不是自然科学，也不是文学、艺术，但在自然科学的前头，哲学的道路展现了；在文学、艺术的山顶，哲学的天梯出现了。哲学不断地激发人的探索和创造精神，使人在认识世界的过程中不断达到新境界，在改造世界的过程中从必然王国到达自由王国。

哲学不断从最根本的问题再次出发。哲学史在一定意义上就是不断重构新的世界观、认识人类自身的历史。哲学的历史呈现，正是对哲学的创造本性的最好说明。哲学史上每一个哲学家对根本问题的思考，都在为哲学添加新思维、新向度，犹如为天籁山上不断增添一只只黄鹂、翠鸟。

如果说哲学是哲学史的连续展现中所具有的统一性特征，那么这种“一”是在“多”个哲学的创造中实现的。如果说每一种哲学体系都追求一种体系性的“一”的话，那么每种“一”的体系之间都存在着千丝相联、多方组合的关系。这正是哲学史昭示于我们的哲学之多样性的意义。多样性与统一性的依存关系，正是哲学寻求现象与本质、具体与普遍相统一的辩证之意义。

哲学的追求是人类精神的自然趋向，是精神自由的花朵。哲学是思想的自由，是自由的思想。

中国哲学是中华民族五千年文明传统中最为内在、最为深刻、最为持久的精神追求和价值观表达。中国哲学已经化为中国人的思维方式、生活态度、道德准则、人生追求、精神境界。中国人的科学技术、伦理道德、小家大国、中医药学、诗歌文学、绘画书法、武术拳法、乡规民俗，乃至日常生活都浸润着中国哲学的精神。华夏文明虽历经磨难而能够透魄醒神、坚韧屹立，正是来自于中国哲学深邃的思维和创造力。

先秦时代，老子、孔子、庄子、孙子、韩非子等诸子之间的百家争鸣，就是哲学精神在中国的展现，是中国人思想解放的第一次大爆发。两汉四百多年的思想和制度，是诸子百家思想在争鸣过程中大整合的结果。魏晋之际玄学的发生，则是儒道冲破各自藩篱、彼此互动互补的结果，形成了儒家独尊的态势。隋唐三百年，佛教深入中国文化，又一次带来了思想的大融合和大解放。禅宗的形成就是这一融合和解放的结果。两宋三百多年，中国哲学迎来了第三次大解放。儒释道三教之间的互润互持日趋深入，朱熹的理学和陆象山的心学，就是这一思想潮流的哲学结晶。

与古希腊哲学强调沉思和理论建构不同，中国哲学的旨趣在于实践人文关怀，它更关注实践的义理性意义。在中国哲学当中，知与行从未分离，有着深厚的实践观点和生活观点。伦理道德观是中国哲学的贡献。马克思说："全部社会生活在本质上是实践的。"实践的观点、生活的观点也正是马克思主义认识论的基本观点。这种哲学上的契合性，正是马克思主义能够在中国扎根并不断中国化的哲学原因。

"实事求是"是中国的一句古话，在今天已成为深邃的哲理，成为中国人的思维方式和行为基准。实事求是就是解放思想，解放思想就是实事求是。实事求是是毛泽东思想的精髓，是改革开放的基石。只有解放思想才能实事求是。实事求是就是中国人始终坚持的哲学思想。实事求是就是依靠自己，走自己的道路，反对一切绝对观念。所谓中国化就是一切从中国实际出发，一切理论必须符合中国实际。

二 哲学的多样性

实践是人的存在形式，是哲学之母。实践是思维的动力、源泉、价值、标准。人们认识世界、探索规律的根本目的是改造世界、完善自己。哲学问题的提出和回答都离不开实践。马克思有句名言："哲学家们只是用不同的方式解释世界，而问题在于改变世界。"理论只有成为人的精神智慧，才具有改变世界的力量。

哲学关心人类命运。时代的哲学，必定关心时代的命运。对时代命运的关心就是对人类实践和命运的关心。人在实践中产生的一切都具有现实性。哲学的实践性必定带来哲学的现实性。哲学的现实性就是强调人在不断回答实践中的各种问题时应该具有的态度。

哲学作为一门科学是现实的。哲学是一门回答并解释现实的学问；哲学是人们联系实际、面对现实的思想。可以说哲学是现实的最本质的理论，也是本质的最现实的理论。哲学始终追问现实的发展和变化。哲学存在于实践中，也必定在现实中发展。哲学的现实性要求我们直面实践本身。

哲学不是简单跟在实践后面，成为当下实践的“奴仆”，而是以特有的深邃方式，关注着实践的发展，提升人的实践水平，为社会实践提供理论支撑。从直接的、急功近利的要求出发来理解和从事哲学，无异于向哲学提出它本身不可能完成的任务。哲学是深沉的反思、厚重的智慧，是对事物的抽象、理论的把握。哲学是人类把握世界最深邃的理论思维。

哲学是立足人的学问，是人用于理解世界、把握世界、改造世界的智慧之学。“民之所好，好之，民之所恶，恶之。”哲学的目的是为了人。用哲学理解外在的世界，理解人本身，也是为了用哲学改造世界、改造人。哲学研究无禁区，无终无界，与宇宙同在，与人类同在。

存在是多样的，发展亦是多样的，这是客观世界的必然。宇宙万物本身是多样的存在，多样的变化。历史表明，每一民族的文化都有其独特的价值。文化的多样性是自然律，是动力，是生命力。各民族文化之间的相互借鉴、补充浸染，共同推动着人类社会的发展和繁荣，这是规律。对象的多样性、复杂性，决定了哲学的多样性；即使对同一事物，人们也会产生不同的哲学认识，形成不同的哲学派别。哲学观点、思潮、流派及其表现形式上的区别，来自于哲学的时代性、地域性和民族性的差异。世界哲学是不同民族的哲学的荟萃。多样性构成了世界，百花齐放形成了花园。不同的民族会有不同风格的哲学。恰恰是哲学的民族性，使不同的哲学都可以在世界舞台上演绎出各种“戏剧”。不同民族即使有相似的哲学观点，在实践中的表达和运用也会各有特色。

人类的实践是多方面的，具有多样性、发展性，大体可以分为：改造自然界的实践、改造人类社会的实践、完善人本身的实践、提升人的精神世界的精神活动。人是实践中的人，实践是人的生命的第一属性。实践的社会性决定了哲学的社会性，哲学不是脱离社会现实生活的某种遐想，而是社会现实生活的观念形态，是文明进步的重要标志，是人的发展水平的重要维度。哲学的发展状况，反映着一个社会人的理性成熟程度，反映着这个社会的文明程度。

哲学史实质上是对自然史、社会史、人的发展史和人类思维史的总结和概括。自然界是多样的，社会是多样的，人类思维是多样的。所谓哲学的多样性，就是哲学基本观念、理论学说、方法的异同，是哲学思维方式上的多姿多彩。哲学的多样性是哲学的常态，是哲学进步、发展和繁荣的标志。哲学是人的哲学，哲学是人对事物的自觉，是人对外界和自我认识的学问，也是人把握世界和自我的学问。哲学的多样性，是哲学的常态和必然，是哲学发展和繁荣的内在动力。一般是普遍性，特色也是普遍性。从单一性到多样性，从简单性到复杂性，是哲学思维的一大变革。用一种哲学话语和方法否定另一种哲学话语和方法，这本身就不是哲学的态度。

多样性并不否定共同性、统一性、普遍性。物质和精神、存在和意识，一切事物都是在运动、变化中的，是哲学的基本问题，也是我们的基本哲学观点！

当今的世界如此纷繁复杂，哲学多样性就是世界多样性的反映。哲学是以观念形态表现出的现实世界。哲学的多样性，就是文明多样性和人类历史发展多样性的表达。多样性是宇宙之道。

哲学的实践性、多样性还体现在哲学的时代性上。哲学总是特定时代精神的精华，是一定历史条件下人的反思活动的理论形态。在不同的时代，哲学具有不同的内容和形式。哲学的多样性，也是历史时代多样性的表达，让我们能够更科学地理解不同历史时代，更为内在地理解历史发展的道理。多样性是历史之道。

哲学之所以能发挥解放思想的作用，原因就在于它始终关注实践，关注现实的发展；在于它始终关注着科学技术的进步。哲学本身没有绝对空间，没有自在的世界，只能是客观世界的映象、观念的形态。没有了现实性，哲学就远离人，远离了存在。哲学的实践性说到底是在说明哲学本质上是人的哲学，是人的思维，是为了人的科学！哲学的实践性、多样性告诉我们，哲学必须百花齐放、百家争鸣。哲学的发展首先要解放自己，解放哲学，也就是实现思维、观念及范式的变革。人类发展也必须多途并进、交流互鉴、共同繁荣。采百花之粉，才能酿天下之蜜。

三　哲学与当代中国

中国自古以来就有思辨的传统，中国思想史上的百家争鸣就是哲学繁荣的史象。哲学是历史发展的号角。中国思想文化的每一次大跃升，都是哲学解放的结果。中国古代贤哲的思想传承至今，他们的智慧已浸入中国人的精神境界和生命情怀。

中国共产党人历来重视哲学。1938 年，毛泽东同志在抗日战争最困难的时期，在延安研究哲学，创作了《实践论》和《矛盾论》，推动了中国革命的思想解放，成为中国人民的精神力量。

中华民族的伟大复兴必将迎来中国哲学的新发展。当代中国必须要有自己的哲学，当代中国的哲学必须要从根本上讲清楚中国道路的哲学内涵。中华民族的伟大复兴必须要有哲学的思维，必须要有不断深入的反思。发展的道路就是哲思的道路；文化的自信就是哲学思维的自信。哲学是引领者，可谓永恒的“北斗”，哲学是时代的“火焰”，是时代最精致最深刻的“光芒”。从社会变革的意义上说，任何一次巨大的社会变革，总是以理论思维为先导。理论的变革总是以思想观念的空前解放为前提，而“吹响”人类思想解放第一声“号角”的，往往就是代表时代精神精华的哲学。社会实践对于哲学的需求可谓“迫不及待”，因为哲学总是“吹响”新的时代的“号角”。“吹响”中国改革开放之“号角”的，正是“解放思想”“实践是检验真理的唯一标准”“不改革死路一条”等哲学观念。“吹响”新时代“号角”的是“中国梦”“人民对美好生活的向往，就是我们奋斗的目标”。发展是人类社会永恒的动力，变革是社会解放的永恒的课题，思想解放、解放思想是无尽的哲思。中国正走在理论和实践的双重探索之路上，搞探索没有哲学不成！

中国哲学的新发展，必须反映中国与世界最新的实践成果，必须反映科学的最新成果，必须具有走向未来的思想力量。今天的中国人所面临的历史时代，是史无前例的。14 亿人齐步迈向现代化，这是怎样的一幅历史画卷！是何等壮丽、令人震撼！不仅中国亘古未有，在世界历史上也从未有过。当今中国需要的哲学，是结合天道、地理、人德的哲学，是整合古今中外的哲学，只有这样的哲学才是中华民族伟大复兴的哲学。

当今中国需要的哲学，必须是适合中国的哲学。无论古今中外，再好的东西，也需要经过再吸收、再消化，经过现代化、中国化，才能成为今天中国自己的哲学。哲学的目的是解放人，哲学自身的发展也是一次思想解放，也是人的一次思维升华、羽化的过程。中国人的思想解放，总是随着历史不断进行的。历史有多长，思想解放的道路就有多长；发展进步是永恒的，思想解放也是永无止境的；思想解放就是哲学的解放。

习近平同志在2013年8月19日重要讲话中指出，思想工作就是“引导人们更加全面客观地认识当代中国、看待外部世界”。这就需要我们确立一种“知己知彼”的知识态度和理论立场，而哲学则是对文明价值核心最精炼和最集中的深邃性表达，有助于我们认识中国、认识世界。立足中国、认识中国，需要我们审视我们走过的道路；立足中国、认识世界，需要我们观察和借鉴世界历史上的不同文化。中国“独特的文化传统”、中国“独特的历史命运”、中国“独特的基本国情”，决定了我们必然要走适合自己特点的发展道路。一切现实的、存在的社会制度，其形态都是具体的，都是特色的，都必须是符合本国实际的。抽象的或所谓“普世”的制度是不存在的。同时，我们要全面、客观地“看待外部世界”。研究古今中外的哲学，是中国认识世界、认识人类史、认识自己未来发展的必修课。今天中国的发展不仅要读中国书，还要读世界书。不仅要学习自然科学、社会科学的经典，更要学习哲学的经典。当前，中国正走在实现“中国梦”的“长征”路上，这也正是一条思想不断解放的道路！要回答中国的问题，解释中国的发展，首先需要哲学思维本身的解放。哲学的发展，就是哲学的解放，这是由哲学的实践性、时代性所决定的。哲学无禁区、无疆界。哲学关乎宇宙之精神，关乎人类之思想。哲学将与宇宙、人类同在。

四 哲学典籍

《中外哲学典籍大全》的编纂，是要让中国人能研究中外哲学经典，吸收人类思想的精华；是要提升我们的思维，让中国人的思想更加理性、更加科学、更加智慧。

中国有盛世修典的传统，如中国古代的多部典籍类书（如《永乐大典》《四库全书》等）。在新时代编纂《中外哲学典籍大全》，是我们的历史使命，是民族复兴的重大思想工程。

只有学习和借鉴人类思想的成就，才能实现我们自己的发展，走向未来。《中外哲学典籍大全》的编纂，就是在思维层面上，在智慧境界中，继承自己的精神文明，学习世界优秀文化。这是我们的必修课。

不同文化之间的交流、合作和友谊，必须在哲学层面上获得相互认同和借鉴。哲学之间的对话和倾听，才是从心到心的交流。《中外哲学典籍大全》的编纂，就是在搭建心心相通的桥梁。

我们编纂的这套哲学典籍大全包括四个方面的内容：一是中国哲学，整理中国历史上的思想典籍，浓缩中国思想史上的精华；

二是外国哲学，主要是西方哲学，以吸收、借鉴人类发展的优秀哲学成果；三是马克思主义哲学，展示马克思主义哲学中国化的成就；四是中国近现代以来的哲学成果，特别是马克思主义在中国的发展。

编纂《中外哲学典籍大全》，是中国哲学界早有的心愿，也是哲学界的一份奉献。《中外哲学典籍大全》总结的是经典中的思想，是先哲们的思维，是前人的足迹。我们希望把它们奉献给后来人，使他们能够站在前人的肩膀上，站在历史岸边看待自身。

《中外哲学典籍大全》的编纂，是以“知以藏往”的方式实现“神以知来”；《中外哲学典籍大全》的编纂，是通过对中外哲学历史的“原始反终”，从人类共同面临的根本大问题出发，在哲学生生不息的道路上，彩绘出人类文明进步的盛德大业！

发展的中国，既是一个政治、经济大国，也是一个文化大国，也必将是一个哲学大国、思想王国。人类的精神文明成果是不分国界的，哲学的边界是实践，实践的永恒性是哲学的永续线性，敞开胸怀拥抱人类文明成就，是一个民族和国家自强自立，始终伫立于人类文明潮流的根本条件。

拥抱世界、拥抱未来、走向复兴，构建中国人的世界观、人生观、价值观、方法论，这是中国人的视野、情怀，也是中国哲学家的愿望！

李铁映

二〇一八年八月

关于外国哲学

——"外国哲学典籍卷"弁言

李铁映

有人类，有人类的活动，就有文化，就有思维，就有哲学。哲学是人类文明的精华。文化是人的实践的精神形态。

人类初蒙，问天究地，思来想去，就是萌味之初的哲学思考。

文明之初，如埃及法老的文化；两河流域的西亚文明；印度的吠陀时代，都有哲学的意蕴。

欧洲古希腊古罗马文明等，拉丁美洲的印第安文明，玛雅文化，都是哲学的初萌。

文化即一般存在，而哲学是文化的灵魂。文化是哲学的基础，社会存在。文化不等同于哲学，但没有文化的哲学，是空中楼阁。哲学产生于人类的生产、生活，概言之，即产生于人类的实践。是人类对自然、社会、人身体、人的精神的认识。

但历史的悲剧，发生在许多文明的消失。文化的灭绝是人类最大的痛疚。

只有自己的经验，才是最真实的。只有自己的道路才是最好的路。自己的路，是自己走出来的。世界各个民族在自己的历史上，也在不断的探索自己的路，形成自己生存、发展的哲学。

知行是合一的。知来自于行，哲学打开了人的天聪，睁开了眼睛。

欧洲哲学，作为学术对人类的发展曾作出过大贡献，启迪了人们的思想。特别是在自然科学、经济学、医学、文化等方面的哲学，达到了当时人类认识的高峰。欧洲哲学是欧洲历史的产物，是欧洲人对物质、精神的探究。欧洲哲学也吸收了世界各民族的思想。它对哲学的研究，对世界的影响，特别是在思维观念、语意思维的层面，构成了新认知。

历史上，有许多智者，研究世界、自然和人本身。人类社会产生许多观念，解读世界，解释人的认识和思维，形成了一些哲学的流派。这些思想对人类思维和文化的发展，有重大作用，是人类进步的力量。但不能把哲学仅看成是一些学者的论说。哲学最根本的智慧来源于人类的实践，来源于人类的生产和生活。任何学说的真价值都是由人的实践为判据的。

哲学研究的是物质和精神，存在和思维，宇宙和人世间的诸多问题。可以说一切涉及人类、人本身和自然的深邃的问题，都是哲学的对象。哲学是人的思维，是为人服务的。

资本主义社会，就是资本控制的社会。资本主义社会的文化、哲学，有着浓厚的铜臭。

有什么样的人类社会，就会有什么样的哲学，不足为怪。应深思“为什么?”“为什么的为什么?”这就是哲学之问，是哲学发展的自然律。哲学尚回答不了的问题，正是哲学发展之时。

哲学研究人类社会，当然有意识形态性质。哲学产生于一定社会，当然要为它服务。人类的历史，长期是阶级斗争的历史，而哲学作为上层建筑，是意识形态。阶级斗争的意识，深刻影响着意识形态，哲学也如此。为了殖民、压迫、剥削……社会的资本化，文化也随之资本化。许多人性的、精神扭曲的东西通过文化也资本化。如色情业、毒品业、枪支业、黑社会、政治献金，各种资本的社会形态成了资本社会的基石。这些社会、人性的变态，逐渐社会化、合法化，使人性变得都扭曲、丑恶。社会资本化、文化资本化、人性的资本化，精神、哲学成了资本的外衣。真的、美的、好的何在?！令人战栗!!

哲学的光芒也腐败了，失其真！资本的洪水冲刷之后的大地苍茫……

人类社会不是一片净土，是有污浊渣滓的，一切发展、进步都要排放自身不需要的垃圾，社会发展也如此。进步和发展是要逐步剔除这些污泥浊水。但资本揭开了魔窟，打开了潘多拉魔盒，呜呜！这些哲学也必然带有其诈骗、愚昧人民之魔术。

外国哲学正是这些国家、民族对自己的存在、未来的思考，是他们自己的生产、生活的实践的意识。

哲学不是天条，不是绝对的化身。没有人，没有人的实践，哪来人的哲学？归根结底，哲学是人类社会的产物。

哲学的功能在于解放人的思想，哲学能够使人从桎梏中解放出来，找到自己的自信的生存之道。

欧洲哲学的特点，是欧洲历史文化的结节，它的一个特点，是与神学粘联在一起，与宗教有着深厚的渊源。它的另一个特点是私有制、个人主义。使人际之间关系冷漠，资本主义的殖民主义，对世界的奴役、暴力、战争，和这种哲学密切相关。

马克思恩格斯突破了欧洲资本主义哲学，突破了欧洲哲学的神学框架，批判了欧洲哲学的私有制个人主义体系，举起了历史唯物主义，唯物辩证法的大旗，解放了全人类的头脑。人类从此知道了自己的历史，看到了未来光明。社会主义兴起，殖民主义解体，被压迫人民的解放斗争，正是马哲的力量。没有马哲对西方哲学的批判，就没有今天的世界。

二十一世纪将是哲学大发展的世纪，是人类解放的世纪，是人类走向新的辉煌的世纪。不仅是霸权主义的崩塌，更是资本主义的存亡之际，人类共同体的哲学必将兴起。

哲学解放了人类，人类必将创造辉煌的新时代，创造新时代的哲学。英特纳雄耐尔就一定会实现，这就是哲学的力量。未来属于人民，人民万岁！

纯粹理性批判

中译本体例说明

1. 在本译本中，《纯粹理性批判》A 版和 B 版原版（本译本所使用的底本）中有差异的文字或段落以不同的字体排印：A 版中的文字以楷体呈现，B 版中的文字以仿宋体呈现。
2. 出于准确定位和排印方便的考虑，在本译本中 A 版和 B 版原版中的页码将以小一号字体的形式置于文内原德文页码开始的文字之前。
3. 本书中星号“*”注释为康德本人所加（在 A 版和 B 版原版中康德自己所使用的注释标号是星号加右括号“*）”）。通常的注释为本译者所加，其中的大部分注释信息均为本译者根据各种德英版本编译者所加注释编译而来，但是也有许多内容是本译者为了便于读者理解相关概念、断言和论证所特别附加的。在此需要特别说明的是，注释中关于文句订正方面的内容主要来自科学院版编者注释和 Raymund Schmidt 编 Philosophische Bibliothek 版（第 37a 卷，1926 年第 1 版，1930 年第 2 版，1990 年第 3 版）及其 1998 年更新版（Jens Timmermann 编 Philosophische Bibliothek 第 505 卷）的相关注释。注释过程中参考过的《纯粹理性批判》各种德英版本信息请参见书末版本信息。
4. “〔 〕”之内的文字大部分为本译者根据各种德英版本的修订

内容所加。康德自己所加注释后面“〔 〕”之内的（含有注释标号的）文字为本译者对康德注释中的相关内容所做的进一步的说明。

5. 在本译本中，A 版和 B 版原版中的一重强调以**粗体**来表示，其中的二重强调则以**粗体加着重号**的方式来表示。

题　　词

Baco de Verulamio

Instauratio magna. Praefatio.

De nobis ipsis silemus: De re autem, quae agitur, petimus: ut homines eam non Opinionem, sed Opus esse cogitent; ac pro certo habeant, non Sectae nos alicuius, aut Placiti, sed utilitatis et amplitudinis humanae fundamenta moliri. Deinde ut suis commodis aequi ... in commune consulant ... et ipsi in partem veniant. Praeterea ut bene sperent, neque Instaurationem nostram ut quidam infinitum et ultra mortale fingant, et animo concipiant; quum revera sit infiniti erroris finis et terminus legitimus.

韦鲁兰男爵 弗朗西斯·培根

《伟大的复兴》前言

我们在此谈论的不是自己的事情。然而，就所涉及的事情来说，我们做出如下请求：人们要想到，它不是一种单纯的个人意见，而是一项必要的任务；人们要把这点看成确定无疑的，即我们所创造的并不是任何一个学术流派或学术观点的基础，而是人类福祉和尊严的基础。于是，人们以适合于他们自己的利益的方式……一起深入思考……甚至于参与到我们的事业之中。此外，人们要怀有良好的愿望，并且不要将我们的“复兴”设想成并感觉为这样的东西，它是无穷无尽的，并且超出了有死的事物的范围之外，因为真正说来它终究是一种无休止的错误的结束并且是一种合法的终结。①

① 此题词为B版所加。中译文据 Weischedel 德文译文译出。

献　词

［第一版］

［Aiii］致普鲁士王国国务部长蔡德利茨[①]男爵阁下

［Aiv］宽厚的先生：

尽自己的力量促进诸门科学的发展，这点就意味着在致力于满足阁下您的关切。因为，您的关切与诸门科学是内在联系在一起的——这点并非仅仅是因为您所占据的崇高的保护者的位置，而且是因为一个爱好者和开明的专家与诸门科学之间的更加亲密的关系。正因如此，我也利用某种程度上属于我的能力范围内的唯一的手段来表明我对您给予我的宽厚的信任的感激之情（您的这种信任让我感到无比荣幸），［Av］好像我可以为这份工作做出一些贡献一样。

对于以思辨生活为乐的人来说，考虑到他的适当的希望，一个开明的、有效力的裁判员的赞许是对他的这样一些努力的强有力的鼓励，其用处是巨大的，尽管要在很长时间之后才显现出来，

---

① 蔡德利茨（Karl Abraham von Zedlitz，1731–1793），任腓特烈大帝和腓特烈·威廉二世时期的普鲁士王国国务部长，也主管学校事务。

正因如此，常人完全看不到这个用处。

现在我将拙作敬献给这样一个裁判员及其宽厚的关注，并且将我的学者使命的所有余下[Avi]来的事务悉数敬献给他的保护。此致

敬礼！

阁下恭谨顺从的仆人

伊曼努尔·康德

柯尼斯堡，1781年3月29日

献　　词

［第二版］

［Biii］致普鲁士王国国务部长蔡德利茨男爵阁下

［Bv］宽厚的先生：

尽自己的力量促进诸门科学的发展，这点就意味着在致力于满足阁下您的关切。因为，您的关切与诸门科学是内在联系在一起的——这点并非仅仅是因为您所占据的崇高的保护者的位置，而且是因为一个爱好者和开明的专家与诸门科学之间的更加亲密的关系。正因如此，我也利用某种程度上属于我的能力范围内的唯一的手段来表明我对您给予我的宽厚的信任的感激之情（您的这种信任让我感到无比荣幸），好像我可以为这份工作做出一些贡献一样。

［Bvi］阁下给予了拙作第一版以宽厚的关注。我现在也将拙作第二版

以及我的学者使命的所有余下来的事务悉数敬献给您的这种关注。

此致

敬礼！

阁下恭谨顺从的仆人

伊曼努尔·康德

柯尼斯堡，1787年4月23日

目　录[①]

① 此目录为科学院版编者在第四至七版所附目录基础上制作而成。A 版目录见后文，B 版无目录。

上编 先验要素论

下编 先验方法论

[Avii] 前　　言[①]

[第一版]

人类理性在其知识的一个门类中有着这样的命运：它受到它无法拒绝的问题的困扰，因为这些问题是理性本身的本性交付给它的，但是它又不能对此做出回答；而这点又是因为它们超出了人类理性的所有能力。

理性并不是由于自己的过错而陷于这样的尴尬境地的。它是从这样一些原则[②]开始的，它们在经验进程中的使用是不可避免的，同时也经由经验而得到了充分的验证。带着这些原则它攀升得越来越高（也正像其本性所导致的那样），直至更遥远的条件。不过，由于[Aviii]它发觉，经由这样的方式它的事务总是必定得不到完成，因为问题总是终止不了，因此，它看到自己最后不得不求助于这样一些原则，这些原则虽然超越了经验的一切可能的使用，但是看起来还是没有任何可疑之处，以至于普通的人类理性

---

① 此前言没有出现在B版之中。另外，在A版原版中此前言没有标注页码。

② “原则”原文为“Grundsatz”。“Grundsatz”与我们译作“原理”的德语词“Prinzip”在康德的文本中从意义上说没有任何实质差别，他基本上是随意互换使用它们的。

也都同意它们。但是，由此它却冲入这样的晦暗和矛盾之中，从其中它可以推断，在某个地方必定有一些隐藏着的错误处于基础的地位，而它却不能发现它们，因为它所利用的诸原则不再承认经验的试金石，而这点则又是因为这些原则超出了一切经验的界限。这些无休无止的争论的战场现在就叫作**形而上学**。

形而上学一度被称作全部科学的**女皇**，而且，如果人们将要做某事的意愿视同于做了这件事情本身的话，那么鉴于形而上学的对象的极端重要性，它的确理应获得这个尊贵的称号。不过，现在这个时代的时髦语调显示出人们对这个女皇的态度是全然蔑视性的。这个被放逐且被抛弃了的年高望重的妇人则像赫卡柏那样抱怨道：modo maxima rerum，[Aix]tot generis natisque potens—nunc trahor exul, inops。— Ovid, *Metamorphoses*①

起初，在**独断论者**的管理之下这名女皇的统治是**专制式的**。不过，因为其立法还留有古老的野蛮人的痕迹，所以该统治因为内部的战争而渐渐变坏，最后陷入完全的**无政府状态**。而**怀疑论者**则像那些游牧民族一样，他们厌恶大地上的一切形式的稳定的种植之事，不时地拆散了市民团体。不过，幸运的是，世上毕竟只有少数怀疑论者，因此，他们无法阻止这样的事情：独断论者总是试图一再地重新建立起市民团体，尽管他们在这样做时并没有前后一致的规划。在新近的时代事情看起来一度是这样的：某

① 语出奥维德的《变形记》(*Metamorphoses*)，xiii，508–510："刚刚我还是世界上至高无上的统治者，一个因为我的儿女们而强有力的女人……现在却变得没有任何力量了，被放逐了。"(中译文系根据 Pluhar 英译文译出。) 赫卡柏 (Hecuba)，希腊神话中特洛伊国王普里阿摩斯之妻。Ovid 全称 Publius Ovidius Naso (公元前 43–公元 17 年)，罗马著名诗人。

种关于人类知性的**自然学**[①]（由著名的洛克所创立）终结了所有这些争论，并且形而上学的那些要求的合法性均得到了完全的决断。不过，事实表明，尽管那名所谓的女皇的出生被从普通经验这样的群氓中推演出来了并且由此其过分的要求必定恰如其分地变得可疑了，但是她仍然一再地主［Ax］张她的要求，因为这个**谱系**事实上是错误地给她虚构的。由此，一切又再一次地陷入过时的、腐朽的**独断论**之中并且由此获得了人们的差评，而此门科学本来恰恰是想要摆脱这种差评的。现在，在各种道路都被徒劳地尝试了之后（像人们说服自己去做的那样），厌倦和全然**无所谓的态度**便在科学中盛行起来，而这样的厌倦和无所谓的态度恰恰是科学中混乱和黑暗之母。不过，它们同时也是一种行将到来的科学之改造和启蒙的来源，至少是其前奏——当科学被以差劲的方式做出的勤奋努力弄得晦暗、混乱和不可用时。

因为，联系着这样的研究——其对象对于人的本性来说**不可能是无所谓的**——想要装出**无所谓的样子**，这样的做法是徒劳的。就那些所谓的**无所谓主义者**来说，尽管他们想着通过将他们的学院语言改造成拥有通俗语调的方式让人们认不出他们，但是，只要他们究竟还是思考了什么事情，那么他们就不可避免地重新回到形而上学的断言，而对于这些断言他们可是声称他们是如此地予以蔑视的。然而，这种无所谓的状态——它出现在所有科学的

---

① “自然学”原文为“Physiologie”。“Physiologie”通常意指生理学，但是，在《纯粹理性批判》中康德主要是在该词的拉丁语进而在希腊语词根“physio”之原有意义上使用它的，指关于“physis/φύσις”（自然）的研究（请参见康德在 B873-876/A845-848 中所给出的进一步的解释）。

大发展时期，而且恰好涉及这样一些科学，人们最不愿放弃的恰恰就是它们的知识（如果这种知识究竟是可以获得的话）[Axi]——的确是一种值得关注和思考的现象。它显然并不是轻率的结果，而是我们这个时代的成熟的**判断力***的结果（我们这个时代不再允许自己让似是而非的知识给拖住）。而且，它是理性面对的这样一种挑战，即要重新承担起它的所有事务中最为困难的事务，即自我认识这个事务，并且建立起这样一个法庭，它保证让理性的正当的要求得到满足并能够打发掉所有无根据的过分[Axii]要求——它不是通过强令，而是根据理性的永恒而不变的法则做到这点的。这个法庭恰恰就是**对纯粹理性本身的批判**，而不是其他任何东西。

不过，我并不是将纯粹理性批判理解为对著作和系统的批判，而是将其理解为——联系着所有这样的知识，理性或许**在以独立于一切经验的方式**力争获得它们——对泛而言之的理性能力的批判。因而，我将理性的批判理解为对泛而言之的形而上学之可能

---

* 我们有时听到对于我们时代的思维方式的肤浅性及彻底的科学的衰落的抱怨。不过，我看不出，像数学、自然学说[1]等等这样有着良好的基础的科学应该受到任何这样的指责，相反，它们保持着彻底性[2]的古老名声，在自然学说那里它们甚至有过之而无不及。就其他种类的知识来说，如果我们用心改正了它们的原理，那么恰好同样的精神在它们那里也证明了自己的有效性。在缺少这样的改正的情况下，无所谓的态度和怀疑，并且最后还有严格的批评，恰恰就是一种彻底的思维方式的证明。我们的时代是真正的批评的时代，一切均须经受这样的批评。通常说来，**宗教**因为其**神圣性**，**立法**因为其**威严**，想脱离这样的批评。但是，这时它们便激起了人们对于它们的正当的质疑，并且它们不能要求人们对它们表现出这样的并非出于虚伪的尊敬，理性只同意将其给予已经能够经受住其自由而公开的检验的事项。〔[1]“自然学说”原文为“Naturlehre”，即自然科学。此种意义上的“自然学说”与前文及后文提到的“自然学”（Physiologie）之间的关系，请参见B873-876/A845-848中所给出的进一步的解释。[2]“彻底性”原文为“Gründlichkeit”。“Gründlichkeit”也有细致和缜密的意思。〕

性或不可能性的决断以及对形而上学的来源还有其范围和界限之确定。不过，所有这一切均是基于原理而进行的。

现在我走上了这条唯一留下来的道路，并且不无自负地认为在其上已经遇到了去除所有错误的方法，而正是这些错误迄今为止让处于独立于经验的使用中的理性与其自身产生了争执。我并不是比如通过如下方式避开理性的这些问题的，即用人类理性的无能来为自己进行辩解。相反，我按照原理对它们做了充分的说明，并且在我已经发现了理性与它自身之间所产生的误解的要点之后，我以让它充分满意的方式解决了[Axiii]它们。诚然，我对那些问题所给予的回答最后并非像独断论式的狂热的求知欲或许期待的那样，因为只有魔力才能满足这样的求知欲，而我则不擅长于此。不过，这点肯定也不是我们的理性的自然的使命的意图，而哲学的义务则是这样的：清除源自曲解的幻象，即使在这样做时我们摧毁了许许多多备受人们赞扬和喜爱的幻想。在做这样的事情时我将我的主要的注意力放在了详尽性之上了，并且我敢于说：必定不存在哪怕是唯一一个这样的形而上学的任务了，在此它还没有得到解决，或者最低限度说来，我们还没有为其提供通向其回答的密钥。事实上，纯粹理性也构成了一种如此完美的统一体，以至于如果它的原理即使就所有这样的问题中的唯一一个问题来说是不充分的，这些问题是经由它自己的本性而交付给它的，那么人们总是可以放弃这个原理，因为此时它也将不能完全可靠地应付余下来的问题中的任何一个。

我确信，在我说出这样的话时，在读者的脸孔上人们会观察到一种对看起来如此大言不惭的且过分的要求的夹杂着蔑视的不

[Axiv] 满。不过，与每一个这样的甚是常见的计划的制定者的要求相比——他们声称要在这样的计划中证明比如**灵魂**的简单性或者**世界的某种第一开始**的必然性——我们的这些要求还是不可比拟地温和的，因为，他们自告奋勇地要将人类知识扩展到可能经验的一切界限之外，而关于这点，我则谦恭地承认：这样的事情完全超出了我的能力。相反，我所要处理的仅仅是理性本身及其纯粹思维，而就关于它们的详尽的知识来说，我无需在我的周围广泛地去寻找，因为我恰恰是在我自己之内遇到它的，而且，普通的逻辑[①]已经为我提供了关于这点的例子，即理性的所有简单的行动均可完全而系统地列举出来。在此我们只是提出如下问题：在人们将经验的一切材料和援助均从我这里拿走了之后，我还可以希望我用理性能够完成多少工作？

上面我们讨论了在达到这样一些目的——它们是由作为我们的批判的研究的**题材**的认识本身的本性（而非任意的打算）作为任务交付给我们的——之中的**每一个**过程中的**完全性**以及一并达到**所有**这些目的过程中的**详尽性**。关于这点的讨论到此为止。

[Axv] 还有两点需要被看作这样的根本要求，人们可以正当地向勇敢地承担起如此棘手的研究计划的作者提出它们。这两点就是**确实性**和**明确性**。[②] 它们均涉及我们的批判研究的**形式**。

现在，就**确实性**来说，我已经向我自己做出了如下判断：在这种考察中绝对不允许仅仅**给出意见**，而且在其中看起来像是假

---

① “普通的逻辑”原文为“Die gemeine Logik”。这个德语组合词在本书中仅出现这一次。其中的 gemeine 当作 allgemeine。

② “完全性”、“详尽性”、“确实性”和“明确性”原文分别为“Vollständigkeit”、“Ausführlichkeit”、“Gewißheit”、“Deutlichkeit”。下一段话中的“给出意见”原文为“zu meinen”，“绝然的确实性”原文为“apodiktische Gewißheit”。

设的一切东西都是违禁品，都不能拿出来兜售——即使是以最低的价格；相反，一旦被发现了，它们就必须被没收。因为，每种应当先天地确定下来的知识都自行宣布道：它要被看作绝对必然的；而对于所有纯粹的先天知识的这样一种规定性来说情况则更是如此，它应当是准绳，进而它本身便构成了所有绝然的（哲学的）确实性的范例。至于我在这本书中是否完成了我自告奋勇地要做的事情，这点要完全听任读者的判断了，因为，对于作者来说适当的事情只是呈现诸根据，而不是对它们在其法官那里的作用做出判断。不过，为了不至于使得有什么事情并非因为作者的责任而变成弱化这些［Axvi］根据的原因，作者自己或许还是被允许说明一下可能为某些猜疑提供机会的地方（尽管它们只是涉及次要的目的），以便及时地阻断读者的哪怕是最低限度的疑虑在此处可能对他对本书的主要目的所做出的判断的影响。

就对于我们称作知性的那种能力的探究还有对于其使用的规则和界限的确定这样的事情来说，我不知道还有其他什么样的研究比我在先验分析论第二篇在纯粹知性概念的演绎标题下所做的研究更为重要的了。这个探究也花费了我最大的精力。不过，我希望，这种投入并非是没有回报的。但是，这种颇为深入的考察包含两个方面。从一方面看来，它涉及纯粹知性的对象[①]，而且应该阐明其先天的概念的客观有效性并使之成为可以理解的。正因如此，它根本说来属于我的目的之列。从另一方面来说，它旨在从纯粹知性的可能性以及作为其基础的认识能力方面来考察纯粹知性本身，因此也就是从主观方［Axvii］面来考察它。尽管这种阐释就我的主要目的来说具有巨大的重要性，但是根本说来它并非

① 我们译作“对象”的德语词有两个“Gegenstand”和“Objekt”。这两个词在康德文本中的意义没有任何实质差别，他基本上是互换使用它们的。

属于此目的，因为主要问题依然是这个问题：独立于经验，知性和理性能够认识什么东西以及能够认识多少东西？而并非是如下问题：这种**思维能力**本身是如何可能的？因为后面这个问题好比说是这样一种考察：寻找一个给定的结果的原因。在这个范围内，它包含着某种类似于假设的东西（尽管正如我在其他场合要表明的那样，它的情况事实上并非是这样的）。因此，在此事情似乎是这样的：我允许自己表达自己的**意见**，而读者也可自由地表达其他的**意见**。考虑到这种情况，我必须提前提醒读者注意下面这点：假定我的主观的演绎没有像我期待的那样让他完全信服，那么我在此所特别关心的客观的演绎可是获得了其完全的力量。为此，我在第 92 至 93 页上所说的话就其本身来说或许就已经足够了。

最后，就**明确性**来说，读者有权首先要求得到**经由概念而来的推论的**（逻辑的）**明确性**，然后也有权要求得到**经由直观**即经由例子或其他具体的阐释[1]**而来的直**[Axviii]**观的**（感性的）**明确性**。就第一种明确性来说，我已经给予了足够的关注。这点牵涉我的计划之本质，但也构成了如下事实的一个次要的原因：我没能给予第二个要求以充分的满足（尽管这个要求不够严格，但确是合理的）。在本书写作过程中，我几乎总是没有决定好如何处理这个事情。我觉得，例子和阐释总是必需的，因此它们在本书初稿中实际上是恰切地占有一席之地的。但是，我很快看到了，在这样的做法之下我所要处理的任务和对象的数量将非常庞大。而且，我意识到，即使只用干巴巴的、单纯**学究式的**报告方式，我所要

---

① “阐释”原文为“Erläuterungen”。

处理的任务和对象就已经让这本书的篇幅足够庞大了。因此，我感到，通过例子和阐释进一步地让其变得臃肿是不可取的——只是从**大众的**角度看例子和阐释才是必需的。尤其是，这个作品绝不可能变得适合于大众的使用，而本门科学的真正的专家是不需要这样的轻松处理的。尽管轻松的处理总是让人感到舒服，但是在此它甚至于会带来有违初衷的结果。修道院院长特拉松[①]说：如果人们[Axix]不是根据一本书的页数，而是根据为了理解它所需要花费的时间来衡量其大小，那么人们可以针对一些书这样说：**如果它们并非如此简短的话，那么它们就会更简短一些**[②]。不过，另一方面，如果人们将意图放在思辨知识的这样一种整体的可理解性之上，它既广大但又在一个原理中关联起来，那么人们能够有同样好的根据这样说：**如果一些书本来不应该变得如此明确的话，那么它们会更加明确**[③]。因为，尽管明确性的辅助手段**就部分来说**有所帮助[④]，但是**就整体来说**则常常让人分心。事情之所以如此，则

① 特拉松（Jean Terrasson，1670–1750），法国人，除了在教会任职以外，也是一名哲学史家。康德在此引述的是其以下著作（德译本）：*Philosophie nach ihrem allgemeinen Einflusse auf alle Gegenstände des Geistes und der Sitten*, Berlin, 1762, S. 117。

② 这句话原文是这样的："*daß es viel kürzer sein würde, wenn es nicht so kurz wäre*"。不妨这样理解这句话：就一本难以理解的小书来说，为了理解它，读者需要花费很多时间。如果其作者将一些有助于理解的事项交代得更为清楚的话，那么为了理解它读者可能就不需要付出那么多时间了。在这种意义上，这本书就变得更为"简短"了。

③ 这句话原文是这样的："*manches Buch wäre viel deutlicher geworden, wenn es nicht so gar deutlich hätte werden sollen*"。其意思当是这样的：就一本细节交代得非常清晰明白的大书来说，读者会因为其细节太过繁琐而往往把握不了其整体的思想结构。如果其作者去掉一些不必要的细节，那么读者可能会更容易把握其整体的思想结构。在这种意义上，这本书会变得更为"明确"。

④ "有所帮助"原文为"helfen"。A版原作"fehlen"（有所缺失），Rosenkranz建议修改成"helfen"。科学院版接受了此建议。

又是因为这些辅助手段没有让读者足够迅速地纵观整体，而且经由其全部明亮的色彩还将相关系统的诸部分的接合或其结构粘在一起了，使其无法认出了。但是，为了能够就该系统的统一性和坚实性做出判断，在此最为重要的事情恰恰是这个结构。

我觉得，如果作者有望按照放在他面前的设计以一种完全且持久的方式完成一部伟大且重要的作品，那么对于读者来说，将他的努力与作者的努力联合在一起或许不无吸引力。[Axx]现在，按照我们在此要给出的有关概念，形而上学是所有科学中唯一这样一门科学，它可以期待这样一种完成，而且是在短时间内且只花费一点儿联合起来的努力便可以做出这样的期待。结果，留给后代的任务仅仅是这样的：根据他们的意图按照**教学法的**方式布置所有事项，而并没有因此就能在任何程度上对内容有所增益。因为，这部作品不过就是通过**纯粹理性**而得到的全部财产的有着系统的秩序的**清单**。在此，不可能有任何东西逃过我们的眼睛，因为理性完全从自身引出的东西不可能自我隐藏起来，相反，只要人们发现了它们的共同的原理，那么它们本身便被理性揭示出来了。这类知识的完善的统一性，再加上这样的事实——即它们完全是通过纯粹的概念得到的，而不会有某种来自经验的东西甚至于仅仅**特殊的**直观（它可以导致特定的经验）对它们产生任何影响（即对其有所扩展和增益）——不仅使得这种无条件的完全性成为可行的，而且使其成为必然的。Tecum habita et noris, quam sit tibi curta supellex. — Persius.[①]

① 波西乌斯（Persius，公元34–62年），罗马诗人和讽刺作家。引语出自其著作*Satires*（《讽刺诗》），iv，52："住在自己家里，你会发现你家里的家具多么少！"（中译文根据Pluhar英译文译出）。

[Axxi] 我希望我本人在**自然的形而上学**标题下提供关于纯粹（思辨）理性的这样一个系统。该系统尽管就长度来说不到此处的批判的一半，但是就内容来说却无比丰富。这个批判首先必须阐述形而上学的可能性的来源和条件，并且必须清理全然杂草丛生的地面并使之变得平坦。就此批判来说，我期待我的读者要有一名**法官**的耐心和公正心；而在那个系统中我则期待读者要有一名**助手**的顺从和支持态度。因为，即使在批判中我们完全地陈述了该系统的所有**原理**，下面这点仍然是该系统本身的详尽性所需要的：不缺少任何这样的**派生的**概念，我们不能对它们做出先天的估计，相反，我们必须逐渐地寻找它们。类似地，因为在批判中诸概念的整个**综合**都被穷尽了，所以，在该系统中此外我们还做出这样的要求，即它们的**分析**也都被穷尽了——相关的一切事务都是很轻松的，而且与其说是工作，还不如说是娱乐。

最后，我只需就印刷之事做出几点交代。因为印刷开始得较晚，我只能看到大致一半的 [Axxii] 校样。在这部分校样中，我虽然发现了几处印刷错误，但它们均不会让文义变得混乱。不过，有一个印刷错误是例外，它出现在第 379 页倒数第 4 行：在此“sceptisch”（怀疑论的）当作“specifisch”（从种类上说）。从第 425 页到 461 页上的纯粹理性批判之二律背反部分是按照列表的方式如此处理的：所有属于正题的段落总是在左页上连续排列下去的，而属于反题的段落则总是在右页上连续排列下去的。我之所以做出这样的安排，是为了借此让读者能够更加容易地比较正命题和反命题。[①]

① 在本译本中，二律背反部分的排印方式为：正题和反题文字分列于同一页的左右栏。“正题”、“反题”、“正命题”和“反命题”原文分别为“Thesis”、“Antithesis”、“Satz”、“Gegensatz”（此段话中提到的页码均指 A 版页码）。

[Bvii] 前　　言

[第二版]

就对于属理性事务的知识的处理是否走在一门科学的可靠的道路上这个问题来说，我们很快就可通过相关的成果来做出判定。如果在人们做出了许多部署和准备之后，这种处理一旦要达到目的时便陷入困境，或者，为了达到这个目的，它常常又不得不原路返回并且走上另一条道路；类似地，如果我们不可能让不同的合作者在应当实现[①]他们的共同的意图的方式上达成一致，那么，人们便总可以确信，这样一种研究还远未走上一门科学的可靠的道路之上，相反，它不过是一种单纯的探索。在这种情况下，可能的话，找到这条道路本身便已经是对理性做出了一项贡献——即使我们不得不将许多包含在未加思考就先行采用的目的中的东西当作徒劳的东西而予以放弃。

[Bviii] 我们可以从如下事实中看出，**逻辑**很早以前便已经走上了这条可靠的道路：自亚里士多德以来逻辑从来没有需要后退一步——如果人们不愿将比如一些可有可无的细微之处之去除或者所阐述的东西的更为明确的规定算作改善的话（这样的事情与其

① Grillo 认为“实现”（erfolgt）当作“追求”（verfolgt）。

说属于科学的可靠性之列，不如说属于优雅之事）。就逻辑来说，另外值得关注之点是，直到现在为止，它也未能向前走出任何一步，因此，看上去它似乎已经结束了并且完成了。因为，当一些新近的人们想着通过如下方式来扩展它时，这样的做法实际上源起于他们对于这门科学的独特的本性的无知：或者将关于各种各样的认识能力（想象力、机智[①]）的**心理学的**章节塞进其中，或者将关于认识的来源或关于依据相关对象的区别而来的不同种类的确实性的来源的**形而上学的**章节（关于唯心论、怀疑论等等）塞进来，或者将关于偏见（关于其原因和去除其的手段）的**人类学的**章节塞进其中。如果人们让诸门科学的界限彼此汇合在一起，那么这样做的结果不是增益了它们，而是让它们变得面目全非了。但是，逻辑的界限则通过下面的事实而得到了完全精确的确定：它是这样一门科学，[Bix]该科学只详尽地阐述并严格地证明思维的形式规则（无论思维是先天的还是经验的，无论它拥有什么样的来源或对象，无论它在我们的心灵中遇到了偶然的还是自然而然的障碍）。

逻辑获得了如此完好的成功这点优势只能归因于其局限性。这种局限性让逻辑有权利甚或有责任抽掉[②]认识的一切对象及其区别，因此，在逻辑之中知性只关注它本身及其形式。如果理性不仅关注它本身，而且还关注对象，那么这时它要走上科学的可靠

---

① 在 *Anthropologie in pragmatischer Hinsicht*（《从实用观点看的人类学》）中，康德将“机智”（Witz［ingenium］）规定为一种为特殊的事项构想出普遍的事项（即规则）的能力。因此，机智与判断力恰好相反：判断力是一种为普遍的事项（即规则）找到特殊的事项的能力（参见 *Kant's gesammelte Schriften*, Königlich Preußische Akademie der Wissenschaften［在下文注释中引用时缩写为“Ak”］，Band 7, S. 201）。

② “抽掉”（von … zu abstrahieren）在此意为撇开或不考虑。

的道路，自然而然必定就更加困难了。因此，即使作为预备学科，逻辑似乎也只是构成了前院。在谈到知识时，人们尽管假定了逻辑，以便对知识做出评判，但是人们必须在被真正地且客观地称作知识的科学中寻求知识之获得[①]。

现在，如果理性应当出现在这些科学之中的话，那么在其中就必须有什么东西被先天地认识到了，而且理性的知识[②]可以通过两种方式被联系到其对象之上：或者以单纯地**对**该对象及其概念**做出**［Bx］**规定**的方式（而该对象则必须在其他地方被给出），或者以**让**该对象**成为现实**的方式[③]。前一种知识是理性的**理论知识**，后一种知识是理性的**实践知识**[④]。两者之中的这样的**纯粹的**部分（无论它可能包含着多少内容）——在其中理性完全先天地对其对象做出了规定——必须先行单独地得到阐述。我们一定不要将它与源自其他来源的东西加以混淆。因为，如果人们盲目地花掉自己的收入而未能在事后遇到经济停滞局面时做出这样的区分，即收入中的哪一部分能够担负起某项花销以及必须从哪个部分中将此项花销减掉[⑤]，那么便会出现糟糕的经济局面。

数学和**物理学**是两种这样的理性的理论知识，它们应当先天地规定它们的**对象**。前者是全然纯粹地做出这样的规定的；而后

---

① 此处出现的“知识”原文为“Kenntnisse”。

② 此处出现的“知识”原文为“Erkenntnis”。

③ “对……做出规定”和“让……成为现实”原文分别为“zu bestimmen”和“wirklich zu machen”。

④ “理论知识”和“实践知识”原文分别为“theoretische Erkenntnis”和“praktische Erkenntnis”。

⑤ 此句原文是这样的：“welcher Teil der Einnahme den Aufwand tragen könne, und von welcher man denselben beschneiden muß”。Erdmann 认为第二个“welcher”当作“welchem”，前者指代“Einnahme”（收入），后者指代“Teil”（部分）。中译文据 Erdmann 的建议译出。

者至少部分说来是纯粹地做出这样的规定的，但是同时也是按照有别于理性的来源的其他的认识来源做出的。

数学在人类理性的历史所触及的最早的时代便在令人钦佩的希腊民族那里走上了科学的可靠道路。不过，人们不应该认为，它是像逻辑那样轻而易举地碰[Bxi]上那条高贵之路的（在逻辑中理性只关注它本身），或者更准确地说，它是如此地为自己开辟出这条路的。相反，我相信，数学在很长时间内都处于摸索之中（特别说来，在埃及人那里此时情况还依然如此）。这种转变要归功于这样一场**革命**，它是由唯一一个人在一次尝试中所遇到的一个幸运的想法引起的。自此以后，人们便不再会错过他们必须选取的道路了，而科学的可靠的道路便为所有时代并在无限广大的范围内被选取并被标示出来了。这场思维方式上的革命要远比围绕着那个著名的海角①的海路的发现重要，它的历史以及引起它的那个幸运儿的历史并没有为我们保存下来。不过，第欧根尼·拉尔修②留给我们的传说表明（他提到了几何演证的最少的并且按照通常的判断根本就不需要证明的基本原理的据说的发明者），对这样的转变的记忆——它是由这条崭新的道路的发现的最初的迹象所引起的——对于数学家们来说必然显得具有极为重要的意义，并且因此而变得无法抹去了。第一个演证了**等腰三角形**③的人（无论这个人叫泰勒斯，还是叫其他名字）便明白了与此相关的事理。

① 即好望角（the Cape of Good Hope）。

② 第欧根尼·拉尔修（Diogenes der Laertier，鼎盛年约在公元3世纪早期），古罗马作家，重要史料《哲人言行录》（*The Lives of Philosophers*）的编纂者。

③ 在科学院版中，“等腰三角形”原文为“den gleichschenklichten Triangel”。在Heidemann版中，“gleichschenklichten”作“gleichschenkligen”。在B版原版中“等腰”（gleichschenklichten）作“等边”（gleichseitigen）。

因为他发现，[Bxii] 他不必探究他在这个图形中所发现的东西，甚至于不必探究其单纯的概念并且好像由此而学到其性质，相反，他必须经由他按照诸相关的概念本身而先天地在其中思考和表现的东西（通过构造）创造出这些性质；而且，为了确实地且先天地知道某种东西，他只需要将这样的东西归属给在此相关的事物，它必然地得自于他自己根据他的概念而放进该事物之中的东西。

就自然科学来说，在它们遇到科学的大路以前，事情进展得颇为缓慢。因为，只是在大约一个半世纪以前才发生了这样的事情：深刻的韦鲁兰男爵提出的建议部分说来引发了并且部分说来进一步活跃了这样的发现（因为人们已经走在了该发现的轨道之上），它可以同样好地通过一种进展迅速的思维方式上的革命而得到解释。在此我只是在这样的范围内考虑诸门自然科学，即它们是建立在**经验的**原理基础之上的。

当伽利略让具有他自己所选中的重量的球滚下斜坡时，或者，当托利塞里①让空气承载他自己先行认为与一个他所熟悉的水柱的重量相等的重量时，或者当在更后的时间施塔尔②将金属变成金属灰并且将金属灰又 [Bxiii] 变成金属（方法是从它们那里拿走或又添加上某种东西）时*，所有自然研究者就恍然大悟了。他们了解了如下事实：理性只是洞察了它自己按照它的设计所引起的东西；理性一定要带着其关于判断的原理、按照恒定的法则走在前面并且要迫

① 托利塞里（Evangelista Torricelli，1608–1647），意大利物理学家和数学家，以发明气压计而闻名。

② 施塔尔（Georg Ernst Stahl，1660–1734），德国物理学家和化学家，燃素说的提出者。

* 在此我的叙述并非是精确地按照实验方法的历史线索进行的。我们也不太知道这个历史最初到底是什么样子的。

使自然回答它的问题，而一定不要让自然好像独自地用襻带牵引着它。因为，否则的话，那些偶然的、并非根据事先设计好的规划做出的观察根本就不会联结成一条必然的法则，而理性所寻找的并且所需要的恰恰是这样的法则。理性必须以这样的方式走向自然，即一只手举着其原理（仅仅根据这些原理，诸一致的显象才能被看作法则），而另一只手则握着它根据这些原理所想出的试验。理性这样做的目的尽管是为了受教于自然，但并不是以这样一个小学生的身份受教于自然的，他让人们先把老师想要的一切念给他听，以便跟着将其复述出来；而是以这样一个得到任命的法官的身份受教于自然的，他迫使诸位证人回答他向他们提出的问题。而且，甚至于物理学也必须将其思维方式上的这场如此有益的革命仅仅归功于这样的想法：［Bxiv］要按照理性自己放进自然之中的东西在自然之中寻找这样的东西（而不是将这样的东西虚构给自然），理性必须要从自然那里了解它，并且理性单凭自身对它则一无所知。正是经由这样的方式自然科学才被带上了科学的可靠的道路之上，而在到目前为止的如此多世纪之中它们都只不过是单纯的摸索而已。

形而上学是一种完全孤立的、思辨的理性知识。这种知识全然超越了经验的教导，而且是经由单纯的概念而得到的（并非像数学那样是经由概念在直观上的应用得到的）。因此，在这里理性自己就应当是它自己的学生。迄今为止，命运并没有如此地偏爱这样的形而上学，以至于它有能力走上科学的可靠的道路——尽管它比所有其他的科学更为古老，而且即使其他科学全都被扼杀一切的野蛮状态的深渊吞噬了，它仍然会留存下来。因为，在形而上学之中，理性不间断地陷入停顿，即使当它要先天地洞察那些为最普通的经验所证实的（像它大言不惭地声称的那样）法则时，情况也是如此。在形而上学中人们不得不无数次地原路返回，因为人们发现，这条道路并没有通向人们要去的地方，而且，就其追随者在断言上的一致性〔Bxv〕这点来说，形而上学还远没有达成这样的一致性，以至于它更加像是这样一个战场，其使命真正说来似乎就在于让人们在模拟战中练习他们自己的力量，而且在其上还没有任何参战者能够占有哪怕是最小的一块地方并且在其胜利之上确立一种持续的所有权。因此，毫无疑问，形而上学迄今为止的做法一直是一种单纯的摸索，更为糟糕的是，它不过是在单纯的概念之间所进行的一种单纯的摸索。

那么，为何人们现在还是未能找到这门科学的可靠的道路？这样的道路或许是不可能的吗？自然究竟为什么要以这样的无休止的追求来让我们的理性受罪，即要将这样的道路作为其最为重要的事务之一来进行追踪？还有，如果理性在我们的求知欲中最为重要的部分之一上面不仅离弃了我们，而且经由借口而拖住了我们，最后欺骗了我们，那么我们还有什么哪怕是最低程度的理由来信任我们的理性?! 抑或，迄今为止我们只是错过了这条道路。如果情况是这样的，那么我们可以利用哪些迹象，以便在重新做出的搜寻中抱有这样的希望，即我们会比我们之前的其他人更为幸运？

我会认为，数学和自然科学的例子——它们经由一场一劳〔Bxvi〕永逸地完成的革命而变成为它们今天所是的样子——已经足够让人惊奇了，以便让人们深入思考这种思维方式上的转变的本质性的部分（这种转变为它们带来了许多好处）并且在它们（作为理性知识）与形而上学之间的相似性所允许的范围内模仿它们

（在此至少是作为试验）。迄今为止，人们一直假定，我们的所有知识都必须视对象而定，但是，在这样的预设之下，人们做出的所有这样的尝试均告失败了，即经由会扩展我们的知识的概念就对象先天地确立某种东西。因此，让我们尝试一下如下做法：如果我们假定，对象必须视我们的知识而定，那么在形而上学的任务中我们是否会获得更好的进展。这种假定已经先行与我们所要求的关于对象的先天知识的可能性更好地协调一致了，因为这种先天知识在对象被给予我们之前就应该确定了关于它们的某种东西。这里的情况恰好与哥白尼的最初设想的情况是一样的。当他对天体的运动进行解释时，他先是假定整个群星都在围绕着观察者旋转。但是，在这样的假定下，他没有取得很好的进展。于是，他做了这样的试验：如果让观察者旋转而让群星处于静止状态，他会否获得更大的成功。在形而上学中［Bxvii］就对象的**直观**而言，人们现在可以做出类似的试验。如果直观必须视诸对象的特性而定①，那么我看不出人们如何能够先天地知道某种关于它们的东西；但是，如果诸对象（作为感觉能力②的对象）视我们的直观能力

---

① 此句原文是这样的："Wenn die Anschauung sich nach der Beschaffenheit der Gegenstände richten müßte"。"sich nach ... richten"也可译作"符合于……"、"按照……行事"。

② "感觉能力"原文为"Sinn"。在康德这里，感觉能力是其所谓"感性"（Sinnlichkeit）之一种，即属于认识能力的感性；此外还有不属于认识能力的感性。属于认识能力的感性除了感觉能力以外还包括想象力（Einbuildungskraft）。不属于认识能力的感性指对愉快和不快（Lust und Unlust）的感受能力（Gefühl）。康德又将感觉能力本身分为外感能力（der äußere Sinn）和内感能力（der innere Sinn），只有外感能力才有相应的感官，而内感能力没有相应的感官。因此，我们不能将康德的"Sinn"译作"感官"或"官能"。相应地，"Eindruck der Sinne"、"sinnlicher Eindruck"、

的特性而定，那么我就完全能够设想这种可能性了。不过，如果这些直观要成为知识，那么我就不能停留在它们之上；相反，我必须将这些作为表象的直观联系到某种作为对象的东西之上并且通过这些直观来规定该对象。因此，我或者可以假定，我借以做出这种规定的概念也视对象而定，在这种情况下我再一次地陷入关于这样的方式的同一困境，依照它，我能够针对对象先天地知道某种东西；或者我假定，诸对象或者这样的**经验**（二者是一回事儿）——只有在其中诸对象才被（作为给出的对象）认识到——视这些概念而定，这样，我便立即看到了一种颇为轻松的出路，因为经验本身就是这样一种认识方式，它需要知性，而我必须在我之内在诸对象还没有被给予我之前就预设了进而先天地预设了知性的规则，这样的知性的规则就表达在先天的概念之中。因此，所有经验的对象［Bxviii］都必定要视这些概念而定，都必须与它们保持一致。就诸对象而言，如果它们仅仅是通过理性而被思维的，而且必然地被思维了，但它们根本不能在经验中被给出（至少不能像理性思维它们那样），那么思维它们的试验（因为它们必定是可以思维的）此后将会提供一块用以检验这样的事项的极好的试金石，即我们假定为思维方式中的改变了的方法的东西，进而即这点：针对诸事物，我们只是先天地认识到我们自己放进它们之

（接上页）“Sinneseindruck”等不能译成“感官印象”，而是应当译成“感觉能力的印象”，或者简单地译作“感觉印象”或“感性印象”。最后，还要特别注意的是，在一些地方，康德又在感觉能力的运用即“感觉能力的感觉”（sinnliche Empfindung, Empfindung der Sinne）（语出 A1 和 B219）这样的意义上使用“Sinn”。我将这样的地方出现的“Sinn”直接译作“感觉”（“Empfindung”之一种意义）。

中的东西。*

这个试验[①]如人们所期望的那样成功了。它保证了，形而上学在其第一部分中走上了科学的可靠的道路。（在这一部分中，形而上学处理的是这样一些先天概念，它们在经验中的相应的对象能够被以适合于它们的方式给出。）[Bxix]因为在有了思维方式上的这种转变之后，人们便能够很好地解释先天知识的可能性了；而且，还远不止于此，人们还可以为这样一些法则——它们先天地构成了作为诸经验对象之全体的自然之基础——配备上令人满意的证明。但是，按照人们迄今为止所采取的做法，这两点却是不可能的。不过，形而上学的第一部分[②]所提供的这种关于我们先天认识的能力的演绎却产生了一个令人诧异的并且表面上看来对形而上学的整个目的来说——形而上学的第二部分[③]处理的就是这个目的——非常不利的结果，即经由我们的这种先天认识的能力我

---

* 因此，这种模仿自然研究者的方法在于下面这点：在**可以通过一个实验证实或反驳的**东西中寻找纯粹理性的要素。我们不能对纯粹理性的诸命题的**对象**做实验（像在自然科学那里那样），以便检验它们——特别是当它们敢于超越可能经验的一切界限时。因此，只有对我们先天地假定的**概念**和**原则**做实验才是可行的，也即，通过如下方式：人们如此地安排这些概念和原则，以至于同一些对象**一方面**可以被看作感觉能力[Bxix]和知性的对象——为了经验的缘故；但**另一方面**又可以被看作这样的对象，人们仅仅思维它们——充其量是为了孤立的且力争超越经验界限的理性的缘故，因此，同一些对象可以从两个不同的方面加以看待。现在，如果事实表明，当人们从那种双重的视角来看待诸事物时，发生的事情是与纯粹理性的原理的协调一致，而当人们从一种视角来看待它们时，发生的事情则是理性与其自身的不可避免的冲突，那么，此实验便判定了那种区分的正确性。

① 指上一段话中“在形而上学中就对象的直观而言，人们现在可以做出类似的试验”这句话后面所讨论的那个试验。

② 即本书先验感性论和先验分析论部分（B33-349/A19-292）。

③ 即本书先验辩证论部分（B349-732/A293-704）。

们决不能走出可能经验的界限，尽管走出可能经验的界限恰恰就是这门科学的最为根本的事务。不过，此处〔Bxx〕也恰好包含着对于我们的先天的理性知识的那种初次评估的结果的真理性的复核检验——这个结果是这样的：我们的先天的理性知识仅仅涉及显象，而没有触及虽然就其自身来说是真实的但却不为我们所认识的事物本身[①]。因为，驱使我们必然地走出经验以及所有显象的界限的东西是这样的**无条件者**，理性必然地并且完全正当地在物本身之中为一切有条件者要求它，并且由此而要求诸条件的序列之完成。假定情况是这样的：如果人们假定，我们的经验知识要视作为物本身的对象而定，那么无条件者便**根本不能无矛盾地加以思维**；相反，如果人们假定，我们对于给予我们的事物的表象并非要视作为物本身的事物而定，相反，这些对象，作为显象，要视我们的表象方式而定，**那么矛盾便消除了**。因此，进一步假定情况是这样的：无条件者必定不是在我们所直接认识的事物（给予我们的事物）之上遇到的，而必定是在我们并不直接认识的事物——作为事物本身的事物——之上遇到的。假定情况是这样的，那么下面这点便昭然若揭了：我们起初仅仅作为试验而假定的东西是有根〔Bxxi〕据的。* 现在，在我们否认了思辨理性在这个超感性

---

① “事物本身”原文为“Sache an sich selbst”。在接下来的句子中出现的“物本身”原文则为“Dingen an sich selbst”。康德基本上是在相同的意义上使用“Sache”和“Ding”这两个德语词的。因此，在本译文中，在一些地方我将对这两个词不加区分地进行翻译。

* 纯粹理性的这个实验与**化学家们**的实验（他们有时将其称作**还原**试验，但一般说来将其称作**合成操作**）有许多相似之处。**形而上学家的分析**将纯粹的先天知识分析成两种很不相同种类的要素，即作为显象的事物与事物本身。**辩证论**则又将二者结合在一起，以便得到与关于**无条件者**的必然的理性理念的**一致性**，并且发现这种一致性只是通过那种区分才出现的，因此该区分是真实的区分。

事物的领域之上的任何进展之后，我们总是还可以进行这样的试验，即看一看在理性的实践知识中是否有可用来规定那个关于无条件者的超验的理性概念的材料，并且尝试以这样的方式、以符合形而上学的希望的方式借助于我们的仅仅在实践方面可能的先天知识达到一切可能的经验的界限之外。在这样一种程序中，对于我们来说，思辨理性的确总是至少为这样一种拓展谋得了一个位置，尽管它不得不让这个位置虚位以待。因此，我们尽可以根据我们自己的意愿决定是否用［Bxxii］理性的实践材料来填充该位置（当我们能够这样做时）——理性甚至于敦促我们这样做。*

现在，这个纯粹的、思辨的理性之批判的事务就在于上面讨论的那种试验，即改变形而上学迄今为止所采取的做法，而且是通过如下方式达成这种改变：我们按照几何学家和自然研究者的范例对形而上学做出一场彻底的革命。这个批判是一本关于这门科学的方法而非这门科学的系统本身的论著。尽管如此，它还是描画出了这门科学的整体的轮廓——不仅就其界限来说，而且就其［Bxxiii］整个内部骨架来说。因为，纯粹的、思辨的理性具有如下独特之处：首先，它能够而且应当根据它为自己选择思维的对

---

* 以同样的方式关于天体运动的重要法则为哥白尼起初只是看作假说的东西提供了确凿的确实性，并且同时证明了那种不可见的、将世界的结构联结起来的力量（牛顿的引力）的存在。就这种力量来说，如果哥白尼当初不曾敢于以一种荒谬的但又真实的方式采取这样的做法，即不是在天空中的对象那里而是在其观察者那里寻找所观察到的运动，那么它会永远处于未被发现的状态。在这个序言中我也只是将在该批判中阐述的、类似于那个假说的思维方式上的转变作为假说而予以提出的，以便让人们可以注意到这样一种转变的诸最初的试验（它们总是假设性的），尽管在这篇论著本身中该转变从我们关于空间和时间的表象的特性以及知性的基本概念中得到了绝然的而非假设性的证明。

象的方式上的区别测定它自己的能力；其次，它也能够而且应当给自己完全地列举出给自己提出诸多任务的多种不同的方式进而能够而且应当描画出一个形而上学系统的整个轮廓。因为，就第一点来说，在先天知识之中能够被归属给诸对象的东西仅仅是思维主体从它自身所拿来的东西；就第二点来说，纯粹的、思辨的理性联系着诸认识原理来说，恰恰就是这样一个完全隔离开来的、独立自存的统一体，在其中每个成员都是为了所有其他成员而存在的（像在一个有组织的物体中那样），并且所有成员均是为了每一个成员而存在的。而且，没有任何一条原理能够是这样的：在**一种**关联中它被人们充满确信地接受了，而与此同时它却没有在与理性的整个纯粹的使用的**贯通的**关联中被人们加以研究过。不过，正因如此，形而上学也拥有了这样的难得的运气，而所有其他处理对象的理性科学均未能享有此等运气（因为**逻辑**只关注思维形式本身）：当它通过这种批判而被带上科学的可靠道路之上时，它便能够完全地囊括属于它的知识的整个领域，［Bxxiv］并且因此能够完成它的工作，并能够将该工作作为一种无法再加以增益的资本保存下来，以备后人使用。因为，它只是与诸原理及其使用上的限制有关，而这些限制是由那些原理本身决定的。因此，它作为基础科学也对这种完全性负有责任，针对它人们也必定可以这样说：Nil actum reputans, si quid superesset agendum。[①]

但是，在此人们会提出这样的问题：我们盘算着借助于这样

---

① 这段拉丁文出自罗马诗人卢卡努斯（Marcus Annaeus Lucanus，公元39–65年）的未完成诗作 *De bello civili*（《论内战》），ii，657："只要还有某件事情有待处理，那么他便认为没有任何事情做完了。"（根据 Weischedel 德译文译出。）

一种经过批判而得到了净化的、但由此也被带入到一种恒定状态之中的形而上学而留给子孙后代的东西究竟是一种什么样的财富？在迅速地浏览了本书之后，人们会相信看到了下面这点：这种形而上学的用处终究仅仅是**消极的**，即通过思辨理性我们从来不敢超越经验界限。这点的确也是其第一个用处。不过，如果人们了解了如下事实，那么这种用处立马就变成**积极的**了：这样一些原则——思辨理性要利用它们勇敢地超越其界限——事实上带来的不可避免的结果并不是对我们的理性的使用的**扩展**，而是对其的**收缩**（如果人们进一步地考察了它们的话），因为它们事实上威胁着要将感性的界限扩展到所有东西之外（而真正说来它们却属于感性），[Bxxv]因此威胁着要排挤理性的纯粹的（实践的）使用。因此，限制了思辨理性的批判尽管在这样的范围内是消极的，但是由于它由此同时去除了这样一种障碍，它限制甚或威胁着根除理性的实践的使用，因此，一旦人们信服了下面这点，那么事实上它拥有一种积极的并且很重要的用处：存在着这样一种对于纯粹理性的绝对必然的实践的（道德的）使用，在其中它不可避免地将自己扩展到感性的界限以外。为此，纯粹理性尽管不需要思辨理性提供任何辅助，但是人们也必须确保它免受思辨理性的反作用的影响，以便它不至于陷入与它自己的矛盾之中。否认此批判所提供的服务拥有这样的**积极的**用处，这样做就恰好像是说警察没有提供任何积极的用处，因为其主要的事务毕竟仅仅是这样的：制止公民们所担心的彼此针对对方的暴力行为，以便每个人均可平静而安全地从事各自的事务。在此批判的分析部分，我们证明了：空间和时间只是感性直观的形式，因此只是作为显象的诸事物的存在[①]的条件；进而，就诸知性概念来说，除非〔Bxxvi〕相应于这些概念的直观能够被给出，否则，我们不会拥有它们，进而也根本不会拥有关于事物的知识的任何要素；因此，就任何对象来说，我们不能拥有关于作为物本身的该对象的知识，而仅仅在它是感性直观的对象的范围内，也即在它作为显象的范围内，我们才能够拥有关于它的知识。于是，由此自然而然便有了这样的限制：一切单纯可能的思辨的理性知识均局限于单纯的**经验**对象之上。不过，尽管如此，在此下面这点总还是得到了保留：虽然我们不能**认识**但至少必然能够**思维**此外还作为物本身的恰好同样一些对象（人们要好好注意这点）。* 因为，否则的话，我们便会得到如下荒唐的命题：显〔Bxxvii〕象在没有这样的东西的情况下便存在了，它在此在向人们显现着[②]。现在，如果我们想要假定，

---

① “存在”原文为“Existenz”。我们译作“存在”的还有两个德语词“Dasein”和“Sein”。在康德的文本中，“Existenz”和“Dasein”这两个词从意义来看没有任何实质区别，他基本上是互换使用它们的。“Sein”的情况比较复杂，详情请见下文及相关注释。

* 为了**认识**一个对象，我需要做到这点，即能够证明其可能性（无论我是根据源自其现实性的经验的见证还是先天地经由理性做到这点的）。但是，我能够**思维**我想要思维的一切东西，只要我不与我自己发生矛盾，即只要我的概念仅仅是一个可能的思想——尽管我不能担保这点：在所有可能情况的总体中是否也有一个与此概念相对应的对象。然而，为了给这样一个概念赋予客观的有效性（实在的可能性，因为前一种可能性仅仅是逻辑的可能性），我们需要某种更多的东西。不过，这种更多的东西恰恰不必在理论的认识来源中去寻找，它也可能处于实践的认识来源之中。〔此注以及所注文句中出现的“认识”原文均为“erkennen”。〕

② 此句原文为：“daß Erscheinung ohne etwas wäre, was da erscheint”。请注意“Erscheinung”（显象）与“erscheint”（显现）之间的字源上的联系：所谓显象，简单说来，就是一个事物显现给主体（进而主体的感觉能力）的样子。因此，在没有向我们显现着的事物的情况下谈论显象直接就构成了语词矛盾。

经由我们的批判而必然地做出的作为经验的对象的事物与作为事物本身的恰好同样的事物之间的区分根本就没有做出，那么因致性原则进而还有因致性之决定中的自然机制便必定会完全适用于作为效力因的所有泛而言之的事物[①]。因此，针对恰恰同一个存在

---

① 此句话原文是这样的："so mußte der Grundsatz der Kausalität und mithin der Naturmechanismus in Bestimmung derselben durchaus von allen Dingen überhaupt als wirkenden Ursachen gelten"。"因致性"（德文原为"Kausalität"，英文为"causality"），意指一个事物所拥有的成为某个事项的原因的性质，即一个事物所拥有的作为原因而导致或引起某个事项的性质（参见 Ak 28: 565）。康德有时也用该词意指一个原因之实施或发挥其因致性的活动，即一个原因之导致或引起一个结果的活动（比如在 B472/A444、B473/A445 和 Ak 28: 564 中）。通常该词项被译作"因果性"、"因果关系"或"因果作用"，有时也被译作"原因性"。我认为，至少在一些语境中将其译作"因致性"更为准确，因此与其相应的德文中的动词"verursachen"（英文中作为动词使用的"cause"）最好译作"因致"。关于"因致性之决定"和"自然机制"，请分别参考《判断力批判》和《实践理性批判》中的如下论述："不过，当'**原因**'这个词被用在超感性事项之上时，它仅仅意指这样的**根据**，该根据决定自然物的因致性按照自然物自己的自然法则但同时也与理性法则的形式原理协调一致地导向一个结果"（obzwar das Wort *Ursache*, von dem Übersinnlichen gebraucht, nur den *Grund* bedeutet, die Kausalität der Naturdinge zu einer Wirkung, gemäß ihren eigenen Naturgesetzen, zugleich aber doch auch mit dem formalen Prinzip der Vernunftgesetze einhellig, zu bestimmen）（Ak 5: 195）。"人们也可以将时间中的诸事件根据关于因致性的自然法则而来的全部必然性均称作自然的**机制**，尽管人们不是这样理解这种机制的，即听命于它的诸事物必定是实际的物质**机器**"（... kann man auch alle Nothwendigkeit der Begebenheiten in der Zeit nach dem Naturgesetze der Causalität den *Mechanismus* der Natur nennen, ob man gleich darunter nicht versteht, daß Dinge, die ihm unterworfen sind, wirkliche materielle *Maschinen* sein müßten）（Ak 5: 97）。这句话中出现的"Dingen überhaupt"意为泛而言之的事物。按照 *Deutsches Wörterbuch von Jacob Grimm und Wilhelm Grimm* 的解释，当"überhaupt"用在一个名词之后时，其意为"den Begriff in seinem vollen Umfange genommen"（就该名词所表示的那个概念的全部外延或范围来理解的该概念）。在康德著作中，这种用法非常普遍。英译者一般将其译作"in general"，也有人将其译作"as such"。常见的中译有"普泛所谓"、"一般"、"一般的"、"一般而言的"、"一般意义的"等等；更有一些中译者将

物，比如人的灵魂，我便不能在说出“它的意志是自由的并且与此同时它却也听命于自然必然性，也即不是自由的”这样的话时不陷入一种明显的矛盾之中。因为在这两句话中我是**在恰好同一种意义上**理解灵魂的，也即将其理解为泛而言之的事物（事物本身），而且，在没有做出先行的批判的情况下，我也不可能以其他的方式理解它。不过，如果当该批判教导人们要**在两种意义上**理解对象时——即这样理解对象：将其或者看作显象，或者看作物本身——它没有出错，而且如果该批判的知性概念的演绎是正确的，因此因致性原则只是适用于在第一种意义上被理解的事物，也即在诸事物是经验的对象的范围内，但是，恰恰同样一些事物从第二种意义上看并不听命于该原则，那么，显象中的（可见的行动中的）恰好同一种意志［Bxxviii］一方面被思考为必然地符合自然法则的，在这样的范围内它**不是自由的**，而另一方面，它又被思考为属于物本身的，并不听命于自然法则，因此它是**自由的**——在此并没有出现任何矛盾。现在，尽管我不能经由思辨理性（更不能经由经验观察）**认识**从后一个方面看待的我的灵魂，因此也不能**认识**作为这样一种存在物的性质的自由，我将感性世界中的结果归属给它（因为，否则的话，我就必定以一种得到了规定的方式从其存在上而不是在时间上认识了这样一种存在

（接上页）“Von der Logik überhaupt”、“Von der transzendentalen Urteilskraft überhaupt”、“Von der Vernunft überhaupt”、“Von den Ideen überhaupt”　和“Von dem Ideal überhaupt”分别译作“泛论逻辑”、“泛论先验的判断力”、“泛论理性”、“泛论理念”、“泛论理想”。这些中译或者是错误的，或者是不准确的。显然，很难找到与该词的这种独特用法完全适合的中译。

物[①]——这点是不可能的，因为我不能将任何直观置于我的概念之下)，但是，在如下前提之下我还是能够**思维**自由，也即关于自由的表象至少没有包含任何矛盾：我们已经批判地区分开了两种表象方式（感性的和理智的表象方式）并且根据这种区分而限制了纯粹知性概念，也限制了源自它们的原则。现在，让我们假定：道德[②]必然地预设了作为我们的意志的性质的自由（就其最为严格的意义而言)，由于它先天地援引了包含在我们的理性之中的本源性的实践原则（作为我们的理性的**材料**)，而如果没有预设自〔Bxxix〕由，那么这些原则是绝对不可能的；但是，思辨理性已经证明了，这种自由根本就是不可思维的。因此，必然地，那个假定，即道德的假定，一定会让步给这样的假定[③]，其反面包含着一个明显的矛盾。所以，**自由**以及随之而来的伦理性便将位置让给**自然机制**了（因为自由和伦理性的反面并不包含任何矛盾，除非自由被先行预设了)。不过，由于对于道德来说，我所需要的不过是这点，即自由仅仅不与自身发生矛盾进而它的确至少是可以思

---

① 此句话原文是这样的："darum weil ich ein solches [Wesen] seiner Existenz nach, und doch nicht in der Zeit, bestimmt erkennen müßte"（也可以译作：因为，否则的话，我就必定从其存在上而不是在时间上将这样一种存在物认识成得到了规定的)。"bestimmt"在此意为根据纯粹知性概念或范畴对相关的诸显象进行了规定，使其成为了经验认识的对象。按照康德的理解，这样的规定只有借助于先验的时间规定（eine transzendentale Zeitbestimmung）才是可能的（参见后文 B177–178/A138–139)，因此可以如此地得到规定的事物必须处于时间之中，即必须是显象。〔请注意：出于简洁的考虑，在本译本中，在不会引起误解的地方，如上意义上的"bestimmt"有时也译作"确定的"。〕

② "道德"（原文为"die Moral"）指道德性（Moralität）或合乎道德的行动。

③ "这样的假定"指这个假定：自由是不可思维的。

维的（而无需对其有进一步的洞察），它没有为（从另一方面来看的）恰好同一种行动的**自然机制**设置任何障碍，因此，关于伦理性的学说[①]坚守住了其位置，而自然学说也坚守住了它们的位置。相反，如果我们的批判没有事先教导我们，我们对物本身不可避免地一无所知，而且如果该批判没有将我们从理论上说所能够**认识**的一切东西均限制在单纯的显象之上，那么这样的事情是不会发生的。我们也可以联系着**上帝**概念和我们的**灵魂**的**简单本性**以同样方式阐述纯粹理性的批判原则的积极的用处。不过，出于简短的考虑，我在此不给出这样的阐述了。因此，如果我没有同时**清除**思辨理性关于过分的洞见的狂妄主张[②]，那么我甚至于都不能出于我的理性的必然的实践使用的考虑而［Bxxx］**假定上帝、自由和不死性**，因为为了获致这些洞见，思辨理性必须使用这样一些原则，由于它们事实上只是触及了可能经验的对象，因此，如果尽管如此，人们还是将它们应用于这样的东西之上，这样的东西不可能成为可能的经验的对象，那么它们实际上便总是将这样的东

① “关于伦理性的学说”原文为“die Lehre der Sittlichkeit”（或“伦理学说”［Sittenlehre］）。“伦理性”原文为“Sittlichkeit”。康德基本上（至少在《纯粹理性批判》中）是同义地使用“伦理性”和“道德性”进而“伦理的”（sittlich）和“道德的”（moralisch）这些词项的。

② “过分的”原文为“überschwenglich”。“überschwenglich”在现代德语中拼写为“überschwänglich”，意为“感情洋溢地、充满地”，字面意义为“过分庞大的”（übermäßig groß）。在此“过分”意为超越本分或超过一定的程度或限度。在此处以及其他一些地方，康德是在与“transzendent”（超验的）同义的意义上使用“überschwenglich”这个词的（进一步参见 Ak 4: 328, 348）。“洞见”原文为“Einsicht”，相应的动词形式为“einsehen”（洞察），相应的拉丁词为“perspicere”。在一本逻辑讲义中康德是这样界定“洞察”的：所谓洞察即“经由理性认识某种东西”（Ak 9: 65）。

西转变成为显象了，并且因此将纯粹理性的一切**实践的扩展**宣布为不可能的了。因此，我必须取消**知识**，以便为**信仰**腾出位置①，而且②形而上学的独断论——也即这样的偏见，认为在形而上学中无需通过纯粹理性的批判便可有所前进——构成了一切与道德性相冲突的无信仰态度的真正的源泉，而无信仰态度③总是十分独

---

① 此句话原文是这样的："Ich mußte also das *Wissen* aufheben, um zum *Glauben* Platz zu bekommen"。在此"知识"（Wissen）指较窄意义上的知识，即理论或科学知识。康德用"Erkenntnis"指称宽泛意义上的知识——既包括理论或科学知识，也包括实践知识（如道德知识和关于上帝的知识）。"Wissen"的动词形式指理论或科学认识，而"Erkenntnis"的动词形式"erkennen"则指宽泛意义上的认识——既包括理论或科学认识，也包括实践认识（如道德认识和关于上帝的认识）（参见 Pluhar [tr.] 1996: 5, 31）。在绝大多数情况下，本译本中出现的"认识"或"知识"德文均为"erkennen"或"Erkenntnis"，因此均指宽泛意义上的认识或知识。此外，在本译本中被翻译成"认识"的还有一个德语词"kennen"（相应的名词形式为"Kenntnis"），有时康德用其意指直接的认识（亲知），但有时"kennen"与"erkennen"在康德这里并无区别。根据这句话的前后文以及上面的讨论，其完整的意义当是这样的：我们必须放弃**从理论上认识**物本身、上帝、自由和（灵魂）不死性的任何企图（进而放弃关于它们的任何**理论知识**），以便为对于这些事项的**实践的信仰**（进而关于它们的**实践知识**）腾出位置（参见 *Kritik der praktischen Vernunft*, Ak 5: 3–5; *Kritik der Urteilskraft*, Ak 5: 475。进一步参见：Georg Mohr (hrsg.), *Immanuel Kant. Theoretische Philosophie. Texte und Kommentar*, Band 3, Suhrkamp Verlag: Frankfurt am Main, 2004, S. 350–351, 371; Eckart Förster, "Die Vorreden", in Georg Mohr und Marcus Willaschek (hrsg.), *Immanuel Kant. Kritik der reinen Vernunft*, Berlin: Akademie Verlag, 1998, S. 52–53）。请比较 B772–773/A744–745 中的如下断言："因为，最后还是有足够多的东西留给了你们，以便让你们讲那种在最为敏锐的理性面前得到了辩护的关于某种坚定的**信仰**的语言，尽管你们必须放弃**知识**的语言"（Denn es bleibt euch noch genug übrig, um die vor der schärfsten Vernunft gerechtfertigte Sprache eines festen *Glaubens* zu sprechen, wenn ihr gleich die [Sprache] des *Wissens* habt aufgeben müssen）。关于 Wissen（知识，知道）和 Glauben（信仰，相信）的区分，请进一步参见 B848–859/A820–831; *Kritik der Urteilskraft*, Ak 5: 467–473; *Logic*, Ak 9: 65–62。

② Erdmann 认为"而且"（und）当作"因为"（denn）。

③ "无信仰（态度）"原文为"Unglauben"。

断的。——因此，如果说就一门按照纯粹理性的批判而构述起来的系统的形而上学来说，留给后人一份遗产不可能是什么难事儿，那么，尽管如此，这份遗产决不是一份可以轻视的礼物。在此人们可以关注一下经由一门泛而言之的科学的可靠道路对理性所进行的化育（与理性在没有批判的情况下所做的无根据的摸索和漫不经心[Bxxxi]的瞎转加以比较），或者还可以关注一下这样一个求知欲很强的年轻人的更好的消磨时间的方式，他在通常的独断论那里很早便得到了许多鼓励——他被鼓动这样做：惬意地就这样一些事物进行理性诡辩——关于它们，他没有任何了解并且他像世界上其他人一样也永远洞察不到其中的任何东西——甚至于企图发明新思想和新意见并因此而耽误了彻底的科学的学习。不过，最为重要的是，我们要考虑一下如下做法会带来的难以估计的好处：以苏格拉底的方式，也即通过明白无误地证明反对者的无知的方式，一劳永逸地终结对于伦理性和宗教的一切质疑。因为，世界上总是存在过某种形而上学，而且在世界中肯定还会遇到某种形而上学。不过，与它一起出现的还有纯粹理性的辩证论，因为对于纯粹理性来说，这种辩证论是自然而然的。因此，哲学的首要的事务就在于通过堵住错误的来源的方式一劳永逸地去除形而上学的所有有害的影响。

尽管在科学领域发生了此种重要的转变，而且思辨理性在其迄今为止想象着自己拥有的财产方面必定遭受了这样的**损失**，但是就普通的[Bxxxii]人类事务以及世界迄今为止从纯粹理性的学说所获取的好处来说，一切均一如既往地处于同样有利的状态，而且相关的损失只是涉及**学派的垄断权**，而绝不涉及**人们的利益**。在此，我要质问不屈不挠的独断论者，下面这样一些证明在被相关的学派提出来以后，是否在某个时候能够到达大众那里并能够对他们的信服产生哪怕是最低限度的影响：从实体的简单性来证明我们的灵魂在死后的延续，通过主观的实践必然性和客观的实践必然性之间虽然精微但却软弱无力的区分来证明意志对抗着普遍的机制的自由[①]，从关于最实在的存在物的概念（从可变的东西的

---

① 在此康德想到的应当是休谟的观点。按照休谟的理解，一个人根据其内在原因比如其动机和欲求做出的行动是自由的，进而他的意志也是自由的；而如果他的行动是外在的原因导致的结果，那么它不是自由的，进而他的意志不是自由的。内在的原因与行动之间的因果关系可以说包含着主观的实践必然性（die subjektive praktische Notwendigkeit）；而外在的原因与行动之间的因果关系则可以说包含着客观的实践必然性（die objektive praktische Notwendigkeit）。在此请注意如下两点：其一，按照休谟的观点，这两种必然性均是人们观察到相关事件之间的恒常的联系之后所产生的心理习惯之结果；康德有时将这种习惯直接称作"主观的实践必然性"（参见 Ak 7: 147）。其二，休谟认为，他所承认的自由即所谓"自发性的自由"（the liberty of spontaneity）或者说"假设的自由"（the hypothetical liberty）只是与限制、暴力和强力（constraint, violence and force）形成对立，而与他所理解的因果必然性是相容的；与此形成鲜明对照的是，所谓"勿必的自由"（the liberty of indifference）或者"偶发性"（chance）则与这样的因果必然性不相容（按照《牛津英语词典》的解释，"indifference"或"indifferency"意为意志的非决定性、选择的自由、采取两种做法中的任何一种的均等的能力；"the liberty of indifference"意为意志自由或免于必然性）。不过，后一种意义上的自由根本就是不可能存在的（以上请参见 Hume, *A Treatise of Human Nature*, edited by L. A. Selby-Bigge, 2nd edition, revised by P. H. Nidditch, Oxford: Clarendon Press, 1975, 2. 3. 1. 18/407, 2. 3. 2. 1/407–408; *Enquiry concerning Human Understanding*, in *Enquiries concerning Human Understanding and concerning the Principles of Morals*, edited by L. A. Selby-Bigge, 3rd edition, revised by P. H. Nidditch, Oxford: Clarendon Press, 1975, 8. 23/95, 8. 25/96）。在其伦理学著作中康德是这样解释主观的实践必然性和客观的实践必然性之间的区别的：假言命令（der hypothetische Imperativ）所表达的必然性是主观的实践必然性，而定言命令（der kategorische Imperativ）所表达的必然性则是客观的实践必然性（参见 Ak 4: 412, 414, 463；5: 20, 146；6: 224）。

偶然性以及某个第一推动者的必然性）证明上帝的存在？现在，如果这样的事情没有发生，而且，鉴于普通的人类知性不适合于如此精微的思辨，我们也决不能期待这样的事情；如果情况恰好相反，是某种其他的东西必然地独自导致了扩展到大众那里的信服（在相关的信服是建立在理性根据基础之上这个范围内）——就第一点来说，是每个人都易于注意到的他们的本性中的这样的禀赋[①]，即从来不能被时间性的事项（作为对于他们的整个使命的禀赋来说不充分的东西）所满足，必然地独自导致了对于**来生**的希望；就第二点来说，是对于与偏好的所有要求相对的义务的单纯的、[Bxxxiii] 清晰的呈现必然地独自导致了**自由**的意识；最后，就第三点来说，是庄严的秩序、美丽和照顾这些处处呈现于自然之中的东西才必然地独自导致了人们对于智慧而伟大的**世界创造者**的信仰——那么，不仅〔大众对相关的信服的〕这种拥有没有受到触动，而且它还经由这样的方式而赢得了尊重，即诸学派从现在开始被教导着不要狂妄地认为自己在关于普通的人类事务的地方拥有比（最值得尊重的）大多数人也恰恰能够很容易地获得的洞见更为高级且更为广泛的洞见，而且要将自己仅仅限制在这样的工作之上，即化育这些普遍可理解的且从道德角度看充分的证明根据。因此，这种转变仅仅涉及诸学派的自大的要求：这些学派在此非常想让人们把他们看成这样一些真理的唯一的知悉者和保存者（像在许多其他事情中他们被正当地如此看待一样），他们只是告诉大众如何使用它们，而将其密钥只保留给他们自己（quod

---

① “禀赋”原文为“Anlage”。“Anlage”也可译作“（先在的）倾向”。

mecum nescit, solus vult scire videri[①])。尽管如此，人们还是照顾到了思辨哲学家的一种 [Bxxxiv] 较为正当的要求。他们始终还是一门对于大众来说有用但是却不为其所知的科学即理性批判的保管人。因为，该批判从来不可能变成通俗的，它也没有必要变成为通俗的。而这点又是因为，正如人们精细地编织出来的对于有用的真理的论证不想进入大众的脑海之中一样，恰好同样精微的对于这些论证的反驳也进入不了大众的心中。与此相反，相关的学派，正如每个将自己提升到思辨高度的人一样，则不可避免地陷入这些论证和其反驳之中，因而，它有责任做这样的事情，即通过彻底地研究思辨理性的权利的方式一劳永逸地防止这样的丑闻，在或长或短的时间内甚至于大众也必定会在这样一些争论中遇到它，在没有该批判的情况下，形而上学家们（最后或许还有作为形而上学家的牧师）不可避免地陷入它们之中，而它们事后甚至于会让他们的学说变成假的。现在，只有通过这样的批判我们才能根除**唯物论**、**命定论**、**无神论**、自由思想家们的**无信仰状态**、**狂热和迷信**（它们一般说来可以变成有害的），最后还有**唯心论**和**怀疑论**（这两者对于诸学派来说更为危险，很难进入大众之中）。如果政府 [Bxxxv] 觉得关心学者的事务是一种不错的选择，那么帮助促进这样一种批判的自由（只有经由这样的做法，理性的工作才能被放置在稳固的底座之上）比支持诸学派的可笑的专制更为符合于它所制定的对科学和从事科学的人们的聪明的关怀政策。当

① 语出罗马著名诗人贺拉斯（Horace，公元前 65–公元前 8 年）的著作 *Epistles*（《书信集》），II，i，87："对于这样的东西，他与我一样也不知道它是什么，他却想要显得他是唯一知道它的人。"（中译文根据 Weischedel 德译文译出。）

人们撕破这些学派所编织的蜘蛛网时，他们便大声叫嚷着说公众面临着危险。但是，公众却从来没有注意到这些蜘蛛网，因此他们也不能感受到它们的损失。

与这样的批判形成对照的并不是理性在其作为科学的纯粹认识中所采取的**那种独断的程序**（因为科学必定总是独断的，也即必定根据可靠的先天原理给出严格的证明），而是**独断论**，即这样的狂妄主张：仅仅利用源自概念的纯粹知识（哲学知识），根据诸原理（像理性长期以来使用这些概念和原理那样），在没有对理性借以达到这些概念和原理的方式和权利进行探询的情况下便可取得进展。因此，独断论就是**在没有事先对纯粹理性自己的能力做出批判的情况下**纯粹理性所采取的那种独断的程序。于是，这种对照并非是要支持喋喋不休的肤浅的废话（在通俗性这个自大的名［Bxxxvi］义下），甚至也并非是要支持这样的怀疑论，它快速地解决掉了整个形而上学；相反，该批判是为了促进作为科学的彻底的形而上学而必须进行的一项预备性活动。这样的形而上学必须是独断地并且系统地——依据最为严格的要求——进而按照学院标准（而非通俗地）进行的，因为对于它的这种要求是不可免除的，而这点则又是因为它自告奋勇地做这样的事情，即完全先天地进而以让思辨理性完全满意的方式处理其事务。因此，在贯彻该批判所做出的那个规划时，也即在未来的形而上学系统中，我们必须遵循著名的沃尔夫[①]（最伟大的独断哲学家）曾经使用过的

① 沃尔夫（Baron Christian von Wolff，1679–1754），德国著名哲学家，莱布尼茨哲学的追随者，是莱布尼茨与康德之间德国最重要、最有影响的哲学家，其哲学思想对康德哲学乃至整个德国哲学产生了深远的影响。

那种严格的方法。他最先树立了如下事情的范例：人们应该如何通过对相关原理的合法则的确立、对相关概念的明确的规定、对经过检验的严格证明的运用、对推理过程中大胆的跳跃的防止等等走上科学的可靠道路。（正是因为此范例的缘故，沃尔夫成为德国迄今为止还未熄灭的彻底性精神的肇始者。）正因如此，他也特别适合于做这样的事情，即让像形而上学这样的科学处于这种可靠状态——如果他曾经想到过这点：通过对工具即纯粹理性[Bxxxvii]自身的批判事先准备好场地。遗憾的是，他未曾想到做这样的事情。这个缺点与其要归因于他，还不如归因于他那个时代的独断的思维方式。为此，他那个时代的哲学家以及此前所有时代的哲学家不必互相指责。抛弃了沃尔夫的治学方式甚至于同时还抛弃了纯粹理性的批判程序的人心中想到的不过是这样的事情：完全放弃对**科学**的任何束缚，将工作转变为游戏，将确实性转变为意见，并且将爱智慧转变为爱信条①。

就这个第二版来说，我不想错过该版提供的机会（正如人们在这样的时候应该做的那样），以便尽可能地修改第一版中会让人产生众多误解的困难和模糊之处。目光明锐之士在评判这本书时恰好做出了这样的误解（或许在此我自己不无责任）。在诸命题本身及其证明根据中，正如在该规划的形式及完备性上一样，我没有发现什么需要改动的地方。这点部分说来要归因于在我决定出版本书之前让它们所经受的那种长期的检验，部分说来要归因

① “爱智慧”原文为“Philosophie”，通常译作“哲学”；“爱信条”原文为“Philodoxie”。

于事物自身的性质，即这样的纯粹思辨理性的本性，它包含着这样一种真正的结构，在其内所有东西都是器官，即所有事项都是为了一个事项而存在的，而且任何一个［Bxxxviii］个别的事项均是为了所有个别的事项而存在的，因此每个即使非常微小的弱点——无论它是错误（谬误）还是缺点——都必定不可避免地会在使用中暴露出来。我希望，这个系统今后也继续维持这种不可更改性。让我产生这种自信的根据不在于自负，而是仅仅在于如下实验所给出的那种自明性：无论是先从纯粹理性的最小的要素开始，一直到其整体，还是反过来，从该整体再退回到每个部分，我们都得到相同的结果（因为即便这个整体就其自身来说也是通过纯粹理性在实践事项中的终极目的给出的），因为即便是改动哪怕是最小的部分的尝试立刻就会招致矛盾——不仅是该系统的矛盾，而且是普通的人类理性的矛盾。只是在**呈现**[①]上还有许多事情可做，就此方面来说我尝试利用这版的机会做出一些改进。这些改进部分说来会消除人们对感性论的误解，特别是人们在时间概念上的误解，部分说来会去除知性概念的演绎中存在的模糊的地方，部分说来会弥补纯粹知性原则的证明中足够的自明性的缺乏（有人认为相关的证明缺乏足够的自明性），最后，部分说来会消除人们对向着理性心理学发起攻击的谬误推理的误解。我对呈现方式所做的改动延伸到这里为止（也即只是延伸到先验［Bxxxix］辩证论〔第二卷〕第一篇的最后）*，［Bxl］因为，一方面时间也太紧了，另

① “呈现”（Darstellung）在此特指表述或阐述相关思想的方式。

* 如果说我在此版中做出了什么真正意义上的增补的话，那么它只是我在〔B版〕第275页上所做的那个增补（不过，该增补仅仅涉及证明的方式）。在该增补中，我对

一方面，就其余部分来说，我没有碰到来自专业的且公正[Bxli]的审

（接上页）心理学的**唯心论**做出了一种新的反驳，并且对外部直观的客观实在性做出了严格的（我相信也是唯一可能的）证明。尽管联系着形而上学的根本目的来说唯心论仍然可以被看作是无辜的（事实上它不是这样的），但是下面这点总归仍然是哲学和普通的人类理性的丑闻：不得不仅仅依靠**信念**来将我们之外的事物的存在接受下来（我们毕竟是从它们那里得来认识的全部材料的——甚至相对于我们的内感能力来说情况也是如此），而且，当有人想到质疑这些事物的存在时，我们不能用任何令人满意的证明来对抗他。由于在该证明的表述中从第三行到第六行存在着一些模糊的地方，因此我提请大家将这一大句话修改成如下的形式：**"但是，这种恒常的东西不可能是我之内的一个直观。因为，在我之内能够碰到的我的存在的所有规定根据都是表象，作为这样的表象，它们本身均需要一个不同于它们的恒常的东西，正是联系着它，它们的变易进而我在这样的时间中的存在——它们在其中发生着变易——才能得到规定。"**针对这个证明，人们也许反对说：我终究仅仅直接地意识到我之内的东西，即我关于外部事物的**表象**；因此，至于在我之外是否存在着某种相应于它的东西，这点总归还是未得到确定的。不过，我[Bxl]是经由内部**经验**意识到**我在时间中的存在**的（因此，也是以这样的方式意识到我在时间中的存在的可规定性的）。这点尽管要多于仅仅意识到我的表象这样的事情，但与**对于我的存在的经验意识**还是一回事儿，而对于我的存在的经验意识只有通过与**处于我之外的**、与我的存在联系在一起的东西的关联才能得到确定。因此，这种对于我在时间中的存在的意识与对于一种与我之外的某种东西的关系的意识以同一的方式联系在一起。所以，将外部事项与我的内部感觉不可分割地联系在一起的东西是经验，而非虚构，是感觉能力，而非想象力。因为外部感觉就其本身来说就已经是直观与我之外的某种现实的东西的关系，而作为不同于想象的东西的此种感觉的实在性仅仅是以下面这点为基础的：该感觉作为内部经验的可能性的条件不可分割地与内部经验本身联系在一起（在此所发生的恰恰是这样的事情）。在**我存在**这个表象（该表象伴随着我的所有判断和知性行动）之中我拥有对于我的存在的**理智的意识**，如果我能够同时将经由**理智直观**而对我的存在所做的规定与这样一种理智的意识联系在一起，那么对于与我之外的某种东西的关系的意识便不必然属于对我的存在的规定。不过，在此虽然那种理智的意识先行发生了，但是，内部直观——只有在其内我的存在才能得到规定——是感性的，并且与时间条件连接在一起，而这种规定，进而内部经验本身，依赖于这样的某种恒常的东西，它不处在我之内，因此仅仅处于我之外的[Bxli]某种东西之中，而我必须在与这种东西的关系中看待我自己。因此，外部感觉的实在性是与内部感觉的实在性必然地联系在一起的，正是这点使得泛而言之的经验成为可能。这也就是说，正如我意识到我本人在时间中以得到了规定

查者的误解。虽然我未能提到这些审查者的名字并给予他们以应得的称赞，[Bxlii]但是他们会在相应的地方自行发现我对他们的提醒所给予的考虑。不过，这种改进势必给读者带来一个小小的损失，在没有让本书篇幅变得过于庞大的情况下，它是没有办法防止的。这个损失就是：有这样一些不同的事项，它们虽然根本说来不属于整体的完全性，但是一些读者却不乐意失去它们，因为它们在其他方面可能常常是有用的，但我不得不删掉它们，或者不得不缩短了阐述它们的篇幅，以便为现在看来更好把握的（像我所希望的那样）呈现腾出位置。根本说来，联系着命题甚至于

（接上页）的方式存在着一样，我也恰好同样确实地意识到存在着处于我之外的事物，它们关联到我的感觉。不过，现在我们必须在每种特殊的情形中依据这样一些规则——正是根据它们，泛而言之的经验（甚至于内部经验）最终被与想象区别开来——确定下面这点：我之外的诸对象实际上对应着哪些给定的直观，因此这些直观属于外部**感觉能力**，应该被归属给外部**感觉能力**而非想象力。在此实际上存在着外部经验这个命题始终被置于基础的地位。人们还可以给其附加上如下评论：关于存在中的某种**恒常的**东西的表象与**恒常的表象**不是一回事儿。因为，关于存在中的某种恒常的东西的表象可能是极其可变动的并且是变易着的[1]，正如我们的所有表象甚至于关于物质的表象一样，它终究要关联到某种恒常的东西。因此，这种恒常的东西必定是这样一种与我的所有表象均不同的、外部的东西，其存在必然地被包含在了对我自己的存在的**规定**之中并且与此种规定一起只是构成了这样一种唯一的经验，如果它与此同时（部分说来）不曾是外在的，那么它甚至于都不会内在地发生。在此涉及的那个如何是不可进一步地加以解释的，正如我们不能解释这点一样：我们究竟是如何思维时间中这样的固定的东西的，它与变易的东西同时存在这个事实给出了变化概念。〔[1] 这句话原文是这样的："denn diese kann sehr wandelbar und wechselnd sein"。Wille 建议将"diese"改作"jene"。"diese"指代的是前面的"der beharrlichen Vorstellung"（恒常的表象），而"jene"指代的则是前面的"die Vorstellung von etwas Beharrlichem im Dasein"（关于存在中的某种恒常的东西的表象）。中译文据此译出。〕〔此段话中的"内部感觉"和"外部感觉"原文为"der innere Sinn"和"der äußere Sinn"。在这段话中"Sinn"应当是在两种不同但有关联的意义上使用的：一是指感觉能力本身；一是指感觉能力的运用，即感觉能力的感觉（简言之，感觉）。〕

联系着其证明根据来说，这种呈现绝对没有做出任何改动，但是有时在阐述的方法上与以前的呈现有所偏离，以至于我们不能通过插入的方式完成这样的呈现。这个小小的损失，如果读者愿意的话，本来也可以通过与第一版对照阅读的方式得到弥补。无论如何，更好的可把握性以压倒性的优势弥补了这个损失（我希望如此）。我在各种各样的公开出版的作品中（部分说来是在一些著作中的评论中，部分说来是在单独的论著中）不无感激和快乐地看到，彻底性精神在德国并没有死亡，而只是暂时被思想中一种适合于天才的自[Bxliii]由的时髦声音给盖过了，而且，该批判所历经的困难重重的道路（它们通向一门合乎学院标准但也正因如此才能持久的进而最为必要的纯粹理性的科学）并没有阻碍勇敢而敏锐的大脑去掌握它。这些有功之人将其洞见的彻底性与一种明快的呈现才能（我恰好没有意识到我自己拥有此等才能）如此幸运地结合在一起，以至于我要将这样的工作交付给他们，即完善我现在所做的这个修改（联系着明快的呈现来看，我的这个修改在这里或那里或许还充满了缺点）。因为，在此危险并不是被驳倒，而很可能是没有被理解。就我自己来说，从现在起我无法参与到相关的争论之中了，尽管我将认真地关注来自朋友或对手的所有建议，以便在将来按照该预备学科而完成该系统时对它们加以利用。因为在做这些工作时我已经变得很老了（在这个月我就要六十四岁了），所以，如果我想完成我的规划，即提供自然的形而上学以及道德的形而上学，以证实思辨的和实践的理性的批判的正确性，那么在时间分配上我就必须节省行事，并且不得不期待那些将这[Bxliv]本书看成自己的作品的有功之人对其中一开始几乎不可避免的模糊之处做出澄清，而且在整体上对其做出辩护。就个别的段落来说，每一哲学阐述均会被人捏到痛处（因为它不可能像数学阐述那样披甲上阵），然而，该系统的结构作为一个统一体来看不会遇到任何危险。如果该系统是崭新的，那么只有极少数人拥有足够的精神上的机敏，以便能够鸟瞰它；不过，只是有更少数的人拥有鸟瞰它的兴趣，因为对于他们来说，一切创新都是不适当的。如果我们从每部作品特别是作为自由的言说而进行着的作品中取出一些个别的段落，将它们断章取义地彼此加以比较，那么我们总是能够找出一些貌似的矛盾。在信赖外在的评判的人的眼里，这些矛盾便将这部作品置于不利的地位；但是，对于从整体上把握了相关观念的人来说，这些矛盾是很容易得到消解的。然而，如果一个理论拥有持久的生命力的话，那么那些一开始给它带来极大危险的作用和反作用随着时间的推移仅仅是起到了这样的作用：磨平包含在它之内的不平坦的地方，而且很快也给它带来所需的优雅——如果公正的、有洞见的和真正受人欢迎的人士投身于此项事业的话。

科尼斯堡，1787 年 4 月

[Axxiii] 目　　录

[第一版]

[A1] 导　　论

［第一版］

一、先验哲学的观念

毫无疑问，经验是我们的知性在处理感觉能力的感觉①的原材料时所生产出的第一个产品。正因如此，经验构成了我们的第一个教导，而且在其进展中它在新课程方面如此地取之不尽，用之不竭，以至于所有未来世代的人们的联结在一起的生活将从来不会缺少这样的诸多新知识，它们可以从这块土地上采集而来。尽管如此，它远非这样的唯一的领域，我们的知性可以将自己局限于其内。它虽然告诉了我们有什么东西，但是并没有告诉我们这个东西必须必然是这样的而一定不是其他样子的。正因如此，它也没有给予我们真正的普遍性，而如此地追求着这种〔普遍的〕知识的理性［A2］与其说经由它而得到了满足，不如说经由它而受到了刺激。这种普遍的知识现在同时拥有内在必然性的特点，必定

① “感觉能力的感觉”原文为“sinnliche Empfindungen”。“sinnliche Empfindungen”也作“Empfindung der Sinne”（B219）或“Sinnesempfindung”。“Empfindung”在德语中除了意指感觉能力的感觉（简言之，感性感觉）之外，还意指感受、感动、激动等等。

是独立于经验的，就其本身来说必定是清晰和确实的。因此，人们将其称作先天的知识。与此相反，仅仅取自经验的东西则仅仅是后天地或者说经验地得到认识的（像人们所说的那样）。

现在，事实表明了下面这个特别值得关注之点：即使在我们的经验之中也混入了这样一些知识，它们必定有其先天的来源，并且它们的作用或许只是在于给我们的感觉能力的诸表象创造关联。因为，即使我们从我们的经验中去掉所有属于感觉的事项，这样一些本源性的概念以及经由这些概念所制作出的判断仍然留存下来了，它们必定是完全先天地、以独立于经验的方式产生出来的，因为它们做到了这点：让我们能够将比单纯的经验教给我们的东西更多的东西表述给向我们的感觉能力显现的对象（至少我们相信自己能这样做），而且让我们的相关的断言包含着真正的普遍性和严格的必然性，而单纯的经验认识则不能提供诸如此类的东西。

不过，会说出更多的东西的是下面这点：某些知识甚至于离开了所有可能的经验的领域，[A3] 并且经由这样一些概念——根本没有任何相应于它们的经验中的对象可以被给予它们——似乎将我们的判断的范围扩展到经验的所有界限之外了。

后面这种知识超越了感性世界，在此经验根本不能提供任何线索或修正，而我们的理性的探究恰恰在于这种知识。我们认为，这种探究就重要性来说比知性在诸显象的领域中所学到的一切均更加出色，而且其终极目的也比后者更加崇高。在此我们宁愿承担一切风险，甚至于包括犯错的风险，将如此重要的[①]研究进行下

---

① “重要的”原文为“angelegene”。Grillo 建议将“angelegene”修改为“angelegentliche”（迫切的）。

去，而不愿基于怀疑或者差评和无所谓的态度而放弃它。

下面这样的事情似乎是自然而然的：一旦人们离开了经验的基地，人们并非立即就利用他们所拥有的不知从哪里获得的知识并且基于其来源不得而知的原则的信誉建立起一座大厦——在该大厦的奠基还没有通过仔细的研究而事先得到保证的情况下；因此，人们很早便会提出这样的问题：知性究竟如何能够达到所有这些先天的知识？它们会拥有什么样的范围、有效性和价值？［A4］事实上，如果人们用〔“自然而然”〕这个词来意指从适当性和合理性角度看应该发生的事情，那么也没有什么比上面那样的事情更为自然而然的了。但是，如果人们用它意指通常情况下所发生的事情，那么情况则恰好相反——此时没有什么比下面这样的事情更为自然而然且更好理解的了：长久以来这样的研究都必定是缺失的。因为，这些知识中的一部分即数学知识长久以来便拥有可靠性，并由此也给其他知识以一种有利的期待，尽管这些其他的知识可能拥有一种完全不同的本性。此外，当人们超越了经验的范围时，人们便确信，经验不会与他们发生矛盾。扩展其知识的诱惑力如此之大，以至人们只能被前进过程中所遇到的明显的矛盾阻挡住。如果人们小心谨慎地进行虚构，那么他们可以避免矛盾。但是，相关的虚构并不会因此而变成更少的虚构了。数学为我们提供了关于下面这点的一个极好的例子：独立于经验，我们在先天认识中能够进行到多远。尽管数学也关注对象和知识，但是它仅仅在它们能够在直观之中得到表现这样的范围内才关注它们。不过，这种情况却是很容易被人们忽视的，因为所提到的直观本身可以被先天地给出，因此与一个全然纯粹的概念几乎没有区别了。在理性的威力的这样一种明证的鼓[A5]励之下，人们扩展知识的欲求便无视任何界限了。轻飘飘的鸽子在自由飞行时划开空气，感受到了空气的阻力，因此或许设想，在真空中它们会飞得更好。同样，柏拉图离开了感性世界（因为它为知性设置了多重障碍），并且借助于理念的翅膀冒险进入了感性世界的彼岸，进入了纯粹知性的虚空之中。他没有注意到的是，通过他的努力他并没有取得任何进展，因为他失去了好比说作为这样的支架的阻力，在其上他支撑自己，而且他可以将他的力量应用于其上，以便让知性运行起来。不过，人类理性的通常的命运恰恰是这样的：在思辨中尽可能早地建完其大厦，只是在此后才去研究此大厦的基础是否奠定好了这样的问题。但是，此时人们便不得不搜寻各种各样的粉饰手段，以便让自己在该大厦的坚实性方面放心，或者拒绝这样一种迟到而危险的检验。然而，在建造该大厦过程中让我们远离所有担心和猜疑并且让我们自负地认为自己拥有了貌似的彻底性的是下面这点。我们的理性的事务中的很大一部分并且也许是最大一部分就在于分解我们已经拥有的关于对象的概念。这种分解为我们提供了大量这样的知识，尽管它们只不过是已经在我们的概念中被思考过（虽然还是以混乱的方式）的东西的澄清或阐释，[A6]但是至少从形式上看它们还是被评估为类似于新的洞见的东西，虽然从质料或内容上看它们并没有扩展我们所拥有的概念，而只是阐明了它们。因为这种操作提供了这样一种真正的先天知识，它做出了确实的且有用的进展，所以，在这样的欺骗之下，理性骗取了一种完全不同的断言（理性自己甚至都没有注意到这点）。在这样的断言中，理性先天地为给定的概念附加上了完全外在的概念，而与此同时人们并不知道它是如何达到这点的，甚至于都没有想到过这个问题。因此，我将立即在开始时就处理一下这种双重认识方式上的区分。

论分析判断和综合判断之区分

在所有思考主词与谓词之关系的判断中，这种关系都以两种方式而成为可能（在此我只考虑肯定判断，因为我们的结论在否定判断上的应用是非常容易的）。或者，谓词B作为某种（隐藏地）包含在A这个概念之中的东西而属于主词A；或者，B完全处于概念A之外，尽管与它联系在一起。在第一种情况下我将相关的判断称作分析的，而在另一种情况下我则将相关的判断称作综[A7]合的。因此，（肯定的）分析判断就是这样的判断，在其中谓词与主词的联系是通过同一性而被思考的；而在其中这种联系没有借助于同一性被人们加以思考的判断，则应当叫作综合判断。第一种判断也可以叫作阐释判断，而另一种判断则也可以叫作扩展判断。因为，前者经由谓词没有给主词概念附加上任何东西，而只是通过分解将该概念分裂成其部分概念，而这些部分概念已经在该概念中被思考了（尽管是以混乱的方式）；与此相反，后者为主词概念附加上了这样一个谓词，它在那个概念中根本就没有被思考到，而且对概念所做的任何分解均不能将之抽引出来。比如，假定我说“所有物体均是有广延的”，那么这个判断便是一个分析判断。因为，为了发现广延性是与那个我联系到物体之上的概念联系在一起的，我不需要走出这个概念之外，而只需要分解它，也即只需要意识到我总是在它之中思考的那种杂多，就能在其中遇到这个谓词。因此，该判断是一个分析判断。与此相反，假定我说“所有物体均是有重量的”，那么这个判断中的谓词则是这样的某种东西，它完全不同于我在一个泛而言之的物体的单纯概念中所思考的东西。因此，这样一个谓词的附加给出了一个综合判断。

由此下面两点便清楚明白了：1）经由分析判断我们的知识并没有得到任何扩展，相反，我已经拥有的［A8］概念由此得到了阐明，并且对于我自己来说成为可以理解的；2）在综合判断的情况下，我必定在主词概念之外还拥有某种其他的东西（X），正是依靠它，知性才得以将一个本来没有包含在那个概念中的谓词认作是属于它的。

在经验的判断或者经验判断[①]中就此说来[②]没有任何困难。因为，这个X就是关于这样的对象的完全的经验，我经由概念A思考着它，而该概念只是构成了这种经验的一个部分。因为，尽管我根本没有将重量这个谓词包含在关于一个泛而言之的物体的概念之内，但是该概念确实经由这种完全的经验的一个部分而表示了该完全的经验，因此，我可以为该部分还附加上恰好同一种经验的其他的部分，并将这些其他的部分看作属于该部分的。我可

---

① “经验的判断”原文为“empirische Urteile”，“经验判断”原文为“Erfahrungsurteile”。两者在康德哲学中的意义有所不同，不可混淆（参见B11，B41，B246–247/A201–202）。在《未来形而上学导论》（*Prolegomena zu einer jeden künftigen Metaphysik die als Wissenschaft wird auftreten können*）中，康德写道：“**就经验的判断来说，如果它们拥有客观的有效性，那么它们**就是**经验判断**；但是，如果它们**仅仅**是**主观上有效的**，那么我将它们称作单纯的**知觉判断**（Wahrnehmungsurteile）”（Ak 4: 297–298）。

② “就此说来”（hiermit）意为找到上段话中提到的那个“X”这件事。

以事先经由广延性、不可入性、形状等等特征[①]分析地认识物体概念，因为所有这些特征均在这个概念中被思考了。不过，现在我要扩展我的知识。在回顾经验时（我正是从它那里抽取出物体概念的），我发现重量总是与上述特征联系在一起。因此，经验就是那个超出概念A的X，而且重量这个谓词B与概念A综合在一起的可能性正是以这样的X为基础的。

[A9]但是，在先天综合判断的情况下，这种辅助手段完全缺失了。因为，如果我应该超出概念A，以便将另一个概念B认作是与其联系在一起的，那么什么是我依靠的东西，以便经由它而让相关的综合成为可能？因为在此我没有这样的有利条件，即在经验的领域四周寻找这样的东西。以如下命题为例：发生的一切均有其原因。尽管在关于发生的东西的概念中我思考了这样一种存在，在它前面先行有一个时间等等，并且可以由此而得出一些分析判断，但是，关于一个原因的概念则显示出了某种与所发生的东西不同的东西，而且它根本没有包含在关于发生的东西的表象中。我究竟是如何达到这点的，即针对普泛所谓发生的东西，说出某种与此完全不同的东西，并且将原因概念认作是属于它的（尽管没有包含在它之中）？

---

① 此“特征”原文为“Merkmal”。在许多地方，康德是在如下专门意义上使用这个表达式的：“一个特征或者是一个事物之上的这样的东西，它构成了关于该事物的知识的一个部分，或者是一个局部表象（Partialvorstellung）——在该表象被看成整个表象的认识根据范围内（这两个规定是一回事儿）。据此，我们的所有概念均是特征，而且一切思维都只不过是通过诸特征而进行的表象”（Ak 9: 58）。因此，所有概念或者直接就是这种意义上的特征，或者包含着这种特征；但是，并非所有这种意义上的特征都是概念。（在此要注意的是，康德也经常在“Merkmal”这个德语词的日常的意义上使用它，即用其意指标志、标记、事物的特征。另外，本译本中出现的“特征”一词也并非全都对应着这个德语词。）

在此，什么东西是那个X，当知性相信自己在概念A之外找到了这样一个谓词时，它虽然外在于概念A，但又是与它联系在一起的，知性所依靠的东西正是这个X？经验不可能是这样的东西，因为上面提到的那个原则在将第二个表象附加到第一个表象时，它不仅是带着比经验所能创造的普遍性更大的普遍性做到这点的，而且是带着必然性的表达做到这点的，进而它是完全先天地并且根据单纯的概念做到这点的。现在，我们的思辨的先天认识的全部的终极目的恰恰就是以这样的综合原则即扩展原则为基础的。因为，虽然分析的原则是极为重要且必需的，但是，仅仅[A10]相对于这样的目的来说事情才是如此，即我们要达到诸概念的这样一种明确性，对于一种确实的且扩展开来的综合（作为一种真正崭新的附加的建筑物）来说它是需要的。

因此，在此隐藏着某种秘密*，只有其披露才能让纯粹的知性知识的无限的领域中的进步成为确实而可靠的：也即，以一种适当的普遍性揭示先天综合判断的可能性的根据；洞察使得每种先天综合判断成为可能的条件；并且，就这样的整个知识来说——它自己就构成了一个种类，并且从其本来的来源、划分、范围和界限来说它构成了一个系统——不是经由一个粗略的范围来标出它，而是完全地且对每种使用来说均充分地来确定它。对综合判断的独特特征，我们暂时就说这么多。

现在，从所有这一切便产生了关于这样一门独特的科学的观念，它可以用作纯粹理性的批判。[A11]然而，每种这样的知识均

---

* 假定古代有一个人想起提出这个问题，那么仅仅这个问题便足以有力地阻止直到我们的时代为止人们所提出的纯粹理性的所有系统，而且它会省掉人们所做出的如此多无用的尝试，它们是在人们根本不知道自己在做什么的情况下盲目地做出的。

叫作纯粹的：没有任何外来的东西与它混杂在一起。但是，这样一种知识被特别地叫作绝对纯粹的[①]，根本没有任何经验或感觉混入其中，因此它是完全先天地可能的。现在，理性就是这样一种能力，它提供了先天认识的原理。因此，纯粹理性就是这样的理性，它包含着关于绝对先天地认识某物这样的事情的原理。纯粹理性的工具[②]将是这样一些原理的总体，正是根据它们所有先天的纯粹知识可以被人获得并被现实地生产出来。这样一种工具的详细的应用将造就一个纯粹理性的系统。但是，由于这个系统是一种过高的要求，而且对我们的知识的这样一种扩展到底是否可能以及在什么样的情形中它是可能的这点尚未确定，因此，我们可以将关于纯粹理性、其来源及界限的单纯的评判的科学看作纯粹理性的系统的预备学科。我们一定不要将这样一种预备学科称作学说，而必须只将其称作纯粹理性的批判。其用处真正说来只是否定性的，不是用来扩展我们的理性的，而仅仅是用来净化它的，并且让它远离错误，而这点就已经是一个很大的收获了。我将所有这样的知识称作**先验的**，它们与其说处理的是对象，不如说处理的是我们关于泛而言之的对［A12］象的先天的概念。这样的概念的系统叫作先验哲学。但是，对于开始来说，这样的系统再一次地太多了。因为，既然这样一种科学必定既完全地包含着分析的知识，又完全地包含着先天综合的知识，那么就我们的意图而言它所涉及的范围就太广了，因为我们只需要将分析进行到这样的程度，即为了洞察先天综合的原理（就其整个范围来说），它是必

---

① “纯粹的”和“绝对纯粹的”原文分别为“rein”和“schlechthin rein”。

② “工具”原文为“Organon”。

不可少的（因为我们所关心的事情仅仅是如何洞察先天综合的原理）。真正说来，我们不能将这种研究称为学说，而只能将其称为先验的批判，因为其意图不在于扩展知识本身，而在于修正知识，并且提供关于所有先天知识的价值或无价值的试金石。现在我们所从事的便是这种研究。据此，如果这样一种研究是可能的，那么它构成了一种工具的准备，而且，如果这种工具不会成功的话，那么它至少构成了所有先天知识的这样一种范则，按照它，纯粹理性的哲学的完全的系统（它可以或者在于纯粹理性的知识的扩展或者在于其单纯的划界）或许有朝一日不仅可以被分析地而且可以被综合地呈现出来。因为，这点——即这样的事情是可能的，并且这样一个系统的确不可能拥有过于庞大的范围，因此我们可以希望完全地完成它——已经可以从如下事实中预先估计出来：在此我们的研究对象不是不可穷尽的事物的本性，[A13] 而是就事物的本性做出判断的知性，而且再一次地，仅仅是联系着其先天认识来考虑的知性。这样的知性的库存不可能对我们隐藏起来了，因为我们的确无需到外面去寻找它，而且按照所有的猜测，它是足够少的，以至我们能够完全地将其记录下来，就其价值或无价值做出评判，并且将其置于正确的评价之下。

二、先验哲学之划分

先验哲学在此仅仅是一个观念，纯粹理性的批判应当**从建筑术上**，也即根据原理，为其设计完全的规划，并保证构成这个建筑物的所有物件的完全性和确实性。这种批判本身还没有被叫作先验哲学，这点仅仅是以如下事实为基础的：为了成为一个完全的系统，它还必须包含一种对人类的所有先天知识的详尽的分析。现在，尽管我们的批判的确也必须将构成了所提到的那种纯粹知识的所有主干概念的完全的列举放在人们面前，但是，它恰当地放弃了对这些概念本身的详尽的分析，还有对从它们推演出的概念的完全的说明。它之所以这样做，部分原因是，这种分解不合乎我们的目〔A14〕的，因为它并不拥有我们在综合的情况下所遇到的那种疑虑，真正说来，整个批判恰恰是因为此疑虑而存在的；另一部分原因是，承担这样的分析的完全性以及概念的推演的责任有违规划的统一性。就其意图来说，人们当然可以免于这样的责任。只要将来要提供的诸先天概念作为详尽的综合原理出现了，并且就这个根本的意图来说这些概念中不缺乏任何东西了，那么不仅这些概念的分解的完全性，而且还有从这些概念所做的推演的完全性，是很容易补上的。

据此，构成先验哲学的所有东西〔某种程度上说〕均属于纯粹理性的批判。纯粹理性的批判是关于先验哲学的完全的观念，但是还不是这门科学本身，因为在分析中它只是走到为对先天综合的知识进行完全的评判所需要的那么远。

在对这样一门科学进行划分时人们最为关注的地方是这样的：一定不要让任何包含着某种经验性的东西的概念进入其内，或者说先天知识是完全纯粹的。因此，尽管关于道德性的至上的原则及其基础概念是先天知识，〔A15〕但是它们还是不属于先验哲学，因为愉快和不快概念、欲求和偏好概念、意愿概念等等在此均必定被预设了，而它们总起来说均拥有经验的来源。因此，先验哲学是单纯思辨的纯粹理性的世界智慧。因为所有实践的事项，在其包含着动机范围内，均涉及感受，而感受属于经验的认识来源。

如果人们想从关于一个泛而言之的系统的普遍的视角对这门科学做出划分的话，那么我们现在所阐述的这门科学首先必须包含着一个纯粹理性的**要素论**，其次还须包含一个纯粹理性的**方法论**。这两个主要部分中的每个部分都会有其子划分，尽管在此我们还不能阐述其根据。对于一个导论或者一种提醒来说，只有下面这点有必要交代一下：人类的知识有两个主要的支系，即**感性**和**知性**，它们或许源自一个共同的但为我们所不知的根源。通过前者，对象被给予我们；但是，通过后者，对象被加以思维。现在，在感性包含着这样一些先天表象范围内，它们构成了对象借以被给予我们的条件，它属于先验哲学。先[A16]验感性论[1]必定属于关于要素的科学的第一个部分，这是因为这样的条件，即只有在其下人类知识的对象才被给出，先于这些对象借以被思维的条件。

---

① 此“先验感性论”原文为“die transzendentale Sinnenlehre”。在康德这里，“die transzendentale Sinnenlehre”与“die transzendentale Ästhetik”同义。

[B1] 导　　论

[第二版]

一、论纯粹知识和经验的知识之区分

我们的所有知识均始自经验，这点是没有任何疑问的。因为，如果不是经由这样一些对象的缘故，认识能力应该经由什么东西被唤醒，以运作起来：它们搅动我们的感觉能力，并且部分说来自动地产生表象，部分说来发动我们的知性活动[①]，让其比较这些表象，将它们联结起来或分离开来，并且以这样的方式将感觉能力的印象的原材料加工成关于对象的知识，即所谓经验？因此，**从时间上看**，在我们之内没有任何知识发生于经验之前，而且一切知识均始自经验。

尽管我们的一切知识均**肇始于**经验，但是它们并非因此就全部**来自**经验。因为，情况很可能是这样的：甚至于我们的经验知识也是由两种成分复合而成的，其一是我们从印象得到的东西，其二

① 在原版第五版中，"知性活动"（Verstandestätigkeit）作"知性能力"（Verstandesfähigkeit）。

是我们自己的认识能力本身提供的东西（而它本身则只是经由感觉能力的印象发动起来）。[B2] 在长期的训练让我们注意到后面这种添加物并且让我们适合于将其分离出来以前，我们区别不开它与前面那种原材料。

因此，是否存在着这样一种独立于经验甚至独立于所有感觉能力的印象的知识，这点至少是一个还需要进一步研究的问题，而不是一个乍一看便可打发掉的问题。人们将这样的知识称为**先天的知识**，并且将其与**经验的知识**区别开来，后者有其后天的来源，即在经验中有其来源。

然而，那个表达式①还没有足够地得到规定，以便以适合于前面提出的问题的方式表示出全部的意义。因为，人们可能习惯于针对一些从经验来源得来的知识说，我们能够先天地拥有它们，或者我们事实上先天地享有它们，因为我们并不是直接地从经验中，而是从一条普遍的规则得到它们的，尽管我们自己的确又是从经验中得到这条规则的。因此，人们针对一个在挖掉他自己的房屋的地基的人说：他能够先天地②知道，房屋会倒塌，也即他不需要等待这样的经验，即房屋实际上倒塌了。不过，他肯定不能完全先天地知道这点。因为，他必须先行通过经验直接认识这点：诸物体是有重量的，因此，当支撑物被从它们那里拿掉时，它们就会倒下。

因此，接下来我们不是将先天的知识理解为这样一些知识，它们以独立于这个或那个经验的方式产生，[B3] 而是将其理解为以**绝对地**独立于一切经验的方式产生的知识。与先天的知识相对的

① 即“先天的”。

② 在原版第五版中“先天地”（a priori）作“后天地”（a posteriori）。

是经验的知识，即这样的知识，它们仅仅是后天可能的，也即仅仅经由经验而成为可能的。不过，先天的知识[①]中的这样的知识叫作**纯粹的**，即没有任何经验的事项与它们混合在一起。因此，比如，“每种变化均有其原因”这个命题就是一个先天命题，不过，它不是纯粹的，因为变化是这样一个概念，它只能从经验中获取而来。

二、我们拥有一些先天的知识，即使普通知性也从来不缺少这样的知识

在此重要的事情是这样的特征，根据它，我们能够确定无疑地将纯粹的知识与经验的知识区别开。尽管经验告诉我们某物具有这样或那样的性质，但是它并没有告诉我们它不可能是其他样子的。因此，首先，如果有这样一个命题，它是连同它的**必然性**而被人思维的，那么它便是一个先天判断；此外，如果它只是从这样一个命题得出的，即它本身反过来又是作为必然的命题而有效的[②]，那么它便是绝对地先天的。其次，经验从来不给予其判断以真正的或者说严格的**普遍性**，而只是（经由归纳）给予其以假定的且相对的普遍性，结果，真正说来我们必须这样说：就我们迄今所知[B4]觉到的范围来说，没有出现这条或那条规则的例外。因此，如果一个判断是以严格的普遍性被思维的，也即，是以这

① Erdmann 认为“知识”（Erkenntinissen）当作“经验”（Erfahrungen）。

② 此句原文是这样的：“ist er überdem auch von keinem abgeleitet, als der selbst wiederum als ein notwendiger Satz gültig ist”。Erdmann 认为“der selbst”当作“einem solchen, der selbst”。中译文据此译出。

样的方式被思维的，以至于没有任何例外情况被允许是可能的，那么它就不是从经验得来的，而是绝对先天地有效的。因此，经验的普遍性仅仅是有效性的一种随意的攀升——从大多数情形中有效的有效性升至在所有情形中有效的有效性。比如，在如下命题之中："所有物体都是有重量的。"与此相反，在严格的普遍性本质地属于一个判断的地方，这种普遍性则指向了该判断的一种独特的认识源泉，即一种先天认识的能力。于是，必然性和严格的普遍性构成了先天知识的可靠的标志，而且也不可分离地彼此相属。不过，因为在使用这些标志时，有时向人指出相关判断中的经验局限性要比向人指出其中的偶然性更为容易①，或者，有时向人指出我们归属给一个判断的不加限制的普遍性比向人指出该判断的必然性更有说服力，所以如下做法是可取的：分开使用所提到的这两个标准，而其中的每个标准就其自身来看都是不会出错的。

证明下面这点是很容易的：在人类知识中实际上存在着诸如此类的必然的且就最为严格的意义来说普遍的进而纯粹的先天判断。如果人们想要有一个科学中的例子，那么他们只需要看一下所有数学命题；如果人们想要有一个来自最为普通的知〔B5〕性使

① 此句原文是这样的："Weil es aber im Gebrauche derselben bisweilen leichter ist, die empirische Beschränktheit derselben, als die Zufälligkeit in den Urteilen [zu zeigen]"。Goldschmidt 建议删掉第二次出现的"derselben"，Erdmann 认为第一个"derselben"指代的是"Kennzeichen einer Erkenntnis a priori"。中译文据此译出。（Erdmann 认为第二个"derselben"指代的也是"Kennzeichen einer Erkenntnis a priori"。此意见不可接受。）Vaihinger 认为该句语序有误，应修改成这样："Weil es aber im Gebrauche derselben bisweilen leichter ist, die Zufälligkeit in den Urteilen als die empirische Beschränktheit derselben [zu zeigen]"（不过，因为在使用这些标志时，有时向人指出相关判断中的偶然性要比向人指出其经验局限性更为容易）。

用的例子，那么“一切变化均必定有一个原因”这个命题可以服务于此目的。的确，在后一个命题中原因概念甚至就如此明显地包含了与一个结果的联系的必然性的概念以及关于规则的严格的普遍性的概念，以至于如果人们想要像休谟那样从所发生的事情与先行发生的事情经常性的一起出现以及由此而来的将诸相关的表象联系在一起的习惯（因此单纯主观的必然性）得出原因概念，那么这个概念便完全消失不见了。人们也可以在不需要诸如此类的例子以证明纯粹的先天原则在我们的知识中的现实性的情况下，确立这些原则对于经验本身的可能性的不可或缺性，因此能够先天地确立这点。因为，如果经验据以行进的所有规则总是也是经验性的，进而是偶然的，因此，人们很难让这些规则充当第一原则，那么经验想要去哪里获取其确实性呢？不过，在此我们可以满足于这点，即已经将我们的认识能力的纯粹的使用连带其标志作为事实来加以阐述。但是，这些先天的原则中的一些原则的先天的来源不仅显示在判断之中，而且显示在概念之中。即使你们从你们关于一个**物体**的经验概念中逐渐地去掉所有经验性的东西——颜色、坚硬性或柔软性、重量，甚至于不可入性等，该物（此时它完全消失了）所占有的那个**空间**还是保留下来了，而且你们［B6］是无法将其去掉的。同样地，即使你们从你们关于任何一个对象（无论是物体性的还是并非物体性的对象①）的经验概念中悉数去掉所有经验教给你们的那些性质，你们终究不能将这样的性质从该概念那里拿走，正是通过它你们将该对象思考成**实体**或从

① “物体性的还是并非物体性的对象”原文为“körperlichen oder nicht körperlichen Objekt”。

属于一个实体的东西（尽管这个实体概念包含的规定性要多于泛而言之的对象概念所包含的规定性）。因此，在这个实体概念借以强加给你们的那种必然性的说服之下，你们不得不承认，它在你们的先天认识能力中拥有其位置。

三、哲学需要这样一门科学，它确定了一切先天知识的可能性、原理及范围

会比前述一切事项[①]说出更多的东西的是下面这点：某些知识甚至于离开了所有可能的经验的领域，并且经由这样一些概念——根本没有任何相应于它们的经验中的对象可以被给予它们——似乎将我们的判断的范围扩展到所有界限之外了。

后面这种知识超越了感性世界，在此经验根本不能提供任何线索或修正，而我们的理性的探究恰恰在于这种知识。我们认为，这种探究[B7]就重要性来说比知性在诸显象的领域中所学到的一切均更加出色，而且其终极目的也比后者更加崇高。在此我们宁愿承担一切风险，甚至于包括犯错的风险，将如此重要的[②]研究进行下去，而不愿基于怀疑或者差评和无所谓的态度而放弃它。纯粹理性本身的不可回避的任务是**上帝**、**自由**和**不死性**。不过，这样的科学叫作**形而上学**，在做出一切准备工作时，它的终极目的真正说来仅仅指向着这些任务的解决。形而上学开始时的做法是**独**

① “前述一切事项”指如下事实：我们拥有所描述的那些先天知识。

② “重要的”原文为“angelegene”。Grillo 建议将“angelegene”修改为“angelegentliche”（迫切的）。

断的，也即在没有事先对理性相对于如此伟大的事业的能力或无能[1]进行检验的情况下便满怀信心地接受了完成它的任务。

下面这样的事情似乎是自然而然的[2]：一旦人们离开了经验的基地，人们并非立即就利用他们所拥有的不知从哪里获得的知识并且基于其来源不得而知的原则的信誉建立起一座大厦——在该大厦的基础还没有通过仔细的研究而事先得到保证的情况下；因此，人们宁可很早便会提出这样的问题：知性究竟如何能够达到所有这些先天的知识？它们会拥有什么样的范围、有效性和价值？事实上，如果人们用“自然而然”这个词来意指从适当性和合理性角度看应该发生的事情，那么没有什么比上面那样的事情更为自然而然的了。[B8]但是，如果人们用其意指通常情况下所发生的事情，那么情况则恰好相反——此时没有什么比下面这样的事情更为自然而然且更好理解的了：长久以来这样的研究都必定是缺失的。因为，这些知识中的一部分即数学知识长久以来便拥有可靠性，并由此给其他知识以一种有利的期待，尽管后者可能拥有一种完全不同的本性。此外，当人们超越了经验的范围时，人们便确信，经验不会反驳他们。扩展其知识的诱惑力如此之大，以至人们只能被前进过程中所遇到的明显的矛盾阻挡住。只要人们小心谨慎地进行虚构，那么他们可以避免矛盾。但是，相关的虚构并不会因此而变成更少的虚构了。数学为我们提供了关于下面这点的一个极好的例子：独立于经验，我们在先天认识中能够进行到多远。尽管数学也关注对象和知识，但是它仅仅在它们能

① “能力或无能”原文为“Vermögen oder Unvermögen”。

② “自然而然的”原文为“natürlich”。

够在直观之中得到表现这样的范围内才关注它们。不过，这种情况却是很容易被人们忽视的，因为所提到的直观本身可以被先天地给出，因此与一个全然纯粹的概念几乎没有区别了。在理性的威力的这样一种明证的支配之下，人们扩展知识的欲求便无视任何界限了。轻飘飘的鸽子在自由飞行时划开空气，感受到了空气的阻力，因此或许设想，在真空中它们[B9]会飞得更好。同样，柏拉图离开了感性世界（因为它将知性**限制在了**如此**狭窄的范围内**），并且借助于理念的翅膀冒险进入了感性世界的彼岸，进入了纯粹知性的虚空之中。他没有注意到的是，通过他的努力他并没有取得任何进展，因为他失去了好比说作为这样的支架的阻力，在其上他支撑自己，而且他可以将他的力量应用于其上，以便让知性运行起来。不过，人类理性的通常的命运恰恰是这样的：在思辨中尽可能早地建完其大厦，只是在此后才去研究此大厦的基础是否奠定好了这样的问题。但是，此时人们便不得不搜寻各种各样的粉饰手段，以便让自己在该大厦的坚实性方面放心，甚或宁可直接拒绝这样一种迟到而危险的检验。然而，在建造该大厦过程中让我们远离所有担心和猜疑并且让我们自负地认为自己拥有了貌似的彻底性的是下面这点。我们的理性的事务中的很大一部分并且也许是最大一部分就在于**分解**我们已经拥有的关于对象的概念。这种分解为我们提供了大量这样的知识，尽管它们只不过是已经在我们的概念中被思考过（虽然还是以混乱的方式）的东西的澄清或阐释，但是至少从形式上看它们还是被评估为类似于新的洞见的东西，虽然从质料或内容上看它们并没有扩展我们所拥有的概念，而只是阐明了它们。[B10]因为这种操作提供了这样一种真正的先天知识，它做出了确实的且有用的进展，所以，在这样的欺骗之下，理性骗取了一种完全不同的断言（理性自己甚至都没有注意到这点）。在这样的断言中，理性为给定的概念附加上了完全外在的概念，而且是先天地这样做的，而与此同时人们并不知道它是如何达到这点的，甚至于都没有想到过这样一个问题。因此，我将立即在开始时就处理一下这种双重认识方式上的区分。

四、论分析判断和综合判断之区分

在所有思考主词与谓词之关系的判断中，这种关系都以两种方式而成为可能（在此我只考虑肯定判断，因为我们的结论在否定判断上的应用是非常容易的）。或者，谓词B作为某种（隐藏地）包含在A这个概念之中的东西而属于主词A；或者，B完全处于概念A之外，尽管与它联系在一起。在第一种情况下我将相关的判断称作**分析的**，而在另一种情况下我将相关的判断称作**综合的**。因此，（肯定的）分析判断就是这样的判断，在其中谓词与主词的联系是通过同一性而被思考的；而在其中这种联系没有借助于同一性被人们加以思考的判断，则应该叫作综合判断。[B11]第一种判断也可以叫作**阐释判断**，而另一种判断则也可以叫作**扩展判断**。因为，前者经由谓词没有给主词概念附加上任何东西，而只是通过分解将该概念分裂成其部分概念，而这些部分概念已经在该概念中被思考了（尽管是以混乱的方式）；与此相反，后者为主词概念附加上了这样一个谓词，它在那个概念中根本就没有被思考到，而且对概念所做的任何分解均不能将之抽引出来。比如，假定我说“所有物体均是有广延的”，那么这个判断便是一个分析判断。因为，为了发现广延性是与那个我联系到“物体”这个词之上的概念联系在一起的，我不需要走出这个概念之外，而只需要分解它，也即只需要意识到我总是在它之中思考的那种杂多，就能在其中遇到这个谓词。因此，该判断是一个分析判断。与此相反，假定我说“所有物体均是有重量的”，那么这个判断中的谓词则是这样的某种东西，它完全不同于我在一个泛而言之的物体的单纯概念中所思考的东西。因此，这样一个谓词的附加给出了一个综合判断。

经验判断作为经验判断来看全部都是综合的。因为，要将分析判断建立在经验基础之上，这种做法是荒谬的，因为为了构述这样的判断，我根本不必走出我的概念，于是，为此我不需要任何经验的见证。“一个物体是有广延的”，这是一个先天地成立的命题，而不是经验〔B12〕判断。因为，在我走向经验之前，我就已经在这样的概念之中拥有了我的判断的所有条件，我只要根据矛盾原则从它之中抽引出该谓词就行了，而且，由此我便能够意识到该判断的必然性，而经验甚至于没有告诉我存在着这种必然性。与此相反，尽管我没有将重量这个谓词已经包含在关于一个泛而言之的物体的概念之内，但是该概念确实经由相关经验的一个部分而表示了该经验的一个对象，因此，我可以为该部分还附加上恰好同一种经验的其他的部分，并将这些其他的部分看作属于该部分的。我可以事先经由广延性、不可入性、形状等等特征分析地认识物体概念，因为所有这些特征均在这个概念中被思考了。不过，现在我要扩展我的知识。在回顾经验时（我正是从它那里抽取出物体概念的），我发现重量总是与上述特征联系在一起，因此我将重量作为谓词而综合地附加在那个概念之上。因此，重量这个谓词与物体这个概念综合在一起的可能性是建立在经验基础之上的，因为，尽管这两个概念中的一个并没有包含在另一个之内，但是它们作为这样一个整体即这样一种经验的诸部分是彼此属于一起的（尽管仅仅是偶然地如此），它本身就是诸直观的一种综合的连接。

但是，在先天综合判断的情况下，这种辅助手段完全缺失了。因为，如果我应该超出概念A，[B13]以便将另一个概念B认作是与其联系在一起的，那么什么是我依靠的东西，以便经由它而让相关的综合成为可能？因为在此我没有这样的有利条件，即在经验的领域四周寻找这样的东西。以如下命题为例：发生的一切均有其原因。尽管在关于发生的东西的概念中我思考了这样一种存在，在它前面先行有一个时间等等，并且可以由此而得出一些分析判断，但是，关于一个原因的概念则完全处于那个概念之外，并且显示出了某种与所发生的东西不同的东西，因此它根本没有包含在关于发生的东西的表象中。我究竟是如何达到这点的，即针对普泛所谓发生的东西，说出某种与此完全不同的东西，并且将原因概念认作是属于它的甚至于必然地属于它的（尽管没有包含在它之中）。在此，什么东西是那个未知物=X，当知性相信自己在概念A之外找到了这样一个谓词时，它虽然外在于概念A，但知性又认为它与该概念是联系在一起的，知性所依靠的东西正是这个X？经验不可能是这样的东西，因为上面提到的那个原则在将第二个表象附加到第一个表象时，它不仅是带着更大的普遍性做到这点的，而且是带着必然性的表达做到这点的，进而它是完全先天地并且根据单纯的概念做到这点的。现在，我们的思辨的先天认识的全部的终极目的恰恰就是以这样的综合原则即扩展原则为基础的。因为，虽然分析的原则是极为重要且必需的，但是，仅仅[B14]相对于这样的目的来说事情才是如此，即我们要达到诸概念的这样一种明确性，对于一种确实的且扩展开来的综合（作为一种真正崭新的获得物）来说它是需要的。

五、在理性的所有理论科学中均包含有作为原理的先天综合判断

1. **数学判断全部都是综合的**。这个命题似乎迄今都没有进入人类理性的分析者的注意范围之内，甚至于与他们的所有猜测均直接相背，尽管它是无可辩驳地确实的并且就后果来说是非常重要的。因为，既然人们发现，数学家们的推理全部都是按照矛盾原则进行的（这点是每种绝然的确实性的本性所要求的），他们就被劝说接受了这点：诸原则也是根据矛盾原则而被认识的。但是，在此他们出错了。因为，尽管一个综合命题的确可以根据矛盾原则而被洞察到，但是它并非就其自身来说就能够被如此地洞察到，相反，它仅仅是以这样的方式被如此地洞察到的，即另一个综合命题被预设了，而它可以从这个综合命题推导出来。

首先，我们必须注意到这点：真正的数学命题总是先天判断，而不是经验性的，因为它们随身便带有这样的必然性，它不能从经验那里得到。[B15]不过，如果人们不愿承认这点，那么好吧，我

将我的命题限制在**纯粹数学**之上，因为纯粹数学的概念便意味着它不包含经验的知识，而仅仅包含纯粹的先天知识。

人们一开始可能认为："7+5=12"这个命题是一个单纯分析的命题，它根据矛盾原则得自于7和5之和这个概念。不过，如果人们进一步考虑一下，那么他们发现，7和5之和这个概念仅仅包含了这点，即这两个数联合成为一个唯一的数。但是，由此人们根本没有想到，这个将这两个数总括在一起的唯一的数是什么数。12这个概念决非已经通过如下方式被想到了：我仅仅思考7和5的那种联合。无论我多么长时间地分解我的关于这样一种可能的和的概念，我均不会遇到12。我们必须通过如下方式从这两个概念走出来：求助于相应于它们之一的直观，比如我们的5个手指，或者5个点（正如塞格纳在其《算术》中所做的那样[①]），并以这样的方式逐渐将在此直观中给出的诸单位附加到7这个概念之上。因为，我首先拿来7这个数，而且，由于就5这个概念而言，我求助于我的手指来充当直观，因此我现在在我的那幅图像中逐渐地将我此前为了构成5这个数而放在[B16]一起的那些单位添加到7这个数之上。于是，我看到12这个数便出现了。尽管我在7+5之和的概念中已经想到了，5**应该**被添加到7之上，但是，我在此并没有想到，这个和等于12这个数。因此，算术命题总是综合的。如果人们以某些更大的数为例子，那么人们会更加清楚地察觉到这点，因为这时明显不过的是，无论我们怎样摆弄我们的概念，

---

① 塞格纳（Johann Andreas von Segner，1704−1777），德国物理学家和数学家。康德所提到的是其如下著作：《算术基础》（*Anfangsgründe der Arithmetik*），Halle/Saale：Renger，1773，S. 27，79。

如果没有求助于直观，而只是借助于对我们的概念的单纯的分解，那么我们决不能发现这个和。

纯粹几何的任何一个原则同样也不是分析的。“两点之间的直线是最短的线段”，这是一个综合命题。因为，我关于**直**的概念没有包含任何关于量的东西，而只是包含了一个性质。因此，最短的东西的概念完全是附加上来的，不能通过任何分解而从直线概念抽引出来。因此，在此我们必须求助于直观，只有通过它综合才是可能的。

虽然几何学家所预设的少数几个原则确实是分析的并且建立在矛盾原则基础之上，但是，它们也像同一命题一样仅仅是用作方法的链条的，而并〔B17〕不是用作原理，比如 a=a，整体与其自身同一，或者 (a+b)>a（即整体大于其部分）。而且，尽管这些原则本身根据单纯的概念便是有效的，但是它们之所以被允许进入数学之中，还是因为它们能在直观中被表现出来。在此通常让我们产生如下信念的东西仅仅是相关表达式的歧义性：这些绝然的判断的谓词好像已经包含在我们的概念之中，因此相关的判断是分析的。因为，我们**应该**给一个给定的概念附加思考上某个谓词，而且这种必然性已经附着在诸概念之上了。不过，问题并不是我们**应该**给一个给定的概念附加思考上什么东西，而是我们**实际上**在它之中思考的东西（尽管我们仅仅是不清楚地思考了它）。在此事实表明，相关的谓词尽管是必然地附着在那些概念之上的，但是它并不是作为在该概念本身之内被思考了的东西而是借助于一种必须附加给该概念的直观而附着的。

2. 自然科学（Physica）内在地包含着先天综合判断作为其原理。我仅仅举出一对命题作为例子：在物体世界的所有变化中物质的量保持不变，或者在运动的传递中作用与反作用必然总是彼此相等的。在这两个命题中，不仅必然性进而其先天的来源，而且它们之为综合［B18］命题这点，均是清楚无误的。因为，在物质概念中我并没有想到恒常性，而是仅仅想到了物质在空间中的出现（通过对其的填充）。因此，我事实上超越了物质概念，以便为其先天地附加思考上某种我未曾在其中思考过的东西。于是，这个命题并不是分析地、而是综合地被思考的，而且尽管如此，它还是先天地被思考的。自然科学的纯粹部分中的其他命题的情况也是一样的。

3. **就形而上学来说**，即便人们只是将它看成一门迄今为止仅仅是尝试过的、但是鉴于人类理性的本性而又不可或缺的科学，**它也应当包含着先天综合的知识**。它所关心的事情并不是单纯地分解我们先天地制作的关于事物的概念，并且由此分析地阐释它们；相反，我们想要扩展我们的先天知识，为此我们必须利用这样一些原则，它们在给定的概念之外附加上了某种东西，某种不曾包含在它之内的东西，而且我们甚至于想要通过先天综合判断向外走得如此之远，以至于经验本身都不能跟着我们走那么远（比如在“世界必然有一个第一开始”这个命题以及其他命题之中），因此，形而上学至少**就其目的来说**完全是由先天综合命题构成的。

［B19］六、纯粹理性之一般任务①

如果人们能够将大量的研究表述为一个唯一的任务，那么他

① “任务”原文为“Aufgabe”。“Aufgabe”在此处以及本书中其他许多地方也可译作“问题”。

们由此便已经赢得了许多东西。因为，由此人们不仅让他们自己的事务对于他们自己来说变得容易一些（因为现在人们将该事务精确地确定下来了），而且也让想要检验它的其他任何人的关于如下事情的判断更为容易一些：我们是否满足了我们的计划。纯粹理性的真正的任务现在就包含在如下问题之中：**先天综合判断是如何可能的？**

我们看到，形而上学迄今为止仍然处于充满着不确定性[①]和矛盾的如此摇摆不定的状态。这点只可归咎于如下原因：人们没有更早些思考过这个任务甚或根本就没有思考过**分析**判断和**综合**判断的区别。现在，形而上学的成败就取决于此任务的解决，或者说取决于是否存在这样一种令人满意的证明，即该任务渴望知道得到了解释的那种可能性事实上根本就不存在。在所有哲学家中大卫·休谟是最接近于发现这个任务的哲学家。不过，他还是远未足够确定地且在其一般性上思考过这个任务，相反，他仅仅停留在了关于结果与其原因的联系的综合命题（Principium causalitatis［因果原理］）之上，相信［B20］自己弄清楚了这点：这样一个先天命题完全是不可能的。按照他的推理，我们称作形而上学的一切东西最后都归结为这样一种纯粹的妄想：自以为自己对事实上仅仅得自于经验并且经由习惯而获得了必然性的假象的东西拥有理性洞见。如果休谟在其一般性上看到了我们的任务，那么他决不会想到那个摧毁所有纯粹哲学的断言。因为，在这种情况下他就会看到，按照他的论证，也不可能有纯粹数学了，因

---

① Erdmann 认为“不确定性”（Ungewißheit）当作“无知状态”（Unwissenheit）。

为纯粹数学肯定包含着先天综合命题。于是，他的良好的理智肯定会防止他做出这样的断言。

理性在所有包含着关于对象的先天的理论知识的科学的确立和实施的过程中的纯粹的使用的可能性也同时包含在上述任务的解决之中了，也即，如下问题的回答也同时包含于其中了：

纯粹数学是如何可能的？

纯粹自然科学是如何可能的？

就这些科学来说，由于它们实际上被给出来了，因此针对它们我们现在肯定可以适当地提出如下问题：它们是**如何**可能的？因为，它们必定是可能的，这点已经由它们的现实性而得到了证明。* 但是，就**形而上学**［B21］而言，迄今为止它所获得的糟糕的进展，再加上这样的事实——即对于迄今为止人们所阐述的任何形而上学，就涉及其根本目的方面来说，人们均不能说它实际上存在了——使得每个人均有根据对其可能性提出怀疑。

但是，现在**这种知识**在某种意义上也的确应该被看作给出来了，而且，尽管作为科学形而上学不是现实的，但是作为自然禀赋（metaphysica naturalis［自然的形而上学］）它是现实的。因为人类理性在它自己的需求的驱动之下，而并非是单纯受到想知道更多的东西的虚荣心的驱动，以不可阻挡之势，不断前进到这样

---

* 就纯粹自然科学来说，有些人还是怀疑其现实性。不过，只要我们察看一下出现于真正的（经验的）物理学开始部分的各种［B21］各样的命题，比如关于物质的同样的量的恒定性命题、关于惯性的命题、关于作用与反作用的相等性的命题，等等，我们马上就会确信，它们构成了这样一种 physicam puram（纯粹的物理学）（或者说 physicam rationalem［理性的物理学］），它肯定理应作为独立的科学（在其或窄或宽的范围内，但无论如何是在其整个范围内）而被单独地建立起来。

一些问题，它们不能通过理性的经验的使用进而不能通过借用来的原理而得到解答。因此，在所有时代都有某种形式的形而上学现实地存在于一切人之中——一旦在他们之内理性将自己扩展到了思辨那里；而且，它也将一直地留存于他们之中。此外，现在针对这样的形而上学也有这样的问题：〔B22〕**形而上学作为自然禀赋是如何可能的**？也即，这样一些问题如何从一般的人类理性的本性中产生出来，它们是由纯粹理性提出来的，而且纯粹理性，在它自己的需求的驱动之下，要尽可能好地回答它们？

但是，由于在迄今所做出的企图回答这些自然而然的问题（比如：世界是否有一个开始，抑或它是永恒地存在着的等等）的所有尝试中都总是出现了不可避免的矛盾，因此，在此人们不能只是满足于拥有形而上学的单纯的自然禀赋即纯粹的理性能力本身，尽管从其中总是生长出某种形而上学（无论它是什么样的形而上学）。相反，如下事情必然是可能的：利用这种自然禀赋达到确实性——或者在关于诸对象的知识方面，或者在关于诸对象的无知方面；也即，利用这种自然禀赋达成关于这样一些事项的决断的确实性，它们或者是形而上学的问题所涉及的对象，或者是理性就这些对象有所判断的能力或无能。因此，如下事情必然也是可能的：或者以可靠的方式扩展我们的纯粹的理性，或者为其设置确定的且可靠的限制。源自上面所提到的那个一般的任务的最后一个问题正当地说来就是这个问题：**形而上学作为科学如何可能**？

因此，对理性的批判最后必然地导致科学；与此相反，在未加批判的情况下理性的独断的使用必然导致这样一些无根据的断言，[B23]人们同样可以用貌似合理的断言反对它们，因此理性的独断的使用必然导致**怀疑论**。

这门科学也不可能拥有巨大无比的、吓人的丰富性，因为它并非与理性的对象有关（理性的对象是无穷多样的），而仅仅与理性自身有关，仅仅与这样一些任务有关，它们完全脱胎于理性之腹，不是由不同于理性的事物的本性而是由理性自己的本性向理性提出的。因为，如果理性事先联系着它可能在经验中遇到的对象而完全了解了它自己的能力，那么此时如下事情必定变得很容易了：完全地且可靠地确定它所尝试做出的超越于经验界限的使用的范围和界限。

因此，我们可以而且必须将迄今为止人们所做出的企图**以独断的方式**完成形而上学的努力看成根本就没有发生过一样。因为，一种或另一种形而上学中分析性的事情，也即对于先天地寓居于我们的理性中的概念的分解，还根本不是这样的目的，即综合地扩展形而上学的先天知识，而只是为了达到真正的形而上学而做的一种准备。对于该目的来说，这样的概念分解是不适当的，因为它只是显示了包含在这些概念中的东西，而并没有显示出我们是如何先天地达到这样的概念的，以便能够据此也确定它们联系着一切泛而言之的知识的对象[B24]的有效的使用。放弃〔独断的形而上学的〕这些要求只需要做出少许的自我克制，因为不可否认的并且在独断的做法中也不可避免的理性与其自身的矛盾早已经让所有迄今为止的形而上学都名誉扫地了。为了做到下面这样的事情，需要我们拥有更大程度的坚毅：不受来自于内部的困难和来自于外部的阻力的阻碍，通过一种不同的、与迄今为止的处理方式完全相反的处理方式一劳永逸地将这样一门对于人类理性来说不可或缺的科学——人们或许可以砍掉其所有生长出来的树干，但是不能将其连根拔出——提升到一种有益且有成果的生长状态那里。

七、关于一种属于纯粹理性批判名义下的独特的科学的观念及其划分

现在，从所有这一切便产生了关于这样一门独特的科学的观念，它可以叫作**纯粹理性的批判**。因为，理性就是这样一种能力，它提供了先天认识的**原理**。因此，纯粹理性就是这样的理性，它包含着关于绝对先天地认识某物这样的事情的原理。纯粹理性的**工具**将是这样一些原理的总体，正是根据它们所有［B25］先天的纯粹知识可以被人获得并被现实地生产出来。这样一种工具的详细的应用将造就一个纯粹理性的系统。但是，由于这个系统是一种过高的要求，而且我们的知识的这样的扩展在此到底是否可能以及在什么样的情形中它是可能的这点还尚未确定，因此，我们可以将关于纯粹理性、其来源及界限的单纯的评判的科学看作纯粹理性的系统的**预备学科**。我们一定不要将这样一种预备学科称作**学说**，而必须只将其称作纯粹理性的**批判**。就思辨来说，其用处真正说来只是否定性的，不是用来扩展我们的理性的，而仅仅是用来净化它的，并且让它远离错误，而这点就已经是一个很大的收获了。我将所有这样的知识称作**先验的**，它们与其说处理的是对象，不如说处理的是我们关于泛而言之的对象的认识方式——

在这样的认识方式应该是先天可能的范围内[①]。这样的概念的**系统**叫作**先验哲学**。但是，对于开始来说，这样的系统再一次地还是太多了。因为，既然这样一种科学必定既完全地包含着分析的知识，又完全地包含着先天综合的知识，那么就我们的意图而言它所涉及的范围就太广了，因为我们只需要将分析进行到这样的程度，即为了洞察先天综合的原理（就其整[B26]个范围来说），它是必不可少的（因为我们所关心的事情仅仅是如何洞察先天综合的原理）。真正说来，我们不能将这种研究称为学说，而只能将其称为先验的批判，因为其意图不在于扩展知识本身，而是在于修正知识，并且提供关于所有先天知识的价值或无价值的试金石。现在我们所从事的便是这种研究。据此，如果这样一种研究是可能的，那么它构成了一种工具的准备，而且，如果这种工具不会成功的话，那么它至少构成了所有先天知识的这样一种范则，按照它，纯粹理性的哲学的完全的系统（它可以或者在于纯粹理性的知识的扩展或者在于其单纯的划界）或许有朝一日不仅可以被分析地而且可以被综合地呈现出来。因为，这点——即这样的事情是可能的，并且这样一个系统的确不可能拥有过于庞大的范围，因此我们可以希望完全地完成它——已经可以从如下事实中预先估计出来：在此我们的研究对象不是不可穷尽的事物的本性，而

① 此句在B版原版中原文是这样的：“Ich nenne alle Erkenntnis *transzendental*, die sich nicht sowohl mit Gegenständen, sondern mit unserer Erkenntnisart von Gegenständen, insofern diese a priori möglich sein soll, überhaupt beschäftigt”。Mellin认为语序有误，应当将“überhaupt”置于后一个“Gegenständen”之后。中译文据此译出。

是就事物的本性做出判断的知性，而且再一次地，仅仅是联系着其先天认识来考虑的知性。这样的知性的库存不可能对我们隐藏起来了，因为我们的确无需到外面去寻找它，而且按照所有的猜测，它是足够少的，以至我们能够完全地将其记录下来，就其价值或无价值做出评判，并且将其置于正确的评价之下。[B27]在此人们更不应该期待着一种对于纯粹理性的著作和系统的批判，而只应该期待着对于纯粹理性能力本身的批判。只不过，如果人们将该批判置于基础的地位，那么人们便拥有了一块可靠的试金石，借此可以对这个专业内的新旧著作的哲学内容进行评估；否则的话，我们面对的将是这样的场面：没有得到授权的历史学家和法官通过他们自己的毫无根据的断言来评判其他人的同样没有根据的断言。

先验哲学是关于一门科学的观念，纯粹理性的批判应当**从建筑术上**，也即根据原理，为其设计完全的规划，并保证构成这个建筑物的所有物件的完全性和确实性。先验哲学是纯粹理性的所有原理的系统。这种批判本身还没有被叫作先验哲学，这点仅仅是以如下事实为基础的：为了成为一个完全的系统，它还必须包含对人类的所有先天知识的详尽的分析。现在，尽管我们的批判的确也必须将构成了所提到的那种纯粹知识的所有主干概念的完全的列举放在人们面前，但是，它恰当地放弃了对这些概念本身的详尽的分析，还有对从它们推演出的概念的完全的说明。它之所以这样做，部分原因是，这种分解不合乎我们的目的，[B28]因为它并不拥有我们在综合的情况下所遇到的那种疑虑，真正说来，整个批判恰恰是因为此疑虑而存在的；另一部分原因是，承担这样的分析的完全性以及概念的推演的责任有违规划的统一性。就其意图来说，人们当然可以免于这样的责任。只要将来要提供的诸先天概念作为详尽的综合原理出现了，并且就这个根本的意图来说这些概念中不缺乏任何东西了，那么不仅这些概念的分解的完全性，而且还有从这些概念所做的推演的完全性，是很容易补上的。

据此，构成先验哲学的所有东西〔某种程度上说〕均属于纯粹理性的批判。纯粹理性的批判是关于先验哲学的完全的观念，但是还不是这门科学本身，因为在分析中它只是走到为对先天综合的知识进行完全的评判所需要的那么远。

在对这样一门科学进行划分时人们最为关注的地方是这样的：一定不要让任何包含着某种经验性的东西的概念进入其内，或者说先天知识是完全纯粹的。因此，尽管关于道德性的至上的原则及其基础概念是先天知识，但是它们还是不属于先验哲学，因为尽管它们没有将愉快和不快、[B29]欲求和偏好、意愿等等这些总起来说均拥有经验的来源的概念本身置于它们的规章的基础的地位，但是在义务概念中它们还是必须将这些概念拉进纯粹伦理性的系统的构述之中——或者作为要克服的障碍，或者作为不应该被充作动机的诱惑。因此，先验哲学是单纯思辨的纯粹理性的世界智慧。因为所有实践的事项，在其包含着动力[①]范围内，均涉及感受，而感受属于经验的认识来源。

① “动机”原文为“Bewegungsgrund”（也作“Beweggrund”），“动力”原文为“Triebfeder”。康德使用的另一个密切相关的德语词“Bewegursache”，我们译作“动因”。

如果人们想从关于一个泛而言之的系统的普遍的视角对这门科学做出划分的话，那么我们现在所阐述的这门科学首先必须包含着纯粹理性的**要素论**，其次还须包含纯粹理性的**方法论**。这两个主要部分中的每个部分都会有其子划分，尽管在此我们还不能阐述其根据。对于一个导论或者一种提醒来说，只有下面这点有必要交代一下：人类的知识有两个主要的支系，即感性和知性，它们或许源自一个共同的但为我们所不知的根源。通过前者，对象被**给予**我们；但是，通过后者，对象被加以**思维**。现在，在感性包含着这样一些先天表象范围内，它们构成了对象借［B30］以被给予我们的条件，它属于先验哲学。先验感性论必定属于关于要素的科学的**第一个**部分，这是因为这样的条件，即只有在其下人类知识的对象才被给出，先于这些对象借以被思维的条件。

上编　先验要素论

[B33/A19] 先验要素论之第一部分

先验感性论

[B33/A19] 第 1 节[①]

就一种知识来说，无论它以哪种方式且经由哪些手段关联[②]到诸对象，它借以直接地关联到这些对象并且一切思维作为手段所指向的那种方式总归是**直观**。但是，只有在对象被给予我们范围内，直观才发生了；而对象之被给予我们这样的事情再一次地——至少对于我们人类来说——只有通过如下方式才是可能的：对象以某种方式刺激[③]心灵[④]。经由我们受到对象刺激的方式而获得

---

① 此节数为 B 版所加。

② “关联”原文为“beziehen”，名词形式为“Beziehung”，二者均可译作“关系”。我们通常译作“关系”的另一个德语词为“Verhältnis”。康德通常用“beziehen”表示对象与认识（或认识主体）之间的关系，而用“Verhältnis”表示处于不同的时空位置之上的诸事物之间的关系。不过，要注意的是，他并非处处都严格遵守着这种使用“规则”。另外，我们译作“关联”的还有另外一个德语词“Zusammenhang”，康德主要用其表示诸显象之间的关系。

③ 康德在他自己使用的 A 版样本中在此补充道：“如果这个表象自身不是对象的原因的话”（Ak 23: 44）。

④ “心灵”原文为“Gemüt”。在康德这里，“Gemüt”主要意指诸种心灵事项（比如感觉印象、概念、表象、知觉、想象和思维等等）的场所或承担者，也指诸种心灵能力（Gemütsvermögen，Gemütskräfte）之全体。请注意“Gemüt”与“Seele”（灵魂）和“Geist”（精神）等概念的区别和联系。

表象的能力（接受性）叫作**感性**。因此，借助于感性诸对象**被给予**我们，而且只有感性才为我们提供**直观**；但是，经由知性诸对象**被思维了**，而且从知性那里**诸概念**产生出来。不过，一切思维最后都必须——无论是径直地（directe［直接地］），还是迂回地（indirecte［间接地］），即借助于某些特征——关联到直观，进而对于我们来说，一切思维均必须关联到感性，因为没有对象能够以其他的方式被给予我们。

［B34］如果我们受到了一个对象的刺激，那么它便在我们表象能力[①]之上造成某种结果，该结果就是［A20］**感觉**。那种经由感觉而关联到对象的直观叫作**经验**直观。一种经验直观的还未得到规定的对象叫作**显象**。

我将显象中相应于感觉的东西称为显象的**质料**，而将其中的那种使得显象的杂多能够被安排进某些关系中的东西称为显象的**形式**[②]。因为这样的东西，只有在其中诸感觉才能使得自身拥有次序并且才能被置于某种形式之中，本身又不可能是感觉，所以，尽管一切显象的质料只是后天地被给予我们的，但是其形式则必然先天地在心灵中给诸感觉全部准备好了，因而必定能够以独立于一切感觉的方式得到考察。

我将所有这样的表象称为**纯粹的**（在先验的意义上），在其中人们遇不到属于感觉的任何东西。据此，泛而言之的感性直观的

---

① “表象能力”（Vorstellungsfähigkeit，也作 Vorstellungskraft）与“认识能力”（Erkenntniskraft）同义。

② A 版作：“使得被安排进某些关系中的显象的杂多被直观到的东西”（dasjenige aber, welches macht, daß das Mannigfaltige der Erscheinung in gewissen Verhältnissen geordnet, angeschaut wird）。

纯粹形式将在心灵中先天地被遇到，而在这种纯粹的形式中诸显象的杂多在某些关系中被直观到。感性的这种纯形式本身也叫作**纯粹**〔B35〕**直观**。因此，如果我从关于一个物体的表象中去掉知性就此所思考的东西，诸如实体、力、可划分性等等，类似地，从其去掉属于感觉的东西，诸如不可入性、坚硬性、〔A21〕颜色等等，那么从这个经验直观中还是有某种东西给我存留下来，即广延和形状。广延和形状属于这样的纯粹直观，即使不存在感觉能力的现实的对象或感觉，它也作为感性的单纯的形式先天地发生在心灵之中。

我将关于所有先天的感性原理的科学称作**先验感性论**。* 因此，必定存在着这样一门科学，它〔B36〕构成了先验要素论的第一部分。这门科学与这样的科学形成了对照，后者包含着纯粹思维的原理，被人们叫作先验逻辑。

---

* 现在，只有德国人使用"Ästhetik"（感性论）这个词来表示其他人叫作鉴赏力批判的东西。这种做法是以这样一种不合适的希望为基础的（杰出的分析家鲍姆嘉登〔1〕便怀有这样的希望），即想将关于美的批判性评判置于理性原理之下，并且想将这种评判的规则提升到科学的程度。不过，这种努力是徒劳的。因为，人们所想到的那些规则或标准从其最主要的来源来看是经验性的，因此决不能用作这样一些确定的先天法则，我们的鉴赏判断必须遵循它们；毋宁说，我们的鉴赏判断构成了那些规则或标准的正确性的真正的试金石。〔2〕〔B36〕正因如此，如下做法是可取的：或者在此再次放弃这个名称，而将它保留给那种构成了真正的科学的学说〔3〕（由此人们也会更接近古人的语言和意义，在他们那里 αἰσθητὰ καὶ νοητά［感知和理知的］知识之区分是很著名的）；或者，与思辨哲学分享这个名称，并且部分说来在先验的意义上，部分说来在心理学意义上使用"Ästhetik"。〔〔1〕鲍姆嘉登（Alexander Gottlieb Baumgarten，1714–1762），莱布尼茨传统的哲学家，沃尔夫的学生。〔2〕关于上述断言，Pluhar 注释说："康德自己后来找到了一条将鉴赏力批判建立在先天原理基础之上的道路；他的美学理论构成了 1790 年出版的第三批判的第一部分。"〔3〕"真正的科学的学说"指康德自己所理解并正在从事的"Ästhetik"，即"die transzendentale Ästhetik"（先验感性论）。〕

[A22] 因此，在先验感性论中我们首先通过如下方式将感性**孤立出来**，即抽掉知性通过其概念在此所思考的一切东西，以便只有经验直观存留了下来。其次，我们还从经验直观中分离出属于感觉的一切东西，以便只有纯粹直观和显象的单纯的形式存留下来，而纯粹直观和显象的单纯的形式是感性能够先天地提供的唯一的东西。在进行这样的研究时，我们将发现，存在着两种作为先天知识原理的感性直观的纯粹形式，即空间和时间。现在，我们便开始考察它们。

[B37] 第一章　论空间

第 2 节　空间概念的形而上学阐释[①]

借助于外感能力（我们的心灵的一种性质），我们将诸对象表象成处于我们之外的，而且我们将这些对象一起表象成处于空间之中的[②]。正是在空间之中诸对象的形状、大小和彼此之间的关系

---

① 此节数和小标题均为 B 版所加。

② “将……表象成”原文为“stellen ... als ... vor”。“vorstellen”及其名词形式“Vorstellung”是康德最为频繁地使用的哲学词项之一。“Vorstellen”或“Vorstellung”意指某种与认识有关的心灵活动或其结果即心灵的相关的规定性或变状（Bestimmungen des Gemüts, Modifikationen des Gemüts），包括感觉、知觉、直观、概念、思维、认识等等（参见 B50/A34，A98–99, B242–243/A197, B376–377/A320 等等）。在绝大多数情况下，出于译名一致的考虑，我们均采用了通行的译法，即将其译作“表象”。但是，在一些情况下，其意思实际上是呈现、展示甚或设想的意思。

得到了规定或者是可以得到规定的。借助于内感能力，心灵直观自身或者其内部状态。这种内感能力虽然没有提供对于作为一个对象的灵魂本身的任何直观，不过，的确存在着这样一种确〔A23〕定的形式，正是在其之下对灵魂的内部状态的直观才是可能的，以至于属于内部规定性的一切东西均被表象成处于时间关系之中。时间不能外在地被直观到，正如空间不能被直观成处于我们之内的某种东西。那么，什么是空间和时间？它们是现实的存在物吗？它们仅仅是诸事物的规定性，或者还是诸事物之间的关系吗？假定它们仅仅是诸事物的规定性或者诸事物之间的关系，尽管如此，它们竟然是这样的规定性或关系吗：这些规定性和关系也属于诸事物本身——即便在诸事物没有被直观到时？抑或，它们仅仅是这样的规定性或关系，这些规定性或关系仅仅附着在直观形式之上，因此仅仅附着在我们的心灵的〔B38〕主观特性之上，而在没有这个特性的情况下这些谓词根本不能被归属于任何事物？为了对此有所了解，我们想首先阐释空间概念[①]。不过，我将**阐释**理解成对于属于一个概念的东西的明确的（尽管不是详尽的）呈现；如果一个阐释（expositio［阐明］）[②]包含着这样的东西，它将所阐释的概念表现成**先天地给定了的**，那么它便是形而上学的阐释。

1. 空间不是从外部经验中抽引而来的经验概念。因为，为了将某些感觉关联到我之外的某种东西（也即将其关联到这样的某

---

① A版作："考察空间"。接下来的一句话为B版所加。

② 此处的"阐释"德文为"Erörterung"。在此康德用这个德语词对应拉丁词"expositio"。在后文B755–758/A724–730中他为此使用的对应德语词为"Exposition"。另外，我们译作"阐释"的还有"Erläuterung"、"auseinandersetzen"等词；我们译作"阐明"的还有"dartun"、"darlegen"等词。

种东西，它处在一个不同于我所处的那个空间位置的空间位置之上），类似地，为了能够将它们表象成彼此处于对方之外的且彼此邻近的，因此为了将它们表象成并非仅仅是不同的，而且是处于不同的位置之上的，空间表象必须已经处于基础的地位了。据此，空间表象不能经由经验从外部显象的关系中得到；相反，这种外部经验本身只有经由所提到的表象才是可能的。

[A24] 2. 空间是一种先天必然的表象，它构成了所有外部直观的基础。人们决不能设想这点，即没有空间，尽管人们能够完好地设想这样的事情，即没有任何对象在空间之中被遇[B39]到。因此，空间被看成了诸[①]显象的可能性的条件，而并非被看成一种依赖于显象的规定性，并且是这样一种先天的表象，它必然地处于外部显象的基础的地位。[②]

3.[③]空间并不是关于诸泛而言之的事物之间的关系的推论式的[④]

① Vaihinger 认为在此应加上“外部”（äußeren）。

② A 版此处接着的段落（另起一段）是这样的：“3. 所有几何原则的绝然的确实性及其先天的构造的可能性均是以此种先天的必然性为基础的。因为，如果这种空间表象是这样一个后天得到的概念，它取自于普通的外部经验，那么关于数学规定性的诸初始原则便仅仅是知觉而已。于是，它们便拥有了知觉的一切偶然性，两点之间只有一条直线这点恰恰就不是必然的了；相反，总是经验教给我们这点的。取自经验的东西也仅仅具有比较的普遍性，即经由归纳而来的普遍性。因此，这时人们只能这样说：在迄今为止所注意到的范围内，人们没有发现这样的空间，它拥有的维度多于三个。”

③ A 版作：“4.”。

④ “推论式的”德文为“diskursiv”。在康德著作的中文翻译中（乃至在所有相关的德英哲学著作的中文翻译中），“diskursiv”通常被译作“推论（式）的”或“推理的”。但是，此种译法不太妥当，因为在相关语境中这个词的意义是：与概念（进而与话语）有关的，甚或是：“有条不紊地从一个概念推进到另一个概念”（von Begriff zu Begriff methodisch fortschreitend）。后一种意义所涉及的概念推进自然包括推论或推理，但是显然远不止于推论或推理，此外还包括判断活动等等。我曾经建议将“diskursiv”译为“推进式的”。不过，在此译本中我决定还是保留这种习惯译法。

（或者像人们所说的那样，一般的）概念，[A25] 而是一种纯粹直观。因为，首先，人们只能设想一个唯一的空间，而当人们谈论许多空间时，人们只是将这些空间理解为同一个唯一的空间的诸部分。这些部分也不能好比说作为那个唯一的包含一切的空间的构成部分（从它们那里一种组合是可能的）而先行于该空间，相反，它们只是**在它之中**被想到了。根本说来，它是唯一的，它之中的杂多进而还有关于诸泛而言之的空间的一般概念，只是建立在诸限制基础之上的。由此便有这样的结论：就空间来说，一种先天直观（它不是经验性的）处于关于它[①] 的所有概念的基础的地位。因此，所有几何学原则——比如在一个三角形中两个边相加大于第三个边——从来不是从关于**直线**和**三角形**的一般概念推导而来的，而是从直观推导而来的，而且是从其先天地、带有绝然确实性地推导而来的。

4. 空间被表象成一个无穷的**给定的**量。现在，尽管人们必须将每个概 [B40] 念均思考成这样一种表象，它包含在无穷多不同的可能的表象之中（作为它们的共同的特征），因此将这些表象包含**在自身之下**，但是，没有任何概念作为这样的概念能够被如此地加以思考，好像它将无穷多的表象包含**在自身之内**[②] 了。不过，空间恰恰被如此地思考了（因为空间的所有部分——直至其无穷无尽的部分——都是同时性的）。因此，关于空间的本源性表象是先天**直观**，

---

① “它”A 版作“它们”（指诸限制）。

② “包含在自身之下”和“包含在自身之内”原文分别为“unter sich enthält”和“in sich enthielte”。在此康德所要强调的是这点：概念之间的从属关系不同于整体与部分的包含关系，更不同于空间与空间部分之间的关系。

而不是**概念**。①

第 3 节 空间概念的先验阐释

我将**先验阐释**理解为对一个概念（作为一种原理）所做的这样一种解释，从其中其他先天综合知识的可能性可以被洞察到。为了满足这种意图，需要做出如下两点要求：(1) 诸如此类的知识实际上源自这个给定的概念；(2) 这些知识只有在预设了这个概念的一个给定的解释方式的情况下才是可能的。

几何学是这样一种科学，它综合地、然而却是先天地确定空间的性质。那么，空间表象必须是什么样子的，以便让关于它的这样一种知识成为可能的？本源上说，它必须是直观，因为，从一个［B41］单纯的概念我们不能抽引出任何这样的命题，它们超出了该概念的范围，而在几何学中这样的事情则恰恰发生了（导论第五节）。不过，这种直观必须是先天地——即在对一个对象的一切知觉之前——在我们之内遇到的，因此它必须是纯粹的直观，而非经验的直观。因为，几何命题全都是绝然性的，即它们都与必然性的意识联系在一起（比如这个命题："空间只有三个维度"）。但是，诸如此类的命题不可能是经验的判断或经验判断，也不能从它们之中推导出来（导论第二节）。

---

① A 版此段是这样的："5. 空间作为一个无穷的量而被表象成给出来了。一个关于空间的普遍的概念（该概念共同地出现于一英尺和一埃尔之中[1]）就量来说不能规定任何东西。如果没有直观的前行中的无边界性，那么没有任何关系概念会随身携带关于关系的无穷性的原理。"〔[1] 1 英尺（Fuß）约等于 30 厘米。埃尔（Elle）为德国旧长度单位，约等于 60–80 厘米；也是英国旧长度单位，约等于 115 厘米。〕

那么，这样一种外部直观如何能够出现在心灵之中——它先行于诸对象自身，而且正是在它之中关于诸对象的概念能够得到先天的确定？显然，只有在如下情况下这种外部直观才能出现在心灵之中：它仅仅作为主体的这样的形式特性——即受到对象的刺激并且由此而获得关于对象的**直接的表象**即**直观**——而寓居于主体之内，因此它仅仅作为泛而言之的外**感能力**的形式而寓居于主体之内。

于是，只有我们的解释才使得作为一种先天综合知识的**几何学的可能性**成为可以理解的。任何没有提供这点的解释方式，即使表面看来与我们的解释不无些许的相似性，均可以在这些标志上最为可靠地与它区别开来。[①]

[B42/A26] 从上述概念所获得的结论

a．空间根本没有呈现任何事物本身的性质，也没有呈现彼此处于其关系之中的事物本身[②]，也即，它没有呈现事物本身的这样的规定性，这种规定性附着于诸对象自身[③]之上，而且即使人们抽

---

① 此节为B版所加，用以替换A24页上的3.。Görland认为“这些标志”（Kennzeichen）指本小节第一段话中提到的那两个标志。

② 像莱布尼茨所主张的那样。在莱布尼茨看来，空间只不过是诸单子（某种意义上的物本身）之间的关系。

③ 在此“事物本身”原文为“Dinge an sich”（康德更频繁地使用的另一个同义的德语词为“Dinge an sich selbst”），“对象自身”原文为“Gegenständen selbst”。请注意“事物本身”与“对象自身”（也作“事物自身”［Dinge selbst］）在康德哲学中的区别：前者大多数情况下是指康德专门意义上的（即先验意义上的）事物本身；而后者通常指通常所谓的对象本身或事物本身。

掉了直观的所有主观的条件，它仍然存留下来。因为，无论是绝对的规定性，还是相对的规定性，均不能在它们所属的诸事物存在之前便被直观到，进而它们均不能被先天地直观到。

b. 空间仅仅是外感能力的所有显象的形式，而不是其他任何东西。也即，它是感性的主观条件，只是在其下对于我们来说外部直观才是可能的。现在，因为主体之受到诸对象的刺激的接受性必然地先行于对这些对象的所有直观，所以，下面这样的事情便可以理解了：所有显象的形式如何能够在所有现实的知觉之前便被给出了，因此它如何能够先天地在心灵中被给出了，以及作为这样一种纯粹直观——所有对象都必须在它之中得到规定——它如何能够在一切经验之前便包含了这些对象之间的关系的原理。

据此，我们只能从人的视角来谈论空间，谈论有广延的存在物等等。如果我们去掉了这样的主观条件，只有在其下我们才能获得外部直观（即在我们或许受到了对象的刺激的范围内①），那么空间表象根本就不意指［B43］任何东西了。［A27］这个谓词只有在这样的范围内才被归属给诸事物，即它们向我们显现了，也即它们是感性的对象。我们称为感性的这种接受性的稳定的形式是所有这样的关系的一种必然的条件，在其中诸对象被直观成处于我们之外的，而且，如果人们抽掉了这些对象，那么它便成为一种拥有“空间”之名的纯粹直观。因为我们不能让感性的独特的条件成为诸事物的可能性的条件，而仅仅能够让其成为诸事物的显象的可能性的条件，所以我们肯定可以说空间包含着所有可能从

① 此句话原文是这样的：“so wie wir nämlich von den Gegenständen affiziert werden mögen”。Adickes 认为“so wie”当作“sofern”。中译文据此译出。

外部显现给我们的事物，但是它并不包含所有事物本身——无论它们现在被直观了与否，或者也无论它们被哪个主体直观了。因为，我们根本不能就其他思维存在物的直观在这下面这点上做出判断：它们是否受到那些限制我们的直观并且对我们来说普遍有效的同样一些条件的约束。如果我们将一个判断的限制条件附加到主词概念之上，那么该判断此时就无条件地有效了。“所有事物均在空间中彼此邻近”这个命题只有在如下限制之下是有效的：如果这些事物被看作我们的感性直观的对象的话。假定在此我将这个条件联结到该概念之上并且说“所有事物作为外部显象均在空间中彼此邻近”，那么这条规则便是普遍地且没有任何限制地有效的了。据此，我〔B44〕们的阐释告诉我们，〔A28〕联系着所有可以从外部作为对象出现在我们面前的东西来说，空间拥有**实在性**（也即客观的有效性），但是与此同时，联系着被如此地看待的事物来说——理性就它们本身考虑着它们，也即没有考虑到我们的感性的特性——空间拥有**观念性**。因此，我们断定了空间的**经验的实在性**（联系着所有可能的外部经验），尽管与此同时我们也断定了空间的**先验的观念性**①，即这点：一旦我们去掉了一切经验的可能性的条件并且将空间看成处于事物本身之基础地位的东西，那么它便什么都不是了。

但是，在空间之外也不存在任何其他这样的主观的且关联到某种**外部**事物的表象，它们可以被称作先天客观的表象。因为，人们不能从这些其他的表象中的任何一个推导出先天综合的命题，

---

① “经验的实在性”和“先验的观念性”原文分别为“die empirische Realität”和“die transzendentale Idealität”。

而从空间中的直观却可以推导出这样的命题（参见第3节）。因此，确切说来，观念性[①]根本就不应归属于它们，尽管它们与空间表象在下面这点上是一致的，即它们仅仅属于感觉方式的主观特性——比如，它们经由关于颜色、声音和热度的感觉而属于视觉、听觉、触觉的主观特性。但是，由于这些感觉仅仅是感觉而并不是直观，所以它们就其本身来说不能让我们认识任何对象——至少不能让我们先天地认识任何对象。[②]

[B45]这个说明的意图仅仅在于防止下面这样的事情：有人会想到通过远非足够的例子来阐释我们所断定的空间的观念性，因为就比如颜色和味道等等来说，人们恰当地不将它们看作事物的特性，而只是

---

① 此“观念性”当指先验的观念性，而非通常意义上的观念性，即经验的观念性。Laas 认为“观念性”（Idealität）当作“实在性”（Realität）。此意见不可接受。参见科学院版编者注（Ak 3: 586）。

② 此段话在 A 版中是这样的：“但是，在空间之外也不存在任何其他这样的主观的且关联到某种外部事物的表象，它们可以被称作先天客观的表象。因此，所有外部显象的这个主观的条件不能与其他任何关联到外部事物的主观条件加以比较。一种葡萄酒的美味不属于该种葡萄酒的客观的规定性，因此不属于一个甚至被看作显象的对象的客观的规定性，而是属于享用它的那个主体的感觉能力的独特特性。诸种颜色附着于物体的直观之上却不是物体的特性，相反，它们也仅仅是视感觉能力的变状——当视觉以某种方式受到光的刺激时。与此相反，空间则作为诸外部对象的条件而必然地属于这些对象的显象或直观。味道和颜色甚至于都不是这样的必要[A29]条件，只有在其下诸对象对于我们来说才能成为感觉能力的对象。它们仅仅是作为某种独特的组织的偶然地附带而来的结果而与相关的显象连接在一起的。因此，它们也不是先天的表象，而是建立在感觉基础之上的——美味甚至于是建立在作为感觉的一种结果的感受（快感和不快感）基础之上的。也没有任何人能够先天地拥有关于某种颜色的表象或者关于任何一种味道的表象。但是，空间则只涉及直观的纯粹形式，因此，根本没有包含任何感觉（任何经验性的事项）；如果形状概念还有〔空间〕关系概念究竟还是要产生出来的话，那么空间的所有种类和规定性便能够被表象出来，甚至于必然能够被先天地表象出来。只有经由空间，下面这点才是可能的，即对于我们来说诸事物成为外部对象。”

将它们看作我们的主体的变化，而这样的变化甚至于在不同的人那里都可能是有所不同的。因为，在这个情形中某种从本源上说、就其自身来看仅仅是显象的东西——比如一朵玫瑰——从经验意义上被看成了一个物本身，而这样的物本身[A30]就颜色说来在不同人的眼里当然可以看起来是不一样的。与此相反，关于空间中的显象的先验概念则构成了一个批判性的提示，它提示人们注意下面这点：空间中被直观到的任何东西均根本不是事物本身，空间并不是诸事物的这样的形式，它或许为它们本身所拥有；相反，对象本身[①]根本就是不为我们所知的，而且，我们称为外部对象的东西只不过是我们的感性的单纯的表象，而空间则是我们的感性的形式，但是我们的感性的真正的关联物即物本身根本没有通过这些表象而被认识到，它也不可能被认识到，而且在经验中人们也从来不曾追问物本身的事情。

[B46]第二章　论时间

第4节　时间概念的形而上学阐释[②]

1. 时间不是从某种经验以任何方式抽引而来的经验概念。因

① “对象本身”原文为“Gegenstand an sich”。“Gegenstand an sich”（或“Gegenstand an sich selbst”、“Objekt an sich”、“Objekt an sich selbst”）与“Ding an sich”（或“Ding an sich selbst”）同义。在《纯粹理性批判》中，它们大多数情况下均指康德专门意义上的（即先验意义上的）事物本身。

② 此节数和小标题均为B版所加。

为，如果时间表象没有先天地处于基础的地位，那么同时性或者前后相继性甚至于不会进入知觉之中。只有在时间表象的预设之下人们才能表象这点：一些事物处于同一个时间（是同时的）或者处于不同的时间（是彼此相继的）。

[A31] 2. 时间是这样一种必然的表象，它处于所有直观的基础的地位。人们不能联系着泛而言之的显象而取消时间自身，尽管人们完全可以从时间中去掉诸显象。因此，时间是先天地给定的。只有在时间之中诸显象的一切现实性才是可能的。诸显象可以一并略去，但是时间自身（作为诸显象的可能性的一般条件）则不能被取消。

[B47] 3. 关于时间关系的绝然的原则的可能性或者关于时间本身的公理也是以这种先天的必然性为基础的。时间仅仅有一个维度：不同的时间并不是同时性的，而是前后相继的（正如不同的空间并不是前后相继的，而是同时性的）。这些原则不能从经验中抽引出来，因为经验既不能提供严格的普遍性，也不能提供绝然的确实性。我们只能说：普通的知觉教给我们事情是这样的；但是，我们不能说：事情必定是这样的。这些原则被看成这样的规则，正是在其下经验才终究是可能的，而且它们在经验之前给我们以教导，而并非是通过普通的知觉做到这点的。

4. 时间并不是推论式的（或者像人们所称呼的那样，一般的）概念，而是感性直观的一种纯粹的形式。不同的时间仅仅是恰好
[A32] 同一个时间的诸部分。但是，那种仅仅能够通过一个唯一的对象而被给出的表象就是直观。“不同的时间不可能是同时性的”这个命题也不可以从一个普遍的概念中推导出来。这个命题是综合的，它不可能仅仅从概念中产生出来。因此，它直接地包含在时

间的直观和表象之中。

5. 时间的无穷性只是意味着：时间的所有确定的量只有通过[B48]对一个唯一的、处于基础的地位的时间所做出的限制才是可能的。因此，**时间**这个本源性的表象必定是作为未被限制的东西而被给出的。但是，如果一个东西的诸部分本身以及一个对象的任何量只能通过限制而被确定地加以表象，那么相关的整个表象便一定不是通过诸概念而被给出的（因为诸概念只包含着部分表象①），相反，必定有直接的直观处于诸概念的基础的地位②。

第 5 节　时间概念的先验阐释

为了给出这样的阐释，我可以援引前一小节中的第 3 点。在那里出于简短的考虑，我将真正说来属于先验阐释的事项放在了形而上学阐释条目之下。在此我还要补充上下面两点：其一，变化概念以及与其相联的运动概念（运动不过是位置的变化）只有经由时间表象并且只有在时间表象之中才是可能的；其二，如果这样的表象不是先天的（内部）直观，那么没有任何概念（无论什么样的概念）能够使得变化的可能性成为可以把握的（变化就是矛盾地对立的谓词在同一个对象中的联结——比如，同一个事物在一个位置之上的存在和不存在）。只有在时间中两个矛[B49]盾地对立的规定性才能出现在同一个事物之中——即**前后相继地**出现在其中。因此，

---

① A 版作："因为在这种情况下诸部分表象先行发生了"。

② 此句话原文是这样的："sondern es muß ihnen unmittelbare Anschauung zum Grunde liegen"。此为 B 版中的表述。在 A 版中"ihnen"作"ihre"。据此，中译文应当是这样的："该表象的直接的直观必定处于基础的地位"。

我们的时间概念解释了普通的运动理论所阐明的所有那些先天综合知识的可能性（普通的运动理论也是很多产的）。[①]

第 6 节[②] 从这些概念得到的结论

a. 时间不是独立自存的东西，也不是某种作为客观的规定性而依附于事物之上、因而当人们抽掉对事物的直观的所有主观条件时仍然会存留下来的东西。因为，在第一种情形中它会是某种在没有现实的对象的情况下仍然会是现实的东西[③]。但是，就第 [A33] 二种情形来说，作为一种依附于诸事物自身之上的规定性或者秩序[④]，它将不能作为诸对象的条件而先行存在于它们之前，而且也将不能通过综合命题而被先天地认识和直观。相反，如果时间仅仅是这样的主观条件，正是在其下诸直观才能在我们之内发生[⑤]，那么它肯定就可以通过综合命题而被先天地认识和直观。因为，在这种情况下内部直观的这种形式便可以在诸对象之前而被加以表象，因此它可以被先天地加以表象。

b. 时间仅仅是内感能力即对我们自身以及我们的内部状态所做的直观的形式。因为，时间不可能是外部显象的规定性，它既

---

① 该节为 B 版所加。

② 此节数为 B 版所加。

③ 像牛顿的绝对时间观所主张的那样。

④ 像莱布尼茨的时间观所主张的那样。莱布尼茨认为，时间只不过是诸单子（某种意义上的物本身）之间的关系。

⑤ 此句话原文是这样的："unter der alle Anschauungen in uns stattfinden können"。Erdmann 认为"alle"当作"allein"。中译文据此译出。

〔B50〕不属于形状，也不属于位置，等等，相反，它决定了我们的内部状态中的诸表象之间的关系。而且，恰恰是因为这种内部直观没有给出任何形状，所以我们还试图通过类比来弥补这个缺点。我们通过这样一条前进至无穷的直线来呈现时间序列，在其上杂多的事项构成了一个序列，而该序列只有一个维度。我们从这条直线的性质推导出时间的所有性质——除下面这点以外：这条直线的诸部分是同时性的，而时间的诸部分则总是前后相继的。由此下面这点便变得十分清楚了：时间表象本身就是直观，因为它的所有关系均可表达在一个外部直观之上。

〔A34〕c. 时间是所有泛而言之的显象的先天的形式条件。作为所有外部直观的纯粹形式，空间作为先天的条件仅仅局限于外部显象之上。与此相反，因为所有表象，无论它们是否以外部事物作为对象，就其本身来说，作为心灵的规定性，均属于内部状态，而这种内部状态则从属于内部直观进而从属于时间的形式条件，所以时间是所有泛而言之的显象的先天的条件，而且是内部显象（我们的灵魂）的直接的条件，而且，恰因如此，它间接地构成了外部显象的条件。〔B51〕如果我可以先天地说，所有外部显象都处于空间之中，而且都根据空间关系而被先天地决定了，那么我便可以根据关于内感能力的原理而完全一般性地说：所有泛而言之的显象，即所有感觉能力的对象，均处于时间之中，均必然地处于时间关系之中。

如果我们抽掉我们从内部直观我们自身的那种方式，以及借助于这种直观也将所有外部直观囊括于表象能力之内的那种方式，因此也就是就诸对象本身来说所可能是的样子看待它们，那么时间就什么都不是了。只有联系着诸显象来说时间才拥有客观的有效性，因为诸显象已经就是这样的事物，我们将它们看作**我们的感觉能力的对象**；但是，如果人们抽掉我们的直观的感性，进而抽掉为我们所独有的那种表象方式，并且谈论**泛而言之的事物**，那么时间就不再是[A35]客观的了。因此，时间仅仅是我们的（人类成员的）直观的一种主观条件（这样的直观总是感性的，即在我们受到了对象的刺激的范围内），就其本身来说，在主体之外，它什么也不是。尽管如此，联系着所有显象，进而还联系着我们在经验中可能遇到的所有事物来说，它必然地是客观的。我们不能说“所有事物均处于时间之中”，因为在关于泛而言之的[B52]事物的概念那里，对事物的直观的一切方式均被抽掉了，而直观恰恰就是这样的真正的条件，正是在其下时间属于对象的表象[①]。现在，如果我们将这个条件附加到该概念之上，并且说“所有事物作为显象（感性直观的对象）均处于时间之中”，那么该原则便拥有了其良好的客观的正确性和先天的普遍性。

据此，我们的断言告诉我们，时间拥有**经验的实在性**，也即，联系着所有这样的对象时间都拥有客观有效性，这些对象在某个时候可能被给予了我们的感觉能力。由于我们的直观总是感性的，因此，在经验之中从来不会有这样一个对象被给予了我们，它不属于时间条件之下。与此形成对照的是，我们否认了时间对于绝对实在性的任何要求，因为即使在没有考虑到[A36]我们的感性直

---

① 在科学院版中，此句话原文是这样的：“Wir können nicht sagen: alle Dinge sind in der Zeit, weil bei dem Begriff der Dinge überhaupt von aller Art der Anschauung derselben abstrahiert wird, dieser aber die eigentliche Bedingung ist, unter der die Zeit in die Vorstellung der Gegenstände gehört”。在 A 版和 B 版原版中，“dieser” 作 “diese”（指代前面的“Anschauung”）。科学院版中的形式当是排印错误所致。

观的形式的情况下，这样的实在性也作为条件或性质而绝对地附着于诸事物之上。这样的属于诸事物本身的性质从来不可能通过感觉能力而被给予我们。于是，时间的**先验的观念性**就在于这点。按照时间的先验的观念性，如果人们抽掉了感性直观的主观条件，那么时间便什么也不是了。时间既不能被以自存的方式也不能被以依存的方式[①]归属给诸对象本身（在它们没有关联到我们的直观的情况下）。不过，正如空间的观念性一样，［B53］时间的这种观念性不可与感觉的偷换[②]的情形同日而语。因为，在感觉的偷换的情形中人们毕竟针对这样的显象自身——这些谓词[③]就依存于其上——预设了这点，即它拥有客观实在性[④]；而在时间这里客观实在性全然缺失了——除非客观实在性在此仅仅是经验性的，也即相关的对象自身仅仅被看成显象（关于这点，请查看第一章的说明[⑤]）。

---

① “以自存的方式”和“以依存的方式”原文分别为“subsistierend”和“inhärierend”。

② “感觉的偷换”原文为“Subreptionen der Empfindung”。“Subreption”（偷换）一般而言是指“eine Verwechslung, die zu Täuschung bzw. Erschleichung Anlass gibt”（会引起欺骗或骗取的混淆）。在 B537/A509、B611/A583 和 B647/A619 等处，康德还谈到了“先验的偷换”（die transzendentale Subreption），即这样的操作或错误：将思维中的主观的事项看成所思维的东西中的客观的事项（dass das Subjektive des Denkens für das Objektive des Gedachten gehalten wird）（参见 Ak 20: 349）。

③ “这些谓词”指颜色、声音、味道等等所谓“第二性质”或“派生性质”（the secondary qualities）。

④ “客观实在性”（或“客观的实在性”）原文为“objektive Realität”。请注意“objektiv”与“Objekt”进而与“Gegenstand”之间的词源上的联系。“objektiv”意为与“Objekt”相关的。“Objekt”通常译作“对象”，也译作“客体”，因此“objektiv”意为与对象或客体相关的——简言之，对象的或客观的（进而意为并非完全依赖于主体的，更非仅仅存在于主体或心灵之中的）。

⑤ 参见 B44-45/A28-30。

第 7 节 阐释①

我们的理论承认时间拥有经验的实在性，但是否认它拥有绝对的且先验的实在性。我听说了这样一种异议，不无洞见之人如此异口同声地说出了它，以至于我由此推断，它自然而然地必定会出现在任何不习惯于这些考察的读者那里。于是，这种异议是这样的：变化是现实的（我们自己的表象的［A37］变易证明了这点——即使人们想否认所有外部显象连同其变化）。现在，变化只有在时间之中才是可能的，因此时间是某种现实的东西。回应这种指责没有任何困难。我承认整个论证。时间的确是某种现实的东西，即内部直观的现实的形式。因此，联系着内部经验它拥有主观的实在性，也即，我实际上拥有时间的表［B54］象以及我在时间中的规定性的表象。因此，它实际上不应当被看成对象，而应当被看成作为对象的我自己的表象方式②。但是，如果在没有这种感性条件的情况下，我能够直观我自己，或者另一个存在物能够直观我，那么恰好同样一些规定性——我们现在将其设想成变化——将给出这样一种知识，时间的表象进而还有变化的表象将

---

① 此节数为 B 版所加。此“阐释”原文为“Erläuterung”。

② 这句话原文是这样的：“Sie ist also wirklich nicht als Objekt, sondern als die Vorstellungsart meiner selbst als Objekts anzusehen”。Erdmann 认为“nicht”前应补加上逗号“,”（科学院版据此修改），这样，中译文当作：“因此，它是现实的，不应当被看成对象，而应当被看成作为对象的我自己的表象方式。”Adickes 认为“wirklich”前应补加上“als”，这样中译文当为：“因此，它应当被看成现实的——不是作为对象，而是作为（作为对象的）我自己的表象方式。”另外，Kehrbach 认为“表象方式”（Vorstellungsart）当作“表象”（Vorstellung）。

根本不会出现于其中。因此，时间之作为我们的一切经验的条件的经验的实在性还是保留下来了。只不过，根据上面提到的事项，我们不能承认它拥有绝对的实在性。它仅仅是我们的内部直观的形式。* 如果人们从它那里将我们的感性的独特的条件拿掉了，那么时间概念也就消失不见了。它并非附着于诸［A38］对象自身之上，而是仅仅附着于直观着它们的主体之上。

这种异议之所以被如此异口同声地提出了，而且它之所以被这样一些人——他们并不知道如何给出任何［B55］令人信服的理由来反对关于空间的观念性的学说——提出了，其原因如下。他们无法指望绝然地确立空间的绝对的实在性，因为有唯心论在与他们作对——按照唯心论，外部对象的现实性是不能严格地加以证明的；与此相反，我们的内感能力的对象的现实性（我自身以及我的状态的现实性）则直接地经由意识便是清楚无误的。外部对象可能是一种单纯的假象，而我们的内感能力的对象——根据他们的意见——则不可否认是某种现实的东西。不过，他们没有考虑到下面这点：两者仍然仅仅属于显象（在此我们不必否认它们作为表象的现实性），而显象总是具有两个方面——其中的一个方面是这样的方面，在此对象是就其本身来被看待的（不管直观对象的方式——不过，正因如此，对象的特性就总是成问题的）；其中的另一个方面是这样的方面，在此人们所关注的是该对象的直观的形式，而这样的形式一定不要在该对象本身之中去寻找，而是必须在这样的主体之中去寻找，该对象恰恰是在向着它显现，但是，尽管如此，该形式实际上并且必然地属于该对象的显象。

---

* 尽管我可以说我的诸表象彼此相继出现，但是这点仅仅意味着，我们意识到它们是处于一个时间序列之中的，也即，它们是符合内感能力的形式的。正因如此，时间并不是某种东西本身，也不是任何客观地附着于诸事物之上的规定性。

据此，时间和空间是两种这样的认识来源，从其中可以得到各种各样的先天综合知识[A39]——纯粹数学联系着关于空间及其关系的知识尤其提供了一个极好的例子。[B56]因为，两者合起来看构成了一切感性直观的纯粹形式，而且由此而使得先天综合命题成为可能。不过，这些先天的认识来源恰恰由此（经由它们是感性的单纯的条件这点）而决定了它们自己的界限，即它们决定了这点：它们仅仅在这样的范围内涉及诸对象，即这些对象被看作显象，它们并非表现了物本身。只有诸显象才是它们的有效性的领域，当人们从其中走出来时，它们的客观的使用便不会再发生了。此外，空间和时间的这种实在性①并没有触动经验知识的可靠性，因为，无论这些形式附着于事物本身，还是仅仅必然地附着于我们对这些事物的直观，我们对于经验知识都同样确信无疑。与此形成对照的是，那些如此地断定空间和时间的绝对实在性的人则必定与经验本身的原理不能达成一致——无论他们现在是将空间和时间看作自存的还是将它们看作仅仅依存性的。因为，如果他们决定接受前一方（数理的自然研究者通常属于此方），那么他们就必须假定两个这样的永恒且无穷的、独立自存的非物②（空间和时间），它们之所以存在

① Laas 认为“实在性”（Realität）当作“观念性”（Idealität）。Erdmann 认为此处的“实在性”当理解为“这种单纯经验性的而非绝对的实在性”（Diese bloß empirische, nicht absolute Realität）。

② “非物”原文为“Undinge”。“Unding”通常只用于短语之中，比如：“etwas ist ein Unding”（某事极其不近情理），“Es ist ein Unding, so etwas zu verlangen”（提出这类要求真是荒唐）等等。不过，该词也有如下罕见的用法，即意指“unförmiger, Angst einflößender Gegenstand”（庞大而又不成比例的、会引起人们恐惧的对象）。康德在此显然不是在这两种意义上使用该词的。在此，“Unding”的意义当为“不可能之物”（impossibilia），即例示绝对的不可能性的事物 (the things exemplifying absolute impossibilities)。同样的用法也出现在B274、B348/A292、B371/A315、B461/A433 等处。

（甚至于在不存在任何现实的东西的情况下），仅仅是为了将所有现实的东西包含在自身之内。如果他们选择了另一方（一些[A40]形而上学的自然研究者属于此方），并且对于他们来说空间和时间仅仅算作诸显象之间的这样一些关系（彼此邻近或者彼此前后相继），它们是从经验中抽象出来的，尽管[B57]在分离状态中被混乱地表象了，那么他们就必定否认先天的数学学说联系着现实的事物（比如空间中的现实的事物）拥有其有效性，至少否认它们拥有绝然的确实性，因为这样的确实性根本没有后天地发生。而且，按照这种意见，关于空间和时间的先天概念只不过是想象力的产品，它们的来源实际上必须到这样的经验之中去寻找——正是从由其抽象出来的诸多关系中想象制作出了某种这样的东西，尽管它包含着这些关系中的普遍的东西，但是在缺少了自然给它们联系上的那些限制的情况下，它不可能发生。属于前一方的人得到了许多东西，以至于他们为数学断言敞开了诸显象的领域。但是，当知性要走出这个领域时，他们恰恰因为这些条件而让自己陷入混乱之中。属于后一方的人尽管联系着后面这点有所收获，即当他们想着对这样的对象——它们不是被看作显象，而是仅仅被看作处于与知性的关系中的对象——有所判断时，空间和时间表象没有给他们构成障碍。但是，他们既不能为先天的数学知识的可能性提供根据（因为他们缺少一种真正的且客观有效的先天直观），也不能让诸经验命题与那些〔先天的数学〕断言处于[A41]必然的一致关系之中。与此形成对照的是，在我们的关于感性的这两种本源的形式的真正的特性的理[B58]论中，这两个困难均被消除了。

最后，先验感性论只可能包含着这两种要素，即空间和时间，而不可能包含着更多的要素。这点从下面的事实中可以清楚地看出：所有其他属于感性的概念，甚至于包括将这两个部分联合在一起的运动概念，都预设了某种经验性的东西。因为运动预设了对于某种可运动的东西的知觉。但是，在就其本身来看待的空间之中并不存在任何可运动的东西，因此可运动的东西必定是某种这样的东西，**在空间中仅仅通过经验**它才被发现，进而必定是一种经验材料。同样，先验感性论也不能将变化概念算作它的先天材料之列，因为时间本身并不发生变化，相反，发生变化的东西是处于时间中的东西。因此，变化概念需要对于某种存在及其诸规定性的前后相继性的知觉，进而需要经验。

[B59] 第 8 节[①] 关于先验感性论的一般性说明

一、[②] 首先，有必要尽可能清楚地解释一下，就泛而言之的感性知识的基本特[A42]性来说我们的意见究竟是什么，以便预防对于我们的意见的一切误解。

于是，我们想要说的是下面几点：我们的所有直观都仅仅是对于显象的表象；我们所直观的事物就其本身来看并不是我们将其直观成的那种东西，它们之间的诸多关系就其本身来看也并非拥有它们显现给我们的那些特性；如果我们取消了我们的主体甚或只是取消了泛而言之的感觉能力的主观特性，那么诸对象在空间和时间之中的所有性质及其所有关系，甚至于空间和时间，便

① 此节号为 B 版所加。

② 此序号为 B 版所加。

将悉数消失不见了，并且作为显象它们并非就其本身来看就能够存在，而是只能存在于我们之内。至于诸对象就其本身来看并且在脱离了我们的感性的所有这一切接受性的情况下是什么样子的，这点于我们而言完全是无从知晓的。我们仅仅直接认识我们知觉诸对象的方式，而这样的知觉方式是为我们所独有的，尽管它必然属于每一个人，但是并非也必然地属于每一种存在物。而我们所要处理的仅仅是这种知觉方式。空间和时间是〔B60〕这种知觉方式的纯粹的形式，而泛而言之的感觉则是其质料。只有这些纯粹的形式我们能够先天地即先于一切现实的知觉加以认识，正因如此，它们被叫作纯粹直观；而感觉则是我们的知识中的这样的东西，它使得这种知识被叫作后天的知识，即被叫作经验直观。纯粹形式绝对必然地附着于我们的感性之上——无论我们的感觉是什么样子的；而感觉〔A43〕则可能是很不相同的。即便我们能够将我们的这种直观带到最高程度的明确性，我们由此也没有更为接近了诸对象本身的特性。因为，无论如何，我们只是会完全地认识我们的直观的方式，即我们的感性，而且，我们只是在本源性地附着于主体之上的条件之下，在空间和时间的条件之下，才会完全地认识它。至于诸对象本身可能是什么样子的，即便借助于关于它们的显象的最为明晰的知识（给予我们的只有这样的显象）我们也无法知晓这点。

因此，如下观点是对感性和显象概念的曲解：我们的整个感性不过是关于诸事物的混乱的表象，而该表象仅仅包含着属于诸事物本身的东西——只不过，它仅仅将这样的东西包含在一堆我们未曾有意识地区分开的特征和部分表象之下了。这种曲解使得关于感性和显象的整个学说变得毫无用处了，并且使之变得空无内容。不明[B61]确的表象与明确的表象之间的区别仅仅是一种逻辑上的区别，它无关乎内容。毫无疑问，健全的知性所使用的**公正**概念恰恰包含着最精微的思辨能够从它那里所展开出来的东西，只不过在通常的且实践的使用中人们并没有意识到包含在这个思想中的这些杂多的表象。人们不能因此就说这个普通的概念是感性的，并且[A44]包含一个单纯的显象，因为公正根本不能显现出来，相反，关于它的概念包含在知性之中，并且表现了诸行动的这样一种（道德）特性，它就属于这些行动本身。与此相反，一个**物体**在直观中的表象则完全没有包含任何这样的东西，这样的东西可以属于一个对象本身，相反，它仅仅包含着某种东西的显象以及我们受到这个东西刺激的方式。我们的认识能力的这种接受性就叫作感性，尽管人们或许可以从根本上看透前者（显象），但是这种接受性与对于对象本身的认识还是具有天壤之别。

因此，莱布尼茨-沃尔夫式的哲学通过将感性和理智事物的区别仅仅看作一种逻辑上的区别的方式而将对于我们的知识的本性和来源的所有研究引导到了一种完全不适当的观点之上，因为这种区别显然是先验的，而并非仅仅涉及明确[B62]性或者不明确性的形式，而是涉及其来源和内容。因此，事情并非是这样的，即通过感性我们只是不明确地认识了诸物本身的特性，相反，事情是这样的：通过感性我们根本就没有认识诸物本身的特性。而且，一旦我们去掉了我们的主观的特性，我们根本就不会在任何地方遇到，也不可能遇到，带有这样一些性质的被表象的对象了，这些性质是感性直观归属给对象的，因为恰恰是这种主观特性决定了作为显象的该对象的形式。

[A45]我们通常很好地区分开了显象中的如下事项：其一，本

质上附属于显象的直观的事项，这样的事项对于任何泛而言之的人的感觉能力来说都是有效的；其二，仅仅偶然地属于该直观的事项，因为对于〔直观与〕泛而言之的感性的关系来说这样的事项是无效的，而仅仅对于这种或那种感觉能力的独特的状态或者组织来说它才是有效的[①]。于是，人们将前一种知识称作表现了对象本身的知识，而将后一种知识仅仅称作对象的显象。但是，这种区别仅仅是经验性的。如果人们停留在这里（正如通常所发生的那样）并且不把那种经验直观再一次地看成单纯的显象（像我们应该做的那样），以至于在其中我们根本遇不到任何涉及某种事物本身的东西，那么我们的先验区别便消失了。这时，我们的确就会相信我们认识了物本身，尽管在感性世界中我们处处所处理的仅仅是显象——即便我们对感性世界的对象做出了最为深入的研[B63]究，事情也是如此。因此，我们会将彩虹称作发生于晴天雨这样的情形中的一种单纯的显象，而将雨称作事物本身。如果我们只是以物理学的方式理解后面这个概念的，即认为它意指的是那种在普通经验中在其相对于诸感觉能力的所有不同的位置之上终究以这样的方式而不是以其他任何方式在直观中得到规定的东西[②]，那么这种做法也是正确无误的。但是，如果我们以这种泛

① 此句原文是这样的："indem es nicht auf die Beziehung der Sinnlichkeit überhaupt, sondern nur auf eine besondere Stellung oder Organisation dieses oder jenes Sinnes gültig ist"。Vorländer 认为 "nicht auf die Beziehung der Sinnlichkeit überhaupt, sondern nur auf … gültig ist" 当作 "nicht für die Beziehung auf Sinnlichkeit überhaupt, sondern nur für … gültig ist"。中译文据此译出。

② 此句中"后面这个概念"指关于事物本身（die Sache an sich selbst）的概念。以物理学方式理解的事物本身概念即前文（B45/A29-30）提到的从经验意义上理解的事物本身概念。

而言之的经验事项为例，并且在不关心它与每个人的感觉能力的一致性的〔A46〕情况下提出这样的问题，即它是否也表现了一个对象本身（在此我们要问的不是：它是否表现了雨滴，因为雨滴这时作为显象已经是经验对象了），那么关于该表象与该对象的关联的问题便是先验的。此时，不仅这些雨滴是单纯的显象，而且甚至于其圆圆的形状，甚而它们所落入的空间，都不是任何东西本身[①]，而是我们的感性直观的单纯的变状或者基础，而相关的先验对象则不为我们所知。

我们的先验感性论的第二个重要的关切是这样的：它并非是仅仅作为貌似合理的假说而获得了一些认可，相反，它是确实的且无可质疑的，正如我们在某个时候可以针对一个应该用作工具的理论所要求的那样。为了让这种确实性变得完全清楚明白，我们想选择这样一种情形，在其上该工具的有效性可以变得显而〔B64〕易见，并且它可以用来让我们在第 3 节所提到的事情变得更加清楚。

因此，让我们假定空间和时间就其本身来说就是客观的，并且是物本身的可能性的条件。那么，我们首先发现了这样的事实：存在着大量关于两者的先天绝然的且综合的命题。就空间来说，情况尤其如此，因此在此我们想主要以空间作为例子来加以研究。因为几何学命题是以先天综合的方式而且是绝然〔A47〕确实地被认识到的，所以我提出这样的问题：你们是从哪里获得诸如此类的命题的？我们的知性是依靠什么达到诸如此类的绝对必然且普遍有效的真理的？只有通过如下道路：或者经由概念，或者经由直观。但是，两者就它们本身来说都或者是先天地或者是后天地给出的。后天地给出的概念和直观——

① “……都不是任何东西本身”原文为“... sind nichts an sich selbst”。

即经验概念，还有经验概念借以建立起来的经验直观——不能提供任何其他的综合命题，而只能提供这样一种综合命题，它也仅仅是经验性的，即它也是一个经验命题，因此从来不能包含必然性和绝对的普遍性，而必然性和绝对的普遍性恰好构成了几何学的所有命题的刻画性特征。但是，就达到诸如此类的知识的第一种也是唯一一种手段——即经由单纯的概念或者经由先天直观——来说，下面这点是清楚无误的：从单纯的概念根本不能获得任何综合的知识，而只能〔B65〕获得分析的知识。我们只需要看一下如下命题：两条直线无法围成一个空间，因此不可能形成任何图形。请尝试着从直线概念和二这个数概念推导出该命题。或者，也可以考虑如下命题：三条直线可以形成一个图形。请同样尝试仅仅从这些概念推导出该命题。你们的所有努力都是徒劳的，而且你们看到你们最后不得不求助于直观，正如几何学事实上总是要做的那样。因此，你们给自己提供一个直〔A48〕观中的对象。那么，这个直观是属于什么类型的？它是一种纯粹的先天直观还是一种经验直观？如果它是后者，那么我们决不能从其中得到一个普遍有效的命题，更不能从其中得到一个绝然的命题，因为经验从来不能提供诸如此类的东西。因此，你们必须在直观中先天地给出你们的对象，并且以该对象为基础建立起你们的综合命题。现在，如果在你们之内不包含一种先天直观能力；如果这种主观的条件从形式上看并非同时就是这样的普遍的先天条件，只有在其下这种（外部）直观的对象自身才是可能的；如果该对象（那个三角形）就是某种东西本身[①]（而根本没有关联到你们的主体）：那么，你们如何能够这样说：必然地包含在你们的这样的主观的条件——即构造一个三角形的条

① “某种东西本身”原文为“etwas an sich selbst”。

件——之内的东西，也必定属于该三角形本身[①]？因为，你们当然不能给你们的（关于三条直线的）概念附加上任何这样的新东西（那个图形），它[B66]正因如此而必然地在该对象上被遇到——因为该对象是在你们的认识之前被给出的，而不是经由你们的认识被给出的。因此，如果空间（进而还有时间）不是你们的这样的直观的单纯形式，它包含着这样一些先天条件，只有在其下诸事物对于你们来说才能构成为诸外部对象（而如果没有这些主观的条件，那么这些外部对象就其本身来说什么都不是），那么，你们便根本不能先天地就诸外部对象综合地确立任何东西。因此，下面这点是毫无疑问地确实的，而不仅仅是可能的甚或也不仅仅是很有[A49]可能的：空间和时间，作为一切经验（外部的和内部的经验）的必然的条件，仅仅是我们的所有直观的主观的条件。于是，相对于这些条件，所有对象均是单纯的显象，而不是就其自身来说以这样的方式被给出的事物。对于这些对象，就其形式方面，我们可以先天地说出许多东西；但是，对于或许构成了这些显象的根据的物本身，我们则从来不能说出任何东西。

二、如下说明可以用来出色地确证我们的这个关于外感能力还有内感能力的观念性[②]进而关于感觉能力的所有对象之为单纯的显象的理论：在我们的知识中属于直观的一切东西（因此，根本不属于知识的愉快感受和不快感受以及意志除外）仅仅包含着单纯的关系：一个直观中的诸位置的关系（广延）、[B67]诸位置的变化（运动）的关系以及这样一些法则的关系，正是根据它们这种

① “该三角形本身”（“dem Triangel an sich selbst”）指作为一个物本身的该三角形。

② “外感能力还有内感能力的观念性”（Idealität des äußeren sowohl als inneren Sinnes）这个表述不无问题，当作“外感能力还有内感能力**的形式**的观念性”或“**从其形式来看的**外感能力还有内感能力的观念性”。

变化被决定了（推动力）。但是，出现在一个位置之上的东西，或者除了位置变化以外在事物自身中起作用的东西，并没有由此[①]而被给出来。现在，经由单纯的关系我们毕竟没有认识事物本身，因此我们很可以做出如下判断：由于经由外感能力仅仅单纯的关系表象被给予了我们，因此外感能力在其表象中也只能包含着一个对象与主体的关联，而不能包含内在的东西，即属于该对象本身的东西。内部直观的情况恰好也是一样的。事情不仅是这样的，即在内部直观中**外感能力**的表象构成了我们用来占据[②]我们的心灵的真正的材料，而且这样的时间——我们将这些表象设置于其中，它自身先行于人们在经验中对这些表象的意识，而且作为形式条件它构成了我们将这些表象设置于心灵之中的那种方式的基础——就已经包含了前后相继关系、同时性关系以及与前后相继同时存在的东西（恒常的东西）的关系。现在，那种作为表象能够在所有这样的行动——即思维某种东西——之前发生的东西就是直观，而且，如果直观仅仅包含着关系，那么这样的东西就是直观的形式。就直观形式来说，除非某种东西被设置于心灵之中了，否则，它不表象任何东西，因此它只可能是心灵受到它自己的活动——即心灵的表象的这种［B68］设置[③]——刺激的方式，进

① “由此”即经由属于直观的东西。

② “占据”原文为“besetzen”。

③ “心灵的表象的这种设置”原文为“dieses Setzen seiner Vorstellung”。“seiner”指代“Gemüt”（心灵）。在B版原版中，“seiner”作“ihrer”。如果“ihrer”指代的是前面的“Tätigkeit”（活动），那么我们有必要对之做出修改。Kehrbach认为当作“seiner”，科学院版接受了此校改意见。不过，如果“ihrer”指代的是更前面的“Anschuung”（直观）甚至于是“die Vorstellungen äußerer Sinne”（外感能力的表象）中的“äußerer Sinne”，那么这种修改便不需要了。

而它只可能是心灵受到它自己刺激的方式，也即从其形式来看的内感能力。在这样的范围内，经由一种感觉能力而被表象的任何东西都总是显象。因此，或者我们一定不要承认内感能力；或者，构成了内感能力的对象的主体经由这种感觉能力只能被表象成显象，而并非像它在如下情况下会评判自己那样被表象，此时它的直观是单纯的自我活动性，即是理智性的。在此一切困难均只是建立在下面这点之上的：一个主体如何能够内在地直观自身？不过，这个困难构成了所有相关理论的共同困难。对我自身的意识（统觉）就是对于我的简单的表象，而且，如果仅仅经由这样的意识主体中的一切杂多便**自我活动般地**[①]被给出来了，那么内部直观就是理智性的。在人类成员这里，这种意识要求对于在主体内事先已经给出的杂多的内部知觉。而且，这种杂多在心灵中在没有自发性的情况下被给出的方式由于这种区别而必须被叫作感性。如果意识到自身的能力应当寻找（领会）包含在心灵中的东西，那么它就必须刺激心灵，而且它只能以这样的方式产生对我们自身的直观，而该直观的形式（该形式事先在心灵中处于基础的地位）则在时间[B69]表象中决定了杂多在心灵中聚集在一起的方式；于是，在此心灵并非像它会直接地、自我活动般地表象自身那样直观它自己，而是像它从内部受到刺激那样直观它自己，因此它像它显现给自己那样而非像它本来所是的那样直观它自己。[②]

---

① “自我活动般地”原文为“selbsttätig”。前面出现的“自我活动性”原文为“Selbsttätigkeit”。

② 最后这句话原文是这样的：“Wenn das Vermögen sich bewußt zu werden, das, was im Gemüte liegt, aufsuchen (apprehendieren) soll, so muß es dasselbe affizieren, und kann allein auf solche Art eine Anschauung seiner selbst hervorbringen, deren Form aber, die vorher im Gemüte zugrunde liegt, die Art, wie das Mannigfaltige im Gemüte

三、当我这样说时：不仅对外部对象的直观，而且心灵的自身直观①，在空间和时间中都是像外部对象和心灵刺激我们的感觉能力那样——也即像它们所显现的那样——表象它们的，那么，这样的说法并非就意味着这些对象都是单纯的**假象**。因为，在显象中诸对象，甚至于我们归属给它们的诸特性，总是被看作某种实际上被给定的东西；只不过，在这种特性仅仅取决于处于与给定的对象的关系中的主体的直观方式范围内，这个对象作为**显象**被与它自己

（接上页）beisammen ist, in der Vorstellung der Zeit bestimmt; da es denn sich selbst anschaut, nicht wie es sich unmittelbar selbsttätig vorstellen würde, sondern nach der Art, wie es von innen affiziert wird, folglich wie es sich erscheint, nicht wie es ist"。分号以后的部分中的"es"所指代的词项难以确定。Pluhar 和 Weigelt 在英译时将其译为"this power"或"this capacity"，因此，他们认为"es"指代的是前面的"das Vermögen [,] sich bewußt zu werden"（意识到自身的能力）。但是，这种理解与上下文义不一致，而且也与后文 B152–157 中的相关讨论不一致。按照相关文本的表述，能够直观自身进而刺激自身的只能是心灵（或主体），而不可能是意识到自身的能力（或统觉）。具体说来，心灵（或主体）是通过如下两种不同的方式刺激自身（进而直观自身）的：其一，心灵通过将外感能力的表象设置于（或接纳进）心灵之中的活动而刺激自身；其二，心灵通过其知性的活动特别是意识到自身的活动（还有比如注意活动）刺激自身。在此，所谓"心灵刺激自身"实际上均指心灵刺激自己的内感能力。因此，所谓"心灵刺激自身"之完整意义当是这样的：心灵的一种能力（想象力或知性）或其运用（想象力的行动即领会或知性的行动即自我意识或统觉）刺激心灵的另一种能力（内感能力）。（关于如此理解的想象力及其行动即领会，请参见 A120 中的讨论。）另外，关于此句话中出现的"eine Anschauung seiner selbst"这个说法，主要英文译本均基于这样的理解翻译之，即将其中的"seiner"所指代的词项释作"das Vermögen[,] sich bewußt zu werden"。这样的理解进而翻译应当是错误的。实际上，我们完全可以按照理解"Das Bewußtsein seiner selbst"（我们对我们自身的意识，我对我自身的意识，一个人对他自身的意识）的方式理解"eine Anschauung seiner selbst"，即将其理解为"自我直观"（Selbstanschauung）。

① "心灵的自身直观"（die Selbstanschauung des Gemüts）意为心灵通过其内感能力而对它自己进行的直观。正是因为我们的心灵拥有这种自身直观能力，所以我们自己也拥有自我直观能力。

作为对象**本身**区别开来了。因此，如果我断定，空间和时间的性质——我将这样的性质看作物体和灵魂的存在的条件并据此设定了物体和灵魂——包含在我的直观方式之中而并非包含在这些对象本身之中，那么我并不是在说，物体只是**看起来**处于我之外的，或者我的灵魂只是**看起来**是在我的自我意识中被给出的。假定我让我应当算作显象的东西变成了单纯的假象，那么这样的事情只能是我自己的过错的结果。*［B70］不过，按照我们关于我们的一切感性直观的观念性的原理，这样的事情并不会发生；相反，如果人们将**客观实在性**赋予那些表象形式，那么人们便无法避免这点了：所有事物由此都被转变成单纯的**假象**了。因为，如果人们将空间和时间看作这样一些特性，根据其可能性它们必定会在事物本身之中被遇到，并且思考人们因为这样的看法所导致的如下结果而不得不面临的

---

* 联系着我们的感觉能力，显象的谓词可以归属给对象自身，比如［B70］红色或者气味可以归属给玫瑰。但是，假象则从来不能作为谓词归属给对象。事情之所以如此，是因为假象将仅仅联系着感觉能力或者最终联系着主体来看才属于对象的东西归属给**就其自身来看的**对象了。比如，人们起初归属给土星的那两个柄。根本不能在对象本身之中遇到但总是可以在对象与主体的关系之中遇到并且与对象的[1]表象无法分开的东西就是显象。因此，空间和时间这两个谓词被恰当地归属给了作为感觉能力的对象的感觉能力的对象，在此没有出现任何假象。与此相反，如果我将红色归属给玫瑰**本身**，将柄归属给土星，或者将广延归属给**就其本身来看的**所有外部对象，与此同时我并没有顾及这些对象与主体的确定的关系并且没有将我的判断局限于此，那么此时才会出现假象。〔[1]“对象的”原文为“ersteren”（指代前面的“Objekt”［对象］）。Erdmann建议将其修改为“letzteren”（指代前面的“Subjekt”［主体］）。〕〔此段话中出现的“对象自身”原文为“dem Objekte selbst”，指普通所谓对象本身。“**就其自身来看的**对象”、“对象本身”、“玫瑰**本身**”、“**就其本身来看的**所有外部对象”的原文分别为“Objekt *für sich*”、“Objekte an sich selbst”、“Rose *an sich*”、“allen äußeren Gegenständen … *an sich*”。它们均指康德专门意义上的（即先验意义上的）物本身或对象本身。请比较前文（B45/A29-30）对于作为一个经验意义上的物本身的玫瑰的讨论。〕

荒唐局面：即使所有存在的事物均被消除了，还是[①]有这样的两种无穷的事物存留下来，它们不必是实体，也不必是某种现实地依存于实体之上的东西，尽管如此却必定是某种存在的[B71]东西，甚至于必定是所有事物的存在的必然的条件，那么人们便不能再责怪非常优秀的贝克莱先生了——他将物体降级为单纯的假象。在这样的情况下，甚至于我们自己的存在——它被以这样的方式弄成依赖于像时间那样的非物的独立自存的实在——也与时间一起被转变成为纯然的假象了。值得庆幸的是，迄今为止还没有任何人犯过这样的荒唐的错误。

四、在自然的神学中，人们思考这样一个对象，它不仅对于我们来说根本不可能构成直观的对象，而且对于它自己来说也完全不可能构成感性直观的对象。在此人们小心翼翼地想着要从它的直观中去除时间和空间条件（因为它的一切认识均必定是直观，而不是**思维**，思维总是显示出了局限性）。但是，如果我们采取了如下做法，那么我们还能有什么权利这样做：让两者事先就变成了物本身的形式，而且是这样的形式，作为事物的存在的先天的条件，即便在人们取消了事物自身之后，它们仍然存留下来了？因为，作为所有泛而言之的存在的条件，它们必定也是上帝的存在的条件。如果人们不愿让它们成为所有事物的[B72]客观形式，那么他们只有采取如下做法：让其成为我们的外部的还有内部的直观方式的主观形式，而这种直观方式因为如下原因而被称为感性的，即它**不是本源性的**，也即不是这样一种直观方式，正是经

① 原文“还是”（noch）作“也”（auch）。据 Erdmann 的意见修正。

由该直观方式甚至于直观的对象的存在都被给出了（而这样的直观方式只能属于原初存在物——在我们对此有所洞察的范围内），相反，它依赖于对象的存在，因此只有经由这样的方式——即主体的表象能力受到了对象的刺激——才是可能的。

在此我们也不必将空间和时间中的直观方式局限于人类成员的感性之上。事情可能是这样的：所有有限的思维存在物与人类成员在这点上都必然是一致的（尽管我们不能就此做出决断）。但是，这种直观方式并非因为这样的普遍有效性[①]就不再是感性了。事情之所以又如此，原因恰恰在于它是派生性的（它是 intuitus derivativus［派生的直观］），而非本源性的（不是 intuitus originarius［本源的直观］），因此它并不是理智直观——因为，基于刚刚提到的根据，理智直观看起来仅仅属于原初存在物，而从来不属于这样一个存在物，不论从其存在来看，还是从其直观来看，它都是依赖性的（就这样的存在物来说，正是其直观联系着给定的对象规定了其存在）。不过，后面这个说明必须仅仅作为阐释而被算作属于我们的感性论，而一定不要将其作为证明根据而算作属于它。

［B73］先验感性论之结论

在此，我们现在便拥有了完成先验哲学的一般性任务——即回答**先天综合命题是如何可能的**这个问题——所需要的诸多事项

① Erdmann 认为“普遍有效性”（Allgemeingültigkeit）当作“Allgemeinheit”（普遍性）。

之一，即纯粹的先天直观——空间和时间。正是在这样的直观之中，当我们在先天判断中想要超出一个给定的概念时，我们遇到了这样的东西，它不能在该概念中被先天地发现，但是却很可能在相应于该概念的直观中被先天地发现，而且它能够与该概念综合地联结在一起。不过，正是因为这点，这些判断只能到达感觉能力的对象那里，而不能到达更远的地方，而且只可能适用于可能经验的对象。①

① 此节二、三、四点以及结论均为 B 版所加。

[B74/A50] 先验要素论之第二部分

先验逻辑

[B74/A50] 导论　先验逻辑的观念

一、论泛而言之的逻辑

我们的知识源自心灵的两个基础源泉，其中之一是接受表象〔的能力〕(印象的接受性)，另一个是通过这些表象认识一个对象的能力(概念的自发性)。经由前者一个对象被**给予**我们，而经由后者该对象被联系着那个表象(作为心灵的单纯的规定性)加以**思维**。因此，直观和概念构成了我们的所有知识的要素，以至于如果不存在以某些方式相应于概念的直观，那么概念就不能提供知识，而且如果没有概念，那么直观也不能提供知识。两者都或者是纯粹的，或者是经验性的。如果感觉(它预设了对象的现实的在场)被包含在它们之中了，那么它们便是**经验性的**；如果没有任何感觉掺杂于表象之中，那么它们便是**纯粹的**。人们可以将感觉称作感性知识的材料。因此，纯粹[B75]直观仅仅包含着这样的形式，正是在其下某种东西被直[A51]观了，而纯粹概念则只包含着对泛而言之的对象进行思维的形式。只有纯粹直观或纯粹概念才是先天可能的，而经验直观或经验概念则仅仅是后天可能的。

如果我们打算将我们的心灵在以某种方式受到了刺激的范围内接受表象的那种**接受性**称作**感性**，那么，与此相反，我们自己产生表象的能力或者认识的**自发性**就是**知性**。我们的本性导致了这点：**直观**从来都只能是**感性的**，而不能是其他样子的，也即它只包含着我们受到对象刺激的方式。与此相反，**思维**感性直观的对象的能力则是**知性**。这些性质中的任何一个均不可以优先于另一个。如果没有感性，便不会有任何对象被给予我们；而且，如果没有知性，便不会有任何对象被思维了。如果没有内容，那么思想是空洞的；如果没有概念，那么直观是盲目的。因此，正如有必要让自己的直观成为可以理解的一样（也即将其置于概念之下），也同样有必要让自己的概念成为可以感知的（也即在直观中给其附加上对象）[①]。两种能力或才能[②]也不能彼此交换其功能。知性没有能力直观任何东西；而感觉能力则没有能力思维任何东西。只有通过下面这点，知〔B76〕识才能产生出来：两者联合在一起。不过，人们不能因此就混淆了它们各自的贡献，相反，人们有足够强大的理由〔A52〕要将两者小心地彼此分离进而区分开来。因此，我们将关于泛而言之的感性的规则的科学即感性论与关于泛而言之的知性的规则的科学即逻辑区别开来。

---

① “让……成为可以理解的”原文为“sich verständlich zu machen”，“让……成为可以感知的”原文为“sinnlich zu machen”。

② “能力或才能”原文为“Vermögen oder Fähigkeiten”。在本书中的相关的地方，康德是在相同的意义上使用“Fähigkeiten”和“Vermögen”这两个德语词的。

现在，我们又可以从两种视角来从事逻辑研究，[①]即或者将其看作关于知性的普遍的使用的逻辑，或者将其看作关于知性的特殊的使用的逻辑。关于知性的普遍的使用的逻辑包含着关于思维的绝对必然的规则，如果没有这样的规则，知性的使用根本就不会发生，因此它处理知性的使用，而不顾及这种使用所可能指向的诸对象之间的差异。关于知性的特殊的使用的逻辑包含着关于如何正确地思维某种对象的规则。前一种逻辑可以称为基本逻辑；而后一种逻辑则可以称为这种或那种科学的工具。后一种逻辑在学校中通常作为相关科学的基础知识而被放在其开始的地方，尽管按照人类理性的进程，它是最后到来的东西——只是在相关科学早已完成并且只需最后一个帮手以修正和完善它们时，理性才到达它那里。因为，就一些对象来说，如果［B77］人们要给出一些关于它们的科学如何能够建立起来的规则，那么人们必须已经在相当高的程度上了解了它们。

现在，普通逻辑或者是纯粹逻辑，或者是应用逻辑。[②]在前者中

---

① 此“逻辑”指通常意义上的逻辑（gewöhnliche Logik）；上一段话最后谈到的“关于泛而言之的知性的规则的科学”（die Wissenschaft der Verstandesregeln überhaupt）意义上的“逻辑”指康德所谓“泛而言之的逻辑”（Logik überhaupt）。按照康德的理解，泛而言之的逻辑包括通常意义上的逻辑和先验逻辑（transzendentale Logik）。通常意义上的逻辑又区分为关于知性的普遍的使用的逻辑即普通逻辑（allgemeine Logik）和关于知性的特殊的使用的逻辑即特殊逻辑（besondere Logik）（参见 Erich Adickes (hrsg.), *Kritik der reinen Vemunft*, Berlin: Mayer & Müller, 1889, S. 100 Anm.）。请注意：一些研究者（比如 Georg Mohr）将康德的先验逻辑错误地归属在特殊逻辑之下（参见 Georg Mohr (hrsg.), *Immanuel Kant. Theoretische Philosophie. Texte und Kommentar*, Band 3, Suhrkamp Verlag: Frankfurt am Main, 2004, S. 165）。

② “普通逻辑”中的“普通”意为普遍通行的或普遍适用的。“普通逻辑”指传统形式逻辑，即亚里士多德逻辑。

我们［A53］抽掉了所有这样的经验条件，我们的知性就是按照它们进行运作的，比如：感觉能力的影响、想象的活动、记忆的法则、习惯的力量、偏好等等；还有偏见的来源，甚至于所有这样的原因，某些知识由之为我们产生出来，或者可能被强加给我们。因为，这些条件仅仅涉及处于其应用的某些情形中的知性，而且，为了了解这些情形，经验是需要的。因此，**普通**而**纯粹的**逻辑纯然处理先天原理，是**知性**和理性**的范则**——不过，只是联系着知性和理性使用的形式方面来说，而不管内容是什么样的（无论是经验性的还是先验的）。如果**普通逻辑**针对的是知性在主观的经验条件下的使用（这些条件是心理学告诉我们的），那么此时它便被称作**应用性的**。因此，它拥有经验原理，尽管它在它所处理的是不考虑对象之间的区别的知性的使用这样的范围内是普遍的。也正因如此，它既不是泛而言之的知性的范则，又不是特殊科［B78］学的工具，而仅仅是普通知性的疏通手段。

因此，在普通逻辑中我们必须完全区分开应当构成了纯粹的理性理论的部分与构成了应用逻辑（尽管［A54］仍然还是普遍的）的部分。真正说来，只有普通的纯粹逻辑才是科学，尽管它简短而枯燥——像对知性的要素论的合乎学院标准的呈现所需要的那样。因此，在这种逻辑中逻辑学家必须总是记着如下两条规则：

1. 作为普通逻辑，它抽掉了知性知识的一切内容及其对象之间的差异，而只与思维的单纯的形式有关。

2. 作为纯粹逻辑，它不包含任何经验原理，因此它没有从心理学中汲取任何东西（人们偶尔说服自己接受这种观点），因此心理学对知性的范则没有任何影响。它是一种得到了演证的学说，它所包含的一切均必然是完全先天地确实的。

就我称作应用逻辑的东西来说，它是对知性及其必然的具体的使用的规则的呈现——所谓知性的具体使用即知性在这样一些偶然的主体条件之下的使用，[B79] 这些条件能够阻碍或者促进这种使用，而且它们总起来说只是经验地被给出的。（在此该术语的意义不同于它通常所具有的意义。在其通常的意义上，应用逻辑应当包含着一些这样的练习，纯粹逻辑为其提供了规则。）应用逻辑处理注意、注意的障碍和后果、错误的来源、怀疑和顾虑还有信服的状态等等。普通且纯粹的逻辑与应用逻辑之间的关系就如同纯粹道德学与真正的德行学说之间的关系。纯粹道德学 [A55] 仅仅包含关于泛而言之的自由意志的必然的伦理法则，而真正的德行学说则在来自于感受、偏好和激情的阻碍之下（人们或多或少地受制于感受、偏好和激情）考虑这些法则，而且它从来不能充当一门真正的且得到了演证的科学，因为它与那种应用逻辑一样，需要经验的且心理学的原理。

二、论先验逻辑

像我们已经指出的那样，普通逻辑抽掉了一切知识内容，也即知识与对象的一切关联，而只考察诸知识彼此之间的关系之中的逻辑形式，即思维形式本身。但是，因为既存在着纯粹直观，又存在着经验直观（像先验感性论所阐明的那样），所以我们很有可能也会遇到关于对象的纯粹的思维和经验的 [B80] 思维之间的区别。在这种情况下将会有这样一种逻辑，在其中人们并没有抽掉一切知识内容，因为那种仅仅包含着关于一个对象的纯粹思维的规则的逻辑只是[①] 排除了所有那些具有经验内容的知识。而且，这样的逻辑也将处理我们关于对象的认识的来源——［A56］只要该来源不能被归属给对象。与此形成对照的是，普通逻辑与认识的这种来源没有任何关系，而只是按照这样一些法则考察诸表象（而不管这些表象最初是在我们之内先天地被给出的，还是仅仅经验地被给出的），按照它们，当知性进行思维时，它在其彼此所处的关系中使用这些表象。因此，普通逻辑仅仅处理这样的知性形式，我们能够设法为诸表象找到它，而不管这些表象此外是从哪里产生的。

在此我要给出这样一个说明，其影响会延伸到所有接下来的研究之中，人们必须好好地记着它：并非每种先天的知识都必须被称作先验的（也即关系到[②] 知识的先天的可能性或者知识的先天的使用），而只有这样的先天的知识才必须被这样称呼，即经由它我们认识到了，某些表象（直观或者概念）仅仅先天地被应用了，或者是先天可能的，并且认识到了它们如何是这样的。因此，空间［B81］及空间的任何一种先天的几何规定均不是先验的表象，而只有“这些表象根本不具有经验的来源”这样的认识和“尽管如此它们还是能够先天地关联到经验的对象”这样的可能性才能被称作先验的。同样，空间对于泛而言之的对象的使用也将是先验的；但是，如果这种使用仅仅限制在感觉能力的对象之上，那么它被称作经验的。因此，［A57］先验的事项和经验的事项之区别仅仅属于认识之批判，而无关乎认识与其对象之间的关联。

因此，我们期待：或许会存在着这样一些概念，它们可以先

---

① “只是”（bloß）根据 Adickes 的意见补加。

② “关系到”（betreffend）系根据 Adickes 的意见补加。

天地关联到对象——并非作为纯粹的或感性的直观，而是仅仅作为纯粹思维的行动。因此，这些行动就是概念，但是它们既没有经验的来源，也没有感性论的来源[①]。在这样的期待中，我们先行形成了这样一种关于纯粹知性和理性认识的科学的观念，借助于它，我们完全先天地思维对象。这样的科学将确定这样的认识的来源、范围及其客观的有效性。我们必须将它称作**先验逻辑**，因为它只与知性和理性的法则有关，不过，只是在它先天地关联到对象〔B82〕范围内，而非像普通逻辑那样，不加区别地关联到经验认识与纯粹理性认识[②]。

三、论普通逻辑之划分为分析论和辩证论

人们想通过**什么是真理**这个古老而著名的问题将逻辑学家们

---

① 意即这些概念既非源自经验直观，也非源自泛而言之的直观。

② 这句话原文是这样的："Eine solche Wissenschaft ... würde transzendentale Logik heißen müssen, weil sie es bloß mit den Gesetzen des Verstandes und der Vernunft zu tun hat, aber lediglich, sofern sie auf Gegenstände a priori bezogen wird, und nicht, wie die allgemeine Logik, auf die empirischen sowohl, als reinen Vernunfterkenntnisse ohne Unterschied"。Vaihinger 认为"auf die empirischen sowohl, als reinen Vernunfterkenntnisse ohne Unterschied"当作"mit den empirischen sowohl, als reinen Vernunfterkenntnisse ohne Unterschied"。这样，全句的中译文便是这样的："我们必须将它称作先验逻辑，因为它只与知性和理性的法则有关（不过，只是在它先天地关联到对象范围内），而非像普通逻辑那样，不加区别地与经验认识与纯粹理性认识有关。"另外，Erdmann 认为"sofern sie auf Gegenstände a priori bezogen wird"中的"sie"指代的是前面的"Gesetzen"（法则），因此"wird"当作"werden"。据此，中译当作："我们必须将它称作先验逻辑，因为它只与知性和理性的法则有关，不过，只是在这样的范围内，即这些法则先天地关联到对象，而非像在普通逻辑那里那样，它们不加区别地关联到经验认识与纯粹理性认识。"

逼入困境，企图借此让他们面临如下二难境地：他们或者必然会发现自己在原地痛苦地打转，或者应该承认自己的无知，［A58］进而承认他们的全部艺术的无用性。在此人们将真理的名义解释——即：真理就在于知识与其对象的一致——当作理所当然的并且预设了它。不过，人们渴望知道的是这点：什么是每种知识的真理性的普遍而可靠的标准。

知道人们应当如何合理地提出问题，这点已经是聪明或者洞察力的强大而必要的证明。因为，如果相关的问题是荒唐的并且要求不必要的回答，那么除了让提问者蒙羞以外，它偶尔还会有如下坏处：误导粗心的听众给出荒唐的回答，并且向人呈现这样的可笑的场景，即一个人在公羊身上挤奶，［B83］另一个人则在下面用筛子接着（像古人所说的那样）。

如果真理性就在于知识与其对象的一致性，那么该对象就必须由此而与其他的对象区别开来，因为，如果一个知识与它所关联的对象不一致，那么它便是假的，尽管它包含着某种可能适用于其他对象的东西。现在，一种普遍的真理标准会是这样的事项，它适用于所有知识——不管其对象之间存在着什么样的差异。但是，下面这点是清楚无误的：由于人们从这样的事项中抽掉了知识的一切内容（与其对象的关联），而［A59］真理恰恰就关乎这样的内容，因此追问知识的这种〔被抽掉了的〕内容的真理性的特征是完全不可能的并且是荒唐的。于是，我们不可能给出关于真理性的充分的但同时却是普遍的标志。由于我们在上面已经将一种知识的内容称为其质料，因此人们必须这样说：就质料来说，不能要求知识的真理性的任何普遍的标志，因为这样的标志是自相矛盾的。

不过，至于就单纯形式而言的知识（不考虑其一切内容），下面这点同样是清楚的：如果一种逻辑阐述了知性的普遍而[B84]必然的规则，那么它就必须在这些规则中说明真理的标准。因为，与这些规则矛盾的东西就是假的，因为知性在此与其普遍的思维规则进而与自身发生了冲突。不过，这些标准仅仅涉及真理的形式，即泛而言之的思维的形式，而且在这样的范围内它们是完全正确的，不过，它们并不是充分的。因为，尽管一种知识或许是完全合乎逻辑形式的，也即并非自相矛盾，但是它还是与对象矛盾。因此，真理性的单纯逻辑的标准，即一种知识与知性和理性的普遍的形式法则的一致性，尽管构成了一切真理性的 conditio sine qua non[①]，进而消极的条件，[A60]但是逻辑并不能走得更远。而且，逻辑不能经由任何试金石发现这样的错误，它不涉及形式，而涉及内容。

普通逻辑现在将知性和理性的整个形式上的事务化解为其诸要素，并且将这些要素表现为对于我们的知识的一切逻辑上的评判的原理。于是，逻辑的这个部分可以叫作分析论，而且，正因如此，它构成了真理的至少消极的试金石，因为，就所有知识来说，在人们就其内容研究它们本身以便确定[B85]它们是否包含着关于对象的积极的真理之前，人们必须首先从其形式角度着眼在这些规则[②]之上检验和评估它们。但是，因为那种与逻辑法则可能

① 此语意为：这样的条件，没有它便没有……。此种条件即通常所说的必要（的）条件（或必然的条件）。在此请注意：在中文中，“必要的”和“必然的”均对应于同一个德语词“notwendig”；进而“必要性”和“必然性”也对应于同一个德语词“Notwendigkeit”。

② 即前面提到的“对于我们的知识的一切逻辑上的评判的原理”。

一致的知识的单纯的形式还远非因为这种一致性便足以构成了该知识中的实质的真理（客观的真理），因此没有人敢于在没有做出下面这样的事情之前，仅仅借助于逻辑便对诸对象做出评判，并且就它们断定某种东西：在逻辑之外收集关于这些对象的有着事实根据的信息，以便此后试着根据逻辑法则仅仅利用这些信息并将其联结成一个关联在一起的整体——更理想的是，以便仅仅根据这些法则检验这些信息。尽管如此，在这样的事实之中——我们拥有一种赋予我们的所有知识以知性的形式的如此貌似合理的艺术（尽管就知识的内容来说我们可能仍然还是两手空空并且[A61]非常贫乏的）——包含着如此诱惑人的东西，以至于那种仅仅构成了评判的**范则**的普通逻辑可以说像一种**工具**那样被用来现实地生产出至少是客观的断言的幻象了，因此事实上由此而被误用了[①]。现在，作为臆想的[②]工具的普通逻辑就叫作**辩证论**[③]。

即使古人在使用这个表示一门科学或艺术的名称时所想到的意义有所不同，人们还是能够不无把握地从该名称的实际使用中获知这点：在他们那里辩证论[B86]不过就是**假象的逻辑**，即这样一种诡辩的艺术——通过如下方式让自己的无知甚至还有自己故意给出的幻象拥有一点儿真理的色彩：模仿泛而言之的逻辑所规

① 在B版原版中此句原文是这样的："daß jene allgemeine Logik, die bloß ein *Kanon* zur Beurteilung ist, gleichsam wie ein *Organon* zur wirklichen Hervorbringung wenigstens zum Blendwerk von objektiven Behauptungen gebraucht, und mithin in der Tat dadurch gemißbraucht worden"。在A版原版中"zum Blendwerk"作"dem Blendwerk"。Kehrbach认为当作"des Blendwerks"。中译文据此译出。

② "臆想的"原文为"vermeintes"（也可译作"假定的、信以为真的"）。

③ "辩证论"原文为"Dialektik"（在一般哲学语境中通常译作"论辩术"、"辩证法"等）。

定的彻底性方法并且利用逻辑正位论[①]来粉饰每种空洞的断言[②]。现在，人们可以将如下断言标注成一个可靠的且有用的警告：**被看成工具的**普通逻辑总是一种假象的逻辑，即总是辩证的。因为，既然普通逻辑并没有告诉我们关于知识的内容的任何事情，而只是告诉了我们〔知识〕与知性的一致性的形式条件，而这样的条件完全无关乎除此而外的对于对象的任何事情，那么，欲将该逻辑作为工具（Organon）来使用[③]，以便拓宽并拓展自己的知识（至少声称如此），这样的过分之举最后必然只是归结为无用的唠叨：[A62]貌似有些道理地[④]断定自己想要的一切东西或者随意地对之进行攻击。

这样的教导决不符合哲学的尊严。正因如此，我们更乐于将辩证论这个名称[⑤]当作**对辩证的假象的批判**而归入逻辑。我们愿意知道，辩证论在此也被人们理解成这样一种批判了。

---

① “正位论”原文为“Topik”。一般说来，所谓“正位论”是指“普遍概念的桁架”（ein Fachwerk für allgemeine Begriffe）。逻辑正位论是指为了不同的目的而对诸相关的逻辑位置所做的某种形式的编组（eine Zusammenstellung von logischen Orten）。这种编组通常是以表格的形式呈现的（关于“逻辑位置”和逻辑正位论，请进一步参见下文 B324-325/A268-269）。

② 此句在 B 版原版中（进而在科学院版中）原文是这样的：“Eine sophistische Kunst, seiner Unwissenheit, ja auch seinen vorsätzlichen Blendwerken den Anstrich der Wahrheit zu geben, daß man die Methode der Gründlichkeit, welche die Logik überhaupt vorschreibt, nachahmte, und ihre Topik zu Beschönigung jedes leeren Vorgebens benutzte”。在 A 版原版中“vorschreibt”（规定）误作“verschreibt”（开具，写错）。Erdmann 认为“daß”前面应当补加上“dadurch”，中译文据此译出。

③ 此句原文为：“sich derselben als eines Werkzeugs (Organon) zu gebrauchen”。Erdmann 认为其中的“gebrauchen”当作“bedienen”。

④ “貌似有些道理地”原文为“mit einigem Schein”。

⑤ Erdmann 认为“这个名称”应当删除。

[B87] 四、论先验逻辑之划分为先验分析论和先验辩证论

在先验逻辑中，我们隔离出知性（正如上面在先验感性论中我们隔离出感性一样），仅仅让思维的这样一个部分从我们的知识中突显出来，它仅仅在知性中有其来源。但是，这种纯粹的知识的使用基于如下事实（以如下事实为其条件）：它能够被应用于其上的那些对象是在直观中被给予我们的。因为，如果没有直观，我们的所有知识便缺乏对象，此时它们依然完全是空洞无物的。因此，先验逻辑的那个阐述纯粹知性知识的要素及这样一些原理——在没有它们的情况下，就根本没有任何对象能够被思维——的部分就是先验分析论，而且与此同时它还是真理的逻辑。因为，就任何一种知识来说，如果它没有同时失去一切内[A63]容即所有与某个对象的关联进而一切真理性，那么它就不可能与先验分析论发生矛盾。不过，由于如下这样的做法是很有吸引力和诱惑力的，即孤立地利用这些纯粹的知性知识和原则，甚至于在经验界限之外利用它们，而只有经验才能为我们提供那些纯粹的知性概念能够应用于其上的质料（对象），[B88]因此，知性便陷入这样的危险之中：经由空洞的理性诡辩，对纯粹知性的单纯形式的原理做出一种实质的使用，并且就这样一些对象不加区别地做出判断，它们终究没有被给予我们，甚或不能以任何方式被给予我们。因此，因为先验分析论真正说来只应该是关于如何评判〔知性的〕经验的使用的范则，所以当人们以如下方式看待它时，

它便被误用了：承认它是〔知性的〕普遍的且无限制的使用的工具，并且仅仅借助于纯粹知性便胆敢对泛而言之的对象做出综合的判断、断言和决断。于是，在这种情况下，纯粹知性的使用便是辩证的。因此，先验逻辑的第二部分就必定是对于这种辩证的假象的批判，而且被叫作先验辩证论。在此，先验辩证论并不是作为独断地激起诸如此类的假象的艺术的形式出现的（遗憾的是，这种艺术在多种多样形而上学的骗人的伎俩中颇为流行），而是作为一种联系着知性和理性的超自然的使用而对它们进行的一种批判的形式出现的。这种对知性和理性的批判旨在揭露它们的［A64］毫无根据的过分要求的虚假的①假象，并且将理性对于〔知识的〕发明和拓展的要求——理性误以为仅仅通过先验原则便可达致这样的发明和拓展——降格为对纯粹知性的单纯的评判和保护（以免它受到诡辩的幻象的干扰）。

① Mellin 认为“虚假的”（falschen）当作“骗人的”（trügerischen）。

[B89] 先验逻辑之第一子部分

先验分析论

[B89] 先验分析论就是这样的分解：将我们的全部先天知识分解成纯粹知性知识的诸要素。在此重要的事情是下面几点：1）相关的概念是纯粹的概念，不是经验性的概念。2）它们不属于直观且不属于感性，而是属于思维和知性。3）它们是基本概念，与导出的或者由它们所组成的概念是很好地区别开来的。4）由相关的概念构成的表是完全的，这些概念完全填充了纯粹知性的整个领域。现在，一门科学的这种完全性不能依靠对单纯经由试验而形成的〔概念〕聚集物的估算而可靠地假定下来。因此，只有借助于关于先天的知性知识之**整体的理念**并且经由由这样的理念所决定的对构成了这种知识的诸概念的划分，进而只有经由 [A65] 它们**在一个系统中的关联**，这种完全性才是可能的。纯粹知性将自己不仅与一切经验的事项而且甚至与一切感性完全地分离开来。因此，它是一个就其自身来说稳定的、自足的、[B90] 而且不能经由任何从外部附加上来的添加物扩大的统一体。进而，纯粹知性的知识的全体将构成一个可以囊括在一个理念之下并且能够由这个理念所规定的系统，而该系统的完全性及其诸部分的接合同时能够提供所有适合它的知识部分的正确性和真实性的试金石。不过，先验逻辑的这整个部分是由两**卷**构成的，其中的一卷包含着纯粹知性的**概念**，而另一卷则包含着纯粹知性的**原则**。

第一卷 概念分析论

我不是将概念分析论理解为概念之分析，或者将其理解为哲学研究中人们通常所采取的这样的程序，即将呈现出来的概念按照其内容加以分解并且对其加以澄清，而是将其理解为人们迄今几乎还没有尝试过的那种**对知性能力本身的分解**，以便通过如下方式探究先天概念的可能性，[A66]即只是在作为它们的出生地的知性中寻找它们，并且分析泛而言之的知性的纯粹使用。因为这样的探究恰恰就是[B91]先验哲学所独有的事务，而余下的事情便是对出现在泛而言之的哲学之中的概念进行逻辑的处理。因此，我们将追寻纯粹的概念，一直追寻至它们在人之知性中的最初的胚芽和禀赋（它们已经以准备好了的形式包含在这些胚芽和禀赋之内了），直至它们最终在适当的经验场合下得到展开并且经由恰恰同一个知性而得到纯净的表现为止（这时它们便从附着在它们之上的经验条件中解放出来）。

第一篇 论所有纯粹知性概念之发现的线索

如果人们让认识能力运作起来，那么按照各种各样的场合，这样一些不同的概念便会突显出来，它们让这种能力成为可以认识的，并且，在我们对这些概念做了较长时间的考察之后，或者说在人们非常敏锐地考察了这些概念之后，我们可以在一篇或多或少程度上详尽的论文中将它们搜集在一起。至于这种研究会在什么地方结束，这点从来不能根据这种看似机械性的程序可靠地加以确定。另外，人们随机缘而发现的[A67]概念并没有展现在特定的秩序之中并且并非处于系统的统一[B92]性之中，相反，它们最后只是按照相似性而被彼此配对了，而且按照它们的内容的大小（从简单的概念到更为复合性的概念）而被安排进这样一些序列之中，它们决不是系统性的，尽管是按照某种方式有条理地被生产出来的。

先验哲学拥有这样的优越之处，但同时也拥有这样的责任，即按照一条原理寻找其概念。因为，其概念纯粹而没有任何掺杂地源自作为绝对的统一性的知性，因此它们本身必定是按照一个概念或者理念而彼此关联在一起的。不过，这样一种关联提供了这样一条规则，按照它，我们能够为每个纯粹的知性概念先天地规定好其位置并且为所有纯粹的知性概念之全体先天地规定好其完全性。否则，所有这样的事情将只好依赖于人们的喜好或者偶然的情况。

第一章　论泛而言之的知性的逻辑使用

在上面，知性只是被消极地，即通过一种非感性的认识能力，加以解释了[①]。现在，独立于感性，我们不能分享任何直[A68]观。因此，

---

① 参见B89/A65。实际上，在前文B74–76/A50–52中康德已经对知性做出过积极的规定。

知性不是任何直观能力。但是，除了[B93]直观以外，就只有借助于概念的认识方式了。因此，每种知性（至少人的知性）的认识均是借助于概念的认识，均不是直观的，而是推论式的。所有直观，作为感性的事项，均基于刺激，因此[①]概念基于功能[②]。不过，我将功能理解成将诸不同的表象安排在一个共同的表象之下的行动的统一性。因此，概念是以思维的自发性为基础的，正如感性直观是以印象的接受性为基础的一样。现在，对于诸概念，知性不能做出任何其他的使用，而只能通过它们来做出判断。因为，只有直观才直接地关系到对象，而其他表象均做不到这点，所以一个概念从来没有直接地关联到一个对象，而是直接地关联到一个关于该对象的其他的表象（它或者是直观，或者本身就已经是概念）。因此，判断是一个对象的间接的认识，因而是该对象的表象的表象。在每个判断之中都有这样一个概念，它适用于许多表象，而在这些表象之中也包括着这样一个给定的表象，它直接地关联到该对象。于是，比如在"**所有物体均是可划分的**[③]"这个判断中，可划分性概念关联到各种各样的其他概念，而在这些其他概念中可划分性概念在此特别地[A69]关联到物体概念，物体概念则关联到我们遇到的某些显象[④]。因此，[B94]这

---

① Adickes 认为"因此"（also）当作"但是"（aber）。

② "功能"原文为"Funktion"。在数学中"Funktion"意指函数（在当代逻辑中，通常将该词译作"函项"）。有研究者认为，当康德在其先验哲学中使用这个词时，他心中实际上总是想着该词的这种数学意义的，甚至于总是在试图比照着数学的"Funktion"概念来构造和理解其先验哲学中的"Funktion"概念的（参见 Peter Schulthess, *Relation und Funktion*, De Gruyter, 1981, S. 217–322）。

③ "可划分的"（teilbar，也可译作"可分割的"或简译为"可分的"）在原版第一、第二版（A 版和 B 版）和第三版中作"可变化的"（veränderlich）。原版第四版作"可划分的"（teilbar），科学院版据此修改。

④ 在康德自己所使用的 A 版样本中，"显象"被改作"直观"（参见 Ak 23: 45）。

些对象经由可划分性概念间接地得到了表象。据此，所有判断都是我们的表象之间的统一性的功能，因为在此人们不是使用一个直接的表象，而是使用一个将该表象以及更多的表象包含在自身之内的**更高的**表象来认识该对象，并且由此将许多可能的知识聚合成一个知识。但是，我们可以将知性的所有行动都追溯到判断，以至于**知性**本身就可以被看成一种**判断能力**。因为，根据前文所述，知性是一种思维能力。思维是经由概念进行的认识。但是，概念作为可能的判断的谓词关联到某个关于一个还未得到规定的对象的表象。因此，物体概念意指某种可以通过该概念而得到认识的东西，比如金属。因此，只是通过如下事实，它才成为概念：在它之下还包含着其他表象，正是借助于它们它才能关联到诸对象。于是，它是一个可能的判断（比如"每种金属都是一个物体"这个判断）的谓词。因而，如果人们能够完全地呈现出判断中的统一性功能，那么知性的功能就可以全部被发现。接下来的一章将表明，我们完全可以做到这点。

［B95/A70］第二章

第 9 节[①]　论知性在判断中的逻辑功能

如果我们将一个判断本身中的一切内容均给抽掉，而只关注其中的单纯的知性形式，那么我们发现，思维在判断中的功能可

---

① 此节数为 B 版所加。

以置于四个条目之下，其中的每个条目之下又包含着三个要素。它们可以适当地呈现在下表之中。

1.
判断的数量
全称判断
特称判断
单称判断

2.	3.
判断的性质	**判断的关系**
肯定判断	定言判断
否定判断	假言判断
无限判断	选言判断

4.
判断的模态
或然判断
实然判断
绝然判断[①]

---

① “或然判断”、“实然判断”、“绝然判断”原文分别为：“problematische Urteile”、“assertorische Urteile”、“apodiktische Urteile”。按照字面意义，“problematische Urteile”应当译成“成问题的判断”，即真假未定的判断。实然判断就是被断定为真的判断、事实上真的判断。绝然（的）判断则是指与必然性的意识联系在一起的（mit dem Bewußtsein der Notwendigkeit verbunden）判断，或者说无条件地必然的（unbedingt notwendig）判断。因此，绝然的判断都拥有直接的自明性（参见 B41 和 B199/A160 中的相关解释）。比如，“空间只有三个维度”这个几何学判断就是一个绝然的判断。所有真正的数学判断全部是绝然的；此外，关于纯粹知性概念的综合的数学使用的原则也是绝然的，但是关于纯粹知性概念的综合的动力学的使用原则则不是绝然的。从康德的相关解释不难看出，他所谓绝然的判断尽管必定是必然的判断，但是并不同于必然的判断，因为并非所有必然的判断都是绝然的。因此，我们不能将“apodiktisch”简单地翻译成“必然的”。另外，我们要注意：康德的绝然判断不是分析判断，而是综合判断（参见 B13-17，B199/A160，B764/A736）。

〔B96〕因为这种划分在一些地方（尽管是非本质的地方）与逻辑学家们的惯常的技艺〔A71〕有所偏离，所以有必要做出如下保障性说明，以免人们做出令人不安的误解。

1. 逻辑学家们的如下说法是有道理的：在理性推理[①]中当我们使用判断时，我们可以像处理全称判断那样处理单称判断。因为，恰恰因为诸单称判断〔的主词概念〕根本没有外延，它们的谓词不能仅仅被引向包含在主词概念之下的东西中的一部分，而被排除于其另一部分之外。因此，该谓词毫无例外地适用于该概念，就好像该概念是这样一个一般有效的概念一样，它拥有这样一个外延，该谓词适用于该外延的全部意指[②]。相反，如果我们将一个仅仅作为知识的单称判断与一个一般有效的判断从量上加以比较，那么该知识〔即单称判断〕与这个一般有效的判断之间的关系就有如单一性与无限性之间的关系，因此就其自身来说它与该一般有效的判断之间是有着本质的区别的。于是，就一个单称判断（judicium singulare）来说，如果我不仅从其内在的有效性方面，而且还从其作为泛而言之的知识而在与其他知识比较时所拥有的量的方面来评估它，那么它的确是与一般有效的判断（judicia communia）[③]有所

---

① “理性推理”（Vernunftschlüsse）在此（以及本书其他地方）特指三段论（Syllogismus）。

② 这句话后面这部分原文为：“der einen Umfang hätte, von dessen ganzer Bedeutung das Prädikat gelte”。“Bedeutung”（意指）在此特指属于一个概念的外延（Umfang）的任何对象。

③ “一般有效的判断”德文为“gemeingültige Urteile”。“gemeingültig”（一般有效的）在此不同于“allgemeingültig”（普遍有效的）。一般有效的判断（简称“一般判断”）包括全称判断（allgemeine Urteile）和特称判断（besondere Urteile, partikulare Urteile）。“一般判断”的拉丁对应词为“judicium commune”（宾格复数形式为“judicia communia”）。

区别的，并且在一张关于泛而言之的思维的诸要素的完全的表中理应占有一个独特的位置（尽管在仅仅局限于诸判断相对于彼此的使[B97]用上的逻辑之中它自然不应该享有这样的地位）。

2. 在先验逻辑中，我们同样还必须将**无限判断**与**肯定判断**区别[A72]开来，尽管在普通逻辑中无限判断被正当地算作肯定判断，并且没有构成相关划分的一个独特的成员。因为，普通逻辑抽掉了谓词的一切内容（尽管谓词是否定性的），而只关注谓词是否被归属给了主词，或者被与其对立起来。与此相反，先验逻辑则还从这种借助于一个单纯否定谓词而做出的逻辑肯定的价值或内容的角度以及逻辑肯定联系着全部知识所带来的收益的角度考察相关判断。如果我对于灵魂说“它不是有死的”，那么我通过一个否定判断[①]至少防止了一个错误。现在，通过“灵魂是不死的”[②]这个命题从逻辑形式上看我实际上肯定了什么，因为我将灵魂放置在不死的存在物的不受限制的范围之内了。由于有死的东西包含着可能的存在物的整个范围的一个部分，而不死的东西则构成了其另一个部分，因此通过我的这个命题，我仅仅是说出了下面这点：灵魂是无穷多这样的事物中的一个，当我将有死的东西全部去除之后，它们存留下来了。不过，由此我们只是在这样的范围内限制了所有可能的事物的无限的领域，即将有死的东西从其中分离出来[B98]并且将灵魂放在该领

---

① Goldschmidt 认为“判断”（Urteil）当作“谓词”（Prädikat）。

② “灵魂是不死的”原文为“die Seele ist nichtsterblich”。这是在科学院版中经编者改动过的形式。在 A 版和 B 版原版中，此句话原本是这样的：“灵魂不是有死的”（die Seele ist nicht sterblich）。

域的范围的余下来的空间之内[①]。但是，这个空间在做出了这样的排除之后仍旧是无穷的，而且其许多部分还是可以被去除掉，与此同时［A73］灵魂概念并没有因此而得到任何程度的增益并且没有因此而被肯定地加以规定了。所以，这些就逻辑范围来说无限的判断，就泛而言之的认识的内容来说实际上仅仅是限制性的。在这样的范围内，在关于思维在判断中的全部要素的先验表格中我们一定不要忽略它们，因为在此所行使的知性功能或许在知性的纯粹的先天知识的领域中会是很重要的。

3. 思维在判断中的所有关系有三种形式：a）谓词与主词的关系，b）根据与后承[②]的关系，c）被划分了的知识以及该划分的全

---

① “在该领域的范围的余下来的空间之内”（in dem übrigen Raum ihres Umfangs）B版作“在该领域的空间的余下来的范围之内”（in dem übrigen Umfang ihres Raums）。据A版改正。

② “根据”和“后承”原文分别为“Grund”和“Folge”。康德是这样定义根据的：“（一般说来）根据就是这样的东西，某种其他的东西（某种不同的东西）借之被确定地设定了（wodurch etwas Anderes [Verschiedenes] bestimmt gesetzt wird）”（“Briefwechsel an Carl Leonhard Reinhold”，Ak 11: 35）。在给出这个定义之前，他还以看起来不甚相同的方式定义过根据：“规定（Bestimmen）意味着设定两个对立的谓词中的一个，而排除另一个。联系着一个谓词规定一个主词的东西（Was ein Subjekt in Beziehung auf ein Prädikat bestimmt）叫作根据”（*Principiorum primorum cognitionis metaphysicae nova dilucidatio*，Ak 1: 391）。这也就是说，根据就是据以建立主谓关系进而给出一个断言的东西；换言之，根据就是据以将一个性质表述给一个事物或确立一个事实的东西。因此，这个定义与前一个定义是一致的，可以从其逻辑地推导出来。根据与后承相对，它们是关联概念。关于后承，康德的定义是这样的：“后承是这样的东西，除非其他某种东西被设定了，否则，它不会被设定”（“Briefwechsel an Carl Leonhard Reinhold”，Ak 11: 35）。康德区分开了逻辑根据（logischer Grund）和实在根据（der Realgrund）。所谓逻辑根据是指与其后承处于逻辑关系的根据（即逻辑根据的后承可以从逻辑根据中仅仅根据逻辑规律推导出来）；所谓实在根据是指与其后承处于实在关系的根据，或者具有客观实在性的根据（即实在根据的后承不能从实在根据中仅仅依据逻辑规律推导出来，相反，为了得到这样的

部成员彼此之间的关系①。在第一种判断中只有两个概念被在彼此的关系中考察了，在第二种判断中有两个判断被如此地考察了，在第三种判断中有许多判断被如此地考察了。假言命题“如果存在着完全的公正，那么持续作恶的人便会受到惩罚”真正说来包含着两个命题之间的关系：存在着完全的公正以及持续作恶的人受到了惩罚。至于这两个命题就其自身来说是否是真的，在此这点仍然是不确定的。通过这个判断人们所思考的只是它们之间的后承关系②。最后，选言［B99］判断包含着两个或者多个命题之间的关系，不过，不是次序关系，而是逻辑对立关系（如果一个命题的领域排除了另一个命题的领域），但同时又是共存关系③（如果它们一起充满了真正知识的领域）。因此，这种关系是一个知识领域的诸部分之间的一种［A74］关系。在此，每个部分的领域均是另一个部分的领域的补充

（接上页）后承，我们必须看一下实际情况是什么样的）。因而，逻辑根据就是无关乎现实的事物或经验对象的根据；实在根据就是关于现实的事物或经验对象的根据（或者说在感性直观中得到综合使用的根据）。康德将关于现实的事物或经验对象的存在的根据称作“实质的（materiale）实在根据”，将关于现实的事物或经验对象的直观的根据称作“形式的（formale）实在根据”（比如，三角形的三个边包含着其角的形式的实在根据）。实质的实在根据或者包含着这样的根据的事物便是亚里士多德意义上的效力因（wirkende Ursachen）：“所有包含着一个事物的存在的根据的东西都是该存在的原因”（*Principiorum primorum cognitionis metaphysicae nova dilucidatio*，Ak 1: 394）。“包含实质的实在根据的东西叫作原因”（“Briefwechsel an Carl Leonhard Reinhold”，Ak 11: 36）。实质的实在根据的后承即通常所说的“结果”或“后果”。（“Grund”现在通常也译作“理由”。）

① 在康德所用的 A 版样本中，此句被改为：“在一个被划分了的知识中，所有划分出来的成员彼此之间的关系”（参见 Ak 23: 45）。

② “后承关系”原文为“Konsequenz”。“Konsequenz”也有结论、结果、后果、合乎逻辑等意思；在此也可以译作“蕴涵关系”。

③ “逻辑对立”原文为“logische Entgegensetzung”，“共存”原文为“Gemeinschaft”。

材料，以形成被划分的[①]知识之完整的全体。比如，世界要么是经由盲目的偶然情况存在的，要么是经由内在的必然性存在的，要么是经由一种外部的原因存在的。这些命题中的每一个都占据了关于世界的存在的可能的知识的领域的一个部分，而它们一起则占据了整个领域。从这些领域之一中去除知识就意味着将其置于余下的领域之一中；相反，将其置于一个领域就意味着将其从余下的领域中去除。因此，在一个选言判断中出现了诸多知识的这样一种共存，它在于下面这点：这些知识彼此相互排斥，但是由此终究**从整体上**决定了真正的知识，因为它们总起来说构成了一个唯一给定的知识的全部内容。这点也是出于下文的考虑我在此认为有必要说明的唯一的一点。

4.判断的模态是判断的一种十分独特的功能。该功能拥有如下区别性特征：〔B100〕它对判断的内容没有任何贡献（因为，除了量、性质和关系以外，再没有其他构成一个判断的内容的东西），相反，它仅仅涉及系词在与泛而言之的思维的关系中的价值。**或然**判断是这样一些判断，在它们那里相关的肯定或否定被看作单纯**可能的**（任意的）。**实然**判断是这样一些判断，在它们那里相关的肯定或否定〔A75〕被看作**现实的**（真的）。**绝然**判断是这样一些判断，在它们之中相关的肯定或否定被看作是**必然的**。* 因此，这样的两个判断，它们的关系构成了假言判断（它们分别构成了假言判

---

① Hartenstein 认为“被划分的”（eingeteilten）当作“真正的”（eigentlichen）。

* 事情好像是这样的：在第一种情形中思维是**知性**的一种功能，在第二种情形中思维是**判断力**的一种功能，在第三种情形中思维是**理性**的一种功能。这个评论有待下文[1]进一步澄清。〔[1]参见 B169/A130 和 B360-361/A304。〕

断的 antecedens［前件］和 consequens［后件］），以及这样一些判断（一个划分的诸成员），选言判断就在于它们的交互作用，它们全部都仅仅是或然的。在前面提到的例子中，“存在着完全的公正”这个命题并不是被实然地说出的，而仅仅是被思考成这样一个任意的判断，对于它下面这点是可能的：某个人接受了它。在此只有涉及的后承关系是实然的。因此，这些判断也可能是明显假的，但却可以构成关于真理的认识的条件（如果人们将它们看成是或然的）。因此，“**世界是经由盲目的偶然情况存在的**”这个判断在那个选言判断中只具有或然的意义，即这样的意义：某个人可能在一［B101］个时刻接受了这个命题，并且它的用处在于帮助人们找到真的命题（正如在人们可以走的众多道路中那条错误的道路的标记的用处一样）。因此，或然命题就是这样的命题，它仅仅表达了逻辑可能性（而该可能性并不是客观的），即自愿选择承认这样一个命题，完全随意地将其接纳进知性之中。实然命题谈到了逻辑的现实性或真理性[①]（正如在一个假言的理性推理中，［A76］大前提中的前件以或然的形式出现，而在小前提中它则以实然的形式出现），而且它表明，相关的命题已经按照知性的法则与知性连接在了一起。绝然命题将实然命题思考成是由知性的这些法则本身决定了的，并且因此将它们思考成是在先天地做出断言，以这样的方式绝然命题表达了逻辑必然性。因为现在在这里一切均渐进地纳入知性之中了，以至

① “逻辑的现实性”（die logische Wirklichkeit）即真理性与“实在的现实性”（die reale Wirklichkeit）即存在相对。请参见如下评论：“现在，事物中的实在的现实性（存在）对应于逻辑的现实性（真理性）。在此，与一个事物的可能性相区别的实在的现实性就是存在范畴”（Ak 28: 493）。

于人们首先或然地就某个事项进行了判断，接着还可能将它实然地当作真的而接受下来，最后断言它是与知性不可分离地联系在一起的，也即是必然的并且绝然的①，所以人们可以将这三种模态功能也称为泛而言之的思维的诸多要素。

第三章

[B102] 第 10 节② 论纯粹知性概念或范畴

像我们多次说过的那样，普通逻辑抽掉了知识的一切内容，期待着诸表象被从其他地方（无论什么地方）给予它，以便首先将这些表象转变成概念，而这样的转变是分析地进行的。与此相反，在先验[A77]逻辑面前则摆放着先验感性论提供给它的先天感性杂多，以便为诸纯粹知性概念提供一种材料，而如果没有这样的材料，那么先验逻辑便没有任何内容了，进而也就变成完全空洞无物的了③。现在，空间和时间包含着纯粹的先天直观杂多，尽管如此它们仍然属于我们的心灵的接受性的条件，

---

① 在此康德将“必然的”（notwendig）与“绝然的”（apodiktisch）并列使用。这点也说明，在他那里这两个词并不是同义的。

② 节数为 B 版所加。

③ 此句原文为：“ohne den sie ohne allen Inhalt, mithin völlig leer sein würde”。v. Leclair 建议将“würde”改为复数形式“würden”。这样，“sie”应该指代“诸纯粹知性概念”，而非“先验逻辑”。根据上下文，此意见可以接受。

而正是在这些条件之下，我们的心灵才能接受诸对象的表象，因此，这些条件必然也总是影响着诸对象的概念[①]。不过，我们的思维的自发性要求这点：这种杂多首先要被以某种方式通览、接纳并且连接在一起[②]，以便从其中制作出一个知识。我将这样的行动称作综合。

[B103]不过，我将最一般意义上的**综合**理解为这样的行动：将各种各样的表象彼此附加在一起，并且将它们的杂多性囊括在一个知识之中。如果相关的杂多不是经验地给出的，而是先天地给出的（像空间和时间中的杂多那样），那么这样一种综合就是**纯粹的**。在对我们的诸表象进行任何形式的分析之前，表象都必须已经先行被给出来了，而且没有任何概念能够**从内容上**分析地产生出来。相反，杂多的综合（无论相关的杂多是经验地还是先天地给出的）首先产生出一种知识。尽管一开始这种知识可能还是粗糙而混乱的，因此需要分析，但是综合的确是这样的事项，只有它才真正地将知识的要素收集在一起，并且将它们联合成为某种[A78]内容。因此，如果我们想要就我们的知识的最初来源做出判断的话，那么我们首先要给予关注的事项便是综合。

正如我们接下来将会看到的那样，泛而言之的综合是想象力的单纯的结果，而想象力则是灵魂的一种盲目的、却是不可或缺的

---

① 此句原文为："die mithin auch den Begriff derselben jederzeit affizieren müssen"。Vaihinger 建议将其改为"die mithin dasselbe jederzeit affizieren müssen"（因此，这些对象必然总是刺激着我们的心灵）。"affizieren"在康德文本中大多数情况下意为刺激；不过，在未改动的情况下，在这句话中它应当意为影响。

② "被……通览、接纳并且连接在一起"原文为"durchgegangen, aufgenommen, und verbunden werde"。

功能[①]——如果没有这种功能，我们根本就不会拥有任何知识（不过，我们极少曾经意识到了该功能）。然而，将这种综合带到**概念**那里，这点是一种属于知性的功能，而且正是通过这种功能，知性才为我们谋得真正意义上的知识。

［B104］现在，纯粹的**综合**，**一般地构想的综合**，给出了纯粹知性概念。不过，我将这种综合理解成这样的综合，它是建立在先天综合的统一性基础之上的。因此，我们的计数是一种**根据概念**而进行的综合（在较大数的情况下这点尤其明显），因为该综合是按照一个共同的统一性的基础（比如十进制）而进行的。因此，在这个概念之下，杂多的东西的综合中的统一性将是必然的。

各种各样的表象被分析地置于一个概念**之下**（普通逻辑处理的恰恰就是这样的事务）。但是，先验逻辑教导给我们的，不是将诸表象，而是将诸表象的**纯粹的综合**带到概念那里。为了获得关于所有对象的知识，必须先天地给予我们的第一个事项是纯粹直观的**杂多**。［A79］通过想象力对这种杂多做的**综合**是相关的第二个事项，但是它还没有提供知识。那些为这样的纯粹的综合提供**统一性**的概念——而且，这些概念仅仅在于关于这种必然的综合统一性的表象——则完成了为获得关于我们所遇到的对象的知识所需要的第三个事项，而且它们是以知性为基础的。

给予**一个判断中**的各种各样的表象以统一性的那同一种功能也给予［B105］**一个直观中**的各种各样的表象的单纯的综合以统一

---

① 在康德自己使用的 A 版样本中，此句后半部分被改为："而想象力则是知性的一种功能"（参见 Ak 23: 45）。

性，这种功能一般地表达出来便叫作纯粹知性概念[①]。因此，同一个知性，通过这样一些行动——正是通过它们，它在诸概念中借助于分析的统一性给出了一个判断的逻辑形式——并借助于泛而言之的直观中的杂多的综合的统一性也将一种先验内容带入它的诸表象之中[②]。正因如此，这些表象被称作先天地应用于对象之上的纯粹的知性概念。显然，普通逻辑不能给这些表象带来这样的先验内容。

以这样的方式产生了许多先天地应用于泛而言之的直观的对象之上的纯粹知性概念，其数目恰好同于前面的表中出现的所有可能的判断中的逻辑功能的数目，因为知性经由上述的那些功能被彻底地穷尽了，而且其能力由其完全地测定了。仿照亚里士多德的做法，我们要将这些概念［A80］称作**范畴**，因为我们的意图最初与他的意图是一样的，尽管就执行来说与其距离甚远。

---

① 这句话原文是这样的："Dieselbe Funktion, welche den verschiedenen Vorstellungen *in einem Urteile* Einheit gibt, die gibt auch der bloßen Synthesis verschiedene Vorstellungen *in einer Anschauung* Einheit, welche, allgemein ausgedrückt, der reine Verstandesbegriff heißt"。Mellin 认为"verschiedene"当作"verschiedener"。科学院版据此意见改正。中译文据此译出。从语法上看，此句中的后一个"welche"指代的当是其前面的"Einheit"（统一性）。主要英译本均采用了这种解读方式。不过，从语义上看，其指代者也可以是更前面的"die"、进而最前面的"Funktion"（功能——知性的功能）；而且，从语法上看，这样的解读也没有问题。实际上，接下来一段话中的第一句话便直接将范畴对应于（甚或等同于）判断中的逻辑功能，而按照我们所讨论的这句话，这种功能就是"给予一个直观中的各种各样的表象的单纯的综合以统一性"的功能。

② "分析的统一性"和"综合的统一性"原文分别为"die analytische Einheit"和"die synthetische Einheit"。关于这两种统一性的区别及联系，康德在 B133-134（包括 B133Anm.）中做出了进一步的讨论。

[B106] **范畴表**

1.

数量范畴

一

多

全

2.

性质范畴

实在

否定

限制[①]

3.

关系范畴

依存与自存关系

（substantia et accidens［实体与偶性］）

因致关系和依赖关系

（原因和结果）

共存关系

（行动者与受动者之间的交互作用[②]）

4.

模态范畴

可能性—不可能性

存在—非存在

必然性—偶然性

以上就是关于综合的[③]所有本源上来说[④]纯粹的概念的清单。知性先天地包含着这些概念，而且正是因为它们的缘故，它也才是一个纯粹的知性。因为，只是经由它们，知性才能在直观杂多

① “限制”原文为“Limitation”。

② 原文为“Wechselwirkung zwischen dem Handelnden und Leidenden”。

③ 在康德自己所使用的 A 版样本中“关于综合的”被划掉了（参见 Ak 23: 46）。

④ Erdmann 认为“本源上来说”（ursprünglich）当作“本源性的”（ursprünglichen）。

那里理解到某种东西，也即它才能在那里思维一个直观对象。这种划分是系统性地基于一个共同的原理即[A81]判断能力（它同于思维能力）做出的，而并非是在人们仅凭运气去寻找纯粹概念的过程中狂想式地产生出来的。对于以后一种方式得出的概念的数目的齐全性，[B107]人们从来不能有什么确信，因为它仅仅是通过归纳推定出来的，在此人们根本没有考虑到下面这点：依照归纳，人们还[1]从来看不出，为什么恰恰是这些而非其他概念寓居于纯粹知性之中。对于敏锐之人来说，寻找这些基础概念是一项值得实施的规划，而亚里士多德便实施了这项规划。不过，由于他没有任何相关的原理，所以他急忙捡拾起他偶然遇到的任何概念，依此方式找到了十个概念，他将它们称作**范畴**（谓述项）。接下来他相信自己又发现了五个，他用后谓述项的名称将它们附加进来。只不过，他的表依然还是有缺陷的。此外，在该表中还出现了一些纯粹感性的样式[2]（quando[何时]，ubi[哪里]，situs[状态或姿态]，还有prius[先于]，simul[同时]），还出现了一个经验样式（motus[运动]），而这些样式根本不属于知性的这个花名册。或者，派生的概念（actio[施动]，passio[受动]）也被算进初始概念之列，而另一些初始概念则完全付诸阙如。

为了这些初始概念的缘故，我在此还要给出如下说明：作为纯粹知性的真正**主干概念**，范畴也拥有其同样纯粹的、**派生的概念**[3]，在先验哲学的完全的系统中后面这些概念也决不能被略而

---

① Vorländer 认为“还”（noch）当作“可是”（doch）。

② “纯粹感性的样式”原文为“modi der reinen Sinnlichkeit”。

③ “主干概念”和“派生的概念”原文分别为“Stammbegriffe”和“abgeleitete Begriffe”。

不提。[A82]不过，在一个单纯批判的尝试中，仅仅提及它们就足够了。

[B108]请允许我将这些纯粹的、然而却是派生的知性概念称为纯粹知性的**可谓述项**（与谓述项相对）①。如果人们已经拥有了本源性的且原初的概念，那么那些派生的且从属性的概念便很容易添加进来了，并且纯粹知性的谱系便可以完全地绘制出来。由于在这里我所关心的并不是系统的完全性，而仅仅是一个系统的原理，因此，我将这种填充工作留给另一项研究。不过，如果人们拿起存在论教科书，那么他们便能够极大程度地达到这个目的。比如，让力、行动、受动这些可谓述项从属于因致范畴；让在场②和对抗这两个可谓述项从属于共存范畴；让产生、消亡、变化等等可谓述项从属于模态谓述项。将诸范畴与纯粹感性的诸样式联系在一起甚或也将诸范畴彼此联系在一起这样的做法提供了大量派生的先天概念。对这些概念做出说明并且尽可能地将它们完全记录下来这样的做法将会是一项有用的且并非让人不舒服的努力。不过，在此我没有必要做出这样的努力。

在这部专论中我有意未给出这些范畴的定义。不过，我还是想拥有这样的定义的。接下来，我会分解这些概念，[A83]直到这样的程度，联系着我所处理的方法论来说，它是足[B109]够的。在一个关于纯粹理性的系统中，人们可以有权利要求我给出这些定义，但是在此它们只是会让人忽视本研究的要点，因为它们激起了一

① “可谓述项”原文为“Prädikabilien”。上文提到的“后谓述项”原文为“Post-prädikamente”。“Prädikamente”（谓述项）是“Kategorien”（范畴）的另一种说法。

② Vaihinger 认为“在场”（Gegenwart）当作“反作用”(Gegenwirkung)。

些怀疑和攻击，我们完全可以在无损于我们的根本意图的情况下将这些怀疑和攻击交给另一项研究。然而，从我对于这点所谈到的少许内容人们可以清楚明白地看到，一本包含着为此所需要的所有解释的词典不仅是可能的，而且是很容易编制出来的。抽屉已经有了，我们只需要将东西放进去。一个系统的正位论，像现在讨论的这个正位论这样，不容易缺失这样的位置，每个概念特别地属于其内，而且同时，人们也很容易注意到还空着的位置。

第 11 节①

我们可以对这个范畴表进行一些非常好的考察。联系着所有理性知识的科学形式来说，这样的考察可能具有可观的后果。因为，这个表在哲学的理论部分具有异乎寻常的用处（甚至是不可或缺的）——即它可以用来完整地为**一门科学的整体**设计**规划**（在该门科学建立在先天概念范围内），并且可以用来**按照特定的原理**以数学的方式②**对**该门科学**进行划分**——这点已经由下面的事实自动地表明了：所提到的这个表完整地包含了知性的所有基本概念，甚至于这些基本概念在人类知性中的一个系［B110］统的形式，因此，它为所规划的那门思辨科学的所有**要素**甚至于其**秩序**提供了指导（我在其他地方提供了关于此点的一个样本*）。以下便是这些

---

① 此节和下一小节均为 B 版所加。

② Vaihinger 认为“以数学的方式”当作“系统的”。

* 参见 *Metaphysische Anfangsgründe der Naturwissenschaft*（《自然科学的形而上学基础》）。〔该书出版于 1786 年，即《纯粹理性批判》第二版出版前一年。参见 Ak 4：473–477，495，523，551，558。〕

说明中的一部分。

第一个说明是这样的：这张包含着四类知性概念的表首先可以分成两个部分，其一指向直观（包括纯粹的还有经验的直观）的对象，而其二则指向这些对象的存在（或者联系着彼此，或者联系着知性）。

我将第一个类别称作**数学**范畴的类别，而将第二个类别称作**动力学**范畴的类别。像人们所看到的那样，第一个类别不包含关联物，只有在第二个类别中才出现了关联物。这种区别必定在知性的本性中有其根据。

第二个说明。在这个表中情况处处都是这样的：每个类别的范畴的数目都是一样的，即都是三个。这点同样引人深思，因为通常情况下所有通过概念做出的先天的划分都必定是二分的。另外，下面这点也引人深思：在每个类别中，第三个范畴处处都源自第二个范畴与同一个类别中的第一个范畴的联结。

[B111] 因此，**全**（总体）只不过是被看成一的多而已；**限制**[①] 不过是与否定连接在一起的实在而已；**共存**就是一个实体在交互地决定另一个实体时的因致性；最后，**必然性**不过就是经由可能性本身而被给定的存在。不过，人们不要认为，第三个范畴因此就是纯粹知性的单纯派生的概念，而非其主干概念。因为，第一个概念和第二个概念为了产生出第三个概念的联结需要知性的一种独特的行动，而该行动与在第一和第二个概念那里所实施的知性行动并不是一回事儿。因此，一个（属于全这个范畴的）**数**概念

---

① 此“限制”原文为“Einschränkung”。“Einschränkung”与在范畴表中使用的“Limitation”同义。

并非在所有这样的地方总是可能的，在那里存在着多和一这两个概念（比如在关于无穷的表象中）。或者，从**原因**与**实体**这两个概念被联结在一起了这个事实，我们还无法立即就理解**影响**，即无法立即理解这点：一个实体如何能够成为另一个实体中的某种事项的原因。由此不难看出，为此我们还需要做出一种独特的知性行动。其他类别的范畴的情况是一样的。

第三个说明。在所有范畴中，有一个范畴十分特别，即出现在第三个条目下的**共存**范畴。它与逻辑功能表中相应于它的[B112]选言判断形式的一致性不像在其他范畴那里那样显而易见。

为了让自己对这种一致性产生确信，人们要注意下面这点：在所有选言判断中，相关的领域（属于这样的判断之下的所有东西的总量）被设想为一个划分成了诸部分（从属的概念）的整体，而且，因为其中的一个部分不可能包含在另一个部分之下，所以它们被思考成是**彼此并列的**，而非**彼此从属的**①，以至于它们并非像在**一个序列**中那样**单方面地**彼此决定的，而是像在一个**聚集物**中那样彼此**交互地**决定的（如果划分的一个成员被设定了，那么所有其他的成员便被排除了；反之亦然）。

现在，一种类似的联系**在诸事物的整体**之中被加以思考了。在此，事情并非是这样的：一个事物作为结果**从属于**另一个作为其原因的事物，而是这样的：一个事物同时地且交互地作为联系着其他事物的决定原因**与**另一个事物**并列存在着**（比如，在一个物体中其诸部分既彼此互相牵拉②，又彼此互相排斥）。这点构成了这样一种

---

① “彼此并列的，而非彼此从属的”原文为“einander koordiniert, nicht subordiniert”。

② Vorländer 认为，“牵拉”（ziehen）当作“吸引”（anziehen）。

关系，它与在原因和结果（根据和后承）的单纯关系中所遇到的那种关系全然不同。在后一种关系中，后承并没有反过来交互地决定根据，正因如此，它并没有与根据（像世界创造者与世界一样[①]）构成一个整体。知性在设想一个被划分的[B113]概念的领域时遵循着一种程序；当它将一个事物思考成可划分的时候，它也遵循着这个程序。正如在被划分的概念中划分的诸成员彼此排斥却同时联结为一个领域一样，知性也将这个事物的诸部分设想成这样，即它们（作为实体）的存在排他性地属于每个部分，但是诸部分却连接成一个整体。

第 12 节

不过，在古人的先验哲学中还出现了包含着这样一些纯粹知性概念的篇章，尽管它们没有被算在范畴之列，但是按照古人的理解，它们应当被看作关于对象的先天概念。不过，在这样的情况下，它们就会增加范畴的数目。事情当然不可能是这样的。下面这个在经院学者那里非常著名的命题对这些概念有所阐明：quodlibet ens est *unum*, *verum*, *bonum*（任何存在物都是**统一的**，都是**真的**，都是**好的**）。尽管这条原理的使用联系着诸相关的推理（这些推理纯然给出同语反复的命题）来说非常之贫乏，以至于在新近的时代人们几乎只是为了表示尊敬而还习惯于将它放置在形而上学之中，但是，这样一种思想——它毕竟存在了那么长时间，无论它看起来如何空洞——还是值得我们去研究一下它的来

① Vaihinger 认为此句当作：“像世界与世界创造者一样”。

源，而且我们有理由猜测，它在某种知性规则中有其根据，而该根据只是被错误地解释了（像经常发生的情况那样）。这些假定地先验的[B114]**事物**谓词仅仅是**关于事物的**一切泛而言之的**知识**的逻辑要求和标准，而且它们将数量范畴即**一**、**多**和**全**置于该种知识的基础的地位。然而，这些范畴真正说来是质料性的，必须被看作属于诸事物自身的可能性的。不过，古人们实际上只是在形式的意义上使用了它们，将其用作属于联系着每种知识的逻辑要求，但是他们却未加注意地将思维的这些标准弄成了事物本身的性质。因为，首先，在每种关于一个对象的知识中都包含着概念的**统一性**，人们可以将这种统一性称作**质的统一性**——在这样的范围内，即人们只是将质的统一性理解成诸知识的杂多的总括的统一性，像一出戏、一篇演讲、一个寓言中的主题的统一性那样。其次，在每种关于一个对象的知识中都包含着联系着后承的**真理性**。从一个给定的概念得出的真的后承越多，其客观的实在性的标志就越多。人们可以将这样的标志称作这样一些特征的**质的复多性**，它们属于一个作为共同的根据的概念（而不是在该概念中被思考成量了）。最后，在每种关于一个对象的知识中都包含着**完好性**。完好性在于下面这点：这种复多性总起来看反过来又回溯至该概念的统一性，并且与该概念而不是与其他任何概念完全一致。人们可以将这点称作**质的完全性**（总体性）。[①] 由此下

① “质的统一性”、“质的复多性”、“质的完全性”、“完好性”原文分别为“die qualitative Einheit”、“die qualitative Vielheit”、“die qualitative Vollständigkeit” 和 “Vollkommenheit”。数量范畴“一”、“多”和“全”原文为“Einheit”、“Vielheit”和“Allheit”（也可分别译作“一性”、“多性”和“全性”）。在本译本中，根据不同的语境，“Einheit”也译作“统一性”、“统一体”、“单一性”或“单位”。（所谓“单位”在此特指这样一个事物，其多次的设定［Setzung］便产生了一个数。）

面这点便显而[B115]易见了：关于泛而言之的知识的可能性的这些逻辑标准在此仅仅是联系着这样的联结——即通过作为一种原理的知识的性质将即便**非同类的**诸知识部分在一个意识中联结起来——转变了那三个量范畴（在这些范畴中，产生定量的过程中的单位必须被假定为彻底同类性的）。[①] 因此，一个概念（而非其对象）的可能性的标准就是这样的定义[②]，在其内概念的统一性、所有可以首先从该概念得出的东西的真理性、最后还有从其中抽引出的东西的完全性一起构成了为确立该完整的概念所需要的东西。或者，以这样的方式，一个假设的标准也是所假定的解释根据的可理解性或者说该解释根据的统一性（在没有辅助假设的情况下）、从其中得出的后承的真理性（它们彼此间的一致以及与

---

① 这句话原文是这样的："Woraus erhellt, daß diese logischen Kriterien der Möglichkeit der Erkenntnis überhaupt die drei Kategorien der Größe, in denen die Einheit in der Erzeugung des Quantums durchgängig gleichartig angenommen werden muß, hier nur in Absicht auf die Verknüpfung auch *ungleichartiger* Erkenntnisstücke in einem Bewußtsein durch die Qualität eines Erkenntnisses als Prinzips verwandeln"。Erdmann 认为此句不合语法，建议将其修改成如下形式："In diesen logischen Kriterien der Möglichkeit ... sind die drei Kategorien ... verwandelt, so daß sie nur in Absicht auf... durch die Qualität eines Erkenntnisses als Prinzips bestimmt sind"（参见 Ak 3, Anmerkungen, S. 587）。在如此修改后，这句话中文译文应当是这样的："在这些关于泛而言之的知识的可能性的逻辑标准中，那三个量范畴（在这些范畴中，产生定量的过程中的单位必须被假定为彻底同类性的）如此地被使用了，以至于它们在此仅仅是联系着这样的联结——即通过作为一种原理的知识的性质将即便**非同类的**诸知识部分在一个意识中联结起来——而得到规定的。"按照 Erdmann 的意见，"verwandelt" 在此与 "verwerten"（利用，使用）同义。另外，Grayeff 认为 "verwandeln" 当作 "verwenden"（应用，使用，利用）。

② 此句原文为："So ist das Kriterium der Möglichkeit eines Begriffs (nicht des Objekts derselben) die Definition"。Hartenstein 认为 "derselben" 当作 "desselben"，"desselben" 指前面提到的"概念"。中译文据此译出。Erdmann 则建议将 "nicht des Objekts derselben" 释作 "nicht der Möglichkeit des Objekts"（并非对象的可能性）。这样，全句中译当为："因此，一个概念的可能性（而非对象的可能性）的标准就是这样的定义。"

经验的一致）、最后还有这些后承的解释根据的完全性。这些后承恰恰将我们带回到在该假设中所假定的东西，而且又以后天分析的方式提供了那种被以先天综合的方式思考了的东西并且与这样的东西符合一致。——因此，即便假定先验的范畴表是有缺陷的，那么经由统一性、真理性和完好性这些概念，它也根本没有得到任何形式的弥补。相反，事情仅仅是这样的：通过完全不理会这些概念与对象的关系的［B116］方式，人们用它们所执行的那些操作被置于关于知识与其自身的一致性的普遍的逻辑规则之下了。[①]

［A84］第二篇　论纯粹知性概念之演绎

第一章

第 13 节[②]　论泛而言之的先验演绎的原理

当法学教师谈论权限和僭越时，他们区分开了一件诉讼中关于什么是合法的东西（quid juris）的问题和涉及事实（quid facti）的

---

① 关于此节，请参见 Hans Leisegang, “Über die Behandlung des scholastischen Satzes: ‘Quodlibet ens est unum, verum, bonum seu perfectum’, und seine Bedeutung in Kants *Kritik der reinen Vernunft*”, *Kant-Studien*, Band 20, no. 1–3 (1915): 403–421。

② 此节数为 B 版所加。

问题。由于他们对这两者均要求给出证明，因此他们将关于前者的证明——它应当阐明权限或者还有合法要求——称为**演绎**。我们通常使用着大量经验概念，而没有遇到他人反对，并且即便没有给出演绎，我们也认为我们有权利赋予这些概念以一种意义和一种想象的[①]意指[②]，因为我们手边总是拥有经验，〔B117〕以便用来证明它们的

---

① “想象的”原文为“eingebildete”。Vaihinger 猜测，康德在此原本要写的是“eine giltige”（一种有效的）。Görland 则认为，“eingebildete”当作“unlegitimierte”（不合法的）。Jens Timmermann 认为“eingebildete”不需要改动，因为在康德的时代该词就有“angenommene”（假定的）意义。在 B299/A240 中康德使用了“Beziehung auf angebliche Gegenstände”（〔相关概念〕与诸假定的对象的关联）的说法。按照他的相关规定（请参见下一个译者注），该说法包含着这样的意思：“angebliche Bedeutung”（〔相关概念的〕假定的意指）。（“angeblich”意为：臆想的，假定的，被信以为真的等等。）

② “一种意义和一种想象的意指”原文为“einen Sinn und eingebildete Bedeutung”。“Bedeutung”（在大多数情况下也可译作“所指”）在此表示一个概念所意指或指称（bedeuten）的（现实的或实在地可能的）对象，或者一个概念与其所意指或指称的（现实的或实在地可能的）对象的关联（Beziehung aufs Objekt）。如果一个概念意指或指称了一个对象（进而关联到了一个对象），那么它便拥有了客观的实在性（objektive Realität）或者说客观的有效性（objektive Gültigkeit）。那么，究竟什么是“Sinn”（意义）？在下面这段话中，康德似乎是想给出某种回答：“尽管所有这些原则〔比如“空间有三个维度”、“两点之间只能有一条直线”等等〕以及这门科学〔指数学〕所处理的对象的表象是完全先天地在心灵中被生产出来的，但是，如果我们不能总是在诸显象（经验对象）之上展示其意指，那么它们还是根本不会意指任何东西。于是，人们还需要**让**一个抽象而来的概念**成为可以感知的**（*sinnlich zu machen*），即在直观中展示与其相应的对象，因为，否则的话，该概念（像人们所说的那样）就将仍旧是没有**意义**的，即没有意指的（ohne *Sinn*, d. i. ohne Bedeutung）”（B299/A239-240）。在此康德应该是想将概念的“Sinn”界定为在诸显象（经验对象）之上展示其意指的方式（die Art, an Erscheinungen [empirischen Gegenständen] ihre Bedeutung darzulegen），或者说在直观中展示与其相应的对象的方式（die Art, das ihm korrespondierende Objekt in der Anschauung darzulegen）。在本书以及其他著作中，康德常常将“Sinn”和“Bedeutung”连在一起使用，而且认为一个概念如果拥有“Bedeutung”，那么便拥有“Sinn”，因此，如果一个概念没有“Sinn”，那么这点也就意味着它没有“Bedeutung”。而且，

客观实在性。然而，也还有这样一些我们强行占用的概念，比如**幸运**、**命运**等，虽然人们普遍地容忍我们到处使用它们，但是人们还是偶尔通过 quid juris（合法性）问题而向它们提出了解释要求。于是在此在这些概念的演绎方面我们陷入了不小的尴尬境地，因为我们根本不能提出任何明确的［A85］合法性根据（无论是来自经验的，还是来自理性的），以便使得使用它们的权限变得明确起来。

不过，在那些构成人类知识这种非常混杂的织物的各种各样的概念之中有这样一些概念，它们也注定拥有纯粹先天的使用（完全

（接上页）一个概念可以有“Sinn”，但是并没有现实的“Bedeutung”，而是仅仅有想象的或假定的（angebliche）“Bedeutung”。由于没有“Sinn”的概念也就没有“Bedeutung”，因此，康德将“ohne Sinn”（没有意义）等同于“(ganz) leer”（［完全］空洞的）（关于以上内容，请特别参见：B123/A90, B148–149, B185/A146, B194–195/A155–156, B267/A220, B297–300/A238–241, B302Anm., B514/A486, B637/A609, B705/A677, B707/A679, B712/A684, B724/A696）。从其大量相关用法中不难看出，康德应该已经有了欲做出弗雷格（Gottlob Frege，1848–1925）后来所做出的著名的 Sinn 和 Bedeutung 之分的想法（参见 J. P. Nolan, “Kant on Meaning: Two Studies”, *Kant-Studien*, 70(1979), No. 2, pp. 115–116）。关于这个区分，弗雷格写道：“现在，人们容易想到，就一个符号（名称，语词组合，书写符号）来说，除了将它所表示的东西——可以将这样的东西称为该符号的‘Bedeutung’——与它联系在一起以外，还将我称作该符号的‘Sinn’的东西与其联系在一起，而那种相关的被给出的方式（die Art des Gegebenseins）就包含在这样的东西之中。”“就一个专名来说，重要的事情是那个经由它所表示的东西是如何被给出的（wie der, die oder das durch ihn Bezeichnete gegeben ist）。给出它所表示的那个东西这样的事情可以以多种多样的方式进行，而一个包含着该专名的命题的一种独特的 Sinn 则对应着每一种这样的方式”（G. Frege, *Kleine Schriften*, hrsg. von Ignacio Angelelli, Zweite Auflage, Hildesheim: Georg Olms Verlag, 1990, S. 144, 350）。在此要注意的是：弗雷格是联系着语言表达式做出这个区分的，而康德则是联系着概念进而联系着泛而言之的知识理解该区分的。此外，我们还要注意：康德也常常在其日常的意义上使用“Bedeutung”一词，此时我们将其直接译作“意义”或“重要性”。（请注意此处所讨论的意指意义的“Sinn”与其他地方讨论的意指感觉能力或感觉能力的运用即感觉的“Sinn”的区别和联系。从前面引述的 B299/A239–240 中的那段话不难看出，两种意义的“Sinn”在康德这里虽然完全不同，但却是密切关联在一起的。）

独立于一切经验的使用)，而且它们的这种权限总是需要一种演绎，因为对于这样一种使用的合法性来说，来自经验的证明是不够的，相反，人们必须要知道这些概念如何能够关联到这样一些对象，它们可不是从任何经验拿来这些对象的。因此，我将对于先天概念能够关联到对象之上的方式的解释称作关于它们的**先验演绎**，并且将这样的演绎与**经验**演绎区别开来[①]。经验演绎表明了人们从经验以及关于经验的反思获得一个概念的方式。因此，经验演绎涉及的不是合法性，而是这样的事实，正是经由它我们才拥有了该概念。

[B118]现在，我们已经拥有了两种完全不同类别的概念，即：作为感性的形式的空间和时间概念；作为知性概念的范畴。它们在如下方面的确是一致的：从两个方面完全先天地关联到对象之上。试图对它们给出一种经验演绎的做法将是一种全然徒劳的工作，因为它们的本性中的区别之处恰恰[A86]在于如下事实：它们均在没有从经验获取某种东西以形成它们的对象的表象的情况下就关联到了它们的对象。因此，如果关于它们的演绎是必要的，那么相关的演绎就必定总是先验的。

然而，对于这些概念，正如对于所有知识一样，人们的确可以在经验中寻找其生产的偶然的原因(如果不能在经验中寻找它们的可能性的原理的话)。于是，在这里感觉能力的印象提供了联系着它们来开启整个认识能力并且产生经验的诱因。经验包含着两种极为不同类的要素，即知识的**质料**和某种组织该质料的**形式**。质料来自感觉；形式来自纯粹直观和思维的内在的源泉。纯粹直观和思维

① “先验演绎”和“经验演绎”原文分别为“die transzendentale Deduktion”和“die empirische Deduktion”。

在遇到质料时才首先被启动起来并且产生概念。对我们认识能力的最初的努力（这些努力的目的是为了从个别的知觉攀升到[B119]一般的概念）的这种探究无疑是有着其巨大的用处的。为此我们要感谢著名的洛克，因为他首先开启了这样的探究的道路。不过，纯粹先天概念的**演绎**并没有由此而产生出来，因为它根本就不处于这条道路之上，而这点则又是因为，联系着其将来的使用（这样的使用应当是完全独立于经验的），这些概念必须展示这样一张出生证，它完全不同于表明经验出身的出生证。人们尝试做出的[A87]这种自然学的推导真正说来根本不能叫作演绎，因为它涉及的是 quaestionem facti（事实问题）。因此，我要将这样的推导称作关于纯粹知识的**拥有**的解释。因此，显而易见的是，对于这样的纯粹知识，只可能存在一种先验的演绎[①]，而不可能存在一种经验的演绎。联系着纯粹先天概念而进行的经验的演绎不过就是无用的尝试而已。只有没有理解这些知识的完全独特的本性的人才会做出这样的尝试。

不过，尽管现在我们承认，给出纯粹的先天知识的可能的演绎的唯一的方式就是沿着先验的道路做出这样的演绎的方式，但是，由此人们还是不明白，这样的演绎为何是不可避免地必然的。上面我们已经借助于一种形式的先天演绎追究了空间和时间概念，直至追究到其来源，并且解释和确定了其先天的客[B120]观有效性。然而，几何学纯粹经由先天知识而稳健地进行着，与此同时它并不需要从哲学那里乞求得到一个关于其基础概念即空间概念的纯粹的且合法的出身的认证书。不过，该概念在这门科学中的使用也只是涉

---

① 此句原文为："Es ist also klar, daß von diesen allein es eine transzendentale Deduktion ..."。Erdmann 认为"diesen allein es"当作"dieser es allein"。中译文据此译出。

及外部的感性世界，而空间则构成了其直观的纯粹形式。因此，在这个世界中所有几何学知识均拥有直接的自明性（因为它们是建立在先天直观基础之上的），而且，相关的对象经由这种知识本身在直观中被先天地（从形式上[A88]）给出了。相反，在**纯粹知性概念**的情况下，我们则开始有了寻找先验演绎的无法回避的需求：不仅要寻找关于这些概念本身的先验演绎，而且还要寻找关于空间的先验演绎。因为，既然它们不是使用直观和感性的谓词而是使用纯粹思维的谓词来先天地谈论对象，它们就在没有任何感性条件的情况下一般性地关联到对象。而且，由于它们不是建立在经验基础之上的[①]，因此，它们也不能在先天直观中展示这样的对象，正是在其上它们在一切经验之前便建立起了它们的综合。于是，它们不仅在它们的使用的客观有效性和局限性方面激起了人们的怀疑，而且因为下面这点还让**空间概念**产生了歧义，即它们倾向于在[B121]感性直观条件之外使用空间概念（正因如此，在前文中我们才有必要也对空间概念进行一种先验的演绎）。于是，读者在纯粹理性领域迈出任何一步之前，我们必须让他们对这样一种先验演绎的不可避免的必然性产生确信。因为，否则的话，读者便会盲目行事，并且在经过多次四处乱走之后，他们必定又返回到作为他们的起点的无知状态。不过，他们也必须事先看清不可回避的困难，以免他们对所面对的晦暗有所抱怨（在此事物自身便被深深地遮盖起来了），或者对去除所遇到的障碍这件事儿过早地产生懊

---

① 此句原文为："und die, da sie nicht auf Erfahrung gegründet sind"。Erdmann 建议将其改为这样的形式："und sie, da sie nicht auf Erfahrung gegründet sind"。中译文据此译出。

恼心理。[A89] 因为，在此重要的事情是下面这点：或者完全放弃对于纯粹理性在它所最钟爱的领域（即超越一切可能的经验界限的领域）之上的洞见的所有要求①，或者让这种批判的研究臻于完善。

上面我们已经能够在空间和时间概念上不太费力地让下面这点变得容易理解了：它们作为先天知识如何仍旧必须必然地关联到对象；并且，它们如何以独立于一切经验的方式让关于对象的综合的知识成为可能。因为，既然只有借助于感性的这些纯粹形式一个对象才能显现给我们，也即才能够是一个经验直观的对象，那么空间和时间便是这样一些纯粹直观，它们先天地包含着作为显象的对象的可能性的条 [B122] 件，并且它们中的综合拥有客观有效性。

与此相反，知性的范畴则完全没有给我们呈现这样的条件，正是在其下诸对象在直观中被给出来了。因此，诸对象确实能够在不必必然地关联到知性的功能的情况下进而在知性没有先天地包含着它们的条件的情况下显现给我们。于是，在此出现了这样一种困难，而在感性领域我们并没有遇到这种困难，即：**思维的诸主观条件**如何能够拥有**客观的有效性**？也即，它们如何能够提供 [A90] 关于对象的所有知识的可能性的条件？因为，在没有知性的功能的情况下，显象确实可以在直观中被给出。以原因概念为例。该概念意味着一种独特的综合，在此每当某个事项 A 发生了，某种完全不同的 B 便按照一条规则被设定了②。下面这点并非先天

---

① 此句话原文是这样的：“entweder alle Ansprüche zu Einsichten der reinen Vernunft, als das beliebteste Feld, nämlich dasjenige über die Grenzen aller möglichen Erfahrung hinaus, völlig aufzugeben”。Erdmann 建议将“als das”改作“auf das”。中译文据此译出。

② 在其所使用的 A 版样本中，康德将此句话改为这样的形式：“某种完全不同的 B 便按照一条先天的规则被设定了，即被必然地设定了”（参见 Ak 23: 46）。

就是清楚明白的：诸显象为何能够包含着诸如此类的东西？（因为，人们不能援引经验来给出证明，而这点则又是因为在此这个先天概念的客观有效性必须能够得到阐明。）因此，下面这点先天地就让人产生怀疑：这样一个概念是否可能根本[①]就是空洞的，在诸显象中它根本就遇不到任何对象？因为，感性直观的对象必须符合先天地包［B123］含在心灵中的感性的形式条件这点可以从下面这个事实中看出：因为否则的话，对于我们来说，它们便不会是对象了。但是，在此我们不能轻而易举地洞察通向如下结论的推理步骤：感性直观的对象此外还必须符合知性为了提供思维的综合的统一性[②]所需要的那些条件。因为，诸显象很可能具有这样的特征：知性发现它们根本就不符合它的统一性的条件，一切均处于如此混乱的状态，以至于比如在诸显象的序列中没有任何这样的东西呈现出来，它提供了一条综合规则，因此符合原因和结果概念。结果，这个概念因此是完全空洞的，无效的[③]，并且没有任何意指。尽管如此，诸显象还是为［A91］我们的直观提供了对象，因为直观决不需要思维的功能。

如果人们想通过这样的说法，即“经验不断地提供了这样一些关于诸显象的一种规则性的例证，这些例证提供了足够的机缘，以便让我们从它们中分离出原因概念，并且通过这样的方式同时证明了这样一个概念的客观有效性”，让自己从这些研究的劳苦中解脱

① Vorländer 认为“根本”（gar）当作“完全”（ganz）。

② “思维的综合的统一性”原文为“synthetischen Einheit des Denkens”。在 A 版和 B 版原版中“Einheit”（统一性）作“Einsicht”（洞见）。据 v. Leclair 的意见改正。

③ “无效的”原文为“nichtig”。“nichtig”此外还有如下意义：无意义的、无价值的、微不足道的。

出来，那么他们便没有注意到下面这点：以这样的方式原因概念根本不可能产生出来，相反，它或者必然是完全先天地在知性中得到奠基的，或者必然作为一个单纯的幻象而被完[B124]全地抛弃掉。因为，这个概念做出了如下绝对的要求：某事项A是属于这样的种类的，以至于另一个事项B**必然地**且合乎一条**绝对普遍的法则**地跟着它发生了。诸显象完全有可能提供这样一些情形，从它们之中我们可以得出这样一条规则，按照它，某事通常情况下发生了；但是，它们决不能提供这样一条规则，按照它，该结果是**必然的**。因此，这样一种尊严也附着在原因和结果的综合之上，人们不能以经验的方式将其表达出来，即：结果不仅是附加在原因之上的，而且是**经由**原因而被设定的，并且是**从**它产生出来的。这样的规则的严格的普遍性也根本不是经验规则的性质，因为经验规则通过归纳只能获得[A92]比较的普遍性，即铺展开来的可用性。现在，如果人们只是将纯粹知性概念看成经验的产品，那么它们的使用便发生了根本性的转变。

第14节[①] 向范畴的先验演绎之过渡

只可能存在着两种这样的情形，在其中诸综合的表象[②]及其对象一起发生了，彼此必然地关联在一起，并且好像彼此碰面了，即：或者只有对象使得表象成为可能的，或者只有表象使得

---

① A版和B版原版均无此节数，但第三版以后补加上了此节数。

② “诸综合的表象”（synthetische Vorstellungen）原为单数“综合的表象”（synthetische Vorstellung）。据Erdmann的建议修改。另，Vaihinger认为“综合的”（synthetische）当删除。

对［B125］象成为可能的。如果第一种情形发生了，那么这种关联就仅仅是经验性的，而表象则决不是先天可能的。诸显象的情形便是这样的——联系着它们之中属于感觉的东西来说。但是，如果第二种情形发生了，那么，因为表象就其本身来说并没有**从存在上说**产生其对象（因为在此讨论的并不是表象经由意志而来的因致性），所以联系着对象来说表象这时仍然是先天地规定性的——如果只有经由表象**将**某种东西**认识成一个对象**这样的事情才是可能的。不过，存在着两种这样的条件，只有在其下关于一个对象的知识才是可能的：其一是**直观**——经由直观该对象被给出了，不过只是作为显象而如此地被给出的；其二为**概念**——经由概念一个相应于该直观的对［A93］象被思维了。不过，前文清楚地表明，第一个条件——即这样的条件，只有在其下对象才能被直观到——事实上在心灵中从形式上看先天地构成了诸对象的基础。因此，所有显象均必然地与感性的这个形式条件符合一致，因为它们只有通过这个条件才能显现出来，即才能被经验地直观到并且被给出来。现在，问题是这样的：先天的概念是否也作为这样的条件走在前面，只有在其下某种东西才被思维成泛而言之的对象（尽管不是被直观到了）。因为，在这种情况下关于对象的所有经［B126］验知识均必然是符合这样一些概念的，而这点则又是因为，如果不预设它们，那么没有任何东西——作为**经验的对象**——是可能的。但是，现在一切经验除了包含着感觉能力的直观以外（经由这样的直观，某种东西被给出了），还包含着一个关于这样一个对象的**概念**，它是在直观中被给出的，或者它显现出来了。据此，关于泛而言之的对象的诸概念，作为先天的条件，处于一切经验知识的基础的地位。因此，作为先天概念的诸范畴的客观有效性是建立在如下事实基础之上的：只有经由它们经验（从思维的形式上说）才是可能的。因为，在这样的情况下它们必然地并且先天地关联到经验对象之上，而这点则又是因为，毕竟只有经由它们某个经验对象才能被思维。

[A94] 因此，所有先天概念的先验演绎均拥有一条原理，整个探究都必须指向它。该原理是这样的：这些先天概念必须被认作经验的可能性的先天的条件（或者是出现在经验中的直观的可能性的条件，或者是思维的可能性的条件）。那些提供了经验的可能性的客观根据的概念恰因如此就是必然的。但是，对这样的经验的展开——我们在其中遇到了这些概念——并不是这些概念的演绎（而是其说明），因为在这里它们毕竟仅仅是偶然的。如果没有这种与可能的经验（所有认识对象均出现在其中）的本源性的关[B127]联，那么它们与任何一个对象的关联便根本就是不可能得到理解的。

著名的洛克因为缺乏这种考察，而且因为他在经验中遇到了纯粹的知性概念，所以他还从经验中推导出它们。但是，他的做法如此地**前后不一致**，以至于他敢于尝试借助于这些概念获得远远超越所有经验界限的知识。休谟认识到，为了能够做到后面这点，下面这样的事情就是必然的：这些概念必须拥有其先天的来源。但是，由于他根本无法解释下面这样的事情是如何可能的，即知性必须将这样一些概念——就其本身来说它们并没有在知性中联结在一起——思考成必然地在对象中联结在一起了，而且他没有想到，知性或许通过这些概念本身就能够成为这样的经验的肇始者，其对象就是在该经验之中被遇到的，因此，他迫不得已从经验中推导出它们（也即，从这样一种主观的必然性即**习惯**中推导出它们，这种主观的必然性是经由经验中常常出现的联想而产生的，但是最后却被错误地当成了客观的必然性）。但是，此后他的做法却是很一贯的，因为他宣布，下面这样的事情是不可能的：借助于这些概念以及由它们所诱发的诸原则超越经验界限。不过，两人想到的这种**经验的**推导［B128］与我们所拥有的先天的科学知识即**纯粹数学**和**普遍的自然科学**的现实性无法一致起来，因此它被事实驳倒了。

这两位著名人士中的前者向各种形式的**狂热**打开了大门，因为一旦理性拥有了这样的权限，它就不再会让自己受到人们要求它保持节制的不甚确定的规劝的限制了；而其中的后者则完全委身于**怀疑论**，因为他一度相信自己发现了关于我们的认识能力的一种普遍的幻觉，而这种幻觉却被人们当成了理性。现在，我们就试图看一下，我们是否能够让人类理性幸运地从这两块礁石之间穿过去，为其指出确定的界限，并且，尽管如此，还能够让其合目的的活动的整个领域为其保持开启状态。

在此我还想事先再谈论一下**范畴的解释**问题。范畴是关于一个泛而言之的对象的这样一些概念，正是经由它们，对象的直观被看成这样的：联系着做出判断的**诸逻辑功能**之一**得到了规定**。因此，比如"所有物体都是可划分的"这样的**定言**判断的功能就是主词与谓词的关系的功能。只不过，联系着知性的单纯的逻辑使用，下面这点还是未定的：人们想将主词的功能给予这两个概［B129］念中的哪一个，并且想将谓词的功能给予其中的哪一个。因为，人们也可以这样说：一些可划分的东西是物体。不过，经由实体范畴下面这点便被确定好了（如果我将物体概念置于实体范畴之下）：物体在经验中的经验直观总是必须仅仅被看成主词，从来不能被看成单纯的谓词。所有其他范畴的情况也是一样的。①

第二章 纯粹知性概念的先验演绎［B版］

第15节 论泛而言之的连接的可能性

诸表象的杂多可以在这样一种直观中被给出，它是单纯感性的，即只不过是感受性。而且，这种直观的形式可以先天地处于我们的表象能力之中，与此同时它不过是主体受到刺激的方式，而不是其他任何东西。不过，一种杂多的泛而言之的连接（conjunctio）从来不能通过感觉能力而进入我们之内，因此也不能同［B130］时一并包含在感性直观的纯粹形式之中了。因为，这种

① B版上面三段话取代了A版中如下一段话："不过，存在着三种这样的本源性的源泉（灵魂的才能或能力），它们包含着一切经验的可能性的条件，而且它们自身不能从任何其他的心灵能力中推导出来，这种源泉即**感觉能力**、**想象力**和**统觉**。以下三个事项分别建立在这三种心灵能力基础之上：1. 经由感觉能力而对先天杂多所做的**综览**；2. 经由想象力而对这种杂多所进行的**综合**；最后，3. 此种综合经由本源性的统觉而来的**统一性**。所有这些**能力**除了拥有经验的使用而外还拥有一种先验的使用，后一种使用仅仅涉及形式，而且是先天可能的。在第一部分［A95］我们**已经联系着感觉能力**谈论了这种使用。现在，我们力图按照其本性对另外两种能力有所洞察。"〔此段话中的"综览"原文为"Synopsis"；"综合"原文为"Synthesis"。"第一部分"指先验感性论。〕

连接是表象能力的自发性的行动，而由于我们必须将该表象能力称作知性，以便将其与感性区别开来，因此一切连接都是一种知性行动——无论我们是意识到了该连接还是没有意识到它，也无论它是直观杂多的连接还是许多概念的杂多的连接；而且，就直观来说，无论它是感性直观杂多的连接还是非感性直观杂多的连接。我们不妨用“**综合**”这个一般的名称来命名这种知性行动，以便由此让人们注意到下面这点：就任何东西来说，如果我们自己事先没有将其连接起来，那么我们便不能将其表象成在对象中是连接在一起的；而且，在所有表象之中，**连接**是唯一这样的表象，它不能经由对象而被给出，而只能经由主体自己而被建立起来，因为它是主体的自我活动性的行动。在此人们很容易觉察到这点：这种行动从本源上说就必定是统一的，并且对于一切连接来说都必定是同样有效的；而且，似乎构成了它的反面的解析（即**分析**）[①] 实际上总是预设了它，因为，在知性没有事先将任何东西连接起来的地方，在那里它也不能对任何东西进行解析，而这点则又是因为，任何东西只有**经由知性**才能作为连接起来的东西而被给予表象能力。

但是，连接这个概念除了随身携带着杂多概念以及杂多的综合概念之外，还携带着杂多的统一性概念。**连接**就是对于杂多的**综合**统一性的表象。* 因此，这种统一性表象不能出自连接，毋宁说，它通过将自己附加在杂多的表象之上的方式，首先使得连 [B131]

---

① “解析”原文为“Auflösung”，“分析”原文为“Analysis”。

* 至于诸表象本身是否是同一的，进而一个表象是否可以经由另一个表象被分析地加以思维，这点不在我们此处的考察范围之列。然而，对一个表象的**意识**总是可以区别于对另一个表象的意识（在所讨论的是杂多这样的范围内），此处重要的事情仅仅是这种（可能的）意识的综合。

接概念成为可能的了。这种统一性先天地先行于所有关于连接的概念，绝对不是那个范畴“一”（第 10 节），因为所有范畴都是建立在判断中的逻辑功能基础之上的，而连接进而诸给定概念的统一性已经在这些逻辑功能之中被思考了。因此，范畴已经预设了连接。于是，我们必须在更高的地方寻找这种统一性（作为质的统一性的统一性［第 12 节］），也即在那种本身就包含着不同的概念在判断中的统一性的根据进而包含着知性（甚至于逻辑使用中的知性）的可能性的根据的东西中寻找它。

第 16 节　论统觉的本源的、综合的统一性

我在思维必然**能够**伴随着我的所有表象，因为否则的话，某种根本不能思维的东西便在我之内被表象了，［B132］而这点恰恰就意味着：相关的表象将或者是不可能的，或者至少对于我来说什么都不是。那种在一切思维之前便能够被给出的表象叫作**直观**。因此，一切直观杂多都必然在那同一个主体之中——该杂多就是在其内被遇到的——关联到这个**我在思维**。但是，这个表象〔即**我在思维**〕是一种**自发性**的行动，也即它不能被看作属于感性的。我将它称为**纯粹统觉**，以便将其与**经验统觉**区别开来，或者也将其称为**本源性的统觉**，因为它是这样一种自我意识，没有任何其他进一步的表象能够伴随着它①。后面这点则又是因

① 此句原文为：“von keiner weiter begleitet werden kann”。Goldschmidt 认为，“begleitet”当作“abgeleitet”，这样，此句当中译为：“不能从任何其他进一步的表象将它推导出来”。

为，这种自我意识引起了**我在思维**这个必然能够伴随着所有其他表象的表象，而且在一切意识中都是同一个东西。我还将这种统觉的统一性称作自我意识的**先验的**统一性，以便标示出从它得到先天知识的可能性。因为，如果在某个直观中被给出的那些杂多的表象并非全部属于一个自我意识，那么它们就并非全部都是**我的**表象，也即，作为我的表象（即便我没有意识到它们是这样的表象）它们终究必须必然地合乎这样的条件，正是在其下它们才**能够**一起出现在一种普遍的自我意识之中，因为否则的话，它们将不会贯通地属[B133]于我。从这种本源性的连接可以推导出许多东西。

这也就是说，一种在直观中给出的杂多的统觉的这种贯通的同一性[①]包含着诸表象的一种综合，而且只有通过对这种综合的意识才是可能的。因为，伴随着各种各样的表象的经验的意识就其自身来说是分散的，并没有关联到主体的同一性。因此，这种关联经由如下方式还是没有发生：我用意识伴随着每个表象；相反，它是经由这样的方式发生的，即我将一个表象**附加**在另一个表象之上，并且意识到这些表象的综合。因此，只有经由这样的途径，即我能够**在一个意识中**将诸给定的表象的杂多连接起来，下面这点才是可能的：我给我自己表象出**这些表象中的意识的同一性**本身。也即：统觉的**分析的**统一性只有在某种**综合的**统一性的预设之下才是可

① “一种在直观中给出的杂多的统觉的这种贯通的同一性”（diese durchgängige Identität der Apperzeption eines in der Anschauung gegebenen Mannigfaltigen）即下一段话中提到的“自我意识的那种贯通的同一性”（jene durchgängige Identität des Selbstbewußtseins）。

能的。*[B134]据此，这个思想，即这些在直观中给出的表象全部属于**我**，恰恰就意味着这点：我在一个自我意识中将它们联合在一起，或者我至少能够在其中将它们联合在一起。并且，尽管该思想本身还不就是对于诸表象的**综合**的意识，它的确预设了该综合的可能性。这也就是说，只是经由这样的事实，即我能够将诸表象的杂多包含在一个意识之中，我才将诸表象全部叫作**我的**表象。而这点则又是因为，否则的话，我就会拥有这样一个自我，他就像我所意识到的我的诸表象那般驳杂而多样。因此，诸直观的杂多的综合的统

---

* 意识的分析的统一性附着在所有作为共同概念的共同概念之上。比如，如果我思考泛而言之的**红色**，那么我由此而设想了这样一种特性，它（作为特征）能够在某个地方被遇到，或者能够被与其他的表象连接在一起。因此，只是因为一种预先想到的可能的综合的统一性我才能设想分析的统一性。这样一个表象——它应该被思考成构成了**若干**表象的共同之处——被看[B134]作是属于这样一些表象的，它们在该表象之外还拥有某种**不同的**东西，因此，在我能够在该表象之上思考意识的分析的统一性之前（正是这样的统一性使得该表象成为 conceptus communis[共同概念]），它必须在与其他表象（尽管仅仅是可能的表象）的综合统一性中被事先加以思考。于是，统觉的综合统一性构成了这样的最高点，人们必须将一切知性使用甚至于整个逻辑并且接着将先验哲学附着于其上。甚而，这种〔提供统觉的综合统一性的〕能力就是知性本身。〔“意识的分析的统一性”（die analytische Einheit des Bewußtseins）即“统觉的分析的统一性”（die analytische Einheit der Apperzeption）。按照此注的解释，所谓统觉的（或意识的）分析的统一性就是使得一个表象成为一个共同概念的统一性。在正文中，统觉的（或意识的）分析的统一性又被等同于“这些〔给定的相关的〕表象中的意识的同一性”（die Identität des Bewußtseins in diesen Vorstellungen），进而被等同于联系着这些表象而言的自我或主体的同一性（die Identität des Subjekts）、统觉的同一性（die Identität der Apperzeption）。因此，统觉的（意识的）分析的统一性是所谓“数的同一性”（die numerische Identität）之一种情形。所谓统觉的综合的统一性（die synthetische Einheit der Apperzeption）或意识的综合的统一性是指那种在一个意识中将诸给定的相关的表象的杂多连接起来的统一性。康德认为，统觉的分析的统一性（进而统觉的同一性或主体的同一性）预设了统觉的综合的统一性。〕

一性——作为先天地给出的[1]统一性——构成了统觉的同一性本身的根据，而统觉则是先天地先行于**我的**一切确定的思维的。但是，连接并非出现于诸对象之中，绝对不能从对象那里经由知觉而得来并且由此而才被收入知性之中；相反，它只是〔B135〕知性的一种事务，而知性本身只不过是先天地做出连接并且将诸给定的表象的杂多置于统觉的统一性之下的能力——这条〔关于统觉的统一性的〕原则构成了整个人类知识中的最高的原则。

这条关于统觉的必然的统一性的原则现在尽管就其自身来看是同一命题，进而是一个分析命题，但是它毕竟把在一个直观中给定的杂多的综合宣布为必然的，而如果没有这种综合，那么自我意识的那种贯通的同一性便是不可设想的。因为，经由那个作为简单的表象的我，没有任何杂多的东西被给出；只有在与这个表象不同的直观中杂多的东西才能被给出并且只有经由一个意识中的**连接**才能被思维。这样一种知性，在其中经由自我意识一切杂多便同时被给出了，会**进行直观**；而我们的知性则只能进行思维并且它必须在感觉中寻找直观。因此，联系着在一个直观中给予我的诸表象的杂多，我意识到了那个同一的自我，因为我将它们全都叫作**我的**表象——它们构成了**一个**表象。但是，这点就等于说：我先天地意识到了这些表象的一种必然的综合，此种综合叫作统觉的本源的、综合的统一性。给予我的所有表象都隶属于这种统一性；〔B136〕不过，它们也必须经由一种综合而被置于其下。

① Vaihinger 认为“给出的”（gegeben）当作“生产出来的”（hervorgebracht）。

第 17 节 统觉的综合统一性原则是一切知性使用的至上原理

按照先验感性论，联系着感性来说，一切直观的可能性的至上原则是这样的：一切直观杂多均隶属于空间和时间的形式条件。联系着知性来说，一切直观的可能性的至上原则是如下原则：一切直观杂多均隶属于统觉的本源的、综合的统一性的诸条件。* 就直观的所有杂多的表象来说，在它们是被**给予**我们的这样的范围内，它们均隶属于第一条原则。在它们必定能够在一个意识中被**连接**〔B137〕**起来**这样的范围内，它们均隶属于第二条原则。它们之所以必定能够在一个意识中被连接起来，是因为，如果没有做出这样的连接，那么没有任何东西能够经由这些表象而被思维或认识，而这点则又是因为，这些给定的表象在没有这样的连接的情况下就并非共同拥有我在思维这个统觉行动了，而且正因如此，它们就没有被总括进一个自我意识之中。

一般说来，**知性**是**认识**能力。认识在于诸给定的表象与一个对象的确定的关联。而**对象**就是这样的东西，在其概念中一个给定的直观的杂多被**联合在了一起**。但是，现在诸表象的一切联合均要求

---

* 空间和时间及其所有部分均是**直观**，因此均是带有它们所包含的杂多的诸多单个的表象（参见先验感性论〔1〕）。因此，它们不是这样一些单纯的概念，正是经由这些概念，恰好同一种意识被发现包含在许多表象之中了；相反，它们是包含在一个表象及其意识中的许多表象，进而是复合在一起的许多表象。因此，这种意识的统一性被发现是**综合的**，不过的确是本源性的。空间和时间的这种**单个性**〔2〕在应用中是非常重要的（参见第 25 节〔3〕）。〔〔1〕参见 B39/A24-25 和 B47/A31-32。〔2〕“单个性”原文为“Einzelnheit”。“空间和时间的这种单个性”呼应本注释第一句话。〔3〕Gawronsky 认为，“第 25 节”当为“第 26（或 23）节”〕

诸表象的综合中的意识的统一性。因此，意识的统一性就是这样的东西，只有它才确立了诸表象与一个对象之间的关联进而它们的客观的有效性，因此只有它才确立了这点，即诸表象变成为知识。因此，甚至于知性的可能性都是建立在意识的统一性基础之上的。

因此，最初的纯粹的知性知识——知性的全部其他的使用均建立在这样的知识基础之上，而且这样的知识同时也完全独立于感性直观的所有条件——现在就是关于统觉的本源的、**综合的**统一性的原则。于是，外部感性直观的单纯的形式，即空间，还根本不是任何知识；空间只为一种可能的知识提供了先天直观的杂多。但是，为了认识空间中的某种东西，比如，一条直线，我必须将其**画出**，并因此[B138]综合地给出某种给定的杂多的一种确定的连接，以至于这个〔综合的〕行动的统一性同时就是（关于一条直线的概念中的）意识的统一性，并且由此一个对象（一个确定的空间）才被认识到。因此，意识的综合统一性是一切知识的一种客观条件，并非只有我自己需要这样的条件，以便认识一个对象，相反，每个直观均必须隶属于它，**以便它对于我来说变成为对象**，因为，以其他方式并且在没有这种综合的情况下，杂多将不会在一个意识中联合在一起。

后面这个命题，像上面已经说过的，本身是分析性的（尽管它让综合统一性成为了一切思维的条件），因为它只不过是说出了这点：包含在任何一个给定直观中的**我的**一切表象均必须隶属于这样的条件，只有在其下我才能将它们当作**我的**表象而归属给那个同一的自我，并因此只有在其下我才能将它们当作在一个统觉中综合地连接在一起的东西通过**我在思维**这个一般的表达式而总括在一起。

不过，这条原则可不是一条对于所有泛而言之的可能的知性的原理，而只是对于这样的知性的原理，经由它在**我存在**这个表象中的纯粹的统觉，还没有任何杂多的东西被给出来。对于这样的知性来说，经由它的自我意识直观杂多同时便被给出来了[B139]（即这样一种知性，经由其表象，该表象的对象便同时存在了），为了意识的统一性的缘故，一种对于杂多所做的独特的综合行动是不需要的；而人类的知性则需要这样的综合，因为它只是进行思维，而不进行直观。但是，对于人类的知性来说，这条原则确实不可避免地构成了第一原则，以至于对于另一种可能的知性，人类的知性无法形成哪怕是最低限度的概念——这另一种可能的知性或者是一种**自己**在进行直观的知性，或者是这样一种知性，它尽管拥有一种作为基础的感性直观，但是该感性直观是属于其他种类的，而不是那种空间和时间中的感性直观。

第 18 节　什么是自我意识的客观统一性

统觉的先验的统一性是这样一种统一性，经由它一切在一个直观中被给予的杂多都被联合进一个关于对象的概念之中。正因如此，它叫作**客观的**，必须被与意识的**主观的统一性**区别开来。意识的主观的统一性是**内感能力的**一种**规定性**，经由这种规定性那种直观杂多为了这样一种连接的缘故而被经验地给出了。至于我是否能将这种杂多**经验地**意识成同时的还是前后相继的，这点取决于实际情况或者经验的条件。因此，经由对诸表象的联想而来的意识的经验的[B140]统一性本身涉及一种显象，而且完全是偶然性的。与此相反，时间中的直观的纯粹的形式，仅仅作为包含着一种给定的杂多的泛而言之的直观，便隶属于意识的本源的统一性——仅仅由于直观杂多与**我在思维**这一个事项的必然的关联，进而仅仅由于知性的纯粹的综合（该综合先天地处于经验的综合的基础的地位），它便隶属于意识的本源的统一性。只有统觉的先验的统一性才是客观地有效的；而统觉的经验的统一性则只有主观的有效性。在此我们并没有考虑统觉的经验的统一性，而且，它只是在给定的具体条件中从统觉的先验的统一性那里推导出来的。一个人将某个语词的表象与一个物件联系起来，另一个人将其与另一个物件联系起来；而且，意识在经验性事项中的统一性联系着给定的东西来说并不是必然而普遍地有效的。

第 19 节　所有判断的逻辑形式均在于包含在其内的诸概念的统觉的客观统一性

我决不能让自己满足于逻辑学家们所给出的关于泛而言之的判断的解释：他们说，判断就是对两个概念之间关系的表象。在此我不[B141]打算与逻辑学家们就这种解释的如下缺点而与他们发生争吵（尽管由于这种过失，一些令人厌烦的后果发生在逻辑那里），即它充其量只是适合于**定言**判断，而并不适合于假言和选言判断（因为选言判断不包含诸概念之间的关系，而是本身就包含着诸判断之间的关系）。* 我仅仅指出如下事实：这种**关系**究竟在于

* 关于四种三段论的格的详尽学说只是涉及定言的理性推理。而且，尽管这种学说只不过是这样一种艺术，即通过将直接推理（consequentiae immediatiae）隐藏于一个纯粹的理性推理的前提之中的方式骗取了这样的假象，即好像存在着比包含在第一格中的推理类型更多的推理类型，但是如果它没有经由如下方式而成功地带给定言判断以无与伦比的声誉，即将它们看成这样的判断，所有其他的判断均必定可以关联到它们之上（根据第 9 节，这样的观点是错误的），那么仅仅因为这样的假象它也不会遇到什么特别的好运。

什么，这点在此并没有得到确定。

但是，如果我对一个判断中诸给定知识之间的关系做出更为精确的探究，并且将这种属于知性的关系与符合再生的想象力的法则的关系区别开来（后面这种关系仅仅具有主观的有效性），那么我便发现，一个判断不过就是那种将诸给定的知识带到统觉的客观的统一性那里的方式。判断中的关系小词“是”的目的便在于此，[B142]以便将诸给定表象的客观的统一性与其主观的统一性区别开来。因为，这个关系小词标记出了诸给定表象与本源的统觉及其**必然的统一性**之间的关联，尽管判断本身（比如“物体是有重量的”）是经验性的，进而是偶然的。不过，由此我并不是要说，这些表象在经验直观中**必然地彼此**相属；相反，我要说的是，它们**由于**诸直观的综合中的统觉的**必然的统一性**而彼此相属——也即，它们根据关于所有表象的客观的规定性的诸原理（这些原理全部都是从统觉的先验统一性原则那里推导出来的）而彼此相属（在知识可以从这些表象中产生出来范围内）。只有经由这点[①]从这样一种关系中才形成了一个**判断**，它是**客观地有效的**，而且它足够地区别于恰好同一些表象的这样的关系，在其中只包含着主观的有效性，比如合乎联想法则的关系。根据联想法则，我只能这样说：如果我提起一个物体，那么我便感受到重量的压力；但是，我**不**能这样说：它，该物体，是有重量的。后面这种说法恰恰说出了这么多东西：这两个表象在对象中——即不管相关主体的状态中的区别——连接在一起了，而不仅仅是在知觉中一起出现了（无论相关的知觉多么经常地重复出现了）。

① 即只有经由与本源的统觉及其必然的统一性的关联。

[B143] 第 20 节　所有感性直观均隶属于作为这样的条件的范畴，只有在其下诸感性直观的杂多才能汇合于一个意识之中

一个感性直观中的杂多的所予[①]必然从属于统觉的本源的、综合的统一性，因为只有经由这种统一性，直观的**统一性**才是可能的（第 17 节）。但是，知性的这样的行动，经由它，诸给定表象（它们可以是直观，也可以是概念）的杂多被置于一个泛而言之的统觉之下，是判断的逻辑功能（第 19 节）。因此，任何杂多的东西，在其在一个经验直观中被给出范围内，均联系着判断的诸逻辑功能之一而被**规定了**，即：经由这个逻辑功能，它被带到一个泛而言之的意识那里。但是，现在**诸范畴**不过就是这些判断功能——在一个给定直观的杂多联系着这些判断功能而得到了规定范围内（第 10 节[②]）。因此，一个给定的直观中的杂多也必然隶属于范畴。

[B144] 第 21 节　说明

经由知性的综合，包含在这样一种直观——我将其称作我的直观——中的杂多被表象成属于自我意识的**必然的**统一性的，而

① 此语原文为："Das mannigfaltige in einer sinnlichen Anschauung Gegebene"。

② 在 A 版和 B 版原版中作"第 13 节"，Vaihinger 认为当作"第 10 节"（科学院版采用了这个建议），Valentiner 认为当作"第 14 节"。

这样的表象是通过范畴发生的。* 因此，范畴表明：对一个直观的给定的杂多的经验意识隶属于一种纯粹的先天自我意识，正如经验直观隶属于一种同样先天地发生了的纯粹的感性直观一样。——因此，在前面那个命题[①]中，纯粹知性概念的**演绎**的开始部分已经被给出了。由于范畴**以独立于感性的方式仅仅**源自知性，因此在这种演绎中我还必须去掉杂多被给予一个经验直观的那种方式，以便仅仅关注这样的统一性，它是知性借助于范畴而补加进直观之中的。接下来（第 26 节），我将通过经验直观在感性中被给出来的方式表［B145］明，经验直观的统一性恰恰就是范畴为一个给定的泛而言之的直观的杂多所规定的那种统一性（根据前面的第 20 节）。因此，只有通过如下方式该演绎的意图才完全地达到了，即范畴联系着我们的感觉能力的所有对象的先天有效性得到了解释。

不过，在上述证明中有一点我是无论如何不能去掉的，即这点：相对于直观的杂多必须在知性的综合之前并且以独立于该综合的方式**被给出了**（不过，至于它被给出的方式，在此还是没有被确定下来）。因为，如果我想要设想这样一个知性，它自身就进行直观（好比这样一种神性的知性，它不是表象给定的对象，相反，经由其表象，对象自身便同时被给出来了，或者被产生出来了），那么联系着这样一种认识来说诸范畴便根本就没有任何意义了。它们只是对于这样一种知性的规则，其全部的能力就在于

---

* 相关的证明根据是以所表象的那种**直观的统一性**为基础的。正是经由这种直观一个对象被给出来，而这种直观的统一性则总是内在地包含了杂多的、相对于一个直观的所予的综合，并且已经包含了该所予与统觉的统一性的关联。

① 指此节第一句话。

思维，即在于这样的行动：将杂多的综合带到统觉的统一性那里（相关的杂多是从其他地方在直观中被给予它的）。因此，这样的知性就其自身来说根本不认识什么东西，相反，它只是将认识的材料，即必须经由对象而给予它的那种直观，连接在一起并给其以次序。但是，对于我们的知性的这种独特性，即它仅仅借助于范畴而且［B146］仅仅经由恰好这种类型和数目的范畴给出统觉的先天统一性，我们无法给出其进一步的根据，正如我们不能给出如下事项的进一步的根据一样：我们为何恰好拥有这些而非其他的判断功能，或者为何时间和空间是我们的可能的直观的唯一的形式。

第22节　对于诸事物的认识来说，范畴除了其在经验对象上的应用，没有任何其他使用

因此，**思维**一个对象与**认识**一个对象不是一回事儿。因为，如下两个部分均属于认识：其一为概念（范畴），经由它一个对象无论如何被思维了；其二为直观，经由它一个对象被给出来了。因为，如果根本不能为一个概念提供一个相应的直观，那么该概念尽管从形式上看是一个思想，但它是一个没有任何对象的思想，而且，经由它根本不可能得到任何关于某个事物的知识。这点是因为，就我所知，在这种情况下不会有而且也不可能有我的思想可以应用于其上的东西。现在，所有对于我们来说可能的直观都是感性的（参见感性论），因此，在我们这里，经由一个纯粹知性概念对一个泛而言之的对象所进行的思维只有在如下范围内才能变成知识，即该概念被关联到感觉能力的对象。感性［B147］直观

或者是纯粹直观（空间和时间），或者是对这样的东西的经验直观，经由感觉它在空间和时间之中被直接地表象成现实的。经由对纯粹直观的规定，（在数学中）我们可以获得关于对象的先天知识——但是，仅仅就作为显象的对象的形式来说事情才是如此。至于是否可能存在着必须按照这种形式加以直观的事物，这点在此还是没有得到确定。因此，所有数学概念就其自身来说并不是知识，除非在这样的范围内，即人们假定这点：存在着这样一些事物，它们可以仅仅按照那种纯粹的感性直观的形式而被表现给我们。但是，**空间**和**时间**中的**事物**只有在这样的范围内才被给出来了，即它们就是知觉（有感觉相伴的表象），因此它们只有经由经验表象才被给出来了。所以，即使诸纯粹知性概念被应用于诸先天直观之上了（像在数学中那样），它们也只有在这样的范围内才提供了知识，即这些先天直观进而还有借助于它们的知性概念能够被应用于经验直观之上。于是，诸范畴借助于直观[①] 也只有通过其在**经验直观**上的可能的应用才提供关于事物的知识，也即，它们只是服务于**经验的知识**的可能性的。而经验的知识就叫作**经验**。所以，对于诸事物的认识来说，只有在［B148］这些事物被当作可能经验的对象这样的范围内，诸范畴才有用处；否则，它们没有其他用处。

第 23 节

上面这个命题极其重要，因为它确定了纯粹知性概念联系着对象的使用的界限，正如先验感性论确定了我们的感性直观的纯

---

① Goldschmidt 认为“直观”当作“纯粹直观”。

粹形式的使用的界限一样。空间和时间作为关于诸对象如何能够被给予我们的可能性的条件只是适用于感觉能力的对象，进而仅仅适用于经验的对象①，而不适用于其外的东西。在这些界限之外它们根本不表象任何东西，因为它们仅仅处于感觉能力之中，在感觉能力之外它们没有任何现实性。纯粹知性概念摆脱了这种限制，并且将自己伸展到泛而言之的直观的对象之上。此种直观或者可能类似于我们的直观，或者可能并非类似于我们的直观——只要它是感性的而非理智性的。但是，将这些概念进一步扩展到**我们的**感性直观之外，这点并没有对我们提供任何帮助。因为，在这种情况下它们是一些关于这样一些对象的空洞的概念，经由这些概念我们根本不能就它们究竟是可能的还是不可能的这点做出判断。这也就是说，在这种情况下这些概念不过是没有任何客观实在性的单纯的思维形式，因为我们手边没有任何这样的直观，正是在其上那种只有这些概念才包含的统觉的综合统一性能够得到应用，并且以这样的方式这些概念能够规〔B149〕定一个对象。只有**我们的**感性的且经验的直观才能给它们设法找到意义和意指。

因此，假定某种**非感性的**直观的对象被给出了，那么人们当然可以经由已经包含在下面这个预设中的所有谓词来设想它：**属于感性直观的任何东西均不适合于它**。因此，人们可以设想：它不是广延性的，或者说不在空间之中；它的延续并不是时间；在它之中遇不到任何变化（时间中的诸规定性的接续），等等。不

① 在原版第四和五版中，“经验的对象”（[Gegenstände]der Erfahrung）作“经验”（die Erfahrung）。

过，如果我仅仅指明了该对象的直观**不是**什么样的，而不能说出在它之内究竟包含着什么东西，那么这点当然不是任何真正的知识。因为，在这种情况下我根本没有为我的纯粹的知性概念设想任何对象的可能性，而这点则又是因为我不能提供任何相应于该概念的直观，而只是能够说出这点，即我们的直观不适合于它。但是，在此最为重要的是这点：甚至于没有任何一个范畴能够被应用于某种这样的东西之上。比如，实体概念（即关于这样的东西的概念，它能够作为主词而从来不能作为单纯的谓词而存在）便不能应用其上。关于这个概念，如果经验直观没有给我提供相关的应用的情形的话，那么我根本不知道是否能够存在某种相应于这个思想规定性的事物。关于这点下文当然还会有进一步的讨论。

［B150］第 24 节　论范畴在泛而言之的感觉能力的对象之上的应用

纯粹知性概念经由单纯的知性关联到泛而言之的直观的对象——至于此直观是我们的直观还是某种其他的、但的确是感性的直观，这点在此处于未定的状态。但是，正因如此，它们是单纯的**思想形式**，经由这样的形式还没有任何确定的对象被认识到。杂多在它们之中的综合或连接仅仅关联到统觉的统一性，并且由此而成为先天知识的可能性的根据（在这样的知识建基于知性基础之上这样的范围内）。因此，这种综合和连接不仅是先验的，而且还仅仅是纯粹理智性的。不过，因为在我们之内某种感性直观形式先天地处于基础的地位，而这种形式是以表象能力（〔在此特指〕感性）的接受性为基础的，所以作为自发性的知性能够通过诸给定的表象的杂多、按照统觉的综合统一性规定内感能力，并且因此能够思维先天的**感性直观**的杂多的统觉的综合统一性。这种统觉的综合统一性构成了这样的条件，我们的（人类成员的）直观的所有对象都必须处于其下。于是，由此作为单纯思维形式的范畴便获得了客观实在性，即在这样一些对[B151]象之上的应用，它们能够在直观中被给予我们。不过，诸范畴的这种应用局限在仅仅作为显象的这些对象之上，因为只有对于显象我们才能拥有先天的直观。

感性直观的杂多的这种先天可能的且必然的**综合**可以被称为**形象的综合**（synthesis speciosa），以区别于这样的综合，它是联系着泛而言之的直观[①]的杂多在单纯的范畴中被思维的并且被称为知性的连接（synthesis intellectualis［理智的综合］）[②]。这两种综合均是**先验的**。这点不仅仅是因为它们本身就是先天地进行的，而且是因为它们为其他的先天知识的可能性提供了根据。

不过，如果形象的综合仅仅涉及统觉的本源的、综合的统一性，也即这样的先验统一性，它是在范畴中被思维的，那么，为了将其与单纯理智的连接区别开来，我们必须称其为**想象力的先验的综合**。**想象力**是这样一种能力，即便**在一个对象不在场时**它也能够在直观中对其进行表象。现在，由于我们的一切直观都是感性的，因此想象力——鉴于这样的主观条件，只有在其下想象

① “泛而言之的直观”（Anschauung überhaupt）包括感性直观（sinnliche Anschauung）和理智直观（intellektuelle Anschauung）。

② “形象的综合”和“理智的综合”德文原文分别为“figürliche Synthesis”和“intellektuelle Synthesis”。

力才能够为知性概念提供一种相应的直观——属于**感性**。但是，因为想象力的综合毕竟是这样的自发性的一种实施，它是做规定的，而不是像感觉能力那样，[B152]仅仅是可被规定的，进而它能够以合乎统觉的统一性的方式从其形式上先天地规定感觉能力，所以，想象力在这样的范围内是一种先天地规定感性的能力，而其**根据范畴**而对诸直观所做的综合必定是**想象力**的先验的综合。该综合是知性在感性上的一种作用，而且是知性在对于我们来说可能的直观的对象之上的首次应用（同时也是知性的所有其他应用的根据）。作为形象的综合，这种综合区别于仅仅经由知性进行的、完全没有想象力参与的理智的综合。现在，在想象力就是自发性这样的范围内，我有时也将其称作**生产的**想象力，并且经由下面这点将其与**再生的**想象力区别开来，即再生的想象力的综合仅仅听命于经验法则[①]，即联想法则，因此它对先天知识的可能性的解释没有做出任何贡献，而且正因如此，它不属于先验哲学，而是属于心理学。

* * *

现在我们来到了这样的地方，在此我们可以让每个人在看到上面关于内感能力的形式的阐明（第 6 节）时都会注意到的如下悖谬之处变成可以理解的：内感能力如何甚至于也只是像我们显现给我们自己那样而非像我们本身[②]所是那样将我们自己呈现给意[B153]识的，因为我们只是像我们从内部被**刺激**的那样直观我们自

---

① “生产的想象力”和“再生的想象力”原文分别为“die produktive Einbildungskraft”和“die reproduktive Einbildungskraft”。

② “我们本身”（wir an uns selbst）即作为物本身（在此即主体本身）的我们或主体。

己的，而这点看起来是矛盾的，因为在这种情况下我们必然是作为受动的东西[①]而与我们自己发生关系的。因此，在心理学系统中人们甚至于常常宁愿将**内感能力**与**统觉**能力当成一种东西（而我们则小心地将两者区别开来了）。

规定内感能力的东西是知性及其连接直观杂多的本源的能力——即将直观杂多置于一个统觉之下的能力（因为，知性的可能性本身就是建立在这种统觉基础上的）。现在，因为我们人类成员之内的知性自身并不是直观能力[②]，而且，即便直观在感性中已经被给出了，知性也肯定不可能将它接纳**进自身之内**[③]，以便好像是要连接起**它自己的**直观的杂多一样，所以，当知性仅仅从其自身来被加以考察时，知性的综合只不过是这样的行动的统一性，即便在没有感性的情况下知性也意识到它是这样一种行动，然而，经由它，知性自身能够联系着这样的杂多——从感性直观的形式来看它可以被给予知性——内在地规定感性。因此，在**想象力的先验综合**的名义之下，知性在**被动的**主体之上（知性就是该主体的**能力**）实施了这样的行动，对于它我们颇为正当地说，内感能力［B154］受到了它的刺激。统觉及其综合的统一性与内感能力完全不是一种东西，以至于作为一切连接的源泉，统觉——在范畴的

① “作为受动的东西”原文为“als leidend”。

② “直观能力”原文为“Vermögen der Anschauungen”。Görland 认为“Anschauungen”当作“Anschauung”。

③ 此句原文是这样的：“der Verstand … diese … doch nicht *in sich* aufnehmen kann”。按照 A120 的表述，那种将外感能力的表象（或者说外感能力的印象）接纳进自己的活动之中（进而将其接纳进心灵之中）的心灵能力是想象力，而不是知性。因此，此处的“不可能”是指逻辑的不可能性。

名义之下——处理**泛而言之的直观**的杂多，在一切感性直观之前处理泛而言之的对象。与此相反，内感能力虽然包含着单纯的直观**形式**，但是并没有提供直观中的杂多的连接，进而更没有包含任何**得到了规定的**直观，因为，得到了规定的直观只有通过对于杂多的这样的规定的意识才是可能的，它是经由想象力的先验的行动（经由知性对内感能力的综合的影响）做出的，我已经将这种行动称为形象的综合。

我们也总是在我们之内看到了这点①。如果我们没有在思想中**画出**一条直线，那么我们不能思维它；如果我们没有**画出**一个圆，那么我们不能思维它；如果我们没有从同一个点出发**放置**三条彼此垂直的直线，那么我们不能表象空间的三个维度；在没有做下面这样的事情的情况下，我们甚至于都不能表象时间：在画一条直线时（直线应当是时间的从外部来看的图形表象②）我们仅仅关注杂多的综合的行动——正是经由这样的行动我们前后相继地规定了内感能力——并且由此仅仅关注内感能力中的这种规定的前后相继。如果我们撇开相关空间中的杂多，而只是关注这样的行动，正是经由它我们按照其形式来规定**内感能力**，那么运动——作为主体的行动（而不是作为一个对象的规[B155]定性）*，进而作

① “这点”指对于形象的综合的需求。

② “时间的从外部来看的图形表象”原文为“die äußerlich figürliche Vorstellung der Zeit”。

* 一个**对象**在空间中的运动并不属于纯粹的科学，因此也不属于几何学。因为，某种东西是可运动的这点不能先天地而只能经由经验被认识到。但是，作为一个空间的**画出**的运动[1]是一个经由生产的想象力做出的对泛而言之的外部直观中的杂多的前后相继的综合的纯粹行动，它不仅属于几何学，而且甚至于属于先验哲学。〔[1]“作为一个空间的画出的运动”原文为“Bewegung, als *Beschreibung* eines Raumes”。〕

为空间中的杂多的综合——甚至于首先引起了前后相继概念。因此，知性肯定并非已经在内感能力中发现了杂多的诸如此类的连接，相反，它通过**刺激**内感能力的方式而**引起了这种连接**。[①] 但是，那个思维着的我[②]如何与那个直观着其自身的我一方面是有区别的（由于我至少还可以将其他的直观方式设想为可能的），另一方面却与后面这个我作为同一个主体而是一个东西？因此，我如何能够这样说：**我**，作为理智物和**思维**主体，在我此外还在直观中被给予我这样的范围内，将**我**自己认识成**被思维的**对象——只不过，在此就像其他现象的情况一样，我并不是像我处在知性面前那样认识我自己的，而是像我显现给我那样认识我自己的？这样的问题所面对的困难与如下问题所面对的困难恰恰是一样的：我究竟如何能够对我自己来说构成了一个对象，而且构成了直 [B156] 观和内部知觉的一个对象？如果人们允许将空间看作外感能力的显象的一种单纯的、纯粹的形式，那么这点——事情实际上必定是上面所说的那样——可以通过如下事实得到清楚的阐明：就时间这个根本不是任何外部直观对象的事项来说，我们只能在我们所画出的一条线的图像之下将其呈现给我们自己；在没有这种表现方式的情况下，我们根本不能认识时间的维度的单一性。类似地，我们必须始终从外部事物所呈现给我们的变动的东西那里为所有内部知觉获取时间长度的规定性或者还有时间位置的规定性。因此，我们必须恰好像我们排序空间中的外感能力的诸规定性那样排

① Vaihinger 认为此处当另起一段。

② “那个思维着的我”原文是这样的：“das Ich, der ich denke”。Vaihinger 认为“das Ich, der ich denke”当修改为：“das Ich, das denkt”。中译文据此译出。

序内感能力的诸规定性（将其看作时间中的显象）。所以，如果我们针对空间中的外感能力的诸规定性承认下面这点，即经由它们我们只是在我们从外部受到了刺激这样的范围内认识了对象，那么针对内感能力我们也必须承认，经由它我们只是像我们从内部**被我们自己**所刺激那样直观了我们自身①。这也就是说，联系着内部直观来说，我们只是在我们自己的主体构成了显象这样的范围内认识了我们自己的主体，而并非按照它本身所是的样子认识了它。*

---

① 此句原文是这样的："daß wir dadurch uns selbst nur so anschauen, wie wir innerlich *von uns selbst* affiziert werden"。所谓"我们从内部**被我们自己**所刺激"是指我们的一种心灵能力（想象力或知性）或其运用（想象力的行动即领会或知性的行动即自我意识或统觉）刺激我们的另一种心灵能力（内感能力）。请进一步参见 B69 页之译者注。

* 我不明白人们如何会在下面这点中发现如此多的困难，即内感能力受到了我们自己的刺激〔1〕。每种**注意**行动均能够为我们提供关于这点的例[B157]子。知性在诸如此类的行动中总是按照它所思维的连接规定了内感能力，使其给出了相应于知性的综合中的杂多的内部直观〔2〕。每个人都可以在自己之内知觉到这点：心灵通常在多么大的程度上由此而受到了刺激〔1〕。〔〔1〕"内感能力受到了我们自己的刺激"意为：作为一种心灵能力的内感能力受到了我们的心灵的另一种能力（或其运用）的刺激。当我们的心灵的内感能力受到了刺激时，我们当然也可以说我们的心灵受到了（它自己的）刺激。〔2〕这句话原文为："Der Verstand bestimmt darin jederzeit den inneren Sinn der Verbindung, die er denkt, gemäß, zur inneren Anschauung, die dem Mannigfaltigen in der Synthesis des Verstandes korrespondiert"。"相应于知性的综合中的杂多的内部直观"就是 B154 页如下断言中提到的"得到了规定的直观"（bestimmte Anschauung）："与此相反，内感能力虽然包含着单纯的直观形式，但是并没有提供直观中的杂多的连接，进而更没有包含任何**得到了规定的**直观，因为，得到了规定的直观只有通过对于杂多的这样的规定的意识才是可能的，它是经由想象力的先验的行动（经由知性对内感能力的综合的影响）做出的，我已经将这种行动称为形象的综合（dagegen der innere Sinn die bloße Form der Anschauung, aber ohne Verbindung des Mannigfaltigen in derselben, mithin noch gar keine *bestimmte Anschauung* enthält, welche nur durch das Bewußtsein der Bestimmung desselben durch die transzendentale Handlung der Einbildungskraft［synthetischer Einfluß des Verstandes auf den inneren Sinn］, welche ich die figürliche Synthesis genannt habe, möglich ist）。"］

[B157] 第 25 节

与此形成对照的是，在泛而言之的表象的杂多的先验综合中进而在统觉的综合的、本源的统一性中，我并不是像我显现给我自己的那样意识到我自己的，也不是像我本身所是的那样意识到我自己的；相反，我只是意识到这点，即我存在。这个**表象**是一种**思维**，而不是一种**直观**。因为，对于对我们自身的**认识**这样的事情来说，除了需要这样一种思维行动以外，它将每种可能的直观的杂多带到统觉的统一性那里，我们还需要一种确定的直观方式，正是经由它该杂多被给出来了，所以，尽管我自己的存在并不是显象（更不是单纯的假象），但是对我的存在的规定*[B158]则只能

* 我在思维这点表达了那个规定我的存在的行动。因此，这种存在经由这点已经被给出来了；但是，我应该规定该存在的那种方式，也即我应该在我之内设置那种杂多的、属于该存在的事项的方式，由此还没有被给出。为了给出那种方式，我们还需要这样一种自我直观，它以一种先天地给定的形式即时间作为其基础。这种形式是感性的并且属于对可被规定者的接受性。现在，如果我并非此外还[B158]拥有这样一种不同的自我直观，它在**规定**行动之前便提供了我之内的**规定者**（而我则仅仅意识到了该规定者的自发性），正如**时间**如此地提供了可被规定者一样，那么我便不能规定作为一个自我活动的存在物的我的存在，相反，我只是给我自己表象了我的思维即规定行为的自发性，而我的存在则仍然始终仅仅是感性上可以得到规定的，即仅仅作为一种显象的存在是可以得到规定的。不过，这种自发性的确导致了这样的事情：我将我自己称作**理智物**。〔此段话中出现的“规定”、“可被规定者”、“规定者”原文分别为“bestimmen”、“das Bestimmbare”、“das Bestimmende”。所谓“规定”一般说来就是指将一个性质归属给一个事物的活动。这样的规定活动的结果是让相关的事物具有了规定性（Bestimmung）。康德是这样一般性地界定规定的：“规定意味着设定两个对立的谓词中的一个，而排除另一个。联系着一个谓词规定一个主词的东西叫作根据（Bestimmen ist das Setzen eines Prädikats mit dem Ausschluss des Gegenteils. Was ein Subjekt in Beziehung auf ein Prädikat bestimmt, wird Grund genannt.）”（Ak 1: 391）。在本书中的许多地方（进而在康德的其他著作中），“bestimmen”还有“决定”的意思。

以合乎内感能力的形式的方式并且按照我所连接的杂多在内部直观中被给出来的那种独特的方式进行。因此，根据这点，我并非拥有关于像**我本来所是**的那样的我的**知识**，而仅仅拥有关于像我所显现给我自己的那样的我的知识。于是，一个人对他自己的意识还远远不是关于他自己的知识，尽管在做出这样的意识时我们已经拥有了所有范畴，正是这些范畴经由对一个统觉中的杂多的连接而构成了关于一个**泛而言之的对象**的思维。因此，正如为了认识一个与我不同的对象，除了需要（在范畴中进行的）关于一个泛而言之的对象的思维以外，我终究还需要一个我借以规定那个一般概念的直观一样，为了认识我自己，除了需要对于我自己的意识以外，或者说除了需要我在思维自己这点以外，我还需要一个对我之内的杂多的直观，经由该直观我对这个思想做出规定。而且，我是作为这样一种理智物存在着的，他仅仅意识到了他的连接能力。但是，联〔B159〕系着他应当加以连接的杂多，他听命于这样一个限制条件，他将它称作内感能力。据此他只能根据完全处于真正的知性概念之外的时间关系而让那种连接成为可以直观的[①]。因此，他只能联系着一个直观（该直观不可能是理智的，不可能经由知性自身而被给出）像他单纯地显现给他自己那样认识他自己，而不能像当他的**直观**是理智性的时候他会认识他自己那样认识他自己。

（接上页）例如，“Kausalbestimmung”意为因果决定（参见 B281/A228，B728/A700）。再如，在如下断言中：“dem Menschen ein Vermögen beiwohnt, sich, unabhängig von der Nötigung durch sinnliche Antriebe, von selbst zu bestimmen”（一种独立于来自感性动力的强迫性而自动地决定自身的能力寓于人之内）（B562/A534）。后面这个断言所讨论的“决定”也是一种因果决定。另外，在本书的一些地方“Bestimmung”还具有“使命”的意思。〕〔关于此段话讨论的内容，请进一步参见前文 B66–69。〕

① “让……成为可以直观的”原文为“anschaulich machen”。

第 26 节　纯粹知性概念的普遍可能的经验使用的先验演绎

在**形而上学演绎**中，我们通过其与思维的一般的逻辑功能的完全的汇合阐明了泛而言之的先天范畴的来源。[①]但是，在**先验演绎**中，我们则呈现了作为关于泛而言之的直观的对象的先天知识的范畴的可能性（第 20、21 节）。现在，我们应当解释下面这种事情的可能性：我们经由**范畴**先天地认识**出现在我们的感觉能力前面的**无论什么对象，而且不是按照相关对象的直观形式，而是按照它们的连接的法则进行这样的认识；因此，我们好像是在为自然颁布法则甚而使得其成为可能的。[B160]因为，如果诸范畴不具备如此的适用性，那么下面这点将无法得到澄清：出现在我们的感觉能力面前的无论什么东西如何必须隶属于这样一些法则，它们仅仅先天地源自知性。

首先，我要做出如下说明：我将**领会**[②]**的综合**理解为一个经验直观中的杂多的复合，正是经由这样的复合知觉即对于（作为显象的）直观的经验意识成为可能。

我们在空间和时间的表象中拥有外部先天感性直观以及内部先天感性直观的**形式**。而且，显象的杂多的领会的综合必须总是要合乎这些形式，因为该综合本身只有根据这样的形式才能够发生。但是，空间和时间不仅仅被先天地表象为感性直观的**形式**，

① 参见前文 B90-116/A65-83。在这些地方，康德实际上并没有使用“形而上学演绎”这个名称。

② “领会”德文为“Apprehension”。“Apprehension”的一般意义为前概念的把握（Erfassung），即直观的把握。关于康德自己对这个术语的明确规定，请参见 A120。

而且被先天地表象为（包含着一种杂多的）**直观**自身，因此它们是带着它们之内的这种杂多的**统一性**的规定性而被先天地表象的（参见先验感性论）。* 因［B161］此，甚至于我们之外或之内的杂多的**综合的统一性**进而还有这样一种**连接**——应当在空间或时间中被以得到了规定的方式加以表象的一切均必须符合它——已经作为一切**领会的综合**的条件而与这些直观一起（不是在这些直观之中）同时被先天地给出了。但是，这种综合的统一性不可能是其他的统一性，而只能是一个给定的**泛而言之的直观**的杂多在一个本源的意识之中合乎诸范畴的连接的统一性——在此此种连接仅仅被应用于我们的**感性直观**之上。因此，一切这样的综合——甚至于知觉也是通过它才是可能的——都隶属于范畴，而且，由于经验就是经由联结在一起的诸多知觉而来的知识，因此，诸范畴就是经验的可能性的条件并且因此先天地适用于所有经验对象。

* * *

［B162］因此，比如就一所房子的经验直观来说，当我通过对该经

---

* 被表象成**对象**的空间（在几何学中人们实际上需要如此表象它）包含着比单纯的直观形式更多的东西，即杂多的、按照感性的形式被给予的东西之**总括**成一个**直观**表象，以至于**直观形式**仅仅提供了杂多，而**形式直观**则提供了表象的统一性[1]。在〔先验〕感性论中我只是将这种统一性归属给感［B161］性，以便说明这点，即该统一性先行于所有概念——尽管它预设了这样一种综合，这种综合不属于感觉能力，但是经由它关于空间和时间的所有概念才首先成为可能的。因为，既然经由该统一性（鉴于知性规定了感性）空间和时间才首先作为直观而被**给出来**，这种先天直观的统一性就属于空间和时间，而并非属于知性概念（第24节）。〔[1] 请比较后文（B459/A431Anm.）中的如下断言："空间仅仅是外部直观的形式（形式直观），但并不是任何能够被外在地直观到的现实的对象"（Der Raum ist bloß die Form der äußeren Anschauung (formale Anschauung), aber kein wirklicher Gegenstand, der äußerlich angeschaut werden kann）。〕

验直观的杂多的领会[1]而使其成为知觉时，我是以空间及泛而言之的外部感性直观的**必然的统一性**为基础的。我好像是在按照空间中的杂多的这种综合统一性描画该所房子的形状。不过，如果我抽掉空间的形式，那么恰恰同一种综合统一性在知性中就拥有其位置，而且它就是关于一个泛而言之的直观中的同类的东西的综合的范畴，即**量**范畴。所以，那种领会的综合，即知觉，必须完全符合于这个范畴。*

（再比如）当我知觉到水结冰了时，我便将两种状态（液态和固态）领会成这样的状态，它们彼此处于时间关系之中。但是，在这样的时间中——我将它作为内部**直观**［B163］而置于显象的基础的地位——我必然为我自己表象杂多的综合**统一性**，而如果没有这样的统一性，那种时间关系就不可能在一个直观中**以得到了规定的方式**（联系着时间序列来看）被给出。但是，现在这种综合统一性作为这样的先天条件，即正是在其下我将一种**泛而言之的直观**的杂多连接在一起，当我抽掉**我的**内部直观的稳定的形式即时间时，就是**原因**范畴。当我将该范畴应用到我的感性之上时，正是经由它我**在泛而言之的时间中从其关系的角度规定了发生的一切事情**[2]。因此，这样一个事件中的领会进而还有该事件本身就可能的知觉来说隶属于**结果与原因之关系**概念。在其他情形中事情也是这样的。

---

① 在原版第四版中“领会”（Apprehension）作“统觉”（Apperzeption）。

* 以这样的方式我们便证明了：领会的综合——它是一种经验的综合——必须必然地符合于统觉的综合，而统觉的综合是理智性的，且完全先天地包含在范畴之中。在两种情形中将联结带入直观杂多之中的自发性是同一种自发性：在领会的综合的情况下它是以想象力的名义做到这点的，而在统觉的综合的情况下它则是以知性的名义做到这点的。

② “发生的一切事情”原文为“alles, was geschieht”。发生的事情即“事件”（Begebenheit）。参见B243/A198和B289中的相关表述。

* * *

范畴就是这样一些概念，它们为诸显象进而为作为所有显象之全体的自然（natura materialiter spectata[从质料上看的自然]）颁布先天的法则。现在，由于诸范畴并不是从自然那里推导而来的并且它们并非将自然作为它们的范型而按其行事（因为，否则的话，它们就会是单纯经验性的了），因此便出现了如下问题：我们应该如何理解这点，即自然必须按照范畴行事，也即，范畴如何能够先天地规定自然的杂多的连接，但与此同时它们本身又不是从自然中取得的？在此我们将给出解开这个谜的方法。

[B164]现在，自然中的诸显象的法则如何必须与知性及其先天的形式即与其**连接**泛而言之的杂多的能力符合一致，这点一点儿也不比下面的事实更为令人吃惊，即诸显象自身如何必须与先天的感性直观的形式符合一致。因为诸法则并非存在于诸显象之中，而只是相对于这样的主体而存在，诸显象就存在于它之中（在它拥有知性范围内），正如诸显象并非就其本身来说就是存在着的，而只是相对于同一个存在物而存在（在其拥有感觉能力范围内）。事物本身的合法则性必然地属于事物本身——即便不考虑认识着它的知性，情况也如此。不过，诸显象则仅仅是这样的事物的表象，它们从它们本身可能是的样子来看以不为人知的方式存在着。但是，作为单纯的表象，它们只隶属于那种做出联结的能力所颁布的联结法则，而根本不隶属于其他任何法则。现在，那种将感性直观的杂多联结起来的东西就是想象力。从想象力的理智的综合的统一性角度来看，想象力依赖于知性；从领会的杂多性来看，想象力依赖于感性。现在，由于一切可能的知觉均依赖于

领会的综合，而领会的综合这种经验的综合自身则又依赖于先验的综合进而依赖于范畴，因此，所有可能的知觉，进而还有所有总是能够抵达经验意识的东西，也即［B165］自然的所有显象，从其连接上说，均必定隶属于范畴。自然（仅仅被看作泛而言之的自然的自然）就依赖于这些作为自然的必然的合法则性（作为 natura formaliter spectata［从形式上看的自然］）的本源的根据的范畴。但是，即便纯粹知性能力也不足以做出这样的事情：通过单纯的范畴为诸显象颁布比作为空间和时间中的诸显象的合法则性的**泛而言之的自然**所依据的法则还要多的先天法则。由于特殊的法则涉及经验上得到了规定的显象，因此它们**不能完全**从这些先天法则中**推导出来**，尽管它们全都隶属于这些法则。为了对特殊的法则**最终**有所了解，经验必须补充进来。不过，关于泛而言之的经验以及可以被认识为那种经验的对象的东西，只有那些先天法则才提供了教导。

第 27 节　此种知性概念的演绎的结果

如果不通过范畴，我们就不能**思维**任何对象；如果不通过相应于那些概念的直观，我们就不能**认识**所思维的任何对象。现在，我们的所有直观均是感性的。在这种认识的对象被给出了范围内，这种认识是经验性的。但是，经验的认识［B166］就是经验。**因此，对于我们来说仅仅关于可能经验的对象的先天知识才是可能的。***

但是，这种仅仅局限于经验对象之上的认识并非因此就全部

* 为了不让人们对这个命题的令人担心的不利后果过于匆忙地产生反感，我在此仅仅提醒人们注意这点：范畴在**思维**中并没有经由我们的感性直观的条件受到限制，相反，

得自经验。相反，就纯粹直观以及纯粹知性概念来说，它们实际上是在我们之内被先天地遇到的知识要素。现在，仅仅存在着两条这样的道路，在其上我们能够思维经验与关于经验的对象的诸概念的一种**必然的**一致：或者经验使得这些概念成为可能的，或者这些概念使得经验成为可能的。[B167] 就范畴来说，第一条道路不成立（就纯粹感性直观来说这条道路也不成立），因为它们是先天的概念，进而独立于经验（在此关于经验来源的断言是一种generatio aequivoca［歧出的生成］）①。因此，只剩下了第二条道路（它可以说构成了纯粹理性的**渐成**系统②），即：诸范畴从知性方面包含着一切泛而言之的经验的可能性的根据。不过，至于诸范畴是如何使得经验成为可能的，以及当它们应用于显象之上时它们提供了哪些关

（接上页）它们拥有一个不受限制的领域，而只有对于我们所思维的东西的**认识**，即关于对象的规定，才需要直观。在此，如果缺少了直观，那么关于对象的思想此外还总是能够在主体的**理性的使用**之上拥有其真实的且有用的后果。不过，由于理性的这种使用并非总是指向对象的规定进而并非总是指向知识，而是也指向主体的决定及其意欲，因此在此我们还是不能对其进行阐明[1]。〔[1] 康德在此想到的是纯粹理性在道德领域中的实践的使用。请参见后文B823–847/A795–819。〕

① 在生物学领域"歧出的生成"指这样的假定的现象：一种生物从某种或某些无生命的物质中产生出来。例如，曾经有人认为苍蝇是从腐烂的肉中产生出来的。"歧出的生成"也称"自发的生成"或"自然发生"（generatio spontanea）。

② 按照康德接下来给出的解释，"纯粹理性的渐成系统"（ein System der Epigenesis der reinen Vernunft）在此应当是指关于理性特别是知性与经验之间的关系的这样的观点：经验或经验对象是通过这样的知性行动逐渐形成的，即经由纯粹知性概念或范畴来思维感性直观的对象（参见Pluhar [tr.] 1996: 202n. 328）。生物学中的渐成说认为，生物体是由孢子、种子、卵子（或精子）经过一系列复杂的发育过程（特别是细胞分裂进而器官形成过程）而逐渐形成的。显然，康德在此是在比喻的意义上使用"渐成系统"这个术语的。此语不无误导作用，因为按照字面意义，它断言的似乎是这点：纯粹理性是逐渐形成的，而并非全部是自然天成的（天赋的）——虽然在某种意义上康德坚持着这种观点，但是从前后文来看，在此他不应当是在这种意义上使用这个术语的。

于经验的可能性的原则，接下来关于判断力的先验的使用的篇章会告诉人们更多的东西。

有人或许想提议说，在前面提到的这两条仅有的可能的道路之间还有一条中间道路，即这样的道路：范畴既不是我们的认识的**自我构想出来的**先天的初始原理[①]，也不是从经验中获取而来的，而是主观的、与我们的存在一起被植入我们之内的思维禀赋（这条道路构成了纯粹理性的一种**预成系统**[②]）。这些思维禀赋是由我们的创造者如此地加以安排的，以至于它们的使用与经验所遵循的自然法则精确地符合一致。显然，对于一些人所提到的这条中间道路，人们会想到如下反对意见：在这样的假定之下，至于人们想要将关于事先被决定好了的、做出未来判断的禀赋的预设放到多么远的地方，我们看不到此事的终点。此外，下面这点将构成这条中间道路［B168］的决定性的反对意见：在这样的情况下，范畴将缺失了那种本质性地属于关于它们的概念的**必然性**。因为，比如就断言了一个后果在一个假定的条件之下的必然性的原因概念来说，如果它仅仅是以这样一种随意植入我们之

---

① “**自我构想出来的**先天的初始原理”原文为“*selbstgedachte* erste Prinzipien a priori”。“自我构想出来的”在此并非意味着我们虚构出来的，而应当只是意味着来自主体的，而非来自经验的。

② “纯粹理性的一种预成系统”（eine Art von Präformationssystem der reinen Vernunft）应当是指关于理性特别是知性与经验之间的关系的这样的观点：经验或经验对象（自然物）在知性借助于范畴而进行的思维行动之前便已经预先形成了，即经验或经验对象不需要经由范畴的构成作用就已经存在了（参见 Pluhar [tr.] 1996: 202n. 335）。生物学中的预成说认为，生物体的孢子、种子、卵子（或精子）中便已经具备了生物体的成熟的形态，只不过在此其“规模”极其微小而已。康德在此同样是在比喻的意义上使用“预成系统”这个术语的。在此此语同样具有误导作用，因为它似乎是说纯粹理性是自然天成的（天赋的）——虽然在某种意义上康德也坚持着这样的观点，但是从前后文来看，在此他不应当是在这种意义上使用这个术语的。

内的主观的必然性为基础的，即一定要将某些经验表象按照这样一条关于关系的规则连接起来，那么它将是错误的。在这样的情况下，我就不能这样说了：相关的结果与相关的原因在对象中（也即必然地）连接在一起了。相反，我只能说：我是被如此地装配起来的，以至于我只能将这个表象思维成如此地被联结了。但是，这点恰恰就是怀疑论者最希望看到的结果。因为，此时我们经由我们的判断的臆想的客观有效性而得到的所有洞见都只不过是纯粹的幻象。而且，此时我们也就不会缺少这样的人了，他们从自身来说不承认这种（必须被人们感受到的）主观的必然性。至少说来，人们不能与任何人就仅仅依赖于其主体的组织方式的事项进行争执。

此种演绎的扼要概括

该演绎将纯粹知性概念（以及随之而来的所有先天的理论知识）表现为经验的可能性的原理。不过，它将经验表现为空间和[B169]时间中的**泛而言之的**显象的**规定**。——最后，它将这种规定表现成是依据统觉的**本源的**、综合的统一性的原理而来的，而该统一性则是关联着空间和时间这些感性的本源的形式的知性的形式。

* * *

我认为，节数的划分直到这里为止才是有必要给出的，因为我们处理的一直是基本概念。从现在开始我们打算呈现基本概念的使用了。因此，我们的阐述便不需要这样的节数划分了，而可以连续地进行下去。

[A95] 第二章　论经验的可能性的先天根据［A版］

下面这点是全然矛盾而不可能的：一个概念虽然据称是被完全先天地生产出来的，但却可以关联到一个对象之上——尽管该概念自己既不属于可能经验的概念，也不是由一种可能经验的要素构成的。因为，在这种情况下它将是没有任何内容的，而这点则又是因为没有与它相应的直观——这样的泛而言之的诸直观，诸对象能够经由它们而被给予我们，构成了可能经验的领域或全部对象。一个没有关联到可能经验的先天概念将仅仅是一个概念的逻辑形式，而不是我们借以思维某种东西的那个概念本身。

因此，如果存在着纯粹的先天概念，那么，尽管它们自然不能包含有任何经验性的东西，但它们还是必定纯然构成了一种可能的经验的先天条件，因为它们的客观实在性只能是以此为基础的。

于是，如果人们想知道纯粹知性概念是如何可能的，那么他们必须研究一下，什么事项是这样一些先天条[A96]件，经验的可能性取决于它们，而且它们处于经验的基础的地位——即便人们抽掉了诸显象的一切经验性的方面。一般性地并且充分地表达了经验的这种形式的且客观的条件的概念就叫作纯粹知性概念。一旦我拥有了纯粹知性概念，那么我便也能够想出这样一些对象，它们或许是不可能的，或许尽管就其本身来说是可能的，但是却不能在任何经验中被给出——因为在那些概念的联结中某种必然属于可能经验的条件的东西可能被省略掉了（如在精神概念[①]的情况下那样），或者纯粹知性概念也许被扩展到了经验能够把握的范围之外了（正如在上帝概念情况下那样）。不过，所有先天知识的那些要素，甚至于任意而荒唐的虚构的那些要素，尽管不可能是从经验那里得来的（因为，否则的话，它们就不会是先天知识了），但它们必然总是包含着一种可能的经验及其对象的纯粹先天的条件，因为，否则的话，不仅根本没有任何东西经由它们而被思维，而且它们自身甚至于都不能在思维中产生出来——在没有相关材料的情况下。

现在，我们在范畴那里找到了这些先天地包含着每种经验中的纯粹思维的概念。[A97]如果我们能够证明，只有借助于范畴一个对象才是能够被思维的，那么这点便构成了它们的充足的演绎及其客观有效性的充足的辩护。不过，由于不止那种唯一的思维能力即知性参与到这样一种思维之中，而且知性本身作为一种应当关联到对象之上的认识能力就这种关联的可能性方面来说还需要一种阐释，因此我们必须事先斟酌一下那些构成了经验的可能性的先天基础的主观来源——不是从其经验特性方面而是从其先验特性方面对其进行斟酌。

如果每个个别的表象均全然外在于另一个表象，好像是孤立于另一个表象，并且是与其分离开的，那么就决不会有诸如知识这样的东西产生出来，因为知识就是一个由互相比较了的且联结在一起的表象构成的整体。所以，如果由于感觉能力在其直观中包含着杂多，因此我给它附加上了一种综览，那么便总是有一种综合相应于

---

① “精神概念”原文为“Begriff eines Geistes”。此“精神”指精神论（Spiritualismus）所理解的精神，参见 A379 页中的译者注。

该综览。**接受性**只有在与**自发性**连接在一起时才能让知识成为可能。现在，自发性构成了某种形式的三重综合的根据（此种综合必然地出现在一切知识之中），这三重综合是：作为心灵在直观中的变状的诸表象的**领会的综合**；这样的表象在想象中的**再生**的综合；以及它们在概念中的**认定**的综合。现在，这三种综合把我们引向了三种主观的知识来源，而这些知识来源本身使得知性成为可能，并且经由知性而使得一切经[A98]验（作为知性的一种经验产品）成为可能。

预备性的提醒

范畴的演绎与如此众多的困难连接在一起，而且它迫使我们要如此深入地钻研一下我们的泛而言之的知识的可能性的初始的根据，以至于我发现如下做法是比较适当的：为了避免一开始就对一个完整的理论做出冗长的讨论，同时又在一种如此必要的研究中不错失任何东西，首先通过接下来的四小节与其说教导读者什么，不如说帮助读者做好准备；在紧接着的第三章才开始系统地呈现知性的这些要素的阐释。正因如此，请读者在此之前不要让这样的晦暗给吓住，在一条还没有人走过的路上它最初是不可避免的，但是我希望，在第三章中它会得到澄清，直至变成完全的洞见。

一、论直观中领会的综合

无论我们的表象源自什么地方——不管它们是通过外部事物的影响而被引起的，还是通过内部原因而被引起的，也不管它们是先天地产生的，还是经验地作为显象而产生的——它们作为心灵的变状均属[A99]于内感能力，而且，作为这样的变状，我们的所有知识最后都听命于内感能力的形式条件，即时间，因为它们全部都必须在时间中得到排序、联结，并且被置于关系之中。这点是一个一般性的说明，在接下来的讨论中我们必须始终把它置于基础的地位。

每个直观均内在地包含着一种杂多。如果心灵没有在前后相继的印象序列中区分开时间，那么该杂多便不会被表象成这样一种杂多，因为，**作为包含在一个时刻中的东西**，每个表象都只能是绝对的一。现在，为了从这种杂多产生出直观[①]的统一性（像比如在空间的表象那里那样），首先有必要对该杂多性进行通观，然后有必要将该杂多归拢在一起。我将这样的行动称为**领会的综合**，因为它直接指向了直观，而直观尽管提供了一种杂多，但是，如果在此没有出现一种综合，那么直观决不能引起作为这样一种杂多的杂多[②]，而且是作为包含**在一个表象中**的这样的杂多。

现在，这种领会的综合必须也是先天地即联系着并非经验性的表象而得到实施的。因为，如果没有这样的综合，那么我们将既不能先天地拥有空间的表象，也不能先天地拥有时间的表象。而这点则又是因为，这些表象只能通过[A100]对这样的杂多的综合才能被创造出来，这种综合是由感性在其本源性的接受性中提供的。因此，我们拥有一种纯粹的领会的综合。

---

① Vaihinger 认为“直观”当作“内部直观”。

② “作为这样一种杂多的杂多”（dieses … als ein solches）即作为那种被通观或通览了的（durchgegangen，durchgelaufen）、被归拢在一起的（zusammengenommen）杂多的杂多。

二、论想象中再生的综合

存在着这样一条单纯经验的法则，按照它，经常接着出现的或者伴随着出现的表象彼此最终结合在一起，并且由此进入这样一种联结之中，根据它，即使相关的对象没有出场，这些表象中的一个也根据一条恒定的规则而导致心灵过渡到另一个表象。不过，这条再生法则预设了这点：诸显象自身实际上听命于这样一条规则，而且在诸显象的诸表象的杂多中这种伴随出现或者接着出现的现象按照某些规则发生了。因为，如果情况不是这样的，那么我们的经验的想象力就永远做不了符合它的能力的事情，于是，它就会像一种僵死的并且不为我们自己所知的能力那样隐藏在心灵深处。如果朱砂一会儿是红色的，一会儿又是黑色的，一会儿是轻的，一会儿又是重的（再比如：一个人一会儿变成这种动物的样子，一会儿又变成那种动物的样子，在一年中最长的一天，大地一会儿［A101］覆盖着水果，一会儿又覆盖着冰雪），那么我的经验的想象力甚至于都没有机会在面对着红色的表象时想到黑色的朱砂。或者，如果某个语词一会儿伴随着这个事物，一会儿又伴随着那个事物，或者还有这样的事情，即恰好同一个事物一会儿被这样称呼，一会儿又被那样称呼，而在此事情并没有受制于一条这样的规则，诸显象已经自动地听命于它了，那么在此便没有任何经验的再生[①]的综合能够发生。

---

① Vaihinger 认为“再生”（Reproduktion）当作“再生性”（Reproduzibilität），Erdmann 认为当作“规则性”（Regelmäßigkeit）。

因此，必定存在着某种这样的东西，它自身经由如下方式便使得诸显象的再生成为可能：它构成了诸显象的必然的综合统一性的先天的根据。如果人们回想起下面这点，那么人们便立即遇到这种东西：诸显象并不是诸物本身，而是我们的表象的单纯的游戏[①]，而诸表象最后归结为内感能力的规定性。现在，如果我们能够阐明，即使我们的最为纯粹的先天直观也提供不了任何知识，除非它们包含着杂多的这样一种连接，它使得一种贯通的再生综合成为可能，那么想象力的这种综合就也在一切经验之前便建立在先天的原理基础之上了，而且，人们必须假定想象力的这样一种纯粹的先验综合，它本身就处于一切经验的可能性的基础的地位（因为，经验的可能性必然地预设了诸显象的可再生［A102］性）。现在，下面这点是显而易见的：当我想要在思想中画出一条线时，或者当我想要思考从一个中午到另一个中午的时间时，甚或当我想要表象某个数时，我首先必须必然地在思想中在这些杂多的表象中的一个之后把握其中的另一个。但是，如果我总是在诸思想中丢失了先行的表象（这条线的前面的部分，时间的先行的部分，或者诸前后相继地被表象的单位），并且没有通过前进到接下来的表象的方式再生出它们，那么便不可能有一个完整的表象产生出来，并且不可能有前面提到的诸思想中的任何一个产生出来，甚至于不可能有关于空间和时间的最纯粹的且初始的基础表象产生出来。

因此，领会的综合不可分割地与再生的综合连接在一起。[②]而

① “我们的表象的单纯的游戏”原文为“das bloße Spiel unserer Vorstellungen”。“Spiel”在此包含有活动的意思。

② Vaihinger 认为，此句中“领会的综合”与“再生的综合”的顺序应当颠倒过来。

且，因为领会的综合构成了一切泛而言之的知识（不仅仅是经验的知识，而且纯粹先天的知识）的可能性的先验的根据，所以，想象力的再生的[1]综合属于心灵的先验的行动。而且，考虑到这样的行动，我们愿意将这种能力也称作想象力的先验的能力。

［A103］三、论概念中认定的综合

在没有意识到我们在思维的东西与前一时刻我们所思维的东西恰好是同一个东西的情况下，诸表象序列中的一切再生均将是徒劳的。因为，在没有这样的意识的情况下我们在思维的东西会是现在的状态中的一个崭新的表象，而该表象根本不属于这样的行动，它应该是由该行动逐渐地生产出来的，而且表象的杂多在这种情况下总是不会构成任何整体，因为它缺少只有意识才能为它带来的那种统一性。如果在计数时我忘记了如下这点，即现在浮现在我的感觉能力面前的诸单位是我逐渐地为彼此附加上来的，那么我将认识不了经由这样的将一个项目补加到一个项目之上的前后相继的补加活动而完成的数量的生产，进而也认识不了数，因为数这个概念仅仅在于对这种综合的统一性的意识。

“概念”[2]这个语词已经可以自动地将我们引导到这个说明之上。因为，这样一种意识恰恰就是那种将杂多的、逐渐地被直观到的并且接着又被再生出来的东西联合成一个表象的东西。这种

① Riehl 认为“再生的”（reproduktive）当作“生产的”（produktive）。

② “概念”原文为“Begriff”。“Begriff”源自“begreifen”（此词意义之一为包括或囊括）。

意识常常只能是微弱的，以至于我们只是在结果中而不是在该行动本身中（即直接地）将它与表象的产生［A104］联系在一起。但是，尽管存在着这样的区别，人们必定总会遇到这样一种意识（即便它缺少显著的清晰性）。在没有这样的意识的情况下，概念以及与概念联系在一起的关于对象的认识是完全不可能的。

在此有必要说清楚这点："表象的对象"这个表达式究竟意指的是什么。上面我们已经说过：显象自身不过是感性表象，我们一定不要将感性表象自身（作为表象）看成（处于表象能力之外的）对象。那么，当人们谈论一个相应于知识而又与知识不同的对象时，人们所意指的是什么？显而易见，这个对象必须仅仅被思考成某种泛而言之的东西 =X，因为除了我们的知识以外，我们毕竟没有任何这样的东西，我们可以将其作为相应于这种知识的东西而与这种知识对立起来。

但是，我们发现，我们关于一切知识与其对象之间的关系的思想随身带有一些必然性，因为它们的对象被看成了这样的某种东西，它抗拒如下这点：我们的知识被碰运气地或随意地决定了，而不是以某种方式先天地被决定了。因为，如果我们的知识应当关联到一个对象，那么它们从与该对象的关联的角度看就必须必然地也彼此一［A105］致，也即，它们就必须拥有这样的统一性，正是它构成了一个对象的概念。

但是，显而易见的是，既然我们只处理我们的表象的杂多，而那个 X，那个与这些表象相应的东西（对象），由于应当是某种与我们的所有表象均不同的东西，因此对于我们来说就什么也不是，那种统一性，那个对象使之成为必然的统一性，就只可能是诸表象的杂多的综合中的意识的形式的统一性。于是，我们说：当我们在直观的杂多中引起了综合的统一性时，我们便认识了该对象。但是，在如下情况下这种统一性是不可能的：这种直观不能经由这样一种综合功能按照一条规则而被引起，它使得相关杂多的再生成为先天必然的，而且使得这样的概念成为可能的，这种杂多正是在其中联合在一起的。因此，我们通过如下方式将一个三角形思维成一个对象：我们按照这样一条规则意识到了三条直线的复合，这样一种直观总是能够根据这一规则而被表现出来。这种**规则的统一性**现在决定了一切杂多，并且将其限制到这样一些条件之上，它们使得统觉的统一性成为可能的，并且这种统一性的概念就是我通过那些提到过的关于一个三角形的谓词所思维的那个对象 =X 的表象。

[A106] 一切认识均需要一个概念——不管现在这个概念是多么地不完善，或者多么地模糊。但是，相关的概念按照其形式总是某种普遍的东西，并且是充当规则的东西。因此，物体概念根据经由它被思维的那种杂多的统一性为我们关于外部显象的知识充当着规则。不过，它只有经由如下方式才能成为诸直观的规则，即它在诸给定的显象中呈现出它们的杂多的必然的再生进而在我们对于它们的意识中的综合统一性。因此，在对我们之外的某种东西的知觉中，物体概念使得广延性表象并且连同它一起还有不可入性表象、形状表象等等成为必然的。

对于任何必然性而言，总是有一种先验的条件处于其基础的地位。因此，我们的所有直观的杂多的综合中的意识的统一性的先验根据，进而还有诸泛而言之的对象的概念的先验根据，因此还有一切经验对象的先验根据，必定是被遇到了。如果没有这样的根据，那么下面这点是不可能的：为我们的直观思维某一个对象。因为，该对象不过就是这样的某种东西，其概念表达了这样一种综合的必然性。

这个本源的且先验的条件现在恰恰就是**先验统**［A107］**觉**。在内部知觉的情况下根据我们的状态的规定性对我们自身的意识是单纯经验性的，总是变动不居的，它不能提供内部显象之河中的任何固定的或者持存的自我。人们通常将这种对于我们自身的意识称为**内感能力**或者**经验统觉**[①]。那种应当**必然地**被表象成从数上说同一的东西不能经由经验材料而被思维成这样一种东西。必须存在着一种先行于一切经验并且使得经验本身成为可能的条件，它应当使得这样一种先验的预设成为有效的。

如果没有这样的意识的统一性，这种统一性先行于直观的一切材料，并且对象的一切表象只有联系着它才是可能的，那么，没有任何认识能够在我们之内发生，没有任何诸认识彼此之间的联结及其统一性能够在我们之内发生。现在，我将这种纯粹的、本源的、不变动的意识叫作**先验统觉**。如下事实已经清楚地表明了，这种统觉理应获得〔“先验统觉”〕这个名称：即便最为纯粹的客观统一性，即（空间和时间这些）先天概念的客观统一性，也只能经由这些直观[②]与该统觉的关联才是可能的。因此，这种统觉的数的统一性先天地处于一切概念的基础的地位，正如空间和时间的杂多性先天地处于感性直观的基础的地位一样。

［A108］不过，恰恰是统觉的这种先验统一性从所有可能的显象

① “先验统觉”和“经验统觉”原文分别为“die transzendentale Apperzeption”和“die empirische Apperzeption”。

② 即空间和时间。

中——这些显象总是能够在一个经验中聚集在一起——按照法则制作出了所有这些表象的一种关联。因为，如果在对杂多的认识中心灵不能意识到这样的功能的同一性，正是经由它心灵将该杂多在一个认识中综合地联结在一起，那么意识的这种统一性将是不可能的。[①] 因此，对于我们自身的同一性的本源的且必然的意识同时就是对于根据诸概念即根据这样一些规则而来的所有显象的同样必然的综合统一性的意识，它们不仅使得诸显象成为必然地可以再生性的，而且还通过这样的方式为诸显象的直观规定了一个对象，即关于这样的某种东西的概念，诸显象在其内必然地关联在一起。因为，如果心灵没有记住它的下面这种行动的同一性，那么它便绝对不能思维它自身在它的诸表象的杂多性中的同一性，而且更不能先天地思维这种同一性：这种行动让一切领会的综合（它是经验性的）听命于一种先验的统一性，而且首先使得这些表象根据先天规则的关联成为可能的。[②] 从现在开始，我们也能够更为恰当地规定我们关于泛而言之的**对象**的概念了。所有表象作为表象均有其对象，而且它们自身反过来又可以是其他表象的对象。诸显象是唯一

① 此句原文为："Denn diese Einheit des Bewußtseins wäre unmöglich, wenn nicht das Gemüt in der Erkenntnis des Mannigfaltigen sich der Identität der Funktion bewußt werden könnte, wodurch sie dasselbe synthetisch in einer Erkenntnis verbindet"。该句话最后部分中出现的"sie"（它）应当指代"diese Einheit des Bewußtseins"（意识的这种统一性）。但是，在如此理解之下，这部分的意义与上下文不一致。因此，Wille 建议将"sie"改作"es"，后者指代的是"das Gemüt"（心灵）。中译文据此译出。此外，关于"sie"还有不同的解读方式：Erdmann 认为它指代的是前文的"Einheit der Apprehension"（领会的统一性），Görland 认为它指代的是前文的"Einheit der Apperzeption"（统觉的统一性）。

② Vaihinger 认为应当在此分段。

能够直接地被给予我们的对[A109]象，而它们中直接地关联到对象的东西叫作直观。但是，现在这些显象并不是物本身，它们自身仅仅是表象，而表象再一次拥有其对象。因此，这样的对象不再能够被我们直观到了，进而可以被叫作非经验的即先验的对象=X。

关于这种先验对象的纯粹概念（该对象实际上在我们的所有知识中总是一种东西=X）就是那种能够为我们的所有泛而言之的经验概念设法谋得与一个对象的关联即客观实在性的东西[①]。现在，这个概念根本不能包含任何得到了规定的直观，因此仅仅涉及这样一种统一性，它必定会在知识的一种杂多中被遇到——在该杂多处于与一个对象的关联之中的范围内。但是，这种关联只不过就是意识的必然的统一性，进而也是该杂多的这样一种综合的必然的统一性，它是经由心灵的这样一种共同的功能——即将杂多在一个表象中联结起来——而完成的。现在，由于这种统一性必须被看成先天必然的（因为，否则的话，认识便不会有对象了），因此，这种与一个先验对象的关联，即我们的经验的知识的客观实在性，是建立在如下先[A110]验法则基础之上的：所有显象，在诸对象应当经由它们而被给予我们范围内，均必须隶属于这样一些关于其综合统一性的先天的规则，只有根据它们，诸显象在经验直观中的关系才是可能的；也即，正如在单纯的直观中诸显象必须隶属于空间和时间的形式条件一样，在经验中它们同样必须隶属于统觉的必然的统一性的条件；甚至于任何一种知识正是经由这样的必然的统一性的条件才首先成为可能的。

---

① 此句在A版原版中相关部分原文是这样的："Der reine Begriff von diesem transzendentalen Gegenstande … ist das, was in allen unseren empirischen Begriffen überhaupt Beziehung auf einen Gegenstand, d. i. objektive Realität verschaffen kann"。Erdmann认为"was in allen"中的"in"当删除。科学院版采用了这个校改意见。中译文据此译出。

四、对于作为先天知识的范畴的可能性的预备性的解释

只存在着**一种**经验，在其中所有知觉均被表象成处于贯通的且合法则的关联之中，正如仅仅存在着**一种**空间和时间一样，显象的所有形式以及存在或非存在[①]的一切关系均发生于其中。如果人们谈论不同的经验，那么它们仅仅是如此多的知觉而已——在这些知觉均属于同一种一般的经验范围内。因为，诸知觉的那种贯通的且综合的统一性恰好构成了经验的形式，而且这种统一性不过就是诸显象根据诸概念而来的那种综合统一性。

[A111] 根据经验概念而来的综合的统一性会是完全偶然性的，而且，如果这些经验概念并不是建立在统一性的某种先验的根据基础之上的，那么如下情况便是可能的：虽然一堆杂乱的显象充满了我们的灵魂，但是终究并没有任何经验能够在某个时候从其中出现了。但是，在这种情况下，知识与对象的一切关联也被取消了，因为此时知识缺少了根据普遍而必然的法则而来的联结，进而它虽然会是无思想的直观，但是决不是知识了。于是，对我们而言，它便等同于虚无了。

一种可能的泛而言之的经验的先天的条件同时就是经验的对象的可能性的条件。现在我断言：上面提到的**范畴**不过就是**通向**

① “存在或非存在”原文为“Seins oder Nichtseins”（字面意义为“是或非是”）。

一种可能的经验的思维的条件[①]，正如对于恰好同一种经验来说，**空间和时间**包含着**直观的条件**一样。因此，这些范畴也是我们用来为诸显象思维泛而言之的对象的基础概念，所以，它们拥有先天的客观有效性。而这点恰恰就是我们真正想要知道的东西。

但是，这些范畴的可能性甚至于其必然性是以全部感性还有随之而来的所有可能的显象与本源的统觉所处的那种关联为基础的。在这种统觉中，一切事项均必须必然地符合于自我意识的贯通的统一性的条件，也即［A112］均必须必然地隶属于综合的普遍功能，即隶属于根据概念而来的综合的普遍功能，因为只有在这样的综合中统觉才能先天地证明其贯通的且必然的同一性。因此，原因概念不过就是一种**根据概念**而来的综合（在时间序列中跟在后面的事项与其他显象的综合）。而且，如果没有这样的**统一性**，这种统一性拥有它的先天的规则，并且让诸显象听命于它，那么意识的贯通的且普遍的进而必然的统一性就不会在诸知觉的杂多中被遇到。但是，在这种情况下这些知觉也不会属于任何经验，因此它们也不会拥有对象，而不过就成了诸表象的一场盲目的游戏，也即，甚至于都比不上梦境。

所以，一切试图从经验中推导出纯粹的知性概念并且将一种单纯经验的来源归属给它们的努力都完全是自负而徒劳的。我不想提及关于此点的任何东西：比如，原因概念随身带有必然性的特征，而任何经验均不能提供这种必然性。经验尽管告诉我们：

---

① 在A版原版中此句原文是这样的："die eben angeführten Kategorien sind nichts anderes, als die Bedingungen des Denkens in einer möglichen Erfahrung"。Erdmann认为"eben"（恰恰）当作"oben"，科学院版采用了此意见。Kehrbach认为"in"当作"zu"。中译文系根据这两个校改意见译出。

在一个显象后面通常跟着出现某种不同的东西，但是，它并没有告诉我们：这种东西必定跟着该显象出现，也没有告诉我们：我们可以先天地且完全普遍地从作为一个条件的该显象推断出该后果。如果人们说，处于诸事件的序列的一切事项[A113]都如此地隶属于规则，以至于从来没有如下这样的情况出现，某事虽然发生了，但是在其前面并没有先行发生它总是跟着其发生的事项，那么人们必然无例外地假定了一条关于**联想**的经验规则。我要问：这条规则，作为一条自然法则，是建立在什么东西基础之上的？甚至于这种联想是如何可能的？杂多的联想的可能性的根据叫作杂多的**亲和性**——在该根据处于对象之内这样的范围内①。因此，我要问：你们如何让你们自己理解诸显象的这种贯通的亲和性（正是由于这种亲和性，它们隶属于恒常的法则，并且**必定**属于其下）？

按照我的原则，诸显象的这种贯通的亲和性是很好理解的。所有可能的显象作为表象均属于整全的、可能的自我意识。但是，数的同一性与作为这种先验表象的自我意识是不可分离的②，而且是先天确实的，因为没有任何东西能够不借助于这种本源的统觉而进入知识之中。现在，由于这种同一性必定进入诸显象的一切杂多的综合之内（在该综合应当成为经验的知识范围内），因此，

① 这句话在A版原版中原文是这样的："Der Grund der Möglichkeit der Assoziation des Mannigfaltigen, sofern es im Objekte liegt, heißt die *Affinität* des Mannigfaltigen"。Erdmann认为"es"（指代"Mannigfaltigen"）当作"er"（指代"Grund"）。科学院版据此修改。中译文据此译出。

② 此处讨论的"数的同一性"（die numerische Identität）应当就是B133-134（包括B133Anm.）所谓"统觉（或［自我］意识）的分析的统一性"。按照B133-134中的讨论，这种同一性或统一性预设了"统觉（或［自我］意识）的综合的统一性"。

诸显象便听命于它们的（领会的）综合必须贯通地与之符合的诸先天的条件。但是，现在关于这样一种一般条件的表象叫作**规则**，某个杂多**可以**按照它而被设定（因此可以按照同一种方式被设定）；而且，如果该杂多**必须**被如此地设定，那么关于这种一般条件的表象便叫作**法则**。所以，所有显象均处于一种根据必［A114］然的法则而来的贯通的联结之中，进而均处于一种**先验的亲和性**之中，而**经验的亲和性**则是从之而引出的单纯的后果。

下面的说法听起来很是违反常理并且让人吃惊：自然应当按照我们的统觉的主观的根据而行事，联系着其合法则性来看自然甚至于应当依赖于这种根据。不过，如果人们考虑到了这点，即这个自然就其本身来说不过就是诸显象之全体，进而决不是物本身，相反，它仅仅是大量心灵的表象，那么人们就不会惊诧于如下事实了：我们只是在我们的所有认识的根本能力即先验统觉之中看到处于这样一种统一性中的自然的，仅仅因为它，自然才能被叫作一切可能经验的对象（即自然）；而且，也正因如此，我们能够先天地认识这种统一性，进而能够将其认作必然的。如果该统一性是以独立于我们的思维的最初来源的方式**就其本身**而被给出的，那么我们肯定就必须放弃这样的做法了。因为，此时我便不知道我们应当去哪里获取那些关于这样一种普遍的自然统一性的综合命题了；而这点则又是因为，在这样一种情况下人们必须从自然的对象自身那里获得它们。不过，由于后面这种事情只能是经验地发生的，因此由此我们只能抽引出单纯偶然的统一性。但是，这样的偶然的统一性远远没有达到必然的关联，而当人们说到自然时，人们所想到的恰恰是这种必然的关联。

[A115] 第三章 论知性与泛而言之的对象的关系以及先天地认识这些对象的可能性［A版］

现在，我们要以统一的方式且在关联中呈现我们在前一章中以分离的且孤立的方式阐述的东西。存在着三种主观的认识来源，泛而言之的经验的可能性以及经验对象的认识的可能性均是以它们为基础的，它们是：**感觉能力、想象力和统觉**。它们中的每一种都可以被看成经验性的，即处于在给定的显象之上的应用之中。不过，它们又都是先天的要素或者基础，即它们甚至使得这种经验的使用成为可能。〔在这种经验的使用中，〕**感觉能力**在**知觉**中经验地表象诸显象，**想象力**在**联想**（和再生）中经验地表象诸显象，而**统觉**则在对相关的再生的表象与借以给出它们的那些显象的同一性的**经验意识**中进而在**认定**中经验地表象诸显象。

但是，纯粹直观先天地构成了全部知觉的根据（联系着作为表象的知觉来说，内部直观的形式即时间先天地构成了其根据），想象力的纯粹综合先天地构成了联想[A116]的根据，并且纯粹统觉即我们自身在所有可能的表象中的贯通的同一性则先天地构成了经验意识的根据。

现在，如果我们想要追究诸表象的这种联结的内在的根据，并且追究到这样一点，在其上诸表象必定全都汇聚在一起，以便在其上首先得到通向一种可能的经验的认识的统一性，那么，我们就必须从纯粹统觉开始。就一切直观来说，如果它们不能被接纳进意识之中（无论现在它们是直接地还是间接地流入意识之中的），那么对于我们来说它们就什么也不是，与我们没有丝毫的关系。而且，只有通过直观之被接纳进意识之中这样的方式，知识才是可能的。我们先天地意识到，我们自身联系着所有这样的表象的贯通的同一性——它们某个时候能够属于我们的知识——是所有表象的可能性的一种必然的条件（因为，这些表象在我之内毕竟只有通过如下方式才表象了某种东西，即它们与所有其他表象一起属于一个意识，进而至少必须能够在一个意识之内被联结起来）。这条原理先天地确凿无疑，可以被叫作我们的表象（进而还有直观中的表象）的一切杂多的**统一性的先验的原理**。现在，一个主体之内的杂多的统一性是综合性的，因此纯粹统觉提供了一条关于一切可能的直观中的杂多的综合统一性的原〔A117〕理。*

---

* 人们一定要关注这个极为重要的命题。所有表象都必然地关联到一种**可能的**经验意识，因为，如果它们没有这样的关联，并且如果意识到它们这点根本就是不可能的，那么这就等于说它们根本就不存在。但是，一切经验意识都必然地关联到一种先验的（先行于一切特殊的经验的）意识，即作为本源的统觉的对于我自身的意识。因此，下面这点是绝对必然的：在我的认识中，一切意识均属于一个意识（即对于我自身的意识）。现在，在此便出现了这样一种杂多的（意识的）综合的统一性，它是被先天地认识到的，并且为涉及纯粹思维的先天综合命题提供了根据，正如空间和时间为涉及单纯直观的形式的先天综合命题提供了根据一样。“一切不同的**经验意识**均必定在一个唯一的自我意识中连接在一起”——这个综合命题构成了我们的泛而言之的思维的**绝对**初始的且综合的原则。但是，我们不要忽略下面这点：**我**这个单纯的表象联系着所有其他表象来说（正是它使得这些表象的集体的统一性成为可能）就是那种先验的意识。在此，重要的事情并不是：这个表象现在可能是清晰的（经验的意识）[1]，或者也可能是模糊的，甚至于在此这个我的现实性也不太重要。相反，一切知识的逻辑形式的可能性必然地建立在与这种**作为一种能力的**统觉的关系之上。〔[1] Vorländer 认为“（经验的意识）”当删除。〕

[A118] 但是，这种综合的统一性预设了或者说包含了一种综合，并且如果该统一性应当是先天必然的，那么该综合也必定是一种先天综合。因此，统觉的先验统一性关联到想象力的纯粹的综合，而想象力的纯粹的综合是一种知识中的杂多的一切复合的可能性的一个先天的条件。但是，只有**想象力的生产的综合**才能够先天地发生，因为**想象力的再生的综合**是以经验的条件为基础的。因此，关于想象力的纯粹的（生产的）、先于统觉的综合的必然统一性的原理构成了一切知识特别是经验的可能性的根据。

如果想象力中的杂多的综合不考虑诸直观中的区别而只涉及杂多的先天的连接，那么我们将其称为先验的；而如果这种综合的统一性是联系着统觉的本源的统一性而被表象成先天必然的，那么它便叫作先验的。现在，由于统觉的本源的统一性处于所有知识的可能性的基础的地位，因此，想象力的综合的先验统一性就是所有可能的知识的纯粹的形式。所以，可能经验的一切对象都必须经由这种形式而被先天地加以表象。

[A119] **联系着想象力的综合来看的统觉的统一性就是知性**，而联系着想象力的**先验综合**来看的恰好同一种统一性就是**纯粹知性**。因此，在知性中存在着这样一些纯粹先天的知识，它们包含想象力联系着所有可能的显象进行的纯粹的综合的必然的统一性。不过，这些知识就是**范畴**，即纯粹知性概念。因此，人的经验的认识能力必然地包含着这样一种知性，它关联到所有感觉能力的对象，尽管它只是借助于直观以及经由想象力而对直观所做的综合而做出这种关联的。所以，所有显象，作为一种可能的经验的材料，均隶属于知性。现在，由于诸显象也同样必然地关联到可能

的经验（因为，在没有这种关联的情况下，我们根本不会经由诸显象获得任何知识，进而我们根本不会关心它们），因此，我们便有如下结论：纯粹知性经由范畴而成为所有经验的一种形式的且综合的原理，而且诸显象**必然地关联到知性**。

现在，我们要通过如下方式呈现知性与诸显象之间经由范畴而来的那种必然的关联：我们从最下面开始，即从经验事项开始。[A120] 给予我们的第一件东西是显象。当显象被与意识连接在一起时，它叫作知觉。（在不存在与一种至少可能的意识的关系的情况下，对于我们来说显象决不可能成为认识的对象，这样对于我们来说它什么都不是；而且，由于它就其本身来说没有任何客观实在性，而仅仅存在于认识之中，因此，在这种情况下它根本就什么都不是。）但是，因为每个显象都包含着一种杂多，进而各种各样的知觉就其本身来说在心灵中都是分散地且单独地被遇到的，所以，有必要以某种方式将它们连接起来，而在感觉能力本身中它们不可能拥有这样的连接。因此，在我们之内存在着一种对这种杂多进行综合的主动的能力①。我们将其称作想象力。我将这样的想象力直接地在知觉之上所实施的那种行动称作领会。* 因为，想象力应当将直观杂多置于一幅**图像**之中。因此，在此之前它必须将诸印象接纳进它的活动之中，即它必须先行领会它们。

---

① “主动的能力”原文为“ein tätiges Vermögen”。

* 很可能还没有任何心理学家想到这点：想象力构成了知觉本身的一种必要的成分。事情之所以如此，部分说来是因为人们只是将这种能力限制到再生之上了，部分说来是因为人们相信，感觉能力不仅为我们提供了印象，而且甚至于将它们复合在一起了，并且成功地描绘了对象的图像。但是，毫无疑问，为此除了需要对于诸印象的感受性以外，还需要某种更多的东西，即综合诸印象的功能。

[A121] 不过，显而易见的是，如果不存在下面这样一种主观的根据，那么，即便这种对杂多的领会单独来看还是不会产生任何这样的图像以及诸印象的关联：凭借这种根据，人们唤起这样一种知觉——从它那里心灵过渡到另一个知觉，进而过渡到紧跟着的诸知觉——并且表现出诸知觉的整个的序列。这种主观的根据就是想象力的一种再生能力。于是，这种能力也仅仅是经验性的。

但是，如果诸表象像它们彼此偶然相遇那样不加区别地将彼此再生出来，那么在此又一次地不会出现诸表象的确定的关联，而仅仅会出现它们的无规则的堆积，进而也就根本不会出现任何知识。正因如此，诸表象的再生必须拥有这样一条规则，按照它，一个表象在想象力中是与这个而非另一个表象连接在一起的。人们将按照规则进行的再生的这种主观的且**经验的**根据称作对诸表象的**联想**。

但是，现在如果这种联想的统一性并非此外还拥有这样一种客观的根据，它使得如下事情成为不可能的了，即诸显象是被想象力以其他的方式加以领会的，而并非是在该领会的一种可能的综合统一性的条件之下被其加以领会的①，那么下面这样的事情就变成某种完全偶然的事情了：诸显象适合于诸种人类知识的一种关联。因为，在这种情况下，尽管我们拥有将诸知觉联想在一起的能力，但是它们是否是可以被联想在一起的这点就其本身来看[A122] 终究是完全不确定的并且是偶然的。而且，在它们不能被联

① “它使得如下事情成为不可能的了……”原文是这样的：“so daß es unmöglich wäre, daß Erscheinungen von der Einbildungskraft anders apprehendiert würden, als unter der Bedingung einer möglichen synthetischen Einheit dieser Apprehension”。Vaihinger 认为“unmöglich”（不可能的）当作“möglich”（可能的）。从前后文来看，此建议不可接受。

想在一起的情况下，便可能存在着大量知觉，而且还很有可能存在着这样一种整全的感性，在其内可以遇到我的心灵中的许多经验的意识，但是它们是分立的，而且它们并非属于一个对我自身的意识。但是，所有这一切事实上均是不可能的。因为，仅仅是经由这点，即我将所有知觉都算作属于一个意识的（属于本源的统觉的），我才能在所有知觉的情况下都说出这样的话：我意识到它们。因此，必定存在着一种客观的即在想象力的所有经验的法则之前便可先天地洞察到的根据，一条关于下面这样的事情的、延伸至所有显象的法则的可能性甚至其必然性就是建立在这种根据基础之上的，即将诸显象贯通地看成感觉能力的这样一些材料，它们就其本身来看是可以被联想在一起的，并且听命于关于再生过程中的贯通的联结的普遍的规则。我把诸显象的一切联想的这种客观的根据叫作诸显象的**亲和性**。不过，我们只能在联系着应当属于我的所有知识来看的统觉的统一性的原则中而决不能在其他地方遇到这种根据。按照这条原则，所有显象都必定如此地进入心灵之中或者被领会，以至于它们与统觉的统一性协调一致。然而，如果在它们的联结之中不存在这种综合统一性，那么这样的协调一致是不可能的，因此这种统一性也是客观必然的。

［A123］因此，一切（经验）意识在一个意识中（在本源的统觉中）的客观统一性甚至于是所有可能的知觉的必然的条件，而且所有显象（无论是近处的还是远处的显象）的亲和性是想象力中的这样一种综合的一种必然的后果，它先天地建立在诸规则基础之上。

因此，想象力也是一种先天综合的能力，正因如此，我们将生产的想象力这个名称给予它，并且，在这样的范围内，即联系着显象的一切杂多而言，它的意图不过就在于显象的综合中的必然的统一性，这种综合可以被称作想象力的先验的功能。所以，下面这点尽管让人吃惊，但是，从迄今为止的讨论来看，它却是显而易见的：只有借助于想象力的这种先验的功能，甚至于诸显象的亲和性，随之还有联想，而且最后经由联想还有根据法则而来的再生，因此还有经验本身，才成为可能的。因为，如果没有这样的先验功能，那么就根本不会有这样的事情发生，即诸对象的诸概念会汇合成一种经验。

因为那个固定的且持存的**我**（纯粹统觉的**我**）构成了我们的所有表象的关联物——只要这样的事情是可能的，即我们意识到我们的表象。而且，一切意识均属于一种囊括一切的纯粹统觉，正如一切感性[A124]直观作为表象均属于一种纯粹的内部直观即时间一样。现在，这种统觉就是这样的东西，为了让纯粹的想象力的功能成为理智性的，我们就必须将其附加到纯粹的想象力之上。因为，就其本身来看，想象力的综合尽管是先天地实施的，但是它始终是感性的，因为它只是像杂多（比如一个三角形的形状）在直观中所**显现**的那样连接它的。不过，经由该杂多与统觉的统一性的关系，属于知性的诸概念就能够实现出来了[①]——但是，只有经由联系着感性直观的想象力这样的事情才是可能的。

因此，我们拥有一种纯粹的想象力，它构成了人类灵魂的一种基础能力[②]，而这种基础能力处于一切先天知识的基础的地位。借助于该想象力，我们将直观杂多与纯粹统觉的必然的统一性的

① “实现出来了”原文为“zustande kommen”（此语在此可以意译为：得到了应用）。

② “基础能力”原文为“Grundvermögen”。

条件这两个方面连接在一起。两个远端[①]即感性和知性必须借助于想象力的这种先验的功能必然地关联在一起，因为，否则的话，感性虽然会提供显象，但是却提供不了经验的认识的任何对象，进而提供不了任何经验。现实的经验是由显象的领会、显象的联想（再生）、最后还有显象的认定构成的，它在（经验的这些单纯经验性的要素中的）这个最〔A125〕后的且最高的要素[②]中包含着这样一些概念，它们使得经验的形式的统一性并且随之还有经验的知识的一切客观的有效性（真理性）成为可能。现在，杂多的认定的这些根据[③]，在它们**仅仅涉及一种泛而言之的经验的形式**的范围内，就是**那些范畴**。因此，想象力的综合中的一切形式的统一性以及经由这种综合还有想象力（在认定、再生、联想和领会中）的所有经验使用（往下一直到其在诸显象之上的使用）的一切形式的统一性，均是建立在这些范畴基础之上的。因为，诸显象只有借助于那些要素[④]才能属于知识，才能最终属于我们的意识进而属于我们自身。

因此，我们称为**自然**的诸显象中的那种秩序和合规则性是我们自己带进诸显象之中的。假如我们或者我们的心灵的本性没有本源地将其放置进诸显象之内，那么我们就不可能在其中发现它们。因为，这种自然统一性应当是诸显象的联结的一种必然的即先天确实的统一性。假定一种综合的统一性的诸主观的根据没有包含在我们的心灵的诸本源性的知识源泉之中，并且假定这些主观的条件并非

① 原文为“Beide äußerste Enden”。

② 即认定。

③ 指包含在这种认定中的诸概念。

④ “那些要素”指认定和作为范畴的概念。

同时通过如下方式而拥有客观有效性，即它们构成了我们之终究认识了经验中的一个对象这样的事情的可能性的根据，[A126]那么，我们究竟如何能够事实上先天地建立起了这样的统一性？

上面我们已经通过多种方式解释了**知性**：经由认识的自发性（与感性的接受性相对），经由思维能力，或者还经由概念能力，进而还经由判断能力。经由仔细的观察，我们会发现，这些解释结果都是一样的。现在，我们可以将知性刻画成**规则的能力**。这个标志更加富有成果，而且更接近于知性的本质。感性为我们提供（直观的）形式，而知性为我们提供规则。知性总是忙于彻查诸显象，以便在它们之中找到某条规则。如果诸规则是客观的[①]（因此必然地附着在关于对象的知识之上），那么它们叫作法则。尽管经由经验我们学到了许多法则，但是这些法则毕竟仅仅是更高法则的特殊的规定。这些更高的法则中的最高的法则（所有其他法则均隶属于它们）先天地来源于知性，而不是从经验中得来的。相反，它们必定为诸显象谋得了其合法则性，并且恰恰由此而必然使得经验成为可能的了。因此，知性并非仅仅是一种通过比较诸显象而为自己制定规则的能力，它自身就是自然的立法，也即，如果没有知性，那么也就根本不会有自然了，即诸显象的杂多根据诸规则而来的综合统一性。[A127]因为，诸显象作为显象不能发生在我们之外，而只能在我们的感性之中存在。但是，自然，作为一个经验中的认识对象，连同它所可能包含的一切东西，

① 在康德自己使用的A版样本中康德将这句话修改成如下形式："如果诸规则将存在宣布为必然的"（Regeln, sofern sie die Existenz als nothwendig erklären）（参见AK 23: 46）。

仅仅在统觉的统一性中才是可能的。不过，统觉的统一性是经验中的诸显象的必然的合法则性的先验根据。恰好这种统觉的统一性联系着诸表象的杂多来看（即根据一个唯一的表象对该杂多进行规定）就是规则，而这些规则的能力就是知性。因此，所有显象作为可能的经验均先天地处于知性之中并且从知性那里得到其形式的可能性，恰如它们作为单纯的直观而处于感性之中并且从形式上看经由感性才是可能的一样。

因此，尽管诸如“知性本身就是自然法则的源泉，进而也是自然的形式的统一性的源泉”这样的说法听起来非常夸张，非常不合情理，但是这样一种断言是非常正确的，而且完全合乎对象即合乎经验。尽管经验法则作为经验法则决不能从纯粹知性那里获得其来源，正如诸显象的无法估量的杂多性不能从感性直观的纯粹形式那里得到足够的理解一样，但是，所有经验法则都仅仅是［A128］纯粹知性法则的特殊的规定。正是在纯粹知性法则之下并且按照其规范，经验法则首先才是可能的并且诸显象拥有了一种合法则的形式，正如尽管所有显象的经验形式各种各样，但是它们却必然总是合乎感性的纯粹形式的诸条件一样。

所以，纯粹知性在诸范畴中构成了所有显象的综合统一性的法则，而且由此首先并且本源地使得经验就其形式来说成为可能的。但是，在范畴的先验演绎中我们只需完成这样的事情，而无需做出更多的工作：让知性与感性的这种关系，并且让知性经由感性而达成的与所有经验对象的关系，成为可理解的，进而让知性的纯粹的先天概念的客观有效性成为可理解的，并且由此而确定这些概念的来源和真理性。

对纯粹知性概念的此种演绎的正确性及其唯一的可能性的总结性的呈现

如果我们的认识所处理的对象是物本身，那么我们根本不会拥有关于它们的任何先天概念。因为，我们可以从哪里得到这样的先天概念？假定我们是从对象那里得到它们的（尽管在此我们甚至还没有研究一下我们如何［A129］能够直接认识这样的对象），那么我们的概念将是纯粹经验性的，而决不是先天概念。假定我们是从我们自身得到它们的，那么仅仅出现在我们之内的东西不能规定一个不同于我们的表象的对象的特性，也即不能是这样一个根据，它告诉我们为何存在这样一个事物，我们在思想中所拥有的那种东西却恰好适合于它，而不是相反，相关的表象整个都是空洞的。与此相反，如果我们所处理的终究仅仅是诸显象，那么下面这点就不仅是可能的，而且是必然的：某些先天概念先行于对诸对象的经验认识。因为，作为显象，它们构成了这样一个对象，它仅仅存在于我们之内，因为我们的感性的一种单纯的变状根本不会在我们之外被遇到。现在，甚至于这种观念——所有这些显象进而我们所能处理的所有对象全部都处在我们之内，即都是我的同一的自我的规定性——就将诸显象在同一个统觉之内的贯通的统一性表达成必然的。但是，诸对象的一切认识的形式也在于可能的意识的这种统一性（正是通过这种形式，杂多被思考成属于一个对象的）。因此，感性表象（直观）的杂多之属于一个意识的那种方式作为关于对象的认识的理智形式而先行于对象的一切认识，而且它本身就构成了所有泛而言之的对象的［A130］先天的形式认识（即范畴）——在这些对象被思维了范围内。经由纯粹想象力而进行的杂多的综合[①]，关联着本源的统觉的所有表象的统一性，先行于一切经验认识。因此，纯粹知性概念只是因为如下原因才是先天可能的，甚至于是必然的（联系着经验来看）：我们的知识只与这样的显象有关，其可能性处于我们自身之内，其（在一个对象的表象之内的）联结和统一性仅仅是在我们之内被遇到的，因此，这样的联结和统一性必定先于一切经验，甚而从形式上看必定使得经验才首先成为可能的。于是，我们的范畴演绎也是依据这个根据（在此所有根据中唯一可能的根据）而进行的。

第二卷　原则分析论

普通逻辑建立在这样一张平面图之上，它与高级认识能力的划分完全精确地重合为一。这些高级认识能力是：**知性**、**判断力**和**理性**。因此，前一种学说[②]在其分析论中恰好按照这些心灵能力的功能和次［A131］序来处理**概念**、**判断**和**推理**，而这些心灵能力均被人们包括在泛而言之的知性这个宽泛的名称之下。

---

① 此句原文为：“Die Synthesis derselben durch die reine Einbildungskraft”。Smith 认为其中的“derselben”当作“desselben”。“derselben”指代前文“das Mannigfaltige der sinnlichen Vorstellung (Anschauung)”中的“Vorstellung (Anschauung)”（表象［直观］），而“desselben”指代的则是其中的“das Mannigfaltige”（杂多）。中译文据此意见译出。

② 指普通逻辑。

[B170] 由于上面提到的单纯形式的逻辑抽掉了知识的一切内容（无论相关的知识是纯粹的还是经验性的），而只处理泛而言之的思维（推论式的认识）的形式，因此，它在它的分析论部分也可以包括理性的范则，而理性的形式拥有其这样的可靠的规章[①]，在没有将在此所使用的知识的独特本性纳入考察范围的情况下，我们可以通过仅仅将诸理性的行动分解成其要素的方式而先天地洞察到此种规章。

由于先验逻辑被限制在一种特定的内容之上，即被限制在仅仅纯粹的先天知识的内容之上，因此，它在这种划分中不能效仿普通逻辑。因为事实表明了：**理性的先验的使用**根本不是客观地有效的，因此并不属于**真理的逻辑**，即不属于分析论，相反，作为一种**假象的逻辑**，它需要在学院学科体系中拥有一个独特的部分——在先验**辩证论**之名义下。

据此，知性和判断力在先验逻辑中拥有其客观地有效的进而真的使用的范则，因此属于该逻辑的分析部分。不过，**理性**在企图就对象先天地确立某种东西并且企图将认识扩展到可能经 [B171] 验的界限之外时，[A132] 则完完全全是**辩证的**，而且其似是而非的断言完全不适合于一个范则，而分析论则应当包含着范则。

据此，**原则分析论**仅仅是**判断力**的范则。该范则教导判断力如何将包含着先天规则的条件的知性概念应用于诸显象之上。出于这个原因，我在此确定以**知性的**真正的**原则**作为主题时，使用了**判断力学说**这个名称，借此此种事务便被更为精确地标示出来了。

---

① “范则”原文为“Kanon”，“规章”原文为“Vorschrift”。关于范则的意义，请参见下文 B824-825/A796-797。“Vorschrift”也可以译为“规定”、“条例”等。

导论　论泛而言之的先验判断力

如果泛而言之的知性被释作规则的能力，那么判断力就是把某种东西**归属**于规则之下的能力，即分辨某种东西是隶属于还是并非隶属于一条给定的规则（它是否是 casus datae legis［一条给定的规则的实例］）的能力。普通逻辑根本不包含任何关于判断力的规章，而且它也不能包含这样的规章。因为，**既然它抽掉了知识的一切内容**，那么留给它的就只有这样的事务了，即分析地阐［B172］释知识在概念、判［A133］断和推理中的单纯的形式，并且由此形成关于知性的所有使用的形式规则。现在，如果普通逻辑想一般性地表明，人们如何把某种东西归属于这些规则之下，即应当分辨某种东西是隶属于其下还是并非隶属于其下，那么这样事情只能再一次地通过一条规则而发生。但是，恰恰因为后面这条规则是一条规则，所以它重新要求判断力给出指导。于是，我们发现，尽管知性可以经由规则而被教导和武装起来，但是判断力则是一种独特的才能，它根本无须被教导，而只须被训练。因此，判断力也是所谓天生的机智[①]的独特之处，任何学校均不能弥补其

① “天生的机智”原文为“Mutterwitz”。在 *Anthropologie in pragmatischer Hinsicht*（《从实用观点看的人类学》）中，康德是这样解释天生的机智的：拥有天生的机智就意味着拥有普遍的天赋的知性规则（allgemeine und angeborne Regeln des Verstandes）（参见 Ak 7: 139）。

缺失。因为，尽管学校可以为一个有局限的知性提供大量得自他人的洞见的规则并且好比说将其灌输给它，但是，正确地利用它们的能力终究必须为学徒所拥有。在他缺少这样一种自然禀赋的情况下，人们本着这样的意图想要为他颁布的任何规则均无法保证不会被他误用。* 因此，一名医生、[B173] 一位 [A134] 法官或者一名政治家尽管在其脑袋中可能拥有许多高明的病理学、法学或者政治规则的知识，以至到了这样的程度，即他们自己可以成为这方面的细致认真的教师，但是在应用这些规则时却轻易地犯错。事情之所以如此，原因或者是他们缺乏自然而然的判断力（尽管并不缺乏知性），尽管他们能够洞察到抽象的普遍事项，却不能分辨一个具体的情形是否落于其下，或者是他们没有通过例子和现实的事务而受到足够的训练，以便适当地做出这样的判断。就例子来说，它们让判断力变得敏锐起来，这就是它们唯一的重要用处。因为，相反，就知性洞见的正确性和准确性来说，诸例子毋宁说常常在一定程度上损害了两者，因为它们（作为 casus in terminis

---

* 判断力的缺乏真正说来是人们所说的愚蠢，这样一种缺陷是根本无法弥补的。一个迟钝的或者有局限的脑袋只是缺乏适当程度的知性及其独特的概念，它的确可以通过学习武装起来，甚至于达到博学的程度。但是，因为在这种情况下这样的脑袋通常还是倾向于缺乏 [B173] 那 [A134] 种能力（der secunda Petri）[1]，所以遇到这样的很有学识的人并非是不同寻常的事情：他们在使用他们的科学知识时常常暴露出了那种无法改正的缺点。〔[1]“secunda Petri” 指法国逻辑学家 Pierre de la Ramée（1515–1572）所理解的逻辑（即辩论术）的第二个部分，即处理判断（力）的部分。该拉丁语词前面的德语定冠词 der（在此为 die 的第三格形式）表明，康德在此用其意指的是 die Urteilskraft（判断力）。因为，否则的话，按照康德常常混杂使用拉丁语词和德语词的行文习惯，这个 “der” 是完全不需要加上的（secunda 在此为 secundus［第二的］的阴性单数离格形式）。Pierre de la Ramée 的拉丁化名字为 Petrus Ramus，Petri 为 Petrus 的单数属格形式。〕

[〔一条规则〕界限内的实例]）仅仅偶尔适当地满足了规则的条件。此外，它们还经常弱化了知性的这样的努力，即一般地且独立于经验的特殊的情形地、按照其充足性洞察规则。于是，它们最后使得人们习惯于像公式那样而非像原则那样[①]使用规则。因此，诸例子是判断力的[B174]学步车，对于缺乏判断力这种自然的才能的人来说，它们从来都不是可以缺失的[②]。

[A135]不过，尽管**普通逻辑**不能为判断力提供任何规章，但是**先验逻辑**的情况则是完全不同的，以至于情况看起来甚至于是这样的：先验逻辑的真正的事务就在于经由确定的规则在纯粹知性的使用的过程中校正并且保全判断力。因为，对于在纯粹先天的知识领域为知性设法带来扩展这样的事情来说，进而作为学说来看，哲学根本不是必需的，或者毋宁说，它不太适宜于此，因为从人们迄今为止所做出的所有尝试来看，他们在此方面毕竟所获甚少，甚或根本就没有任何收获。相反，哲学（带着其全部的敏锐性及其检验艺术）是被征召来充当批判的，以防止在对我们拥有的少许纯粹知性概念做出使用时出现判断力的失误（lapsus judicii）（尽管在这种情况下哲学的用处仅仅是消极的）。

但是，先验哲学拥有如下独特之处：除了能够指明在纯粹知性概念中给出的规则（或者更准确地说，除了能够指明规则的一般的条件）以外，它同时还能够先天地指明该规则应当[B175]应用

① “像公式那样而非像原则那样”原文为“mehr wie Formeln, als wie Grundsätze”。在A版和B版原版中，第二个“wie”缺失。Erdmann认为应该补加上这个词。

② 此句原文为：“So sind Beispiele der Gängelwagen der Urteilskraft, welchen derjenige, dem es am natürlichen Talent desselben mangelt, niemals entbehren kann”。Mellin认为“desselben”当作“derselben”，即指代Urteilskraft（判断力）。中译文据此译出。

于其上的情形。它之所以在这个方面拥有超过所有其他给人以教益的科学（数学除外）的长处，原因恰恰在于这点：它处理这样一些概念，它们应当先天地关联到它们的对象，因此它们的客观有效性不能被后［A136］天地阐明，因为后天的阐明完全触及不到这些概念所享有的那种尊严①；相反，它必须同时按照普遍而充分的标志阐述这样一些条件，诸对象正是在它们之下能够以与那些概念符合一致的方式被给出，否则，那些概念就将没有任何内容了，进而就将变成单纯的逻辑形式，而不是纯粹的知性概念了。

现在，**此种先验的判断力学说**包含两篇内容：**第一篇**讨论这样的感性条件，纯粹知性概念只有在其下才能得到使用，即处理纯粹知性的图式化②；而**第二篇**则讨论这样一些综合判断，它们在这些感性条件下从纯粹的知性概念先天地产生出来，并且处于所有其他先天知识的基础的地位，也即，讨论纯粹知性的原则。

---

① 此句中的“触及不到”原文为“unberührt”，Vaihinger 认为当作“unberücksichtigt”（没有考虑到）。这样，全句当中译为：“因为后天的阐明完全没有考虑到这些概念所享有的那种尊严”。

② “图式化”原文为“Schematismus”（英文为“schematism”）。按照《牛津英语词典》的解释，“schematism”来源于拉丁文“schēmatismus”，进而来自希腊语“σχηματισμός”，字面意义为“the assumption of a certain form or appearance”（采取或呈现某种形式或外观）。“Schematismus”的字根“Schema”（图式）来自希腊语词“σχῆμα”，意为形式或形状。按照这样的解释，无论是将“Schematismus”译作“图型论”、“图型说”，还是将其译作“图型法”、“图式机制”都不太准确。实际上，在下文中（B179/A140）康德自己对这个词的用法做出了明确的解释：所谓“纯粹知性的 Schematismus”或者说“纯粹知性概念的 Schematismus”就是指“知性对〔纯粹知性概念的〕这些图式的处理”（das Verfahren des Verstandes mit diesen Schematen）。

[B176/A137] 第一篇 论纯粹知性概念的图式化

每当我们把一个对象归属于一个概念之下时，该对象的表象都必须与后一个表象①是**同属一类的**，也即，该概念必须包含着在要被归属于它之下的那个对象中被表象的东西，因为如下说法恰恰就意味着这点：一个对象包含**在**一个概念**之下**了。因此，关于一个**盘子**的经验概念与关于一个**圆**的纯粹几何概念具有同类性，因为在前一个概念中被思维的圆形可以从圆中被直观到②。

但是，诸纯粹知性概念与经验直观（甚至于一般说来感性直观）相比，完全不是一类事项，而且它们决不可能在任何直观中被遇到。那么，直观如何能被**归属**于纯粹知性概念之下？进而，范畴如何能**应用**于显象之上？因为，毕竟没有人会这样说：范畴，比如因致性，也可以经由感觉能力而被直[B177]观到并且包含在[A138]显象之中了。真正说来，这个自然而然的并且巨大的问题构成了这样的原因，它使得先验的判断力学说成为必要的，以便

---

① “后一个表象”指作为一种表象的该概念。

② 此句原文为：“So hat der empirische Begriff eines *Tellers* mit dem reinen geometrischen eines *Zirkels* Gleichartigkeit, indem die Rundung, die in dem ersteren gedacht wird, sich im letzteren anschauen läßt”。Vaihinger 认为后半句语序有误，应该修改如下：“indem die Rundung, die in dem letzteren gedacht wird, sich im ersteren anschauen läßt”（因为在后一个概念中被思维的圆形可以从盘子中被直观到）；或者：“indem die Rundung, die in dem ersteren sich anschauen läßt, im letzteren gedacht wird”（因为在盘子中可以被直观到的圆形在后一个概念中被思维了）。

证明这样的可能性，即**纯粹知性概念**如何竟然能够被应用于泛而言之的显象之上。在所有其他科学中，人们借以一般性地思维一个对象的概念与人们借以具体地表象该对象（像其被给出的那样）的概念并非如此地不同且异质的。因此，在这些其他科学中，我们不必就前一种概念在后一种概念上的应用做出特别的解释。

现在下面这点变得非常清楚了，即必须存在一个第三者，它一方面必须与范畴，另一方面又必须与显象处于同类关系之中，而且它使得范畴在显象上的应用成为可能的。这个起居间调停作用的表象[①]必须是纯粹的（不包含任何经验的事项），而且一方面是**理智性的**，而另一方面却是**感性的**。这样一种表象就是**先验图式**。

知性概念包含着泛而言之的杂多的纯粹的综合统一性。时间，作为内感能力的杂多的形式条件，进而作为所有表象的联结的形式条件，包含着纯粹直观中的先天杂多。现在，一种先验的时间规定与**范畴**（构成了该时间规定的统一性的范畴）在如下范围内是同属一类的，即它是**普遍的**并且是以一条先天的规[B178]则为基础的。而另一方面，它与**显象**在这样的范围内也是[A139]同属一类的，即**时间**包含在了每种关于杂多的经验表象之中。因此，范畴借助于先验的时间规定而能够应用于诸显象之上，而先验的时间规定作为知性概念的图式居间促成了这样的事情，即诸显象之**归属**于范畴之下。

根据我们在范畴的演绎部分中所表明的事项，我们希望，没有任何人会在如何决断如下问题这件事儿上存有疑问：这些纯粹的知性概念是仅仅拥有经验的使用还是也拥有先验的使用，也即，它们是仅仅作为一种可能的经验的条件而先天地关联到诸显象，

① “这个起居间调停作用的表象”原文为“Diese vermittelnde Vorstellung”。

还是作为关于泛而言之的事物的可能性的条件而能够被延伸到对象本身之上（而并非以任何方式被限制在我们的感性之上）。因为，在那里我们看到，如果没有任何对象被给予诸概念或者至少被给予诸概念借以构成的诸要素，那么诸概念是完全不可能的[①]，也不可能具有任何意指，因此它们根本不能涉及事物本身（而不考虑诸事物是否能够被给予我们以及它们能够如何被给予我们）；而且，对象被给予我们的唯一的方式就是我们的感性的变状；最后，纯粹的先天概念除了[B179]包含着知性在范畴中的功能以外，还必须先天地包含感性[A140]（特别是内感能力）的形式条件，而这些形式条件则包含着这样的一般的条件，正是在其下范畴才能被应用于某个对象之上。我们要将这种形式的且纯粹的感性条件——在使用一个知性概念时我们要将其限制在该条件之上——称作该知性概念的**图式**，而将知性对这些图式的处理称作知性的**图式化**。

这种图式就其本身来说始终仅仅是想象力的产品。不过，由于想象力的综合的意图并不在于个别的直观，而只是在于感性的规定中的统一性，因此，我们要将图式与图像区别开来[②]。于是，如果我一个接着一个地放置五个点：·····，那么这个东西是五这个数的一幅图像。与此相反，如果我只是思考一个泛而言之的数（这个数现在可以是五，也可以是一百），那么这种思考是对如何做如下事情的方法的表象，即依照某个概念在一幅图像中表象一个数目（比如一千）；这种思考并不是这幅图像本身——在一千这个情形中我很难综览这幅图像并

---

① 在其所使用的 A 版样本中，康德将“诸概念是完全不可能的”（daß Begriffe ganz unmöglich Sind）改为“诸概念对于我们来说是没有意义的”（daß Begriffe für uns ohne Sinn Sind）（参见 Ak 23: 46）。

② “图式”和“图像”原文分别为“Schema”和“Bild”。

且很难将其与该概念加以比较。现在，我将这个关于想象力之设法为一个［B180］概念谋得一幅图像的一般程序的表象称作该概念的图式。

事实上，处于我们的纯粹的感性概念[①]之基础的地位的不是对象的图像，而是图式。［A141］根本没有任何三角形的图像任何时候会适合于泛而言之的三角形的概念。因为，这样的图像不会达到该概念所拥有的那种普遍性（而正是那种普遍性使得该概念适合于所有三角形，无论是直角三角形还是斜角三角形等等），而总是仅仅局限于这个范围的一个部分。三角形的图式不能在任何其他地方而只能在思想中存在，而且意味着一条联系着空间中的纯粹形状而言的想象力的综合的规则。一个经验对象或者其图像更没有在任何时候达到经验概念，相反，经验概念总是直接地关联到作为这样一条规则的想象力的图式，它告诉我们如何根据某个一般的概念对我们的直观做出规定。关于狗的概念意味着这样一条规则，根据它我的想象力能够一般地描画出四足动物的形状，而不必局限在经验向我提供的某个唯一的特定的形状之上，也不必局限在我可以具体地表现出来的任何一幅可能的图像之上。联系着显象及其单纯的形式来看的我们的知性的这种图式化是一门隐藏在人的灵魂深处的艺术。我们很难在某个时间从自然中猜测到其真实的［B181］操作并且将其不加遮盖地置于眼前。就此我们只能说这么多：相关的**图像**是生产的想象力的经验能力的一种产品[②]，

---

① 即数学概念。

② Vaihinger 认为“生产的”（produktiven）当作“再生的”（reproduktiven）。科学院版编者认为“生产的想象力的经验能力”（des empirischen Vermögens der produktiven Einbildungskraft）是指“处于其经验的使用中的生产的想象力”（der produktiven Einbildungskraft in ihrem empirischen Gebrauch）。

而感性概念（作为关于空间中的［A142］图形的概念）的**图式**则是纯粹的先天想象力的一种产品，好像是它所给出的一种字母组合图案一样。正是通过并且根据先天想象力的这种产品，诸图像才成为可能的。但是，诸图像必定总是只有借助于它们所标示的那个图式才与相关的概念联系在一起，而就其本身来说它们与这个概念并非完全等同。与此相反，一个纯粹知性概念的图式则是某种根本不能被带入任何图像的东西，而仅仅是这样的纯粹的综合，它是按照相关的范畴所表达的一条关于统一性的规则进行的，而该统一性又是根据诸泛而言之的概念得到的。而且，这样的图式是想象力的一种先验的产品，该产品涉及对泛而言之的内感能力所做的这样一种规定，它是按照该能力的形式条件[①]（时间）联系着所有表象而进行的——在这些表象应当根据统觉的综合统一性在一个概念中先天地关联在一起范围内。

现在，我们不想纠缠于这样的事情之上，即枯燥而无聊地分解对于泛而言之的纯粹知性概念的先验图式来说所需要的东西，而是更乐于这样做：按照诸范畴的次序并且联系着它们来呈现这些图式。

［B182］对于外感能力来说[②]，所有作为 quantorum 的量的纯粹图像是空间；泛而言之的感觉能力的所有对象的所有作为 quantorum 的量的纯粹图像是时间。但作为一个知性概念的**量**（作为 quantitatis

① “按照该能力的形式条件”原文为“nach Bedingungen seiner Form”。在 A 版和 B 版原版中“nach Bedingungen seiner Form”作“nach Bedingungen ihrer Form”。在康德自己所使用的 A 版样本中，他将“ihrer”（指代“Bestimmung”［规定］）改作“seiner”（指代“inneren Sinn”［内感能力］）（参见 Ak 23: 46）。科学院版据此修正，中译文据此译出。

② 在 A 版和 B 版原版中此语原文作“Das reine Bild aller Größen (quantorum) vor dem äußeren Sinne”。Grillo 认为“vor dem”当作“für den”。中译文据此译出。

的量）的纯粹图式则是**数**。[①] 数是这样一个表象，它将一个项目在另一个（同类的）项目上的接续的相加囊括在一起。因此，数不过就是经由如下方式得到的一个同属一类的泛而言之的直观的杂多的综合的 [A143] 统一体，即我在直观的领会中将时间本身生成出来。

纯粹知性概念中的实在就是对应于泛而言之的感觉的东西，因此也就是这样的东西，其概念本身就表明了（时间中的）一种存在；而否定则是这样的东西，其概念便表象了（时间中的）一种非存在[②]。因此，实在和否定两者的对立就发生在同一个时间的如下区分之中：它是充实的还是空空如也的。由于时间仅仅是直观的形式，进而是作为诸显象的诸对象的形式，因此，在诸显象〔进而诸对象〕中对应于感觉的东西就是作为从其自身来看的事物的所有对象的先验的质料（事物性，实在）[③]。现在，每种感觉均拥有程度或

---

① 在此康德区分开了两种量（Größe），即作为 quantorum 的量（Größen [quantorum]）和作为 quantitatis 的量（Größe [quantitatis]）。"quantorum" 是拉丁词，为 "quantus"（多少、多大）的属格复数形式；"quantitatis" 为 "quantitas" 的属格单数形式；"quanta" 为 "quantus" 的主格复数形式。因此，康德也将作为 quantorum 的量与作为 quantitatis 的量的区分表述成：作为 quanta 的量（Größen [quanta]）与作为 quantitas 的量（die Größe [quantitas]）的区分。作为 quanta（或 quantorum）的量就是后文（B202-212/A162-176）要讨论的"延展量"（die extensive Größe）（特别是空间量和时间量）；作为 quantitas（或 quantitatis）的量就是 B745/A717 所谓"单纯的量"（die bloße Größe），即数量范畴所涉及的量。

② "表明了"和"表象了"原文分别为"anzeigt"和"vorstellt"。"（时间中的）一种存在"和"（时间中的）一种非存在"原文分别为"ein Sein (in der Zeit)"和"ein Nichtsein (in der Zeit)"。按照字面意义，两个德语表达式当译作"（时间中的）一种是"和"（时间中的）一种非是"。在此，正如在本书中其他一些地方一样，"Sein"应该兼有这两种不同但密切相关的意义。

③ 这句话原文是这样的："Da die Zeit nur die Form der Anschauung, mithin der Gegenstände, als Erscheinungen, ist, so ist das, was an diesen der Empfindung entspricht, die transzendentale Materie aller Gegenstände, als Dinge an sich (die Sachheit, Realität)"。关于这句甚是令人费解的话，请参见后文中的如下断言："先验的肯定是

者量。经由这种程度或者量，联系着一个对象的同一个表象，每种感觉能够或多或少地充满于同一个时间，即内感能力〔的形式〕，直到它终止于虚无（=0=negatio［否定］）。由此便有了实在与否定的关系和关联，或者更准［B183］确地说，从实在到否定的过渡，而正是这种过渡将每种实在作为一个定量呈现出来了。而且，这样一种实在的图式——它不过就是某种充满于时间的东西的数量——恰恰就是当人们做下面这样的事情时该实在〔进而该数量〕在时间中的这

（接上页）这样的某种东西，其概念本身就已经表达了一种存在，因此它被称为实在（事物性）。因为，仅仅是经由先验的肯定，而且在其所抵达的范围内，对象才是某种东西（事物）；相反，与之对立的〔先验的〕否定则意味着一种纯粹的缺乏，在人们仅仅思考了这种否定的地方，人们也表象了一切事物的取消。”“所有关于否定的概念都是派生的，而诸实在则包含着所有事物的可能性及其贯通的规定的材料和质料（不妨这样说）或者说先验的内容”（B602/A574，B603/575）。按照这两段话的表述，所谓“先验的质料”或“先验的内容”（der transzendentale Inhalt）就是指先验的肯定（die transzendentale Bejahung）或实在（Realität），而这样的肯定或实在就是事物性（Sachheit）。在此“Realität”还保留有其拉丁字根“res”的意义。“res”意为 Ding、Sache（物，事物，某种东西）。这也就是说，“Realität”在此包含着“Sachheit”（物性，事物性）的意义。关于先验的质料，还可进一步参见 B322/A266 中“‘先验意义上的’（in transzendentalem Verstande）质料”的说法。所谓先验意义上的质料即通过抽掉相关的所给予的东西的一切区别以及它被规定的方式的途径而得到的质料。使得这句话难以理解的因素除了“先验的质料”这个术语以外，还有其中的如下说法“aller Gegenstände, als Dinge an sich”。按照我的解读，“Dinge an sich”在此并非意指康德专门意义上的物本身，而是意味着“从其自身来看的事物”（参见 Pluhar [tr.] 1996: 215n. 103, n. 105）。不过，Wille 将“Dinge an sich”释作康德专门意义上的“物本身”，并且在“die transzendentale Materie”前面加上了“nicht”。于是，全句中译就是这样的了：“由于时间仅仅是直观的形式，进而是作为诸显象的诸对象的形式，因此，在诸对象中对应于感觉的东西就不是作为物本身的所有对象的先验的质料（事物性，实在）。”Erdmann 也将“Dinge an sich”释作康德专门意义上的“物本身”，不过，他不接受 Wille 的校正意见，而是将“diesen”关联到“aller Gegenstände, als Dinge an sich”（作为物本身的所有对象）。这样，全句中译当为：“由于时间仅仅是直观的形式，进而是作为诸显象的诸对象的形式，因此，就作为物本身的所有对象来说，在它们中对应于感觉的东西就是它们的先验的质料（事物性，实在）。”这两种解读方式与相关文本不甚吻合，因此不可接受。

种连续的且齐一的生成：在时间中从拥有某种程度的感觉下降到该感觉的消失，或者从否定逐渐地上升到该感觉的量。

[A144]实体的图式是时间中实在的东西的恒常性，即关于这样的实在的东西的表象，它构成了泛而言之的经验的时间规定的一种基质[①]，因此，在所有其他东西都发生着变易时它还是存留下来了。（时间并不流逝，而是可变动的东西的存在在时间中流逝。因此，在显象中对应于就其本身来说不可变动的且持存的时间的东西是存在中的不可变动的东西，即实体，而且只有在实体上诸显象的接续和同时性才能从时间上得到确定。[②]）

一个泛而言之的事物的原因和因致性的图式是这样的实在的东西，当我们随意地设定了它时，某种其他的东西便总是接着出现。因此，该图式就在于杂多的前后相继的出现——在这样的前后相继的出现听命于一条规则范围内。

共存（交互作用）的图式或者联系着其偶性来看的诸实体的交互因致性的图式就是一个实体的规[B184]定性与另一个实体的规定性根据一条普遍的规则而来的同时性。

可能性的图式就是各种各样的表象的综合与泛而言之的时间条件的和谐一致（比如，一组对立的特征在一个事物中不能同时出现，而只能前后相继地出现），因此也就是一个事物的表象相对于某个时间的规定。

[A145]现实性[③]的图式就是一个特定的时间中的存在。

---

① “实体”和“基质”的原文分别为“Substanz”和“Substratum”。

② 此段话中前后两次出现的“存在”原文为“Dasein”。

③ “现实性”原文为“Wirklichkeit”（也可译作“实际性”），相应于B106/A80页上的范畴表中的“存在”（Dasein）范畴（参见Ak 28: 493）。请注意“现实性”（或“存在”）范畴与“实在”（Realität）范畴的严格区别：前者属于模态范畴，后者属于性质范畴。

必然性的图式就是一个对象在一切时间中的存在。[①]

现在，从所有这一切我们看到，每个范畴的图式都仅仅包含且呈现了一种时间规定：比如，量的图式包含且呈现了时间本身在一个对象的前后相继的领会中的生成（综合）；性质的图式包含且呈现了感觉（知觉）与时间表象的综合，或者时间的充满；关系的图式包含且呈现了诸知觉彼此之间相对于一切时间（也即，根据时间规定的规则）的关系；最后，模态及其范畴的图式包含且呈现了时间本身——在时间本身构成了一个对象在如下方面的规定的关联物范围内，即该对象是否以及如何属于时间。[②] 于是，诸图式不过就是合乎规则的先天的**时间规定**，而这些规则按照诸范畴的次序涉及**时间序列**、**时间内容**、**时间次**［B185］**序**以及最后还有联系着所有可能的对象来看的**时间全体**。

由此下面这点便清楚明白了：经由想象力的先验的综合而进行的知性的图式化最后只是归结为内感能力中的一切直观杂多的统一性，因此间接地归结为统觉的统一性——作为对应于内感能力（一种接受性）的功能的统觉的统一性。所以，纯［A146］粹知性概念的图式就是这样一些真实而唯一的条件，通过它们我们为纯粹知性概念设法谋得了与对象的一种关联进而**意指**。于是，诸范畴最后仅仅拥有一种可能的经验的使用，而并非拥有任何其他的

---

① “一个特定的时间中的存在”和“一个对象在一切时间中的存在”原文分别为“das Dasein in einer bestimmten Zeit”和“das Dasein eines Gegenstandes zu aller Zeit”。

② 此句相关部分原文是这样的：“Man sieht nun aus allem diesem, daß das Schema einer jeden Kategorie, als das der Größe, die Erzeugung, (Synthesis) der Zeit selbst, in der sukzessiven Apprehension eines Gegenstandes, ... enthalte und vorstellig mache”。Adickes 认为“jeden Kategorie”（每个范畴）后面应该加上“nur eine Zeitbestimmung”（仅仅……一种时间规定）。中译文据此译出。

使用，因为它们的用处仅仅在于这点：通过〔充当〕一种先天必然的统一性的根据的方式（这种统一性是一切意识在一种本源的统觉中的必然的联合的结果）让诸显象听命于普遍的综合规则并且由此让它们适合于在一个经验中被贯通地联结在一起。

但是，我们的一切知识均处在一切可能的经验的整体之中，而且先验的真理性就在于与这样的经验的普遍的联系，而先验的真理性本身则先行于一切经验的真理性并且使得它成为可能的。

不过，下面这点也是显而见的：尽管诸感性图式首先实〔B186〕在化了诸范畴，但是它们也的确限制了这些范畴，也即将它们限制到处于知性之外（即处于感性之中）的条件之上。因此，图式真正说来仅仅是一个对象与范畴协调一致的现象或者感性概念。（*Numerus* est quantitas phaenomenon, *sensatio* realitas phaenomenon, *constans* et perdurabile rerum substantia phaenomenon – *aeternitas* necessitas phaenomena usw.［**数**是现象的数量；**感觉**是现象的实在；事物的**恒常的**且持存的方面是现象的实体；**永恒**是现象的必然性，等等。］）现在，当我们去掉一个限制条件时，我们似〔A147〕乎扩展了此前受到限制的概念。这样的话，诸范畴就其纯粹的意指来看，在没有任何感性条件的情况下，据称适用于诸泛而言之的事物——**诸事物原本所是的样子**。与此相反，诸范畴的图式则只是**像诸事物所显现的那样**表象了它们。因此，范畴便拥有了一种独立于所有图式且延伸到更远的意指。事实上，即便在去掉了一切经验条件之后，的确还是有一种意指留给了纯粹知性概念。不过，此意指仅仅是一种关乎诸表象的单纯的统一性的逻辑的意指，而并没有任何对象进而没有任何这样的意指被给予纯粹知性概念，这一意指可以提供一个关于对象的概念[1]。因此，比如就实体范畴来说，当人们去掉恒常性的感性规定之后，该范畴只不过就意味着这样的某种东西，它能够被思考成主词（而不是某种其他东西的谓词）。现在，从这种表象我不能制作出任何东西，因为它［B187］根本没有向我表明，那个应当被看成这样一个第一主词的事物拥有哪些规定性。因此，在没有图式的情况下，诸范畴仅仅是知性相对于诸概念的功能，而根本没有表象任何对象。它们是从感性那里得到这种意指的，而感性在限制了知性的同时也实在化了知性。

［A148］第二篇　纯粹知性的所有原则的系统

在前一篇中我们只是按照这样的一般条件考虑了先验判断力，正是在其下它才有权使用纯粹知性概念做出综合判断。现在，我们的任务是这样的：在系统的连接中表现知性在这种批判性的准备工作之后事实上先天地产生的判断。毫无疑问，对于这样的工作来说，我们的范畴表必定提供了自然而然的且可靠的引导。因为，这些范畴恰恰是这样的东西，其与可能经验的关联必定构成了所有纯粹的先天知性知识，而且其与泛而言之的感性的关系［B188］则因此将会完全地并且在一个系统中阐述知性使用的所有先验的原则。

首先，先天原则之所以享有这个名称，不仅仅是因为它们内

① 此处的“概念”在康德使用的A版样本中被改为“认识”（参见 Ak 23: 46）。

在地包含着其他判断的根据，而且也因为它们本身并不是在更高的且更为普遍的知识基础之中得到奠基的。不过，这个特点并非总是让它们免除了证明之责。[A149]因为，尽管在此这个证明不能继续以客观的方式给出，相反，它处于关于它的对象的一切认识的基础的地位[①]，但是，这点并没有阻碍这样的事情，即我们有可能而且有必要从关于泛而言之的对象的认识的可能性的主观来源的角度做出一个证明。因为，否则的话，相关的命题便仍然会有这样的巨大嫌疑，即它不过是一个单纯骗取而来的断言。

其次，我们将我们的讨论仅仅局限在那些关联到范畴的原则。因此，先验感性论的诸原理（按照它们，空间和时间构成了所有作为显象的事物的可能性的条件），以及这些原则的这样的限制，即它们不能关联到事物本身，均不属于我们所划定的这个研究领域。同样，数学原则也不属于这个系统，因为它们只是从直观而不是从纯粹知性概[B189]念抽引出来的。不过，数学原则的可能性则必然地在此占有一席之地（因为它们仍然是先天综合判断）——我们之所以这样做，并不是为了证明它们的正确性和绝然的确实性（它们根本不需要这样的证明），而仅仅是为了让这样的显而易

---

① 此句在原版第四版和科学院版中原文是这样的："Denn obgleich dieser nicht weiter objektiv geführt werden könnte, sondern vielmehr aller Erkenntnis seines Objekts zum Grunde liegt"。Mellin 建议在"sondern"之后补加上"ein Grundsatz"（一条原则），这样全句中译文当是这样的："因为，尽管在此这个证明不能继续以客观的方式给出，相反，一条原则处于关于它的对象的一切认识的基础的地位。"基于 Mellin 建议，Erdmann 认为应该在"sondern"之后补加上"jeder solche Grundsatz a priori"（每一条这样的先天的原则）。在 A 版和 B 版原版中，"aller"作"alle"。Grillo 建议不改动"alle"，而是将"liegt"改为"legt"，这样，后面这部分中译当为："相反，关于它的对象的一切认识均处于基础的地位"。

见的先天知识的可能性成为可以理解的，并且将其推演出来。

不过，我们也必须谈论分析判断的原则，而且必须以与综合判断的原则相对［A150］照的方式谈论该原则[①]（我们所关心的真正说来恰恰就是综合判断），因为恰恰是这种对照的处理使得关于综合判断的理论摆脱了一切误解，并且让它们以它们的本来面目明白无误地出现在我们面前。

第一章　论所有分析判断的至上原则

无论我们的知识具有什么样的内容，而且无论它可能以什么样的方式关联到对象，我们的所有泛而言之的判断的一般的、尽管仅仅是消极的条件终究是这样的：它不自相矛盾。否则，这些判断就其本身来说什么也不是（即便不考虑对象）。不过，尽管［B190］在我们的判断中没有出现任何矛盾，然而它还是可能并非像对象自身所导致的那样连接诸概念的，或者情况还可以是这样的，即没有任何这样的根据以先天的或后天的方式被给予我们，正是它使得这样一个判断成为正当的。因此，就一个判断来说，尽管全部情况是这样的，即它摆脱了一切内在矛盾，但是它还可能是假的或者没有根据的。

［A151］现在，"与某个事物相矛盾的谓词不应该被归属于该事

---

① 此句在A版和B版中原有形式是这样的："und dieses zwar im Gegensatz mit der synthetischen"（而且必须以与综合判断相对照的方式谈论该原则）。Mellin建议将"mit der"改为"mit dem der"。科学院版据此改正。中译文据此译出。

物”这个命题叫作矛盾原则。该原则是一切真理性的一个一般的、尽管仅仅是消极的标准。但是，也正因如此，它仅仅属于逻辑，因为它适用于知识——在此所考虑的仅仅是泛而言之的知识，而不考虑其内容——并且它说：矛盾完全根除并取消了知识。

不过，人们也的确可以对该原则做出一种积极的使用，即不仅仅借助于它排除虚假和错误（在它们建立在矛盾基础之上这样的范围内），而且通过它来认识真理。因为，**如果相关的判断是分析性的**，那么无论它现在是否定的还是肯定的，其真理性总是必定能够根据矛盾原则而被充分地认识到。因为，已经作为概念而处于相关的对象的知识之中并且在其中被思考的东西的反面总是被正确地加以否定了，而该概念本身则必须必然地被断定给该对象，因［B191］为该概念的反面与该对象相矛盾。

因此，我们必须也将**矛盾原则**当作**所有分析的知识**的普遍的且完全充分的**原理**而接受下来。不过，该原则作为真理性的一种充分的标准而享有的那种威望和可用性并没有走得更远。因为，尽管这点——任何知识均不能违反该原则，否则，相关的知识便将自身根除了——肯定使得该原则成为了我们的知识的真理性的一个 conditio［A152］sine qua non（不可或缺的条件①），但没有使它成为该真理性的决定根据。由于真正说来我们现在要处理的仅仅是我们的知识的综合的部分，因此，尽管我们现在在行事时将加倍小心，不要违反这个不可侵犯的原则，然而，我们永远不能指望从它那里得到关于诸如此类的知识的真理性的任何信息。

---

① 即必要条件。

关于这条著名的、被剥夺了一切内容而单纯形式上的原则，人们给出过包含着一种综合的表述形式，该综合是由于人们的粗心而完全不必要地混入该表述形式之中的。该表述形式是这样的：某种东西**同时**既存在又不存在这点是不可能的。除了如下这点以外，即绝然的确实性在此（通过“**不可能**”这个语词）被画蛇添足地附加上了（因为这种确实性在这个原则中必定是显而易见的），该原则还受到了时间条件的影响，并且好像是说：这样一个［B192］事物 =A，它是某个 =B 的东西，不能同时是非 B；但是，该事物完全可以前后相继地是两者（既是 B 又是非 B）。例如，这样一个人，他现在是年轻的，不能同时是年老的。但是，同一个人却完全可以一个时间是年轻的，而另一个时间不是年轻的，即是年老的。现在，矛盾原则，作为一个单纯逻辑的原则，一定不要将其断言限制在时间关系之上。所以，［A153］这样一种表述形式全然有违该原则的意图。在此，误解的来源仅仅在于下面这点：人们首先将一个事物的一个谓词从该事物的概念那里分离出来，并且接着将该谓词的反面与该谓词联结在一起，而这种做法从来不会产生与该主词的矛盾，而只是会产生与其谓词的矛盾（这个谓词被与那个主词综合地连接在一起了），而且只有在第一个谓词和第二个谓词被同时设定了时，相关的矛盾才会出现。如果我说，这样一个人，他是无知的，不是有知识的，那么在此必须出现**同时**这个条件。因为，这个人，他在一个时间是无知的，完全可能在另一个时间是有知识的。但是，如果我说，没有任何无知的人是有知识的，那么这个命题就是分析性的，因为（无知）这个特征从现在起一起构成了主词概念，于是该否定命题根据矛盾原则就是显而易见的，而无需附加上**同时**这个条件。

正因如此，我在上面如此地修改了[B193]该原则的表述方式，以至于一个分析命题的本性由此便得到了清晰的表达。

[A154]第二章　论所有综合判断的至上原则

普通逻辑与解释综合判断的可能性这样的任务没有任何关系，它甚至于都不必知道这个任务的名字。但是，在先验逻辑中这个任务却是所有事物中最为重要的事务，而且在谈到先天综合判断的可能性时，它甚至于构成了唯一的事务。在谈到先天综合判断的有效性的条件和范围时，情况也是如此。因为，在完成了这个事务之后，先验逻辑就能完满地实现其目的了，即确定了纯粹知性的范围和界限。

在分析判断中，我停留在给定的概念之上，以便确立关于它的某种事项。如果相关的判断是肯定的，那么我就只是将已经在这个概念中被思考了的东西归属给该概念；如果它是否定的，那么我就只是将这样的东西的反面排除于该概念之外。但是，在综合判断中，我应当走出给定的概念，以便在与该概念的这样一种关系中[B194]考察某种与在它之中被思考了的东西完全不同的东西，该关系因此既不是同一关系，也不是矛盾关系，而且，在此我们不能从该[A155]判断本身中看出它是真的，也不能从其中看出它是错的。

因此，假定情况是这样：人们必须从一个给定的概念中走出来，以便将它与另一个概念综合地加以比较。那么，我们就需要有一个第三者，只有在其中两个概念的综合才能够出现。但是，什么东西是这个充当所有综合判断的媒介的第三者？只存在一个包含了我们的所有表象的全体，即内感能力及其先天的形式即时间。诸表象的综合以想象力为基础，而它们的综合的统一性（对于判断来说这样的统一性是需要的）则以统觉的统一性为基础。因此，综合判断的可能性必须在内感能力、想象力和统觉的统一性这三者中去寻找；而且，由于所有这三者均包含着先天表象的源泉，因此，诸纯粹综合判断的可能性也要在它们之中去寻找。这些判断甚至于必然是建立在这三个根据基础之上的——如果关于对象的这样一种知识应当出现的话，它只是建立在诸表象的综合基础之上的。

如果一种知识应当拥有客观实在性，即应当关联到一个对象并且应当在该对象中拥有意指和意义，那么该对象就必须能够以某种方式被**给出**。如果该对象不能以某种方式被给出，那么，这些概念就是空洞的，而且，尽管人们借助于它们进行了思维，[B195] 但事实上他们并没有通过这样的思维而认识任何东西，而只是在玩弄表象。如果我们用"给出一个对象"[A156] 这样的说法所意指的不应该再一次地只是间接的表现，而应该是在直观中直接地进行的表现[①]，那么它恰恰就意味着：使得该对象的表象关联到经验（无论是现实的经验，还是终究可能的经验）。即便就空间和时间来说，虽然这两个概念摆脱了一切经验的事项，并且虽然它们确定无疑地完全先天地在心灵中被加以表象了，但是，如果它们的必然的使用没有在经验对象上显示出来，那么它们就没有客观的有效性并且也没有意义和意指。实际上，空间和时间表象就是这

① "表现"原文为"darstellen"。"darstellen"在此也可译作"呈现"或"展现"。

样一种单纯的图式，它总是关联到生产的想象力，而生产的想象力则召唤着经验对象；如果没有经验对象，空间和时间概念将是没有任何意指的。所有概念的情况均毫无例外地是这样的。

因此，**经验的可能性**就是给予我们的所有先天知识以客观实在性的东西。现在，经验是以诸显象的综合的统一性为基础的，也即是以按照一个对象的概念而对诸泛而言之的显象所进行的综合为基础的。如果没有这样的综合，那么经验甚至于都不会是知识，而不过是诸知觉的一首狂想曲——此时这些知觉不会总体适应于一种被贯通地联结起来的（可能的）意识的关联（这样的关联是依据某些规则建立起来的），因此也不会总体适应于统觉的先验的且必然的统一性。[B196]因此，经验是以许多关于其形式的原理为其先天的基础的。这些原理就是关于诸显象的综合中的统一性的普遍规则[A157]，而这些规则作为必然条件的客观实在性总是可以在经验中甚至于在经验的可能性中被指明。但是，在这种〔与现实的或至少可能的经验的〕关联之外，诸先天综合命题完全是不可能的，因为此时它们缺少第三者，即缺少这样的对象[①]，在其上综合统一性能够确立它们的概念的客观实在性[②]。

---

① 这句话在科学院版中原文是这样的："weil sie kein Drittes, nämlich keinen Gegenstand haben"。在A版和B版原版中"keinen"（没有任何一个，缺少任何一个）作"reinen"（纯粹的）。Grillo认为当作"keinen"。科学院版据此修改。中译文据此译出。

② 这句话原文是这样的："Außer dieser Beziehung aber sind synthetische Sätze a priori gänzlich unmöglich, weil sie kein Drittes, nämlich keinen Gegenstand haben, an dem die synthetische Einheit ihrer Begriffe objektive Realität dartun könnte"。Vaihinger认为，"an dem die synthetische Einheit ihrer Begriffe objektive Realität dartun könnte"的语序应当调整为"an dem die synthetische Einheit objektive Realität ihrer Begriffe dartun könnte"；或者，在保持现有语序的情况下，在"objektive Realität"前面加上"ihre"。中译文根据Vaihinger的前一种建议译出。

因此，尽管对于泛而言之的空间或者生产的想象力在空间中画出的那些形状，我们在综合判断中先天地认识到了如此多的东西，以至于为此我们实际上根本不需要任何经验，但是，如果空间不能被看成这样一些显象的条件，它们构成了外部经验的材料，那么这样的认识就根本什么都不是了，而只是与单纯的幻象的周旋。所以，那些纯粹的综合判断关联到（尽管仅仅是间接地关联到）可能的经验，或者更准确地说，关联到经验的可能性本身，并且它们的综合的客观有效性仅仅建立在这种关联基础之上。

所以，由于经验作为经验的综合就其可能性来说构成了这样的唯一的认识方式，它给予所有其他的综合以实在性，因此，这些其他的综合，作为先天的认识，也仅仅是通过如下方式而拥有真理性（即与对象的一[B197]致性）的：它们仅仅包含着[A158]为泛而言之的经验的综合的统一性所必需的东西。

所以，所有综合判断的至上原理就是这样的：每个对象都隶属于直观的杂多在一个可能的经验中的综合的统一性的诸必然的条件。

以这样的方式先天综合判断便成为可能的了——如果我们将先天直观的形式条件、想象力的综合以及该综合在一个先验统觉中的必然的统一性关联到一种可能的泛而言之的经验知识并且这样说：泛而言之的**经验的可能性**的诸条件同时就是**经验的对象的可能性**的条件，并且它们正因如此而在一个先天综合判断中拥有客观有效性。

第三章　纯粹知性的所有综合原则的系统呈现

无论在什么地方出现了原则，这点都要仅仅归功于纯粹知性。纯粹知性不仅仅是关于[B198]发生的事情的规则的能力，而且它本身就是这样一些原[A159]则的源泉，根据它们[①]，所有东西（只要它们能够作为对象出现在我们面前）都必然隶属于诸规则，因为，如果没有这些规则，那么就诸显象来说，关于对应于它们的一个对象的知识便决不能适宜于它们。即便自然法则，当它们被看作是关于知性的经验使用的基本法则时，也随身携带着一种必然性的特征，进而至少携带着这样的猜测，即它们是根据先天地且在一切经验之前便有效的根据而被规定的。不过，所有自然法则均毫无差别地隶属于更高的知性原则，因为它们只不过是将这些更高的知性原则应用到显象的诸特殊的情形之上。因此，只有更高的知性原则提供了这样的概念，它包含着一条泛而言之的规则的条件以及好比说该规则的指数，而经验则提供了隶属于这条规则的情形[②]。

---

① 在原文中"根据它们〔即根据这些原则〕"（nach welchen）作"根据它〔即根据该源泉〕"（nach welchem）。Erdmann 认为当作"根据它们"。从上下文看，行文应按照这个建议修改。

② "规则的条件"指作为一条普遍规则的一般判断的主词概念；"规则的指数（Exponenten)"指作为一条普遍规则的一般判断的谓词概念（或者相应的谓述关系）。请比较 B360-361/A304-305、B386-388/A330-331 中的相关论述。（关于康德对"指数"这个数学术语的此等独特用法，请参见 Ak 17: 656；进一步参见 Peter Schulthess, *Relation und Funktion*, De Gruyter, 1981, S. 248-249。）

真正说来，不会存在着这样的危险，即人们将单纯经验的原则看作纯粹知性的原则，或者反过来，将纯粹知性的原则看作单纯经验的原则。因为，根据概念而来的如下意义上的必然性可以轻而易举地避免这种混淆：它将纯粹知性的原则突显出来，而且人们很容易看到它在任何经验的命题中（无论它们可能是多么普遍地有效）都是付诸阙如的。但是，存在着这样一些原则，它们虽然是纯粹先天的，我还是不想将它们当作纯粹知性所特有的原则而归属给它，因为，它们并非是从纯粹概念而[B199]是从纯粹直观（虽然要借助于知性）抽引而来，而知[A160]性则是概念能力。虽然数学拥有诸如此类的原则[①]，但是它们在经验上的应用进而其客观有效性，甚至于这些先天综合的知识的可能性（该可能性的演绎），却总是以纯粹知性为基础的。

因此，我虽然不把数学原则算在我的原则之列，不过，却肯定会把这样一些原则算在它们之列：数学原则的可能性及其客观有效性先天地建立在它们基础之上，并且它们因此应当被看作这些数学原则的原理；此外，它们是**从概念出发**并前进到直观的，而并不是**从直观出发**并前进到概念的。

诸纯粹知性概念被应用到可能的经验之上时，它们的综合的使用或者是**数学的**，或者是**动力学的**，因为它们部分说来仅仅涉及**直观**，部分说来涉及一种泛而言之的显象的**存在**。但是，直观的诸先天条件联系着一种可能的经验来说完全是必然的，而一种可能的经验直观的对象的存在的诸条件就其本身看则仅仅是偶然的。因此，数学的使用的诸原则是无条件地必然的，即绝然的，

① 即从纯粹直观抽引而来的原则。

而动力学的使用的诸原则虽然也随身带有先天必然性的特征，但它们只是在某种经验中的经验思维的条件之下进而只是间接地而
[B200] 非直接地随身带有这样的特征。因此，动力学的使用的诸原则不包含为数学的使用的诸原则所独有的那种直接的自明性（不过，这点并没有损害动力学的使用的诸原则一般地联系着经验而拥有的那种确实性）。[A161] 当然，在关于诸原则的这个系统的结尾处人们可以更好地评判这点。

范畴表为我们提供了关于原则表的十分自然的指导，因为诸原则不过就是诸范畴的客观使用的规则。据此，纯粹知性的所有原则分列如下：

1.
直观**公理**。

2.
知觉的**预知**。

3.
经验的**类比**。

4.
泛而言之的经验思维的**公设**。

我是小心谨慎地选择这些名称的，以防无视这些原则在自明性以及运用上的差别。不过，我们很快就会看到，不仅就自 [B201] 明性来看，而且就人们根据**量**和**性质**范畴而对诸显象所做的先天规定来看（如果人们仅仅关注量和性质的形式），这两类范畴的原 [A162]
则与余下的两类原则在这些方面存在着显著的区别。因为，前一类原则能够拥有一种直观的确实性，而后一类原则则能够拥有一种单纯推论式的确实性（尽管两类原则均能够拥有一种完全的确

实性)。因此,我将把前一类原则称作**数学的**原则,而将后一类原则称作**动力学的**原则。* 但是,人们一定要注意到下面这点:在此我[B202]想到的并不是数学原则(在一种情形中),也不是普通(物理学的)动力学原则(在另一种情形中)①;相反,我想到的仅仅是联系着内感能力的纯粹知性的原则(不考虑在内感能力中给出的诸表象之间的差异)。正是经由这样的纯粹知性原则,数学原则和普通动力学原则才一起获得了其可能性。因此,我是在考虑到纯粹知性的这些原则的应用而不是为了其内容的缘故而将其分别命名为数学的原则和动力学的原则的。现在,我就按照这些原则在上述表中的次序来依次考察它们。

---

* 一切**连接**(conjunctio)都或者是**复合**(compositio),或者是**联结**(nexus)。第一种连接是**并非必然地彼此**相属的杂多的综合,像比如这样的两个三角形的综合:它们是在一个正方形中经由对角线划分出来的,就本身来看它们并非必然彼此相属。在所有可以**从数学上**加以考察的东西中的**同属一类的**事项的综合就是这样的综合(这种综合又可以划分为**聚集**的综合和**合并**的综合。其中的前者指向**延展量**,后者指向**强度量**)。第二种连接(nexus)是**必然地彼此**相属的杂多的综合,像比如偶性与某个实体的综合,或者结果与原因的综合。——因此,这样的杂多尽管**不是同属一类的**,却也被表象成先天地连接在一起的。我将这样的连接称作**动力学的连接**,因为它不是任意的,而且因为它涉及杂多的**存在**的连接。(杂多的存在的连接[B202]又可以被分成诸显象彼此之间的**物理的**连接和**形而上学的**连接——诸显象在先天认识能力中的连接。)〔该注为B版所加。"连接"、"复合"、"联结"、"聚集"、"合并"等术语相应的德语表述分别为"Verbindung"、"Zusammensetzung"、"Verknüpfung"、"Aggregation"、"Koalition"。在不致引起误解的语境中,为了尽可能符合中文习惯用法,我们将"Verbindung"和"Verknüpfung"均译作"联系"。实际上,康德在自己的相关表述中也并非总是严格坚守上述用法区别。比如,在谈到因果关系(Kausalverhältnis)时,虽然他通常使用的是"Kausalverknüpfung",但也偶尔使用"Kausalverbindung"。"延展量"和"强度量"原文分别为"extensive Größe"和"intensive Größe"。〕

① "数学的原则"和"动力学的原则"原文分别为"die mathematischen Grundsätze"和"die dynamischen Grundsätze"。"数学原则"和"普通……动力学原则"原文分别为"die Grundsätze der Mathematik"和"die Grundsätze der allgemeinen ... Dynamik"。

一、直观公理[1]

直观公理的原理是：所有直观[2]均是延展量。[3]

证明

所有显象从形式上看均包含着空间和时间中的一种直观，而这种直观先天地处于全部显象的基础的地位。因此，显象只能通过杂多的这样的综合而被领会（即被接纳进经验意识之中），经由它一个确定的空间或时间的表象被生产出来。这也就是说，它们只能通过同类的东西的复合以及对这种杂多（同类的东西）的[B203]综合统一性的意识而被领会。现在，对泛而言之的直观中的多个同类的东西的意识[4]，在由此对一个对象的表象才成为可能的范围内，就是关于一种作为 quanti 的量的概念。因此，甚至于对作为显象的一个对象的知觉也只是经由给定的感性直观的杂多的这样一种综合统一性而成为可能的，正是经由这种综合统一性多个同类的东西的复合的统一性在关于一种**量**的概念中被思维了。这也就是说，诸显象全部都是量，而且是**延展量**，因为，它们，作为空间或者时间中的直观，必须经由泛而言之的空间和时间借以得到规定的那同一种综合

① A 版作“论直观公理”。

② Mellin 认为“直观”当作“显象”。

③ 在 A 版中这句话是这样的：“纯粹知性的原则：所有显象按照其直观均是延展量。”

④ Vaihinger 认为“对泛而言之的直观中的多个同类的东西的意识”当作“对泛而言之的直观中的多个同类的东西的综合统一性的意识”。

而被表象。[①]

我将这样的量称作延展量，在其中诸部分的表象使得整体的表象成为可能（因此前一种表象必然先行于后一种表象）。就任何一条线来说（无论它多么短），如果我没有在思想中画出它，即从一个点开始逐渐地给出所有〔A163〕部分并且经由这样的方式才描画出这个直观，那么我便不能表象它。每个时间的情况也是一样的（无论它多么短暂）。在每个时间中我只是思考了从一个瞬间到另一个瞬间的前后相继的进展。在这样的进展中，经由所有时间部分及其附加最后一个特定的时间量便被创造出来了。由于在所有显象中的单纯的直观或者是空间，或者是时间，因此，〔B204〕每个显象作为直观都是一个延展量，因为它只能通过领会中的（从一个部分到另一个部分的）前后相继的综合而被认识到。据此，所有显象都已经被直观成聚集物（事先已经给定的诸部分的集合物）了。显然，并非每种量的情况都是这样的，而只有这样的量才是如此，它们被我们从**延展上**表象成且领会成量。

关于广延的数学（几何学）及其公理便建立在生产的想象力在生成形状的过程中所进行的这种前后相继的综合基础之上。这些公理表达了先天感性直观的条件，而只有在这些条件之下外部显象的纯粹概念的图式才能出现。比如如下公理：两点之间只可能有一条直线；两条直线围不成任何空间，等等。这些公理是这样的公理，真正说来它们只涉及作为 quanta 的量本身。

不过，就作为 quantitas 的量来说，即就对某种东西是多大的这

① 以上小标题“证明”以及此段话为 B 版所加。

样的问题的回答来说[①]，[A164]尽管相关的命题中的一些是综合的并且直接就是确实的（indemonstrabilia[不可演证的]），然而，不存在真正意义上的公理。因为，这样的命题——如果我们将相等的东西附加到相等的东西之上或者将相等的东西从相等的东西那里拿掉，我们还是得到相等的东西——虽然是分析命题（因为我直接地意识到了一个[B205]量的生成与另一个量的生成的同一性），但是公理却应当是先天综合命题。与此相反，尽管关于数关系的自明的命题的确是综合的，但是却并非像几何学命题那样是普遍的，而且正因如此，它们不是公理，而是可以被命名为数字公式。7+5=12 这个命题不是分析命题。因为，无论是在 7 的表象中，还是在 5 的表象中，抑或是在两者的复合的表象中，我都没有想到 12 这个数（此处并不涉及这点：我应当在**两者相加**中想到这个数，因为在分析命题中相关的问题仅仅是这样的，即我是否实际上在主词的表象中想到了谓词）。但是，该命题尽管是综合的，然而，它仅仅是一个个别的命题。在这样的范围内，即此处所关注的仅仅是同类的东西（即诸单位）的综合，此处的综合只能以一种唯一的方式发生，尽管这些数的**使用**事后是普遍的。如果我说经由这样的三条线——其中的两条合起来看大于第三条——可以画出一个三角形，那么在此我便拥有了生产的想象力的单纯的功能，该想象力[A165]能够或长或短地画出这些线，同样地，能够让这些线依各种随意的角度相接。与此相反，数 7[②] 则仅仅按照一种方

① 关于作为 quanta 的量和作为 quantitas 的量的区分，请参见前文 B182/A142 中的译者注。B203 中的拉丁词 "quanti" 为 "quantus"（多少、多大）之单数 "quantum" 的属格形式。"quanta" 为 "quantum" 的复数形式。

② 在康德自己使用的 A 版样本中此处补加上了如下修饰语："在 7+5=12 这个命题中"（参见 Ak 23: 46）。

式是可能的，而且经由7与5的综合而形成的12这个数也是这样的。因此，人们也一定不要将诸如此类的命题称作公[B206]理（因为，否则的话，便存在着无穷多公理了），而要将其称作数字公式。

这条关于显象的数学的先验原则为我们的先天知识提供了一种巨大的扩展。因为，只有该原则是这样的原则，它使得纯粹数学能够以其完全的精确性应用于经验对象之上。如果没有这样的原则，纯粹数学的这种可应用性便不会自动地如此显而易见，甚而已经招致一些矛盾了。诸显象不是物本身。经验直观只有经由（空间和时间的）纯粹直观才是可能的。因此，几何学针对纯粹直观所断言的东西也毫无疑义地适用于经验直观。声称感觉能力的对象不必符合空间中的构造规则（比如线或角的无限可分性）这样的托词必须被去除。因为，通过这样的托词人们否定了空间的客观有效性，以及整个数学的客观有效性，而且不再知道为什么数学可以应用于诸显象之上，以及它在什么范围内可以应用于它们之上。作为一切直观的本质形式的诸空间和诸时间的综合是这样的东西，它同时使得显象的领[A166]会进而每种外部经验、因此还有经验对象的一切知识成为可能。而且，数学在其纯粹的使用中关于空间和时间的综合所证明的东西也必然适用于经验对象的知识。针对这点的一切责难都只不过是这样一种被错误地教[B207]导了的理性的刁难而已，它错误地想着让感觉能力的诸对象摆脱我们的感性的形式条件，并且将它们表象成被给予知性的诸对象本身，尽管它们仅仅是显象。在这种情况下，我们当然不能先天综合地认识到任何关于它们的东西，进而我们也不能经由纯粹的空间概念获得这样的认识。因此，规定这些空间概念的那门科学即几何学甚至都将是不可能的了。

二、知觉的预知

知觉的预知的原理是这样的：**在所有显象中，实在的东西，即构成了感觉的对象的东西，均拥有强度量**，即一个程度。[①]

证明

知觉是经验意识，即这样一种意识，在其中同时存在着感觉。作为知觉的诸对象的诸显象不是像空间和时间那样的纯粹的（单纯形式的）直观（因为空间和时间就其本身来说根本不能被知觉到）。因此，除了〔纯粹〕直观以外，这些显象还包含着某个泛而言之的对象的材料（由此空间或者时间中的某种存在的东西被加以表象了），也即感觉中的实在的东西——这种实在的东西就是这样的单纯主观的表象[②]，关于它，人们只能意识到主体内在地受到了刺激这点，并且人们将它关联［B208］到一个泛而言之的对象。现在，在从经验意识到纯粹意识的过渡中可能存在着一种梯级变化——在纯粹意识中，经验意识中的实在的东西完全消失了，而仅仅留下了对空间和时间中的杂多的一种单纯形式的（先天）意识。因此，一种感觉的量的生产的这样一种综合也是可能的：从

① A版中此句话是这样的："预知了所有作为知觉的知觉的**原则**是这样的：在所有显象中，感觉以及在对象中相应于它的**实在的东西**（realitas phaenomenon［现象实在］）都拥有**一个强度量**，即一个程度。"〔"程度"原文为"Grad"。〕

② "也即感觉中的实在的东西——这种实在的东西就是这样的单纯主观的表象"原文为："d. i. das Reale der Empfindung als bloß subjektive Vorstellung"。Vaihinger认为，其中的"subjektive"当作"subjektiver"。据此，中译文当作："也即感觉中的实在的东西——感觉就是这样的单纯主观的表象"。

该感觉之开始（纯粹直观）=0，一直到其任意一个量。现在，由于感觉就其本身来说根本不是任何客观的表象，而且在它之中遇不到空间直观，也遇不到时间直观，因此，尽管没有任何延展量适宜于它，但是的确有一种量是适宜于它的（而且是经由对感觉的领会，在此领会中经验意识在一个时间可以从无 =0 增长到该感觉的给定的程度），因此也就是**强度量**。相应于感觉的强度量，我们也必须将**强度量**即对感觉能力的影响的程度归属给所有知觉的对象（在知觉包含着感觉范围内）。[①]

人们可以将所有这样的认识均称为预知，经由它们我能够先天地认识和确定那种属于经验的知识的东西。毫无疑问，伊壁鸠鲁[②]就是在这种意义上使用［A167］“πρόληψις”[③]这个说法的。但是，由于在显象中存在着某种从来没有被先天地认识到的东西，而且这种东西因此构［B209］成了经验事项——此即（作为知觉的材料的）感觉——与先天知识的真正的区别，因此，真正说来，感觉是根本不能预知的东西。与此相反，我们可以将空间和时间中的那些纯粹规定性（无论是就形状来说，还是就量来说）称作显象的预知，因为它们先天地表象了总是可以在经验中后天地给出的东西。不过，假定存在着某种可以在每种作为泛而言之的感觉的感觉中先天地认识到的东西（同时或许并没有一种特殊的感觉被给出来），那么，这种东西在一种非同寻常的意义上理应被称作预

① 此小标题“证明”以及第一段话为 B 版所加。

② 伊壁鸠鲁（Epikur，公元前 341–前 270 年），古希腊哲学家，坚持唯物论、经验论和无神论。

③ 此希腊词的意义同于康德所讨论的“Antizipation”（预知）。

知，因为在如下事项中预先把握了[1]经验这点是令人吃惊的：它恰好涉及经验的材料，而人们只能从经验中获得这样的材料。不过，在此事情真的是这样的。

仅仅借助于感觉而做出的领会只是充满了一个瞬间（也即，如果我没有将许多感觉的前后相继纳入考虑之中的话）。因此，作为处于显象中的这样的某种东西的感觉——其领会不是那种从诸部分连续前进到整个表象的前后相继的综合——没有任何延展量。感觉在同一个瞬间的缺失会把［A168］该瞬间表象成空洞的，因此将其表象成 =0。现在，在经验直观中相应于感觉的东西是实在（realitas phaenomenon［现象实在］）；相应于感觉的缺失的东西是否定 =0。但是，每种感［B210］觉都能够变小，以至于能够减弱，并且逐渐地消失。因此，在显象中的实在与否定之间存在着一种由许多这样的可能的中间感觉构成的连续的关联，它们彼此的区别总是小于给定的感觉与那个零或者完全的否定之间的区别。这也就是说：显象中的实在的东西虽然总是拥一个量，但是这个量只是在领会中被遇到的——在这样的范围内[2]：借助于单纯的感觉做出的这种领会发生在一个瞬间，而不是经由许多感觉的前后相继的综合而发生的，因此它并非从诸部分进展到整体。因此，尽管显象中的实在的东西拥有一个量，但并非拥有延展量。

现在，我将这样的量称作**强度量**，它们只是被领会为“一”，

---

① “预先把握了”原文为“vorgreifen”。“vorgreifen”在此与“antizipieren”（预知）同义。

② 此句原文为：“welche aber nicht in der Apprehension angetroffen wird, indem”。Wille 认为“nicht”当作“nur”，“indem”当作“insofern as”。中译文据此译出。

并且在其中“多”只能通过向否定 =0 的逼近来加以表象。于是，显象中的每个实在均拥有强度量，即一个程度。如果人们将这个实在视作原因（无论是感觉还是显象中的其他实在［比如一种变化］的原因），那么人们便将作为原因的该实在的程度称作力矩[①]，比如重［A169］力的力矩，而且，人们之所以如此做是因为：该程度只是标示了这样的量，其领会不是前后相继的，而是瞬间性的。不过，在此我只是顺带提到这点，因为现在我所关心的还不是因致性。

［B211］因此，根据上面的叙述，每个感觉进而还有显象中的每个实在，无论它可能多么微小，均拥有一个程度，即一个强度量，该量总是可以被进一步地减小，而且在实在与否定之间存在着一个由诸多可能的实在以及诸多可能的更微小的知觉构成的连续的关联。每种颜色，比如红色，均拥有一个程度，而该程度无论可能多么微小，均不是最微小的。热量、重力的力矩等等的情况处处均是一样的。

诸量这样的性质叫作它们的连续性，按照这种性质，在诸量上任何部分均不是可能最小的部分（任何部分均不是简单的）。空间和时间是 quanta continua（连续的量），因为就它们的任何一个部分来说，如果它没有被包围在界线（点和瞬间）之间，那么它不可能被给出，因此，它只能被如此地给出，以至于它自身又构成了一个空间或一个时间。所以，空间只是由诸空间构成的，时

---

① “力矩”原文为“Moment”。按照力学中的定义，力矩是表示力对物体作用时所产生的转动效应的物理量。力矩是矢量，力和力臂的乘积为力矩。康德在此应当是在“力的影响程度”（Grad des Einflusses einer Kraft）这样的更为宽泛的意义上使用这个术语的。在 B254/A208-209 中康德对他自己的这种特殊用法做出了明确的规定：力矩就是一个原因的因致性的一种连续而均匀的行动（即实施）。

间只是由诸时间构成的。点和瞬间仅仅是界线，即对空间和时间进行限制的单纯的位置。但是，这样的诸位置总是预设了它们应当加以限制或者规定的那些直观，并且从这样的诸单纯的位置（像从诸组成部分那样）——它们［A170］甚至于能够在空间或者时间之前就被给出来——既不能复合成空间，也不能复合成时间。人们也可以将诸如此类的量称作**流淌的**量，因为包含在它们的生产中的那种（生产的想象力的）综合是一种处于时间中的前行。人们特别习惯于通过流淌（流逝）[①]称谓该综合的连［B212］续性。

据此，所有泛而言之的显象均是连续的量——就其直观来说它们是延展量；或者，就单纯的知觉（感觉进而实在）来说，它们是强度量。如果显象杂多的综合被中断了，那么这个杂多就是许多显象的一个聚集物，真正说来就不是作为一个定量的显象。该聚集物不是经由某种生产的综合的单纯连续的进行而是经由一个一再地终止的综合的重复而生产出来的。如果我将 13 个塔勒[②]称作一定的量的货币，那么在如下范围内我如此称谓它是正确的，即我将它理解为一马克纯银的含量[③]。不过，一马克纯银是这样一个连续的量，在其中任何部分都不是最微小的部分，相反，每个部分均可构成这样一个硬币，它总是包含着更为微小的部分的材料。但是，如果我用“13 个塔勒”这个名称意指作为如此多的硬

---

① “流淌”和“流逝”原文分别为“Fließen”和“Verfließen”。

② “塔勒”（Thaler），15 到 19 世纪德国使用的银币。

③ “一定的量的货币”原文为“ein Geldquantum”。“一马克纯银的含量”原文为“Gehalt von einer Mark fein Silber”。在此“马克”指欧洲一些国家的旧重量单位，特别用于金和银，大致相当于 248 克。

币的 13 个圆形的塔勒（而不管它们的含银量是多少），那么我用一定的量的塔勒[①]来称谓它就是不适当的，相反，我必须将其称作一个聚集物，[A171]即一些硬币。现在，由于在所有数那里均必定有一个统一体处于其基础的地位，因此，作为统一体的显象就是一个定量，而且作为这样的定量，它总是一个连续体。

现在，如果所有显象（无论是延展上看，还是强度上看）均是连续的量，那么[B213]如下命题在此将能够轻而易举地并且带有数学自明性地得到证明：一切变化（一个事物从一个状态到另一个状态的过渡）也均是连续的——如果一个泛而言之的变化的因致性并非完全处于一种先验哲学的界限之外并且没有预设经验原理的话。因为，知性完全没有先天地向我们揭示关于下面这点的任何信息：这样一种原因是可能的，它改变了诸事物的状态，即决定它们变成某个给定的状态的反面。知性之所以没有做到这点，这不仅是因为它根本没有洞察其中的可能性（因为在许多先天知识那里我们均缺乏这样的洞见），而且是因为可变化性只是涉及诸显象的某些这样的规定性，只有经验才能将它们告知于人，尽管它们的原因可以在不可变化的东西中遇到。但是，由于在此处于我们面前的、我们可以利用的东西只有一切可能经验的纯粹的基础概念，而必定没有任何经验的事项出现于这些概念之中，因此，我们不能预先把握[A172]建立在某些基础经验基础之上的普遍的自然科学（这样的所谓的预先把握势必会伤害相关系统的统一性）。

然而，我们并不缺少对于我们这个原则在这样的事情上所拥有的那种巨大影响的证明，即预知知觉，甚而在这样的范围内补

---

① “一定的量的塔勒”原文为“ein Quantum von Thalern”。

足这样的证明的缺失，即该原则阻止了所有可能从这样的缺失抽引出的错误结论。

[B214] 如果知觉中的一切实在均拥有这样一个程度，在它与否定之间存在着一个由一再地更微小的程度构成的无穷的阶梯序列，并且同样地[①]，每种感觉能力都必定拥有感觉的接受性的一个确定的程度，那么这样一种知觉进而还有这样一种经验就是不可能的，它证明了（无论是直接地还是间接地——无论是经由推理中的哪种迂回路径）显象中的一切实在的完全的缺失，也即，从经验中从来不能抽引出对于空的空间或者空的时间的证明。因为，其一，我们甚至于都不能知觉到感性直观中的实在的东西之完全的缺失；其二，我们不能从任何唯一的显象及其实在性的程度上的区别那里推导出这种完全的缺失，甚或决不应该为了对其进行解释而假定它。因为，即便一个特定的空间或者时间的整个直观完完全全是实在的，即它们的任何部分均不是空的，也必定存在着这样的无穷多样的程度，空间或者时间就是由它们所充满的，因为每个实在均拥有其程度，而该程度可以经由无穷的梯级而减小到虚无（空无），与此同时 [A173] 显象的延展量则保持不变。尽管直观的延展量是相同的，但是各种各样的显象的强度量可以更小或更大。

[B215] 我们将举例说明这点。人们看到，在相同的容积[②]的情况下存在着各种各样的物质的数量上的巨大差异（人们部分是通

① “同样地”德文为“ebensowohl”。“ebensowohl”在A版和B版原版中作“gleichwohl”（尽管，仍然，还是），Erdmann认为此为笔误，当作“ebensowohl”。中译文据此译出。

② “容积”原文为“Volumen”，在此指物质所占有的空间。关于此种意义上的容积的定义，请参见Ak 4: 525。

过重力或重量的力矩，部分是通过对抗着其他被推动的物质的阻力的力矩看到这点的）。几乎所有自然教师[①]由此一致地推导出了如下结论：在所有物质中这个容积（显象的延展量）必定是空的（尽管是在不同的程度上）。不过，在这些大部分为数学的和力学的自然研究者中有谁在什么时候会想到下面这点：他们只是将他们的这个推理建立在一种形而上学的预设基础之上的（而他们恰好又宣称他们在尽可能地避免做出这样的预设）？——因为，他们假定：空间中的**实在的东西**（在此我不能将这种实在的东西叫作不可入性或者重量，因为这些均是经验概念）**处处都是一样的**，而只有从延展量即数量上看它才可能是有所区别的。对于这个预设，这些自然研究者不能在经验中找到其任何根据，因此它仅仅是形而上学的预设。我提出一种先［A174］验的证明与这种预设相抗衡。这个证明尽管不能解释诸空间的充满中的区别，但是它的确完全取消了该形而上学的预设的那种臆想的必然性，即我们不能通过其他方式，而只能通过要假定的空的空间解释所提到的那种区别。而且，该证明还享有这样的功劳，即至少让知性能够自由地以其他的方式思［B216］考这种区别——如果自然的解释在此可能会让某种假说成为必然的话。因为，在此我们看到，尽管诸相同的空间或许已经被各种各样的物质所完全充满，以至于在那些空间[②]中的任何一个之中都不存在这样一个点，在其上这些物质的在场没有被遇到，但是，每个实在的东西在同一个性质之上均拥

① “自然教师”原文为“Naturlehrer”，即接下来说到的“自然研究者”（Naturforscher）。

② “那些空间”（jenen）原作“两者”（beiden）（指前面提到的空间和物质），据 Erdmann 意见改正。

有其（阻力或重量上的）程度，而该程度可以在没有延展量或者数量的减少的情况下无穷无尽地变得更小，直到该实在的东西过渡到空无并且消失为止[①]。因此，一个充满某个空间的扩展物，比如热量，并且同样地，（显象中的）任何其他的实在，能够在这样的情况下——即一点儿也没有让该空间的最小的部分处于空洞的状态——无穷地减小其程度，尽管如此，它却用这些更小的程度充满了该空间，正如另一个显象用更大的程度充满了它一样。在此我的意图决不是要断定，从其比重上看各种各样的物质的情况实际上是这样的，而仅仅是要根据一条纯粹知性的原则［A175］阐释下面这点：我们的知觉的本性使得这样一种解释方式成为可能的；而且，人们的如下看法是错误的，即显象中的实在的东西从其程度上说是相同的，而只是从聚集及其延展量上看是不同的（人们甚而宣称，他们是通过一条先天的知性原则而断定这点的）。

［B217］然而，这种知觉的预知对于一个习惯了先验的思考并且因此而变得谨慎的研究者来说[②]总是带有某种引人注目的特征，而

---

① 这句话原文是这样的："so habe doch jedes Reale bei derselben Qualität ihren Grad (des Widerstandes oder des Wiegens), welcher ohne Verminderung der extensiven Größe oder Menge ins Unendliche kleiner sein kann, ehe sie in das Leere übergeht, und verschwindet"。Hartenstein 认为"ihren"当作"seinen"，Paulsen 认为"sie"（指代"Qualität"）当作"es"（指代"jedes Reale"）。中译文据此译出。

② 在科学院版中，"对于一个习惯了先验的思考并且因此而变得谨慎的研究者来说"原文是这样的："für einen der transzendentalen Überlegung gewohnten und dadurch behutsam gewordenen Nachforscher"。在 A 版和 B 版原版中"der transzendentalen Überlegung"作"der transzendentalen"。Hartenstein 建议将"der transzendentalen"补充成"der transzendentalen Betrachtung"（先验的考察），Erdmann 建议将其补充成"der transzendentalen Überlegung"（科学院版采用了此建议），Görland 则建议将其修改为"des Transzendentalen"（先验的事项）。

且它激起了关于下面这点的一些疑虑：知性能够预知诸如这样的综合命题，它是关于显象中的一切实在的东西的程度的，进而是关于感觉本身的内在区别的可能性的（如果人们抽掉了感觉的经验性质的话）。因此，在此还存在着这样一个并非不值得予以解决的问题：在此知性如何能够先天地且综合地就显象说出一些东西？它如何能够甚至于在真正说来是单纯经验性的事项即涉及感觉的事项中预知显象？

感觉的**性质**（比如颜色、味道等等）总是单纯经验性的，而且根本不能被先天地加以表象。但是，实在的东西，相应于泛而言之的感觉的东西，与否定 =0 相对，仅仅表象了这样的某种东西，其概念本身便包含着一种存在并且只是意味着［A176］一个泛而言之的经验意识中的综合。因为，在内感能力中经验意识可以被从 0 提高到任何一个更大的程度，以至于直观的恰好同一种延展量（比如被照亮了的表面）所引起的感觉与许多其他（较少地被照亮的）表面放在一起形成的聚集物所激起的感觉一样多[①]。因此，人们可以［B218］完全不考虑显象的延展量，然而却在一个时刻的单纯的感觉上表象出从 0 到给定的经验意识的均匀地升高的综合。于是，虽然所有感觉作为感觉仅仅是后天地[②]给出的，但是，诸感觉的这个属性——即它们拥有一个程度——是可以先天地认识到的。值得注

① 此句话在科学院版中原文是这样的：“so daß eben dieselbe extensive Größe der Anschauung (z. B. erleuchtete Fläche) so große Empfindung erregt, als ein Aggregat von vielem andern (minder Erleuchteten) zusammen”。在 A 版和 B 版原版中“vielem andern (minder Erleuchteten)”作“vielem andern (minder erleuchteten)”。Erdmann 认为当作“vielen andern (minder erleuchteten)”，中译文据此译出。

② 在 A 版和 B 版原版中“后天地”（a posteriori）作“先天地”（a priori）。科学院版据 Mellin 的意见将“先天地”改作“后天地”。

意的是，在泛而言之的量上我们只能先天地认识到一个唯一的**性质**，即连续性；而在一切性质之上（在诸显象的实在的东西之上）则只能先天地认识到诸显象的强度**数量**，即这点：它们拥有一个程度，所有其他的事项均留给了经验。

三、经验的类比

经验的类比的原理是：**只有通过对诸知觉的必然的联结的表象经验才是可能的**。[①]

证明

经验是一种经验认识，即这样一种认识，它经由知觉而规定了对象。因此，经验是对诸知觉所做的这样一种综合，它本身并非包含在知觉之中，而是包含着诸知觉的杂多在一个意识中的综合的统一性。这样的综合统一性构成了对于感觉能力的**对象**的认识即经验的本质之处（而不[B219]仅仅是构成了直观或者感觉能力的感觉的本质之处）。现在，在经验中诸知觉只是偶然地走到一起来的，以至于诸知觉的联结的必然性从诸知觉中并非是明显地看得出来的，也不可能从其中明显地看出，因为领会仅仅是[②]经验直观的杂多的编组，而在其中从来遇不到对于领会编组在一起的诸显象在空间和时间中的连接在一起的存在的必然性的表象。但是，

---

① A版中此句话是这样的："经验的类比的一般**原则**是：所有显象，从其存在上看，均先天地隶属于[A177]关于在一个时间内它们彼此之间的关系的规定的规则。"

② "是"（ist）原无，根据Mellin的意见补加。

由于经验是经由知觉而来的对于对象的认识，因此，杂多的存在中的关系不应该像杂多在时间中被编组在一起那样而应该像它客观地在时间中存在那样在经验中被加以表象。不过，时间本身是不能被知觉到的，因此，诸对象在时间中的存在的规定只能经由它们在泛而言之的时间中的连接进行，进而只能通过先天地联结着它们的诸概念进行。现在，由于这些概念总是同时携带着必然性，因此，只有通过对诸知觉的必然的联结的一种表象，经验才是可能的。①

时间的三种样式是**恒常性**、**接续性**和**同时性**②。因此，关于诸显象的所有时间关系的三种规则——正是根据它们，诸显象中的每一个的存在才能联系着一切时间的统一性而得到规定——将先行于一切经验并且首先使得经验成为可能。

[B220] 关于所有这三种类比的一般的原则是建立在联系着**在每个时间中**一切可能的经验意识（知觉）来看的统觉的必然的**统一性**基础之上的。因此，因为这种必然的统一性先天地处于基础地位，所以这条一般的原则是建立在所有显象依据其在时间中的关系而来的综合统一性基础之上的。这是因为，本源的统觉关联着内感能力（所有显象的全体），更准确地说，先天地关联着其形式，即杂多的经验意识在时间中的关系。现在，所有这些杂多都应当按照其时间关系在本源的统觉中被联合在一起，因为统觉的先验统一性恰恰先天地断言了这点。应当属于我的（即我的唯一

① 小标题"证明"及第一段为 B 版所加。

② "恒常性"、"接续性"和"同时性"原文分别为"Beharrlichkeit"、"Folge"和"Zugleichsein"。"接续性"即"前后相继性"（Aufeinanderfolgen, Nacheinandersein, Sukzession）。

的[①]）认识的一切东西，进而能够对于我来说成为一个对象的一切东西，都隶属于这种先验的统一性。因此，所有知觉的时间关系中的这种**综合的统一性**（**它是先天地被规定好了的**）就是这条法则：所有经验的时间规〔A178〕定都必须隶属于关于普遍的时间规定的规则，而且我们现在要处理的经验的类比必定就是这样的规则。

这些原则拥有如下独特之处：它们并不关涉诸显象及其经验的直观的综合，而只关涉**存在**以及诸显象与它们的这种存在相关的彼此之间的**关系**。现在，显〔B221〕象中的某种东西被领会的方式可以如此地得到先天的规定，以至显象的综合的规则能够在每个现存的经验的实例中同时给出这种先天的直观，即能够从其中生成它。不过，诸显象的存在不能先天地被认识到，而且，尽管我们可以按照这样的方式推导出某种存在，但是我们肯定不能确定地认识这种存在，也即不能预知这样的东西，借助于它，该存在的经验直观与其他直观区别开来。

前面讨论的那两条原则[②]——我将它们称作数学的原则，因为它们让数学有资格应用于诸显象之上——涉及从其单纯可能性看的诸显象。它们告诉我们，诸显象如何能够——不仅从其直观上说，而且从其知觉的实在的东西上说——按照一种数学的综合的规则被生产出来。因此，在两种综合的情况下数量值进而还有将显象规定为量的规定均可以被使用。〔A179〕比如，我将能够用大约200000倍的月亮的亮度复合出阳光的感觉的程度，并且以先天地确定了的方式给

① Vorländer认为“我的唯一的”（meinem einigen）当作“我自己的”（meinem eigenen）。（注意：在此“einig”同于“einzig”。康德经常如此使用“einig”。）

② 指关于直观的公理的原则和知觉的预知的原则。

出它，即能够构造出它。于是，我们可以将前两条原则称作构成性的。

那些应当先天地将诸显象的存在置于规则之下的原则的情况则是完全不同的。因为，既然存在是不可构造出来的，[B222]因此，这样的原则只能涉及存在的关系，而且只能给出单纯**调节性的**原理，而不能给出其他原理。于是，在此无论是公理还是预知均是不可设想的；相反，如果一个知觉在与另一个（尽管是不确定的）知觉的时间关系中被给予我们，那么，我们便不能先天地说出这另一个知觉是**哪个**知觉，并且它有**多大**。在此，我们只能先天地说出这点：它从存在上说，在这种时间样式中，与那个知觉如何必然地连接在一起。在哲学中类比所意指的东西非常不同于它在数学中所呈现的东西[①]。在数学中，类比是这样一些公式，它们断定了两个数量关系的相等，并且总是**构成性的**，以至于如果一个比例的三个项均被给出了，那么第四个项由此也就被给出了，即它也就能够被构造出来了[②]。但是，在哲学中类比并不是两个**数量**关系的相等，而是两个**性质**关系的相等。在此，我从三个给定的项中[A180]仅仅能够认识到并且先天地给出它们与某个第四个项的**关系**，而不能认识到并且先天地给出**该**第四个**项**本身。不过，我确实拥有一条如何在经验中寻找这第四个项的规则，以及一个据之在经验中找到它的标记。因此，经验的类比仅仅是这样一条规则，根据它，经验的统一性应当从诸知觉中产生出来（而不是一条关于知觉本身作为泛而言之的经验直观如何产生出来的规则）。作为原则，经验的类比将不是**构成性地**

① “类比”原文为“Analogie”。在数学中，“Analogie”通常译作“等比”（意为两个比相等）。等比关系即这样的等式：a : b = c : d。

② “调节性的”和“构成性的”原文分别为“regulativ”和“konstitutiv”。此句中的“三”和“四”原作“二”和“三”，据 Mellin 意见改正。

而是单纯**调**〔B223〕**节性地**适用于诸对象（诸显象）的。但是，恰好这点也同样适用于泛而言之的经验思维的公设——这些公设一并处理单纯直观（显象的形式）的综合、知觉（显象的质料）的综合以及经验（这些知觉的关系）的综合。这也就是说，这些公设仅仅是调节性的原则，并且它们与构成性的数学的原则尽管在确实性方面没有区别（在两者中确实性均先天地得到了确立），但在数学的原则所拥有的那种自明性上，即在其直观性方面（进而也在其演证方面）的确是与数学的原则有所区别的。

不过，在所有综合原则的情况下我们均已经提醒大家注意的一点，而且在此首先必须说明的一点是这样的：这些类比不是作为知性的先验使用的原则，而仅仅是作为知性的经验使用的原则，才〔A181〕有其唯一的意指和有效性[①]，进而也只是作为这样的原则才能够得到证明；因此，诸显象并不是必须被归属于绝对地看待的范畴之下，而仅仅是必须被归属于范畴的图式之下。因为，如果这些原则应当被关联于其上的诸对象是物本身，那么这点就是完全不可能的了：先天综合地认识它们中的某种东西。现在，这样的对象只不过就是这样一些显象，对于它们的完全的认识——所有先天的原则最后总是必定归结为这样的完全的认识——仅仅是可能的经验。因此，先天原则的目标只不过就是提供诸显象的综合中的经〔B224〕验认识的统一性的条件。但是，这样的统一性仅仅是在纯粹知性概念的图式中被思维的，范畴包含着这种图式的统一性（作为一种泛而言之的综合的统一性）的不受任何感性条

① “意指和有效性”原文为“Bedeutung und Gültigkeit”。在此“Bedeutung”也可以译作“意义”。

件限制的功能[①]。因此，这些原则使得我们有权利仅仅按照与诸概念的逻辑的且普遍的统一性的类比来将诸显象复合在一起。所以，尽管在原则本身中我们使用范畴，但是，在具体实施原则时（在将其应用于诸显象之上时）我们则将范畴的图式（作为范畴的使用的钥匙）置于范畴的位置之上；或者更准确地说，将其当作限制条件在范畴的公式的名义下置于范畴旁边[②]。

[A182] 甲、第一类比

实体的恒常性原则[③]

在诸显象的一切变易中，实体都是恒在的，而且实体在自然中的定量既不增加，也不减少。[④]

---

① 这句话原文是这样的："diese aber wird nur allein in dem Schema des reinen Verstandesbegriffs gedacht, von deren Einheit, als einer Synthesis überhaupt, die Kategorie die durch keine sinnliche Bedingung restringierte Funktion enthält"。Kehrback 认为"von deren Einheit"中的"deren"当作"dessen"。中译文据此译出。

② 这句话原文为："und daher uns in dem Grundsatze selbst zwar der Kategorie bedienen, in der Ausführung aber (der Anwendung auf Erscheinungen) das Schema derselben, als den Schlüssel ihres Gebrauchs, an dessen Stelle, oder jener vielmehr, als restringierende Bedingung, unter dem Namen einer Formel des ersteren, zur Seite setzen"。Müller 和 Paulsen 建议将"an dessen Stelle"改作"an deren Stelle"，Müller 还建议将"Formel des ersteren"改作"Formel der ersteren"。"deren"和"der ersteren"及"jener"均指代前面的"Kategorie"（范畴）。中译文据此译出。（在不加改动的情况下，对于"dessen"和"des ersteren"所指代的词项有如下不同的解释：Noiré 认为前者指代"Gebrauch"，后者指代"Grundsatz"；Adickes 认为二者均指代"Gebrauch"；Erdmann 认为二者均指代"Grundsatz"。）

③ A 版作"恒常性原则"。

④ A 版此句的内容是这样的："所有显象均将恒常的东西（**实体**）当作对象自身而包含在自身之内，而且将可变动的东西当作该恒常的东西的单纯的规定性即该对象的存在的方式而包含在自身之内。"

证明[1]

所有显象均处在时间之中。只有在作为基质（作为内部直观的恒常的形式）的时间中**同时性**和**接续性**才是可以加以表象的。因此，时间——诸显象的一切[B225]变易均应当在其内加以思考——存留下来了并且不发生变易，因为它恰恰就是这样的东西，正是在其内前后相继性或者同时性才能作为显象的规定性而得到表象。现在，时间就其自身来说是不能被知觉到的。因此，如下意义上的基质必定要在知觉的对象即显象中被遇到：它表象了泛而言之的时间，并且在其上一切变易或者同时性均可以通过诸显象与它的关系而在领会中被知觉到。但是，正是在一切实在的东西（即一切属于事物的存在的东西）的基质即实体之中，一切属于存在的东西才能作为规定性而被思维。因此，这样的恒常的东西——只有在与它的关系中诸显象的所有时间关系才能得到规定——就是显象中的实体，即显象的实在的东西，作为一切变易的基质而始终保持同一的东西。由于这个实体在存在中不能发生变易，因此，其在自然中的定量也不能被增加或者被减少。[2]

我们对于显象杂多的领会总是前后相继的，因此总是在发生着变易。因此，仅仅通过这种领会我们决不能确定这种杂多作为

---

① A版作“该第一类比的证明”。

② 在A版中此段话原是这样的：“所有显象均处在时间之中。时间能够以两种方式规定**诸显象的存在**中的关系——或者在它们**前后相继**范围内，或者在它们**是同时的**范围内。就第一种方式来说，时间被看成了**时间序列**；就第二种方式来说，时间被看成了**时间范围**。”

经验的对象是同时的还是前后接续的——如果在经验中[①]没有这样的某种东西处于基础地位的话，它**总是存在着**，这也就是说，它是某种**持存的**且**恒常的**东西，而它的任何［B226］变易和同时性均不过是恒常的东西的如此多种类的存在方式（时间的诸样式）而已。因此，只有在恒常的东西中时间关系才是可能的（因为同时和前后相继是时间中的唯一的关系）。［A183］这也就是说，恒常的东西是时间自身的经验表象的**基质**，正是在其上一切时间规定才是可能的。恒常性作为诸显象的一切存在、一切变易和一切伴随的稳定的关联物终究表达了时间。因为，变易针对的不是时间自身，而仅仅是时间中的诸显象（正如同时性不是时间自身的一种样式一样，因为在时间自身中诸部分决不是同时的，相反，所有部分均是前后相继的）。如果人们想将前后的接续性归属给时间自身，那么人们就必须还思考另一个时间，在其上该接续会是可能的。只有经由恒常的东西，前后相继的时间序列的诸不同部分中的**存在**才获得了一种人们称为**延续**的**量**。因为，仅仅在单纯的相继中，存在总是边消失边开始了，从来没有哪怕是最低限度的量。因此，如果没有这样的恒常的东西，就没有任何时间关系。现在，时间就其本身来说是不能被知觉到的，因此，诸显象中的这种恒常的东西就构成了所有时间规定的基质，因此也构成了诸知觉的一切综合统一性即经验的可能性的条件。［B227］而且，在这种恒常的东西中，时间中的一切存在及一切变易只能被看作持存而恒常的东

① “在经验中”原文为“an ihr”，“ihr”指代“Erfahrung”（经验）。Erdmann 认为“an ihr”当作“an ihm”，“ihm”指代前面的“dieses Mannigfaltige”（这种杂多）或“Gegenstand der Erfahrung”（经验对象）。

西的一种存在样式。于是，在所有显象中，恒常的东西就是对象自身，即（phaenomenon［现象］）实体；但是，所有变［A184］易的东西，或者所有能够变易的东西，均仅仅属于该实体或者诸实体存在的方式，进而属于其规定性。

我发现：在所有时代，不仅哲学家，而且普通知性，均预设了这种作为诸显象的一切变易的基质的恒常性，而且，他们也总是认为这种恒常性是无可置疑的；只不过，哲学家们以某种更加确定的方式表达了这点，因为他们说：在世界中的一切变化的情况下，**实体**均是持存着的，而只有**偶性**是变易着的。不过，在任何地方我都没有遇到关于这个如此综合性的命题的证明的哪怕单纯的尝试，甚至于该命题也很少处在纯粹的而且完全先天地成立的自然法则的顶端（而它当然值得拥有这样的地位）。实际上，“实体是恒常性的”这个命题是同语反复的。因为，构成了我们如下做法的根据的只是这种恒常性，即将实体范畴应用于显象之上。而且，人们必须已经证明了，在所有显象中均存在着某种恒常的东西，在其上可变易的东西不过就是其存在的规定性。但是，由于这样一种证明从来不能［B228］独断地做出，即不能根据概念而做出（因为它涉及一个先天综合命题），而且人们从来没有想到过如下这点，即诸如此类的命题只有联系着可能的经验才是有效的，进而也只有通过关于经验的可能［A185］性的演绎才能得到证明，因此，毫不奇怪，尽管这个命题在一切经验那里均被置于基础地位（因为人们在经验认识中**感受到了**对它的需求），但是它却从来没有被证明。

一个哲学家被人问道：炊烟有多重？他答道：请从燃烧的木头的重量中去掉剩下的烟灰的重量，你便得到了烟的重量。因此，他假定下面这点是无可反驳的：即便在大火中**物质**（实体）也没有消亡，只不过其**形式**经受了一种变化。同样，“没有任何东西从虚无中产生出来”这个命题只不过是得自恒常性（或者更准确地说，诸显象中的真正的主体的总是持续的存在）的原则的另一个结果。因为，如果显象中的那种会被人们称作实体的东西应当是一切时间规定的真正的基质，那么，不仅过去的时间中的一切存在，而且还有将来的时间的存在，均必定可以在这种东西之上得到唯一的规定。因此，我们仅仅是出于如下原因才能够将“实体”这个名称给予一个显象，即我们预设了它在一切时间中的存在。就这种意义上的存在来说，甚至于[B229]“恒常性”这个词都没有很好地表达它，因为这个词更多地适用于将来的时间。然而，恒常存在下去的内在的必然性与总是已经存在了的必然性不可分离地联系在一起，因此，这个表达式可以保[A186]留下来。“Gigni de nihilo nihil, in nihilum nil posse reverti”（没有任何东西能够从虚无中产生出来，没有任何东西能够回归于虚无）[①]包含着两个命题。古人将它们未加分离地联结在一起，现在，人们出于误解而将它们偶尔分离开来，因为人们设想：它们涉及事物本身，而第一个命题或许违背了世界对于一个至上原因的依赖性（甚至于就世界的实体来看）。但是，这样的担心是不必要的，因为在此谈论的只是经验领域中的显象；如果我们想要让新的事物（就实体来说）产生出来，那么经验的统一性就决无可能了。因为，在这样的情况下，那种唯一能够表象时间的统一性的东西——即基质的同一性——便消失不见了，因为只有在其上一

---

① 引自 Persius（波西乌斯）的著作 *Satires*（《讽刺诗》），iii，83。

切变易才拥有贯通的统一性。然而，这种恒常性不过就是我们表象（显象中的）诸事物的存在的方式而已。

一个实体的这样一些规定性，它们只不过是该实体的特殊的存在方式而已，叫作**偶性**。它们总是实在的，因为它们涉及实体的存在（否定仅仅是这样一些规定性，它们表达了实体之上的某种东西的非存在）。如果人们现在赋予实体中的这种实在的东西〔B230〕（比如作为物质的一种偶性的运动）以一种独特的存在，那么人们便将这种存在称作依存，以区别于实体的存在——人们将该存在称作自存。不过，〔A187〕由此而产生了许多误解。如果人们采取如下做法，那么他们的相关说法会更为准确且更加正确：仅仅通过一个实体的存在被正面地规定的方式来表示偶性。然而，出于我们的知性的逻辑使用的诸条件的缘故，如下做法是不可避免的：将一个实体的存在中可以变易的东西（尽管实体本身存留下来了）可以说分离出来，并且联系着真正恒常的且根本的东西来考察它。于是，在这种情况下，即便〔依存〕这个范畴被置于关系条目之下，但是，与其说在此它本身就包含着一种关系，还不如说它是作为关系的条件而处于该条目之下的。

现在，对**变化**概念的修正也是建立在这样的恒常性基础之上的。产生和消亡并不是产生的东西或者消亡的东西的变化。变化是这样一种存在方式，它跟着恰好同一个对象的另一种存在方式出现了。因此，一切变化着的东西均**持存下来了**，而只有其**状态发生着变易**。于是，由于这种变易只是针对这样一些规定性的，它们可以终止或者还可以开始，因此，我们可以用一个貌似有点儿悖论性的说法断言：只有恒常的东西（实体）被改〔B231〕变了，而可以变动的东西并没有经受任何变化，而只是经受了一种**变易**[①]，因为一些规定性终止了，而另一些规定性开始了。

[A188]因此，变化只有在实体之上才能被知觉到，而且绝对的产生或消亡——在其不涉及恒常的东西的某种规定性的情况下——根本不可能是任何可能的知觉，因为恰恰是这种恒常的东西使得关于从一个特定的状态到另一个状态并且从非存在到存在[②]的过渡的表象成为可能。因此，这些状态以及非存在和存在只有作为持存的东西的变易的规定性才可以被经验地认识到。假定某种东西绝对地开始存在了，那么你就必须拥有这样一个时刻，在其上它不曾存在。但是，如果你不想将这个时刻固定在已经存在的东西上，那么你想将它固定在什么地方之上？因为，一个处在前面的空的时间并不是知觉的对象。但是，如果你将这种产生联结到这样一些事物之上，它们事先已经存在了，并且一直延续到产生的这个东西，那么后面这个东西只不过是作为恒常的东西的前面那个东西的一种规定性。消亡的情况恰好也是一样的，因为这种消亡预设了关于这样一个时间的经验表象，一个显象不再存在于其上了。

（显象中的）诸实体是所有时间规定性的基质。一些实体的产生和另一些实体的消亡甚至于会取消时间的经验的统一性的唯一的条件，[B232]并且在这种情况下诸显象就会关联到两种时间，在其中存在并排地流逝了，而这点是荒唐的。因为，**仅仅**存在着一

---

① 此句原文是这样的："nur das Beharrliche (die Substanz) wird verändert, das Wandelbare erleidet keine Veränderung, sondern einen *Wechsel*"。

② "从非存在到存在"原文为"von Nichtsein zum Sein"（原版第四版作"vom Nichtsein zum Sein"）。

个时间，在［A189］其中所有不同的时间必定并非是同时地被设定的，而必定是前后相继地被设定的。

据此，恒常性构成了这样一种必然的条件，只有在其下诸显象才能够在一个可能的经验中被规定为事物或对象。不过，至于什么是这种必然的恒常性以及与其相连的诸显象的实体性的经验标准，在后文①我们将有机会给出必要的说明。

乙、第二类比

依据因致性法则的时间接续原则②

所有变化均按照关于原因和结果的联结的法则发生。③

证明

（前面的原则已经阐明了下面这点：时间接续中的所有显象总起来说仅仅是**变化**，也即，仅仅是恒常存在的实体的诸规定性的前后相继的存在和非存在；因此，接着实体的非存在而来的实体自身的存在或者接着实体的存在而来的实体的非存在并没有发生，换［B233］言之，实体自身的产生或消亡并没有发生。这个原则也可以这样来表达：**诸显象的一切变易［前后相继］都仅仅是变化**，因为实体的产生或者消亡并不是实体的变化。后面这点又是因为，变化概念预设了，拥有两个相反的规定性的恰好同一个主体是存

① 见后文 B250-251/A205-206。

② A 版作“生成原则”。

③ A 版此句是这样的：“所有发生的东西（所有开始存在的东西）均预设了这样的某种东西，它们按照一条规则接着它发生。”

在的，因此是恒在的。——在做出这个提醒后，我们接着给出如下证明。）

我知觉到，诸显象彼此接着发生，也即，诸事物的一个状态在一个时间存在了，而其反面则在前一个状态中[①]存在了。因此，真正说来，我将时间中的两个知觉联结在了一起。现在，联结不是单纯感觉能力和直观的作品，相反，在此它是想象力的一种综合能力的产物，而想象力则联系着时间关系规定了内感能力。不过，想象力能够以两种方式连接所提到的这两个状态，以至于其中的一个状态或者另一个状态在时间中先行发生了。因为，时间就其本身来说不能被知觉到，而且联系着它，什么东西先行发生了并且什么东西接着发生了，这点可以说是在对象之上经验地得到确定的。因此，我只是意识到了这点，即我的想象将一个状态设置在前面了，而将另一个状态设置在后面；但是，我并没有意识到，在对象中一个状态先行发生在另一个状态之前了。换言之，经由单纯的知觉，彼此接续发生的显象的**客观的关系**［B234］依然处于未得到确定的状态。现在，为了将这种客观关系认作得到了确定的，我们必须如此地思维这两种状态之间的这种关系，以至于由此下面这点被确定成必然的了：其中的哪个状态必须被设置在前面，哪个状态必须被设置在后面（而不是相反）。但是，在此那个随身携带着综合的统一性的某种必然性的概念只能是这样一个纯粹知性概念，它并非处在知觉之中。在此，相关的概念就是关于**原因和结果的关系**的概念。其中的前者在时间中决定了后者——将其决定为后果，而不

① Wille 认为"在前一个状态中"当作"在前面的时间中"。

是将其决定为这样的某种东西，它仅仅是在想象中可能先行发生了（它甚至于根本就是不可被知觉到的）。因此，只有通过如下方式，即让诸显象的接续进而一切变化听命于因致性法则，甚至于经验即关于诸显象的经验认识才是可能的。进而，诸显象自身作为经验对象只有根据恰好同样的法则才是可能的。[①]

显象杂多的领会总是前后相继的。诸相关部分的表象前后接续发生。至于这些表象在对象中是否也接续发生，这点构成了反思的第二个要点，而该要点并没有包含在第一个要点[②]之中。现在，尽管人们可以将一切东西，甚至于每个表象（在他们意识到了它们范围内），均称作对象，不过，至于这个语词在[B235]诸显象那里应当意指什么（不是在这些显象［作为表[A190]象］就是对象这样的范围内，而是在它们仅仅表示了对象这样的范围内），这点是需要进行更为深入的研究的。在诸显象仅仅作为表象同时就是意识的对象这样的范围内，它们根本没有与领会即纳入想象力的综合之中这样的活动区别开来。因此，人们必须这样说：诸显象的杂多在心灵中总是前后相继地被生成出来的。如果诸显象就是物本身，那么没有人能够从它们的杂多的诸表象的前后相继估计出该杂多是如何在对象中连接在一起的。因为，我们所关心的终究仅仅是我们的表象，至于诸物本身可能是什么样的（在不考虑它们借以刺激我们的那些表象的情况下），这点完全处于我们的认识范围之外。现在，尽管诸显象不是物本身，但是它们毕竟是唯一能够提供给我们以便我们加以认识的东西，因此，我应当

① 前两段话为 B 版所加。

② 第一个要点指刚刚提到的“诸相关部分的表象前后接续发生”。

表明，什么样的时间中的连接适合于诸显象自身中的杂多，尽管处于领会中的杂多的表象总是前后相继的。因此，比如，对一座房子的显象中的杂多的领会是前后相继的。现在，问题是这样的：这座房子自身的杂多是否也是内在地前后相继的。当然，没有人会承认这点。但是现在，一旦我将我关于一个对象的概念［B236］提升至先验的意指[①]，这座房子就根本不是任何物本身了，而仅仅是一个显象，［A191］即这样的表象，其先验的对象是未知的。那么，我如何理解如下问题：显象自身中的杂多（显象当然不是任何东西本身）可能是如何连接在一起的？在此处于前后相继的领会中的东西被看成了表象，而被给予我的显象，尽管它不过就是这些表象的全体，则被看成了这些表象的这样的对象，我的概念——我是从领会的诸表象那里抽引出该概念的——应当与其协调一致。在此，人们立即就看到了下面这点：因为知识与对象的一致就是真理，所以，在此人们所追问的仅仅是经验真理的形式条件；而且，与领会的诸表象相对立的显象只有通过如下方式才能被表象成与这些表象不同的、诸表象的对象，即它隶属于这样一条规则：该规则将它与任何其他领会区别开来，而且使得相关杂多的某种连接方式成为必然的。显象中包含着领会的这条必然的规则的条件的东西，就是对象。

现在，我们来处理我们的任务。假定一个事件发生了，即某个先前不曾存在的事件或状态生成了。如果并非这样一个显象先行产生了，它没有包含该状态，那么上面这点是无法从经验上被

---

① “先验的意指”原文为“transzendentale Bedeutung”。“transzendentale Bedeutung”一语也出现于B305/A248、B313/A258和B527/A499等处。我们将第一处中出现的此语也译作“先验的意指”，而将后两处出现的此语译作“先验的意义”。

知觉到的。[B237]因为，这样一种现实性，它[A192]跟着一个空的时间发生，进而这样一种产生，在其前面没有任何事物状态先行发生了，正如该空的时间本身一样，是不可能被领会的。因此，对一个事件的任何一种领会均是这样一种知觉，它是跟着另一种知觉发生的。但是，由于在领会的一切综合的情况下事情均是如此的（像我在上面在一座房子的显象之上所指明的那样），因此，对一个事件的领会由此还没有将自己与其他的领会区别开来。不过，我也说明道：如果在一个包含着一个事情的发生的显象的情形中我将相关的知觉的先行的状态称作 A，而将该知觉的接下来的状态称作 B，那么在领会中 B 只能跟着 A 发生，知觉 A 则不能跟着 B 发生，而只能先行于它发生。比如，我看到一条船顺流而下。我对该船在河道的下方的位置的知觉跟着我对它在河道的上方的位置的知觉发生。在此，这样的事情是不可能的：在对该显象的领会中这条船首先在河的下游被知觉到了，此后它才在河的上游被知觉到。因此，相关领会中的诸知觉的接续的次序在此是被决定好了的，而该领会便被连接在该次序之上。在前面关于一座房子的例子中，我领会中的诸知觉可以从这座房子的顶部开始，并在底部结束；但是，这个知觉也可以[B238]从下面开始，并在上面结束；类似地，我的诸知觉也可以从右边或者从左边开始领会该经验直观的杂多。因此，在这些知觉[A193]的序列中不存在任何这样的确定的次序，它使得下面这点成为必然的，即在该领会中我必须在什么地方[①]开始，以便将杂多经验地连接起来。不过，这样一

① “在什么地方”（wo）原作“当……的时候”（wenn）。根据 Mellin 的意见修改。Erdmann 认为“wenn”当作“wann”。

条规则在关于发生的事情的知觉的情况下总是可以遇到的，而且，它使得（该显象的领会中的）彼此接续的知觉的次序成为**必然的**。

于是，在我们的情形中，我将必须从诸显象的**客观的接续**中推导出领会的**主观的接续**，因为，否则的话，主观的接续就是完全不确定的，而且没有将任何显象与其他显象区别开来。主观的接续单独看来并没有证明关于对象中的杂多的联结的任何东西，因为它是完全任意的。因此，客观的接续就在于显象的杂多的这样一种次序，根据它，一个事项（发生的事情）的领会**按照一条规则**跟着另一个事项（它先行发生了）的领会发生。只有经由这样的方式我才能有权利对于显象自身（而不仅仅对于我的领会）说：在它之中一种接续会被遇到。这点恰好就意味着，我不能以任何其他的方式而只能在恰好这样的接续中将该领会进行下去。

因此，按照这样一条规则，在终究说来发生于一个事件前面的那个事项中必定包含有这样一条规则的条[B239]件，根据它，这个事件总是而且必然地接着发生了[①]。但是，我不能反过来从该事件往回走并且[A194]（经由领会）决定那个先行发生的事件。因为，没有任何显象从接着的时刻回到在前的时刻，不过，一个显象的确关联着**某个在前的时刻**；与此相反，从一个给定的时间到特定

---

① 这句话原文是这样的："Nach einer solchen Regel also muß in dem, was überhaupt vor einer Begebenheit vorhergeht, die Bedingung zu einer Regel liegen, nach welcher jederzeit und notwendigerweise diese Begebenheit folgt"。Wille 认为应该修改成如下形式："Nach einer solchen Regel also muß in dem, was überhaupt vor einer Begebenheit vorhergeht, die Bedingung liegen, unter welcher jederzeit und notwendigerweise diese Begebenheit folgt"。相应的中译是这样的："因此，按照这样一条规则，在终究说来发生于一个事件前面的那个事项中必定包含有这样一个条件，在其下这个事件总是而且必然地接着发生了。"

的接着的时间的前行则是必然的。因此，因为终究存在着某种接着发生的事项，所以我无论如何必须必然地将它关联到某种其他的事项，某种先行发生的事项，并且它按照一条规则即必然地跟着该先行发生的事项发生了，以至于该事件，作为有条件者，为某个条件提供了可靠的指示，而该条件则决定了该事件。

假定在一个事件之前没有任何这样的事项先行发生了，该事件按照一条规则必定跟着它而发生，因此知觉的所有接续都仅仅是在领会之中得到确定的，即仅仅是主观地得到确定的，而由此下面这点完全没有得到确定：哪个事项必定实际上是诸知觉的先行发生的事项，并且哪个事项必定是诸知觉的接着发生的事项。依这样的方式，我们只是拥有了一个表象的游戏，它根本没有关联到任何对象，也就是说，经由我们的知觉，一个显象根本没有被与任何其他显象从时间关系上区别开来。因为，领会中的前后相继处处均是一样的，因此在显象中没有任何这样的东西，它如此地决定了该前后相继，以至于经由它某种[B240]接续作为客观的接续而被弄成必然的。因此，我将不会这样说：在显象中两个状态彼此[A195]跟着发生了；而只会这样说[①]：一个领会跟着另一个领会发生了。但是，后面这点仅仅是某种**主观的**东西，并没有规定任何对象，进而根本不能被看作关于任何一个对象（甚至于不能被看作关于显象中的某个对象）的认识。

因此，当我们得知某个事项发生了时，我们在此便总是预设了这点：某件事情先行发生了，这个事项就是按照一条规则跟着

① Vaihinger 认为“我将不会这样说……而只会这样说”当作“我将不能这样说……而只能这样说”。

该事情发生的。因为，否则的话，我就不会针对相关的对象说它跟着出现了，而这点则又是因为，如果我的领会中的单纯的接续没有经由一条规则联系着一个先行发生的事项而被决定的话，那么它不会为对象中的任何接续提供根据。因此，我使得我的主观的（领会的）综合变成客观的综合这样的事情总是联系着这样一条规则而发生的，根据它，诸显象在其接续中——即像它们事实上所发生的那样——是由先行发生的状态所决定的。而且，仅仅在这样的预设之下，关于某个发生的事项的经验甚至于才是可能的。

但是，这点似乎与人们就我们的知性的使用的进程一直以来所做出的所有评论相悖。按照这些评论，只是通过知觉到的且比较了的若干事件（跟着诸相关的先行的显象）之协调一致的接续发生，我们才被引［B241］导着发现了这样一条规则，根据它，某些事件总是跟着某些显象发生，而且只是经由这样的接续发生，我们才被诱导着形成原因概念。在这［A196］样的基础之上，这个概念仅仅是经验性的，而且它所给出的那条规则，即所发生的一切事情均拥有一个原因，将与经验本身一样，同样是偶然的。在这种情况下，该规则的普遍性和必然性都仅仅是虚构出来的，并没有任何真正的普遍有效性，因为它们并不是先天地建立起来的，而仅仅是建立在归纳基础之上的。但是，此处的情况与其他纯粹先天的表象（比如空间和时间）的情况是一样的。就这些纯粹先天的表象来说，我们之所以能够从经验中将它们作为清晰的概念抽取出来，这点仅仅是因为我们已经将它们放在经验之中了，因此，经由它们我们才首先形成了经验。当然，关于一条决定诸事件的序列的规则的这个表象（作为一个原因概念）的逻辑清晰性只有在如下情况下才是可能的，即我们在经验中对其已经做出了使用。不过，对于作为时间中的诸显象的综合统一性的条件的这个表象的考虑的确是经验本身的根据，因此，是在经验之前先天地先行发生的。

因此，在此重要的事情是要在例子中表明，除非有这样一条规则处于基础地位，它**迫使**我们观察到诸知觉的这样的次序而非另一种次序，否则，甚至于在经验中我们也决不会将这样一个事件的接续发生——在其中某个先前不曾存在的事项发生了——归属给一个对象，并且我们也决不会将该接续与我们的领〔B242〕会的主观的接续区别开来。并且，我们还要在例子中表明，这种迫〔A197〕使真正说来就是使得关于对象中的某种前后相继的表象首先成为可能的东西。

我们内在地拥有表象，而且我们也能够意识到这些表象。但是，无论这种意识延伸到多远，也无论它多么精确或者准时，它们始终依然仅仅是表象，即我们的心灵在这种或那种时间关系中的内部规定性。现在，我们是如何达到如下这点的，即我们给这些表象设置了一个对象，或者在它们作为〔心灵的〕变状的主观的实在性之上还归属给它们一种客观的实在性（尽管我不知道这种客观的实在性是什么样子的）？这种客观的意指不可能在于与另一个表象的关联（该表象是那种人们想要称作对象的东西的表象）[①]，因为否则，这个问题又重新出现了：这个表象再一次地如何走出自身并且在主观的意指（该意

① 此句原文为："Objektive Bedeutung kann nicht in der Beziehung auf eine andere Vorstellung (von dem, was man vom Gegenstande nennen wollte) bestehen"。Mellin 认为"was man vom Gegenstande nennen wollte"中的"vom"应删除。Valentiner 认为"nennen"前漏掉了"so"，应补上。Erdmann 认为"was man vom Gegenstande nennen wollte"应释作"was man von einem Gegenstande aussagen wollte"（人们想要表述给一个对象的东西），并且认为全句应当做如下理解："这种客观的意指不可能在于与那种人们想要表述给一个对象的东西的关联。"中译文据 Mellin 的意见译出。

指是作为心灵状态的规定性的该表象所独有的）之上又获得一种客观的意指？如果我们研究一下，**与一个对象的关联**这点究竟给予了我们的诸表象一种什么样的新特性，并且它们由此而获得的那种尊严是什么，那么，我们就会发现，它仅仅是做了这样的事情，即以某种方式使得诸表象的连接成为必然的，并且让该连接听命于一条规则；反过来说，只有经由[B243]这点，即我们的表象在时间关系中的某种次序是必然的，我们的表象才被赋予了一种客观的意指。

[A198]在诸显象的综合中，诸表象的杂多总是彼此前后接续发生的。现在，由此还根本没有任何对象被加以表象，因为，经由这种共同于所有领会的接续，没有任何东西被与其他的东西区别开来。但是，一旦我知觉到或者预先假定，与一种先行发生的状态的关联出现在该接续之中，一个相关的表象按照一条规则跟着它发生了，那么便有某种东西将自身呈现为事件，或者说呈现为在此发生的事情。这也就是说，在此我认识了这样一个对象，我必须将它设置在时间中的某个特定的位置之上——根据先行发生的状态，我们不能以其他的方式将该位置分配给它。因此，如果我知觉到，某个事项发生了，那么，在这个表象中首先便包含着下面这点，即某个事项先行发生了，因为，恰恰是联系着这个事项相关的显象获得了其时间关系——即存在于这样一个先行的时间之后，在其中它不曾存在。但是，该显象只能通过下面这点获得其在这种关系中的确定的时间位置，即[①]在先行发生的状态中这样的某个事项被预设了，该显象[②]

① Valentiner 认为在此处应该加上“其次”，以与前文互应。

② “该显象”原文为代词“es”，指代不明。Wille 建议将其改作“sie”，指前文提到的“Erscheinung”（显象）。

总是——即按照一条规则——跟着该事项发生。于是，由此我们得到如下结论：首先，我不能颠倒该序列，不能将发生的事项置于它所跟着的事项之前；其次，如果先行〔B244〕发生的状态被设定了，那么这个特定的事件便不可避免地且必然地跟着发生。由此便有如下结果：在我们的表象之间出现了这样一种次序，在其内现在的事项（在〔A199〕这个事项出现了范围内）为这样的某个先行发生的状态提供了指示，它构成了所给出的这个事件的一个关联物。尽管该关联物还未得到规定，但是它确定地关联到作为其后果的该事件，并且在时间序列中必然地将该事件与自身联结在一起。

现在，如果前面的时间必然地决定接着的时间这点构成了我们的感性的一条必然的法则（因为我不能以其他的方式，而只能经由在前的时间达到接下来的时间），进而构成了所有知觉的一个**形式条件**，那么下面这点也构成了关于时间序列的**经验表象**的不可或缺的一条**法则**：逝去的时间的诸显象决定了接着的时间中的每个存在物，而且，这些存在物作为事件只有在如下条件之下才会发生，即逝去的时间中的诸显象为它们决定了它们在时间中的存在，即按照一条规则确定了此存在。因为，**只有在诸显象之上我们才能经验地认识到诸时间的关联中的这种连续性**。

一切经验及其可能性均需要知性。而且，知性为此所做的第一件事并不是这样的：它使得对象的表象变得明确，而是这样的：它使得一个对象的表象最终成为可能。现在，这样的事情是通过如下事实而发生的：〔B245〕知性通过如下方式将时间次序转移到诸显象及其存在之上，即将一个联系着先行发生的显象而先天地确定好了的时间中的位置给予诸显象中的每一个（作为后果的）显象。在没有这样的位置的情况下，该显象就不会［A200］与时间本身协调一致了，而时间则针对其所有部分先天地确定了其位置。现在，这样的位置确定不可能是从诸显象相对于绝对时间的关系那里得到的（因为绝对时间不是知觉的对象）；相反，诸显象必定彼此决定了它们在时间本身中的位置，而且使得这些位置在时间次序中成为必然的，即在此跟着出现的事项或者发生的事项必定是按照一条普遍的规则跟着包含在先行的状态中的事项发生的。由此便出现了诸显象的这样一种序列，借助于知性，它在诸可能的知觉的序列中引起了恰好这样一种次序和稳定的关联并使之成为必然的，它们在内部直观的形式（时间）中——所有知觉均必定在其中拥有其位置——也被先天地遇到了。

因此，某事发生了，这点是一个属于这样一种可能经验的知觉，它经由如下情形而变成现实的，即我将相关的显象看作根据其在时间中的位置而得到了规定的，进而将其看作这样一个对象，它总是能够在诸知觉的关联中根据一条规则而被找到。而这条［B246］关于如何根据时间接续来规定某种东西的规则是这样的：这样的条件要在先行发生的东西中去寻找，在其下相关的事件总是（即必然地）跟着发生。因此，充［A201］足根据原则就是可能经验即（联系着诸显象在时间顺序中的关系而言的）诸显象的客观认识的根据。

不过，这个原则的证明根据只是以如下要素为基础的。经由想象力而进行的杂多的综合属于一切经验认识，而这样的综合总是前后相继地进行的，即在其中诸表象总是彼此接续出现的。但是，这样的接续就次序来说（什么事项必定是先行发生[①]的并且什么事项必定是跟着发生的）在想象力中根本没有得到规定，而且，诸彼此接着出现的表象的序列既可以被看成是向后继续下去的，也可以被看成是向前继续下去的。但是，如果这种综合是（一个给定的显象的杂多的）领会的综合，那么，这种次序便在对象中得到了规定，或者更为准确地说，在领会中便存在着这样一种前后相继的综合的次序[②]：它规定了一个对象，按照它某个事项必须必然地先行发生了，而且当这个事项被设定了时，另一个事项便必须必然地跟着发生了。因此，如果我的知觉应当包含关于一个事件的知识（即在此某个事项实际上发生了），那么它必须是这样一个经验的判断，在其中人们思考了这点，即某个后果被决定了，即该后果[B247]从时间上说预设了另一个显象，而它必然地，或者说按照一条规则，跟着该显象发生。否则，如果我设定了这个先行发生的事项，而该事件并非必然地跟着它发生，那么我将[A202]不得不把该事件仅仅看成我的诸多想象的主观的游戏；此时，如果我还是将该事件表象成某种客观的东西，那么我将只能把它称作一场单纯的梦境。因此，（作为可能的知觉的）诸显象之间的这样的关系——按照它跟着出现的事项（发生的事项）从其存在上说经由某种先行发生的事项必然地并且按照一条规则决定好了——进而原因与结果之间的关系，联系着诸知觉的序列来看，就是我们的经验的判断进而其经验的真理性的客观有效性的条件，因而也就是经验的客观有效性的条件。于

① “先行发生”（vorhergehen）原作“发生”（vorgehen）。据 Valentiner 的意见修改。

② Wille 认为此句话中出现的“领会”（Apprehension）均当作“统觉”（Apperzeption）。

是，关于诸显象的接续中的因果关系的原则甚至于在所有经验对象之前便起作用了[①]（在它们从属于前后相继的条件范围内），因为该原则本身就是这样一种经验的可能性的根据。

但是，在此人们还是表露出了一种疑虑。我们必须消除它。这种疑虑是这样的：关于诸显象之间的因果联系的原则在我们的表述形式中被限制在了诸显象的顺序之上，而在使用该原则时我们发现，它也适用于诸显象之间的伴随情形[②]，且原因和结果可以是同时性的。比如，房间内很暖和，而在室外［B248］并不暖和。我环顾四周寻找原因，发现了一只生着火的炉子。现在，作为原因的这只炉子与其结果即室内的暖和是同时性的。因此，在此在原因和结果之间并不存在任何时间上的顺序，相反，它们是同时性的，而相关的法则却是成立的。自然中的效力因［A203］大部分说来与其结果是同时性的，而诸结果的时间顺序仅仅是经由下面这点而引发的，即相关的原因不能一瞬间完成其整个结果。但是，在结果首先出现的那个瞬间，它与它的原因的因致性总是同时性的，因为，如果原因在一个瞬间之前已经停止存在了，那么结果就根本不会出现了。在此人们一定要注意下面这点：我们讨论的是时

---

① 此句原文为："Der Grundsatz des Kausalverhältnisses in der Folge der Erscheinungen gilt daher auch vor allen Gegenständen der Erfahrung"。Hartenstein 认为其中的"vor"（在……前面）当作"von"，这样全句当译为："于是，关于诸显象的接续中的因果关系的原则也适用于所有经验对象"。Erdmann 认为这个意见不可取，因为"在此所考虑的并不是范畴的经验的使用的普遍性，而是范畴之作为经验的可能性的根据的功能。"

② "伴随情形"原文为"Begleitung"。伴随出现的诸现象可以是同时性的，而不必是先后相继出现的。在此"伴随"便是在这种意义上使用的。

间的**次序**，而非时间的**流逝**[①]；即使没有时间的流逝，相关的关系仍然存在。原因的因致性与其直接的结果之间的时间尽管可能是**极小的**（因此它们可能是同时性的），但是两者之间的关系从时间上说总是可以确定下来的。如果我将这样一个球看作原因，它放在填满了填充物的软垫上面，而且在其上压出了一个小坑，那么它与该结果是同时性的。不过，我还是经由两者之间的动力学的联结的时间关系而区别开它们。因为，如果我将这个球放在这个软垫上面，那么这个小坑便跟着它以前的平坦的形状出现了；但是，如果这个软垫（不知［B249］什么原因）现在就有一个小坑，那么并非就有一个铅球跟着这个小坑出现了。

据此，时间顺序的确就构成了一个结果的唯一的经验标准——联系着出现在前面的原因的因致性来说。一个杯子是［A204］水升到其水平面之上的原因，尽管两个显象是同时性的。因为，一旦我用这个杯子将水从一个较大的容器舀出来，那么接着便发生了某种事情，即水在较大的容器那里所处的那种水平状态转变为它在这个杯子那里所呈现出的一种凹陷状态。

这种因致性导向了行动概念，而行动则导向了力的概念并且经由力而导向实体概念。由于我不想将我的批判的计划——它仅仅处理先天综合知识的源泉——与这样一些分解混杂在一起，它们仅仅涉及诸概念的阐释（而非其扩展），因此，我将对诸概念的详尽的阐释工作留给关于纯粹理性的一个未来的系统——虽然人们已经在

---

① 这句话原文是这样的："daß es auf die *Ordnung* der Zeit, und nicht auf den *Ablauf* derselben angesehen sei"。Valentiner 认为"angesehen"当作"abgesehen"。中译文据此译出。

迄今为止此种类型的著名教材中遇到了大量这样的分析。不过，我不能不对实体的经验标准有所触及——在实体似乎不是经由显象的恒常性而是经由行动以更好的且更容易的方式揭示了自身范围内。

［B250］在存在着行动进而活动和力的地方便也存在着实体[①]。我们必须只在实体中寻找诸显象的那些富有成果的来源的所在。这话说得非常好。但是，如果人们应当解释他们用实体所意指的东西，并且要避免此处出现的错误的循环，那么事情就不［A205］好负责了[②]。人们要如何从行动立即推导出行动者的**恒常性**——这种恒常性毕竟是（phaenomenon［现象］）实体的一个根本的且独特的标志？不过，按照我们前面的叙述，相关问题的解决就不会遇到这样的困难，尽管按照通常那种（仅仅分析地处理我们的概念的）方式它是完全不可解决的。行动就已经意味着因致性的主体与结果的关系。因为，现在任何结果均在于在此所发生的事情，进而在于可变动的东西，即从接续上表示时间的东西，所以，可变动的东西的最后的主体就是**那种**作为一切变动的东西的基质的**恒常的东西**，即实体。因为，根据因致性原则，诸行动总是诸显象的一切变易的第一根据，所以，它们不可能处在一个自身处于变易之中的主体之内。而这点又是因为，否则的话，其他的行动和另一个主体——它决定了这种变易——则又是必不可少的了。借助于这样的方式，行动现在作为一个充足的经验标准证明了一个主体的实体性[③]，［B251］

---

① “行动”、“活动”和“力”原文分别为“Handlung”、“Tätigkeit”和“Kraft”。

② 此句原文为：“so ist es nicht so leicht verantwortet”。Valentiner 认为“verantwortet”当作“beantwortet”，因此，全句应当译作：“因此，问题就不好回答了。”

③ “一个主体的实体性”（Substantialität eines Subjektes）原作“实体性”（Substantialität）。据 Wille 的意见修改。

而我则无需再通过比较了的知觉首先来寻找该主体的恒常性了。实际上，相关主体的实体性的证明也不能依据后一种方式以这样的详尽性的形式给出，对于实体概念的量和严格的普遍有效性来说它是必不可少的。因为，一切产生和消亡的因致性的第一主体本身（在显象的领域中）不可能产生和消亡，这点［A206］构成了这样一种可靠的推理，它导致经验的必然性和存在中的恒常性，进而导致作为显象的实体概念。

如果某个事情发生了，那么即便不考虑在此所产生的事项，这种单纯的产生就其自身来说就已经构成了一个研究的对象了。从一个状态的非存在到这个状态的过渡（即便假定这个状态还没有包含显象中的任何性质）单独来看就已经有必要加以研究了。像在前一小节中所指出的那样，这种产生涉及的并不是实体（因为实体并不产生），而是其状态。因此，它仅仅是变化，而并不是从虚无而来的源起。如果这种源起被看作某个外来原因的结果，那么它便叫作神创。作为诸显象之间的一个事件，神创是不能被允许的，因为，仅仅其可能性就已经取消了经验的统一性。不过，如果我不是将所有事物看作现象，而是将其看作物本身，将其看作单纯知性的对［B252］象，那么尽管它们是实体，但是从其存在上看，它们还是可以被看作依赖于那种外来原因的。但是，后面这种做法在这种情况下会带来完全不同的语词意指，并且将不会适用于作为可能的经验对象的诸显象。

那么，某个事项究竟是如何能够被改变的？这样的事情究竟是如何可能的，即在一个时［A207］刻中的一个状态的后面，另一个时刻中的一种相反的状态可以跟着发生？关于这样的事情，先天来看我们并没有哪怕是最低限度的概念。为了对这样的事情有一个概念，关于某些现实的力（比如推动力，或者换言之，某些显示了这样的力的、作为运动的诸前后相继的显象）的知识是需要的，而这样的知识只能被经验地给出。但是，每种变化的形式（不管其内容即那个被改变了的状态是什么样的）——即这样的条件，只有在其下，作为另一个状态之产生的变化才能够发生——进而诸状态的前后相继本身（发生的事情[①]）的确可以按照因致性法则和时间条件而被先天地加以斟酌。*

［B253］如果一个实体从一个状态 a 过渡到另一个状态 b，那么第二个状态的时刻便区别于第一个状态的时刻，而且是跟着其出现的。同样，第二个状态作为（显象中的）实在，也像 b 之区别于 0 那样，区别于第一个状态（这种实在在第一个状态中不曾存在）。这也就是说，即便状态 b 仅仅从量上看区别于状态 a，相关的变化也是［A208］这样一种 b–a 之产生，它在前一个状态中不曾存在，而且联系着它来看前一个状态 =0。

因此，在此便出现了这样的问题：一个事物如何从一个状态 = a 过渡到另一个状态 =b？在两个瞬间之间总是存在着一个时间，而且在这两个瞬间之上的两个状态之间总是存在着一种区别，而该区别拥有一个量（因为诸显象的所有部分总是再一次地是量）。因此，每一种从一个状态到另一个状态的过渡都是在这样一个时间中发生的，它被包含在两个瞬间之间，其中的第一个瞬间决定

① “发生的事情”原文为“das Geschehene”。Vaihinger 认为当作“das Geschehen”（发生）。

* 人们一定要注意这点：我在此所谈论的并不是某些泛而言之的关系的变化，而是状态的变化。因此，如果一个物体在均匀地运动着，那么它根本没有改变它的（运动）状态。但是，如果它的运动增加了或减少了，那么它肯定改变了它的状态。

了这样的状态，相关的事物就是从其中走出的，而另一个瞬间则决定了这样的状态，该事物达于其内。因此，这两个瞬间构成了一种变化的时间的界线，进而构成了两个状态之间的中间状态的界线，并且作为这样的界线而一起属于整个变化。现在，每种变化均拥有这样一个原因，它在该变化在其内进行的整个时间之内证明了其因致性。因此，这个原因并非是突然地（一下子或者瞬时地）而是［B254］在一个时间之内引起与其相联的变化的，以至于正如时间是从开始的那个瞬间 a 增长，直到其在 b 中的完成一样，实在的量（b–a）也是历经第一个程度与最后的程度之间的所有较小的程度而被生产出来的。因此，一切变化只有通过因致性的这样一种连续的行动才是可能的，这一连续行动在它是均匀的范围内叫作力矩。［A209］变化并非是由这些力矩构成的，相反，它是经由它们作为它们的结果而被生产出来的。

现在，这就是一切变化的连续性的法则。该法则的根据是这样的：时间和时间中的显象均不是经由这样一些部分构成的，它们是最小的部分；而且，一个事物的状态在其变化过程中历经所有这些作为要素的部分而过渡到其第二种状态。显象中的实在的东西的**任何区别均不是最小的区别**，正如诸时间的量中的任何区别均不是最小的区别一样。因此，实在的新的状态是从这样的最初的状态——在其内该实在不曾存在——历经实在的所有这样的无穷的程度而生长出来的，这些程度彼此之间的区别总起来说小于 0 与 a 之间的区别。

至于这个命题〔即连续性法则〕在自然研究中可能具有什么用处，这点在此与我们无关。不过，这样一个看起来扩展了我们关于自然的知识的命题如何是完全先天地可能的，这点则十分需要加以审查（尽管亲眼所见证明了，它是真实的并且是正确的，因此，[B255]人们想相信他们已经消除了它如何已经是可能的这样的问题）。因为，存在着如此多种多样的没有任何根据的狂妄的主张，它们声称可以经由纯粹理性而扩充我们的知识，以至于我们必须将下面这点当成普遍的原则：对诸如此类的主张采取完全不信任的态度；在没有这样的证据支持的情况下——它们[A210]能够设法给出一个彻底的演绎——甚至于在面对着最为清晰的独断论证明时都决不相信和接受诸如此类的主张。

经验的知识的任何增长以及知觉的每一次进展都不过是内感能力的规定性上的一种扩展，即都不过是时间中的一种前行，而不管相关的对象是什么样的——无论它们是显象还是纯粹直观。这种时间中的前行决定了一切事项，并且就其自身来说并没有经由任何东西而被进一步地规定。这也就是说，这种前行的诸部分只是在时间中而且是经由时间的综合而被给出的，而不是在此综合之前被给出的[①]。正因如此，在一个知觉中每一种向时间中接着发生的东西的过渡均是经由这种知觉的生产而对时间所做的一种规定。此外，由于时间始终是一个量，而且在其所有部分中也始终是一个量，因此，每种这样的过渡都是作为一个量的一个知觉的这样的生成，它历经了所有程度（其中的每一个均不是最小的程度）：从零开始，一直到该知觉的特定的程度。由此如下可能性现在便显而易见了：先天地认识支配着从其形式来看的诸变化的法则。我们只是预[B256]知我们自己的领会。该领会的形式条件

① 此句原文为：“d. i. die Teile desselben sind nur in der Zeit, und durch die Synthesis derselben, sie aber nicht vor ihr gegeben”。Vaihinger 认为其中的“sie”当作“sind”。中译文据此译出。

的确必定是能够被先天地认识到的，因为它在一切给定的显象之前甚至于就寓居于我们之内了。

据此，正如时间包含着从先行发生的东西到接着发生的东西的连续的前行的可能性的先天的感性条件一样[①]，知性借助于统觉的统一性[A211]经由诸原因和诸结果的序列构成了对于这个时间内的诸显象的所有位置做出连续的规定的可能性的先天条件。在诸原因和诸结果的这个序列之中，诸原因不可避免地导致了诸结果的存在，并且由此使得关于时间关系的经验认识对每个时间来说都是有效的（普遍地有效的），进而使得其成为客观地有效的。

丙、第三类比

依据交互作用或共存法则的同时性原则[②]

所有实体，在它们能够在空间中被知觉为是同时性的这样的范围内，都处于贯通的交互作用之中。[③]

证明

就诸事物来说，如果在经验直观中对其中一个事物的知觉能够**交互地**跟着对另一个事物的知[B257]觉发生（像在第二个原则那

---

① 此句原文是这样的："wie die Zeit die sinnliche Bedingung a priori von der Möglichkeit eines kontinuierlichen Fortganges des Existierenden zu dem Folgenden enthält"。Wille认为当修改成如下形式："wie die Zeit die sinnliche Bedingung a priori der Möglichkeit eines kontinuierlichen Fortganges von dem Vorhergehenden zu dem Folgenden enthält"。中译文据此译出。

② A版作"共存原则"。

③ A版此句的内容是这样的："所有实体，在它们是同时性的范围内，都处于贯通的共存（也即彼此的交互作用）之中。"

里所表明的那样，在诸显象的时间接续中这样的事情是不能发生的），那么它们是**同时性的**。因此，我可以首先在月球上实施我的知觉，然后在地球上实施它，或者也可以反过来，先在地球上实施我的知觉，然后在月球上实施它。而且，因为对这些对象的知觉可以彼此交互地跟着发生，所以我说它们是同时存在的。现在，同时性就是杂多在同一个时间上的存在。但是，人们不能知觉时间本身，以便从这点——即诸事物在同一个时间被设定了——得出这样的结论，即对诸事物的知觉能够彼此交互地跟着发生。因此，领会中的想象力的综合只会将这些知觉中的每一个作为这样一种知觉而给出，当另一个知觉不存在时它便存在于主体之中，反之亦然；但是，它并不会给出这点，即诸对象是同时性的，即当一个对象存在时，另一个对象也在同一个时间存在，进而不会指明这点是必然的，以便诸知觉能够彼此交互地跟着发生。因此，在此我们需要一个关于这些在彼此之外同时存在的事物的诸规定性的交互地接续的知性概念，以便断言诸知觉的交互的接续是奠基在对象之中的，并且由此而将同时性表象成客观的。但是，现在，诸实体的这样的关系，在其中一个实体包［B258］含着这样一些规定性，它们的根据包含在另一个实体之中，就是影响关系；而且，如果后一个实体交互地包含着前一个实体中的诸规定性的根据，那么诸实体的这样的关系就是共存或者交互作用关系。所以，诸实体在空间中的同时性不能通过其他任何方式而只能通过预设它们彼此之间拥有交互作用的方式在经验中得到认识。因此，这种交互作用也是作为经验对象的事物自身的可能性的条件。[①]

① 此段为B版所加。

就诸事物来说，如果它们存在于同一个时间之内，它们就是同时性的。但是，人们在什么之上认识到这点：它们处于同一个时间之上？如果事情是这样的，即在相关的杂多的领会的综合中次序是无关紧要的——该次序既可以是从 A 经由 B、C、D 来到 E，或者也可以反过来，从 E 来到 A，那么人们便认识到了这些事物处于同一个时间。因为，如果该综合在时间中是先后进行的（即依照这样的次序，从 A 开始并在 E 那里结束），那么如下事情便是不可能的了，即从 E 开始知觉中的领会并向后连续地来到 A 这里，因为 A 属于过去的时间，所以不再可能是领会的对象了。

[A212] 现在我们假定：在作为诸显象的众多实体中，每一个实体都是完全孤立的，即任何一个实体均没有在另一个实体中产生影响，并且没有从后者中交互地接受到影响，因此我说，诸实体的**同时性**将不会构成一种可能的 [B259] 知觉的对象，并且一个实体的存在不能通过任何经验综合的道路而导致另一个实体的存在。因为，如果你回想起这点，即它们被一个完全空的空间分离开来了，那么，那个在时间中从一个实体前进到另一个实体的知觉虽然借助于一个接着进行的知觉而决定了后一个实体的存在，但是它不能区别开如下事项：该显象是客观地跟着第一个显象出现的，还是相反，它是与其同时出现的。

因此，在单纯的存在之外还必须存在着这样的某种东西，经由它 A 决定了 B 在时间中的位置，反过来也一样，经由它 B 决定了 A 在时间中的位置。因为，只有在这样的条件之下，相关的实体才可以被经验地表象成**同时存在的东西**。现在，只有这样的东西才决定了另一个东西在时间中的位置，它构成了这另一个东西或者其诸规定性的原因。因此，每个实体均必须内在地包含着另一个实体中的某些规定性的因致性，并且同时必须内在地包含着另一个实体的因致性的结果（因为，就一个实体来说，只有联系着其诸规定性它才能构成后果），即诸实体必须（直〔A213〕接地或间接地）处于动力学的共存之中——如果某个可能的经验中的同时性应该被我们认识到的话。但是，现在，联系着诸经验对象来说，所有这样的东西都是必然的，在没有它们的情况下，对这些对象的经验自身就将是不可能的了。〔B260〕因此，对于显象中的所有实体来说，在它们是同时性的范围内，下面这点是必然的：它们彼此处于交互作用的贯通的共存之中。

"Gemeinschaft"（共存）这个词在我们的语言中是歧义性的，它既可以与communio（单纯的共在）意指相同的东西，也可以与commercium（交互作用的共在）意指相同的东西。在此我们是在后一种意义上使用这个词的，即用其意指一种动力学的共存。如果没有这样的共存，甚至于地点上的共存（communio spatii［空间上的单纯的共在］）都不可能被经验地认识到。从我们的经验之上可以轻易地注意到下面的事实：只有在所有空间位置上的连续的影响才能将我们的感觉能力从一个对象引导到另一个对象之上；闪烁于我们的眼睛和天体之间的光线能够[①]在我们与这些天体之间引起一种间接的共存并且由此能够证明它们的同时性；如果事情不是这样的，即物质处处都使得对我们的位置的知觉对于我们来说成为可能，那么我们便不能经验地改变任何位置（不能知觉到这种改变）；

---

① "能够"原无，据Valentiner意见补加。

而且，物质只能借助于其交互的影响而确立其同时性，并且只能经由这样的方式才能确立（尽管仅仅是间接地确立）所有相关对象（直到最为遥远的对象）的并存[①]。在没有这样的共存的情况下，[A214]（对空间中的显象的）每一个知觉均与另一个知觉中断了联系，而且诸经验表象的链条即经验在一个新出现的对象那里就会完全重新开始了，[B261]与此同时前面的那个链条与它失去了任何关联，或者不能与它处于时间关系之中。我完全不想通过这点来反驳空的空间，因为这样的空的空间或许是存在的，知觉根本进入不了其内，因此没有任何对于同时性的经验的认识发生于其内。但是，在这种情况下，这种空间根本就不是我们的任何可能的经验的对象。

接下来我们不妨对此做出如下阐释。在我们的心灵中，所有显象，作为包含在一个可能的经验中的东西，都必须处于统觉的共存（communio［单纯的共在］）之中。而且，在诸对象应当被表象成以同时存在的方式联结在一起这样的范围内[②]，它们必须交互地决定它们在一个时间中的位置，并由此而构成一个整体。如果这种主观的共存应当建立在一种客观的根据基础之上，或者说，如果它应当被关联到作为实体的诸显象之上，那么对一个显象的知觉作为根据就必须使得对另一个显象的知觉成为可能，并且反之亦然，以便那种总是出现于作为领会的诸知觉之中的前后相继没有被归属给诸对象，而是相反，诸对象能够被表象成同时存在的。但是，这种同时存在是一种交互的影响，即诸实体的一种实在的共存（commercium

① “同时性”原文为“Zugleichsein”。“并存”（Koexistenz）指前面提到的（空间上的）单纯的共在或接下来要谈到的同时存在（zugleichexistierend）。

② 这句话原文是这样的：“und sofern die Gegenstände als zugleichexistierend verknüpft vorgestellt werden sollen”。“als … vorgestellt werden”也可译作“被设想成……”。

［交互作用的共在］）；因此，如果没有这种共存，那么那种［A215］同时性的经验关系便不可能在经验中发生。经由这种commercium（交互作用的共在），诸显象在彼此处于［B262］对方之外但又联结在一起这样的范围内，构成了一个复合在一起的东西（compositum reale［实在的合成物］），而且诸如此类的Composita（合成物）可以通过多样的方式而成为可能。于是，作为所有其他关系的来源的三种动力学关系是这样的：依存关系、后承关系以及合成关系。

* * *

于是，这些就是三种经验类比。它们只不过是关于如何根据时间的所有三种样式对诸显象在时间中的存在进行规定的原则——根据诸显象与作为一种量（存在的量，即延续）的时间本身的关系对其进行规定；根据诸显象在作为一种（前后相继的）序列的时间中的关系对它们进行规定；最后，根据诸显象在作为一切（同时性的）存在的全体的时间中的关系对它们进行规定。时间规定的这种统一性完全是动力学性质的，即时间并不是被看成这样的东西，在其中经验直接地决定了每个存在的位置（这点是不可能的，因为绝对时间并不是这样的知觉对象，借助于它诸显象能够被放在一起）；相反，这样的知性规则——只有经由它诸显象的存在才能从时间关系上获得综合的统一性——规定了诸显象中的每一个在时间中的位置，进而以先天的方式并且以对所有且每个时间来说均有效的方式规定了这样的位置。

［B263/A216］我将（经验意义上的）自然理解为诸显象从其存在上看根据必然的规则即根据法则而来的关联。因此，存在着一些这样的法则，而且是先天的法则，它们首先使得一种自然成为可能

的。经验的法则仅仅能够经由经验而成立并且被发现——而且是根据那些本源的法则，正是根据它们经验甚至于才首先是可能的。因此，我们的类比真正说来表现了在某些指数之下所有显象的关联中的自然统一性，而这些指数所表达的仅仅是时间（在时间将一切存在均包括在自身范围内）与这样的统觉的统一性的关系，它仅仅能够出现在按照规则而进行的综合中[①]。因此，总起来说，这些类比断定了：所有显象都处于**某一**自然之中，而且必定处于其中。因为，如果没有这种先天的统一性，那么任何经验的统一性进而在经验中对诸对象所做的任何规定均是不可能的。

不过，对于我们在这些先验的自然法则的情况下所使用的证明方式及其独特之处，我应该做出如下说明。（我们知道，人们还试图通过其他方式证明理智性的且同时也是先天综合的命题。下面的说明作为关于所有这样的企图的规章必定也是十分重要的。）假定我们想要独断地即根据概念证明这些类比，即：所有存在的东西都仅仅是在［B264］恒常的东西中被遇到的；每个事件均预设了前面的［A217］状态中的某个东西，而它则按照一条规则跟着这个东西发生；最后，在同时出现的杂多中诸状态联系着彼此根据一条规则是同时性的（处于共存之中）。所有这些努力均是全然徒劳的。因为，人们根本不能通过关于相关事物的单纯的概念便从一个对象及其存在达到另一个对象的存在或者其存在方式那里——

---

① 在此，康德是在关系谓词（Verhältnisprädikat）的意义上使用“指数”（Exponenten）这个术语的。数学中的类比即等比是指两个比相等，符号表示为：a : b = c : d。在康德的时代，人们将这种等比关系中的每个比（分数）也称作“指数”。因此，等比即指数的相等。这种意义上的指数表示的是一种关系性质，或者说是一种关系谓词（参见 Peter Schulthess, *Relation und Funktion*, De Gruyter, 1981, S. 251–252）。

无论人们如何分解这些概念。那么，现在我们还有什么其他的选择吗？这个选择便是作为这样一种认识的经验的可能性：就所有对象来说，如果它们的表象对于我们来说应当拥有客观实在性的话，那么它们最后都必须能够在该认识中被给予我们。现在，在这个第三者①中——其本质形式就在于所有显象的统觉的综合统一性——我们发现了显象中的一切存在的贯通的且必然的时间规定的先天的条件，而如果没有这样的先天的条件，那么甚至于经验的时间规定都将是不可能的了，并且在其中我们发现了关于先天综合统一性的这样一些规则，借助于它们我们便能够预知经验。于是，在缺少这种方法②的情况下并且在这样的妄想这里——人们欲独断地证明综合命题（知性的经验使用将它们作为其原理推荐给了人们）——便发生了如下事情：人们如此频繁地试图证明充足根据原则，但是他们总是以失〔B265〕败告终。没有人想到过其他两种类比（尽管人们总是〔A218〕默不作声地使用了它们）*，因为范畴

① “这个第三者”（diesem Dritten）指前面提到的“这个选择”。关于此处谈到的这个“第三者”，请参见前文 B10–14/A7–10 和 B192–197/A154–158 的讨论。

② 指涉及第三者的使用的综合的方法。

* 世界整体的统一性——在该整体之内所有显象都应当被联结起来——显然是人们暗地里假定的所有同时存在的实体的共存的原则的一个单纯的推论。因为，如果诸实体〔1〕是孤立的，那么它们就不会作为部分而构成一个整体，而且，如果它们的联结（杂多的交互作用）还没有因为同时性的缘故而是必然的，那么人们就不能从这个作为一种单纯观念的关系的同时性推导出作为一种实在的关系的该联结。不过，我们在适当的地方〔2〕已经表明了：共存真正说来是关于并存的经验认识的可能性的根据；而且，正因如此，真正说来，人们只是从这种可能性往回推导出这种作为其条件的共存的。〔〔1〕“诸实体”原文为“sie”。“sie”所指代的词项可以是前文的“alle Erscheinungen”（所有显象）或“aller Substanzen”（所有实体）。在此实体是指作为显象的实体（参见前文 B258/A212）。〔2〕“适当的地方”指前文 B260–262/A213–215。“共存”（Gemeinschaft）在此特指交互作用的共在。〕

的线索在此付诸阙如，而只有这样的线索才能够揭示并让人注意到知性的所有漏洞——无论它们包含在概念之中还是包含在原则之中。

四、泛而言之的经验思维的公设

1. 与经验的诸形式条件（从直观和概念上说）一致的东西是**可能的**。

[B266] 2. 与经验的实质条件（感觉）关联在一起的东西是**现实的**。

3. 这样的东西，其与现实的东西的关联是根据经验的普遍条件而被决定的，是**必然的**（**必然地**存在）。

[A219] 阐释

模态范畴拥有如下独特之处：它们作为对象的规定性一点儿也没有对这样的概念有所增益，作为谓词它们被附加在它之上；相反，它们只是表达了对象与认识能力的关系。即使关于一个事物的概念已经是十分完全的了，我仍能够对这个对象提出如下问题：它仅仅是可能的，还是也是现实的，抑或，在后一种情况下，它甚至于也是必然的？由此并非有更多的规定性在对象自身中被加以思考了，相反，问题仅仅是这样的：对象（连同它的所有规定性）与知性及其经验的使用、与经验的判断力以及与理性（就其在经验上的使用来说）处于什么样的关系？

正因如此，关于模态的原则只不过是对于可能性、现实性和必然性概念的解释（就其经验的使用来说）。就此来说，它们同时就是这样的限制，即将所有范畴都局限在单纯经验的使用之上，而不承认且不允许其先验的使用。[B267]因为，如果这些范畴不应当拥有一种单纯逻辑的意指并且不应当分析地表达**思维**的形式，而是应当涉及**诸事物**及其可能性、现实性或者必然性，那么它们就必须与可能的经验及其综合统一性相关，而认识的对象恰恰只是在这样的统一性之中被给出的。

[A220]因此，诸事物的**可能性**的公设要求下面这点，即它们的概念要与泛而言之的经验的诸形式条件协调一致。但是，这种形式，即泛而言之的经验的客观形式，包含着关于对象的认识所需要的一切综合。就一个内在地包含着一种综合的概念而言，如果这个综合没有以如下方式属于经验，那么该概念就应当被看作空洞的，没有关联到任何对象：或者作为这样的综合，它是从经验中获得的，这时该概念便叫作**经验概念**；或者作为这样的综合，它构成了先天的条件，泛而言之的经验（经验的形式）就是以它为基础的，此时该概念是一个**纯粹概念**，不过，它还是属于泛而言之的经验，因为它的对象只能在经验中被遇到。因为，就这样一个对象的可能性的特征来说，它是通过一个先天综合概念而被思维的，如果人们不是从这样的综合——它构成了诸对象的经验认识的形式——得到它的，那么人们要从哪里得到它？在这样一个概念中一定不能包含任何矛盾，[B268]这点尽管是一个必要的逻辑条件，但是，对于该概念的客观实在性来说，即对于一个通过该概念而被思维的对象的可能性来说，这点还远远不够。因此，在由两条直线所围成的图形这个概念中没有任何矛盾，因为两条直线及其相遇的概念并不包含对一个图形的否定；相[A221]反，相关的不可能性的基础并不是该概念本身，

而是该概念在空间中的构造，即空间及其规定性的诸条件。但是，这些条件又有其客观实在性，即它们涉及可能的事物，因为它们先天地包含着泛而言之的经验的形式。

现在，我们要将这个关于可能性的公设的广泛的用处和影响展现在大家面前。如果我如此地设想一个恒常的事物，以至于所有在它那里变易着的东西都仅仅属于它的状态，那么我仅仅从这样一个概念不能认识到这样一个事物是可能的。或者，假定我设想这样的某种东西，它应当拥有这样的性质，以至于如果它被设定了，那么某种其他的东西便总是并且不可避免地跟着发生了，那么这样的东西的确可以无矛盾地被思维。但是，至于诸如此类的性质（作为因致性）是否会在某个可能的事物中被遇到，我们还不能由此而做出判断。最后，我可以设想这样一些不同的事物[B269]（实体），它们拥有这样的性质，以至于一个事物的状态在另一个事物的状态中引起了一种后果，并且反之亦然。但是，至于诸如此类的关系是否可能适合于某些事物，这点完全不能从这些包含着一种纯粹任意的综合的概念中得出。因此，只是经由这样的事实，即这些概念先天地表达了每个经验中的诸知觉的关系，人们才认识到了这些概念的客观[A222]实在性，即其先验的真理性；而且，尽管人们自然而然是以独立于经验的方式认识到这点的，但并不是以独立于与某种泛而言之的经验的形式以及这样的综合统一性的关联的方式认识到这点的，只有在该统一性中诸对象才能被经验地认识到。

但是，如果人们想要从知觉提供给我们的材料中制作出关于实体、力、交互作用的全新的概念，而又没有从经验中获取这些概念的联结的例子，那么人们便会陷入这样的纯粹的幻象之中，其可能性根本没有任何标志，因为人们在这些概念那里没有把经验看作导师，也没有从经验那里获取它们。诸如此类的虚构的概念不能像范畴那样作为一切经验所依赖的条件而先天地获得其可能性的特征；相反，它们只能作为由经验本身所给出的概念而后天地获得其可能性的特征。而且，[B270]它们的可能性必定或者是后天地且经验地被认识到的，或者根本就不能被认识到。请考虑关于如下事项的概念：这样一个实体，它恒常地出现于空间之内，而又没有将空间充满（比如一些人曾经想要引入的那种处于物质与思维存在物之间的中间物）；或者我们的心灵之能够预先**直观**未来的事物（而决不是仅仅推导出未来的事物）的独特的基础能力；或者最后，我们的心灵的这样一种能力，借之我们能够与其他人处于思想的共存之中（无论这些人距离我们多么遥远）。[A223]这些概念是这样的概念，其可能性完全是没有根基的，因为它不能建立在经验及其众所周知的法则基础之上。而且，如果没有经验及其众所周知的法则，那么这种可能性不过就是一种任意的思想连接。尽管这样的思想连接不包含任何矛盾，但是它不能提出客观实在性的要求，进而不能要求我们在此想要思考的那个对象的可能性。至于实在，如下做法肯定自动就是被禁止了的：在没有求助于经验的情况下，具体地设想这样一种实在。因为，实在仅仅能够涉及作为经验的质料的感觉，而无关乎关系的形式——人们最多可以在虚构中玩弄这样的形式。

不过，我在此不考虑任何这样的事项，其可能性只能从经验中的现实性得到。我仅仅斟酌经由先天概念而来的诸事物的可能性，关于这些事物，我继续做出[B271]如下断言：它们从来不能从仅仅从其自身来看的这些先天概念那里发生，而总是只能从作为某种泛而言之的经验的形式的且客观的条件的概念那里发生[①]。

表面上看，一个三角形的可能性从其概念本身就能够被认识

---

① 这句话原文是这样的："und [ich] erwäge hier nur die Möglichkeit der Dinge durch Begriffe a priori, von denen ich fortfahre zu behaupten, daß sie niemals aus solchen Begriffen für sich allein, sondern jederzeit nur als formale und objektive Bedingungen einer Erfahrung überhaupt stattfinden können"。此句"von denen"以后的部分难以理解。Hartenstein建议将"aus solchen Begriffen"改作"als solche Begriffe"（作为这样的概念）。但是，这种改动完全无助于理解。Erdmann尝试给出了两种可能的解读方式：其一，"von der (welcher Möglichkeit der Dinge) ich fortfahre zu behaupten, daß sie niemals aus solchen Begriffen für sich allein erkannt werden könne ..., sondern dass jene Begriffe a priori jederzeit nur als formale und objektive Bedingungen einer Erfahrung überhaupt stattfinden können"（关于诸事物的这种可能性，我继续做出如下断言：它从来不能从仅仅从其自身来看的这些先天概念那里被认识到，相反，那些先天的概念总是仅仅作为某种泛而言之的经验的形式的且客观的条件才能成立）；其二，"von denen ich fortfahre zu behaupten, daß sie niemals aus solchen Begriffen für sich allein, sondern jederzeit nur aus ihnen als formalen und objektiven Bedingungen einer Erfahrung überhaupt *erkannt* werden können"（关于这些事物，我继续做出如下断言：它们从来不能从仅仅从其自身来看的这些先天概念那里被**认识到**，相反，它们总是只能从作为某种泛而言之的经验的形式的且客观的条件的概念那里被**认识到**）。（参见 Ak 3, Anmerkungen, S. 589）Erdmann给出的这两种解读方式对于文本的处理部分说来过于粗暴。实际上，接下来一段话中所包含的如下说法会让这句话的理解变得容易起来："Und so ist die Möglichkeit kontinuierlicher Größen, ja sogar der Größen überhaupt, weil die Begriffe davon insgesamt synthetisch sind, niemals aus den Begriffen selbst, sondern aus ihnen, als formalen Bedingungen der Bestimmung der Gegenstände in der Erfahrung überhaupt allererst klar"（因此，诸连续的量的可能性，甚至于诸泛而言之的量的可能性，从来不是从诸概念自身那里变得显而易见的［因为关于这些量的概念全部都是综合的］，而是从作为诸对象在泛而言之的经验中的规定的形式条件的诸概念那里才首先变得显而易见的）。由此不难看出，我们所要解释的这句话中的"nur als formale und objektive Bedingungen einer Erfahrung überhaupt"当补充、改写成如下形式："nur aus ihnen, als formalen und objektiven Bedingungen einer Erfahrung überhaupt"。我的译文便据此补充译出。（"von denen"也可根据后面这句话的表述改成"von der"，"der"指代前面的"die Möglichkeit der Dinge"，进而"können"要改成"könne"。但是，在不做这样的改动的情况下，文义便已经可以理解了。）

到（这个概念肯定是独立于经验的），因为事实上我们可以完全先天地给予该概念一个对象，即将该概念构造出来。但是，由于这样的对象仅仅是一个对象的形式，因此，它总归只是想象的产物，[A224] 而该产物的对象的可能性依然是让人生疑的，因为就这种可能性而言，它还另外需要某种更多的东西，即这样一个图形完全是在这样的条件之下被思维的，所有经验的对象都是以其为基础的。将这样一种事物的可能性的表象与这个概念[①]联结在一起的东西仅仅是下面这样的事项：空间是外部经验的一个先天的形式条件，而且我们借以在想象力中构造出一个三角形的那种构筑性综合与我们在一个显象的领会中为了制作出一个关于该显象的经验概念而进行的那种综合完全是一回事儿。因此，诸连续的量的可能性，甚至于诸泛而言之的量的可能性，从来不是从诸概念自身那里变得显而易见的（因为关于这些量的概念全部都是综合的），而是从作为 [B272] 诸对象在泛而言之的经验中的规定的形式条件的诸概念那里才首先变得显而易见的。如果不是从经验中，那么我们还能想着从哪里寻找相应于这些概念的对象（因为，只是经由经验诸对象才被给予了我们）？——尽管我们甚至于在没有预期经验本身的情况下进而完全先天地（不过，终究仅仅是联系着经验，并且在经验的界限之内）就能够仅仅联系着这样一些形式条件认识到并且刻画诸事物的可能性，正是在它们之下某物才终究在经验中被规定为对象。

[A225] 这个关于事物的**现实性**的认识的公设要求**知觉**，进而要求这样的感觉，人们意识到了它。不过，它所要求的并不是对于这样的对象自身（人们应当认识其存在）的恰好直接的知觉，而

① 即三角形概念。

是[①]该对象根据诸经验的类比而与某种现实的知觉的关联，因为正是这些类比展示了一个泛而言之的经验中的一切实在的联结。

在关于一个事物的**单纯的概念**中根本不能遇到其存在的任何特征。因为，尽管这个概念或许是如此地完全，以至于它一点儿也不缺乏任何为了思维一个事物连同其所有内在的规定性所必需的东西了，但是存在与所有这一切没有任何关系，而是仅仅与如下问题相关：这样一个事物是否被如此地给予我们了，以至于其知觉无论如何可以先行于该概念［B273］而发生。因为，该概念先行于该知觉这点意味着该概念的单纯的可能性；但是，为该概念提供材料的该知觉则是现实性的唯一的特征。不过，只要一个事物与一些知觉根据知觉的经验联结的原则（根据类比）而关联在一起，那么人们也能够在对其进行知觉之前进而**相对**先天地认识它的存在。因为，在这种情况下该事物的存在毕竟在一种可能的［A226］经验中与我们的知觉关联在一起，并且我们可以按照那些类比的线索从我们的现实的知觉到达处于诸可能的知觉的序列中的该事物。因此，我们从对于吸在一起的铁屑的知觉认识到一种贯

① 本段话到此为止原文是这样的："Das Postulat, die *Wirklichkeit* der Dinge zu erkennen, fordert *Wahrnehmung*, mithin Empfindung, deren man sich bewußt ist, zwar nicht eben unmittelbar, von dem Gegenstande selbst, dessen Dasein erkannt werden soll"。语序显得有些紊乱，Valentiner 建议调整如下："Das Postulat, die *Wirklichkeit* der Dinge zu erkennen, fordert zwar nicht eben unmittelbar *Wahrnehmung* (mithin Empfindung, deren man sich bewußt ist) von dem Gegenstande selbst, dessen Dasein erkannt werden soll"。据此，中译文应当是这样的："尽管这个关于事物的**现实性**的认识的公设并不要求对于这样的对象自身的恰好直接的**知觉**（进而并不要求这样的感觉，人们意识到了它），人们应当认识其存在，但是它要求。"不过，这种修改意见损失了原文的一部分关键意义（即这样的意义：相关公设是要求知觉的），因而不可接受。

穿于所有物体的磁性物质的存在，尽管按照我们的器官的特性我们不可能直接地知觉到这种材料。因为，根据感性的法则以及我们的知觉的前后关联，如果我们的感觉能力变得更为敏锐，那么我们最终也会在一个经验中遇到对于该磁性物质的直接的经验直观（我们的感觉能力的粗糙性根本无关乎可能经验的形式）。因此，知觉及其附带物[①]根据经验法则所到达之处就是我们关于事物的存在的知识所到达的地方。如果我们不是从经验出发，或者如果［B274］我们不是按照关于诸显象的经验关联的法则前进，那么当我们摆好阵仗试图猜测或者探究某物的存在时，我们的努力必定是徒劳的。不过，**唯心论**对这些关于如何间接地[②]证明存在的规则做出了强有力的指责。此处是对唯心论做出反驳的适当场合。[③]

* * *

对唯心论的反驳[④]

唯心论（我指的是**实质**唯心论）是这样一种理论，它宣布，我们之外的空间中的对象的存在或者是全然可以怀疑的且**不可证明的**，或者是虚假的且**不可能的**。**前一种**唯心论是笛卡尔的**存疑**唯心论，它只将唯一一个经验断言（assertio）即**我存在**宣布为未

① “附带物”原文为“Anhang”。Wille 认为“Anhang”当作“Fortgang”（前行，进展）。

② Frederichs 认为“间接地”（mittelbar）当作“直接地”（unmittelbar）。Erdmann 不同意这种看法，认为原文无误。

③ 最后这两句话为 B 版所加，以引出下面的附加说明。

④ 此节为 B 版所加。

曾得到怀疑的；**后一种**唯心论是贝克莱的**独断**唯心论[①]，它宣布，空间连同所有这样的事物——空间作为不可分离的条件附着在其上——都是就其本身来说就不可能的事物，正因如此它也将空间中的事物宣布为单纯的想象物。如果人们将空间看作这样一种性质，它应当属于诸物本身，那么独断唯心论是不可避免的，因为这时空间与空间作为条件所服务的一切东西一起均是非物了。不过，我们已经在先验感性论中去除了这种唯心论的根据。由于存疑唯心论没有就此断定任何东西，而只是声称我们［B275］不能通过直接的经验证明我们自己的存在之外的存在，因此，它是合理的并且符合一种彻底的哲学思维方式，即在找到一种充分的证明之前不允许任何决定性的判断。所以，在此所需要给出的证明必须确立这点，即我们也拥有关于外部事物的**经验**，而不仅仅拥有关于它们的**想象**。为了能够确立这点，我们必须能够证明：即使我们的**内部的**、笛卡尔所未曾怀疑的经验也只有在**外部**经验的预设之下才是可能的。

定理

对我的自己的存在的单纯的却是经验上确定的意识证明了我之外的空间中的诸对象的存在。

证明

我意识到，我的存在是在时间中得到了规定的。一切时间规

① “实质唯心论”、“存疑唯心论”和“独断唯心论”原文分别为“der materiale Idealismus”、“der problematische Idealismus”和“der dogmatische Idealismus”。

定都预设了知觉中的某种**恒常的**东西。但是，这种恒常的东西不可能是我之内的某种东西，因为我在时间中的存在恰恰只有通过这种恒常的东西才能首先得到规定[①]。因此，对这种恒常的东西的知觉只有经由我之外的一个**事物**而并非经由对我之外的一个事物的单纯的**表象**才是可能的。所以，我在时间内的存在的规定只有通过我［B276］在我之外知觉到的现实的事物的存在才是可能的。现在，时间内的意识与这种时间规定的可能性的意识是必然地连接在一起的[②]，因此，它也与作为时间规定的条件的我之外的事物的存在必然地连接在一起[③]。这也就是说，对我自己的存在的意识同时就是对我之外的其他事物的存在的直接的意识。

附释 1：在前面的证明中人们察觉到，唯心论所做的那种游戏反过来又非常正当地报复了它。唯心论假定，唯一直接的经验是内部经验，并且人们只是从内部经验那里**推导**出外部事物，但是，正如当人们从给定的结果推导出**特定的**原因时一样，人们仅仅是不可靠地从内部经验那里推导出外部事物的，因为我们或许错误地归

---

① 根据《纯粹理性批判》第二版前言的说法，这句话应当修改成如下形式："但是，这种恒常的东西不可能是我之内的一个直观。因为，在我之内能够碰到的我的存在的所有决定根据都是表象，作为这样的表象，它们本身均需要一个不同于它们的恒常的东西，正是联系着它，它们的变易进而我在这样的时间中的存在——它们在其中发生着变易——才能得到规定。"

② Vaihinger 认为，"时间内的意识"当作"我在时间内的存在的意识"。Wille 认为"时间内的意识"当作"时间内的规定的意识"，"可能性的意识"当作"可能性的条件的意识"。

③ 此句原文为："Also ist es auch mit der Existenz der Dinge außer mir, als Bedingung der Zeitbestimmung, notwendig verbunden"。Wille 认为"mit der Existenz der Dinge"当作"mit dem der Existenz der Dinge"，"dem"在此指代前文的"Bewußtsein"（意识）。这样，全句当中译为："因此，它也与作为时间规定的条件的我之外的事物的存在的意识必然地连接在一起。"

属给外部事物的诸表象的原因也可能是处在我们本身之内的。不过，在此我们证明了：外部经验真正说来就是直接的*；[B277] 只是借助于外部经验，我们自己在时间中的存在的规定即内部经验（尽管不是对我们自己的存在的意识）才是可能的。诚然，**我存在**这个表象——它表达了那种能够伴随一切思维的意识——就是这样的东西，它直接地包含了一个主体的存在，但是它还不是任何关于主体的**知识**，进而还不是关于主体的经验的知识即经验。因为，这样的知识即经验，除了需要关于某种存在着的东西的思想，还需要直观，而且在此还需要内部直观，而主体必须联系着这种直观的形式①，即时间，被加以规定。对于这种规定来说，外部对象一定是必需的。因此，如此看来，内部经验本身只是间接的，只有经由外部经验才是可能的。

附释 2：现在，我们的认识能力在时间规定中的一切经验的使用与这种观点是完全一致的。我们不仅只有通过联系着空间中的恒常的东西来看的外部关系中的变易（即运动，比如相 [B278] 对于

---

* 在前面给出的定理中，对外部事物的存在的**直接的**意识并非是被预设了，而是被证明了——不管我们是否洞察到了这种意识的可能性。关于这种意识的可能性的问题是这样的：我们是否仅仅拥有一种内部感觉，而没有任何外部感觉，相反，我们只有外部想象。但是，显而易见的是，即使仅仅是为了将某种东西想象成外部的，即将其在直观中 [B277] 表现给感觉能力，我们必定也已经拥有了一种外部感觉，并且必定由此直接地将一种外部直观的单纯的接受性与那种构成了每一种想象的独特特征的自发性区别开来了。因为，即使仅仅想象一下一种外部感觉这样的事情甚至于就取消了那种据说是经由想象力而得到规定的直观能力。〔此段话中的“内部感觉”和“外部感觉”原文为“inneren Sinn”和“äußeren Sinn”。在此“Sinn”当指感觉能力的运用，即感觉。在这段话中“Sinn”应当也是在两种不同但有关联的意义上使用的：一是指感觉能力；一是指感觉能力的运用，即感觉。〕

① “联系着这种直观的形式”（in Ansehung deren Form）原作“联系着这种直观”（in Ansehung deren）（在此“deren”指代前面的“Anschauung”）。据 Valentiner 的意见修改。

地球上的诸对象的太阳的运动）才能知觉到[①]一切时间规定，而且除了**物质**以外，我们甚至于没有任何这样的恒常的东西，它可以作为直观而被置于某个实体概念之下，甚至于这种恒常性也不是从外部经验中获取而来的，而是作为一切时间规定的必然的条件而被先天地预设的，进而也是作为内感能力的规定而被先天地预设的（该内感能力的规定是我们经由外部事物的存在联系着我们自己的存在做出的）。在**我**这个表象中我对我自己的意识根本就不是任何直观，而只是一个关于思维主体的自我活动性的单纯**理智的**表象。因此，这个我也没有这样一种最低限度的直观谓词，它作为**恒常的东西**能够作为关联物而服务于内部感觉中的时间规定——像比如作为**经验**直观的物质之中的**不可入性**事实上所做到的那样。

附释 3：从这点——外部对象的存在对于我们对我们自己的一种确定的意识的可能性来说是需要的——得不出如下结论：对于外部事物的每种直观表象同时就包含着外部事物的存在。因为，对于外部事物的直观表象很可能是想象力（在发疯中，还有在梦境中）的单纯的作用。不过，这样的表象仅仅是经由从前的外部知觉的再生而成为这样的，而这些外部知觉，像我们已经表明的那样，只有经由外部对象的现实性才是可能的。在此我们只需要证明下面这点：泛而言之的内部经验［B279］只有经由泛而言之的外部经验才是可能的。至于这个或者那个臆想的经验是否就是单纯的想象，这点必须根据这样的经验的独特的规定性并且通过将它们与一切现实的经验的标准放在一起的方式来加以查明。

---

① “知觉到”原文为“wahrnehmen”。在 B 版原版中“wahrnehmen”作“vornehmen”（做出，执行）。Grillo 认为此为笔误，应作“wahrnehmen”。科学院版接受了此建议，中译文据此译出。

* * *

最后，就第三个公设来说，它涉及存在中的实质的必然性，而非涉及诸概念联结中的单纯形式的和逻辑的必然性。[①] 现在，由于虽然任何感觉能力的对象的存在都不能够被完全先天地认识到，但是它的确能够相对于另一个已经给出的[A227]存在而被相对先天地认识到，尽管即使在这种情况下人们也仅仅能够达到这样一种存在[②]，它必定包含在这样的经验的关联中的某个地方了，那个给定的知觉构成了该关联的一个部分，因此，存在的必然性从来不能从诸概念中而总是只能根据普遍的经验法则而从与被知觉到的东西的联系中被认识到。现在，由于除了从给定的原因根据因致性法则而出现的诸结果的存在以外，不存在任何这样的存在，它能够在其他给定的诸显象的条件之下被认识成必然的，因此，不是对于诸事物（诸实体）的存在，而是仅仅对于其状态，我们才能够认识到其必然性，而[B280]且我们只能从在知觉中给出的其他状态那里根据关于因致性的经验法则认识到这种必然性。由此便有如下结论：必然性的标准仅仅存在于这样的可能经验的法则之中，即一切发生的事情都是经由其[③]在显

---

① “实质的必然性”和“形式的和逻辑的必然性”原文分别为“die materiale Notwendigkeit”和“die formale und logische Notwendigkeit”。

② 此句话原文是这样的：“gleichwohl aber auch alsdann nur auf diejenige Existenz kommen kann”。Mellin 认为“gleichwohl”前应该补加上“man”。科学院版接受了此意见。中译文据此译出。

③ 在 A 版和 B 版原版中“其”原文为“ihre”，在原版第四版中“ihre”作“seine”。“ihre”指代前面的“möglichen Erfahrung”（可能的经验），“seine”则指代前面的“alles, was geschieht”（一切发生的事情）。

象中的原因而被先天地决定了的。因此，我们仅仅认识自然中这样一些**结果**的必然性，其原因已被给予我们了。而且，存在中的必然性的特征不会抵达比可能经验的领域更远的地方，甚至于在这个领域中它也不适用于作为实体的诸事物的存在，因为，实体从来不能被看作经验的结果，或者说某种发生且产生的东西。因此，必然性仅仅涉及[A228]诸显象根据关于因致性的动力学法则所处的那些关系以及建立在这些关系基础之上的这样的可能性——我们可以从任何一种给定的存在（一个原因）先天地推导出另一种存在（结果）。所有发生的东西都是假设地必然的。这点构成了这样一条原则，它让世界中的变化听命于一条法则，即一条关于必然的存在的规则。在没有这样一条规则的情况下，自然甚至于根本不会发生[①]。因此，"没有任何东西是经由一种盲目的偶然事件而发生的（in mundo non datur casus［在世界中没有偶然之事］）"这个命题是一条先天的自然法则。如下命题同样是一条先天的自然法则："在自然中没有任何必然性是盲目的必然性；相反，任何必然性均是有条件的进而可以理解的必然性（non datur fatum［没有命定之事］）。"这两个命题均是这样的法[B281]则，经由它们诸变化的游戏听命于（作为诸显象的）**诸事物的自然**[②]，或者说听命

① "发生"原文为"stattfinden"（也可译作"成立"、"出现"或"实现"）。

② "自然"原文为"Natur"。"Natur"一个重要的意义是指 natura formaliter spectata（从形式上看的自然），即"诸显象从其存在上看根据必然的规则即根据法则而来的关联"（B263/A216），特别说来，"一个事物的诸规定性根据一种内在的因致性原理而来的关联"（B446/A418–419Anm.）。这种意义上的自然显然构成了事物的本性。正因如此，"Natur"这个词有时直接意指事物的本性（在此处的语境中，它也可以做如是理解）。"Natur"的另一个重要而常见的意义是指 natura materialiter spectata（从质料上看的自然），即诸显象之全体（自然界）（关于两种自然之区分，请进一步参见前文 B163–165）。

于知性统一性（这两种说法是一回事儿），而只有在知性中[①]诸变化才能够属于一个作为诸显象的综合统一性的经验。这两条原则均属于动力学原则。前者真正说来是（隶属于经验的类比的）因致性原则的一个后承。后者属于关于模态的原则，模态还将关于必然性的概念附加给了因果决定，而必然性隶属于一条知性法则。连续性原理禁止在诸显象（诸变化）的序列中的任何跳跃（in mundo non datur [A229] saltus[在世界中没有跳跃]），同时也禁止在空间中的所有经验直观之全体中两个显象之间的任何空隙或裂隙（non datur hiatus[不存在间隙]）。因为，这个命题也可以表述成这样的形式：证明了某种虚空的东西，或者还有仅仅将某种虚空接受为经验综合之一部分的东西，不能进入经验之中。因为，这样的虚空——人们或许设想它处于可能的经验领域（世界）之外——并不属于单纯知性的管辖范围，因为单纯知性只是就这样的问题做出决断，它们涉及如何利用给定的显象达成经验认识。这种东西构成了与理念有关的理性[②]的任务——这种理性走出了某一可能的经验的范围之外，[B282] 而且想就那种围绕着该范围本身且为其划出了界限的东西做出判断。因此，我们必须在先验辩证论中考虑这种虚空。就这四个命题（in mundo non datur hiatus, non datur saltus, non datur casus, non datur fatum[在世界中没有跳跃，不存在间隙，没有偶然之事，没有命定之事]）来说，就像在所有拥有先验来源的原则那里一样，我们轻而易举就能根据其次

---

① “在知性中”原文为“in welchem”。Erdmann 认为“welchem”当作“welcher”，指代前文中的“der Einheit des Verstandes”（知性统一性），而非其中的“Verstand”（知性）。

② “与理念有关的理性”原文为“die idealische Vernunft”，指处理理念的理性。

序、按照诸范畴的次序将其呈现出来，并且能够证明[①]其中每个命题的位置。不过，已经训练有素的读者自己就会做这样的事情，或者他们很容易发现通向此的线索。但是，这四个命题仅仅为了下面的目的而全都联合为一了：不让任何可能会破坏或损害知性以及所有显象的连续的关联即诸知性概念的统一性的东西进入经验的综合之中。因为，只有知性才是[A230]这样的东西，在其内经验的统一性是可能的，而所有知觉都必须在这种统一性中拥有其位置。

至于可能性的领域是否大于包含着所有现实的东西的领域，而现实的东西的领域是否又大于必然的东西的数量，这些问题均是很好的问题。它们均拥有一种综合的解决办法，但是，它们也仅仅归属于理性的管辖范围，因为它们想要说出的东西大致是这样的：是否所有东西作为显象全都属于这样一种唯一的经验的全体和关联，每种给定的知觉均构成了其一个部分，因此该部分不[B283]能与任何其他种类的显象连接在一起，或者，我的知觉是否能够属于不止一种（处于其普遍的关联中的）可能的经验。知性只是根据感性及统觉的主观的且形式的条件将规则先天地给予泛而言之的经验，而仅仅这些条件才使得这种经验成为可能。（与空间和时间）不同的直观形式，类似地，（与思维的推论式的形式或者经由概念而进行的认识的推论式的形式）不同的知性形式尽管是可能的，但是我们决不能构想出它们并且使得它们成为可以把握的。即使我们能够做到这点，它们肯定也不会属于作为这样一种唯一的认识的经验，正是在其内诸对象被给予了我们。至于是

① “证明”原文为“beweisen”。Grillo 认为“beweisen”当作“anweisen”（指明），Erdmann 认为当作“bestimmen”（规定）。

否还有不同于通常的知觉的其他知［A231］觉属于我们的全部可能的经验，因此是否还有一种完全不同的质料领域能够发生，知性不能对之做出决断，它只与给予我们的东西的综合有关。此外，我们通常为了得出一个巨大的可能性的王国——一切现实的东西（一切经验对象）都仅仅是其一个很小的部分——而进行的那些推理的贫乏性也是很引人注目的。"所有现实的东西都是可能的"；根据换位法的逻辑规则，我们从这个命题自然而然地得到如下单纯特称的命题："一些可能的东西是现实的。"后一个命题于是似乎［B284］意味着这点：许多非现实的东西是可能的。尽管事情看起来是这样的，即好像人们也可以由此而直接将可能的东西的数量设定为超过了现实的东西的数量，因为为了构成现实的东西我们还必须给可能的东西添加上某种东西①，不过，我并不知道对于可能的东西的这种添加。因为，在可能的东西之外还应当附加上的东西是不可能的。在与经验的诸形式条件的和谐一致性②之外只有某种东西能够添加到我的知性之上，这种东西就是与某种知觉的联结。但是，根据经验法则而与这种知觉联结在一起的东西就是现实的，尽管它并没有被直接地知觉到。不过，这点——即在与在知觉中被给予我的东西的贯通的关联中诸显象的一种不同的序列是可能的，进而不止［A232］一个唯一的囊括了一切东西的经验是可能的——并不能从给定的东西中推导出来。而且，在没有某种东西被给出了的情况下，这点更是推导

---

① 此句原文为："als könne man auch geradezu die Zahl des Möglichen über die des Wirklichen dadurch hinaussetzen, weil zu jener noch etwas hinzukommen muß, um diese auszumachen"。Vaihinger 认为"jener"当作"jenem"，"diese"当作"dieses"。中译文据此译出。

② "与经验的诸形式条件的和谐一致性"意指可能性。

不出来的，因为在没有材料的情况下根本就没有任何可以思维的东西。仅仅在这样一些条件之下可能的东西——它们本身仅仅是可能的——并非[①] **在所有方面**均是可能的。但是，当人们想要知道诸事物的可能性是否延伸到了比经验所能够抵达之处更远的地方时，人们恰恰就是在这种意义上理解这个问题的[②]。

我之所以提到这些问题，是为了不在按照通[B285]常的意见而属于知性概念的东西中留下任何间隙。但是，事实上，绝对的可能性（它在所有方面均是有效的）并不是任何单纯的知性概念，而且不能以任何方式拥有经验的使用，相反，这个概念仅仅属于理性，而理性则超出了知性的所有可能的经验的使用。因此，在此我们必须满足于一种单纯批判性的说明，在后面对其做出进一步的处理之前我们先让这个事情的其他的方面处于昏暗之中。

由于我正好要结束这第四小节并随之而同时结束纯粹知性的所有原则的系统，因此，我还必须给出我的如下做法的根据，即我刚刚将关于模态的原则称作"公设"[③]了。在此我不是在一些新近的哲学[A233]作者[④]所给予它的那种意义上使用该表达式的，即这种意义："将……当作公设"[⑤]据说就意味着，在没有辩

---

① Vorländer 建议删除"并非"。

② 此句原文是这样的："In dieser aber wird die Frage genommen"。Valentiner 认为在"dieser"后应该加上"Bedeutung"一词。中译文据此译出。"在这种意义上理解这个问题的"意即：联系着这种可能性——即在所有方面均是可能的——理解这个问题的。

③ "公设"原文为"Postulate"。

④ "一些新近的哲学作者"（einige neuere philosophische Verfasser）包括沃尔夫和 Georg Meier（1718–1777）。参见 Christian Wolff, *Philosophia rationalis*, § 269; Georg Meier, *Auszug aus der Vernunftlehre*, §§ 313 und 315。

⑤ "将……当作公设"原文为"Postulieren"。请注意与前文"Postulate"（公设）一词的字源上的联系。

护[1]或者证明的情况下，将一个命题冒充为直接地确实的。（这些作者对该表达式的这种使用违反了数学家们给予它的那种意义，而真正说来它肯定属于数学家们。）因为，如果我们要对于诸综合命题承认如下这点（无论它们是多么地自明），即人们可以在没有做出任何演绎的情况下、基于它们自己的声言的威望便将它们与无条件的赞同绑定在一起，那么知性的一切批判便丧失殆尽了。而且，由于我们并不缺乏这样一些大胆的非分要求，甚至于普通的信念（但是，这样的信念并不是全权〔B286〕证书）都不会拒绝它们，因此，我们的知性便向任何狂想开放了。此时它便不能不赞同这样一些断言，它们要求人们将其接受下来——尽管这种要求是不合法的，但它却恰好是以与在真正的公理的情况下人们所拥有的同样的确信的语调提出的。因此，如果一个先天的规定性综合地附加在了一个事物的概念之上，那么对这样一个命题，我们必须毫不含糊地至少要补充给出一种关于其断言的合法性的演绎（如果不是一个证明的话）。

但是，关于模态的诸原则并不是客观地综合性的，因为可能性、现实性和必然性这些谓词一点儿也没有通过如下方式对它们被表述于其上的那个概念有所增益，即它们给该对象的表象附加上了某种东西。但是，由于它们尽管如此始终是综合性的，因此，〔A234〕它们仅仅是主观地综合性的，即它们为关于这样一个事物（这样一个实在的东西）的概念——对于该事物它们并没有以其他方式说出任何东西——附加上了这样的认识能力，该概念恰恰是在其内产生的并且在其内拥有一个位置，以至于如果该概念仅仅在知性中与经验的诸形式的条件发生了联结，那么其对象叫作可能的；如果该概念与知觉（作为感觉能力的质料

① “辩护”原文为“Rechtfertigung”（字面意义为“为……提供理由或根据”）。

的感觉）发生了关联并且经由知觉、借助于知性而得到了规定，那么其对象便是现实的；如果该概念经由诸知觉根据诸概念而来的关联被规定了，那么其对［B287］象叫作必然的。因此，关于模态的诸原则表述给一个概念的东西只不过就是认识能力的这样的行动，该概念就是由它生产出来的。现在，数学中的一个公设意味着这样的实践命题，它仅仅包含着这样一种综合，正是经由它我们首先将一个对象给予了我们自己，并且生产出了其概念——比如关于如下事项的命题：用一条给定的直线从一个给定的点在一个平面上画出一个圆。而且，这样一个命题是不可被证明的，因为它所要求的那种程序恰恰就是这样的程序，正是经由它我们首先生产出了关于这样一个图形的概念。于是，据此我们有恰好同样的权利将关于模态的诸原则当作公设，因为它们根本就没有增益它们[①]关于事物的概念*，［A235］而只是表明了该概念与认识能力联结在一起的方式。

* * *

［B288］对于原则系统的一般性说明[②]

非常值得注意的一点是，我们不能根据单纯的范畴而洞察到

① 按照 Erdmann 的猜测，此“它们”（ihren）当作“我们”（unsern）。

* **经由**一个事物的**现实性**我当然设定了比可能性更多的东西，但是我并不是**在该事物**中设定了更多的东西。因为，该事物在现实性中所包含的东西决不可能多于包含在其完全的可能性中的东西。相反，由于该可能性仅仅是联系着知性（知性的使用）对该事物的一种设定，因此，该现实性同时就是该事物与知觉的联结。〔此段话中前两次出现的“设定”原文为“setzen”，第三次出现的“设定”原文为“Position”。请参见下文 B626-630/A598-602 的相关表述。〕

② 此小节为 B 版所加。

任何事物的可能性，相反，我们总是必须手边已经有了一个直观可以利用了，以便在该直观之上阐明纯粹知性概念的客观实在性。让我们以关系范畴为例来说明这点。下面这几点均完全无法从单纯的概念中洞察出来：1）某种东西如何只能作为**主体**而不能作为其他事物的单纯的规定性而存在，即只能作为**实体**而存在；或者，2）事情如何是这样的，即因为某种事项存在了，所以某种不同的事项就必然存在，进而某种东西如何竟然可以是原因；或者，3）事情如何是这样的，即如果一些事物在那里存在了，那么从它们中的一个存在了这点我们便得出了某种关于其他事物的东西，并且这样的事情可以交互地发生，以这样的方式诸实体的一种共存便可以发生了。这点恰好同样适用于其他范畴，比如，一个事物如何能够与许多事物一起构成同一个事物，即构成一个量，等等。因此，只要直观是付诸阙如的，那么人们便不知道自己是否在通过诸范畴而思维一个对象，以及是否终究有一个对象能够适合于诸范畴。由此下面这点便得到了证实：诸范畴就其自身来说根本就不是任何**知识**，相反，它们是单纯的**思想形式**，人们通过它们从给定的直观中制作出知识。——［B289］恰恰由此我们也得到了这点：如果不存在这样的东西，我们能够利用它走出一个给定的概念并且将其与另一个概念联结在一起，那么从单纯的范畴不能制作出任何综合命题，比如：在一切存在中均有实体，即均有这样的东西，它只能作为主词而不能作为单纯的谓词存在；或者，每个事物均是一个定量，等等。因此，人们也从来没有成功地纯然根据纯粹知性概念证明一个综合命题，比如这个命题：所有偶然地存在的东西都有一个原因。人们只能给出如下证明，而不能走得更远：在没有这种〔与原因的〕关联的情况下，我们根本**不能掌握**偶然的东西的存在，即不能先天地通过知性认识这样一个事物的存在[①]。不过，由此我们得不出这样的结论，即恰好同一种关联也构成了事物自身[②]的可能性的条件。因此，如果人们回顾一下我们对因致性原则的证明，那么人们就会觉察到这点：我们只能针对可能经验的对象证明这个原则，即“所有发生的事情（每个事件）都预设了一个原因”，而且我们是如此地给出这个证明的，以至于我们也只能将该原则证明为关于经验的可能性进而关于一个在**经验直观**中给出的对象的**认识**的可能性的原理，而不能根据单纯的概念证明它。尽管这点是不可否认的，即“所有偶然的东西均必定有一个原因”这个命题根据单纯的概[B290]念对于每个人来说就是显而易见的，但是在这种情况下关于偶然的东西的概念已经被如此地加以理解了，以至于它并不包含模态范畴（偶然的东西之作为这样的某种东西，其非存在是**可以思维的**），而是包含着关系范畴（偶然的东西之作为这样的某种东西，它只能作为另外一个东西的后果而存在）。此时如下命题当然是一个同一命题：“只能作为后果而存在的东西拥有其原因。”事实上，如果我们应当给出偶然的存在的例子，那么我们便总是引用**变化**，而并非仅仅引用**关于反面情形的思想**的可能性。* 但是，变化是事件，而事件[B291]作为事

① “掌握”（begreifen）在此特指通过概念进行的把握（erfassen，fassen），因此与“理解”（verstehen）同义。

② “事物自身”（Sachen selbst）在此当指康德所理解的事物本身（Sachen an sich selbst）。

* 尽管人们可以很容易地思考物质的非存在，但是，古人毕竟没有由此推导出物质的偶然性。不过，甚至于一个事物的一个给定的状态的存在和非存在的变易（一切变化均在于这样的变易）也根本没有似乎根据这个状态的反面的现实性而证明这个状

件只有经由一个原因才是可能的。因此，事件的非存在就其自身来看是可能的。于是，人们从下面这点认识了偶然性：某种东西只有作为一个原因的结果才能够存在。因此，如果一个事物被假定为偶然的，那么“它拥有一个原因”这个说法便是一个分析命题。

但是，更加值得注意的是，为了按照诸范畴理解诸事物的可能性，进而为了确立诸范畴的**客观实在性**，我们不仅需要直观，甚而还总是需要**外部直观**。如果我们比如以关于**关系**的纯粹概念为例，那么我们发现：1）为了相应于**实体**概念在直观中提供出某种**恒常的**东西（并且由此而确立该概念的客观实在性），我们需要**空间中的**一种直观（关于物质的直观），因为，只有空间被规定为恒常的，而时间进而还有出现于内部感觉之内的所有东西则是处于持续的流逝之中的。2）为了将**变化**表现为相应于**因致性**概念的直观，我们必须以作为空间中的变化的运动作为例子，甚至于只有通过这样的方式我们才能让变化成为可以直观的（任何纯粹知性均不能掌握变化的可能性）。变化是诸彼此矛盾地对立的规定性在同一个事物的存在之中的连接。现在，至于这样的事情是如何可能的，即在一个事物的一个给定的状［B292］态之后接着出现了（作为其结果）同一个事物的一个与此相反对的状态，不仅没有任何理性在没有例子的情况能够让这点对它自己来说成为可以掌握的，而且，甚至于没有

（接上页）态的偶然性。比如，一个物体的静止（它是接着运动状态出现的）还没有因为如下原因便证明了该物体的运动的偶然性，即静止是运动的反面。因为，这种反面在此仅仅是逻辑上说而非 realiter（实在上说）**与**另一个状态**处于反对关系**。为了证明该物体的运动的偶然性，人们必须证明事情本来可以是这样的，即在前面的时刻出现的**并不是**运动，相反，该物体**彼时**是静止的；人们不必证明**此后**它是静止的，因为在这种情况下两个对立的状态完全可以彼此共存。

任何理性在没有直观的情况下能够让这点对它自己来说成为可以理解的[①]。相关的直观就是关于一个点在空间中的运动的直观，而恰恰是该点在不同的位置的存在（作为彼此反对的规定性的序列）首先才使得变化对我们来说成为可以直观的。因为，甚至于为了事后让内部变化对我们自己来说成为可以思维的，我们必须通过一条直线让作为内感能力的形式的时间形象地对于我们自己来说成为可以把握的，并且必须通过画出这条直线的方式（即通过运动）让内部变化对于我们自己来说成为可以把握的，因此必须通过外部直观让我们自身在不同的状态中的接续的存在对于我们自己来说成为可以把握的[②]。上面这点的真正根据是这样的：就任一变化来说，即便仅仅是为了让人们将其知觉为变化，它都以直观中的某种恒常的东西为前提，而在内部感觉中根本就没有任何恒常的直观被遇到。——最后，〔3)〕就其可能性而言，**共存**范畴根本不能经由单纯的理性来掌握，因此，在没有直观的情况下，而且是在没有空间中的外部直观的情况下，洞察该概念的客观实在性是不可能的。因为，人们想要如何设想这样的可能性，即如果存在着许多实体，那么从其中的一个实体的存在便可以交互地得出关于其他实体的存在的某种东西（作为结果），于是，因为在第一个实体中存在着某种东西，所以在［B293］其他实体中也必然存在着这样的某种东西，它不能仅仅从后面这些实体的存在得到理解？因为，上面这点是为共存所需要

---

① “让……成为可以掌握的”和“让……成为可以理解的”原文分别为“begreiflich machen”和“verständlich machen”。

② 此句话中的“让……成为可以把握的”原文均为“faßlich machen”。“faßlich”与“begreiflich”同义。

的，但是在这样一些事物之间这点则是完全不可把握的，它们中的每一个均经由其自存而完全与其他的事物隔离开来了。因此，在莱布尼茨那里，因为他将一种共存赋予世界的诸实体了（只不过，仅仅像知性思考它们那样），所以他利用某种神灵来进行调停，因为仅仅根据这些实体的存在来看这种共存对于他来说似乎是恰如其分地不可把握的。但是，如果我们在空间中进而在外部直观中表象共存，那么我们便可以让（作为显象的实体的）共存的可能性对于我们来说变得完全可以把握了。因为空间已经先天地包含了作为（作用和反作用进而共存中的）实在的关系的可能性的条件的形式的外部关系。——下面这点也同样可以轻易地得到确立：作为**量**的诸事物的可能性进而量范畴的客观实在性也只能在外部直观中得到阐明，而且，只有借助于外部直观此后该范畴才能被应用到内部感觉之上。不过，为了避免过于冗长，我必须将例子留给读者们去考虑了。

整个这段说明是非常重要的——不仅仅是为了证实我们前面对唯心论所做的反驳，而且更是为了向人们表明这样一种**自我认识**的可能性的限度（在谈到这样的认识的时候），它是在没有外部经验直观的帮助的情况下、根据单纯的内在［B294］意识以及我们的本性的规定性而进行的。

因此，从整个这一小节中所得到的最后的结论是这样的：纯粹知性的所有原则仅仅是关于经验的可能性的先天的原理，而且所有先天综合命题也仅仅关联到这种可能性，甚至于诸先天综合命题的可能性本身也完全是以这种关联为基础的。

第三篇 论将所有泛而言之的对象区分成现象和本体的根据

现在，我们不仅游历了纯粹知性的领土，仔细地检视了其每一部分，而且全面地测量了它并为其上的每个事物确定了位置。但是，这片领土是一座孤岛，被自然本身包围在诸多不可变更的界线之内。它是真理的领土（一个诱人的名字），[B295]被一片宽广且波涛汹涌的海洋所环绕——这片海洋是假象的真正处所，在此一些雾堤和许多快要融化的冰块让人误以为是新的陆地。[A236]通过利用空洞的希望不停地欺骗为了有所发现蜂拥而至的航海者的方式，这片海洋让他们深陷诸多冒险之中——他们既不能停止也不能终结这些冒险。不过，在我们为了下述目的冒险驶入这片海洋之前，即从所有纬度上探索它并且确定在这些纬度上是否有什么可以希望得到的东西，首先再一次地将目光投向这片我们行将离开的领土的地图之上并且提出下面的问题不无益处：其一，我们是否可以至少满足于这片领土上所包含的东西，或者出于不得已而必须满足于它们——如果在其他任何地方均找不到我们能够在其上进行扩建的基地的话；其二，依据什么样的权利我们竟然能够拥有这片领土并且能够让我们自己安全地抗击敌人的要求。尽管在展开分析论的内容时我们已经充分地回答了这些问题，但是，对分析论的诸解答的一个概括式的评估通过将其重要之点联合成一个要点的方式的确能够强化人们的相关的确信。

因为，我们已经看到，知性从自身汲取的任何东西尽管不是从经验得到的，但它仅仅是为了经验的使用而非为了其他任何目的而拥有它们的。现在，纯粹知性的[B296]诸原则无论是先天地构成性的（像数学原则那样），还是仅仅调节性的（像动力学原则那样），它们都仅仅包含比如说[A237]可能经验的纯粹图式。因为经验仅仅是从这样的综合统一性得到其统一性的，知性联系着统觉本源地且从自身将该综合统一性赋予想象力的综合，并且诸显象作为一种可能的知识的材料必须已经先天地与这种综合统一性关联在一起并且与其保持一致。不过，尽管现在这些知性规则不仅是先天真的，而且甚至于构成了一切真理性即我们的知识与诸对象的一致的源泉（因为它们包含着作为一切知识之全体的经验的可能性的根据，而诸对象可能就是在这样的全体中被给予我们的），但是，对于我们来说仅仅让人们给我们呈现真的东西还是不够的，相反，人们还需要给我们呈现他们欲求知道的东西[①]。因此，如果通过这种批判的研究我们学习不到比我们在没有如此精微的探究的情况下就在知性的单纯经验的使用中自动地练就的东西更多的东西，那么我们从这种研究中所得到的好处便不值得我们为此付出精力和做出准备。对此人们可能会给出这样的回答：对于我们的知识的扩充来说，没有比如下这样的好奇心更为有害的了，即总是想在从事相关的探究之前并且在还没有对相关的用处形成

① 在康德自己使用的A版样本中，这句话被改写为这样的形式："但是，对于我们来说仅仅让人们给我们呈现真的东西还是不够的（不管真的东西多么少），相反，我们要他们扩展他们的知识"。（参见Ak 23: 47）

任何概念（即使它就出现在眼前了）之前就预［B297］先知道这样的用处。不过，的确有这样一种好处，即便对于这样的先验探究的最难对付的并且［A238］最缺乏兴致的学习者来说，我们也能够让之理解它并且同时让之关心它——即这个好处：仅仅专注于其经验的使用而不对其自身的知识的来源有所思考的知性尽管可能会取得不错的进展，但是终究有一件事它不能完成，即为它自己确定其使用的界限并且知道什么东西可能处在其整个范围之内或处在其外。因为，我们所做的那些深入的研究恰恰是为此所需要的。但是，如果知性不能判别某些问题是否处于其界域之内，那么它便无法确保它的要求和所有物，而只能等着面对人们对其做出的多种多样的令其蒙羞的斥责——当它无休止地越过它的领地①（这点是不可避免的）并且误入狂想和幻象之中时。

因此，知性对其所有先天的原则甚而对其所有概念只能做出经验的使用，而从来不能对其做出先验的使用。如果人们能够确实地认识到这个命题，那么它［B298］可望带来颇为重要的后果。对

---

① 在《判断力批判》导论中，康德严格地区分开了领域（Feld）、基地（Boden）和领地（Gebiet）："诸概念拥有其领域——在它们被联系到诸对象之上范围内，而不管关于这些对象的认识是否是可能的。这个领域仅仅是根据概念的对象与我们的泛而言之的认识能力所处的那种关系而得到确定的。——这个领域中的这样的部分——在其上对于我们来说认识是可能的——是这些概念以及为认识所必需的认识能力的基地（territorium）。这个基地的这样的部分——在其上这些概念是立法性的——是这些概念以及与它们相应的认识能力的领地（ditio）。因此，经验概念在作为所有感觉能力的对象之全体的自然中虽然拥有其基地，但是并不拥有领地（而仅仅拥有其停留地点[1]［domicilium］）：因为它们虽然是被合乎法则地制造出来的，但并不是立法性的，相反，基于它们的规则是经验性的，因而是偶然的。"（Ak 5: 174）〔[1]"停留地点"德文为"Aufenthalt"。〕在《纯粹理性批判》中，康德实际上就是按照如上区别使用领域、基地和领地这三个术语的。

出现于某个原则中的一个概念的先验的使用是这样的使用：它被关联到**泛而言之的**且**就其本身来看的**事物了[①]；而对它的经验的使用则是当它仅仅被关联到**诸显象**即一个可〔A239〕能**经验**的对象之上时它所获得的使用。不过，从如下事实中我们看到，只有后一种使用最后才能发生。就任何一个概念来说，首先，一个泛而言之的概念（思维）的逻辑形式是需要的；其次，为它提供这样一个对象的可能性也是需要的，它就关联到其上。在没有这样的〔可能的〕对象的情况下，该概念便是没有任何意义的，并且是完全缺乏内容的，尽管它可能还始终包含着这样的逻辑功能，即从可能的材料制作出一个概念。现在，一个对象不能通过其他的方式而只能在直观中被给予一个概念，并且，如果一个纯粹直观[②]甚至于在对象之前便是先天可能的，那么即使这个纯粹直观本身也只能通过经验直观获得其对象进而其客观有效性（纯粹直观是经验直观的单纯的形式）。因此，尽管所有概念并且连同它们一起还有所有原则或许是先天可能的，但是它们均关联到经验直观，即关联到可能经验的材料。在没有这样的关联的情况下，它们根本没有任何客观有效性，而不过是一种单纯的游戏——或者是想象力借助于其表象所进行的单纯的游戏，或者是知性借助于其表象所进行的单纯的游戏。我们只要以数学概念为例说明即可。首先

---

① 在康德自己使用的 A 版样本中“它被关联到**泛而言之的**且**就其本身来看的**事物了”（daß er auf Dinge *überhaupt* und *an sich selbst* … bezogen wird）被改写为这样的形式：“它被关联到这样一些对象了，它们没有在任何直观中被给予我们，因此被关联到非感性的对象了”(daß er auf Gegenstände, die uns in keiner Anschauung gegeben werden, mithin nichtsinnliche Gegenstände)（参见 Ak 23: 47）。

② 在康德自己使用的 A 版样本中，“如果一个纯粹直观”被改写为：“即便对于我们来说一个纯粹的感性直观”（参见 Ak 23: 47）。

以处于其纯粹直观中的数学概念为［B299］例。比如，空间有三个维度，两点之间只能有一条直线，等等。尽管所有这些原则以及这门科学所处理的对象的表象是完全先天地在［A240］心灵中被生产出来的，但是，如果我们不能总是在诸显象（经验对象）之上展示其意指，那么它们还是根本不会意指任何东西。于是，人们还需要让一个抽象而来的概念**成为可以感知的**，即在直观中展示与其相应的对象，因为，否则的话，该概念（像人们所说的那样）就将仍旧是没有**意义**的，即没有意指的[①]。数学通过构造出这样的形状的方式满足了这种要求，这种形状是一种呈现给感觉能力的（尽管是先天地形成的）显象。在这门科学中量概念在数中寻求其支持与意义，而数则在摆在面前的手指、算盘子儿或者线条和点中寻找其支持和意义。相关的概念连同依据这些概念而来的综合的原则或公式仍然总是先天地生产出来的，但是这些概念的使用以及与诸假定的对象的关联最后则只能在经验中而不能在其他任何地方寻找（这些概念反过来又先天地包含着经验的可能性——从形式上说）。

［B300］所有范畴的情况以及由它们构成的诸原则的情况也是这样的。下面的事实说明了这点：如果我们没有立即屈尊求助于感

---

① 这句话原文是这样的："Daher erfordert man auch, einen abgesonderten Begriff *sinnlich zu machen*, d. i. das ihm korrespondierende Objekt in der Anschauung darzulegen, weil, ohne dieses, der Begriff (wie man sagt) ohne Sinn, d. i. ohne Bedeutung bleiben würde"。关于"einen abgesonderten Begriff sinnlich zu machen"请进一步参见 B75/A51 中的相关说法："seine Begriffe sinnlich zu machen (d. i. ihnen den Gegenstand in der Anschauung beizufügen)"（让自己的概念成为可以感知的［也即在直观中给其附加上对象］）。这句话以及前一句话中出现的"展示"原文均为"darlegen"。这个德语词通常的意义为：说明、解释、陈述、阐述、阐明等。在此其意义应当与"darstellen"（表现，展现，展示）相同（参见 B742-743/A714-715）。

性条件进而求助于诸显象的形式，那么我们根本不能实在地定义诸范畴中的任何一个，即不能让它们的对象的可能性成为可以理解的（因［A241］此，诸范畴必须被限制在作为其唯一的对象的诸显象之上）。因为，如果人们去掉了这个条件，那么一切意指——即与对象的关联——均消失了，人们便不能经由任何例子让自己理解那些概念真正说来究竟被用来意指了什么样一种事物。上面在呈现范畴表时我们没有给出诸范畴中的任何一个的定义，因为我们的意图——它仅仅涉及诸范畴的综合的使用——使得这样的定义成为不必要的了，而人们不必因为不必要的活动而让自己承担可以免除的责任。这点并不是什么借口，而是一条并非不重要的明智规则，即如果一个概念的某个或其他的特征可能就够用了，为此根本不需要完全地列举出构成了这个整个概念的所有特征，那么在此就不要立即冒险去定义它并且尝试或者假装让相关的概念的规定变得完全或精确。但是，现在我们发现：这种小心谨慎的做法还有更为深层的根据：即使我们想要定义诸范畴，我们也不能做到这点。* 相反，如果人们去掉了所有这样的感［A242］性条件——正是它们使得诸范畴作为一种拥有着可能的经验使用的概念而突显出来——并且将诸范畴看作诸泛而言之的事物的概念（进而拥有着先验使用的概念），那么借助于它们我们只能做这样

---

* 在此我想到的是实在的定义。实在的定义并非仅仅为一个事物的名称配上了不同的且更可理解的语词，相反，它包含着这样一个清晰的特征，在其上相关的**对象**（definitum［被界定的东西］）总是可以确实地得到认识，并且它让被解释的概念相对于应用来说变得可以使用。因此，实在的解释将［A242］是这样的解释，它不仅使得一个概念变得明确，而且它同时使得该概念的**客观实在性**变得明确。诸数学的解释就是这样的解释，因为它们根据一个概念**在直观中**表现了一个相关的对象。

的事情，即将判断中的逻辑功能看作事物自身的可能性的条件，但是与此同时却一点儿也不能指明，它们究竟在哪里能够获得其应用及其对象，进而它们如何在纯粹知性中在没有感性的情况下能够拥有某种意指和客观有效性。[①]

除了比如通过如下方式以外，没有人能够解释泛而言之的量的概念：量是关于一个事物的这样的规定性，正是经由它人们可以思考这点，即“一”被多少次地设置在该事物中了[②]。不过，这个多少次是以前后相继的重复进而是以时间以及在时间中进行的（同类的东西的）综合为基础的。就与否定相对的实在来说，人们只有在想到了这样一个（作为一切存在之全体的[③]）时间的时候——它或者被实在填满了，或者是空的——才能解释它。如果我去掉了恒常性（该恒常性是一种在一切时间中的存在[④]），那么对于我来说留给实体概念的东西就只有关于主词的这样的逻辑表象了，我想要通过设想某种仅仅作为主词[A243]（而不是作为什么东西的谓词）才[B301]能出现的东西的方式而将它实在化[⑤]。但是，此时事情不仅是这样的，即我根本不知道任何这样的条件，正是在其下这种逻辑的优越性变成为某个事物所特有的东西，而且我们也完全不能

① 从“上面在呈现范畴表时……”到此为止的文字仅出现在A版，B版将其删除了。在A版中接下来一段话紧接着此处，B版中则为独立的一段。

② 此句原文为“wie vielmal Eines in ihm gesetzt ist”。“Eines”即“Eins”（数“一”）。

③ “一切存在之全体”原文为“Inbegriff von allem Sein”。

④ “一种在一切时间中的存在”原文为“ein Dasein zu aller Zeit”。

⑤ “实在化”原文为“realisieren”。按照B611/A583和B705/A677中的相关解释，所谓“实在化一个表象或理念或理想”就意味着该表象或理念或理想“被做成一个对象”（wird … zum Objekt gemacht）或人们为它“设定一个现实的对象”（einen wirklichen Gegenstand zu setzen）。请注意这种“实在化”与“实在”（Realität）范畴的区别和联系。

由此进一步地制作出任何东西，不能由此得出哪怕是最低限度的结论，因为，没有任何该概念的使用的对象由此得到了规定，因此，人们根本不知道该概念究竟是否意指了什么东西。就原因概念来说，（如果我去掉了这样的时间，在其内某种东西跟着另外某种东西按照一条规则发生了，那么）在这个纯粹范畴中我只会发现这点，而不会发现任何进一步的东西，即存在着这样的某种东西，从其中我们可以推导出另外某种东西的存在[①]。由此，我们不仅根本未能将原因与结果彼此区别开来，而且，因为这种“可以推导出”毕竟立即就需要一些我对其一无所知的条件，所以该概念根本不会拥有关于这样的事情的规定性，即它如何适合于某个对象。“一切偶然的东西都有一个原因”这个假定的原则在此极其庄重地出场了，好像它内在地拥有其独特的尊严一样。不过，如果我提出这样的问题，即你们是如何理解“偶然的”，并且如果你们回答说，“偶然的东西就是这样的东西，其非存在是可能的”，那么，我便乐意知道，如果你们不在诸显象的序列中表象一种前后相继并且不在这种前后相继中表象一种紧跟着非存在发生的存在（或者反过来，一种紧跟着存在发生的非存在），进而，如果你们不表象一种变易，那么你们想要凭什么认出非存在的这种可能性。因为，一个事物的非存在与其自身不矛[A244]盾这点是对这样一种逻辑条件的苍白无力的[B302]援引，这一逻辑条件尽管对于概念来说是必要的，但是对于实在的可能性来说远不是充分的。[②]虽

① “即存在着……”这句话原文为“daß es so etwas sei, woraus sich auf das Dasein eines anderen schließen läßt”。

② 以上诸句中的“非存在”原文为“Nichtsein”，“存在”原文为“Dasein”。

然我可以在思想中并非自相矛盾地去除每个存在着的实体，但是由此我根本不能推导出这些实体在其存在中的客观的偶然性，即它们的非存在自身的可能性①。就共存概念而言，估计到下面这点是很容易的：由于实体以及因致性这样的纯粹范畴不允许任何规定了对象的解释②，因此，诸实体彼此间的关系中的交互因致性（commercium［交互作用的共在］）也同样不能接受这样的解释。如果人们想要仅仅从纯粹知性中得到可能性、存在与必然性的定义，那么没有人能够以借助于明显的同语反复式以外的方式解释它们。因为，用一个**概念**的逻辑可能性（在此它不自相矛盾）顶替相关**事物**的先验的③可能性（在此有一个对象对应于这个概念）这样的欺骗把戏只能欺骗没有经验的人，只能让这样的人满意。*

下面这点包含着某种令人感到奇怪甚而荒谬的东西：竟然会

① 在A版和B版原版中这句话原文是这样的："wie ich denn eine jede existierende Substanz in Gedanken aufheben kann, ohne mir selbst zu widersprechen, daraus aber auf die objektive Zufälligkeit derselben in ihrem Dasein, d. i. die Möglichkeit seines Nichtseins an sich selbst, gar nicht schließen kann"。Vaihinger认为"seines Nichtseins"中的"seines"当作"ihres"。中译文据此译出。Görland认为"seines Nichtseins an sich selbst"当作"die Möglichkeit des Nichtseins des Dinges an sich selbst"（物本身的非存在的可能性）。此意见不可接受。在此"an sich selbst"当是在其通常的意义而非康德的专门的意义上使用的。

② "规定了对象的解释"原文为"das Objekt bestimmende Erklärung"。

③ 在康德自己使用的A版样本中"先验的"（transzendentalen）被改为"实在的"（realen）（参见Ak 23: 48）。

* 一言以蔽之，如果一切感性直观（我们所拥有的唯一的直观）均被去除了，那么所有这些概念均不能经由任何东西而**证明自己**，并且它们也不能经由任何东西而确立它们的**实在的**可能性。在这种情况下，只有**逻辑的**可能性留存下来了，即：该概念［B303］（思想）是可能的。但是，在此我们谈论的并不是这样的可能性，而是这点：它是否关联到一个对象，进而意指了某种东西。〔此注为B版所加。〕

存在着这样一个概念，尽管必定应当有一个意指属于它，但它是不可解释的。不过，在此就诸范畴来说存在着这样一种特殊情况，即只有借助于一般的**感性条件**它们才能拥有一个确定的意指［A245］以及与某个对象的关联，但是这个条件在纯粹范畴那里却被去掉了，因为它们在这种情况下只能包含将杂多置于一个概念之下的逻辑功能，而不能包含其他任何东西。但是，仅仅从这种功能即概念的形式人们根本不能认识和辨别哪个对象属于概念之下这样的事情的任何东西，因为恰恰这样的感性条件被抽掉了，正是在其下诸对象终究能够属于概念之下。因此，在纯粹知性概念之外，范畴还需要拥有其应用于泛而言之的感性之上的规定性（图式），并且在没有这样的规定性的情况下，它们就不是这样一些概念，一个对象通过这些概念得到了认识并且被与其他的对象区别开来，而仅仅是许多这样的方式，借之我们为诸可能的直观思维一个对象并且根据知性的某个功能而为该对象提供其意指（在还需要的条件之下），**即定义该对象**。因此，它们本身是不可被定义的。泛而言之的判断的逻辑功能——一和多、肯定和否定、主词和谓词——是不可非循环地被定义的，因为定义本身终究是一个判断，因此必定已经包含这些功能了。但是，纯粹的范畴不过就是泛而言之的事物的表象——在这些事物的直观的杂多必须经由这些逻辑功能中的一个或另一个加以思维这样的范围内：量是这样的规定性，它只能经由一个拥有［A246］数量的判断（judicium commune［一般判断］）加以思维；实在是这样的规定性，它只能经由一个肯定判断加以思维；实体则是那种必定联系着直观而充当着所有其他规定性的最后的主词的东西。但是，现在这样一些东西是什么样的事物，联系着它们人们必须使用这种功能而非另一种功能，这点在此还仍然全然处于未定的状态。因此，在没有感性直观的条件的情况下，诸范畴——它们包含着感性直观的综合——根本没有与某个确定的对象的关联，进而不能定义任何一个这样的对象。于是，就其本身来看它们并不拥有客观概念的有效性。[①]

〔B303〕从上面的叙述，我们无可争辩地得到如下结论：纯粹的知性概念**从来不能**拥有**先验的**使用，而**总是**只能拥有**经验的**使用，而且纯粹知性的诸原则只能联系着可能的经验的普遍条件而被关联到感觉能力的对象，而从来不能被[②]关联到诸泛而言之的事物（在没有考虑到我们可能直观这些事物的那种方式的情况下）[③]。

据此，先验分析论获得了这样的重要结果：知性只能先天地完成这样的事情，即预知一个泛而言之的可能经验的形式，而不能先天地完成更多的事情；而且，由于那些不是显象的东西不可能是经验的对象，因此知性从来不能逾越感性的限制，而只是在这样的限制之内诸对象才被给〔A247〕予我们。知性的原则仅仅是关于显象的阐明[④]的原理，并且关于这样一种存在论的高傲的名字，它自以为在一个系统的学说中提供了关于泛而言之的事物的先天

① 此段话只出现在 A 版中，在 B 版中被删除了。

② 在康德所使用的 A 版样本中此处补加上了如下文字：“综合地”（参见 Ak 23: 48）。

③ 在康德所使用的 A 版样本中此处补加上了如下文字：“如果它们应当给出了知识的话”（参见 Ak 23: 48）。

④ 关于“显象的阐明”（Exposition der Erscheinungen），康德在其《遗著》中曾经给出过如下解释：“诸显象的阐明就是对于这样的根据的确定，这些显象中的诸感觉之间的关联就是建立在其基础之上的。”（Ak 17: 643）请比较前文 B38 中讨论的概念的阐明（阐释）：“我将阐释〔即阐明〕理解成对于属于一个概念的东西的明确的（尽管不是详尽的）呈现（Vorstellung）”（可进一步参见后文 B755–758/A724–730 中的相关讨论）。

综合的知识（比如因致性原则），必须让位给纯粹知性的单纯的分析论这个谦虚的名字。

[B304]思维是将给定的直观关联到一个对象的行动。如果这种直观的方式没有以任何方式被给予，那么该对象就是单纯先验的，并且知性概念仅仅拥有先验的使用（而没有任何其他的使用），即提供关于一种泛而言之的杂多[①]的思维的统一性。因此，经由这样一个纯粹范畴——在其中一切感性直观的条件（对于我们来说感性直观是唯一可能的直观）均被抽掉了——没有任何对象得到规定，[②]相反，只是对一个泛而言之的对象的思维（根据不同的样式）得到了表达。现在，一个概念的使用还需要一种判断力的功能，基于此功能一个对象被归属于该概念之下。因此，它还需要一种至少是形式上的条件，正是在其下某种东西能够在直观中被给出来。如果判断力的这个条件（图式）缺失了，那么一切归属均消失了，因为此时没有任何能够被归属在该概念之下的东西被给出来。因此，诸范畴的单纯先验的使用事实上根本就不是什么使用[③]，它没有任何规定好了的甚或[A248]仅仅从形式上可以得到规定的对象。由此便有如下结论：纯粹范畴对于任何先天综合的原则来说都是不够用的，而且纯粹知性的原则仅仅拥有经验的使用而从来没有先验的使用；但是，在可能经验的领域之[B305]外根本不可能存在任何先天综合的原则。

---

① 在康德所使用的A版样本中“关于一种泛而言之的杂多”被改为“关于一种泛而言之的可能的直观的杂多”（参见Ak 23: 48）。

② 在康德所使用的A版样本中此处补加上了如下文字：“因此，没有任何东西得到了认识”（参见Ak 23: 48）。

③ 在康德所使用的A版样本中：“不是什么使用”被改为“不是为了认识某种东西的使用”（参见Ak 23: 48）。

因此，如下说法可能是适当的：诸纯粹的范畴，在没有感性的形式条件的情况下，拥有单纯先验的意指，但没有任何先验的使用[①]。因为，就其本身来说这样的使用是不可能的，而这点则又是因为在它们那里（在判断中的）某种使用的所有条件——即将某个假定的对象归属在这些概念之下的诸形式条件——均是付诸阙如的。因此，如果人们将它们（作为单纯纯粹的范畴）与一切感性分离开来，那么它们便不应该拥有经验的使用，而且不能拥有先验的使用，所以它们根本没有任何使用。这也就是说，它们根本不能被应用到任何假定的对象之上。相反，它们只不过是知性联系着泛而言之的对象的使用以及思维的纯粹的形式，人们不可能仅仅经由它们便思维或规定某个对象。

然而，在此一个难以避免的幻觉处于基础地位。诸范畴按照其来源并非像空间和时间这样的**直观形式**那样建立在感性基础之上，因此它们似乎允许一种扩大到感觉能力的所有对象之外的应用。不过，从它们这一方面来看，它们再一次地不过是这样一些**思想形式**而已，这些思想形式仅仅包含着将直观中的杂多的所[B306]予先天地在一个意识中统一起来的逻辑能力。在这种情况下，如果人们从它们那里去掉对于我们来说唯一可能的直观形式，那么它们所拥有的意指只能更少于那些纯粹的感性形式所拥有的意指，因为经由这些感性形式至少一个对象被给出了。然而，如果这样的直观——只有在其内这种杂多才能被给出——没有附加进来，那么一种为我们的知性所独有的连接杂多的方式则完全没有

① “先验的意指”和“先验的使用”原文分别为“die transzendentale Bedeutung”和“der transzendentale Gebrauch”。“先验的意指”这种说法也出现于B236/A190中。

意指任何东西。——尽管如此，如果我们将某些作为显象的对象称作感性存在物（现象），因为我们将我们直观它们的那种方式与它们就其本身来看所拥有的特性区别开来了，那么下面这点的确已经包含在我们的相关的概念之中了：我们或者将从后面这个特性来看的恰好同样一些对象（尽管我们不能在这种特性下直观它们），或者还将这样的其他的可能的事物——它们根本不是我们的感觉能力的对象——作为仅仅通过知性而被思考的对象与那些作为显象的对象可以说并列在一起并将它们称作知性存在物（本体）。现在便产生了如下问题：我们的纯粹的知性概念联系着这些知性存在物而言是否能够具有意指并且能够构成关于它们的一种知识？

但是，在此我们一开始便立即发现了一种歧义性，而它可能导致一种巨大的误解：由于知性在将一个对象在一种关系中命名为单纯的现象时，它同时在这种关系之外还形成了关于一个**对象本身**的表象，因此它[B307]设想它也能就同一个对象形成**概念**。并且，由于它只是提供了范畴，此外没有提供任何其他的概念，因此它设想，后一种意义上的对象至少必定是可以经由这些纯粹的知性概念而加以思维的。但是，它由此而受到了误导，将关于一个知性存在物（它是某种处于我们的感性之外的泛而言之的东西）的完全**没有得到规定的**概念看成关于这样一个存在物的**规定好了的**概念，我们能够依照某些方式借助于知性对其进行认识。

如果我们将本体理解为这样一个事物，**它不是我们的感性直观的对象**（由于我们抽掉了我们对于它的直观方式），那么，这样的事物是**消极**意义上的本体。但是，如果我们将本体理解为**一种非感性直观的对象**，那么我们便假定了一种独特的直观方式，即理智的直观方式，而这样的直观方式并不是我们的直观方式，我们甚至于都不能洞察到其可能性。这样的对象便是**积极**意义上的本体。[①]

现在，感性学说同时就是关于消极意义上的本体的学说，也即关于这样一些事物的学说，知性必须在未联系着我们的直观方式的情况下思考它们，因此一定不要将它们单纯地思考成显象，而是必须将它们思考成物本身。但是，对于它们，知性在这种分离状态中同时了解到，在这种[B308]斟酌它们的方式中，不能使用它的范畴，因为，既然这些范畴只有联系着空间和时间中的直观的统一性才拥有意指，那么它们[②]也就仅仅由于空间和时间的单纯的观念性才能经由诸普遍的连接概念先天地规定这种统一性。在无法遇到这种时间的统一性的地方，因此在本体那里，诸范畴的全部的使用甚至于其一切的意指便完全终止了，因为甚至于那些应当对应于诸范畴的事物的可能性都是不可洞察到的。关于这点，我只需要援引我在上一篇的一般性说明的开头部分[③]所提到的事情。但是，一个事物的可能性从来不能仅仅从关于它的某个概念的不矛盾性得到证明，而只能经由这样的方式得到证明，即人们用一个与该概念相应的直观来佐证它。因此，如果我们想要将范畴应用于没有被看作显象的对象之上，那么我们就必须将一种不同于感性直观的直观置于基础地位，而在这种情况下该对象便是一个**积极意义上的**本体。但是，现在，由于这样一种直观，即理

① “消极意义上的本体”和“积极意义上的本体”原文分别为“Noumenon im negativen Verstande”和“Noumenon in positiver Bedeutung”。

② “它们”原文为“sie”。Valentiner 认为“sie”当作“er”。“sie”指代“Kategorien”（诸范畴），而“er”则指代“Verstand”（知性）。

③ 参见 B288。

智直观，绝对地处于我们的认识能力之外，因此，诸范畴的使用也绝对不能延伸到经验对象的界限之外。而且，尽管当然有知性存在物对应着感性存在物，[B309]而且甚或存在着这样的知性存在物①，我们的感性直观能力与之根本没有任何关联，但是，我们的知性概念，作为相对于我们的感性直观的单纯的思想形式，一点儿也没有向外延伸到这些知性存在物。因此，我们称为本体的东西必须被理解为单纯**消极**意义上的本体。②

就诸显象来说，在其被根据范畴的统一性思考成对象范围内，它们叫作现[A249]象。③但是，如果我假定存在着这样一些事物，它们仅仅是知性的对象，尽管如此，作为这样的对象，它们还是可以被给予一个直观，尽管不是可以被给予感性直观（因此④它们可以被给 coram intuitu intellectuali［予一个理智直观］），那么这样的事物就叫作本体（Intelligibilia［可理知的事物］）。

现在，人们可能会想到，由先验感性论所限定的显象概念本身就已经给出了本体的客观实在性，⑤并且使得诸对象之划分成现

---

① “感性存在物”和“知性存在物”原文分别为“Sinnenwesen”和“Verstandeswesen”。

② B版中以上四段话取代了A版中的如下七个自然段。

③ “显象”和“现象”原文分别为“Erscheinungen”和“Phaenomena”。

④ 在A版原版中“因此”（also）作“作为”(als)。科学院版据Vaihinger建议修改。

⑤ “本体的客观实在性”原文为“die objektive Realität der Noumenorum”。“Noumenorum”为“Noumenon”（本体）的复数属格形式。“Noumenon”源自希腊语词“νοούμενον”，本义为由思维所领会的东西，为“νοέω”（思维、构想等）的现在时被动分词之中性形式。“νοέω”则进一步源自“νόος”（心灵，理性）。康德在此将“Noumenon”当成拉丁词加以变格了。“die objektive Realität der Noumenorum”的标准德语形式当为“die objektive Realität der Noumena”或者“die objektive Realität der Noumenen”。

象和本体进而还有世界之划分成感性世界和知性世界[①](mundus sensibilis et intelligibilis[可感知的世界与可理知的世界])成为正当的，而且它是以如下方式做到这点的：该区分在此不仅涉及同一个事物的不明确或明确的认识的逻辑形式，而且涉及关于如下事项的差异，即诸事物如何能够被本源地给予我们的认识并且根据这种差异它们就其本身来说从种类上就彼此有别。因为，如果感觉能力仅仅将某种东西**如其所显现的那样**表象给我们，那么这样的某种东西就其本身来说也必定是一个事物，而且必定是某种非感性的直观的对象，即必定是知性的对象。这也就是说，这样一种知识必定是可能的，在其中人们没有遇到任何感性，而且只有它绝对地拥有客观实在性，即经由它诸对象才被**如其本来所是的那样**表象给我们，与此相反，在对我们的知性的经验的使用中它们则只是[A250]被**如它们所显现的那样**加以认识了。因此，在诸范畴的经验使用之外（这样的使用局限于感性的条件之上）还会存在着一种纯粹的但却是客观有效的使用。在这种情况下我们就不能断定我们迄今为止所声称的东西了：我们的纯粹的知性知识根本说来不过就是关于显象的阐明[②]的原理，而这些原理也只是先天地涉及经验的形式的可能性，而并非先天地走得更远。因为，在此一个完全不同的领域——好比说一个在精神中被思考（甚或还被直观）的世界——向我们敞开了，而这样的世界不可能更少地令我们的纯粹的知性关注，实际上它能够以更为高贵的方式吸引它的注意力。

---

① “感性世界和知性世界”原文为“eine Sinnen- und eine Verstandeswelt”。

② 在康德所使用的A版样本中：“阐明”（Exposition）被改为“杂多的综合”（Synthesis des Mannigfaltigen）（参见Ak 23: 48）。

事实上，我们的所有表象都经由知性而被关联到某个对象之上，而且，由于诸显象不过就是表象，因此，知性将诸显象关联到**某种**作为感性直观的对象的**东西**之上。但是，这样的某种东西[①]在这样的范围内仅仅是先验对象，而先验对象则意指这样的某种东西=X，关于它我们完全一无所知，我们也根本不能对其有所知道（根据我们的知性的当下的布置），相反，这种东西只能作为统觉的统一性的一种关联物而服务于感性直观中的杂多的统一性，而正是借助于统觉的统一性知性将这种杂多在一个对象的概念中联合在一起。这种先验对象完全不可脱离感性材料，因为在这种情况下就没有任何这样的东西［A251］存留下来了，该先验对象正是经由它而被思考的。因此，就其本身来说，它不是任何认识对象，相反，它仅仅是人们在一个泛而言之的对象的概念之下所形成的关于诸显象的表象，而该概念恰恰可以经由这些显象的杂多而得到规定[②]。

现在，恰因如此，范畴也没有表象任何独特的、仅仅给予知性的对象，而是仅仅服务于如下目的：通过在感性中被给出的东西来规定先验对象（关于某种泛而言之的东西的概念），以便由此在关于诸对象的概念之下经验地认识诸显象。[③]

至于人们为何还不满足于感性的基质而是还将只有纯粹的知

---

① 在康德所使用的A版样本中："这样的某种东西"被改为"这个作为一种泛而言之的直观的对象的某种东西"（参见Ak 23: 48）。

② 在康德所使用的A版样本中此处补充道："它仅仅是思想形式，而决不是知识"（参见Ak 23: 48）。

③ 关于以上对于先验对象（das transzendentale Objekt，der transzendentale Gegenstand）的讨论，请比较前文B13–14/A7–10和A103–110中对于"未知物＝X"（das Unbekannte = X）和先验对象的讨论。

性才能思维的本体附加给现象，[①] 其中的原因仅仅在于下面这点。感性——以及其领域即诸显象的领域——本身被知性如此地限制了，以至于它并非涉及事物本身，而是仅仅涉及诸事物鉴于我们的主观的特性而显现给我们的那种方式。这点构成了整个先验感性论的结论。而且，从关于某种泛而言之的显象的概念我们自然而然地得到如下结论：必定有某种就其本身来说不是显象的东西相应于显象，因为显象就其自身来说并且在我们的表象方式之外不可能是任何东西。因此，如果在此不［A252］应该出现持续的循环，那么“显象”这个词就已经指明了一种与这样的某种东西的关联，尽管它的直接的表象是感性的，但是它就其本身来说，即使在没有我们的感性的这种特性的情况下（我们的直观的形式就建立在这种特性基础之上），也必定是某种东西，即一个独立于感性的对象。

现在，由此便出现了关于本体的概念，但是这个概念完全不是积极的，而且不是关于某个事物的确定的认识，相反，它仅仅意指关于某种泛而言之的东西的思维，而在这样的思维中我抽掉了感性直观的一切形式。但是，本体要意指一个真正的、区别于所有现象的对象，仅仅下面这点还是不够的，即我让我的思想**摆脱**感性直观的所有条件。为此，我此外还必须拥有做出**这样的假定**的根据，即**假定**一种不同于这种感性直观的直观方式，而正是在它之下这样一

---

① “感性的基质”原文为“das Substratum der Sinnlichkeit”。“还将……本体附加给现象”原文为“den Phaenomenis noch Noumena zugegeben hat”。“Phaenomenis”为“Phaenomenon”的复数与格形式。后者源自拉丁语，进而源自希腊语词“φαινόμενον”，最后源自“φαίνειν”（意为显示、显现）。康德在此将“Phaenomenon”当成拉丁词加以变格了。“den Phaenomenis”中的“den”应当去掉，其相应的标准德语形式当为“den Phaenomena”或“den Phänomenen”。

个对象能够被给出来。因为，否则的话，我的思想就是空洞的了，尽管它没有矛盾。尽管我们在上面并没有能够证明感性直观最终是唯一可能的直观，而是证明了仅仅**对于我们来说**它是唯一可能的直观，但是我们也不能证明还有另一种直观是可能的。而且，尽管我们的思维可以抽掉每一种感性，但是如下问题仍然保留下来了：在这种情况下我们的思维是否就成了［A253］一个概念的一种单纯的形式，并且在这种分离的情况下是否最终还有一个对象留存下来[①]。

这样的对象，我将泛而言之的显象与其关联在一起，是先验对象，即关于某种泛而言之的东西的全然不确定的思想。这种先验对象不能被叫作**本体**，因为我不知道它就其本身来说是什么东西，而且我根本没有关于它的任何其他概念，而仅仅拥有关于一个泛而言之的感性直观的对象的概念。因此，这样的对象对于所有显象来说均是一样的。我不能通过任何范畴思维它，因为范畴适用于经验直观，以便将其置于一个关于泛而言之的对象的概念之下。一种对于范畴的纯粹的使用尽管是[②]可能的，即没有矛盾，但是这样的使用根本没有任何客观的有效性（因为相关的范畴此时并不涉及任何直观，而正是直观应当由此而获得对象的统一性），因为范畴毕竟是这样一种单纯的思维功能，经由它并没有任何对象被给予我，而仅仅是或许在直观中被给出的东西被我思维了。

---

① 在康德所使用的A版样本中，这句话的后半部分被修改并补充成这样："**或者**，在这种分离的情况下**是否**最终还有**一个可能的直观**留存下来，因为没有人能够确立一种理智直观的可能性，因此，事情很可能是这样的：根本就没有这样一种认识方式发生，联系着它我们会将某种东西看作对象。于是，关于**本体**的积极的概念断定了这样的某种东西，它不能证明其可能性"（Ak 23: 49）。

② 在康德所使用的A版样本中：此处加上了"逻辑上"（参见Ak 23: 49）。

如果我从一个经验的知识中去掉一切（通过范畴而进行的）思维，那么便没有任何关于某个对象的知识存留下来。因为经由单纯的直观根本没有任何东西被思维，而且对感性的这种刺激存在于我之内这点根本没有构成从诸如此类的表象到某个对象的关联。但是，如果反过来，我将一切直观均去掉，[A254]那么的确还有思维的形式——即为一种可能的直观的杂多规定好一个对象的方式——存留下来。因此，在这样的范围内，与感性直观相比，诸范畴延伸到了更远的地方，因为它们思维泛而言之的对象，而非还关注着它们可能被给出的那种独特的方式（感性）①。但是，它们并没有由此规定出一个更为广大的对象的范围，因为，如果人们没有预设一种与感性的直观方式不同的直观方式是可能的（我们绝对没有权利做出这样的预设），那么人们便不能假定这点，即这样的对象能够被给出。

[B310]我称这样一个概念为成问题的，它不包含任何矛盾，而且还作为诸给定的概念的一种边界而与其他知识关联在一起，但是其客观实在性却根本无法被认识到。关于**本体**的概念——即关于这样一个事物的概念，人们完全不应将其思考为感觉能力的对象，而是应当（仅仅通过一种纯粹的知性）将其思考为物本身——完全不是矛盾的，因为人们当然不能针对感性断言，它是唯一可能的直观方式。而且，这个概念还是必要的，以便人们不会将感性直观扩张到事物本身那里，并且因此，以便对感性知识的客观有效性做出限制（因为，那些[A255]感性直观所触及不到的其他事物恰因如此而

① 这句话后半部分原文是这样的："ohne noch auf die besondere Art (der Sinnlichkeit) zu sehen, in der sie gegeben werden mögen"。Erdmann 认为"der Sinnlichkeit"当作"die Sinnlichkeit"。中译文据此译出。

被称作本体，以便人们借此指明，那些知识不能将其领地延伸到知性所思维的所有东西之上）。不过，最终说来，这样的本体的可能性是完全不可洞察到的，[①]而且诸显象的范围之外的领域（对于我们来说）空空如也。这也就是说，我们拥有这样一种知性，它**以成问题的方式**延伸到比诸显象的范围更远的地方；但是，我们并没有这样一种直观，甚至于也没有关于这样一种可能的直观的概念，经由它，诸对象能够在感性的领域之外被给予我们并且知性可以被**以一种断定为真的方式**[②]在感性之外得到使用。于是，关于本体的概念仅仅是一个**界限概**[B311]**念**，以便限制[③]一下感性的狂妄，因此它仅仅拥有消极的使用。尽管如此，它并不是任意地虚构出来的，相反，它与感性的局限性关联在一起，而与此同时它并不能在感性的范围之外设置某种积极的事项。

因此，从积极意义上说，将诸对象区分成现象和本体进而将世界区分成感性世界和知性世界是完全不能允许的，尽管概念的

---

① “这样的本体的可能性”原文为“die Möglichkeit solcher Noumenorum”。后者的标准德语形式为“die Möglichkeit solcher Noumena”或者“die Möglichkeit solcher Noumenen”。请进一步参见A249的相关注释。

② “以成问题的方式”和“以断定为真的方式”原文分别为“problematisch”和“assertorisch”。

③ “界限概念”原文为“Grenzbegriff”。“限制”原文为“einschränken”，相应的名词形式为“Schranke”。在相关语境中，康德明确地区别开了“Grenze”（界限）和“Schranke”（限制）。在《未来形而上学导论》中，康德写道：“诸界限（在有广延的存在物那里）总是预设了这样一个空间，它是在某个确定的位置之外被遇到的并且包含了该位置；而诸限制则不需要这样的东西，相反，它们是一些影响到一个量的单纯的否定——在该量不具有绝对的完全性范围内。但是，我们的理性好像是在其周围看到了一个关于诸物本身的认识的空间，尽管它从来不能拥有关于它们的任何确定的概念，而只是被限制在诸显象范围内”（Ak 4: 352）。

确容许感性概念和理智概念的区分，因为人们不能为理智概念规定好任何对象，因此也不能将它们冒充成客观地有效的。如果人们离弃了感觉能力，那么人们要如何让如下事情变得可以理解：我们的范畴［A256］（对于本体来说，它们将是唯一存留下来的概念）竟然还意指了某种东西？因为，对于诸范畴与某个对象的关联来说，仅仅提供思维的统一性是不够的，我们还必须给出某种更多的东西，即此外还必须给出这样一种可能的直观，诸范畴恰好能够被应用于其上。尽管如此，关于本体的概念，[①] 当其被理解成成问题的时候，不仅仍然是可以允许的，而且，作为一个将感性置于边界之内的概念，是不可避免的。但是，在这种情况下，本体并不是一个相对于我们的知性而言的独特的、**可理知的对象**；相反，本体所归属的那个知性本身就是一个问题——一个关于这样的事项的问题，即如何不是推论式地经由范［B312］畴而是在一种非感性直观中直观地认识其对象。因为，对于这样的知性，我们无法形成其可能性的哪怕是最低限度的表象。现在，我们的知性以这样的方式获得了一种消极的扩展，即它并没有受到感性的限制，而是相反，它通过将诸物本身（不是被看作显象的事物）称作本体的方式限制了感性。但是，它也立即为自身设置了界限，即不要通过任何范畴认识诸物本身，因此仅仅以某个未知的东西的名义思维它们。

然而，我在晚近作者的著作中发现了 mundus sensibilis（可感

---

① 此语原文为“Der Begriff eines Noumeni”。“Noumeni”为“Noumenon”（本体）单数属格形式。康德在此将后者当成拉丁词加以变格了。“Der Begriff eines Noumeni”的标准德语形式当为“Der Begriff eines Noumenon”。

世界）和 mundus intelligibilis（理知世界）* 这些表达式的一种完全不同的用法，它完全偏离了它们在古〔A257〕人那里的意义。这种新的用法当然没有任何困难，但是在此我们所遇到的东西不过就是空洞的语词杂货铺。按照这种用法，一些人乐意将诸显象的全体称作感性世界——在该全体被人们直观到了范围内；而在诸显象的关联根据普遍的知性法则被思维了这样的范围内，他们则乐意将诸显象的全体〔B313〕称作知性世界。以报告对布满星辰的天空的单纯的观察为己任的理论天文学将表现第一个世界；与此相反，静观天文学（比如按照哥白尼的世界体系甚或按照牛顿的引力法则进行解释的静观天文学）则表现第二个世界，即理知世界②。但是，这样一种语词曲解是一种单纯的诡辩式的托词，为的是通过将一个困难的问题的意义降低到方便自己的程度来避开该问题。我们当然可以联系着显象使用知性和理性。但是，在此我们的问题是这样的：当相关的对象不是显象（而是本体）时，知性和理

---

* 人们一定不要不使用这个表达式[1]而使用“intellektuellen Welt”（**理智世界**）这个表达式（像人们在德语表述中通常习惯于做的那样），因为只有**知识**才是理智性的或者是感觉性的。但是，只能充当这种或那种直观方式的一个**对象**的东西，因此诸对象〔自身〕，必须被称为可理知的或可感知的（尽管相关的语音听起来有些刺耳）[2]。〔[1]指“mundus intelligibilis”（可理知的世界——简言之，理知世界）。“mundus sensibilis”意为可感知的世界——简言之，可感世界。[2]“可理知的”和“可感知的”德文分别为“intelligibel”和“sensibel”。“有些刺耳”大概是指这两个词项的词尾“-ibel”的发音。〕〔此注为 B 版所加。〕

② Wille 认为此句语序有误，“理论天文学”（die theoretische Astronomie）和“静观天文学”（die kontemplative Astronomie）应当互换位置。而且，括号中的文字应当补充成这样的形式：“理论天文学比如按照哥白尼的世界体系甚或按照牛顿的引力法则对天空进行解释。”在此请注意如下事实：“theoretisch”（理论的）源自希腊词“theōrētikos”，进而源自“theōreĩn”。“theōreĩn”意为“观看”（to look at）。据此看来，康德原文的语序似也无需调整。

性是否还有一些使用？当对象被思考成就其本身来说是可理知的时候，即当它被思考成仅仅被给予了知性而根本没有被给予感觉能力时，人们便是在这种意义上看待它的。因此，便有如下问题：是否在知性的那种经验的使用之外（甚至在牛顿关于世界结构的表现中）还有这样一种先验的使用是可能的，它涉及作为一个对象的本体。我们已经以否定的方式回答了这个问题。

［A258］于是，当我们这样说时，即感觉能力**像诸对象显现给我们那样**给我们表象了它们，而知性则**像它们本来所是的那样**给我们表象了它们，后面这种说法不能在先验的意义上加以理解，而只能在经验的意义上加以理解，即知性是像诸对象作为经验的对象而必［B314］须在诸显象的贯通的关联中被表象的那样给我们表象诸对象的，而不是按照它们在与可能的经验的关联之外进而在与泛而言之的感觉能力的关联之外所可能是的东西那样、最后像它们作为纯粹知性的对象所可能是的东西那样给我们表象它们的。因为，它们在与可能的经验的关联之外进而在与泛而言之的感觉能力的关联之外所可能是的东西，或它们作为纯粹知性的对象所可能是的东西，对于我们来说始终处于我们不知其为何物的状态，以至于下面这点也依然是我们所不知道的，即这样一种先验的（不同寻常的[①]）知识（至少就其作为一种隶属于我们的通常的范畴之下的知识来看）到底是否是可能的。在我们这里，**知性**和**感性**只有**连接在一起**才能规定对象。如果我们将它们分离开，那么我们便拥有了没有概念的直观或者没有直观的概念。但是，在两种情形中我们均拥有了一些我们决不能关联到任何确定的对象之上的表象。

① Vaihinger 认为“不同寻常的”(außerordentliche) 当作“超感性的”(außersinnliche)。

如果在看到了所有这些阐释之后，某个人还是对要放弃诸范畴的单纯先验的使用这件事儿有所顾虑，那么他不妨在某个综合的断言中试用一下它们。因为，一个分析的断言并没有让知性有所前进。由于知性在此仅仅关注着在相关的概念中已经被思考了的东西，因此，它让下面这点处于未定的状态，即该概念是否就其自身来说关联到诸对象，抑或它仅仅意味着泛而言之的思维的统一［A259］性（该统一性完全抽掉了一个对象可能被给予的那种方式）。在此对于知性来说[①]只要知道包含在其概念之中的东西就足够了；而至于该概念本身可能适用于什么东西，这点对于它来说是无所谓的。据此，这个人不妨［B315］联系着某个综合的并且假定是先验的原则来试用一下诸范畴，比如如下原则：所有存在的东西均或者是作为实体而存在的，或者是作为一种附着在实体之上的规定性而存在的；所有偶然的东西均是作为另外某种东西即其原因的结果而存在的，等等。现在，我问：他要从哪里得到这些综合命题？——鉴于这些概念在此不应该是联系着可能的经验而有效的，而是对物本身（本体）而有效的。在此，到哪里去寻找那个第三者[②]？——一个综合命题总是需要有这样的第三者，以便在该命题中把根本没有任何逻辑上的（分析的）亲缘关系的诸概念彼此联结在一起？如果他不考虑知性的经验使用并且如果他没有由此而完全放弃纯粹的且空无意义的判断，那么他从来不能证明他的命题，更有甚者，他甚至于不能就这样一种纯粹的断言的

① Erdmann 认为在此“知性”特指“处于其分析的使用中的知性”（der Verstand in seinem analytischen Gebrauch）。

② 在康德所使用的 A 版样本中：“那个第三者”（das Dritte）被改为“那个〔由〕直观〔构成〕的第三者”（das Dritte der Anschauung）（参见 Ak 23: 49）。

可能性为自己做出辩护。因此，关于那些纯粹的、单纯可理知的对象的概念[①]全然缺少了任何关于其应用的原则，因为人们无法想出能够给出这些对象的任何方式，而那个的确为它们空出了位置的成问题的思想就像一个空的空间那样仅仅是用来限制诸经验原则的，[A260]它本身并没有包含并且展示某个不同的、处于诸经验原则的范围之外的认识对象。

[B316] 补论 论由知性的经验使用与先验使用的混淆而来的反思概念的歧义[②]

深思（reflexio）[③]与诸对象自身没有关系，其目的不是为了直接地从它们那里得到概念，相反，它是这样一种心灵状态，在其内我们准备首先找出这样一些主观的条件，正是在其下我们能够达到概念。它是对于诸给定的表象与我们的各种各样的认识来源的关系的意识，只有通过这样的意识这些表象彼此之间的关系才能得到确定。在对我们的表象做出任何进一步的处理之前我们需

① 在康德自己所使用的 A 版样本中"概念"被修改为"积极的概念，可能的知识"（der positive Begriff, das mögliche Erkenntnis）（参见 Ak 23: 49）。

② "歧义"原文为"Amphibolie"。

③ "深思"原文为"Überlegung"。德语中相应于拉丁文的"reflexio"（反思）的语词是"Reflexion"。不过，在此节中康德用"Überlegung"翻译"reflexio"，进而把"Überlegung"和"Reflexion"作为同义词来使用。

要回答的第一个问题是这样的：在哪种认识能力中它们属于一个整体？哪种认识能力——知性还是诸感觉能力——是这样的认识能力，正是在它们前面[①]诸表象被联结在一起并且被互相比较？许多判断都是出于习惯而被假定的，或者是因为偏好而被结合而成的。但是，因为在此没有任何深思先行发生了，或者至少批判性地跟着发生了，[A261]所以它们被看成这样一种判断，它在知性中获得其来源。并非所有判断都需要**研究**，即都需要大家关注其真理性的根据。因为，如果它们直[B317]接就是确实的，比如在两点之间只有一条直线这个判断，那么人们无法为其指明比它们本身所表达出来的那种真理特征更精确的真理特征。但是，所有判断，甚至所有比较，均需要一种**深思**，即需要区分出相关的给定的概念所属的那种认识能力。我将这样的行动称作**先验的深思**，经由它我将诸泛而言之的显象的比较与我们在其中进行这样的比较的认识能力放在一起加以对照，并且由此区分出这些显象是作为属于纯粹知性的东西还是作为属于感性直观的东西而被彼此加以比较的。但是，这样的关系——在其中诸概念能够在一个心灵状态中彼此相属——是这样一些关系：**相同**和**不同**关系、**一致**与**冲突**的关系、**内部**和**外部**的关系、最后还有**可规定者**和**规定性**（质料和形式）的关系。这些关系的正确的确定取决于诸概念是在哪种认识能力中**主观地**彼此相属的——是在感性中还是在知性中。因为，相关的认识能力的区别对人们应当思考这些关系的方式造成了重大的影响。

[A262]在做出任何客观判断之前我们将对诸概念加以比较，以便找到（许多表象在一个概念之下的）**相同之处**，为的是得到**全**

① Erdmann 认为“在它们前面”（vor denen）当作“经由它们”（von denen）。

称判断；或者，以便遇到诸概念的**不同之处**，为的是产[B318]生**特称**判断；或者，以便找到**一致性**，从其中**肯定**判断能够产生出来；并且以便找到**冲突**，从其中否定判断可以产生出来，等等。出于这样的理由，我们似乎应当将所提到的概念称作比较概念（conceptus comparationis）。不过，如果重要的事情不是诸概念的逻辑形式而是它们的内容，即诸事物就其自身来说是相同的还是不同的、是一致的还是冲突的等等，那么诸事物与我们的认识能力可以具有双重的关系——即其与感性的关系及其与知性的关系，但是，它们应当彼此相属的方式取决于它们所属的位置。因此，只有先验的反思，即诸给定的表象与一种或另一种认识方式的关系[①]，才能决定这些表象之间的关系，而至于诸事物自身是相同的还是不同的，是一致的还是冲突的等等，这样的事情不能从诸概念本身通过单纯的比较（comparatio）就可确定下来，相反，只有通过它们所属的那种认识方式上的区别、借助于一种先验的深思（reflexio）才能确定下来。因此，尽管人们可以说，**逻辑的反思**是一种单纯的比较，因为在它那里诸给定的表象所属的那种认识能力被完全抽掉了，因此诸显象在这样的范围内从其在心灵中的位置上看被[B319]处理成同属一类的，但是，先验的反思（它涉及诸对象自身）则包含着诸显象彼此之间的客观的比较的可能性的根据，因此与逻辑的反思是完全不同的，因为诸表象所属的认识[A263]能力恰好是不相同的。这种先验的深思是一种义务，任何人如果想要就诸事物先天地有所判断，那么他便不能放弃该义务。

---

① 此处的表述与前文的规定不一致，Mellin 建议将此句补充成这样的形式："即对诸给定的表象与一种或另一种认识方式的关系的意识"。

我们现在就探讨一下这样的深思，并且借助于它来对知性的真正的事务做出并非差强人意的阐明。

1. **相同与不同**。如果一个对象多次地、但每次均带着恰好相同的内在规定性（qualitas et quantitas[性质和数量]）被呈现给我们，那么，当这个对象被看作纯粹知性的对象时，它便始终恰好是相同的对象，并非是多个事物，而仅仅是一个事物（numerica identitas[数的同一性]）；但是，如果该对象是显象，那么对诸概念的比较便完全不重要了，相反，尽管联系着诸概念所有东西可能是相同的，但是这个显象在同一时间所处的诸位置的不同性便构成了该（感觉能力的）对象的**数的不同性**①的充足的根据。因此，就两个水滴来说，人们完全可以抽掉其（[A264]性质和数量上的）一切内在的不同之处，单凭它们同时在不同的位置上被直观了这点便足以把它们看作从数[B320]上说是不同的。莱布尼茨将诸显象看成诸物本身，进而将其看成intelligibilia(可理知的事物)，即纯粹知性的对象（尽管由于它们的表象的混乱性，他给它们配备上了现象的名称）。而且，在此他关于**不可分辨事物**的命题（principium identitatis indiscernibilium[不可分辨的事物的同一性原理]）的确是无可争议的。但是，由于诸显象是感性的对象，而知性联系着它们不具有纯粹的使用，而只具有经验的使用，因此，

① “数的同一性”和“数的不同性（或数的差异性）”原文分别为“die numerische Identität”和“die numerische Verschiedenheit”。数的同一性通常被看作是这样一种特殊的关系：它只存在于一个事物与其自身之间，而不可能存在于两个事物之间。这也就是说，甲和乙从数上说是同一的，当且仅当它们是同一个东西。请注意数的同一性与质的同一性（die qualitative Identität）之间的区别。质的同一性即精确的相似性，是指存在于两个具有极大程度的相似性甚至于完全的相似性的事物之间的一种关系。比如，两个孪生儿从（性）质上说可以是同一的，但是从数上说决非是同一的。

复多性和数上的不同性已经通过作为外部显象的条件的空间本身而得到了说明。因为，就空间的一个部分来说，尽管它或许与另一个部分是完全类似的并且是相同的，但却是处于这另一个部分之外的，正因如此，它是一个与这另一个部分不同的部分。这另一个部分是附加在它之上的，为的是构成一个更大的空间。因此，这点必然适用于所有同时处于空间的许多位置之上的东西，尽管这些东西在其他方面或许也是类似的并且是相同的。

2. **一致与冲突**。如果实在仅仅是通过纯粹知性而被表象的（realitas noumenon［本体实在］），那么不可设想在诸实在之间存在着任何冲突，即不可设想这样一种关系，在这种关系中这些实在在［A265］一个主体中连接在一起时，它们彼此消除了其后果，就像3-3=0那样[①]。与此相反，显象中的实在的东西（realitas phaenomenon［现象实在］）的确可以彼［B321］此发生冲突，而且当它们在同一个主体之中联合在一起时，一个实在的事项可以完全地或部分地去除**另一个实在的事项的后果**，正如处于相同的直线上的两个推动力一样——在它们将一个点拉向或推向相反的方向范围内，或者也如一个抵销了疼痛的快乐一样。

3. **内部和外部**。在纯粹知性的一个对象之中只有这样的东西是内部的，它和与它不同的某种东西根本没有任何关系（从存在上说）。与此相反，空间中的一个substantia phaenomenon（现象实体）的内部规定性不过就是关系，而该实体本身完完全全就是诸纯粹关系之全体。我们只是经由这样一些力知道空间中的该实体的，它们

① 在他自己所使用的A版样本中康德在此补充道："因为只有否定=0与实在相对"（参见Ak 23: 49）。

在空间中起作用——或者将其他实体驱赶到该实体那里（吸引力），或者阻止其他实体挤入该实体之内（排斥力和不可入性）①。我们并不知道这样一些其他性质，它们构成了关于这样的实体的概念，这种实体显现在空间之内，我们将其称为物质。与此相反，作为纯粹知性的对象，每个实体均拥有与内部实在性相关的内部规定性和力。不过，除了［A266］我的内感能力提供给我的那些内部偶性——即这样的东西，它或者自身便是一种**思维**，或者与思维类似——之外，我还能设想什么样的内部偶性？正因如此，由于莱布尼茨将实体设想成本体，因此，他便使所有实［B322］体——甚至于物质的组成部分（在他在思想中从它们那里取走了可能意指外部关系的东西进而还有**合成**之后）——均变成为拥有表象能力的简单主体，简言之，**单子**。

4. **质料**和**形式**。它们是这样的两个概念，它们被置于所有其他反思之基础的地位，尽管它们与知性的每种使用都密不可分地联系在一起。质料意指泛而言之的可规定者，而形式则意指其规定性（两者均是在先验的意义上被理解的——在此人们抽掉了所给予的东西的一切区别以及它被规定的方式）。逻辑学家们以前将普遍的东西称作质料，而将种差称作形式。在每个判断中，人们可以将诸给定的概念称作（判断的）逻辑质料，而将它们之间（经由系词而建立起来）的关系称作判断的形式。在每个存在物中，其组成部分（essentialia［要件］）是质料，而这些组成部分在一个事物中联结

① 这句话原文是这样的："Die Substanz im Raume kennen wir nur durch Kräfte, die in demselben wirksam sind, entweder andere dahin zu treiben (Anziehung), oder vom Eindringen in ihn abzuhalten (Zurückstoßung und Undurchdringlichkeit)"。Pluhar 认为"ihn"（指代"Raum"）当作"sie"（指代"Substanz"）（参见 Pluhar [tr.] 1996: 327n. 39）。中译文据此译出。

在一起的方式则是本质形式。此外，联系着泛而言之的事物来说，不受限制的实在被看作一切可能性的质料，而其限制（否定）则被看作这样的形式，经由它［A267］一个事物根据先验概念被与其他事物区别开来。因为，知性首先要求某种东西被给出来了（至［B323］少在概念中），以便它能够以某种方式对其做出规定。因此，在纯粹知性的概念中，质料先行于形式，而且，正因如此，莱布尼茨首先假定了事物（单子）及其内的表象能力，以便在此基础上建立起诸事物之间的外部关系及其诸状态（即诸表象）的共存。于是，空间和时间作为根据和后承成为可能的了——空间只是经由诸实体间的关系而成为可能，而时间则经由诸实体的诸规定性彼此之间的联结而成为可能。如果纯粹知性可以被直接地关联到对象之上，并且如果空间和时间是诸物本身的规定性，那么事情事实上也必须是这样的。但是，如果空间和时间仅仅是这样的感性直观，在其中我们将所有对象仅仅规定成显象，那么直观形式（作为感性的一种主观的特性）先行于一切质料（感觉）——进而空间和时间先行于所有显象以及所有经验材料——并且使得经验首先成为可能。理智哲学家认为，形式先行于诸事物自身而且为它们规定好了它们的可能性这点是不能忍受的。如果他们假定我们是像事物本来所是的那样直观它们的（尽管带有混乱的［A268］表象），那么这样的看法不失为一种完全正确的判定。但是，由于感性直观是这样一种十分特殊的主观条［B324］件，它先天地处于一切知觉的基础的地位，而且感性直观的形式是本源性的[①]，因此，该形式是独自被给出的，而且事

① 此句原文为："und deren Form ursprünglich ist"。Wille 建议将其改写成如下形式："und deren ursprüngliche Form ist"（而且构成了感性直观的本源的形式）。

实远非如下这样：质料（或者说诸显现着的事物自身）处于基础的地位（像人们根据单纯的概念必须断定的那样），相反，质料的可能性将一种形式直观（时间和空间）作为给定的东西预设下来了。

对反思概念的歧义之说明

请允许我将我们在感性中或者在纯粹知性中给予一个概念的那个位置称为**先验位置**。以这样的方式，对于根据其使用上的差异而归属给每个概念的那个位置的评判以及根据规则做出的关于如何为所有概念规定这个位置的指示便构成了**先验正位论**。先验正位论是这样一种学说，它通过总是区别开诸概念真正说来属于哪种认识能力的方式彻底地保护了我们免受纯粹知性的诸种骗取伎俩以及源自于这些伎俩的诸种幻象的侵扰。人们可以将这样一个概念、这样一个条目——许多知识属于它们之下——称作**逻辑位置**。亚里士多德的**逻辑正位论**便是以此为基础建立起来的。老师和演讲家可以使用这样的正位论，以便在某［A269］些思维条目之下［B325］查看一下什么东西最为适合于人们的当下的研究主题，并且以便好像是不无彻底性地就此进行理性诡辩[①]或者喋喋不休地发表冗长的谈话。

① “理性诡辩”原文为“vernünfteln”。“vernünfteln”的意思是这样的：表面上在用理性（或者说合乎理性地）进行着严谨的论证或者在详细论述某事，但是实际上对相关的事情的真正的或深刻的意义并不了解。康德基本上是在这种意义上使用该词的。我们根据相关语境而将其译成“理性诡辩”、“诡辩（的）理性”、“理性以诡辩的方式做出”、“以理性诡辩的方式提出（做出，思考）”等等。

与此相反，先验正位论则只是包含着所提到的那四个关于一切比较和区别的条目。这些条目经由下面这点而与诸范畴区别开来了，即经由它们，并非对象根据构成了其概念的东西（量，实在）被表现出来，而仅仅是诸显象的比较（它先行于诸事物的诸概念）被在其一切杂多性中表现出来。但是，这种比较首先需要一种深思，即需要确定好被比较的事物的诸表象所属的位置——是纯粹知性在思维表象，还是感性在显象中提供了表象。

诸概念可以被逻辑地加以比较，在这样做时我们并不关心它们的对象属于哪里——是作为本体属于知性，还是作为现象而属于感性。但是，如果我们想要借助于这些概念走向诸对象那里，那么首先就需要进行一番先验的深思，以便确定它们应当是相对于哪种认识能力的对象——是纯粹知性的对象，还是感性的对象。在没有做出这样的深思的情况下，我对这些概念的使用是很不可靠的，并且在此会产生这样一些假定的综［B326］合原［A270］则，批判的理性无法认可它们，而且它们只是建立在一种先验的歧义即对于纯粹知性对象与显象的混淆基础之上的。

在缺少这样一种先验正位论的情况下，并且因此在受到反思概念的歧义的欺骗之下，声名卓著的莱布尼茨建立起了一个**关于世界的理智系统**，或者更准确地说，他相信通过将所有对象仅仅与知性及其思维的抽象的形式概念加以比较的方式便认识到了事物的内在的特性。我们的反思概念表则给我们带来了这样的出乎意料的好处，即将莱布尼茨的学说系统就其所有部分而言的区别特征以及这种独特的思维方式的主导性的根据——这个根据只不过是建立在误解基础之上的——均摆在人们面前了。他只是经由概念而对所有事物进行比较并且自然而然地仅仅发现了这样一些区别，知性正是经由它们而将它的纯粹的概念彼此区别开来的。在他看来，感性直观的诸条件——它们随身便带有它们的独特的区别特征——并不是本源性的，因为感性对于他来说仅仅是一种混乱的表象方式，而决非构成了诸表象的独特的源泉；显象在他看来就是对于**物本身**的表象，尽管［A271］从逻辑形式上看显象与经由知性而来的知识是有区别的，［B327］因为显象将辅助表象的某种混合物拉进事物的概念之中了（鉴于显象通常缺少分解），而知性则知道如何将辅助表象与事物的概念区别开来。换言之，莱布尼茨**理智化了**诸显象，正如洛克根据其**理性发生论**[①]的系统（如果我可以使用这些说法的话）将知性概念全部**感性化了**一样[②]，即仅仅将它们冒充成经验的或者抽象而来的反思概念。这两名伟人不是在知性和感性中去寻找表象的这样的两个完全不同的来源，它们只有**联结在一起**才能就诸事物做出客观地有效的判断，相反，两者中的每个人都只是坚守其中的一个来源，按照他们的意见，这个来源直接地关联到了物本身，而另一个来源则只是做了这样的事情，即让源自前一个来源的表象变得混乱或者对其加以排序。

据此，莱布尼茨仅仅在知性中对作为泛而言之的事物的感觉能力的对象进行了相互比较。第一，在感觉能力的对象被知性判定为相同的或不同的范围内，莱布尼茨对它们进行了比较。因此，由于他眼前看到的仅仅是它们的概念，而非它们在直观中的位置（只有在这样的位置上诸对象才能被给出），而且他全然无视这些概念的先验位置（相关的对象是要被算在诸显象之列，还是要被

① “理性发生论”原文为“Noogonie”。该德语词源自两个希腊词：νόος (nous) + γένεσις（理性或心灵；发生，生成）。

② “理智化”和“感性化”原文分别为“intellektuierte”和“sensifiziert”。

算在诸物本身之列），因此，结果只能［A272］是这样的：他［B328］也将他的关于不可分辨事物的原则扩展到感觉能力的对象（mundus phaenomenon［现象世界］）之上（尽管该原则仅仅适用于关于泛而言之的事物的概念），并且相信他由此给自然知识带来了不小的扩展。如果我直接认识了作为一个物本身的一个水滴（就其所有内部规定性来说），那么，如果关于水滴的整个概念与水滴是相同的，我当然就不能允许人们将众水滴中的任何一个看作与另一个是不同的。但是，如果水滴是空间中的显象，那么它不仅在知性中（在概念之间）有其位置，而且在外部感性直观中（在空间中）有其位置。而且，此时物理的位置对诸事物的内部规定性是完全不关心的：一个位置 =b 可以接受这样一个事物，它从内部来看非常不同于位置 =a 上的另一个事物；但是它也可以同样好地接受这样一个事物，它与位置 =a 上的这另一个事物是完全相似且相同的。诸位置上的不同性使得作为显象的诸对象的复多性和区别在没有进一步的条件的情况下就其自身来说不仅成为可能的，而且成为必然的。因此，那个貌似的法则并不是自然的法则。它仅仅是一条关于经由单纯的概念对诸事物所做的比较的分析的规则。

第二，诸实在（作为单纯的肯定）从逻辑上说从来没有彼此发生冲突这条原则［A273］虽然是关于［B329］诸概念之间的关系的完全正确的命题，但是，无论是就自然来说，还是最终就某个物本身来说（关于这样的物本身我们没有任何概念），它都没有意指一丁点儿东西。因为，实在的冲突发生在任何这样的地方，在那里 A–B=0，即在那里当一个实在与另一个实在在一个主体中连接在一起时，它便取消了这另一个实在的结果。在自然中所有阻力和反作用均无休止地把这点摆在人们面前，而由于这些阻力和反作用是建立在诸种力的基础之上的，因此必须被叫作 realitates phaenomena（现象实在）。普通力学甚至可以通过关注诸方向的对立的方式而将这种冲突的经验条件在一条先天的规则之中陈述出来，而关于这个条件有关实在的先验概念根本一无所知。尽管莱布尼茨先生没有以一个新原则的排场将该命题[①]宣布出来，但是他的确利用它做出了一些新的断言，而且他的继承者明确地将它记录进他们的莱布尼茨-沃尔夫式的学说之中。按照这个原则，比如所有邪恶之事均不过是创造物的诸多局限的后果而已，即它们不过是诸否定，因为诸否定是唯一与实在冲突的东西（在关于一个泛而言之的事物的单纯的概念中事情确实是这样的，不过，在作为显象的事物那里事情并非如此）。类似地，该原则的拥护者发现下面这样的事情不仅是可能的，而且也是自然而然的：将一切实在［B330］联合在［A274］一个存在物中不会造成任何让人担忧的冲突，因为他们只知道矛盾的冲突（经由这样的冲突，一个事物的概念自身被取消了），而不知道交互损害的冲突——在这样的冲突中一种实在根据取消了另一种实在根据的结果，而只有在感性中我们才遇到了表象出这样一种冲突的条件。

第三，除了下面这点以外，莱布尼茨式的单子论没有任何其他的根据：这个哲学家仅仅在与知性的关系之中设想内部和外部的区别。泛而言之的实体必定拥有某种**内部的**东西，也就是某种摆脱了所有外部关系进而还摆脱了合成的东西。因此，简单的东西构成了诸物本身的内部的东西的基础。但是，这些实体的状态

① “该命题”（diesen Satz）指此段话一开始提到的那个原则。“原则”原文为“Grundsatz”，也是一种“命题”。

的内部的东西不可能在于位置、形状、接触或运动（这些规定性全都是外部关系）。因此，我们只能将这样的内部状态赋予诸实体，正是经由它我们从内部规定我们的感觉能力本身，即**诸表象的状态**。于是，以这样的方式诸单子便得以完成了，而它们应当构成了整个宇宙的基础材料，但是其活动着的力仅仅在于诸表象，经由这些表象真正说来它们仅仅是在它们本身之内产生效用的。

但是，正因如此，莱布尼茨关于**诸实体**彼此[B331]间可能**的共存**的原理必然是一种**预**[A275]**定的和谐**，而不能是任何物理的影响。事情之所以如此，这点是因为，一切东西都仅仅是内在的，即都只是关注着它们的表象，所以，一个实体的表象的状态根本不能与另一个实体的状态处于任何有效用的连接之中，相反，必定有第三种、在所有实体中均发挥着影响的原因使得它们的状态彼此符应——尽管这个原因并非是恰好通过偶然的且特别地安置在每个个别的情形中的援助（systema assistentiae[援助的系统]），[①] 而是通过关于这样一个对所有实体均有效的原因的理念的统一性做到这点的，诸实体必定全都是在该原因中根据普遍的法则而获得其存在和恒常性进而还有它们彼此间的交互符应的。

第四，莱布尼茨的著名的**时间**和**空间**的**学说系统**——在其中他理智化了这些感性形式——仅仅源自恰好同一种关于先验反思的错觉。如果我想通过单纯的知性设想诸事物的外在关系，那么我只能借助于关于它们之间的交互作用的概念进行，而且，如果我应当将同一个事物的一个状态与它的另一个状态联结起来，那

---

① 康德在此讨论的是马勒伯朗士（Nicholas de Malebranche，1638-1715）等人坚持的关于心身关系的偶因论（occasionalism）。

么我只能依据根据和后承的秩序进行。因此，莱布尼茨将空间思考成诸实体的共存中的某种秩序，而将时间思考成诸实体的状态的动力学的序列。但是，他将空间和时间两者就其自身来看似乎拥有的那种独特的［B332］并且独立于［A276］诸事物的东西归因于空间和时间概念的**混乱性**，而正是这种混乱性造成了如下这点：本来是动力学关系的一种单纯的形式的东西被当成了一种独特的、独立自存的并且先行于诸事物自身的直观。因此，对于莱布尼茨来说，空间和时间就是诸物（实体及其状态）本身的联结的理知形式。但是，在此诸事物就是理知实体（substantiae noumena［本体实体］）。尽管如此，他仍想要让这些概念适用于诸显象，因为他并不承认感性拥有一种独特的直观方式，而是在知性中寻找诸对象的一切表象，甚至于其经验表象，而只将混淆和歪曲知性的表象这样可鄙的事务留给了感觉能力。

但是，即使我们可以经由纯粹的知性而**就诸物本身**综合地说出某种东西（尽管这样的事情是不可能的），这种东西也完全不能被关联[①]到这样一些显象之上，它们没有表象物本身。因此，在后面这种情况下，在先验的深思中我的诸概念总是必须仅仅在感性的条件之下被加以比较。因此，空间和时间并不是物本身的规定性，而是显象的规定性。至于物本身可能是什么，［A277］我一无所知，我也无需［B333］知道这点，因为一个事物毕竟只能在显象中而不能以任何其他方式出现在我面前。

对其他反思概念我也采取这样的步骤。物质是substantia phaenomenon（现象实体）。我在物质所占有的空间的所有部分中去寻

① “关联”（bezogen）原作“gezogen”（引向），据Valentiner的意见改正。

找内在地属于它的东西，而且在它所施加的所有作用中去寻找这样的东西（这些作用当然总归只能是外感能力的显象）。因此，我并非拥有绝对内部的东西，而只是拥有相对内部的东西，而相对内部的东西本身又是由外部关系构成的。不过，物质的那种绝对地（从纯粹知性来看的）内部的东西也不过是一个单纯的怪念头。因为，物质毕竟不是纯粹知性的对象，而相关的先验对象——它或许构成了我们叫作物质的这种显象的根据——则是这样的单纯的某物，即使有人能够告诉我们它是什么，我们甚至于也无法了解这点。因为，我们只能了解这样的东西，它随身携带着某种在直观中相应于我们的话语的东西。如果诸如**"我们根本洞察不到诸事物的内部"**[①]这样的抱怨应当意味着这样的东西，即经由纯粹知性我们掌握不了显现给我们的诸事物就其本身来说可能是的东西，那么它们是完全不适当的并且不合理的。因为，它们想要的是这样的事情：在没有感觉能力的情况下人们却能认识进而直观事物；因此，我们拥有一种完全不同于（不仅从程度上说，[A278]而且甚至于从直观和[B334]种类上说）人的认识能力的认识能力；最后，我们不应当是人，而应当是这样一些存在物，关于它们我们自己都不能说出它们是否有一天是可能的，更不能说出它们具有什么样的特性。对显象的观察和分解深入到了自然的内部。人们无法知道，随着时间的推

① 此句原文为："Wir sehen das Innere der Dinge gar nicht ein"。康德在此想引用的是瑞士解剖学家和生理学家哈勒（Albrecht von Haller，1708–1777）的诗作"Die Falschheit menschlicher Tugenden"（载于其诗集 *Gedichte*，Bern，1732）中的如下诗句："Ins Innere der Natur dringt kein erschaffener Geist. Zu glücklich, wenn sie noch die äußere Schale weist"（被造的精神深入不到自然的内部。只要认识到自然的外表对他们来说就已经是幸运之事了）。

移对自然的这样的深入的探究会进展到多远。但是，即便整个自然均向我们展露出来了，我们还是不能回答那些超越了自然的先验的问题，因为，我们甚至于不善于用一种与我们的内感能力的直观不同的直观观察我们自己的心灵，而我们的感性的来源的秘密恰恰包含在我们的心灵之中。感性与对象的关联以及这种统一性的先验的根据毫无疑问隐藏得太深了，以至于我们无法使用一种如此不适当的研究工具去找到某种不同于显象的任何东西，而总是只能找到显象——尽管其非感性的原因我们当然是乐意加以探究的。实际上，我们甚至于也只是经由内感能力来直接地认识我们自己的，因此，我们也只是直接地认识作为显象的我们自己的。

使得此种对从单纯的反思行动中得到的结论的批判变得极其有用的东西是这点：该批判清晰地阐明了所有关于这样一些对象的结论的无效性[①]，人们仅仅是在知性中将它们彼此进行了比较，而且它同时证实了我们所［B335/A279］特别再三提醒的下面这点：尽管诸显象没有作为物本身被包含在纯粹知性的诸对象之列，但是它们的确是唯一这样的对象，在其上我们的认识可以拥有客观实在性，即在它们那里直观对应着概念。

如果我们仅仅从逻辑上进行反思，那么我们便仅仅在知性中将我们的概念彼此进行比较，以确定两个概念是否恰好包含着相同的东西，它们是否互相矛盾，是否有某种东西内在地包含在相关概念之中了，或者附加到其上了，并且两个概念中的哪一个被给出了，而其中的哪一个应当仅仅被看作思维那个给出了的概念的一种方式。但

① “无效性”原文为“Nichtigkeit”。“Nichtigkeit”此外还有如下意义：无意义性、无价值性、微不足道性。

是，如果我将这些概念应用于一个泛而言之的对象（先验意义上的对象）之上，而又没有进一步地规定该对象，以确定它是一个感性直观的对象还是一个理智直观的对象，那么便有这样一些限制（即我们不能超越该概念[①]）立即显现出来，它们颠倒了这些概念的一切经验的使用[②]，并且恰恰由此而证明了这点：关于一个作为泛而言之的事物的对象的表象决非仅仅是**不充分的**，相反，在没有对该表象做出感性规定的情况下且在独立于经验条件时它是内在地**冲突的**；于是，或者人们必须抽掉一切对象（在逻辑中），或者，如果人们假定了一个对象，那么他们就必须在感性直观的条件下思维它们；因此，可理知的东西将需要一种十分**独特的**、[B336] 不为我们所拥有的直观，而且在缺少这样的直观的情况下，**对于我们来说**它就什么也不是，但是，另 [A280] 一方面，诸显象也不可能是对象本身。因为，如果我仅仅在思维泛而言之的事物，那么外在关系上的不同当然不能构成事物自身上的不同，相反，毋宁说它假定了后者。而且，如果关于一个事物的概念根本并非内在地完全不同于关于另一个事物的概念，那么我只是在不

① “该概念”指关于前面提到的那个泛而言之的对象的概念。

② “那么便有这样一些限制……”这句话原文为“so zeigen sich sofort Einschränkungen (nicht aus diesem Begriffe hinauszugehen), welche allen empirischen Gebrauch derselben verkehren”。其意义与上下文难以吻合。Vaihinger 建议将其修改为这样的形式：“so zeigen sich sofort Einschränkungen (nicht aus diesem Begriffe hinauszugehen), welche allen nicht empirischen Gebrauch derselben verwehren”（那么便有这样一些限制［即我们不能超越该概念］立即显现出来，它们禁止这些概念的一切并非经验的使用）。Medicus 认为，Vaihinger 的修改建议本身也需要进一步修改，进一步修改后，全句应当是这样的：“so zeigen sich sofort Einschränkungen (aus diesem Begriffe hinauszugehen), welche allen nicht-empirischen Gebrauch derselben verwehren”（那么便有这样一些限制［它们是关于超越该概念这样的事情的］立即显现出来，它们禁止这些概念的一切非经验的使用）。

同的关系之中设定了同一个事物。进而，通过将一种单纯的肯定（实在）附加到另一种肯定（实在）之上的方式，积极的事项肯定得到了增益，并且没有什么东西从其上被取走或者被取消。因此，泛而言之的事物中的实在的东西不可能彼此发生冲突，等等。

* * *

如我们已经表明的那样，诸反思概念经由某种误解对知性的使用产生了这样一种影响，以至于它们甚至能够误导所有哲学家中最为敏锐者之一提出了一种关于理智知识的假定的系统，而该系统在没有感觉能力的参与的情况下便着手规定其对象。正因如此，对于这些概念的歧义（在诱发错误的原则时）的欺骗性原因的揭示便具有巨大的用处了——它使得我们能够可靠地规定并确保知性的界限。

[B337] 尽管人们必须说，一般性地适合于一个概念或者与其相矛盾的东西也与包含在该概念之下的一切特殊的东西相适合或者 [A281] 相矛盾（dictum de Omni et Nullo［全与无格言］），但是欲将这个逻辑原则改写成这样的形式的做法则是荒谬的：没有包含在一个普遍概念之内的东西也没有包含在属于它的诸特殊概念之内。因为，这些特殊概念之所以是特殊的，恰恰是因为它们包含着比在普遍概念中所思维的东西更多的东西。现在，莱布尼茨的整个理智系统实际上就建立在后面这条原则基础之上。因此，这个系统与这条原则连同所有源自该原则的知性使用中的歧义性一起坍塌了。

关于不可分辨事物的原则真正说来建立在如下预设基础之上：如果在关于一个泛而言之的事物的概念中某种区别没有被遇到，那么这种区别在事物自身中也不会被遇到；因此，所有这样的事物都完全是一样的（numero eadem［从数上说是相同的］），它们并非在它们的概念中（从性质或数量上说）就彼此区别开了。但是，由于在关于一个事物的单纯的概念中一些必要的直观条件被抽掉了，因此，经由一种独特的仓促举动，人们将被抽掉的东西看成这样的：在任何地方均不能遇［B338］到它们，并且人们只允许将包含在其概念中的东西给予该事物。

［A282］关于一立方尺空间的概念就其本身来说是完全同一的——无论我想要在哪里并且想要多么经常地思维该概念。不过，尽管如此，两个立方尺在空间中却仅仅是经由其位置而被区别开来的（numero diversa［从数上说是不同的］），而诸位置则是这样的直观的条件，在其中该概念的对象被给出来了。这些直观条件不属于该概念，而是属于整个感性。同样，就关于一个事物的概念来说，如果没有任何否定的东西与一个肯定的东西被连接在一起，那么根本不会有任何冲突出现在该概念中，而且连接在一起的诸单纯肯定的概念不可能导致任何取消。不过，在感性直观中——实在（比如运动）就是在其中被给出的——出现了这样一些条件（相反的方向），虽然它们在泛而言之的运动概念中被完全抽掉了，但是它们使得一种冲突成为可能（该冲突当然不是逻辑的冲突），也即，使得源自纯然积极的事项的零 =0 成为可能。而且，人们不能这样说：一切实在之所以彼此是一致的，是因为在其诸概念之间没有遇到任何冲突。* 根据单纯的概念，［B339］内部的东西构成了所

* 在此如果人们想利用通常的托词，即至少 realitates Noumena（本体实在）不可能彼此对抗，那么他们必须提［B339］供一个如此纯粹而摆脱了感觉的实在的例子，以便让人们了解这点，即这样一种实在是呈现了某种东西还是根本没有呈现任何东西。但是，任何例子均只能从经验中获取而来，［A283］而经验则从来没有提供比现象更多的东西。因此，上面那个命题〔1〕只是意味着这点，即仅仅包含肯定的东西的概念不包含任何否定的东西。但是，我们从来没有怀疑过这个命题。〔〔1〕指此注一开始提到的如下命题：“至少 realitates Noumena（本体实在）不可能彼此对抗。”〕

有关系或者说外部规定性的基［A283］质。因此，如果我抽掉了一切直观条件，而只固守于关于一个泛而言之的事物的概念，那么我便能够抽掉一切外部关系，而且，尽管如此，必定有一个关于这样的东西的概念存留下来了，它决非意味着任何关系，而仅仅意味着一些内部规定性。现在，由此似乎有如下结论：在每个事物（实体）中均存在着某种这样的东西，它是绝对地内部的，而且先行于所有外部规定性（因为是它首先使得这些外部规定性成为可能），因此，这个基质就是这样的某种东西，它不再包含任何外部关系了，于是它是**简单的**（因为物体性的事物总归仅仅是关系，至少是诸部分外在于彼此的关系）；而且，因为除了经由我们的内感能力而直接认识到的绝对内部的规定性以外，我们并没有直接认识到其他绝对内部的规定性，所以，这个基质不仅是简单的，而且（根据与我们的内感能力的类比）也是经由**诸表象**而得到规定的，即所有事物真正［B340］说来均是**单子**，或者说均是装配有表象的简单存在物。所有这一切均不无其正当性——如果事情不是这样的，即除了关于一个泛而言之的事物的概念而外，可能还有更多的东西属于这样一些条件，［A284］只有在其下外部直观的诸对象才能被给予我们，而且纯粹概念把它们抽掉了。因为，在此事实表明了，空间中的一种恒常的显象（不可入的广延物）可以纯粹包含关系，而根本不包含任何绝对内部的东西，尽管如此，它却可以是一切外部知觉的第一基质。经由单纯的概念，在没有某种内部的东西的情况下，我当然不能思维任何外部的东西。之所以如此，原因在于这点：关系概念的确预设了绝对地给定的事物，在没有这样的事物的情况下，它们是不可能的。但是，由于这样的某种东西包含在直观中了，它完全没有处于关于一个泛而言之的事物的单纯的概念之内，而且这种东西提供了这样一种基质，它根本没有通过单纯的概念而被认识到，即这样一个空间，它连同它所包含的所有东西纯粹是由形式的关系或者还有实在的关系构成的，因此，我不能这样说：因为在没有一种绝对内部的东西的情况下没有任何东西能够**通过诸单纯的概念**被加以表象，所以，在包含于这些概念之下的诸事物自身及**其直观**之中也没有任何这样的外部的东西，它不是以某种绝对内部的东西作为基础的。因为，如果我们抽掉了所有直观条件，那么[B341]在单纯的概念中存留给我们的东西当然就只有泛而言之的内部的东西及其彼此之间的关系了，而外部的东西只有通过这样的内部的东西才是可能的。但是，这种仅仅建立在抽象基础上的必然性在诸事物那里并没有发生[A285]——在这些事物在直观中带有这样一些规定性而被给出范围内，这些规定性表达了单纯的关系，而又没有以某种内部的东西作为基础。这是因为，这些事物并不是诸物本身，而仅仅是诸显象。虽然我们在物质那里所直接地认识到的任何东西都纯然是关系（我们称作物质的内部规定性的东西仅仅是比较地内部的），但是，在这些关系中有这样一些独立的且恒常的关系，正是经由它们一个确定的对象被给予了我们。如果我抽掉了这些关系，我就没有任何进一步的东西可供思维了，这并没有取消关于一个作为显象的事物的概念，也没有取消关于一个抽象的对象的概念，但是很可能取消了关于这样一个对象的任何可能性，它可以根据单纯的概念而得到规定，也即很可能取消了关于一个本体的任何可能性。诚然，这样的说法令人诧异：一个事物可以完完全全由诸关系构成。不过，这样一种事物也是单纯的显象，根本不能经由纯粹的范畴而被思维；它本身仅仅在于某种泛而言之的东西与感觉能力之间的单纯的关系。同样，如果人们从诸单纯的概念入手，那么他们大概只能这样来抽象地思〔B342〕维诸事物之间的关系，即认为一个事物构成了另一个事物中的诸规定性的原因，因为这点就是我们关于关系的知性概念本身。不过，由于在这种情况下我们抽掉了一切直观，因此，那种杂多能够借以彼此决定其位置的整个方式即感性的形式（空〔A286〕间）便消失不见了，而空间终究是先行于一切经验的因致性的。

如果我们将单纯可理知的对象理解为这样一些事物，它们是在没有任何感性图式的情况下通过纯粹范畴而被思维的[①]，那么诸如此类的对象是不可能的。因为，我们的所有知性概念的客观的使用的条件仅仅是我们的感性直观的方式，正是经由这种方式诸对象被给予我们，如果我们将这种直观方式抽掉了，那么我们的知性概念便根本没有任何与某个对象的关联了。甚而，即使人们想要假定一种不同于我们的这种感性直观的直观，我们的思维功能联系着这样的直观来说也根本不会具有任何意指。如果我们将单纯可理知的对象仅仅理解为一种非感性的直观的对象，我们的范畴虽然确实不适用于这样的对象，因此我们根本不能在任何时间拥有关于它们的任何知识（既不能拥有关于它们的直观，也不能拥有关于它们的概念），但这种单纯消极意义上的本体却的确还是必须被允许的。因为它们在这种情况下只是意味着这点：我们的直观方式并不涉及所有事物，而只是涉及我们的感觉能力的对〔B343〕象，因此其客观有效性是有界限的。这样，我们便还有位置

---

① 在康德所使用的 A 版样本中“被思维的”被改为“被我们所认识的”（参见 Ak 23: 49）。

留给某种不同的直观以及作为其对象的事物。不过，在这种情况下关于一个本体的概念便成为一个成问题的概念，即成为关于这样一个事物的表象，关于它我们既不［A287］能说它是可能的，也不能说它是不可能的，因为除了我们的感性直观以外，我们根本不知道任何其他种类的直观，而且除了诸范畴以外，我们根本不知道其他种类的概念，而我们的感性直观和范畴均不适合于一个感性之外的对象。于是，我们还是不能因此就积极地将我们的思维的对象的领域扩展到我们的感性的条件之外，并且在诸显象之外还假定纯粹思维的对象，即本体，因为这些对象并没有任何可以指明的积极的意指。因为，就范畴来说，人们必须承认这点：它们单独来看对于关于事物本身的认识来说还是不够的，而且，在没有感性的材料的情况下，它们不过是知性统一性的主观的形式，但并没有对象与它们对应。尽管思维就其自身来说不是感觉能力的产物，而且在这样的范围内也没有受到感觉能力的限制，但是它并没有因此在没有感性加入的情况下就立即拥有了独特的且纯粹的使用，因为在此它是没有对象的。人们也不能将本体说成这样一个**对象**，因为本体恰好意味着关于这样一个对象的成问题的概念，这个对象是一种完全不［B344］同的直观和一种完全不同于我们的知性的知性的对象，因此它本身就是一个问题。所以，本体的概念并不是关于一个对象的概念，而是这样一种不可避免地与我们的感性的限制关联在一起的任务：是否可能有完全摆脱了我们的感性的直观的束缚的对象？［A288］这个问题只能以一种不确定的方式给予回答，即：因为感性直观并非无差别地涉及所有事物，还有位置留给更多的且不同的对象，所以，我们不能绝对地拒绝这些对象，但是，在缺少一个确定的概念的情况下（因为没有任何范畴适合于它们），我们也不能断定它们是我们的知性的对象。

据此，知性为感性划定了边界，而并没有因此就扩展了它自己的领域，而且，由于它警告感性不要狂妄地处理诸事物本身，而是仅仅处理诸显象，因此，它思考了一个对象本身，但是它只是将该对象本身思考成先验对象。这种意义上的先验对象构成了显象的原因（因此它本身不是显象），而且既不能被思考成数量，也不能被思考成实在，更不能被思考成实体，等等（因为这些概念总是要求这样一些感性形式，正是在其内它们规定了一个对象）。因此，关于这样的先验对象，我们全然不知道：它是要在我们之内被遇到，还是也可以在我们之外被遇到；它是连同感性一起被取消了，还是这样的，即当我们［B345］去除感性时，它还会存留下来。如果因为关于这个对象的表象不是感性的，所以我们便将其叫作本体，那么我们尽可以随意地这样做。但是，由于我们不能将我们的知性概念中的任何一个应用到它之上，因此这个表象对于我们来说终究依然是空洞的，其作用也仅仅在于［A289］标示出我们的感性认识的界限，并且留出这样一个空间，我们既不能经由可能的经验、也不能经由纯粹知性填充它。[①]

因此，对于这种纯粹知性的批判不允许人们在那些可以作为显象而被它遇到的对象之外建立起一个新的对象领域，并且不允许人们沉溺于理知世界之中，甚至于不允许人们沉溺于关于理知世界的概念之中。那种以最明显的方式误导人们这样做的错误（尽

① 请比较此处对于先验对象的讨论与 A249-253 中对于先验对象的讨论。两处讨论的先验对象应该有所不同。

管不能得到辩护但可原谅的错误）在于这点：知性的使用被有违其使命地弄成先验的了，而且诸对象，即诸可能的直观，必须依据诸概念而行事，而不是诸概念必须依据诸可能的直观而行事（因为诸概念的客观有效性仅仅是建立在诸可能的直观基础之上的）。不过，这点的原因则又在于这样的事实：统觉以及随之而来的思维走在了诸表象的一切可能的确定的排序之前了。因此，我们在思维某种泛而言之的东西，并且一方面从感性上对其进行了规定，不过，另一方面，我们却区［B346］别开了那个被普遍地且抽象地表象了的对象与直观它的这种方式。在此只有[①]一种仅仅通过思维对该对象进行规定的方式留给了我们。尽管这种规定方式是一种没有内容的单纯的、逻辑的形式，但是对于我们来说它似乎是在没有关注到直观的情况下该对象本身（本体）存在的一种方式（直观则局限在我们的感觉能力之上了）。

* * *

［A290］在离开先验分析论之前，我们必须还补充上某种东西，尽管就其自身来说这种东西并非具有特别的重要性，但是对于系统的完全性来说它应当是需要的。人们习惯于从其开始从事先验哲学研究的最高的概念，通常是可能的东西与不可能的东西的划分。但是，由于一切划分均预设了一个被划分的概念，因此，我们还必须给出一个更高的概念，而这个概念便是关于一个泛而言之的对象的概念（成问题地看待的对象；至于它是某种东西还是虚无，这点还有待确定）[②]。因为诸范畴是唯一关联到诸泛而言之的

---

① “只有”（nur）原作“现在”（nun）。据 Erdmann 的意见修改。

② “泛而言之的对象”原文为“Gegenstand überhaupt”，“某种东西或虚无”原文为“Etwas oder Nichts”。

对象的概念，所以，关于一个对象是某种东西还是虚无的区别将依照诸范畴的次序和指示依次进行。

[B347] 1. 取消了一切东西的概念，即**无物**①，与全、多和一概念形成对立。因此，这样一个概念的对象，根本没有任何可以给出的直观相应于该概念，就＝虚无，即它是一个没有对象的概念——比如本体，本体不能算在诸可能性之列，尽管也一定不要因此而被说成是不可能的（ens rationis［理性之物］）；或者，比如人们想到的某些新的基础力②，尽管人们 [A291] 没有矛盾地思维了它们，但它们也是在没有出自经验的例子的情况下被思维的，因此它们一定不要算在诸可能性之列。

2. 实在是**某种东西**；否定是**虚无**，即关于一个对象的缺乏的概念，比如阴影、冷（nihil privativum［缺性的无］）。

3. 没有实体的单纯的直观形式就其自身来说不是对象，而是（作为显象的）对象的单纯形式的条件，比如纯粹的空间和纯粹的时间，尽管它们是某种作为直观的形式的东西，但它们本身并不是被直观的对象（ens imaginarium［想象之物］）。

[B348] 4. 一个自相矛盾的概念的对象是虚无，因为这个概念是虚无，是不可能的东西，正如有两条边的直线图形一样（nihil negativum［否定的无］）。

因此，关于**虚无**概念的这种划分的表（因为，与这种划分平行的、对于某种东西的划分可以由此自动地得到）必须这样制定：

---

① “无物”原文为“Keines”。

② “基础力”原文为“Grundkräfte”（在一些地方我们也将该词译为“基础能力”）。关于基础力，请参见 B676/A648-B679/A651 中的相关讨论。

[A292] **虚无**，

作为：

1.

没有对象的空洞的概念，

ens rationis（理性之物）。

2.

一个概念的空洞的对象，

nihil privativum（缺性的无）。

3.

没有对象的空洞的直观，

ens imaginarium（想象之物）。

4.

没有概念的空洞的对象，

nihil negativum（否定的无）。

我们看到，思想之物（第 1 点）与非物（第 4 点）[①] 经由下面这点而区别开来，即思想之物不应当被算在诸可能性之列，因为它仅仅是虚构（尽管不是矛盾的虚构），而非物则与可能性相对立，因为这个概念甚至于取消了自身。[B349] 但是，两者均是空洞的概念。与此相反，nihil privativum（缺性的无）（第 2 点）以及 ens imaginarium（想象之物）（第 3 点）则是概念的空洞的材料。如果光没有被给予感觉能力，那么人们就不能表象任何黑暗，并且，如果有广延的存在物没有被知觉到，那么人们就不能表象任何空间。无论是否定，还是单纯的直观形式，在没有一个实在的东西的情况下，均不是对象。

① “思想之物”原文为“Gedankending”。“非物”（Undinge）在此当指“不可能之物”（impossibilia），即例示绝对的不可能性的事物。

[A293] 先验逻辑之第二子部分

先验辩证论

导论

一、论先验假象

我们在前面[1]将泛而言之的辩证论称作**假象的逻辑**。这点并非意味着，它是一种关于**似真性**的学说[2]，因为似真性是一种真理性，不过是通过不充分的根据被认识到的。因此，这种真理性的认识尽管是有缺陷的，但并非因此就是欺骗性的，因此它与逻辑的分析部分必定是不可分割的。我们更不应将**显象**与**假象**[B350]看作一回事儿。因为，真理或者假象并不存在于对象中——在对象被直观了的范围内，而是存在于关于对象的判断中——在对象被

① 参见 B86/A61。

② “假象”原文为“Schein”，“似真性”原文为“Wahrscheinlichkeit”（通常译作“极大的可能性”、“或然性”、“概率”等）。在此请注意“Schein”与“Wahrscheinlichkeit”之间的字源上进而意义上的联系。“Schein”除了“假象”这样的意义以外，还有“外貌，外观，看起来的样子”等意义，其动词形式“scheinen”意为“看起来是，好像是，似乎是，觉得是”；“Wahrscheinlichkeit”意为貌似真的性质或看起来真的性质。另外，请注意“Erscheinung”（显象）与“Schein”（假象）之间的字源联系。

思维了范围内。因此，尽管人们可以说“诸感觉能力是不会犯错的”，但是，这点并不是因为它们总是正确地做出判断，而是因为它们根本就不做出判断。因此，不仅真理，而且还有谬误，进而还有作为将人们诱导到谬误那里的操作的假象，只能在判断中即在对象与我们的知性的关系中被遇到。在一种与知性法则贯通地一〔A294〕致的认识中没有任何谬误。在感觉能力的表象中也没有任何谬误（因为这样的表象根本不包含任何判断），没有任何自然的力会自动地偏离它自己的法则。因此，不仅知性仅仅就其自身来看（在没有另外一种原因的影响的情况下）不会犯错，而且感觉能力就其自身来说也不会犯错。知性之所以不会犯错是因为，如果它只是按照它的法则行动的话，那么结果（判断）必定与这些法则协和一致。一切真理的形式的方面就在于与知性的法则的一致。在感觉能力〔的运用即感觉〕中根本没有出现任何判断——既没有出现真的判断，也没有出现假的判断。现在，因为在这两种认识来源之外我们没有其他任何认识来源了，所以便有如下结论：谬误只是经由人们没有关注到的感性对于知性的影响而引起的，因为这种影响而发生了这样的事情，即判断的主观根据〔B351〕与其客观根据汇合在一起了，并使得其客观根据偏离了其使命，* 正如一个被推动的物体尽管就其本身来说总是保持着同一方向上的直线运动，但是当另一个力从另一个方向同时对它施加了影响时，它便发生了偏移，从而进入曲线运动状态。因此，为了将知性的

---

* 就感性来说，当它作为这样的对象——知性在其上应用其功能——而被置于知性之下时，便构成了实在的知识[1]的来源。但是，同一种感性，在它影响到知性的行动本身并且决定知性做出判断范围内，便构成了谬误的根据。〔[1]“实在的”原文为“realer”，后者也可译作“真正的”。〕

真正〔A295〕的行动与混入进来的力区别开来，做出下面这样的事情将是必要的：将错误的判断看成这样的两个力之间的对角线，它们从两个不同的方向上决定了该判断，它们似乎合成了一个角；并且将那种合成的作用化解为知性的简单作用与感性的简单作用。在纯粹的先天判断中我们必须通过先验的深思进行这样的化解。（像我们已经指出的那样）经由先验的深思，每个表象均被分配给了它在适合于它的认识能力中的位置，因此后一种认识能力〔即感性〕对前一种认识能力〔即知性〕的影响也由此被区分出来了。

在此我们的事务并不是处理这样的经验假象（比如光学假象），它出现在通常正确的知性规则的〔B352〕经验的使用之中，并且经由这样的假象判断力受到了想象的影响的误导；相反，与我们相关的仅仅是**先验假象**。先验假象影响到这样一些原则，它们的使用甚至于并非着眼于经验（因为在这种情况下我们至少还是会拥有其正确性的试金石），相反，尽管面对着该批判的所有形式的警告，该使用仍然将我们完全带到范畴的经验的使用之外，并且用有关**纯粹知性**的扩展的幻象拖住我们。我们要将这样的原则称作**内在的**原则，它们的应用完完全全地坚守在〔A296〕可能的经验的界限之内，而将那些据说飞越出这些界限的原则称作**超验的**原则。不过，我并非将超验的原则理解成对范畴的这样的**先验的**使用或者误用，这种使用或误用不过是未受到批判适当地约束的判断力的一种单纯的错误，因为判断力没有足够地关注到这样的基地的界限，纯粹知性只被允许在其上活动。相反，我将超验原则理解成这样的现实的原则，它们无理地要求我们拆毁所有那些界桩并让我们相信自己拥有了一个不承认任何边界的全新的基地。因此，**先验的**和**超验的**并不是一回事儿。我们上面所报告的纯粹知性的原则应当仅仅拥有经验的使用，而没有先[B353]验的即伸展到经验的界限之外的使用。但是，如果一条原则去除了这些界限，甚至于命令人们跨越它们，那么它被叫作**超验的**。如果我们的批判能够做到这点，即揭穿了这些狂妄的原则的假象，那么那些与这些原则相对的单纯经验的使用的原则便可以被称为纯粹知性的**内在的**原则。①

逻辑假象（错误的推理的假象）仅仅在于对理性形式的单纯的模仿，仅仅是因为缺乏对逻辑规则的注意而导致的。因此，在所面[A297]对的情形中一旦相关的注意力得到了加强，逻辑假象便完全消失了。与此相反，就先验假象来说，尽管人们已经将它揭露出来并且经由先验的批判已经清楚地洞察了其无效性，但是它并没有因此而结束。（比如包含在如下命题之中的假象：世界从时间上说必须有一个开始。）这点的原因在于这个事实：在我们的理性之中（当其被主观地看成一种人类的认识能力时）包含着这样一些基础规则以及关于理性的使用的准则，它们全然具有客观的原则的样子②，由此便发生了这样的事情，即我们的概念之间的某种联结的主观的必然性（这样的必然性对知性有好处）被当成了关于事物本身的规定性的客观的必然性。这种**错觉**完全是无法避免的，正如[B354]我们不能避免这样的事情一样，即对于我们来说大海中间似乎比岸边更高（因为我们借以看

① “先验的”和“超验的”原文分别为“transzendental”和“transzendent”。“先验的”与“经验的”（empirisch）相对；而“超验的”与“内在的”（immanent）相对。我们译作“内在的”还有一个德语词“inner”（或“innerlich”）。这种意义上的“内在的”与“外在的”（äußer，äußerlich）相对。在一些语境中，我们也将“inner”和“innerlich”译作“内部的”；相应地，“äußer”和“äußerlich”也译作“外部的”。

② “基础规则”、“准则”和“原则”原文分别为“Grundregeln”、“Maximen”和“Grundsätze”。关于准则和原则（原理）的区别，请参见 B694-696/A666-668 和 B840/A812。

到中间的光线比借以看到岸边的光线更高），或者以一个更好的比较对象为例，正如天文学家甚至于都不能避免这样的事情一样，即对于他们来说月亮在升起时似乎更大（尽管他们没有被这样的假象欺骗）。

因此，先验辩证论将满足于这样的事情：揭露超验判断的假象并且同时防止它欺骗人。但是，它无论如何不能完［A298］成这样的事情，即让这样的假象（像逻辑假象一样）甚至于消失不见了，使其不再是假象了。因为，我们所处理的是这样一种**自然而然的**并且不可避免的**错觉**，它是建立在主观的原则基础之上的并且将这些主观的原则当作客观的原则强加给人们。然而，逻辑辩证论在消解错误推理时只处理遵循诸原则过程中出现的某种错误，或者只处理在模仿诸原则过程中出现的某种人造的假象。因此，存在着一种自然而然的且不可避免的纯粹理性的辩证论。这种辩证论不是这样一种辩证论，比如一个技艺低劣之人因为知识的缺乏而让自己深陷其中的辩证论，也不是这样的辩证论，某个诡辩之士为了让有理性的人陷入混乱而人为地构想出来的辩证论，而是这样一种辩证论，它无法摆脱地附着在人类理性之上，甚而即使在我们揭露了其幻象之后，它还是没有停止欺骗人类理性并且［B355］持续不断地将人类理性推入一时的歧途之上，而这样的歧途总是需要予以取消的。

二、论作为先验假象之住所的纯粹理性

甲、论泛而言之的理性

我们的所有认识都始自感觉能力，从那里来到知性，并结束

于理性。在我们之内在理性之上找不到任何这样的更高级的东西了，它处理直观的材料并且将其置于思维的最高级的统一[A299]性之下。由于我现在应该对这种最高级的认识能力[①]给以解释，因此我发现我处于某种尴尬境地。对于理性，正如对于知性一样，存在一种单纯形式的也即逻辑的使用，在此理性抽掉了一切认识内容。但是，对于它，还有一种实在的使用，在此它本身就包含某些概念和原则的来源，而它既不是从感觉能力，又不是从知性借取到这些概念和原则的。的确，长久以来，逻辑学家们一直将第一种能力解释为间接推理能力——间接推理有别于直接推理（consequentiis immediatis）。不过，借此人们还没有洞察到本身就生产概念的第二种能力。既然在此我们碰到了对于理性的这样一种区分——即将其区分成逻辑的能力和[B356]先验的能力——，那么我们就必须找到一个关于这些认识来源的更高级的概念，它将这两个概念均包含在其内了。不过，按照与知性概念的类比，我们可以期待这点：〔关于理性的〕逻辑概念同时为〔关于理性的〕先验概念提供了钥匙，而且关于前一种理性的诸功能的表同时提供了诸理性概念的谱系图。

在我们的先验逻辑的第一部分我们通过规则的能力来解释知性；在此我们通过将理性称作**原理的能力**的方式将其与知性区别开来。[②]

[A300]“原理”这个表达式是歧义性的，通常仅仅意味着这样一种知识，它可以被用作原理，尽管它就其本身并且按照其来源来看并不是原理。尽管每个普遍命题，甚至于是（经由归纳）取自

---

① Hartenstein 认为“认识能力”（Erkenntniskraft）当作“认识方式”（Erkenntnisart）。

② “规则的能力”和“原理的能力”原文分别为“das Vermögen der Regeln”和“das Vermögen der Prinzipien”。

于经验的，均可以充当某个理性推理的大前提，但它自身并非因此就是一个原理。数学公理（比如：在两个点之间只能有一条直线）甚至是先天普遍的知识，并且因此相对于可以被归属于其下的诸情形来说被正当地称作原理。但是，我却不能因此就说我是从诸原理那里认识到泛而[B357]言之的直线本身的这个性质的。相反，我只是在纯粹直观中认识到这个性质的。

因此，我把这样的知识称作源自原理的知识，在其中我经由概念认识普遍事项中的特殊事项。于是，每种理性推理均是这样一种推导的形式，即从一个原理得出一个知识。因为，大前提总是给出了这样一个概念，它在此造成了这样的结果：所有被归属在它的条件之下的东西都从它那里根据一条原理而得到了认识[①]。现在，由于每个普遍的知识均可以充当一个理性推理的大前提，而且知性提供了诸如此类的普遍的先天命题，因此，这些命题联系着其可能的使用来说也可以被称作原理。

[A301]但是，如果我们就其本身、按照其来源考察知性的这些原则，就会发现它们根本不是源自概念的知识了。因为，如果我们没有把纯粹直观（在数学中）或者一种泛而言之的可能的经验的条件引进来，那么它们甚至于都不是先天可能的了。所有发生的事情均拥有一个原因这点根本不能从关于泛而言之的发生的事情的概念中推导出来；相反，这个原则表明了，人们如何能够首先获得一个关于发生的事情的确定的经验概念。

因此，知性根本不能创造出源自概念的综合知识，但是[B358]

① 关于这句话，特别是关于“它的条件”（即该概念所包含的条件）的意义，请参见后文 B378/A322。

真正说来，我绝对地称作原理的知识恰恰就是这样的知识；不过，所有泛而言之的普遍命题均可被称作比较的原理。

人们有这样一个古老的愿望：有朝一日最终可以找到取代民法的无穷杂多的法律条文的原理（这个愿望或许有朝一日会得到实现，但是谁也不知道我们要等到什么时候）。因为，像人们说的那样，简化立法的全部秘密可能仅仅在于这点。但是，这些法律条文在此仅仅是这样一些限制，它们将我们的自由限制在这样一些条件之上，正是在其下自由与其自身贯通地协和一致。因此，它们涉及这样的东西，它完全是我们自己的作品，经由诸相关的概念我们自己就可以是它的原因。至于诸对象本身、[A302]诸事物的本性如何会隶属于诸原理以及它们如何能够根据单纯的概念而得到规定，这点如果不是某种不可能之事，那么至少是某种非常荒谬之事（就其要求来看）。不过，不管这里的情况是什么样的（因为我们接下来的研究还要讨论这点），至少下面这点是明白无误的：源自原理的知识（就其本身来看）完全不同于单纯的知性知识，因为，尽管单纯的知性知识也可以以一种原理的形式先行于其他知识，但它们就其本身来看（在它们是综合的范围内）并不是建立在单纯的思维基础之上的，也不包含某种根据概念而来的普遍的东西。

[B359]如果说知性或许是经由规则而给予诸显象以统一性的能力，那么理性便是将诸知性规则统一在诸原理之下的能力。因此，理性从来不首先应用于经验或任何对象，而是首先应用于知性，以便通过概念将先天的统一性给予知性的杂多的知识，而这种统一性可以被称为理性统一性，从种类上说它完全不同于任何能够经由知性而获得的统一性。

以上就是关于理性能力的一般概念——在该概念在完全缺乏例子的情况下能够被弄得可以把握这样的范围内（因为这样的例子只有在接下来的讨论中才会被给出）。

[A303] 乙、论理性的逻辑的使用

人们区分开了直接被认识的东西与仅仅推导出来的东西。在一个以三条直线为边界的图形中有三个角，这点是直接地被认识到的；但是，这三个角合在一起等于两个直角，这点则仅仅是推导而来的。由于我们始终需要进行推理，结果最终完全习惯于推理了，因此我们最后不再注意这种区别了，并且常常将事实上仅仅推导而来的东西看作直接地知觉到的东西（像在所谓感觉的欺骗情形中一样）。在每个推理中[B360]都有一个处于基础地位的命题，还有另一个命题，即结论，它从前一个命题抽引出来，最后，还有一个推理序列（后承关系），按照它，后一个命题的真不可避免地与前一个命题的真联结在一起。如果推导出来的判断已经如此地包含在第一个判断之中了，以至于它可以在没有某个第三个表象的居间调停的情况下从这第一个判断中推导出来，那么这个推理叫作直接推理（consequentia immediata）。我更乐于将其称作知性推理。但是，如果为了得到这个结论，除了这个处于基础地位的知识，还需要另一个判断，那么相关的推理便叫作理性推理。下面这些命题均包含在“**所有人都会死**”这个命题之中了：“一些人会死”，“一些会死的东西是人”，“任何不会死的东西均不是[A304]人”。因此，这些命题均是第一个命题的直接的结论。相反，“所有有学问者均会死”这个命题并没有包含在那个作为基础的判断之中（因为有学问者这个概

念根本没有出现在其中），它只有借助于一个中间判断才能从该判断中推导出来。

在每个理性推理中我首先经由知性思考一条**规则**（major[大前提]）。其次，我借助于**判断力**把一个知识**归属**于该规则的条件之下（minor[小前提]）。最后，我经由该规则的谓词来**规定**我的知识[B361]（conclusio[结论]），因此经由**理性**对其进行先天的规定。因此，作为规则的大前提在一个知识与其条件之间所呈现的那种关系构成了不同类型的理性推理。于是，诸理性推理恰好是三重的，正如所有泛而言之的判断一样——在它们在表达知性中的知识之关系的方式上有所区别这样的范围内。也即：它们或者是**定言的**理性推理，或者是**假言的**理性推理，或者是**选言的**理性推理。

像大多数情况下所发生的那样，一个结论作为一个判断被当作任务给予我们，以便让我们看一下它是否得自于诸已经给出的判断（即这样的判断，它们所思考的是一个完全不同的对象）。于是，我在知性中寻找这个结论的断定[①]，以便确定在知性中该断定是否按照一条普遍的规则出现在某些条件之下。现在，如果我发现了[A305]这样一个条件并且这个结论的对象可以让自己归属于该给定的条件之下，那么该命题便从该规则（**它也适用于其他认识对象**）推导出来了。由此人们看到：理性在推理中试图将知性知识的巨大的杂多性归约为诸原理（诸普遍的条件）的最小的数目

① “断定”原文为“Assertion”。按照下文（B378/A322）的表述，这种意义上的断定（在定言判断或定言的规则的情况下）就是指“谓词”（Prädikat）。请进一步比较前一段话（B360/A304）中的表述“该规则的谓词”和下文（B386/A330）的同义表述“该规则的断定”。

并由此导致这种知识的最高的统一性。

〔B362〕丙、论理性的纯粹的使用

我们可以将理性孤立出来吗？如果我们可以做到这点，那么这时它仍然还是这样的概念和判断的特有的源泉吗？——这些概念和判断仅仅源自它并且它是借助于它们关联到对象的？或者，它只不过是一种将某种形式赋予给定的知识的单纯从属的能力吗？这种形式叫作逻辑形式，经由它，知性知识只是彼此隶属并且低级的规则隶属于其他较高级的规则之下（较高级的规则的条件将低级的规则的条件包含在其范围之内）——在这样的事情可以经由对知性知识的比较完成范围内。我们现在只是暂时处理一下这些问题。实际上，规则的杂多性与原理的统一性是理性的一种要求，以便使知性与其自身处于贯通的关联之中，正如知性将直观杂多置于概念之下并且由此使直观[①]处于联〔A306〕结之中一样。不过，这样一种〔作为理性要求的〕原则并没有给诸对象规定任何法则，并没有包含如下事项的可能性的根据，即将这些对象认识成并且规定为泛而言之的对象；相反，它仅仅是这样一条关于如何料理我们的知性的存货的主观的法则，即通过比较诸知性概念，将其普遍的使用约简为其尽可能少的数目，而在这样做时人们并非因此就有权向对象自身索要这样一种（〔B363〕有助于我们的知性的舒适性及其拓展的）一致性并且有权给予那条准则以客观的有效性。一言以蔽之，我们的问题是：理性自身即纯粹理性是否包含着先天

① “直观”原文为“jene”（那个）。“jene”指代“Anschuung”（直观）。Erdmann认为“jene”可考虑改作“jenes”，指代前面的“das Mannigfaltige”（杂多）。

综合的原则和规则，并且这些原理的内容可能是什么？

理性在理性推理之中的形式的且逻辑的程序就下面这点已经给我们提供了充分的指引：在经由纯粹理性而获得的综合的知识中出现的理性的先验的原理是建立在什么基础之上的？

首先，理性推理处理的并不是直观，以便将它们置于规则之下（像知性利用其范畴所做的那样），而是概念和判断。因此，即使纯粹理性也处理对象，它仍然与这些对象及其直观没有任何直接的关联，而仅仅与知性及其判断有直接的关联。知性及其判断首先转向感觉能力［A307］及其直观，以便规定它们的对象。因此，理性统一性不是某个可能经验的统一性，相反，它与后面这种统一性（作为知性统一性）具有本质上的区别。“一切发生的事情均是有原因的”这个原则根本不是经由理性认识到并予以确立的，相反，它使得经验的统一性成为可能的，并没有从理性那里借来任何东西。如果没［B364］有这种与可能的经验的关系，理性决不能从单纯的概念要求这样的综合统一性。

其次，理性在其逻辑的使用中寻找其判断（推理的结论）的普遍条件，而理性推理本身不过是这样一个判断，它是通过让它的条件从属于一条普遍的规则（大前提）的方式做出的。现在，因为这条规则恰恰也要遭受理性的同一种尝试，由此人们必须（借助于前三段论[①]）寻找条件之条件（在这样的事情终究可行的范围内），所以不难看出，泛而言之的理性（在其逻辑的使用中）的独特的原则是这样的：要为知性的有条件的知识找到这样的无条

① “前三段论”（Prosyllogismus）指这样的三段论推理形式，其结论构成了后面的三段论的前提。

件者，借助它，知性统一性得以完成。

但是，这条逻辑准则只能通过如下方式才能变成**纯粹理性**的一条原理，即人们假定：如果一个有条件者被给出了，那么彼此隶属的诸条[A308]件的整个序列也便被给出了（也即包含在相关的对象及其联结中了），而这个序列本身因此是无条件的。

不过，这样一条纯粹理性的原则显然是**综合的**，因为一个有条件者虽然分析地关联到某一条件，但是并不如此地关联到无条件者。必定还有各种各样的综合命题源自这条原则，纯粹知性[B365]不知道它们的任何东西，因为它仅仅与一个可能经验的对象有关，而关于这些对象的认识和综合总是有条件的。但是，如果真的存在无条件者，那么我们可以根据将其与每个有条件者区别开来的所有那些规定性特别地衡量它，并且它因此必定为许多先天综合命题提供材料。

但是，那些源自纯粹理性的这条至上原理的原则就一切显象来说将是**超验的**，也即，人们从来不能对这条原理做出适合于它的经验的使用。因此，它完全有别于所有知性的原则（其使用完全是**内在的**，因为它们只以经验的可能性作为处理的主题）。先验辩证论的任务包括如下事项：诸显象的综合中的甚或诸泛而言之的事物的思维的综合中的诸条件的序列会伸展到无条件者——这条原则是否拥有客观的正确性？就知性的经验的使用来说，从这条原则[A309]得出了什么样的结论？或者，情况其实是这样的吗：根本不存在诸如此类的客观有效的理性命题，而只存在这样一条单纯的逻辑规章，即在向总是更高的条件攀升时要努力接近这些条件的完全性并由此将最高的、于我们而言可能的理性统一性带入我们的知识之中？抑或，情况大概是这样的吗：理性的这种需求因为一种误解［B366］而被看成了纯粹理性的这样一条先验的原则，它鲁莽地针对对象自身中的诸条件的序列而设定了这样一种无限制的完全性？但是，即使在这种情况下，什么样的误解和迷惑可能潜入了这样一些理性推理，它们的大前提取自纯粹理性（而且，与其说这个大前提是公设，不如说它或许是一个假设[①]），并且它们从经验向上攀升至经验的诸条件？先验辩证论的源泉深藏于人类理性之中。现在，我们就要从其来源方面展开先验辩证论。我们将其分成两个主要部分：第一部分要处理纯粹理性的**超验概念**；第二部分要处理纯粹理性的超验的且**辩证的理性推理**。

［A310］第一卷　论纯粹理性的概念

不管来自纯粹理性的概念的可能性的情况是什么样的，它们的确不是单纯地经由反思得来的概念，而是推导出的概念。诸知性概念也是先天地［B367］在经验之前并且为了经验的需要而被思维的概念，但它们仅仅包含了关于诸显象的反思的统一性——在诸显象必然地属于一种可能的经验意识范围内。仅仅经由它们，关于一个对象的认识和规定才是可能的。因此，它们首先为推理提供了材料，在它们之前没有任何它们可以由之推导出来的关于对象的先天概念。相反，它们的

① “公设”和“假设”原文分别为“Postulat”和“Petition”。“Petition”源自拉丁词“petitio”，该拉丁词意为乞求、请求、假定、假设等等。

客观实在性的确仅仅建立在下面这点之上：因为它们构成了一切经验的理智形式，因此它们的应用总是必定能够在经验之中得到指明。

但是，“理性概念”这个名称就已暂且表明了下面这点：理性概念不想让自己限制在经验范围内，因为它涉及这样一种知识（或许［A311］可能经验之整体或者可能经验的经验的综合之整体），每种经验的知识仅仅是它的一个部分，尽管没有任何一种现实的经验在某一时间完全地抵达它那里，但无论如何任何一种现实的经验总是属于它的。理性概念的作用是**掌握什么**，正如知性概念的作用是（对诸知觉）**进行理解**一样[①]。如果诸理性概念包含着无条件者，那么它们涉及这样的某种东西，一切经验均属于它之下，而它本身则从来不是一个经验对象——这样的某种东西，理性在其从经验开始的推理中会导向它，而且理性根据它来评估并且量测其经验的使用的程度，但是它从来［B368］不会构成经验的综合的一个成员。假定诸如此类的概念尽管如此还是拥有客观的有效性，那么它们便被称为 conceptus ratiocinati（正确地推导出来的概念）；如果事情不是这样，那么它们至少是通过一种推理的假象而骗取来的，我们不妨将其称为conceptus ratiocinantes（诡辩的理性概念）[②]。不过，

---

① “掌握什么”原文为“Begreifen”，“进行理解”原文为“Verstehen”。请比较 B289 中对“掌握”所做出的“界定”：掌握即“先天地通过知性认识这样一个〔偶然的〕事物的存在”（a priori durch den Verstand die Existenz eines solchen Dinges erkennen）。显然，这个界定不适合于此处所讨论的“掌握”。关于“理解”和“掌握”，请参见康德在一本逻辑讲义中给出的如下规定：“**理解**（intelligere）什么东西，即**经由知性借助于概念**认识它”；“**掌握**（comprehendere）什么东西，即在适合于我们的意图的程度上通过理性认识它或者先天地认识它。”（Ak 9: 65）

② “正确地推导出来的概念”和“诡辩的理性概念”原文分别为“richtig geschlossene Begriffe”和“vernünftelnde Begriffe”。

因为这点要等到关于纯粹理性的辩证推理的诸篇才能得到澄清，因此我们在此还无法顾及它。相反，正如我们将纯粹知性概念称作范畴一样，我们暂时将给纯粹理性的概念赋予一个新名称，将其称作“先验理念”。我们现在就对该名称予以说明并为之提供根据。

[A312] 第一章　论泛而言之的理念

尽管我们的语言极为丰富，但是，思考着的大脑有时却因找不到这样的表达式而陷入尴尬的境地，它精确地适合于他的概念并且在缺少它时他不能让其他人理解自己的意思，甚至于也不能让自己理解自己的意思。[B369] 制造新的语词是一种企图在语言中进行立法的狂妄举动。这样的举动极少会成功。在人们开始求助于这种让人绝望的手段之前，先行采取如下做法是可取的：在一种已死的学术语言中寻找一下，看一看这个概念连同适当的表达式是否出现在了那里。并且，如果该表达式的古老用法由于其初创者的粗心大意而变得有些摇摆不定了，那么与只是通过让自己变得无法理解的方式葬送自己的业务这样的做法相比，固定住那种特别适合于该表达式的意义的确是更好的选择（尽管仍然值得怀疑的是，人们在那时是否想到了恰好同一种意义）。

正因如此，如果对比如某个概念，我们只是发现了这样一个唯一的语词，它在业已引入的意义上精确地适合于这个概念，而该概念 [A313] 与其他相关的概念的区别不无巨大的重要性，那么在此可取的做法是这样的：不是随意滥用这个词，或者仅仅是为了变换花样而以同义的方式使用它而非其他语词；而是相反，要小心谨慎地保存下它的独特的意义。因为，否则的话，就会轻易地发生下面这样的事情：当该表达式不是那么特别地吸引人们的注意力的时候，而是相反，此时它消失在一堆这样的其他表达式之中，它们的意义均相当程度地偏离了它的意义，那个只有该表达式才能保存的思想也就消失不见了。

［B370］柏拉图如此地使用“**理念**”这个表达式，以至于人们很容易看到，他用它表示的东西不仅决非得自于感觉，甚至于远远超越了亚里士多德所处理的那些知性的概念，因为在经验中从来遇不到某种与其吻合的东西。在柏拉图那里，理念是诸事物自身的原型，而不仅仅像范畴那样是可能经验的钥匙。按照他的理解，理念源自最高理性，人类理性从那里分有了它们。但是，现在人类理性不再处于其本源的状态了，相反，它必须通过回忆（这样的回忆就叫作哲学）费力地回想起那些古老的、现在已经变得非常晦暗的理念。在此我不想进入任何形式的文学性的研究，以确定这位高明的哲学家［A314］联系在他的这个表达式之上的那种意义。我只是想说明，下面这样的事情完全不是不同寻常的：不仅是在通常的谈话中，而且是在作品中，通过前后比较一个作者就其对象所表达的诸多思想，我们甚至于比他自己更好地理解他。这点是因为，他并没有足够地规定好他的概念，正因如此，他偶尔有违他自己的意图地讲话甚或思考。

柏拉图清楚地注意到：我们的认识能力感受到了这样一种需求，这种需求远远高于如下这点，即仅仅根据综合的统一性拼写出诸显象，以便能够将它们读［B371］作经验；而且，我们的理性自然而然地跃升到这样一些知识，它们走到了比这样的地方——在此经验能够提供的某个对象有时能够与它们吻合——更远的地方，尽管如此，它们还是拥有其实在性，而决非单纯的幻象。

柏拉图主要是在所有实践性事项*即基于自由的事项之中找到他的理念的，而自由则又［A315］隶属于这样一些知识，它们是理性的特有产物。这样的人——他们想要从经验中汲取德行概念，想要将这样的东西做成认识源泉的范例，它充其量只能充当不完善的阐释的例子（实际上，许多人恰恰是这样做的）——会将德行弄成一种可以随着时间和情形而发生变易的、不能用作任何规则的模棱两可的非物。与此相反，我们大家都意识到了这点：当某个人［B372］被当作德行的范例而呈现给我们时，我们心中总是只想着一个真正的原型，我们将这个所谓的范例与之进行比较，并且仅仅根据这个原型对该范例做出评价。这个原型就是德行的理念，联系着它，经验的所有可能的对象虽然事实上充当着例子（即理性的概念所强烈要求的东西的某种程度上的可行性的证明），但是并没有充当着原型。从来没有一个人会以与关于德行的纯粹理念所包含的东西相适宜的方式行动这点完全没有证明这个思想中包含着某种虚幻的东西①。因为，虽然如此，所有关于道德上的价值

---

* 他当然也将他的概念扩展到了思辨知识之上（如果这些知识仅仅是纯粹地且完全先天地被给出的），甚至于将其扩展到了数学之上（尽管数学只是在**可能的**经验中得到其对象的）。在这点上我不能追随他，正如在这些理念的神秘演绎中以及在他借以可以说实体化它们的那些夸张的说法之中我不能追随他一样，尽管他在这个领域所使用的那种高超的语言完全可以得到一种温和的并且适合于事物的本性的解释。

① “某种虚幻的东西”原文为“etwas Chimärisches”。“Chimäre”指希腊神话中拥有狮头、羊身、龙尾的吐火女怪，泛指虚幻之物。

或无价值的判断均只有借助于这个理念才是可能的；因此，该理念必然构成了任何一次对于道德完善性的接近的基础——无论人类本性中那些从其程度上看难以确定的阻力可能让我们停留在与该完善性相距多么遥远的地方。

〔A316〕**柏拉图的理想国**——作为一种人们梦寐以求的完善性的一个据称明显不过的例证，它只可能在无用的思想家的头脑中占有一席之地——已经尽人皆知了。布吕克纳[①]觉得这点是可笑的：这名哲学家断言，没有分有理念的君王不会进行很好的统治。不过，在此更好的做法是这样的：更深入地研究一下这个思想，并且通过新的努力澄清它（在此这名杰出之人没有给我们提供什么帮助），而不是相反，在不可行性这个十分可怜〔B373〕且有害的借口之下将它当作无用的东西而弃之不顾。一部关于**最大程度的人类自由的宪法**（并非一部关于最大程度的幸福的宪法，因为幸福将自动地跟随而来）——它是按照这样一些法则建立起来的，它们使得**每个人的自由与其他人的自由能够彼此共存**——至少是这样一个必然的理念，人们不仅在最初起草一部国家宪法时，而且在制定所有法律时均必须将它置于基础的地位。在这样做时，人们一开始不得不无视当下所遇到的这样一些障碍，它们与其说或许不可避免地源自人类本性，不如说源自如下事实，即人们在立法时忽略了真正的理念。因为，不可能发现比如下事情更有害且更有失一个哲学家的身份的事情了：粗鄙地援引所谓〔与理念〕冲突的经验。但是，如果人们适

① 布吕克纳（Johann Jakob Brucker，1696–1770），德国哲学史家，著有五卷本哲学史：《批判的哲学史》（*Historia Critica Philosophiae*）。康德所评论的段落大概是其第一卷第726–727页。

时地根据理念[A317]做出了那些安排[①]并且那些取代了理念的粗俗的概念并没有（恰恰因为它们取自经验而）阻碍人们的一切善良的意图的实现，那么这种所谓的冲突的经验根本就不会存在。立法和政府越是以与这个理念一致的方式建立起来，惩罚的确就越发变得稀少。于是，在此下面这样的事情便十分合理了（像柏拉图所断言的那样）：在立法和政府的安排是完善的情况下，惩罚根本就是不必要的。现在，尽管这种情况可能从来不会出现，但是这样的理念总归是[B374]十分正确的，它将这种最大的程度确立为原型，以便根据这样的原型让人们的合乎相关法则的宪法总是更加接近于那种可能的最大程度的完善性。因为，至于什么是人类必须停留于其上的最高的程度，进而在理念与其执行之间必然留存下来的那条鸿沟可能有多大，没有人能够，而且也没有人应当，决定这些事情。事情之所以如此恰恰是因为能够跨越每个给出的界限的东西恰恰是自由。

但是，不仅在这样的东西中，在其中人类理性显示出了真正的因致性并且在其中诸理念成为（行动及其对象的）效力因，即不仅在伦理事项中，而且还联系着自然本身，柏拉图正确地看到了相关的事项之源于诸理念的清晰的证明。一个植物、一个动物、世界结构的规则性的安排（因此，或许还有整个自然秩序）均清晰地表明：[A318]它们只有根据诸相关的理念才是可能的；尽管没

---

① 此句原文为："wenn jene Anstalten zu rechter Zeit nach den Ideen getroffen würden"。这句话与接下来的话"Je übereinstimmender die Gesetzgebung und Regierung mit dieser Idee eingerichtet wären"（立法和政府越是以与这个理念一致的方式建立起来）应该是同义的。因此，"jene Anstalten"（那些安排或机构）意指的是前面提到的宪法、国家宪法、立法（Verfassung、Staatsverfassung、Gesetzgebung）以及下面提到的立法和政府（Gesetzgebung und Regierung）。

有任何个别的创造物在其存在的个别的条件之下与其所属的物类的最为完善者的理念吻合一致（正如一个人并非与关于人性的理念吻合一致一样——尽管他自己甚至于将该理念当作他的诸行动的原型而携带于他的灵魂之中），但是上述那些理念仍然在最高的知性之中是个别的、恒定不变的、被贯通地规定了的[①]，而且构成了诸事物的本源的原因，而只有诸事物在［B375］宇宙中的连接的整体才是唯一完全适合于那个理念的东西[②]。如果人们将这种说法中的夸张的成分去掉，那么这名哲学家的这种精神跃升——从对世界秩序的物理的方面的抄写式的[③]考察上升到根据诸目的即根据诸理念对世界秩序进行建筑术上的联结——就是一种值得尊敬和效仿的努力。不过，联系着涉及伦理性、立法和宗教的原理的东西——在此这些理念首先使得（善的）经验本身成为可能的，尽管它们从来不能在经验之中得到完全的表达——他的这种精神跃升则是这样一种十分独特的功绩，人们之所以没有认识到它，仅仅是因为，他们恰恰是通过这样一些经验规则对它进行评判的，它们作为原理的有效性正好应当已经被这些理念取消了。因为，就自然而言，经验为我们提供了规则并且构成了真理的源泉；但是，联系着伦理法则，

---

① 此部分原文是这样的："daß gleichwohl jene Ideen im höchsten Verstande einzeln, unveränderlich, durchgängig bestimmt ... sind"。从句法结构和语义两方面看，此部分均可翻译如下："但是那些理念在最高的知性之中是被个别地、恒定不变地、贯通地规定了的"。请进一步参见 B595-599/A568-571 中的相关讨论。

② "那个理念"指"最高的知性"之理念，即 B596/A568 中所讨论的"神性知性之理念"（eine Idee des göttlichen Verstandes）。

③ 在 A 版和 B 版原版中"抄写式的"原文为"copeylichen"（现今拼写形式为"copeilichen"）。Valentiner 将其直接改作"copielichen"（复制式的），Görland 将其解释为"bloß referierenden"（单纯汇报式的）。

经验则（令人惋惜地！）构成了假象的母体，而且如下做法［A319］应当受到最大程度的谴责：从**已经做的**事情中得到关于我**应当做的**事情的法则，或者想着用**已经做的**事情限制这样的法则。

尽管所有这些考察的恰当的实施事实上确立了哲学的独一无二的尊严，但是，现在我们不进行这样的考察，而是从事一种虽然不那么辉煌、但的确也不无回报的工作，即平整并加固那些宏伟的［B376］伦理大厦的地基，因为在这些地基中出现了各种各样的鼹鼠洞穴，它们是理性在徒劳地但却很有信心地挖掘宝藏时所留下的，并且让那些建筑物变得不安全了。因此，现在我们有责任准确地认识纯粹理性的先验的使用、其原理和理念，以便能够恰如其分地确定和评估纯粹理性的影响和价值。当然，在我结束这个预备性的导论之前，我恳请那些从心底里关心哲学的人士（这点所说出的东西要多于人们通常所遇到的东西），如果他们发现自己被上述讨论和接下来的讨论说服了，那么他们要保护好按照其本来的意义被理解的"理念"这个表达式，以免它继续处于这样一些其余表达式之中——通常人们是用它们来表示各种各样被草率地加以无序排列的表象的——并且以免它与此同时损害这门科学本身。事实上，我们并不缺乏这样一些名称，它们恰如其分地适合于每一种表象，因此我们不必侵犯其他种类的表象的财［A320］产。下面便是这些名称的一个阶梯表。属是泛而言之的**表象**（repraesentatio）。其下是带有意识的表象（perceptio［知觉］）。仅仅联系着主体（作为其状态的变状）的**知觉**是感觉（sensatio）；客观的知觉是**知识**（cognitio）。知识或［B377］者是**直观**或者是**概念**（intuitus vel conceptus）。直观直接地关联到对象，是个别的；概念则间接地——借助于可以为许多事物所共同拥有的特征——关联到对象。概念或者是**经验概念**或者是**纯粹概念**。就纯粹概念来说，如果它仅仅来源于知性（而非感性的纯粹图像），那么它被称为 Notio（观念）。就一个出自观念的概念来说，如果它跨越了经验的可能性，那么它就是**理念**或理性概念。一个人一旦习惯了这种区分，那么他必定无法容忍听到人们将红色的表象称作理念了。这个表象甚至于都不能被称为观念（知性概念）。

[A321] 第二章　论先验理念

先验分析论为我们提供了一个如下事项的例子，即我们认识的单纯的逻辑形式如何能够包含这样一些纯粹先天概念的来源，它们在一切经验之前便表象了对象，或者更准确地说，它们指明了这样一种综合的统一性，只有它才使得[B378]关于对象的经验认识成为可能。判断的形式（当被转变成关于诸直观的综合的概念时）产生了指导着知性在经验中的一切使用的范畴。同样地，我们可以期待，当人们将理性推理的形式应用到以范畴为标准而进行的诸直观的综合统一性之上时，它将包含着这样一些独特的先天概念的来源，我们可以将它们称作纯粹的理性概念或**先验理念**，并且它们根据原理规定着知性在全部经验的整体中的使用。

我们已经看到，理性在其诸推理中的功能在于根据诸概念进行的认识的普遍性，而理性推理本身就是这样一个判断，它先
[A322]天地在其条件的整个范围内得到了规定。就“卡尤斯是会死

的”这个命题来说，我也可以仅仅根据知性从经验中获取它。不过，我寻找这样一个概念，它包含着这样的条件，在其下该判断的谓词（泛而言之的断定）被给出了（在此也就是人这个概念）；在我〔把该谓词〕[①] 归属于这个在其整个范围内被看待的条件之下之后（“所有人都是会死的”），我便根据这种归属对我的对象的认识做出规定（“卡尤斯是会死的”）。

据此，在我们先行在大前提中对一个谓词就其整个范围在某个条件之下加以思考之后，我们在一个相关的理性推理的结论中将该谓词限制到某一个对[B379]象之上。联系着这样一个条件的、该范围的这个完成的量叫作**周遍**（Universalitas）。在诸直观的综合中与这种周遍相应的是诸条件的**全部**（Universitas）或**总体**[②]。因此，先验的理性概念不过就是关于一个给定的有条件者的**诸条件的总体**的概念。现在，由于只有**无条件者**才使得诸条件的总体成为可能，而且反过来说，诸条件的总体本身总是无条件的，因此，一个泛而言之的纯粹的理性概念可以通过关于无条件者的概念得到解释——在后面这个概念包含着有条件者的综合的某种根据这样的范围内。

[A323]知性借助于范畴呈现了许多种类型的关系，相应地，也就有这么多种类型的纯粹理性概念。因此，我们**首先**要寻找一个**主体**中的**定言**综合的**无条件者**；**其次**，要寻找一个**序列**的诸成员

---

① Erdmann 猜测此处应当补上“ihn”（指代前面的“Begriff”）；Smith 在英译时直接补加上了“the predicate”（谓词）。中译文据 Smith 的意见译出。

② “周遍”、“全部”、“总体”德文分别为“Allgemeinheit”、“Allheit”(即 B106/A80 页上范畴表中的“全”)、“Totalität”。“Universalitas”和“Universitas”分别为前两个德语词的拉丁对应词。康德经常使用的另一个相关的概念为“Inbegriff”（全体）。（请比较 B600/A572Anm.）

的**假言**综合的无条件者；**最后**，还要寻找一个**系统**的诸部分的**选言**综合的无条件者。

因为，理性推理也恰好有这么多种类型，其中的每一种都经由前三段论而前进至无条件者：其中的一种理性推理前进到这样的主体，它本身不再是任何谓词了；另一种理性推理前进到这样的预设，[B380]它不再预设任何其他的事项了；第三种理性推理前进到某种划分的诸成员的一个聚集物，而对于这些成员来说，为了完成一个概念的划分，任何更多的相关的事项均是不需要的。因此，关于诸条件的综合中的总体的纯粹理性概念，至少作为这样的任务——即要尽可能地将知性统一性延续到无条件者那里——是必然的并且是建立在人类理性的本性的基础之上的，即使这些先验的概念缺乏一种适合于它们的具体的使用，因此它们的功用仅仅在于将知性带到这样一个方向，在其上其使用在扩展到极致之时同时又被弄得与其本身完全地和谐一致。

[A324]但是，由于我们在此谈到了作为所有理性概念的共同称号的诸条件的总体以及无条件者，因此，我们再一次地碰到了这样一个表达式，对于我们来说它是不可或缺的，尽管如此，考虑到它由于通过长期的误用而附着了一种歧义性，我们又不能安心地使用它。“**绝对**”这个词是少数几个这样的语词之一，在其原初的意义上它们被量体裁衣地给予了这样一个概念，大体说来在同一语言中根本没有其他任何语词精确地适合于这一概念，而且该词的损失，换言之，其摇摆不定的用法，必定也因此导致[B381]该概念的损失。而且，该概念是这样一个概念，由于理性对它给予了诸多关注，因此，如果省却了它，就不可能不给所有先验的评判带来巨大的害处。“**绝对**”这个词现在常常被如此地使用，以便

仅仅表明某种东西适用于**从其本身来看的**某个事情，进而**内在地**适用于这个事情。在这种意义上，**绝对可能的东西**就意味着就其自身来说（interne[内在地]）就是可能的东西，但是这点事实上构成了我们能够就一个对象说出的**最少的东西**。与此相反，这个词偶尔也这样被使用，以便表明某种东西（比如绝对的统治）在所有关系中均是（即是无限制地）有效的。在这种意义上，**绝对可能的东西**就意味着在所有方面、**在所有关系中**均是**可能的**东西[①]，而这点又一次地构成了我能够就一个事[A325]物的可能性说出的**最多的东西**。现在，这些意义有时的确是重合在一起的。比如，内在地不可能的东西也是在任何关系中均不可能的东西，进而也是绝对地不可能的东西。但是，在大多数情形中它们彼此相距甚远，我决不能推导说，因为某种东西就其自身来说是可能的，所以它在所有关系中也是可能的，进而它是绝对地可能的。事实上，就绝对的必然性来说，我将在下面表明，它决非在所有情形中都依赖于内在的必然性，因此，我们一定不要将它看作与后一种必然性是同义的。这样的东西，其反面[B382]是内在地不可能的，其反面自然而然也是在所有方面均不可能的，因此，它本身是绝对地必然的；但是，我不能反过来推断说，绝对地必然的东西的反面是**内在地**不可能的，也就是说不能推断说事物的**绝对的**必然性就是一种**内在的**必然性。因为，这种内在的必然性在某些情形中

---

① “在所有方面、**在所有关系中**”原文为“in aller absicht, *in aller Beziehung*”（此为科学院版中的形式，在A版和B版原版中中间没有逗号）。按照通常的用法，这个德语表述语义重复。Erdmann猜测是誊写者抄写错误所致。但是，从后面的相关表述看，康德在此应当是在不尽相同的意义上使用“in aller absicht”和“in aller Beziehung”这两个表达式的。

是一个全然空洞的表达式，我们不能将哪怕是一个最低限度的概念与它联系在一起；与此相反，一个事物在（与所有可能的东西的）所有关系中的必然性的表达式则随身带有一些十分独特的规定性。现在，因为一个在思辨的世界智慧中拥有巨大应用的概念的损失对于一个哲学家来说从来不可能是无所谓的，所以，我希望，对于他来说，对于该概念所依附的那个表达式的规定和谨慎的保存也不会是无所谓的。

［A326］于是，我将在这种扩展了的意义上使用"绝对"这个词，并且将它与单纯比较地有效的东西或者在特殊的方面中有效的东西对立起来。因为，后面这种东西被限制在了诸条件之上，而绝对的东西则没有任何限制地有效。

先验的理性概念总是仅仅指向诸条件的综合中的绝对总体，总是终止于绝对的——也即就每种关系来说的——无条件者。这是因为纯粹理性将一切均留给了知性，而知性［B383］首先关联到的是诸直观的对象，或者更准确地说，是它们在想象力中的综合。理性只为自己保留了知性概念的使用中的绝对总体，并且试图将在范畴中被思维的那种综合的统一性向外引导到绝对的无条件者。因此，我们可以将这种向外直达无条件者的统一性称作诸显象的**理性统一性**，正如我们可以将范畴所表达的那种统一性称作**知性统一性**一样。据此，理性仅仅关联到知性的使用，而且不是在知性包含着可能经验的根据这样的范围内（因为诸条件的绝对总体决不是任何能够在一种经验中得到使用的概念，因为没有任何经验是无条件的），而是为了给知性规定一个通向某种统一性的方向。这种统一性旨在将涉［A327］及每一个对象的所有知性行动联合成一个**绝对的整体**。（对于这样的统一性，知性没有任何概念。）因此，纯粹理性概念的客观的使用总是**超验的**，而纯粹知性概念的客观的使用按照其本性则必定总是**内在的**（因为这种使用仅仅局限于可能的经验之上）。

我将理念理解成这样一种必然的理性概念，没有任何与之完全相符的对象能够在感觉[①]中被给予它。因此，我们现在所考虑的纯粹的理性概念是**先验理念**。[B384]它们是纯粹理性的概念，因为它们将一切经验认识看作是从诸条件的绝对总体那里得到规定的。但是，它们并不是随意地虚构出来的，而是由理性本身的本性作为任务而设置出来的，因此它们必然地关联到知性的整个使用。最终说来，它们是超验的，跨越了一切经验的界限，于是，在经验中从来不会出现这样一个对象，它适合于先验理念。因此，当人们提到一个理念时，就对象（作为纯粹知性的对象）来说，人们说出了**非常多的东西**；但是，正因如此，就主体来说——也即联系着该对象在经验条件之下的现实性——人们却说出了**非常少的东西**，因为作为关于一个最大的量的概念，该理念从来不能被具体地以与它完全相符的方式给出。由于现在在理[A328]性的单纯思辨的使用中后者[②]真正说来构成了我们的全部的意图，而与这样一个概念的接近——在具体实施时人们从来到达不了它那里——恰恰就等于说这个概念好像是完完全全地被错过了，因此，对于这样一个概念人们说：它**仅仅**是一个理念。于是，人们便可以说：所有显象的绝对整体**只不过是一个理念**，因为，既然我们从来不

① 此处的“感觉”原文为“Sinnen”。在此“Sinnen”当指感觉能力的运用，即感觉能力的感觉（简言之，感觉）。

② “后者”指前面提到的这点：就相关的对象在经验条件之下的现实性说出些什么。

能以图像勾画出这样的东西，它就依然是一个无解的**问题**。相反，因为在知性[1]的实践使用中人们所关心的事情仅仅是如何按照规则进行实施[2]，［B385］所以实践理性的理念总是能够现实地被具体地给出（尽管只是能够部分地被这样给出），它甚至于是理性的所有实践使用的不可或缺的条件。尽管实践理性的理念的实施总是有界限的并且是有缺陷的，但是这样的实施处于并非可以确定的界限之下，因此总是处于绝对完全性的概念的影响之下。据此，实践理念总是极其富有成果的，就现实的行动来说总是无可避免地必然的。在实践理念中纯粹理性甚至具有这样的因致性，即现实地引起它的概念所包含的东西。因此，对于智慧，人们不能轻蔑地说：**它仅仅是一个理念**；相反，恰恰因为它是关于所有可能的目的的必然的统一性的理念，所以它必定作为本源的、至少限制性的条件而以规则的身份服务于一切现实的事项。[3]

［A329］对于先验的理性概念，尽管现在我们必须说：**它们仅仅是理念**，但我们当然绝对不可以将它们看作多余的且无价值的。因为，尽管我们不能借助于它们规定任何对象，但它们其实在以一种不引人注意的方式作为知性的拓展的并且一致的使用的范则而服务于知性。借此知性虽然没有认识到比它根据它的概念所认

---

① 根据上下文，“知性”（Verstand）当作“理性”（Vernunft）。

② “按照规则进行实施”（die Ausübung nach Regeln）在此特指实践理性的理念或实践理念之实施（或贯彻）。

③ “智慧”（Weisheit）在此特指上帝所拥有的智慧。按照《判断力批判》（*Kritik der Urteilskraft*）的表述，这样的智慧是全善（Allgütigkeit）和正义（Gerechtigkeit）的组合，是我们确立终极目的所需要的东西（所谓终极目的就是不以其他任何目的作为其可能性的条件的目的）（参见 Ak 5: 424, 441, 444, 448Anm., 462）。

识的对象更多的对象，但是它的确在这种认识中受到了更好的并且更进一步的引导——更不用[B386]提下面这点了：先验的理性概念或许使得从自然概念到实践概念的某种过渡成为可能，并且能够以这样的方式为道德理念本身提供支持并造成了其与理性的思辨知识的关联。关于这一切的信息有待下文分解。

不过，根据我们此处的意图，我们将实践理念放在一边，因此仅仅考察处于思辨的使用中的理性，而且即使就理性的这种使用来说，我们还进一步狭窄地考察它，即考察仅仅处于先验使用中的理性。在此我们也必须采取我们前文在处理范畴的演绎时所采取的那种方式，即衡量理性认识的逻辑形式，看一下理性是否经由这种形式也能够成为这样一些概念的源泉，它们让我们将对象本身看作联系着理性的一种或另一种功能而得到了先天综合地规定。

[A330]当理性被看成关于认识的某种逻辑形式的能力时，它就是一种推理能力，即间接地（通过将一个可能的判断的条件归属于一个给定的判断的条件之下的方式）做出判断的能力。这个给定的判断是普遍的规则（大前提，Major）。关于另一个可能的判断的条件之从属于该规则的条件之下的判断构成小前提（Minor）。那个现实的判断——它在**被归属的情形**中表述了该规则的断定[①]——是推理的结论[B387]（Conclusio）。这也就是说，该规则在某种条件之下普遍性地说出了某种东西。现在，在出现的情形中该规则的条件成立了。因此，在那个条件之下普遍地有效的东西在所出现

① 此句原文为："welches die Assertion der Regel in dem *subsumierten Falle* aussagt"。在原版第四版中"in"作"zu"，这样全句中译文为"它将该规则的断定表述给**被归属的情形**"。另外，请注意：此句中的"die Assertion der Regel"与"das Prädikat der Regel"同义（参见 B360/A304、B378/A322）。

的情形中（该情形随身带有这个条件）也被看作是有效的。不难看出，在此理性经由诸知性行动——它们构成了一个诸条件的序列——达到了一种知识。如果我只是通过如下途径达到“所有物体都是变动的”这个命题的：我从一个较远的知识〔命题〕开始（在这个知识〔命题〕中物体的概念还没有出现，但是它却包含着这个概念的条件），即从“所有复合而成的东西均是**变动的**”这个知识〔命题〕开始；我从这个知识〔命题〕走到一个更近一些的知识〔命题〕，它隶属于前一个知识的条件之下，即“物体是复合而成的”；我只是从这个知识〔命题〕才达到第三个知识〔命题〕，这第三个知识〔命题〕现在将那个远处的知识（变动的）与该眼前的知识联结起来，因此，我们有：[A331]“物体是变动的”，那么，以这样的方式，我就经过一个诸条件（诸前提）的序列而达到一个知识（结论）。[①] 既然每个这样的序列——其指数[②]（定言的或假言的判

① 此句原文是这样的：“Wenn ich zu dem Satze: alle Körper sind veränderlich, nur dadurch gelangen, daß ich von dem entfernteren Erkenntnis (worin der Begriff des Körpers noch nicht vorkommt, der aber doch davon die Bedingung enthält) anfange: alles Zusammengesetzte ist veränderlich; von diesem zu einem näheren gehe, der unter der Bedingung des ersteren steht: die Körper sind zusammengesetzt; und von diesem allererst zu einem dritten, der nunmehr das entfernte Erkenntnis mit dem vorliegenden verknüpft: folglich sind die Körper veränderlich; so bin ich durch eine Reihe von Bedingungen (Prämissen) zu einer Erkenntnis (Conclusion) gelangt”。“der aber doch”中的“der”当作“das”，指代的是前面的“Erkenntnis”；不过，由于康德在此想到的是接下来的命题（der Satz）“alles Zusammengesetzte ist veränderlich”，所以他使用了指示代词“der”。同理，“von diesem zu einem näheren gehe, der”和“und von diesem allererst zu einem dritten, der”中的“der”也当作“das”。

② 按照康德那个时期德国数学界的习惯用法，所谓一个数列（泛而言之的序列之一种）的指数（Exponent）是指关于其诸项（诸成员）彼此之间的关系的法则（das Gesetz des Verhältnisses der Glieder untereinander）。这样的法则通常是由数列的通项（das allgemeine Glied）来表达的（参见：Peter Schulthess, *Relation und Funktion*, De Gruyter, 1981, S. 247–248）。相同的用法也出现在B441/A414。

断的指数[①]）被给出了——均可继续进行下去，那么，恰恰同一个理性行动便导致了 ratiocinatio polysyllogistica（复合三段论推理）。这种形式的推理是一个由诸多推理构成的序列，而该序列或者在诸条件的一边（per prosyllogismos［经由前三段论］）或者［B388］在有条件者一边（per episyllogismos［经由后三段论[②]］）可被继续进行到诸多不确定的远处。

不过，人们立即就会意识到，诸前三段论的链条或序列（也即处于诸根据一边上的推导出来的诸知识的链条或序列，或者说一个给定的知识的诸条件的链条或序列），换言之，诸理性推理的**上升序列**与理性能力的关系终究必定不同于**下降序列**——也即经由后三段论进行的有条件者一边的理性的前行——与理性能力的关系。因为，既然在前一种情形中知识（conclusio［结论］）仅仅是作为有条件的东西被给出的，那么人们借助于理性只能通过如下方式达到它，即至少要预设下面这点：诸条件一边的那个序列的所有成员（前提序列中的总体）均被给出了，而这点则又是因为，只有在预设了它们之后，当前的判断才是先天可能的。与此相反，在有条件者一边，或者说在诸结论一边，人们只是思考了一个**形成**［A332］**中的**、还没有被**完全地**预设了的或者还没有**完全地**给出了的序列，进而人们只是思考了一个潜在的前行。于是，如果一个知识被看作是有条件的，那么理性便被迫将

① “定言的或假言的判断的指数”意指作为普遍的规则进而作为理性推理的大前提的定言判断的谓词概念（进而相应的谓述关系），或者指作为普遍的规则进而作为理性推理的大前提的假言判断所表示的条件关系（特别是因果关系）。（关于康德对“指数”这个术语的这种独特用法，请参见 B198/A159 上的译者注。）就这里所讨论的理性推理来说，这种意义上的指数构成了以相关的理性推理为基础而形成的条件序列的指数的基础。

② “后三段论”（德文为“Episyllogismus”）指这样的三段论推理形式，其前提中的一个（甚或两个）为前面的三段论的结论。

上升线路上的诸条件的序列看作完成了并且从其总体上说被给出了。但是，如果恰恰同一个知识同时被看［B389］作这样一些其他知识的条件，它们彼此构成了一个处于下降线路上的诸结论的序列，那么理性可以完全不在乎下面这点：这种a parte posteriori（在后来者一边上的）前行伸展到多远？这个序列的总体究竟是否可能？因为，为了得到摆放它面前的这个结论，理性根本不需要这样一个序列，而这点则又是因为，这个结论已经经由其a parte priori（在先行者一边上的）诸根据被充分地决定好了，而且从它们那里获得了充分的保障。在诸条件一边的诸前提的序列无论是否有一个作为至上条件的**第一项**（如果没有这样的**第一项**，那么该序列a parte priori［从先行者一边看］是没有界限的），它都必须包含诸条件的总体——即使我们从来不能做到如下这点，即最终把握这样的总体。而且，就这个整个序列来说，如果一个有条件者被看作是源自其的结论，而且该有条件者应当被认作为真实的，那么该序列就必定是无条件地真实的。这点是理性的一个要求。理性将其知识宣布为先天地规定好了的并且是必然的：或者这个知识就其本身来说就是这样的，这时它不需要任何根据；或者，如果它是被推导出来的，那么它之所以是这样的，是因为它构成了诸根据的序列的一个成员，而该序列本身则是无条件地真实的。

［B390/A333］第三章　先验理念的系统

在此我们所处理的不是这样的逻辑辩证论，它抽掉了一切认识内容，仅仅揭示出现于理性推理形式中的虚假的假象。相反，我们所处理的是先验辩证论，它应当完全先天地包含着某些来自纯粹理性的知识的根源以及这样一些推导出来的概念的根源，它们的对象从经验上说根本不能被给出，因此它们完全处于纯粹知性的能力之外。我们已经从这样的自然而然的关联——即我们的知识在推理和判断中的先验使用必然地关联到它们在推理和判断中的逻辑使用——那里获取了如下结论：只有三类辩证推理，它们关联到三种推理类型，正是经由这些类型的推理，理性得以从原理达到知识，而且在所有这些形式的辩证推理中理性的事务均在于要从有条件的综合攀升到无条件的综合，而知性则始终被束缚在前一种综合之上，它决不能达到后一种综合。

现在，我们的表象能够拥有的一切关系之中的共同之处在于：1）[B391] 与主体的关系；2）与对象的关系，而且在此对象或者是[A334] 显象或者是泛而言之的思维对象。如果我们将后面这个子区分与前面的上位区分结合起来，那么诸表象的所有这样的关系——我们能够对之形成或者一个概念或者一个理念——是三重的：1）与主体的关系；2）与显象中的对象的杂多的关系；3）与所有泛而言之的事物的关系。

现在，所有泛而言之的纯粹概念与诸表象的综合统一性相关，但是纯粹理性的概念（先验理念）则与所有泛而言之的条件的无条件的综合统一性相关。因此，所有先验理念可以归结为三类：其中的**第一类**包含着**思维主体的**绝对的（无条件的）**统一性**；**第二类**包含着**显象的诸条件的序列的**绝对的**统一性**；**第三类**包含着**所有泛而言之的思维对象的条件的**绝对的**统一性**。

思维主体是**心理学**的对象，所有显象的全体（世界）是**宇宙论**的对象，那个包含着一切可以思维的东西的可能性的至上条件的事物（所有存在物的存在物）是**神学**的对象。因此，纯粹理性为一种先验的灵魂学说（psychologia rationalis［理性心理学］）提供了理念，为一种先验的［B392］世界科学（cosmologia rationalis［理性宇宙论］）提供了理念，最后也为一种先［A335］验的上帝知识（Theologia transzendentalis［先验神学］）提供了理念。甚至于这些科学中的任何一门的单纯的提纲都并非源自知性，尽管知性与理性的最高级的逻辑的使用，也即所有人们想得到的推理，是联结在一起的，以便从知性的一个对象（显象）前进到所有其他的对象，直至该经验综合的诸最遥远的成员。相反，这样的提纲仅仅是纯粹理性的一个纯粹且真实的产品或者课题。

至于会有哪些样式的纯粹理性概念出现在这三种条目的先验理念之下，我们将在接下来的一篇[①]中予以完全的说明。这些样式是沿着范畴的线索依次出现的。因为，纯粹理性决不直接关联到对象，而是直接关联到根源对象的知性概念。同样，只有在完全的处理中下面几点才会变得清晰起来：理性如何仅仅通过对其在进行定言的理性推理时所利用的那同一种功能的综合使用就必定必然地达到关于**思维主体**的绝对的统一性的概念；假言的理性推理中的逻辑程序如何必定必然地带来关于诸给定的条件的**某个序列中的**绝对无条件者的理念[②]；最后，选［B393］言的理性推理的单纯

① “篇”（Hauptstück）当作“卷”（Buch）。

② “假言的理性推理中的逻辑程序如何必定必然地带来关于诸给定的条件的某个序列中的绝对无条件者的理念”在科学院版中原文是这样的：“wie das logische Verfahren in hypothetischen die Idee vom Schlechthinunbedingten in einer Reihe gegebener Bedingungen … nach sich ziehen müsse”。此为A版原版中的形式（Erdmann认为应在“hypothetischen”后面补加上“Vernunftschlüssen”）（中译文据此译出）；在B版原版中，“in hypothetischen die Idee vom Schlechthinunbedingten”作“in hypothetischen Ideen die vom Schlechthinunbedingten”（Hartenstein认为在“die”后应补加上“Idee”）（据此，中译当为：“诸假言的理念中的逻辑程序如何必定必然地带来关于诸给定的条件的某个序列中的绝对无条件者的理念”）。

的形式如何必定必然［A336］地带来关于**所有存在物的存在物**的最高的理性概念。初看起来，诸如此类的思想似乎是极其荒谬的。

真正说来，对于这些先验理念，任何类似于我们对于范畴所能够给出的那种形式的**客观演绎**的演绎均是不可能的。因为，实际上它们与人们可能以与它们完全相符的方式给出的任何对象均无甚关联。事情之所以如此，恰恰是因为它们仅仅是理念。不过，我们可以基于我们的理性的本性而对它们进行一种主观的推导[①]。在这一篇[②]中我们也进行了这样的推导。

显而易见，纯粹理性的意图总是在于**处于诸条件那边的**综合的绝对总体（在此条件可以是依存的条件，也可以是依赖的条件，抑或共现的条件[③]），理性始终与**有条件者那边的**绝对的完全性无甚关系。因为，为了预设诸条件的整个序列，并且由此将其先天地给予知性，理性只需要诸条件那边的综合的绝对总体。但是，一旦有了一个完全地（并且无条件地）给定了的条件，那么就序列的继续来说，理性概念就不再是需要的了，因为知性会自动地向下走出每一步——［B394］从一个条件走到**有条件者**。以这样的方式，先验理念的作用仅仅是帮助人们在诸条件的序列中**攀升**到无条件者，也即诸本原[④]。但是，就到［A337］有条件者的**下行**来说，虽然存在着一种我们的理性对知性法则所做的逻辑的使用（这种使

① “推导”原文为“Ableitung”。在A版和B版原版中“Ableitung”作“Anleitung”（指导）。Mellin认为此为笔误，当作“Ableitung”。科学院版接受了这个建议。

② “篇”（Hauptstück）当作“卷”（Buch）。

③ “依存”、“依赖”、“共现”原文分别为“Inhärenz”、“Dependenz”、“Konkurrenz”。

④ “本原”原文为“Prinzipien”。在本书中此德语词的主要意义是“原理”（或“原则”）。

用会伸展到很远），但是并不存在任何相关的先验的使用，而且，如果我们形成关于这样一种（progressus［前行］的）综合的绝对总体的理念，比如关于所有**未来的**世界变化的完整序列的理念，那么这样的东西将是这样一个思想之物（ens rationis［理性之物］），它只是人们随意地设想出来的，而并非是经由理性必然地加以预设的。因为，对于有条件者的可能性来说，虽然其诸条件的总体被预设了，但是其后果的总体并没有被预设。因此，这样一个概念决不是先验理念，而我们在此所关心的却仅仅是先验理念。

最后，我们也发觉，在诸先验理念中甚至还明显地存在着某种关联和统一性，而且纯粹理性借助于它们将其所有知识纳入一个系统之中。从对我们自己（对灵魂）的认识进展到对世界的认识，并且借助于对世界的认识进展到原初存在者——这样的进展是如此地自然，以至于它似乎类似于理性从［B395］诸前提到推理结论的那种逻辑前行。* 现在，至于在此是否真的有一种与存在于逻辑的程序和先验的程序之间的亲缘性相同的亲缘性秘密地处于基础地位，这个问题也是这样一些问题之一，其答案要等到本研究

---

*　形而上学仅仅把**上帝、自由和不死性**这三个理念以这样的方式看作其探究的真正的目的，以至于与第一个概念联系在一起的第二个概念应当导致第三个概念（作为一个必然的结论）。这门科学此外所研究的所有事项对于它来说均仅仅充当着手段的作用，以便达到这些理念及其实在性。它之所以需要这些理念，并非是为了自然科学的目的，而是相反，是为了超越自然。对于这些理念的洞见会让**神学**、**道德学**、还有**宗教学**（经由前两者的结合）——进而会让我们的存在的最高的目的——仅仅依赖于思辨的理性能力，而不依赖于任何其他的事项。在对这些理念的一种系统的呈现中，所提到的这种次序，作为**综合的**次序，是最为适当的次序；但是，在必定先行于这样的呈现的处理之中，那种颠倒了这种次序的**分析的**次序对于通过下面这样的进程贯彻我们的宏大的计划这个目的来说将是更为适合的：从经验直接地提供给我们的那种东西即**灵魂学说**进展到**世界学说**，并且从世界学说一直进展到对于**上帝**的认识。〔此注为B版所加。〕

接下来的部分给出。[A338]现在，我们已经暂时性地达到了我们的目标，因为我们已经能够将理性的诸先[B396]验概念从它们所处的这样的模棱两可的处境中解救出来，即在许多哲学家的理论中它们通常混合在其他概念之中，这些哲学家甚至于没有将它们与知性概念恰当地区别开来；而且，我们已经能够说明它们的来源，由此同时已经能够给出它们的确定的数目（根本不可能存在着更多的先验的理性概念了），并已经能够在一个系统的关联中呈现它们。由此，我们便为纯粹理性划出并限定了一个独特的领域。

第二卷　论纯粹理性的辩证推理

人们可以说，一个单纯的先验理念的对象是这样的某种东西，人们对它没有任何概念，尽管这个理念是在理性之中完全必然地按照理性的本源的法则被生产出来的。因为，事实上，即使对一个据称符合理性的相关要求的对象，我们也不能形成任何知性概念，即这样一种概念，它能够在一个可能的经验中被显示出来并且能够被弄成可以直观的。[A339]如下说法表达得更好并且会带来更少的误解风险：[B397]对于相应于一个理念的对象，我们不能拥有任何直接的知识，尽管我们能够形成一个有问题的概念。

现在，最低限度说来，纯粹理性概念的先验的实在性（主观的实在性）是建立在如下事实基础之上的：我们是经由一种必然的理性推理而被带到这样的理念这里来的。因此，存在着这样一些理性推理，它们不包含任何经验的前提，借助于它们我们从我们所直接认识的东西推导出这样的另外某种东西，对于它，我们终究没有任何概念，但经由一种不可避免的假象还是将客观实在性赋予了它。因此，就其结果来看，诸如此类的推理应该被称为**诡辩的理性**推理，而不应该被称为理性推理，尽管鉴于其起因，它们肯定可以拥有理性推理这个名称，因为它们毕竟不是编造出来的，也不是偶然地产生的，而是源自理性的本性。它们是纯粹理性本身的诡辩，而非任何人的诡辩，即使所有人中最有智慧者也不能摆脱这些诡辩，尽管经过若干努力后，他能避免错误，但是他绝对不能挣脱这种永无休止地烦扰和误导他的假象。

因此，这样的辩证的理性推理就只有三个类型，恰如［A340］其结论所导向的理念的数目那么多。在**第一类**理性推理中，我从不包含任何杂多的东西的关于主体的先验的［B398］概念推导出这个主体本身的绝对的统一性，而关于这个主体，我以这样的方式根本形成不了任何概念。我将这种辩证的推理称作先验的**谬误推理**。**第二类**诡辩的理性推理指向的是关于一个给定的泛而言之的显象的诸条件的序列的绝对总体的先验理念，我从如下这个事实——对于处于一边之上的序列的无条件的综合统一性，我总是形成一个自相矛盾的概念——推导出相反的统一性的正确性，尽管就这种相反的统一性来说我也没有任何概念。我将与这样的辩证的推理相联的理性的状态称为纯粹理性的**二律背反**。最后，根据**第三类**诡辩的理性推理我从据以思维诸泛而言之的对象的诸条件的总体（在这些对象能够被给予我范围内）推导出诸泛而言之的事物的可能性的所有条件的绝对的综合统一性，也即从这样一些事物——我根据它们的单纯的先验概念对它们没有任何直接的认识——推导出这样一个所有存在物的存在物，通过一个超验的[①]概念我对其有更少直接的认识，而且对其无条件的必然性我无法形成任何概念。我将这样的辩证的理性推理称作纯粹理性的**理想**。

[B399/A341] 第一篇 论纯粹理性的谬误推理 [B 版]

逻辑的谬误推理在于这点：一个理性推理从形式上看就是错误的，而不管此外它的内容是什么样的。但是，一个先验的谬误推理则拥有一个关于如下事项的先验的根据，即从形式上看推导错了。以这样的方式，一个诸如此类的错误推理便将在人的理性的本性中拥有其根据，并且将随身带有一个不可避免的、尽管并非不可消解的错觉。

现在我们谈到了这样一个概念，它在前文中并没有被登记在那个关于先验概念的总清单[②]之中，尽管如此，它必须被算在其中，不过，我们并没有因此就对那个表做出丝毫的改变，并且也没有将其宣布为是有缺陷的。它就是下面这个概念，或者说这个判断（如果人们愿意这样说的话）：**我在思维**。但是，不难看出，

① “超验的”（transzendenten）在第四和第五版原版中作“先验的”（transzendentalen）。
② 指 B106/A80 中的范畴表。

这个概念是所有泛而言之的概念的载体，进而也是先验概念的载体，并且因此总是被包含在先验概念之内了。于是，它同样是先验的。不过，它不能拥有一个特别的条目，因为它仅仅是用来做[B400]这样的事情的，即将一切思维作为属于意识的东西而引出。然而，无论[A342]它如何纯粹，以至于不含任何经验事项（感觉能力的印象），它仍然是用来做这样的事情的，即根据我们的表象能力的本性区别开两类对象。**我**，作为思维的东西，是内感能力的一个对象，并且叫作灵魂。那种构成了外感能力的对象的东西叫作物体。据此，**我**这个表达式，作为一个思维的存在物，已经是心理学的对象。如果对灵魂我不要求知道更多的东西，而只要求知道那些能够从**我**这个概念（在它出现于一切思维之中这样的范围内）以独立于一切经验（这样的经验更进一步地且具体地规定了我）的方式推导出来的东西，那么心理学便可叫作理性灵魂学。

现在，**理性**灵魂学实际上就是这样一种大胆的行为，因为，即便还有一丁点儿属于我的思维的经验性的事项，对我的内在状态的某种独特的知觉，被混入这门科学的认识根据之内，那么它便不再是理性的了，而变成为**经验性的**灵魂学说。因此，我们已然面对着这样一门所谓的科学，它是建立在唯一一个命题即“**我在思维**”基础之上的。在此我们可以十分恰当地并且以合乎某种先验哲学的本性的方式探究一下该门科学的根据或无根据性[①]。人们不应该对下面这点心生不满：我的确在这个表达了对我们自身的知觉的命题中[B401]有一种内部经验，因此，建立在该命题基础

① “根据或无根据性”原文为“Grund oder Ungrund”。

之上的理性灵魂学［A343］从来不是纯粹的，相反，部分说来，它是建立在一条经验原理基础之上的。因为，这种内部知觉不过就是这种单纯的统觉：**我在思维**；而这种统觉甚至于使得所有这样的先验概念成为可能，通过这些先验概念我们说：我在思维实体，我在思维原因等等。因为，就泛而言之的内部经验及其可能性或者泛而言之的知觉及其与其他知觉的关系而言，在没有经验地给出它们之间的某种独特的区别和规定性的情况下，我们不能将它们看作经验的知识，而是必须将它们看作关于泛而言之的经验事项的知识，它们属于对于任何一种经验的可能性的研究，而这样的研究的确是先验的。哪怕是知觉的最低限度的对象（比如，仅仅愉快或不快），当其被附加在自我意识的一般表象之上时①，就会立即将理性心理学转变成为一种经验心理学。

因此，“**我在思维**”是理性心理学的唯一这样的文句，从其中它可以展开它的全部的智慧。不难看出，这个思想，当其应当被关联到一个对象（我自身）之上时，不可能包含别的东西，而只可能包含该对象的先验谓词。因为，哪怕是最低限度的经验谓词都会败坏这门科学的理性的纯粹性及其对于任何经验的独立性。

［B402/A344］不过，在此我们只是需要单纯地追随范畴的线索就可以了，只不过，由于在此一个事物即作为思维存在物的我首先被给出了，因此，尽管我们不会改变上面诸范畴彼此之间的那种次序（像该次序在范畴表中被呈现出来那样），但是，在此我们却是

① 此句原文为：“welche zu der allgemeinen Vorstellung des Selbstbewußtseins hinzukäme”。Erdmann 认为其中的“welche”（其）当作“welches”（其）：前者指代前文的“Wahrnehmung”（知觉），而后者指代“Das mindeste Objekt”（最低限度的对象）。两种释读方式均可，因此中译文有意做了模糊处理。

从实体范畴开始的（经由这个范畴，一个事物就其本身而被表象出来[①]），因此我们以后退的方式追踪它们的序列。据此，理性灵魂学的正位论就是如下形式的正位论（理性灵魂学所可能包含的任何其他东西都必须从这样的正位论中推导出来）：

1.
灵魂是**实体**。[②]

2.
就其性质来说，
灵魂是**简单的**。

3.
就其所在的诸不同的时间来说，
灵魂从数上说是同一的，
即它是一（而非多）。

4.
灵魂与空间中的**可能的**对象处于关系之中。*

[B403/A345] 纯粹灵魂学说的所有概念均源自以上这些要素。而且，为了得到这些概念，我们只需要对这些要素进行复合，而一点儿也不

① 此句原文是这样的：“dadurch ein Ding an sich selbst vorgestellt wird”。显然，康德在此并非是在其专门的意义上使用“ein Ding an sich selbst”一语的。

② 在康德自己使用的 A 版样本中此条目被改成这样的形式：“灵魂作为实体而存在”（参见 Ak 23: 50）。

* 一些读者从这些处于其先验的抽象状态中的说法中不太容易猜测出它们的心理学意义，而且也不太容易猜测出 [B403] 为何灵魂的最后那个属性〔1〕属于**存在**范畴。这些读者会发现，在接下来的讨论中这些说法得到了充分的解释和辩 [A345] 护。此外，由于在本章中以及整部著作中我不顾人们对良好的文风的爱好，大量地使用了拉丁语表达式，而没有使用同义的德语表达式，因此，在此我不得不提到下面这点为此种做法进行辩解：我宁可牺牲一些语言上的优美之处，也不想因为哪怕是一丁点儿不可理解性而给本书在学院中的使用造成困难。〔〔1〕即 4. 所涉及的属性。〕

需要认识一种不同的原理。这个实体，仅仅作为内感能力的对象，就给出了**非物质性**概念；作为简单实体，它给出了**不可毁灭性**概念；它作为理智实体的同一性给出了**人格性**；所有这三个项目合在一起给出了**精神性**；它与空间中诸对象的关系给出了与身体的*commercium*（**交互作用的共在**）；进而，它将思维实体表象成物质中的生命原理，即将它表象成灵魂（anima）并且将其表象成**动物性**的根据；当动物性受到精神性的限制时，它便给出了**不死性**。①

现在，先验的灵魂学说的四种谬误推理便关联着这些概念。人们错误地将这种灵魂学说当成了关于纯粹理性的科学，关于我们的思维存在物的本性的科学。〔B404〕不过，我们只能将那种简单的并且就其自身来说完全缺乏内容的表〔A346〕象即**我**置于这种学说的基础的地位。关于这种表象，人们甚至于都不能说它是一个概念，而只能说它是一种伴随着所有概念的单纯的意识。现在，经由这个在思维的我，或者在思维的他，或者在思维的它（那个东西），我们所表象的仅仅是诸思想的一个先验主体=X。这个先验主体只是经由作为其谓词的诸思想而得到认识的，独立于这些思想，关于它，我们从来不能形成任何哪怕是最低限度的概念。于是，我们总是在围着它不停地绕圈而已，因为为了将某种东西断定给它，我们总是必定已经利用了它的表象。这种让人不舒服的处境与它是不可分离的，因为这种意识就其本身来看与其说是将一个特别的对象区别出来的表象，还不如说是泛而言之的表象的

① “非物质性”、“不可毁灭性”、“人格性”、“精神性”、“动物性”、“不死性”原文分别为“Immaterialität”、“Inkorruptibilität”、“Personalität”、“Spiritualität”、“Animalität”、“Immortalität”。

形式（在该表象应当被称作知识范围内）。因为，只有对于这个表象，我才能够这样说：我经由它思考了某种东西。

但是，一开始就让人感觉到奇怪的是，这样的条件——正是在其下我终究在进行思维，因此它仅仅是我的主体的特性——竟然同时可以适用于所有在思维的东西，而且我们可以狂妄地在一个貌似经验性的命题基础之上建立起一个绝然的且普遍的判断，即：所有在思维的东西都拥有关于自我意识的名言所断［B405］定给我的那种特性。不过，其中的原因在于下面这点：我们必须必然地将所有这样的性质先天地归属给诸事物，［A347］它们构成了这样一些条件，只是在其下我们才思维这些事物。现在，对于一个思维存在物，我不能经由任何外部经验而只能经由自我意识才拥有哪怕是最低限度的表象。因此，诸如此类的对象不过就是我的这种意识向其他事物的转移而已，而这些其他事物只是经由这样的方式才被表象成思维存在物。不过，“我在思维”这个命题在此仅仅是被看作或然的——我们并非是在它可能包含着关于一种存在的知觉范围内看待它的（对比笛卡尔的命题：“cogito, ergo sum”［我思，故我在］），而是从它的单纯的可能性来看待它的，以便看一下，哪些性质可以从这个如此简单的命题流向该命题的主体（无论现在是否存在这样的主体）。

如果竟然还有比这个 cogito（我思）更多的东西处于我们关于思维存在物的纯粹理性知识的基础的地位，如果我们还求助于对我们的思想活动的观察以及由此可以得出的关于思维的自我的自然法则，那么由此便出现了这样一种经验心理学，它会是一种关于内感能力的**自然学**，而且，尽管它或许能够用来解释内感能力的诸显象，但是它决不能用来向我们展露那些根本不属于可能的经验的性质（比如简［B406］单物的性质），也不能用来**绝然地**教给我们这样的某种关于泛而言之的思维存在物的东西，它涉及这些存在物的本性。因此，经验心理学决不是**理性**心理学。

［A348］现在，由于“**我在思维**”这个命题（当其被看作或然的时候）包含着每个泛而言之的知性判断的形式，而且作为诸范畴的载体伴随着所有范畴，因此，显而易见的是，从该命题得到的结论可以包含着知性的这样一种单纯先验的使用，它拒绝接受经验的任何形式的混入，并且关于其进展，根据我们前面所指明的东西，我们不能预先就已经形成任何有益的概念。因此，我们打算以一种批判的眼光经由纯粹灵魂学说的所有谓述项追踪这种使用。① 不过，出于简明的缘故，我们对这些谓述项的审查将在一种不间断的关联中向前推进。

首先，下面这个一般性的说明可以让我们对这种推理方式的关注变得更加敏锐。我并非是通过这样的方式——即我单纯地进行思维——而认识任何一个对象的，相反，我只有通过这样的方式才能认识某一个对象，即我联系着意识的统一性——一切思维均在于这样的统一性——来规定一个给定的直观。因此，我并非是通过将我自己意识为在思维的方式认识我自己的，而是在我将我对我自己的直观意识为联系着思维的功能而得到了规定的时候，我便认识了我自己。所以，思维中的自我意识的所有**样式**②［B407］就其本身来说还不就是关于对象的知性概念（范畴），而是这样一些单纯的功能，它们根本没有把任何对象提供给思维供其认识，

① 此篇 B 版由此开始不同于 A 版。

② “自我意识的样式”原文为“modi des Selbstbewußtseins”。

进而也没有将我本身当作对象提供给思维供其认识。并非是对于**做规定的**自我的意识而仅仅是对**可被规定的**自我即我的内部直观的意识才是**对象**（在该直观的杂多可以根据思维中的统觉的统一性的普遍条件而被连接起来这样的范围内）。

1. 在所有判断中我总归只是那种构成判断的关系的**做规定的**主体。但是，这个命题，即“那个思维着的我[①]在思维中必须总是被看成**主体**，必须总是被看成这样的东西，它不能被看作像谓词那样仅仅附着在思维之上”，是一个绝然的命题，甚或是一个**同一命题**。[②]不过，该命题并非意味着：我作为**对象**是一个对于我来说**独立自存的存在物**或者是一个**实体**。后面这个断言走得更远，因此，它还要求在思维中根本没有遇到过的材料，甚或（在我仅仅将思维存在物看作这样一个存在物范围内）要求比我在任何时候在任何地方（在思维中）将要遇到的材料更多的材料。

2. 因此，这个命题，即“统觉的我在每一次思维中都是这样一个**单数**，它不能被化解为主体的多数[③]，因此它表示的是一个逻辑上简单的主体”，已经包含在思维概念之中了，因此它是一个分

① 在B版原版中（进而在科学院版中）“那个思维着的我”原文是这样的：“Ich, der ich denke”。Vaihinger认为B155中出现的相同的说法应当修改为：“das Ich, das denkt”。此处的行文也当如此修改，中译文据此译出。

② 这句话在B版原版中原文是这样的：“Daß aber Ich, der ich denke, im Denken immer als *Subjekt*, und als etwas, was nicht bloß wie Prädikat dem Denken anhänge, betrachtet werden kann, gelten müsse, ist ein apodiktischer und selbst *identischer Satz*”。Erdmann认为“anhänge, betrachtet”当作“anhängend betrachtet”。科学院版据此修改。中译文据此译出。按照原版的表述，中译文应当是这样的：“但是，这个命题，即‘那个思维着的我在思维中总是可以被看成**主体**并且总是可以被看成这样的某种东西，它并非像谓词那样仅仅附着在思维之上’，必定是有效的，它是一个绝然的命题，甚或是一个**同一命题**。”

③ “单数”和“多数”原文分别为“Singular”和“Vielheit”。

析命题。但是，这点［B408］并非意味着：“思维着的我是一个简单**实体**。”后面这个命题将是一个综合命题。实体概念总是关联到这样一些直观，在我这里它们只能是感性的，进而完全处于知性的领域及其思维之外。但是，在这里，当人们说“在思维中我是简单的”的时候，真正说来人们谈论的仅仅是知性的思维。如果下面这种通常需要做出许多安排才完成的事情——即在直观所呈现给我们的东西之中区别出来那种是实体的东西，甚而判别这个实体是否还可能是简单的（像在物质的诸部分那里那样）——在此竟然如此直接地在所有表象中最为贫乏者之上好像是通过一次神启那样发生在我这里了，那么这点也会是令人惊异的。

3. 那个断言了我自身在我所意识到的一切杂多之中的同一性的命题同样是一个已经包含在诸概念本身之中的命题，进而是一个分析命题。不过，我在我的[①]所有表象之中能够意识到的主体的这种同一性并不涉及对主体的这样的直观，正是经由它主体作为对象被给出了，因此这种同一性也不可能意味着人格同一性。人格同一性意指的是对作为思维存在物的主体自己的实体在诸状态的一切变易中的同一性的意识。通过对“我在思维”这个命题的单纯的分析，我们不会完成对这样的同一性的证明；相反，为此，我们需要一些建立在给定的直观基础之上的不同的［B409］综合判断。

4. 这个命题，即“我区别开了作为一个思维存在物的我自己的存在与我之外的其他事物（我的身体也属于这些其他事物之列）”，同样是一个分析命题，因为**其他**事物就是这样的事物，我

① “我的”（meinen）原作“它的”（seinen），即“主体的”。Erdmann 认为当作“我的”。

将它们思维成与我**不同的**东西。不过，经由这个命题，我完全不知道下面这样的事情：假定不存在我之外的这样一些事物，诸表象就是经由它们而被给予我的，那么，对我自己的这种意识到底是否是可能的？进而，我是否能够仅仅作为思维存在物（在不是人类成员的情况下）而存在？

因此，通过对泛而言之的思维中的对我自身的意识的分析，我们丝毫没有增加对作为对象的我自身的认识。对泛而言之的思维的逻辑阐释被错误地当成了对对象的一种形而上学的规定。

假定存在着这样一种可能性，即我们能够先天地证明，所有思维存在物就其自身来说是简单的实体，因此作为这样的实体它们随身便不可分离地携带着人格性（这点是得自同一证明根据的结论），并且它们意识到了它们独立于一切物质的存在，那么这点将构成一块挡在我们的整个批判前面的巨大的甚至于是唯一的绊脚石。因为，依这样的方式我们终究向感性世界之外迈出了一步，我们便踏入了**本体**的领域，现在便没有人否认〔B410〕我们这样做的权限了，即在这个领域做出进一步的拓展，进行扩建，并且在其中有所斩获（每个人的收获当然依赖于他们的不同的运气）。因为，“每个思维存在物作为这样一个存在物都是简单的实体”这个命题是一个先天综合命题，而这点则又是因为：其一，它超出了作为它的基础的那个概念，并且为泛而言之的思维附加上了**存在的方式**；其二，一个谓词（简单性）附加在了那个概念之上，而该谓词根本不能在任何经验中被给出。因此，先天综合命题不仅联系着可能经验的对象——而且是作为这样的经验本身的可能性的原理——是可行的并且被允许的（像我们所断言的那样），而且它们也可以应用到泛而言之的且就其本身来看的事物[1]之上，而这样的结论便将终结了我们的这个整个批判，并且命令人们要满足于前人的结论。不过，如果人们对这个事情做出进一步的考察，那么在此危险并非那么巨大。

在理性心理学的这种做法中存在着一种谬误推理，如下理性推理呈现了这种谬误推理：

那种不能被思维成别的东西，而只能被思维成主体的东西，也只是作为主体而非以其他方式存在的，因此这样的东西是实体。[2]

[B411] **现在，一个思维存在物，如果仅仅被看成这样一个存在物，那么它只能被思维成主体，而不能被思维成别的东西。**

因此，它也只是作为这样一个主体即作为实体而存在的。

在大前提中人们谈论了这样一个存在物，它能够被泛而言之地、在每个方面加以思维，因此也能够像它可以在直观中被给出的那样加以思维[3]。但是，在小前提中人们则只是在这样的范围内谈论了该存在物，即它作为主体只是相对于思维和意识的统一性而考虑它自己的，而并非同时也联系着这样的直观考虑它自

---

① “泛而言之的且就其本身来看的事物”原文为“Dinge überhaupt und an sich selbst”。相同的用法也出现在B298/A238中。

② 此句原文为：“*Was nicht anders als Subjekt gedacht werden kann, existiert auch nicht anders als Subjekt, und ist also Substanz*”。Vorländer认为“anders als”当作“anders denn als”。中译文据此译出。

③ 此句原文是这样的：“Im Obersatze wird von einem Wesen geredet, das überhaupt in jeder Absicht, folglich auch so wie es in der Anschauung gegeben werden mag, gedacht werden kann”。Erdmann对前一部分做了如下解读：“Im Obersatze wird von einem Wesen geredet, das als Objekt überhaupt, mithin in jeder Absicht …gedacht werden kann”（在大前提中人们谈论了这样一个存在物，它能够被思维成泛而言之的对象，进而能够在每个方面被思维……）。

己——经由该直观它[①]作为对象被提供给思维。因此，这个结论是通过 Sophisma figurae dictionis（修辞格诡辩）进而通过一种欺骗性的推理而推导出来的。*

［B412］如果人们在此查阅一下前文对于诸原则的系统呈现的一般性说明以及关于本体的章节[②]，那么人们就会清楚地看到，上面这种将一个著名的论证化解为一个谬误推理的做法是完全正确的。在那里我们证明了，关于这样一个事物的概念——它能够就其自身来说作为主体而存在，但是不能作为单纯的谓词而存在[③]——还根本没有随身携带着任何客观实在性。这也就是说，我们证明了：人们无法知道到底是否能够有一个对象适合于该概念（因为人们没有看到这样一种存在方式的可能性），因此，该概念绝对没有提供任何知识。于是，如果该概念要在一个实体的名称下面指明一

① “它”在 B 版原版中原文为“sie”（指代前面的“Anschauung”）。Vorländer 认为当作“es”（指代前面的“Wesen”）。科学院版据此改正，中译文据此译出。

* 在两个前提中“思维”是在完全不同的意义上被理解的：在大前提中，它是像它应用于一个泛而言之的对象之上时那样（因此，像它应用于一个能够在直观中被给出的对象那样）被理解的；而在小前提中，它仅仅是像它的全部内容就在于与自我意识的关联那样被理解的，因此，在此人们根本没有想到任何对象，而只是表象了与作为主体（作为思维的形式）的我们自身的关联。在大前提中人们谈到了这样一些事物，它们不能被思维成其他东西，而只能被思维成主体；在小前提中，人们并没有谈到**诸事物**，而是谈到了这样的［B412］**思维**（因为人们抽掉了所有对象），在其中我总是充当着意识的主体。因此，在结论中我们不能得到这点，即我只能作为主体存在，而不能以其他方式存在；而只能得到这点，即我在对我的存在的思维中只能将我自己用作判断的主词，而这点是这样一个同一命题，它绝对没有透露出关于我的存在的方式的任何信息。

② 参见 B288-294 和 B294-315/A235-260。

③ “主体”和“谓词”原文分别为“Subjekt”和“Prädikat”。这两个德语词（以及相应的英语词）在哲学史上均是在两种相关但不同的意义上使用的：一是指主体或主体的属性；一是指判断的主词（或主语）或谓词（或谓语）。在一些语境中，康德实际上是想着同时在两种意义上使用这两个词的。此处便是这样的语境之一。

个能够被给出的对象，如果它要变成为一种知识，那么就必须有这样一种恒常的直观被置于基础的地位，它构成了一个概念的客观实在性的不可或缺的条件，即这样的东西，只有经由它相关的对象才被给出了。但是，现在在[B413]内部直观之中我们没有任何恒常的东西，因为我仅仅是对我的思维的意识。因此，如果我们仅仅停留在思维之上，那么我们就缺少允许我们将实体概念即关于一个独立自存的主体的概念应用到作为思维存在物的我们自身之上的必然的条件。进而，与这个概念联系在一起的实体的简单性也与该概念的客观实在性一起完全消失了，并且该简单性就转变成为泛而言之的思维中的自我意识的一种单纯逻辑的、质的统一性——不管主体是否是复合而成的。

对门德尔松[①]关于灵魂恒常性的证明的反驳

这位敏锐的哲学家很快就发现，人们通常要用来证明灵魂（假定我们承认灵魂是一种简单的存在物）不可能通过**分解**而停止存在这个论点的论证对于确保灵魂的必然的延续性这样的意图来说是不够充分的，因为，人们还是可以假定灵魂的存在因为**消失**而停止了。在其著作《斐多》（*Phädon*）中，门德尔松试图通过如下方式不让这种易逝性（它会意味着一场真正的毁灭）靠近灵魂，即他要大胆地证明一个简单的存在物根本不可能停止存在。因为，既然一个简单的存在物根本不可能被减少进而不可能逐渐地丢失其存在中的某种东西并以这样的方式逐[B414]

① 门德尔松（Moses Mendelssohn，1729-1786），德国犹太哲学家，十八世纪德国启蒙运动的领导人。

渐地化为乌有（因为它不包含任何部分，因此也不包含任何复多性），〔如果它经由消失而停止存在了，〕那么根本就没有任何时间会在它出现于其中的那一时刻与它不再出现于其中的另一个时刻之间被遇到，而这点是不可能的。[①]——不过，他没有考虑到这点：即使我们承认灵魂拥有这种简单本性，即它不包含**彼此外在的**杂多事项，因此不包含延展量，我们还是不能否认它拥有强度量，即联系着它的所有能力甚至于联系着构成了存在的所有东西来看的实在的某种程度（正如我们不能否认任何存在的东西拥有这样的强度量一样）。这种实在的程度可以历经所有无穷多的更小的程度而减小，因此，此处所谓的实体（即这样的事物，其恒常性还没有通过其他方式确定下来）尽管不能通过分解但可以通过它的能力的逐渐减弱（remissio）的方式（因此通过淡出的方式——如果人们允许我使用这个表达式的话）而化为乌有。因为，即使意识也总是拥有这样一种程度，它总是能够被减小，*因此，意识到自身的能力〔B415〕以及所有其他能力均是这样的。——所以，仅仅作为内感能力的对象的灵魂的恒常性仍然未得到证明，甚至于是不可证明的，尽管灵魂在生命活动中的恒常性就其自身来说是显而易见的——因为思维存在物（作为人类成

---

① 参见 *Phädon, oder über die Unsterblichkeit der Seele*（Berlin: Fr. Nicolai, 1767），in *Gesammelte Schriften*, Jubiläumsausgabe, Hamburg, 1979, Band 3, S. 61–71, 89–99, 146–148。

* 清晰性并非像逻辑学家们所说的那样是对一个表象的意识，因为意识的某种程度甚至于在许多模糊的表象中必定也是可以遇到的（尽管对于回忆来说这种程度的意识是不够的），而这点则又是因为，在没有任何意识的情况下，我们在诸模〔B415〕糊的表象的连接中将不会做出任何区分，而在许多概念的特征的情况下（比如在公正和公平概念和音乐家的概念那里——在即兴演奏时他同时弹奏出许多音符）我们的确有能力做这样的事情。相反，这样一个表象是清晰的，在它那里意识对于它与另一个表象的**区分的意识**是足够的。如果这种意识尽管对于这种区分是足够的，但是对于该区分的意识来说却不是足够的，那么这个表象还是必须被称作模糊的。因此，存在着意识的无穷多程度，直至其消失。

员）对于他自己来说同时也是外感能力的一个对象。但是，这点完全不能让理性心理学家满足，因为他打算从单纯的概念证明灵魂甚至于在生命活动之外的绝对的恒常性。*

---

* 有些人认为，当他们坚称人们不能向他们指明他们的预设中包含有任何矛盾时，他们便已经为启动一种全新的可能性这样的事情做了足够多的工作。（正像这样一些人总起来说所做的那样[1]：尽管他们只是在经验直观那里，在人类生命活动中拥有关于思维的可能性的例子的，但是他们却相信，即使在人类生命活动停止后，他们仍然对思维的可能性[B416]有所洞察。）其他一些一点儿也不更为冒险的可能性会让这些人处于巨大的尴尬境地。下面这样的事情的可能性便是这样的可能性：一个**简单的实体**划分成更多的实体，并且反过来，许多实体融合成（合并成）一个简单的实体。因为，尽管可划分性预设了某个复合而成的东西，但是它并没有必然地要求一个由诸实体复合而成的东西，而仅仅要求一个由同一个实体的（多种能力的）诸多程度复合而成的东西。现在，正如人们可以将灵魂的所有能力[2]甚至于意识能力思维成如此地缩减了一半但总是还有实体存留了下来一样，人们也可以无矛盾地设想此消失的一半被保存了下来——但不是在灵魂之中，而是在灵魂之外。而且[3]，既然在此所有在灵魂中始终仅仅是实在的东西、因此拥有一个程度的东西，进而还有灵魂的整个存在，均以一种没有任何遗漏的方式被减半了，那么，在这种情况下在灵魂之外便出现了一种独特的实体。因为，被划分的那种多——不过，不是作为诸实体的多，而是作为每一种实在（存在的量）的多——已经先行存在于灵魂之中了，而且，实体的一仅仅是这样一种存在方式，它只是通过这种划分才被转变为[B417]自存的多的。但是，以这样的方式许多简单的实体也能反过来汇合成一个实体，在此所失去的东西仅仅是自存的多，因为一个实体内在地包含了所有前面的实体合在一起的实在的程度。或许，诸简单的实体——它们给我们提供了某种物质的显象——可能经由对作为**强度量**的父母的灵魂的诸如此类的**动态的**划分产生了孩子的灵魂（当然不是通过彼此之间的机械的或者化学的影响，而是通过一种我们所不知道的影响，机械的或化学的影响仅仅是后面这种影响的显象）；然而，父母的灵魂反过来又经由与同类的新材料的合并而补偿了孩子的灵魂的离去。我远还没有准备好承认诸如此类的想象的产物拥有哪怕是一丁点儿价值或有效性。此外，分析论所讨论的那些原理也足以让人们牢记这点：仅仅对诸范畴（比如实体范畴）做出经验的而非其他的使用。但是，如果一个**唯理论者**在没有某种恒常的直观的情况下（正是经由这样的直观一个对象会被给出来了）便大胆地从单纯的思维能力制造出一个独立自存的存在物——他之所以这样做，仅仅是因为思维中的统觉的统一性不允许他基于复合而成的东西对灵魂做出解释——而不是[B418]采取这样的更好的做法，即承认他不知道如何解释一个思维的自然的可能性，那么，为什么一个**唯物论者**不应该有权利同样大胆地对他自己的原则做出相反的使用，与此同时还保留下了唯理论者

〔B416〕现在，如果我们在**综合的**关联中看待我们在前面提到过的那些命题①，像它们作为适用于所有思维存在物的命题在作为一个系统的理性心理学中也必须被看待的那样，并且从关系范畴开始——以"所有思〔B417〕维存在物作为思维存在物均是实体"这个命题作为开始——向后历经诸范畴的序列，直到圆圈闭合为止，那么我们最后便遇到这些思维存在物的这样的存在，它们在这个系统中以独立于外部事物的方式不仅意识到了该存在，而且也能够从它们自身规定它（联系着〔B418〕那种必然地属于实体的独特特征的恒常性）。但是，由此便有如下结论：在同一唯理论的系统中**唯心论**——至少是存疑唯心论——是不可避免的；而且，如果外部事物的存在对于我们自己在时间中的存在的规定来说根本就是不需要的，那么外部事物的存在便也仅仅是没有任何根据地被假定的，我们从来未能给出其证明。

与此相反，如果我们遵从这样的**分析的**程序——在其中"我在思维"这个命题作为一个已经将一种存在包含在自身之内的命题、作为已经被给出的东西处于基础地位，因此在其中该模态处于基础地位——并且分解这个命题，以便认识其有关下面这点的内容，即这个处于空间或者时间中的我是否并且如何仅仅经由空间和时间而规定其存在，那么理性灵魂学的诸命题便并非始自于关于一个泛而言之的思维存在物的概念，而是始自于一种现实性。并且，

（接上页）〔所依赖的〕的形式的统一性（尽管该唯物论者同样不能为了他所设想的诸种可能性的缘故而援引经验）？〔[1]此句话原文是这样的："wie diejenigen insgesamt sind"。Erdmann 认为"sind"前面应当补加上"trotzig"（固执地）。Mellin 认为"sind"当作"tun"。中译文根据 Mellin 的意见译出。[2]"灵魂的所有能力"原文为"alle Kräfte und Vermögen der Seele"。在《纯粹理性批判》中，康德常常在相同的意义上使用"Kraft"和"Vermögen"这两个德语词。此处的情况就是这样的。不过，在一些地方，康德是在"力"的意义上使用"Kraft"的。[3]在原版第四版中"而且"（und）作"nur"（只不过）。〕

① 指 B402/A344 上的四个命题。

从这种现实性被思考的方式——在所有那些在此是经验性的东西均被分离出去以后[B419]——那种属于一个泛而言之的思维存在物的东西就被推导出来了。[①] 下面的列表表明了这点：

1.

我在思维，

2.

作为主体，

3.

作为简单的主体，

4.

作为在我的思维的每一个状态中**同一的主体**。

① 此处讨论的综合的关联（der synthetische Zusammenhang）与分析的程序（das analytische Verfahren）即康德在其他地方（特别是《未来形而上学导论》）提到的综合的方法（die synthetische Methode）与分析的方法（die analytische Methode）。请看如下段落："在分析的方法与综合的方法形成对立这样的范围内，分析的方法完全不同于分析命题之全体。分析的方法仅仅意味着这样的事情：人们从所追寻的东西出发，好像它已经被给出来了，由此攀升到诸条件，而正是在这些条件之下它才是可能的。在这种教学方式中，人们常常纯然使用综合命题，正如数学分析所例示的那样。我们最好将这种教学方式称作**回溯的教学方式**，以便将其与综合的或者**前行的教学方式**区别开来。此外，'分析论'这个名称还作为逻辑的一个主要部分而出现，在此它是真理的逻辑，而与辩证论相对。在这部分逻辑中，人们并不关注这点，即属于它的诸知识是分析的还是综合的"（Ak 4: 276Anm.）。"**分析的**方法与**综合的**方法相对立。前者从有条件的事项和有根据的事项开始并且进展到诸原理（a principiatis ad principia[从合乎原理的东西到原理]）；与此相反，后者则从诸原理来到诸后承，或者从简单的东西来到复合而成的东西。前一种方法也可称作**回溯的**方法，正如后一种方法也可以称作**前行的**方法一样。说明：分析的方法通常也叫作**发明**的方法。相对于通俗性的目的来说，分析的方法比较适当；而就对知识的科学的和系统的处理这个目的来说，综合的方法则更为适当"（Ak 9: 149）。请进一步比较 B395/A337 注释中有关综合的次序与分析的次序的讨论。前面第一则引文中出现的"教学方式"德文为"Lehrart"。该德文词字面意义为教学方式，在此特指报告或呈现一个理论或其诸规则的次序，与"Methode"（方法）同义。

现在，由于在第二个命题中下面这点并没有被确定下来，即我是否**只能**作为主体而**不能**也作为另一个主体的谓词存在并且被思维，因此，在此主体的概念仅仅是从逻辑上被理解的，而至于它是否也应当被理解为实体，这点依旧没有得到规定。不过，在第三个命题中，即使我还没有就主体的特性或者自存确定任何事情，统觉的绝对的统一性、该表象中的那个简单的我——那种构成了思维的一切连接或分离活动就关联到其上——甚至于就其自身来看就是非常重要的。统觉是某种实在的东西，而其简单性[①]已经包含在了其可能性之中。现在，在空间中不存在任何简单的实在的东西，因为诸点（它们构成了空间中唯一简单的东西）仅仅是界限，它们本身并不是作为部分用来构成空间的东西。于是，由此便得出了［B420］基于**唯物论**的根据而对作为单纯思维的主体的我的特性做出解释的不可能性。不过，因为在第一个命题中我的存在是被看作给定了的（因为它并非意味着每个思维存在物均是存在的［这点将同时把绝对的必然性表述给了诸思维存在物，因此断言了过多的东西］，而只是意味着：**我**思维地**存在着**[②]），所以这个命题是经验性的，它包含着我的存在仅仅联系着我在时间中的表象的可规定性。但是，再一次地，由于为了给出这样的规定，我首先需要某种恒常的东西，而这样的东西根本就没有在内部直观中被给予我（在我思维着我自己范围内），因此，这样的事情——经由这种简单的自我意识规定我存在的方式（我是作为实体还是作为偶性而存在的）——是完全不可能的。所以，如果**唯**

① Hartenstein 认为“简单性”（Einfachheit）当作“统一性”（Einheit）。

② 这句话原文为：“*ich existiere* denkend”。

物论对于我的存在的解释方式来说是不适合的，那么**精神论**对于此种解释方式来说同样是不足够的。于是，结论就是这样的：我们不能以任何方式知道关于我们的灵魂的这样的特性的某种东西，该特性涉及我们的灵魂的泛而言之的分离的存在的可能性。

下面这样的事情如何竟然也会是可能的：经由意识的统一性来到经验（我们在生命活动中的存在）之外（我们自己仅仅是通过这样的事实直接认识到[①]这种统一性的，即对于经验的可能性来说，它是不可或缺的），甚至于[B421]借助于“我在思维”这个经验性的、但从一切直观方式来看不确定的命题将我们的知识扩展到所有泛而言之的思维存在物的本性之上？

因此，不存在任何作为这样的**学说**的理性心理学，它补充了我们的自我知识；而只存在作为这样的**训导**的理性心理学，它在这个领域为思辨理性设置了不可逾越的界限——它之所以这样做，一方面是为了不让我们投入无灵魂的唯物论的怀抱，另一方面是为了不让到处游荡的我们迷失在对于处于此生中的我们来说毫无根据的精神论之中。相反，这种训导提醒我们采取这样的做法：将我们的理性拒绝为那些超出此生的让人好奇的问题提供令人满意的答案的举动看成它所给出的这样一种暗示，即要将我们的自我认识活动从毫无成果的过分的思辨那里移开，并将其转向富有成果的实践的使用之上。[②]尽管这种实践的使用也总是仅仅指向经

---

① Hartenstein 认为“直接认识到”（kennen）当作“认识到”（erkennen）。

② 此句原文是这样的：“unser Selbsterkenntnis von der fruchtlosen überschwenglichen Spekulation zum fruchtbaren praktischen Gebrauche anzuwenden”。Erdmann 认为其中的“anzuwenden”（应用）当作“umzuwenden”（翻转，转身，转向）。中译文据此译出。

验的对象，但是它是从更高的地方获取其原理的，而且它如此地决定了行为，以至于好像我们的使命抵达了经验之外无穷远的地方进而好像它超越了此生一样。

从所有这一切我们看到，一种单纯的误解为理性心理学提供了来源。那种构成了诸范畴的基础的意识的统一性在此被当成了对于作为对象的主体的直观，并且[B422]实体范畴被应用于其上。但是，这种意识的统一性不过是**思维**中的这样一种统一性，仅仅通过它并没有任何对象被给出来，因此，实体范畴不能被应用于其上（因为这个范畴总是预设了给定的**直观**），进而这个主体完全是不能被认识的。所以，诸范畴的主体不能经由思维这些范畴的方式获得一个关于它自己（作为诸范畴的一个对象）的概念，因为，为了思维这些范畴，该主体必须将其纯粹的自我意识置于基础的地位，然而这样的自我意识恰恰是应该予以解释的。同样，这样的主体——时间表象本源地在它之内拥有其根据——也不能经由思维这些范畴的方式而规定它自己在时间中的存在，而如果后面这种规定不能发生，那么前一种规定——作为通过范畴对它自己（作为泛而言之的思维存在物）所做的规定——也就不能发生。*

---

* 像我们已经说过的那样[1]，“我在思维”是一个经验的命题，并且包含着“我存在”这个命题。但是，我不能这样说：所有思维的东西都存在。因为，这样的话，思维性质将使得拥有它的所有存在物成为必然存在物了。于是，我的存在也不能被看作从“我在思维”这个命题推导出来了，像笛卡尔所认为的那样（因为，否则的话，“所有思维的东西都存在”这个大前提就必须出现在前面了），而是与其同一的。“我在思维”这个命题表达了一种不确定的经验直观，即知觉（因此，它的确证明了，感[B423]觉——感觉因此属于感性——已经处于这个存在命题的基础的地位），但是，它先行于经验，而经验则应当借助于范畴联系着时间对知觉的对象做出规定。在此存在[2]还不是范畴，因为相关的范畴[3]并非关联到一个不确定地给定的对象，而仅仅关联到这样

* * *

[B423]于是，以这样的方式，一种试图超出可能经验的界限并且的确属于人类的最高兴趣的知识，在其应当归于思辨哲学范围内，[B424]在成为泡影的期待中消失了。尽管如此，在此该批判的严格性经由下面这点——即该批判同时证明了这样的事情的不可能性，即在经验界限之外独断地确立关于经验对象的某种东西——还是为理性提供了一种对于理性来说并非不重要的服务（在与它的这种兴趣有关的地方），即让它同样安全地面对反方的所有可能的断言。这样的事情只能通过如下方式发生：我们或者绝然地证明我们的命题；或者，如果我们没有成功地做到这点，那么我们寻找我们不能做到这点的各种根源，而如果这些根源就包含在我们的理性的必然的限度之中，那么它们必定会让每个对手都听命于恰好同样的法则：要放弃独断的断言的一切要求。

尽管如此，由此我们并没有给人们的如下做法的权限甚或必然性带来哪怕是一丁点儿损失：根据与理性的思辨的使用联系在一起

（接上页）一个对象，人们对之拥有一个概念，并且人们想要知道关于它的这点，即它是否也在这个概念之外被设定了。一个不确定的知觉在此仅仅意指这样的某种实在的东西，它被给出了，而且仅仅是为了让人们对之进行泛而言之的思维而被给出的，因此它不是作为显象、也不是作为事物本身（本体）被给出的，而是作为这样的某种东西被给出的，它事实上存在着，而且，在“我在思维”这个命题中它被表示成这样一种事实上存在的东西。因为，要注意的是：当我把“我在思维”这个命题叫作一个经验的命题时，借此我并不是想要说，这个**我**在这个命题中是经验表象；相反，作为表象，这个**我**是纯粹地理智性的，因为它属于泛而言之的思维。不过，如果没有一个为思维提供材料的经验表象，那么我在思维这个行动就不会发生，而且经验事项仅仅是纯粹理智能力的应用或使用的条件。〔[1]参见B420。[2]即包含在“我在思维”这个命题中的存在。[3]即存在范畴。〕

的理性的实践的使用的诸原则，人们假定有来生。因为，单纯思辨的证明本来就决不能对普通的人类理性产生什么影响：这样的证明好像是被如此地放置在一根头发尖儿上，以至于甚至于相关的学派也只能在这样长的时间内将其保持在这根头发尖儿上，即他们让其像一个陀螺那样不停地绕着自身旋转。因此，在该学派自己的眼里，这种单纯思辨的证明也没有提供任何这样的恒常的基础，在其上人们可以建立起某种东西。不过，那些对世界有用的证明在[B425]此仍然悉数保留下来了，它们的价值并没有因之而减少，相反，通过清除那些独断的过分要求它们赢得了清晰性和人们的非矫揉造作的确信。因为，它们将理性安置在了其专有的领地之上，即诸目的的秩序，而这种秩序同时就是一种自然秩序。不过，在这种情况下，理性，作为一种就其自身来看就是实践性的能力，在没有被局限在自然秩序的诸条件之上的情况下，便同时就有权利将诸目的的秩序，随之还有我们自己的存在，扩展到经验及此生的界限之外。根据与这个世界中诸多有生命的存在物的**本性的类比**——在这些存在物之上，理性必须必然地将下面这点作为原则假定下来，即我们不可能遇到任何这样的器官，任何这样的能力，任何这样的动力，因此任何这样的东西，它们是可以缺失的，或者对于使用来说是不相称的，进而是不合目的的，相反，所有东西均精准地适合于其在此生的使命——我们可以做出如下判断：由于毕竟只有人能够内在地包含所有这一切的最后的终极目的，因此，相对于这一切来说人是唯一例外的创造物。因为，人的自然禀赋——不仅仅是从才能和使用才能的动力来看的自然禀赋，而且尤其是他之内的道德法则——如此深远地超越了人们在此生中能够从自然禀赋那里得到的所有用处和好处，以至于道德法则甚至于教导人们要给予对于意向[①]的正直的单纯的意识而非任何其他的东西以最高程度的尊重（即便在没有因之而获得任何好处[B426]甚至于身后的荣誉这种影子式的作品的情况下），而且人们内在地感到有责任这样做：通过自己在此世的行为（尽管这样做意味着要放弃许多好处）让自己适合于成为一个更好的世界的公民（人在理念中拥有这样的世界）。这种强有力的、从来无法反驳的证明根据总是被如下事项伴随着：对于我们所看到的一切事物之中的合目的性的不断地增益着的知识、对创造物的不可测度性的展望、进而还有对我们的知识的可能的扩展中的某种无界性的意识（连同一种与这种扩展相适合的欲望）。即便我们必须放弃这样的打算，即欲根据关于我们自身的单纯的理论知识对我们的存在的必然的延续有所洞察，这种证明根据还是会存留下来。

关于心理学的谬误推理的解决的结论

理性心理学中的辩证假象建立在如下混淆的基础之上：将理性的一个理念（一个关于纯粹理智物的理念）与关于一个泛而言之的思维存在物的在所有方面均没有得到规定的概念混为一谈。我为了一个可能经验的缘故思维我自己，与此同时还将所有现实的经验抽掉了，并且由此推断说，我也能够在经验以及我的存在的经[B427]验条件之外意识到我的存在。因此，我将对于我的经验

① “意向”原文为“Gesinnung”。在《单纯理性范围内的宗教》（*Die Religion innerhalb der Grenzen der blossen Vernunft*）中，康德将意向规定为“准则之采用的最初的主观根据”（der erste subjective Grund der Annehmung der Maximen）（Ak 6: 28）。

上说规定好了的存在的可能的**抽离**与对我的思维着的自我的一种**分离地看**[1]可能的存在的假定的意识混为一谈，并且通过仅仅在思想中拥有这样的意识的统一性的方式——它作为单纯的认识形式处于一切规定的基础的地位[2]——我相信我**认识了**作为先验主体的我之内的实体性的东西。

解释灵魂与身体的共存这样的任务真正说来不属于此处所谈论的那种心理学，因为这个任务意图证明的是甚至于在这种共存之外（死后）的灵魂的人格性，因此它真正说来是**超验的**；尽管它关注着一个经验对象，但它只是在该对象不再是经验的对象这样的范围内才给出了这样的关注。然而，我们也可以根据我们的学说就此给出充分的解答。正如大家已经熟知的那样，那个引发这个任务的困难在于内感能力的对象（灵魂）与外感能力的对象之间的假定的非同质性，因为就前者来说，只有时间作为其直观的形式条件附着于其上，而就后者来说，此外还有空间作为其直观的形式条件而附着于其上。但是，如果人们考虑到这点，即这两类对象在此并不是内在地彼此有别，而仅仅是在一类对象中的一个外在地**显现给**另一类对象中的一个这样的范围内才[B428]彼此有别，因此那种作为物本身而处于物质的显象的基础地位的东西或许不是如此地非同质性的，那么这个困难便消失了。此时，所剩下的唯一的困难便是

---

① “抽离”原文为“Abstraktion”（通常译作“抽象”），是前一句话中提到的“抽掉”（abstrahiere）的名词形式。“分离地看”原文为“abgesondert”。“假定的意识”原文为“dem vermeinten Bewußtsein”。

② 此句原文是这样的：“welche allem Bestimmen, als der bloßen Form der Erkenntnis, zum Grunde liegt”（它处于作为单纯的认识形式的一切规定的基础的地位）。Wille 认为“der bloßen”当作“die bloße”。中译文据此译出。

这样的困难：诸实体的共存究竟是如何可能的。而消解这个困难的任务完全处于心理学领域之外，并且像读者根据我们在关于基础能力和能力[①]的分析论部分所说过的话会轻易地判定出的那样，该任务毫无疑问也处于一切人类认识的领域之外。

关于从理性心理学到宇宙论的过渡的一般性说明

"我在思维"或者"我思维地存在着"这个命题是一个经验的命题。不过，经验直观进而还有作为显象的被思维的对象处于这样一个经验的命题的基础的地位。因此，事情现在似乎是这样的：按照我们的理论，灵魂好像是——即使处于思维中的灵魂——被完完全全地转变成为显象了，而且，以这样的方式我们的意识本身作为单纯的假象事实上必定化为乌有了。

就其自身来看，思维仅仅是逻辑功能，因此是一个单纯可能的直观的杂多的连接的纯然的自发性。它决没有将意识的主体表现为[B429]显象，这点的原因仅仅在于如下事实：它根本就没有考虑到直观的方式——无论这个直观是感性的还是理智的。经由这样的思维，我既没有像我本来所是的那样、也没有像我显现给我的那样给我表象我自己，相反，我只是像我思维每个这样的泛而言之的对象那样——我抽掉了其直观方式——思维我自己的。如果在此我将我自己表象成思想的**主体**或者还将我自己表象成思维的**根据**，那么这些表象方式并非意指实体或者原因范畴，因为这

① "基础能力和能力"原文为"Grundkräften und Vermögen"。

些范畴就是那些已经被应用在我们的感性直观之上的思维（判断）的功能，而如果我想要**认识**我自己的话，那么这样的直观当然是需要的。但是，现在我只是想将我意识成在思维着的，而至于我自己的自我是如何在直观中被给出的，这点并不是我的关注对象。这时我自己的自我对于思维着的我来说可以仅仅是显象[①]——不过不是在我在思维范围内。在对处于单纯的思维状态中的我自己的意识中我就是**存在物自身**[②]，不过，经由这样的意识当然还没有任何关于该存在物的东西被提供给我以让我对之进行思维。

但是，就“我在思维”这个命题来说，在它与“**我思维地存在着**”这个命题说出了相同的东西范围内，它不是单纯的逻辑功能，而是联系着存在规定了主体（此时主体同时也是对象），并且，在没有这样的内感能力的情况下它不可能成立，该内感能力的直观总是将对象仅仅作为显象而从来不是将其作为物本身提供出来。因此，该命题的情况[B430]已经不再是这样的了，即只有思维的单纯的自发性出现在其中了，而是还有直观的接受性出现于其中，即那种被应用到同一个主体的经验直观之上的我对我自身的思维也出现在其中了。于是，现在这个思维着的自我必须在这个经验直观中寻找其作为实体、原因等等范畴的逻辑功能的使用的条件，以便并非仅仅通过我而将自身标记为对象本身，相反，

---

① 这句话原文是这样的：“und da könnte es mir, der ich denke ... bloß Erscheinung sein”。其中的“mir, der ich denke”令人费解。Vaihinger 认为 B155 中出现的类似的说法“das Ich, der ich denke”应当修改为：“das Ich, das denkt”。此处的行文也当相应地修改为“mir, das denkt”。中译文据此译出。

② “存在物自身”原文为“das Wesen selbst”。

也规定自身的存在方式，即认识作为本体的自身。但是，这样的规定和认识是不可能的，因为，内部的经验直观是感性的，并且只是提供了显象的诸材料，而这些材料不能为**纯粹意识**的对象提供任何东西，以便让人认识其分离的存在，而只能服务于经验。

但是，现在让我们假定，事后不是在经验中，而是在某些（并非仅仅逻辑的规则，而是）先天地稳固的、涉及我们的存在的纯粹理性的使用的法则中发现了这样的做法的诱因，即假定我们联系着我们自己的**存在**是完全先天地**立法性的**，而且我们还自己规定着这种存在，那么，由此这样一种自发性便显露出来了，借助于它我们的现实性是可以得到规定的，为此我们却不需要经验直观的诸条件。在此，我们觉察到，在对我们的存在的意识之中先天地包含着这样的某种东西，[B431] 联系着某种内在的能力、在与一种可理知的（当然是仅仅被思维了的）世界的关联之中它确实可以用来规定我们的那种本来仅仅可以从感性上得到贯通的规定的存在。

不过，尽管如此，这点丝毫也不会让理性心理学中的任何尝试有所进展。因为，尽管通过那种令人惊异的能力——它首先向我展露了那种对于道德法则的意识——我会拥有这样一条关于我的存在的规定的原理，它是纯粹理智性的，但是，我可以通过哪些谓词做出这样的规定？只有通过那些必须在感性直观中被给予我的谓词我才能做到这点，因此我又一次地陷入我在理性心理学中所处的那种境地，即我又需要诸感性直观了，以便为我的诸知性概念——实体、原因等等——提供意指（只有借助于这些知性概念，我才能拥有对于我的认识）；但是，那些感性直观从来不能帮助我走出经验的领域。然而，我的确有权利联系着〔理性的〕实践的使用（这样的使用肯定总是指向经验的对象的）、按照〔理性的〕理论使用中的类似的意指将这些概念应用到自由及其主体之上，因为，我只是将它们理解为主词和谓词以及根据和后承的逻辑功能，而依据这些逻辑功能，诸行动或者诸结[B432]果根据那些〔道德〕法则被如此地决定了，以至于它们总是能够连同自然法则一起根据实体和原因范畴而得到解释，尽管它们源自完全不同的原理。上面的讨论仅仅是为了防止这样的误解而做出的，关于这样的自我直观的理论——即对于作为显象的我们的直观——易于遭受到它。在接下来的部分[①]人们会有机会使用到这些讨论的内容。

第一篇　论纯粹理性的谬误推理［A版］

如果竟然还有比这个cogito（我思）更多的东西处于我们关于思维存在物的纯粹理性知识的基础的地位，如果我们还求助于对于我们的思想活动的观察以及由此得出的关于思维的自我的自然法则，那么由此便出现了这样一种经验心理学，它会是一种关于内感能力的**自然学**，而且，尽管它或许能够用来解释内感能力的诸显象，但是它决不能用来向我们展露那些根本不属于可能的经验的性质（比如简[B406]单物的性质），也不能用来**绝然地**教给我

---

① 参见B472-479/A444-451和B560-586/A532-558。

们关于泛而言之的思维存在物的某种这样的东西，它涉及这些存在物的本性。因此，经验心理学决不是**理性**心理学。

[A348] 现在，由于“**我在思维**”这个命题（当其被看作或然的时候）包含着每个泛而言之的知性判断的形式，而且作为诸范畴的载体伴随着所有范畴，因此，显而易见的是，从该命题得到的结论可以包含着知性的这样一种单纯先验的使用，它拒绝接受经验的任何形式的混入，并且关于其进展，根据我们前面所指明的东西，我们不能预先就已经形成任何有益的概念。因此，我们打算以一种批判的眼光经由纯粹灵魂学说的所有谓述项追踪这种使用。[①]

关于实体性的第一个谬误推理

这样的东西就是实体，其表象是我们的判断的**绝对的主词**，因此不能被用作另一个事物的规定性，

我，作为一个思维存在物，是我的所有可能的判断的**绝对的主词**，而且关于我自己的这个表象不能被用作任何其他事物的谓词，

因此，我，作为思维存在物（灵魂），就是**实体**。

对先验心理学的第一个谬误推理的批判

我们已经在先验逻辑的分析论部分表明：诸纯粹范畴（实体也属于纯粹范畴之列）就其自身来说根本没有任何客观的意指，除非它们配有这样一个直观，[A349] 它们作为综合统一性的功能可

① 此篇 A 版由此开始不同于 B 版。

以被应用于该直观的杂多之上。在没有这样的杂多的情况下，它们仅仅是没有内容的判断的功能。就每个泛而言之的事物来说，只要我将它与诸事物的单纯的谓词和规定性区别开来，我就能够说它是实体。现在，在我们的一切思维中**我**均是这样的主体，诸思想仅仅作为诸规定性依存于其上，而且这个我不能用作另一个事物的规定性。因此，每个人均必须必然地将他自身看成实体，而将思维仅仅看成他的存在的偶性与他的状态的规定性。

但是，现在我应当对这种关于一个实体的概念做出什么样的使用呢？从这个概念我决不能推导出如下结论：我，作为一个思维存在物，就我自身来说是**延续着的**，自然而然地**既不产生也不消亡**。但是，关于我的思维主体的实体性的概念的用处对我来说只可能在于做出这样的推导，如果没有了这种作用，那么对于我来说它就大可省却了。

人们远不能仅仅从关于一个实体的纯粹范畴推导出这些性质，以至于恰恰相反，如果我们想要将一个经验上可用的**实体**概念应用到一个给定的对象之上，那么我们必须将该对象的基于经验的恒常性置于基础的地位。但是，现在在我们的命题的情况下我们没有将任何经验置于基础的地位，而只是基于关于这样的关联的概念——即一切[A350]思维与那个它们所依存的、作为共同的主体的我之间的关联——进行了推理。我们也不能经由任何可靠的观察确立这样一种恒常性（即使我们的目的就在于此）。因为，尽管我出现于一切思想之中，但是并没有哪怕是一丁点儿这样的直观与这个表象连接在一起，正是它区别开了我与其他的直观对象。因此，尽管人们可以知觉到这点，即这个表象总是一再地出现于所有思维中，但是，人们并没有知觉到这样的事情：在此存在着这样一个固定的且持存的直观，在其内诸思想（作为可变动的东西）处于变易之中。

由此我们得到了这样的结论：先验心理学的第一个理性推理只是以欺骗的方式售卖给了我们一个假定的新颖洞见，因为它把稳定的、逻辑的思维主体冒充成关于依存的实在主体的知识，而关于这样的实在主体，我们没有而且也不可能有哪怕是一丁点儿知识。这点则又是因为，意识是唯一让所有表象变成思想的东西，因此，我们关于作为先验主体的我的所有知觉均必须在意识之内被遇到[①]。而且，除了我的这种逻辑的意指，我们并不拥有关于这样的主体本身[②]的任何直接的知识，它作为基质处于这个我的基础的地位，正如它作为基质处于所有思想的基础的地位一样。然而，只要在提出“**灵魂是实体**”这个命题时人们并没有提出过高的要求，而是满足于下面这点，那么我们完全可以承认它：这个〔关于灵魂之为实体的〕概念一点儿也没有让我们有所进展[③]，或者说，它未能告诉我们理性诡辩的灵魂学中的通常［A351］的结论中的任何一个结论，诸如灵魂在人的所有变化乃至死亡的情况下的永久的延续，因此，它仅仅表示理念中的一个实体，而非实在中的一个实体[④]。

---

① 此句原文是这样的：“weil das Bewußtsein das einzige ist, was alle Vorstellungen zu Gedanken macht, und worin mithin alle unsere Wahrnehmungen, als dem transzendentalen Subjekte, müssen angetroffen werden”。Wille 认为“Wahrnehmungen, als dem”当作“Wahrnehmungen von dem Ich als dem”。中译文据此译出。

② “我的这种逻辑的意指”和“主体本身”原文分别为“dieser logischen Bedeutung des Ich”和“Subjekte an sich selbst”。

③ 这句话在 A 版原版中原文是这样的：“daß unser dieser Begriff nicht im mindesten weiter führe”，在科学院版中原文是这样的：“daß dieser unser Begriff nicht im mindesten weiter führe”。Hartenstein 认为“unser dieser”当作“uns dieser”。中译文据此译出。

④ “理念中的一个实体”和“实在中的一个实体”原文分别为“eine Substanz in der Idee”和“eine Substanz in der Realität”。

关于简单性的第二个谬误推理

这样的事物，其行动从来不能被看作许多行动着的事物的共现，就是**简单的**，

现在，灵魂或者思维着的我就是这样的东西，

因此，灵魂或思维着的我是**简单的**。

对先验心理学的第二个谬误推理的批判

这个推理是纯粹灵魂学说的所有辩证推理的阿喀琉斯[①]：它决非仅仅是这样一种诡辩的游戏，一个独断论者将其人为地制作出来，以便给予其断言以一种暂时的表面上的合理性；相反，它是一种看起来甚至于能够经受得了最为严厉的检验和相关研究的最大程度的怀疑的推理。具体说来，它是这样进行的。

每个**复合而成的**实体都是许多实体的一个聚集物，而且一个复合而成的东西的行动，或者那种依存于这种东西（作为这样一个复合而成的东西）之上的东西，是许多这样的行动或者偶性的一个聚集物，它们分布于一群实体。现在，就一个源自许多行动着的[A352]实体的共现的结果来说，如果它仅仅是外在的，那么它是可能的（像比如一个物体的运动就是其所有部分的联合为一的

① 阿喀琉斯（Achilles），希腊神话中的著名英雄之一，亲手杀死了特洛伊最伟大的勇士赫克托耳（Hector）。康德在此要表达的意思是这样的：第二谬误推理是纯粹灵魂学说的所有辩证推理中最有力者。

运动那样）。不过，作为内在地属于一个思维存在物的偶性的思想的情况则有所不同。因为，假定相关的复合而成的东西在思想，这时它的每个部分均将包含着该思想的一个部分，而只有所有部分放在一起，才会包含着该整体思想。但是，现在这样的事情是矛盾的。因为，既然那些分布于不同的存在物之上的表象（比如一首诗的诸单个的语词）从来没有构成一个整体思想（一首诗），那么思想就不能依存于一个复合而成的东西——作为这样一个复合而成的东西——之上。因此，思想只有在这样**一个**实体之中才是可能的，它不是许多实体的聚集物，因而是绝对简单的。*

这个论证的所谓的 nervus probandi（证明核心）在于如下命题："许多表象必须被包含在思维主体的绝对统一性之中，以便构成一个思想。"但是，没有人能够从**概念**证明这个命题。因为，他要如何开始做这个事情？这个［A353］命题——"一个思想只能是思维存在物的绝对统一性的结果"——不能被处理成分析命题。因为，由许多表象构成的那个思想的统一性是集体的统一性，从单纯的概念来看，它正如可以关联到主体的绝对统一性之上一样，它也可以同样好地关联到在该思想之上一起合作的诸实体的集体的统一性①之

* 赋予该证明的外在表述形式以通常的那种符合学院标准的准确性并不难。不过，对于我的目的来说，将单纯的证明根据至少以通俗的形式摆放在大家面前就已经足够了。

① "在该思想之上一起合作的诸实体的集体的统一性"原文为"die kollektive Einheit der daran mitwirkenden Substanzen"。从这个表述来看，前文所提到的"共现"（Konkurrenz）——在如下说法中："这样的事物，其行动从来不能被看作许多行动着的事物的共现"（Dasjenige Ding, dessen Handlung niemals als die Konkurrenz vieler handelnden Dinge angesehen werden kann）和"一个源自许多行动着的实体的共现的结果"（eine Wirkung, die aus der Konkurrenz vieler handelnden Substanzen entspringt）——应当不仅仅意味着诸相关的事项的单纯的一起出现，而是进一步地意味着它们之间的协同作用。

上（像一个物体的运动就是其所有部分的复合而成的运动那样）。因此，在一个复合而成的思想那里一个简单的实体的预设的必然性是无法根据同一性规则而被洞察到的。不过，对于洞察到了先天综合命题的可能性的根据的人来说（像我们在前文所叙述的那样），他们中也没有人敢于为下面这点负责，即上面那个命题可以纯粹从概念而被综合地且完全先天地认识到。

但是，现在这样的事情也是不可能的，即从经验推导出这种作为每个思想的可能性的条件的主体的必然的统一性。因为，经验并没有提供任何必然性以供我们认识，更不用说绝对统一性概念远远超出了经验的范围。那么，我们究竟是从哪里得到这个我们据以建构起整个心理学的理性推理的命题的？

显然，当一个人想要表象一个思维存在物时，他必须将他自己置于该存在物的位置之上，进而必须用他自己的主体顶替那个他想要斟酌的对象（而在任何［A354］其他种类的研究中情况均不是这样的）；并且，我们之所以需要主体的绝对的统一性，以便形成一个思想仅仅是因为，否则的话，我们便不能说："我在思维（一个表象中的杂多）。"因为，尽管思想的整体可以被划分并且可以被分配给许多主体，但是，那个主体性的**我**则不能被如此地划分并且被如此地分配，然而在一切思维中我们可是都预设了这个**我**。

因此，在这里，正如在前一个谬误推理那里那样，统觉的这个形式命题"**我在思维**"依然构成了这样的全部根据，正是在其上理性心理学冒险要扩展其知识。尽管这个命题确实不是任何经验，而是这样的统觉的形式，它附着在每种经验之上并且先行于它们，但是，它还总是必须联系着一种泛而言之的可能的认识而被看成该认识的**单纯主观的条件**。我们错误地让这种主观的条件成为对象的认识的可能性的条件[①]，即让其成为一个关于泛而言之的思维存在物的**概念**，因为如果我们没有借助于关于我们的意识的那个公式[②]而将我们自己置于每个其他的理智存在物的位置之上，那么我们便不能给我们自己表象这种思维存在物。

但是，（作为灵魂的）我自身的简单性真正说来也不是从“我在思维”这个命题**推导出来的**，相反，它已经包含在了每个思想本身之中[③]。“**我是简单的**”这个命题必须被看成统觉的一种直［A355］接的表达，正如那个笛卡尔式的假定的推理——cogito，ergo sum（我思，故我在）——事实上是同语反复的一样，因为那个 cogito（我思）（sum cogitans［我思维地存在着］）直接地断言了现实性。但是，“我是简单的”这个命题所断言的东西并不多于这点：**我**这个表象没有内在地容纳哪怕一丁点儿杂多，并且它是绝对的一（尽管仅仅是逻辑的一）。

因此，这个如此著名的心理学证明仅仅是建立在这样一种表象的不可划分的统一性基础之上的，这种表象仅仅支配着联系着一个人称来用的该动词〔即“思维”〕。但是，显而易见的是：依

① Wille 建议删除“可能性的”。

② “关于我们的意识的那个公式”（der Formel unseres Bewußtseins）即“我在思维”（Ich denke）这个表达统觉或自我意识的一般命题。请比较 A398–399 中的如下说法：“在‘我在思维’这个表达自我意识的命题中。”

③ 此句在 A 版原版中原文是这样的：“sondern der erstere liegt schon in jedem Gedanken selbst”。在科学院版中“der erstere”被改作“die erstere”；Wille 建议将其删除。“die erstere”指代前面的“die Einfachheit meiner selbst”，而“der erstere”则指代后者所表达的那个命题（der Satz），即“Ich bin einfach”。

存的主体经由这个附着于该思想之上的我仅仅被先验地标记出来了[①]，而我们并没有由此而注意到该主体的哪怕是一丁点儿性质，也完全没有直接地认识到或知道关于它的任何东西。那个如此地被标记出来的主体意指的是某个泛而言之的东西（先验主体），其表象的确必定是简单的，因为人们根本没有规定它之上的任何东西——正如确定无疑的是，没有任何东西能够以比通过单纯的某物的概念的方式更加简单地被表象出来。但是，一个主体的表象的简单性并非因此就是该主体本身的简单性的认识，因为当该主体仅仅通过“**我**”这个完全缺乏内容的表达式（我可以将该表达式应用于每个思维主体之上）被标记出来时，它的性质便完全被抽掉了。

［A356］确定无疑的是，通过我〔这个表象〕，我总是想到了主体的一种绝对的、却是逻辑的统一性（简单性）；但是，下面这点并非是确定无疑的：我由此而认识了我的主体的现实的简单性。因此，正如“我是实体”这个命题只不过意味着这样的纯粹的范畴一样，对于它我不能具体地做出任何使用（经验的使用），人们也允许我这样说：“我是一个简单的实体，”即该实体的表象从来不包含杂多的综合。但是，这个概念或者还有这个命题并没有告诉我们一丁点儿关于作为一个经验对象的我自己的东西，因为实体概念本身仅仅被用作了未配有直观进而无对象相伴的综合的功能，而且它仅仅适用于我们的认识的条件，而并不适用于任何可以指

① “依存的主体”（das Subjekt der Inhärenz）指诸思想或思维所依存的主体（参见前文 A349-350）。“这个附着于该思想之上的我”（das dem Gedanken angehängte Ich）指“我在思维”中的“我”。

出的对象。现在，我们就试验一下这个命题[①]的假定的可用性。

每个人都必须承认：关于灵魂的简单本性的断言只是在这样的范围内才有些价值，即我能够借此将这个主体与任何物质区别开来并且因此能够让灵魂免于朽坏，而物质则总是要历经朽坏。上面那个命题真正说来也完全着眼于这种使用，因此，它也经常被表述成这样的形式："灵魂不是物体性的。"现在，如果我能够表明，[A357] 尽管我们承认理性灵魂学的首要命题（即"所有思维着的东西都是简单实体"）就其作为一个（基于纯粹范畴的）单纯的理性判断的纯粹的意指来说拥有一切客观有效性，但是我们还是不能联系着灵魂与物质的非同类性或者亲缘性对这个命题做出哪怕是一丁点儿使用，那么这就等于说：好像我已经将这种假定的心理学的洞见放逐到这样一些单纯理念的领域了，它们缺少客观的使用的实在性。

在先验感性论中我们已经无可争辩地证明了：物体是我们的外感能力的单纯的显象，而不是物本身。据此，我们可以正当地说：我们的思维的主体不是物体性的。这点意味着：由于我们的思维的主体被我们表象成了内感能力的对象，因此，在它在思维的范围内，它不可能是外感能力的对象，即不可能是空间中的显象。现在，后面这点进而意味着：在诸外部显象中我们不可能碰到**作为思维存在物的**诸思维存在物，或者说，我们不能外在地直观到思维存在物的思想、它们的意识、它们的欲求等等。因为，所有这些事项均属于内感能力前面的东西。事实上，这个论证也是自然而然的且十分流行的论证，即使最为普通的知性似乎也一
[A358] 直遇到了它，并且很早以来人们便借助于它而开始将灵魂看

① 指"（思维着的）我（或者说灵魂）是简单的"这个命题。

成完全有别于物体的东西。

不过，即便广延、不可入性、关联①和运动（简言之，所有那些只有外感能力才能够提供给我们的东西）不是，或者说不会包含，思想、感受、偏好或者决心（因为这些事项根本不是外部直观的对象），但是，这样的某种东西，它处于诸外部显象的基础的地位，它如此地刺激我们的感觉能力，以至于我们的感觉能力获得了关于空间、物质、形状等等的表象，这样的某种东西，当它被看成本体时（或者更好的说法是这样：当它被看成先验对象时），毕竟同时也完全可以是诸思想的主体——尽管我们通过我们的外感能力受到这个东西刺激的方式并没有获得任何关于表象、意志等等的直观，而仅仅是获得了关于空间及其规定性的直观。但是，这样的某种东西不是广延性的、不是不可入的、不是复合而成的，因为所有这些谓词仅仅涉及感性及其直观——在我们受到诸如此类的（除此而外不为我们所知的）对象的刺激范围内。不过，这些表达式②根本没有让我们认识到这样的某种东西是什么样的对象，而只是让我们认识到了这点：〔A359〕外部显象的这些谓词不能被归属给作为这样一个对象的这个某种东西——我们是在没有联系着外感能力而就其自身来考察该对象的。不过，诸如表象和思维这样的内感能力的谓词与这样的某种东西并不矛盾。据此，即使我们承认人的灵魂就其本性来说是简单的，当我们将物质仅仅看成显象时（像人们应当做的那样），经由这样的简单性我们还是根本没有联系着物质的基质而足够地将人的灵魂与物质区别开来。

---

① 按照接下来的表述，“关联”（Zusammenhang）当作“复合”或“合成”（Zusammensetzung）。

② 指前面提到的“不是广延性的”、“不是不可入的”、“不是复合而成的”等。

如果物质就是物本身，那么作为一种复合而成的存在物，它将完完全全地区别于作为一种简单的存在物的灵魂。但是，现在物质仅仅是这样的单纯的外部显象，其基质根本没有经由任何可以指明的谓词而被认识到，因此，对这种基质，我的确可以做出这样的假定：尽管依照其刺激我们的感觉能力的方式，它在我们之内引起了对有广延的进而复合而成的东西的直观，但是，它就其本身来看是简单的；因此，那个联系着我们的外感能力来看广延性适合于其上的实体就其本身来看，这样一些思想出现在其上，经由该实体自己的内感能力它们可以被有意识地加以表象。以这样的方式，那个从一个方面来看被叫作物体的东西，从另一个方面来看同时恰好就是这样一个思维存在物，我们虽然不能直观到其思想，但是的确可以直观到其思想在显象中的迹象。由此，如下表达方式便被取消了：只有（作为独特种类的实体的）灵魂在思维。相反，我们会这样说（像人们通常所说的那样）：人［A360］在思维，即那个作为外部显象具有广延的东西内在地看（就其本身来说）恰好是这样一个主体，它不是复合而成的，而是简单的并且在思维。

不过，即使不允许做出诸如此类的假设，人们也可以做出这样的一般性说明，即如果我将灵魂理解为一个思维存在物本身，那么如下问题就其本身来看就已经是不适当的了：灵魂与物质（物质根本不是任何物本身，而仅仅是我们之内的一种表象）是否是同属一类的？因为，不言自明的是，一个物本身从本性上说与那些仅仅构成了其状态的规定性完全不同。

但是，如果我们将思维着的我[1]不是与物质而是与这样的理知

① “思维着的我”即灵魂。

物加以比较，它处于我们称为物质的外部显象的基础的地位，那么，因为对这样的理知物我们根本就一无所知，我们也不能就说灵魂与这样的理知物在某些方面内在地有所不同。

据此，那种简单的意识并不是关于我们的主体的简单本性的直接的知识——在我们的主体应当经由这种简单的意识而与作为一种复合而成的存在物的物质区别开来这样的范围内。

但是，如果这个概念[①]并不适合于做这样的事情，即在这个它可用的唯一的情形中[②]——即在将我自身与外部经验的对象加以比较的情形中——确定关于我自身的本性的独特之处和区别性的事项，那么，尽管人们或许还总是声[A361]称知道，思维着的**我**，灵魂（一个表示内感能力的先验对象的名称）是简单的，但是这个表达式正因如此根本就没有任何延伸到现实的对象之上的使用，进而它也就一点儿也不能扩展我们的知识。

因此，根据以上所述，整个理性心理学连同其主要的支撑物便倒塌了。正如在其他地方那里那样，在此我们同样不能怀有这样的希望：经由单纯的概念、在没有涉及可能的经验的情况下扩展洞见（更不能指望通过我们的所有概念的单纯的主观形式即意识扩展洞见）。事情之所以如此，还由于如下特别的原因：关于**简单本性**的基础概念甚至于属于这样的概念，它是根本不可能在任何经验中遇到的，因此根本不存在借以达到作为一个客观有效的概念的简单本性概念的道路。

---

① 即关于灵魂的简单性概念。

② 在A版原版中此句原文是这样的："Wenn dieser Begriff aber dazu nicht taugt, ihn in dem einzigen Falle, da er brauchbar ist"。Erdmann 建议删除"ihn"，科学院版据此修改。中译文据此译出。

关于人格性的第三个谬误推理

那个意识到其自身在诸不同的时间中的数的同一性的东西在这样的范围内是一个**人格**，

现在，灵魂意识到了它自身在诸不同的时间中的数的同一性，

因此，灵魂是一个人格。

对先验心理学的第三个谬误推理的批判

如果我要通过经验认识一个外部对象的数的同一性，那么我便
[A362] 关注这样的显象中的恒常的东西，所有其他相关的东西都作为规定性而关联到作为主体的该显象之上，并且注意这个恒常的东西在这样的时间中的同一性，在那里这些其他的东西发生着变易。但是，现在我是内感能力的一个对象并且一切时间都仅仅是内感能力的形式。因此，我将我的所有前后相继的规定性中的每一个均关联到那个在所有时间中（即在对我自身的内部直观的形式上）数上同一的自我。在这样的基础之上，灵魂的人格性甚至于一定不要被看作是推导出来的，而是必须被看成一个关于时间中的自我意识的完全同一的命题，而且这点也是这个关于灵魂的人格性的命题之所以先天地有效的原因。因为，这个命题说出的东西实际上并不多于这点：在我在其中意识到我自身的整个时间中，我都将这个时间意识为属于我自身的统一性的，并且如下两种说法是一回事儿——该整个时间存在于作为个别的统一体的我之内，或者我带有数的同一性地出现于所有这样的时间之中。

因此，人格的同一性不可避免地要在我自己的意识之中被遇到。但是，如果我从另一个人的视角（作为他的外部直观的对象）观察我自己，那么这个外在的观察者首先**在时间中**考虑**我**，因为在统觉中**时间**真正说来仅仅是**在我之内**被表象了。因此，尽管他承认这样的我，这个我在**我的**意识中在所有时间均伴随着（而且是［A363］带着完全的同一性伴随着）所有表象，但是他还是不会从这样的我推导出我自身的客观的恒常性。因为，在这种情况下这个时间——这个观察者将我置于其中——并不是那个在我自己的感性之内被遇到的时间，而是那个在他的感性之内被遇到的时间，因此，那种必然地与我的意识连接在一起的同一性并不因此就与他的意识即他对我的主体的外部直观连接在一起。

因此，在不同的时间中对我自身的意识的同一性仅仅是我的诸思想及其关联的一种形式条件，但是，它根本没有证明我的主体的数的同一性。尽管存在着我的逻辑的同一性，但是在我的主体之内毕竟可能发生着这样一种变易，它不允许保留该主体的同一性[①]，尽管它允许这样的事情，即仍旧分配给该主体这样一种听起来一样的我，它在该主体的每个不同的状态中，甚至于在该主

① “在不同的时间中对我自身的意识的同一性”（die Identität des Bewußtseins Meiner selbst in verschiedenen Zeiten）应当就是“我的逻辑的同一性”（die logische Identität des Ich）（二者均是数的同一性），即 B133-134（包括 B133Anm.）所谓“统觉（或意识）的分析的统一性”。这种同一性或统一性预设了“统觉（或意识）的综合的统一性”。只有将“人格同一性”理解为这种意义上的（数的）同一性或（分析的）统一性时，人格同一性命题才是成立的（此时人格同一性命题甚至于变成了同语反复的同一命题）；相反，如果将“人格同一性”理解为“〔作为一种实体或对象的〕我的主体的数的同一性”（die numerische Identität meines Subjekts），那么，人格同一性命题肯定是不能成立的。

体的转化的状态中[①]，确实总是能够保存先行的主体的诸思想，而且还因此能够将它们传递给接下来的主体。*

[A364]尽管一旦人们假定了实体，那么一些古代学派所坚持的"**一切皆流**，世界中没有任何东西是**恒定的**且持存的"这个命题便不成立了，但是该命题终究不是经由自我意识的统一性而被驳倒的。因为，我们自己也不能从我们的意识出发而对下面这点做出判断，即作为灵魂我们是否是恒常性的，而这点则又是因为：我们仅仅将我们所意识到的东西算在我们的同一的自我之上，因此，我们的确必须必然地做出这样的判断，即我们在我们所意识到的整个时间内均是同一个东西；但是，从一个外人的观点来看，我们还不能因此便将这点释作有效的，因为，既然我们在灵魂中除了伴随着并且联结着所有表象的我这个表象以外没有遇到任何恒常的显象，那么我们就决不能确定下面这点，即这个我（一个单纯的思想）是否像其他思想一样同样在流逝着，尽管正是经由它这些其他的思想被彼此链接在了一起。

[A365]不过，值得注意的是，人格性及其预设即恒常性进而还有灵魂的实体性**现在才**必须得到证明。因为，如果我们可以预设

① "听起来一样的我"（das gleichlautende Ich）即逻辑上说同一的自我。"该主体的转化的状态"（Umwandlung des Subjekts）指该主体之转化为另一个主体。

* 一个有弹性的球沿直线方向撞上了另一个同样的球，将其全部的运动进而还有其全部的状态（如果人们仅仅关注空间中的位置的话）传递给了后一个球。现在，按照与这样的物体的类比，我们假定有这样一些实体，其中的一个实体将诸表象连同对表象的意识[A364]注入另一个实体之中。以这样的方式，我们可以设想这样一个由诸实体构成的完整的序列：其中的第一个实体将其状态连同对该状态的意识传递给第二个实体；第二个实体将它自己的状态连同前一个实体的状态传递给第三个实体；并且，第三个实体同样将所有前面的实体的状态连同它自己的状态以及对这些状态的意识继续传递下去。因此，最后一个实体会将它前面的诸变化了的实体的所有状态意识为它自己的状态，因为那些状态连同对它们的意识均被传递给了它。但是，尽管如此，最后这个实体肯定不会是出现于所有这些状态中的恰好同一个人格。

灵魂的实体性和恒常性，那么，尽管由此我们还是得不出意识的延续性，但是我们的确得到了在一个持存的主体中一个持续的意识的可能性，而这点对于这样的人格性来说已经是足够的了，它自身经由如下这点，即它的作用或许在一段时间内被中断了，并没有立即停止存在。但是，这种恒常性并没有经由任何东西在我们自身的数的同一性之前被给予我们（我们是从同一的统觉中推导出我们自身的数的同一性的[①]），相反，它首先是从这种同一性那里推导而来的（而且，如果事情进展得好的话，那么只是在经验上可以使用的实体概念必定首先跟着这种恒常性出现[②]）。现在，由于从我的这样的同一性——即在对所有这样的时间的意识中我都是同一的，在其内我认识我自己[③]——

① 关于这个断言，请比较 B133 中的如下断言："因此，只有经由这样的途径，即我能够在一个意识中将诸给定的表象的杂多连接起来，下面这点才是可能的：我给我自己表象出在这些表象中的意识的同一性本身。也即：统觉的分析的统一性只有在某种综合的统一性的预设之下才是可能的。""同一的统觉"（identische Apperzeption）即"某种综合的统一性"，进而即那种"在一个意识中将诸给定的表象的杂多连接起来"的统一性；"我们自身的数的同一性"即"统觉的分析的统一性"或"在这些表象中的意识的同一性本身"。

② 参见 A349 最后一段话。

③ "我的这样的同一性——即在对所有这样的时间的意识中我都是同一的，在其内我认识我自己"原文为"der Identität des Ich, in dem Bewußtsein aller Zeit, darin ich mich erkenne"。此语应当与 A363 中的"在不同的时间中对我自身的意识的同一性"（die Identität des Bewußtseins Meiner selbst in verschiedenen Zeiten）具有相同的意义，即意指前文所谓统觉（或意识）的分析的统一性。这样的同一性或统一性均是可以承认的数的同一性，但是从它们那里我们完全得不出这种意义上的人格同一性："对作为思维存在物的主体自己的实体在诸状态的一切变易中的同一性的意识"（das Bewußtsein der Identität seiner eigenen Substanz, als denkenden Wesens, in allem Wechsel der Zustände）（B408）。或者说，从这样的同一性或统一性我们完全得不出这种意义上的人格同一性命题："我作为一种实体或对象在我所存在于其中的所有时间中都是同一的。"（进而，从这样的同一性或统一性我们也完全得不出关于灵魂的实体性的命题。）因此，这种意义上的人格同一性是一种我们不能承认的数的同一性。

我们根本得不出这种人格同一性，因此，在前面[①]我们看到，灵魂的实体性也没有能够被建立在我的这种同一性基础之上。

然而，正如实体和简单物概念可以保留下来一样，人格性概念同样也可以保留下来（只要它仅仅是先验的，即只要它仅仅涉及这样的主体的统一性，该主体虽然在其他方面不为我们所知，但是在其规定性中包含着一种经由统觉而来的贯通的联结）[②]。在这样的范围内，这个概念对于实践的使用来说也是必需的并且足够了。但是，我们不能再利用它 [A366] 大肆炫耀[③]，声称它经由纯粹理性而扩展了我们的自我认识——这种扩展让我们误以为仅仅因为同一的自我的单纯的概念便存在着主体的不间断的延续。因为，这个概念始终是在围绕着它自身打转儿，在任何一个着眼于综合的知识的问题之上它都没有让我们有所进展。至于物质就其自身来说（先验对

① 参见 A349-350。

② 此句原文是这样的："Indessen kann, so wie der Begriff der Substanz und des Einfachen, ebenso auch der Begriff der Persönlichkeit (sofern er bloß transzendental ist, d. i. Einheit des Subjekts, das uns übrigens unbekannt ist, in dessen Bestimmungen aber eine durchgängige Verknüpfung durch Apperzeption ist) bleiben"。Adickes 建议在"Einheit des Subjektes"后面加上一个动词"betrifft"。中译文据此译出。关于此句话的理解，其他编注者还提出了许多不同的校改建议：Görland 建议在"Einheit des Subjektes"后面加上"besagt"（说出了）；Vorländer 则建议加上"anzeigt"（表明）。Erdmann 建议在其前面加上"der"，并认为"der Einheit des Subjektes"与"der Persönlichkeit"是并列的（参见 Ak 4, Anmerkungen, S. 591）。Erdmann 的修正意见或许更为合理。不过，为了让这种修正意见变得更加圆满，需要将句中的右括号"）"前移，置于"(sofern er bloß transzendental ist"后面。据此，全句中译当为："然而，正如实体和简单物概念可以保留下来一样，人格性概念同样也可以保留下来（只要它仅仅是先验的），这也就是说，这样的主体的统一性概念同样也可以保留下来，该主体虽然在其他方面不为我们所知，但是在其规定性中包含着一种经由统觉而来的贯通的联结。"

③ 此句原文为："aber auf ihn ... können wir nimmermehr Staat machen"，Vorländer 认为其中的"auf ihn"当作"mit ihm"。中译文据此译出。

象）是什么样一种东西，我们对此一无所知，尽管如此，作为显象的物质（在其被表象成某种外部的东西时）的恒常性的确可以被观察到。但是，由于当我想要在所有显象的变易中观察那个单纯的我时，我所拥有的我的比较（与我的意识的普遍条件的比较）的关联物再一次地只是我自己，因此，对所有问题我只能给出同语反复的回答，即只能通过这样的方式回答它们：用我的概念及其统一性顶替这样一些性质，它们属于作为对象的我自己[①]，并且预设人们想要知道的东西。

关于（外部关系的）观念性的第四个谬误推理

这样的东西，我们只能将其存在作为诸给定知觉的一个原因的存在而推导出来，拥有一种单纯**可疑的存在**，

[A367]现在，所有外部显象均是这样的：其存在不能直接地被知觉到，相反，我们只能将它作为诸给定的知觉的原因而推导出来，

因此，外感能力的所有对象的存在均是可疑的。我将这种非确实性称作外部显象的观念性，而坚持这种观念性的学说则叫作**唯心论**；与唯心论相比，维护外感能力的对象的可能的确

① 此句原文是这样的："indem ich nämlich meinen Begriff und dessen Einheit den Eigenschaften, die mir selbst als Objekt zukommen, unterschiebe"。按照 Johann Christoph Adelung 编著的 *Grammatisch-Kritisches Wörterbuch der Hochdeutschen Mundart*（Ausgabe letzter Hand, Leipzig, 1793–1801）中的解释，"unterschieben" 的义项之一为：将不真实的或虚假的东西不知不觉地置于真实的且真理性的东西的位置之上（etwas unächtes oder falsches unvermerkt an die Stelle des ächten und wahren bringen oder setzen），即不知不觉地用前者顶替（即偷换）后者。同样的用法也出现在 B302/A244、A353、B819/A791 等处。"unterschieben" 的更常见的义项为强加、硬塞、归罪等。

实性的主张则被称作**二元论**。

对先验心理学的第四个谬误推理的批判

首先，我们要检验一下上述推理的诸前提。我们可以正当地断言，只有那些存在于我们自己之内的东西才能够直接地被知觉到，而且只有我自己的存在才可能是一种单纯的知觉的对象。因此，在我之外的一个现实的对象（当这个词在理智意义上[①]被理解时）的存在从来没有直接地在知觉中被给出，而只能作为知觉的外在原因而在思想中被附加给知觉（知觉是内感能力的变状）进而只能是被推导出来的。于是，笛卡尔也正确地将一切最狭窄意义上的知觉限制在如下命题之上："我（作为一个[A368]思维存在物）存在。"[②]因为，显而易见的是，既然外部的东西不在我之内，那么我便不能在我的统觉中遇到它们，进而也不能在任何知觉中遇到它们（知觉真正说来只是我的统觉的规定性而已）。

因此，真正说来，我不能知觉到诸外部事物，而只能经由如下方式从我的内部知觉中推导出它们的存在，即将我的内部知觉看作这样一种结果，某种外部的东西是其最就近的原因。但是，现在从一个给定的结果到一个特定的原因的推导总是不可靠的，因为该结果可能源自不止一个原因。据此，在知觉与其原因的关联中总是保留有如下可疑之处：这个原因到底是内在的还是外在

① 在理智意义上（in intellektueller Bedeutung）理解"在我之外"（außer mir）这个词即根据纯粹知性概念理解它。

② 此句原文是这样的："Ich (als ein denkend Wesen) bin"。此种表述与前文B420、B428、B429中的说法"ich existiere denkend"（我思维地存在着）同义。

的，因此是否所有所谓的外部知觉都不过是我们的内感能力的单纯的游戏，或者它们是否关联到作为它们的原因的外部的现实对象。至少说来，外部的现实对象的存在是推导出来的，面对着所有推理均面对的那种风险；与此相反，内感能力的对象（我自己连同我的所有表象）则被直接地知觉到了，其存在不会遭到任何怀疑。

因此，人们一定不要将一个**唯心论者**理解为这样的人，他拒绝了感觉能力的外部对象的存在，而是要将他理解为这样的人，他只是不承认这种存在是通过直接的知觉而被认识到的，但是他却由此［A369］推断说，我们从来不能经由任何可能的经验而完全确信外部对象的现实性。

现在，在按照其骗人的假象描述我们的谬误推理以前，我必须首先说明这点：人们必须必然地区别开两种意义上的唯心论，即先验唯心论和经验唯心论。不过，我将关于所有显象的**先验唯心论**理解成这样的学说体系，按照它，我们将显象全部看成单纯的表象，而非物本身，并且据此时间和空间仅仅是我们的直观的感性形式，而非作为物本身的诸对象的就其本身而被给出的规定性或者这些对象的条件。与这种唯心论相对立的是这样一种**先验实在论**，它将时间和空间看作某种就其本身（独立于我们的感性地）而被给出的东西。因此，先验实在论者将诸外部显象（如果人们承认它们的现实性的话）表象成这样一些物本身，它们独立于我们以及我们的感性而存在，因此即使根据纯粹的知性概念来看它们也处在我们之外①。

① 此句原文为："die unabhängig von uns und unserer Sinnlichkeit existieren, also auch nach reinen Verstandesbegriffen außer uns wären"。在此"根据纯粹的知性概念来看……处在我们之外"即 B367 中所谓从理智意义上看"（处）在我们之外"。

真正说来，恰恰是这样的先验实在论者后来充当了经验唯心论者，并且在他对感觉能力的对象做出了如下错误的预设之后，即如果它们应当是外部对象，那么它们就其本身来看即便在不考虑感觉能力的情况下也必定拥有其存在，他发现在这种观点之下我们的所有感觉能力的表象都不足以让感觉能力的对象的现实性成为确实的。

［A370］与此相反，先验唯心论者可以是一名经验实在论者，因此，他可以是一名**二元论者**（像他被人们所称呼的那样），即他可以承认物质的存在而同时又没有走出单纯的自我意识并且没有假定某种比我[①]之内的表象的确实性进而比那种cogito，ergo sum（我思，故我在）更多的东西。这点是因为，由于先验唯心论者只允许将这种物质甚至于其内在的可能性看作这样的显象，当它独立于我们的感性时，它什么也不是，因此，物质在他那里仅仅是这样一类表象（直观），它们被叫作外部的——这并非是说，好像它们关联到**就其本身来说外部的**对象，相反，这是因为它们将诸知觉关联到这样的空间，在其内一切事物彼此均是外在的，而它本身则在我们之内。

我们一开始就已经表明，我们赞成这种先验唯心论。因此，在我们的学说体系中对于如下事项的一切怀疑便消失不见了：基于我们的单纯的自我意识的见证便假定物质的存在，并且由此而宣布物质的存在得到了证明（像在我自身作为一个思维存在物的存在的情况下一样）。因为，我毕竟意识到了我的诸表象，因此，这些表象以及拥有这些表象的我自身[②]是存在的。但是，现在，外

① “我”（mir）在此意指泛而言之的自我或主体。

② “拥有这些表象的我自身”原文是这样的：“ich selbst, der ich diese Vorstellungen habe”。Vaihinger 认为 B155 中出现的类似的用法“das Ich, der ich denke”应当修改为：“das Ich, das denkt”。此处的行文也当做出类似的修改：“ich selbst, das diese Vorstellungen hat”。中译文据此译出。

部对象（物体）仅仅是显象，因此也只不过是我的诸表象之一种，而我的表象的对象仅仅通过这些表象才是某种东西，当与这些表象分开来考虑时，它们就什么也不是了。因此，正如我自身是存在的一样，外[A371]部事物同样存在着，而且两者均基于我的自我意识的直接的见证而存在，只是在下面这点上有所不同而已：对作为思维主体的我自身的表象仅仅被关联到内感能力，而那些表示有广延的存在物的表象此外还被关联到外感能力。正如联系着我的内感能力的对象（我的思想）的现实性我不需要进行推理一样，联系着外部对象的现实性我同样不需要进行推理，因为，两类对象均不过是这样一些表象，其直接的知觉（意识）同时就构成了其现实性的令人满意的证明。

因此，先验唯心论者是一名经验实在论者，并且承认作为显象的物质具有这样一种现实性，它不必是被推导出来的，而是直接地被知觉到的。相反，先验实在论则必然陷于尴尬的境地，看到自己被迫要给经验唯心论让出位置，因为它将外感能力的对象看成某种不同于感觉能力本身的东西，而将单纯的显象看成处于我们之外的独立自存的存在物。于是，即便在我们拥有了对于我们关于这些事物的表象的最好的意识的情况下，下面这点也远非就是确实的，即如果该表象存在，那么相应于它的对象也就存在。与此相反，在我们的系统中，这些外部事物，即物质，就其所有形态和变化而言，[A372]均不过是单纯的显象，即我们之内的这样的表象，我们直接地意识到了其现实性。

现在，就我所知道的范围来看，所有拥护经验唯心论的心理学家都是先验实在论者。因此，当他们赋予这样的经验唯心论——它构成了这样一些问题之一，人类理性很难找到摆脱它们的办法——以巨大的重要性时，他们的做法当然是前后一贯的。因为，事实上，如果人们将外部显象看成这样一些表象，它们是由外部显象的对象——作为就其本身来看处于我们之外的事物——在我们之内引起的，那么我们就很难看出下面这点了：人们如何能够通过其他方式而不是通过从结果到原因的推导的方式认识这些对象的存在，而在这样的推导过程中必定留有这样的让人生疑的地方，即这样的原因是处在我们之内的还是处在我们之外的。现在，虽然人们可以承认，某种从先验意义上说可能处在我们之外的东西[①]构成了我们的外部直观的原因，但是这种东西并不是我们在关于物质和物体性的事物的诸表象之下所理解的对象，因为这些表象只是显象，即这样一些单纯的表象方式，它们总是仅仅出现于我们之内，而且它们的现实性是建立在直接的意识基础之上的，正如对我自己的思想的意识是建立在这样的基础之上的一样。无论是就内部直观还是就外部直观来说，先验对象均同样是未知的。[A373]不过，在此所谈论的也不是先验对象，而是这样的经验对象——如果它是**在空间中**被表象的，那么它便叫作**外部**对象；而如果它仅仅是**在时间关系之中**被表象的，那么它叫作**内部**对象。但是，空间和时间两者均仅仅能够**在我们之内**被遇到。

然而，由于"在我们之外"这个表达式随身携带着一种无法避免的歧义性，因为它一会儿意指那种**作为物本身**而以一种不同于我们的方式存在的东西，一会儿又意指那种仅仅属于外部**显象**

① "某种从先验意义上说可能处在我们之外的东西"原文为"etwas, was im transzendentalen Verstande außer uns sein mag"。"从先验意义上说……处在我们之外"应当就是指 B367 所说的从理智意义上所理解的"在我（们）之外"。

的东西，因此，为了将后一种意义上的这个概念从这个不安全的处境中拯救出来（因为真正说来关于我们的外部直观的实在性的心理学问题就是在这种意义上被理解的），我们打算通过如下方式将**经验上说的外部的**对象与那些先验意义上可能被如此称呼的对象区别开来：将前者直接称作**可以在空间中被遇到的**事物。

空间和时间是这样的先天的表象，甚至于在下面这样的事情发生之前它们便作为我们的感性直观的形式寓居于我们之内：一个现实的对象经由感觉规定了我们的感觉能力，以便在那些感性关系之下表象该对象。不过，这种物质性的或实在的东西，这种应当在空间中被直观的东西，必然地预设了知觉（正是知觉指明了空间中的某种东西的现实性），在独立于知觉的情况下它决不能经由想象力虚构或产生出来。因此，感觉是那种［A374］标示出空间和[①]时间中的某种现实性的东西——至于感觉在此标示出的是空间还是时间中的现实性，则取决于感觉被关联到一种感性直观还是被关联到另一种感性直观了。一旦感觉被给出来了（如果感觉被应用在一个泛而言之的对象之上，而与此同时并没有对这个对象做出规定，那么它叫作知觉），那么经由感觉的杂多这样一些对象就可以在想象中被虚构出来，它们在想象之外在空间和时间中并没有任何经验位置。现在，无论人们是以快乐和痛苦这样的感觉为例，还是以颜色、热等等外感能力的感觉为例[②]，下面这点都

---

① Erdmann 猜测“和”（und）当作“或者”（oder）。

② 此句原文是这样的：“man mag nun die Empfindungen, Lust und Schmerz, oder auch der äußeren, als Farben, Wärme usw. nehmen”。Erdmann 认为“die Empfindungen, Lust”中的逗号当删除，并且“der äußeren”当作“der äußeren Sinne”。科学院版据此校改，中译文据此译出。

是无可置疑地确实的：知觉是这样的东西，必须经由它那种用以思维感性直观的对象的材料才首先被提供出来。因此，这种知觉表象了空间中的某种现实的东西（在此我们仅仅停留在外部直观之上）。因为，首先，知觉是一种现实性的表象，正如空间是对并在[①]的一种单纯可能性的表象一样。其次，这种现实性是在外感能力的前面即在空间中被表象的。最后，空间本身不过就是单纯的表象，因此，只有那种在它之内被表象了的*东西才能被看作在它之中现实的；并且反之亦然——那种在它之内［A375］被给出的东西，即那种经由知觉而被表象的东西，在它之内也是现实的，因为，如果这样的东西并非在它之内是现实的，即并非是直接地经由经验直观被给出的，那么它也不可能是被虚构出来的，因为人们根本不能先天地编造出直观中的实在的东西。

因此，一切外部知觉均直接地证明了空间中的某种现实的东西，或者更准确地说，它们就是现实的东西本身。所以，在这样的范围内，经验实在论是无可置疑的，即空间中的某种现实的东西对应着我们的外部直观。当然，空间本身连同它的所有显象，作为表象，仅仅存在于我之内。不过，尽管如此，实在的东西，或者说外部直观的所有对象的材料，确实现实地且独立于一切虚构地在这个空间中被给出了。而且，某种**在我们之外**（就这个词的先验意义来

① “并在”原文为“Beisammensein”。

* 人们一定要好好注意下面这个悖谬性的然而却是正确的命题：在空间中只有在它之内被表象的东西，而没有其他任何东西。因为，空间本身不过就是表象，所以，出现于它之内的东西必定包含在［A375］表象之中，并且在空间中除了这样的东西之外，它在空间之内被现实地加以表象了，根本没有其他任何东西了。“一个事物只有在其表象中才可能存在”这个命题听起来确实有些令人奇怪，但是在此这种令人反感之处却消失了，因为我们所关心的事物并不是诸物本身，而仅仅是诸显象，即诸表象。

说）的东西竟然在**这个空间中**被给出了这样的事情也是不可能的，因为空间本身在我们的感性之外什么也不是。因此，最为严格的唯心论者不能要求这点，即人们应当证明：在我们之外［A376］（就这个词的严格意义来说[①]）的对象对应着我们的知觉。因为，即使存在着诸如此类的对象，它们毕竟也不能被表象成或直观成处于我们之外的，因为后面这点预设了空间，而作为一种单纯的表象的空间中的现实性只不过是知觉本身。因此，诸外部显象中的实在的东西只有在知觉之中才是现实的，而不能以任何其他方式成为现实的。

现在，经由想象的一种单纯的游戏或者此外还借助于经验，关于对象的知识可以从知觉之中被生产出来。在此的确可能产生并非对应于任何对象的欺骗性的表象，而且在此错觉有时可以归因于想象的某种幻象（在睡梦中），有时可以归因于判断力的某种失误（在所谓感觉的欺骗中）。现在，在此为了避免错误的假象，人们按照如下规则行事：**那些按照经验法则而与一个知觉关联在一起的东西是现实的**。不过，这种错觉以及针对其所采取的防护措施不仅影响到二元论，也影响到唯心论，因为在此所处理的仅仅是经验的形式。为了反驳经验唯心论——它是人们针对我们的外部知觉的客观实在性而提出的一种错误的怀疑——下面这点就已经足够了：外部知觉直接地证明了［A377］空间中的一种现实性，而这个空间尽管就其自身来说仅仅是诸表象的单纯的形式，但是联系着所有外部显象来看（这些外部显象也不过就是单纯的表象）它拥有客观实在性。类似地，在没有知觉的情况下，甚至于虚构和梦幻都是不可能的，因此，我们的外感能力依据这样一些材料——从其中经验可以产生出

① 即就这个词的先验意义来说。

来——在空间中拥有其现实的相应的对象。

独断的唯心论者会是那些**拒绝**承认物质的存在的人，而**怀疑的唯心论者**则是那些**怀疑**此种存在的人，因为他们认为这样的存在是不可证明的[①]。独断的唯心论者之所以能够拒绝物质的存在，是因为他们相信他们在一种泛而言之的物质的可能性中发现了矛盾。现在，我们还不处理这点。接下来关于辩证推理的那一章[②]还将去除这个困难（这一章[③]将联系着这样一些概念——它们是理性针对那些属于经验的关联中的事物的可能性所形成的[④]——呈现处于其内在的冲突中的理性）。但是，怀疑的唯心论者仅仅反对我们的断言的根据，并且宣称我们关于物质的存在的信念是不充分的（尽管我们相信它是建立在直接的知觉基础之上的）。在这样的范围内怀疑的唯心论者是人类理性的赞助人，即他们迫使我们即便是在普通经验内所迈出的最小一步中也要十分小心，［A378］而不要将我们或许只是骗取而来的东西立马作为以正当的方式得到的东西而放进我们的所有物之中。现在，这些唯心论的反对意见在此所创造出的收益是显而易见的。它们强有力地驱使我们——如果

① 此句原文是这样的："der *skeptische*, der sie *bezweifelt*, weil er sie für unerweislich hält"。Erdmann 认为前后出现的两个"sie"均当作"es"。"sie"指代前文"das Dasein der Materie"中的"Materie"（物质），而"es"则指代其中的"Dasein"（存在）。中译文据 Erdmann 的建议译出。

② 当作"那一篇"。

③ 当作"这一篇"。

④ 此句在 A 版原版中原文是这样的："... in Ansehung der Begriffe, die sich von der Möglichkeit dessen, was in den Zusammenhang der Erfahrung gehört"，在科学院版中原文为："... in Ansehung der Begriffe von der Möglichkeit dessen, was in den Zusammenhang der Erfahrung gehört"。Hartenstein 建议在"die"后面加上"sie"，同时 Kehrbach 建议还要在"dessen"后面加上"macht"。中译文据此译出。

我们不想让自己困在我们的最为普通的断言之中的话——将所有知觉（无论它们现在叫作内部的知觉还是叫作外部的知觉）都仅仅看作一种对于依附于我们的感性之上的东西的意识，并且将这些知觉的外部对象仅仅看作这样一些表象，而不是将其看作诸物本身：我们能够直接地意识到它们，正如我们能够直接地意识到所有其他表象一样；不过，它们之所以被称作外部的表象，是因为它们依附于那种被我们称作外感能力的感觉能力，而这种感觉能力的直观就是空间。但是，空间本身终究只不过就是一种内部表象方式，在其内某些知觉彼此联结在一起。

如果我们认为外部对象就是物本身，那么我们便绝对不可能理解我们如何能够获得关于它们在我们之外的现实性的知识了，因为，我们仅仅是从我们之内的表象那里获得支撑的。而这点则又是因为，我们毕竟不能在我们之外而只能在我们自己之内有所感觉。因此，全部自我意识所提供的仅仅是我们自己的规定性。于是，怀疑的唯心论迫使我们守住留给我们的那个唯一的避难所，即通向所有显象的观念性的避难所。至于这种观念性，在先验感性论中我们已经以独立于这些后果的方式做出了阐释[A379]（在那里我们还未能预见到这些后果）。现在，如果人们问道：根据这点，在灵魂学说中是否只有二元论成立？那么答案是：当然如此！不过，只是在二元论这个词的经验意义上。这也就是说，在经验的关联中，作为显象中的实体的物质实际上被给予了外感能力，正如同样作为显象中的实体的思维的我被给予了内感能力一样。而且，就这两个方面来说，诸显象均必须分别按照这样一些规则而被彼此联结在一起，它们是由〔实体〕这个范畴引入我们为了形成一个经验而分别对我们的外部知觉和内部知觉所做出的那种关联之中的。但是，如果人们想要拓展二元论这个概念并且在先验意义上理解它（像人们通常所做的那样），那么无论是它，还是与它对立的**普纽玛主义**[①]（一方面来看），抑或是**唯物论**（另一方面来看），都没有哪怕是一丁点儿根据[②]，因为在这种情况下人们未能对他们的概念做出规定，并且将这样一些对象的表象方式上的差异——对于我们来说，从它们就其本身来说所是的东西这方面来看它们处于未知的状态——当作了这些事物自身的差异。经由内感能力而在时间中被表象的那个我与我之外的空间中的对象尽管从种类上说[③]是完全不同的显象，但是它们并没有由此而被思考成不同的事物。**那种**处于诸外部显象的基础的地位的**先验对象**——同样地，**那种**处于内部直观的［A380］基础的地位的**先验对象**——既不是物质，也不是一个思维存在物本身；相反，它是这样一些显象的一个不为我们所知的根据，它们既为我们提供了关于第一种事物〔即物质〕的经验概念，也为我们提供了关于第二种事

① “普纽玛主义”原文为“Pneumatismus”。在斯多葛学派那里，“普纽玛”（Pneuma）是指由四大元素（火、空气、水和土）中的主动元素即火和空气结合而成的气息，是所有存在着的物体的维持原因（sustaining cause）。就有生命物体而言，普纽玛则作为其生命原则而引导着其生长和发育。在动物中普纽玛也被称作灵魂或心灵（psychê）。在康德这里，普纽玛主义是指这样的观点：人的灵魂就是精神（Geist），即“这样一种非物质性的实体，人们也可以在没有联系着物质的情况下思考它”（eine immaterielle Substanz, die man auch ohne Verbindung mit Materie denken kann）（Ak 28: 755）。因此，按照普纽玛主义，人的灵魂是纯粹精神性的（geistig），即它不仅不是物质性的，而且可以独立于物质进而独立于身体而存在。在这种意义上，“普纽玛主义”与接下来一段话（以及前文）中谈到的“精神论”（Spiritualismus）同义。

② 此句原文是这样的：“so hätten weder er, noch der ihm entgegengesetzte *Pneumatismus* einerseits, oder der *Materialismus* andererseits, nicht den mindesten Grund”。Vorländer 认为句中的“nicht”当删除。中译文据此译出。

③ “从种类上说”德文为“specifisch”，原作“sceptisch”（怀疑的，怀疑论的）。据康德在 A 版前言中（A xxii）的校改建议改正。

物〔即思维存在物〕的经验概念。

因此，如果我们依然忠实于上面所确立的那条规则（像目前的批判显然迫使我们要做的那样），即不要将我们的问题推进到比可能的经验能够为我们提供经验对象的范围更远的地方，那么我们甚至于不会想到要去了解关于我们的诸感觉能力的对象的这样的情况——它们就它们本身可能是的东西，即在不考虑与感觉能力的一切关系的情况下它们可能是的东西。但是，如果心理学家将诸显象当成了诸物本身，此时无论他是作为唯物论者而仅仅将物质作为凭其本身而存在着的事物而纳入他的学说体系之中，还是作为精神论者仅仅将思维存在物（即按照我们的内感能力的形式）作为凭其本身而存在着的事物而纳入他的学说体系之中，抑或是作为二元论者将物质和思维存在物两者都作为凭其本身而存在着的事物而纳入他的学说体系之中，那么他终究总是因为误解而被困在这样的事情之上：以理性诡辩的方式思考这样的东西——它终究不是物本身，而仅仅是一个泛而言之的事物的显象——就其本身来说可能存在的方式。

[A381] 根据这些谬误推理对全部纯粹的灵魂学说的考察

如果我们将作为关于内感能力的〔对象的〕自然学的**灵魂学说**与作为关于外感能力的对象的自然学的**物体学说**加以比较[①]，那

① 这句话在科学院版中原文是这样的："Wenn wir die Seelenlehre, als die Physiologie des inneren Sinnes mit der Körperlehre, als einer Physiologie der Gegenstände äußerer Sinne vergleichen"。在A版原版中"als die Physiologie des inneren Sinnes"作"als die Physiologie der inneren Sinnes"。"als die Physiologie der inneren Sinnes"似有缺文，应当根据接下来的文字补充成如下形式："als die Physiologie der Gegenstände des inneren Sinnes"（作为关于内感能力的对象的自然学）。

么我们会发现，除了两者中许多东西能够被经验地认识到这样的共同点以外，它们之间毕竟存在着这样的值得注意的区别：在后一门科学中的确有许多先天的东西可以从关于一种有广延的、不可入的存在物的单纯的概念被综合地认识到；而在前一门科学中从关于一种思维存在物的概念根本没有任何先天的东西可以被综合地认识到。在此原因是这样的。尽管两者[①]都是显象，但是外感能力前面的显象却拥有某种固定的东西或者说持存的东西，而这样的东西则提供了一个处于诸变动的规定性之基础地位的基质进而还提供了一个综合概念，即关于空间和空间内的显象的概念。然而，作为我们内部直观的唯一形式的时间则并不拥有任何持存的东西，因此，它只是提供了诸规定性的变易而非可以规定的对象来让我们认识。因为，在我们称为灵魂的东西中一切东西均处于连续的流逝之中，在其中没有任何持存的东西——可能除了那个因为如下原因而如此地简单的我（如果人们一定要拥有这样的东西的话）以外[②]：这个表象没有任何内容，进而没有任何杂多，因此它似乎还表象了（或者更好的说法是，标示了）一个简单的[A382]对象。如果形成一种关于思维存在物本性的纯粹的理性知识这样的事情竟然是可能的，那么这个我就必须是这样一种直观，由于它在（先行于所有经验的）泛而言之的思维中被预设了，因此，它作为直观提供了先天综合命题。不过，这个我并不是直观，正如它也不是关于某个对象的概念一样；相反，它是这样的意识

① “两者”指前面提到的有广延的且不可入的存在物和思维存在物。

② 在康德自己使用的 A 版样本中，康德建议将此句中的“可能”、“（如果人们一定要拥有这样的东西的话）”等字样删掉（参见 Ak 23: 50）。

的单纯的形式[①]，它伴随着两类表象并且在如下情况下能够将它们升格为知识，即如果此外还有这样的某种其他的东西在直观中被给出了，这种东西为关于一个对象的表象呈献了材料。因此，作为一门跨越了人类理性的所有能力的科学，整个理性心理学便坍塌了。在此，留给我们做的事情只不过是这样的事情：根据经验的线索研究我们的灵魂并且让自己停留在这样一些问题的界限之内，它们只是在可能的内部经验能够呈现其内容的范围内活动。

不过，尽管理性心理学作为扩展性的知识没有带来任何好处，相反，作为这样的知识它纯粹是由谬误推理复合而成的，但是，如果它应当只是被看作对于我们的辩证推理（即普通的且自然的理性的辩证推理）的一种批判性的处理，那么人们还是不能否认它拥有一种重要的消极的好处。

［A383］那么，为了什么目的我们可能需要这样一种建立在纯粹理性原理之上的灵魂学说？毫无疑问，特别是为了如下意图：保护我们的思维的自我，以使其抵抗住来自唯物论的危险。不过，关于我们的思维的自我的理性概念完成了这个任务（我们已经给出了这个概念）。事情远非下面这样，即根据这个概念，我们会心存这样一些恐惧：如果人们去除了物质，那么由此一切思维甚而思维存在物的存在都将被取消了。相反，我们已经清楚地说明了这点：如果我去除了思维主体，那么整个物体世界就必定消失了，因为这个世界不过就是我们的主体的感性中的显象以及我们的主体的一种表象。

① 在康德自己使用的 A 版样本中，康德将“这样的意识的单纯的形式”改成“这样的意识的不为我们所知的对象”（参见 Ak 23: 50）。

经由这个关于我们的思维的自我的理性概念我当然没有更好地从其性质上认识这个思维的自我，我也不能由此洞察到这样的思维的自我的恒常性，甚至于不能由此洞察到其存在之相对于诸外部显象的那个可能的先验基质的独立性，因为，对我来说，这个基质与思维的自我一样是未知的。尽管如此，由于下面这点是可能的，即我不是从单纯思辨的根据那里而是从其他地方得到这样的事情的原因的——即我希望我的思维的自然拥有这样一种存在，它是独立的，并且在我的状态处于一切可能的变易之时它却是恒常的，因此，经由如下方式我们还是赢得了许多东西：在坦率地承认我自己的无知时却能够同时击退一个思辨的反对者的独断的进攻，并且[A384]向他指明这点，即对于我的主体的本性，他从来不可能知道得比我还多（在此，他欲根据他就此所知道的东西来否认我的期待的可能性，而我则要根据我就此所知道的东西坚持我的期待）。

于是，还有三个辩证的问题建立在这个关于我们的心理学概念的先验的假象基础之上，而这些问题构成了理性心理学的真正的目标，并且它们只能经由上面的研究来加以决断。它们是：1）关于灵魂与一种有机的身体的共存的可能性的问题，即关于人的生命活动中的动物性与灵魂状态的问题；2）关于此种共存的开始的问题，即关于人之出生之时和人之出生之前的灵魂的问题；3）关于此种共存的结束的问题，即关于人之死亡之时和人之死亡之后的灵魂的问题（关于不死性的问题）。

我现在断言：人们相信自己在这些问题中发现的所有这样的困难——通过将这些困难用作独断的异议的方式，人们试图让自己拥有这样的威望，即他们对于事物的本性所拥有的洞见要远比普通知性对此或许能够拥有的洞见深入——均是建立在这样一种单纯的幻象基础之上的，根据它，人们实体化了那种仅仅存在于思想之中的东西，并且将以恰好这种身份出现的这种东西假定为一种处于思维主体之外的现实的对象——即将广延（它只不过是显象）当成外部［A385］事物的一种即便没有我们的感性也仍然自存着的性质，而且将运动当成这样的结果，即便在我们的感觉能力之外它就其本身来看也在现实地进行着。因为，物质——其与灵魂的共存激起了人们如此之深的疑虑——不过就是一种单纯的形式，或者一种通过那种人们称作外感能力的直观对某种未知的对象进行表象的方式。因此，或许在我们之外存在着这样的某种东西，这种我们称为物质的显象对应于它；但是，就其作为显象的这同一种身份而言，它并非处在我们之外，而是仅仅作为一种思想处于我们之内，尽管这种思想经由所提到的这种感觉能力将其表象成处于我们之外的。因此，物质并非意味着一种与内感能力的对象（灵魂）如此完全不同的并且异质的实体，而只是意味着这样一些对象（就其本身来说我们对其一无所知）的显象的非同类性，在与我们归之于内感能力的那些表象比较之下，我们将这些对象的表象称作外部的，尽管它们像所有其他思想一样同样仅仅属于思维主体，只不过它们随身带有这样的欺骗性：由于它们表象了空间中的对象，因此，它们看起来好像是与灵魂分开来的并且飘浮在灵魂之外。然而，在此甚至于空间——它们在其内被直观到——也不过就是这样一种表象，其拥有相同的身份的对应物[①]在灵魂之外根本不

① “对应物”原文为“Gegenbild”。

可能被遇到。现在，要处理的问题不再是关于[A386]灵魂与其他已知的且非同类的我们之外的实体的共存的问题，而仅仅是关于内感能力的表象与我们的外部感性的变状的联结的问题以及这样的问题：这些表象和变状如何能够按照恒定的法则彼此联结起来，以便它们在一个经验中关联在一起。

只要我们将内部显象与外部显象均作为经验中的单纯的表象而放在一起加以比较，那么我们便发现不了任何荒谬的东西以及那种让两类感觉能力的共存变得令人感到奇怪的东西。但是，只要我们实体化诸外部显象，在将它们关联到我们的思维主体时不再将它们看作表象，而是**将它们看作在我们之外独立地自存的事物**（而且，**在此它们是以与它们处在我们之内时的身份相同的身份出现的**），另一方面，将它们的诸行动（它们作为显象在彼此之间展露了这些行动）关联到我们的思维主体，那么，我们便有了处于我们之外的诸效力因的这样一种品格，它与这些效力因在我们之内的结果不能协调起来，因为这个品格仅仅关联到外感能力，而这些结果则关联到内感能力，尽管这两种感觉能力在一个主体中联合为一了，但是它们是极其不相像的。于是，在这里除了地点的变化以外我们没有任何其他的外部结果了，除了这样一些单纯的努力[①]以外——它们最终会成为空间中的关系（作为它们的结果）——我们没有任何其他的力了。但是，在我们之内，诸结果就是这样一些思想，在它们之间如下事项均没有发生：[A387]位置关系、运动、形状或者泛而言之的空间规定。于是，我们便完全丢失了诸原因在这样一些结果

① 此“努力”原文为“Bestrebungen”。

中的线索，它们就这些原因而言应当在内部感觉之中显示出来。但是，我们应当考虑到下面这几点：物体并不是出现在我们面前的对象本身，而是这样的对象的一种单纯的显象，没有人知道其为何物；运动并不是这种未知的原因的结果，而仅仅是这种原因在我们的感觉能力之上的影响的显象而已；因此，物体和运动并不是我们之外的某种东西，而仅仅是我们之内的表象；进而，并不是物质的运动在我们之内引起了表象，相反，运动本身（进而还有物质——它让自己经由这样的方式变成可以认识的）就是单纯的表象；最后，由自我所制造出来的全部困难[①]最终归结为这点：我们的感性的诸表象如何以及经由哪些原因彼此如此地处于连接之中，以至于那些我们称作外部直观的表象可以根据经验法则而被表象成我们之外的对象？这个问题现在完完全全没有包含那种假定的困难，即如何解释处于我们之外的、完全不同类别的效力因的诸表象的来源。这个困难产生的原因则在于我们将一种未知的原因的诸显象当成了我们之外的原因，而这样的做法只能引起混乱。如果我们所做出的判断包含着一种经由长期的习惯而变得根深蒂固的误解，那么下面这样的事情是不可能的：让相关的纠[A388]正工作立马拥有我们在其他情形中可以要求[②]的那种可理解性（在这些其他情形中没有诸如此类的不可避免的错觉让概念陷于混乱）。因此，我们的这种让理性摆脱诡辩的理论的工作很难拥有它为了让人完全满意而需要拥有的那种明确性。

我相信，我们可以通过如下方式提升这种明确性。

---

① “由自我所制造出来的全部困难”原文为“die ganze selbstgemachte Schwierigkeit”。

② 在 A 版原版（进而科学院版）中，“要求”（gefordert）作“促进”（gefördert）。据 Rosenkranz 的意见改正。

所有**异议**可以分成三种形式：**独断的**、**批判的**和**怀疑的**。独断的异议反对一个**命题**，批判的异议则反对一个命题的**证明**。独断的异议需要拥有对相关对象的本性的特征的洞见，以便能够断定与该命题就这个对象所声称的东西的反面，因此，它自己就是独断的并且声称自己比对方更好地知道所涉及的那种特征。就批判的异议来说，由于它未触动相关的命题（就其价值或无价值方面来看），而只是攻击了其证明，因此，它根本不需要更好地知道该对象或者自以为拥有关于该对象的更好的知识；它只是表明了相关的断言是没有根据的，而并没有表明它是不正确的。怀疑的异议将一个命题与其反命题看作同等重要的异议，将它们互相对比，认为它们中的每一个都是教条，而另一个则是其反驳，反之亦然。因此，怀疑的异议对于对立的双方[A389]似乎都是独断的，以便完全取消关于该对象的任何判断。于是，独断的和怀疑的异议两方均必须声称拥有许多关于它们的对象的洞见，以便就该对象做出或者肯定性的或者否定性的断言。只有批判的异议是这样一种异议：由于它只是表明了人们为了做出他们的断言假定了一些无价值的且单纯想象出来的东西，因此，它通过撤走相关理论的妄称的基础的方式推翻了该理论，与此同时并不想在其他方面还就该对象的特性有所断定。

现在，依照我们的理性的通常的概念，联系着我们的思维主体与我们之外的事物所处于其中的那种共存而言，我们是独断的，而且我们根据这样一种先验的二元论而将我们之外的这些事物看作真实的、独立于我们而存在着的对象，这种先验的二元论不是将那些外部显象作为表象而算作属于主体的，而是将它们——正如感性直观将它们提供给我们那样——作为对象转移到我们之外并且将它们与思维主体完全分离开来。这种偷换动作现在构成了所有关于灵魂与身体之间的共存的理论的基础，而且人们在此从来没有提出过如下问题：诸显象的这种客观实在性究竟是否是如此正确的？相反，人们假定这种客观实在性已经获得了承认，并且仅仅以理性诡辩的方式思考它必须如何得到解释和理解。[A390]关于这点人们通常想出了三种系统，而且在此实际上也只存在这三种可能的系统，它们是：**物理影响**的系统、**预定的和谐**的系统和**超自然的协助**的系统[①]。

后面两种解释灵魂与物质的共存的方式是建立在对于第一种解释方式（它是普通知性的观念）的如下异议基础之上的，即那种显现为物质的东西不能经由其直接的影响而成为作为一种完全异质的结果的诸表象的原因。但是，这样的话，坚持这两种解释方式的人就不能将他们用外感能力的对象所意指的东西与关于这样一种物质的概念联系在一起，它不过就是显象，因此就其本身说来已经是经由某些外部对象引起的单纯的表象，因为否则的话，他们就会是在说：外部对象的表象（显象）不可能是我们心灵内的表象的外部原因，而这点将会是一种全然无意义的异议，因为没有人会有这样的想法，即将那种他一度承认为单纯的表象的东西当作一种外部原因。因此，按照我们的原则，他们就必须将他们的理论瞄准这个断言：那种构成了我们的外感能力的真正的（先验的）对象的东西不可能是我们用[A391]“物质”这个名称所意指的那些表象（那些显象）的原因。现在，由于没有人能够有根据声称他们知道关于我们

① “物理影响的系统、预定的和谐的系统和超自然的协助的系统”原文为“Systeme des physischen Einflusses, der vorher bestimmten Harmonie und der übernatürlichen Assistenz”。“物理影响”与下一段话中谈到的“自然的影响”（der natürliche Einfluß）同义。

的外感能力的表象的先验原因的一些东西，因此他们的断言是完全没有根据的。但是，如果那些自以为对物理影响学说做出了改进的人按照人们通常设想先验二元论的方式将作为物质的物质看成物本身（而不是将其看成一个未知的东西的单纯的显象），并且将他们的异议指向这样的方向，即要表明：这样一个外部对象——它在它自身之中只是显示了运动的因致性而非其他的因致性——决不可能是诸表象的效力因，相反，某个第三个存在物因此必须加入进来，以便至少造成两者之间的对应与和谐（如果不是造成它们之间的交互作用的话），那么他们会从这样的做法开始其反驳的，即在其二元论中假定物理影响〔论证〕的 πρῶτον ψεῦδος（第一个错误的前提）。因此，经由他们的异议，他们与其说反驳了自然的影响，不如说反驳了他们自己的二元论预设。因为，涉及思维的自然与物质的联系的所有那些困难均毫无例外地仅仅源自那种骗取而来的二元论观念：作为物质的物质不是显象（即不是心灵的这样的单纯的表象，一个未知的对象对应于它），相反，它是对象本身，像它在我们之外并且以独立于一切感性的方式存在那样。

［A392］因此，对于人们通常假定的物理影响，我们无法做出任何独断的异议。因为，如果反对者假定：物质及其运动是单纯的显象，因此就其本身来说仅仅是表象，那么独断的异议只能把困难放在这点上：我们感性的那个未知的对象不可能是我们之内的表象的原因。但是，没有一丁点儿根据使得它有权利做出这样的断言，因为没有人能够就一个未知的对象确定下面这点，即它能做什么或者不能做什么。但是，根据我们前面给出的证明，它必须必然地承认这种先验唯心论——如果它不想明目张胆地实体化

诸表象并且将它们作为真正的事物转移到自己之外的话。

尽管如此，对于通常关于物理影响的观点，一种更有根据的、**批判性的异议**是可以做出的。据称存在于两类实体即思维实体和有广延的实体之间的这种共存将一种粗糙的二元论置于基础的地位，并且使得有广延的实体成为独立自存的事物，但是实际上它们不过是思维主体的单纯的表象。因此，那种被误解的物理影响〔学说〕可以经由下面这点而被完全挫败：人们发现，其证明的根据全然无效并且是骗取而来的。

因此，就这个关于思维的事物与有广延的事物的共存的众所周知的问题来说，如果人们去除了其中所[A393]有想象出来的东西，那么它只是归结为这样的问题：**在一个泛而言之的思维主体中外部直观**即空间直观（关于空间的充实即形状和运动的直观）**如何是可能的**？[①]但

① 此句原文为："*wie in einem denkenden Subjekt überhaupt, äußere Anschauung,* nämlich die des Raumes (einer Erfüllung desselben Gestalt und Bewegung) *möglich sei*"。括号内的部分意义不明，科学院版在"desselben"后补加上了一个逗号。中译文据此译出。按照康德的理解，在其物理学的意义上，物体（Körper）概念意指诸确定的界限之间的物质（eine Materie zwischen bestimmten Grenzen）。在这种意义上，物体必定有一个确定的形状（Gestalt，Figur）。在其力学的意义上，物体概念意指拥有确定的形状的质量（eine Masse von bestimmter Gestalt）。质量是物质的（数）量（Quantität der Materie），而物质则是空间中的可运动的东西（das Bewegliche im Raum），或者说充实空间的可运动的东西（das Bewegliche, sofern es einen Raum erfüllt）。一个事物的运动是指该事物相对于一个给定的空间的外部关系的变化。综合起来说，经验意义上的物体概念意指空间中具有确定的形状并且可以运动的东西（的量）。因此，物体的形状和运动可以说就是空间的充实（参见 Ak4: 482, 496, 502, 525, 537；5: 181；21：89, 341, 491, 507, 535, 621；22: 149, 173, 266, 508, 523）。就其先验哲学上的意义而言，物体概念意指外部对象（äußere Gegenstände），即外感能力的对象（参见 B300/A342）。关于形状与空间的关系，请进一步参考后文的如下断言："它〔空间〕本源地使得所有形状成为可能（所有形状均仅仅是空间的不同的限制而已）"（B 647/A619）。

是，对这个问题，没有人能够找到一个答案，而且人们从来不能填满我们的知识中的这个空白，而只能经由如下方式将其标示出来：人们将外部显象归因于这样一个先验对象，它构成了这种显象的原因，但是我们根本不知道它，也不会有朝一日获得关于它的一些概念。在有可能出现于经验领域内的所有任务中，我们均将那些显象处理成对象本身，与此同时我们并不关心它们（作为显象）的可能性的最初的根据。但是，如果我们走到它们的界限之外，那么先验对象的概念就是必需的了。

上面这些关于思维存在物和有广延的存在物之间的共存的考虑的一个直接的后果是对关于如下事项的一切争论或者异议的决断：思维的自然在这种共存（生命活动）之前的状态，或者还有思维的自然在这种共存被取消了之后（在死亡时）的状态。这种意见，即思维主体在与身体处于一切形式的共存之前就已经能够进行思维了，是以这样的方式表达出来的：在这样一种感性开始之前，正是经由它［A394］某种东西在空间中显现给我们，这些在当前的状态中显现为物体的先验对象就已经能够以全然不同的方式被直观到了。但是，这种意见，即灵魂在取消了与物体世界的一切形式的共存之后还能继续进行思维，是以如下形式宣布出来的：如果这样一种感性——经由它先验的并且目前看来我们全然不知的对象向我们显现为物质世界——竟然停止存在了，那么对于这些对象的一切直观还没有因此便被取消了，而且下面这样的事情仍然是完全有可能的，即恰恰同样一些未知的对象继续被思维主体加以认识，尽管诚然它们不再是以物体的身份被如此地认识的。

现在，就这样一种断言来说，虽然没有人能够从思辨的原理那里援引哪怕一丁点儿根据对之进行辩护，甚至于没有人能够对其可能性进行解释，而是只能预设这样的可能性，但是，同样没有人能够对之提出任何有效的独断的异议。因为，无论是谁企图提出这样的异议，他都与我或者其他任何人一样对外部的并且物体的显象的绝对的且内部的原因无所知晓。因此，他也不能有根据地声称知道这点，即在目前的状态中（在生命活动中）外部显象的现实性是建立在什么基础之上的，进而，他也不能声称知道这样的事情：所有外部直观的条件，或者还有思［A395］维主体本身，在目前的状态之后（在死亡时）将停止存在了。

于是，关于我们的思维存在物的本性以及这样的存在物与物体世界的联系的本性的一切争论仅仅是下面这点的一个后果：人们联系着他们一无所知的东西通过理性的谬误推理填满了此处的空隙，在此人们将他们的思想变成事物并且将其实体化了。由此便出现了一种想象的科学——无论是联系着在此做出了肯定断言的人来说，还是联系着在此做出了否定断言的人来说。因为，他们中的每个人均或者自以为知道这样一些对象的某些东西，关于它们没有人拥有任何概念，或者将他们自己的表象当成了对象，因此他们都在诸多歧义和矛盾中不停地打转儿。只有一种严格而公正的批判所导致的那种清醒头脑能够让人们摆脱这种独断的幻象——这种幻象通过想象的幸福而将众多人困在了诸多理论和系统中——并且能够将我们的所有思辨的要求仅仅限制在可能经验的领域。但是，这种批判不是通过比如无聊地取笑人们常常受挫的尝试或者虔诚地感叹我们的理性的局限的方式做到这点的，而是通过根据可靠的原则全面地确定理性的界限的方式做到这点的。

这样的界限确定将其 nihil ulterius（界外无物）原则极其可靠地粘贴在了自然自身所竖立的赫克利斯石柱[①]之上，以便让我们的理性只在经验的不断延［A396］续的海岸所抵达的范围内继续其航行。我们不能偏离这些海岸，否则，我们便必将冒险驶入这样一片无边无际的海洋，它虽然一再地向我们展示了总是迷惑人的前景，但是，最后却迫使我们放弃我们的所有辛苦而漫长的努力，因为它们是毫无希望的。

* * *

至此我们还没有对纯粹理性的谬误推理中出现的先验的然而也是自然而然的假象做出明确而一般性的阐释，同样也没有对这些谬误推理的系统的且与范畴表平行地进行的次序安排进行辩护。在这章[②]的开始我们也不能承担这样的任务，否则，我们便会陷入模糊的危险，或者不适当地先行一步了。现在，我们试图完成这项任务。

人们可以认为，一切**假象**均在于这点，即思维的**主观**条件被当成了关于对象的知识。另外，在先验辩证论的导论部分我们表明了：纯粹理性仅仅关注一个给定的有条件者的诸条件的综合的

---

① 赫克利斯石柱（die herkulischen Säulen），指直布罗陀海峡东端的两个岬角，北边的那个是属于英国的直布罗陀巨岩（Rock of Gibraltar），南边的那个被认为是如下两座山峰之一：属于摩洛哥的穆萨峰 (Jebel Moussa) 和属于西班牙的哈乔峰（Hacho）。传说这些“石柱”是由希腊英雄赫克利斯（Heracles 或 Hercules）在俘获三体巨物革律翁（Geryon）过程中撕开原本合一的直布罗陀地带造成的。古希腊人认为直布罗陀就是世界的极限。

② “章”（Abschnitt）当作“篇”（Hauptstück）。

总体。现在，由于纯粹理性的辩证的假象不可能是出现于特定的经验的知识之中的经验的假象，因此，它涉及思维的诸条件中的普遍的东西。而且，只存在［A397］三种情形的纯粹理性的辩证的使用：

1. 一个泛而言之的思想的诸条件的综合。

2. 经验思维的诸条件的综合。

3. 纯粹思维的诸条件的综合。

在所有这三种情形中，纯粹理性都仅仅关注这个综合的绝对总体，即这样的条件，它本身是无条件的。这种划分也构成了这样的三重先验假象的基础，它引起了辩证论的三章①的内容，并且为同样数目的源自纯粹理性的似是而非的科学——即先验心理学、先验宇宙论和先验神学——提供了理念。在此我们仅仅处理先验心理学。

因为在泛而言之的思维中我们抽掉了思想与任何对象（无论是感觉能力的对象还是纯粹知性的对象）的一切关联，所以，一个泛而言之的思想的诸条件的综合（前述第1条）完全不是客观的，而仅仅是一种思想与主体的综合，但是人们错误地将这种综合当成了关于一个对象的综合的表象。

不过，由此我们也有如下结论：那种通向一切泛而言之的思维的那个条件（这个条件本身是无条件的）的辩证推理并非犯下了内容上的错误（因为它抽掉了一切内容或者对象），相［A398］反，它仅仅是在形式上出错了，并且必须被称为谬误推理。

进而，因为伴随着一切思维的唯一的条件是那个出现于“我

---

① “章”当作“篇”。

在思维”这个一般命题之中的我，因此，理性处理这个条件——在该条件本身是无条件的范围内。但是，这个条件仅仅是形式的条件，即每一种这样的思想的逻辑统一性，在其中我抽掉了所有对象。尽管如此，它还是被表象成一个我所思维的对象，即我本身及其无条件的统一性。

如果有人泛泛地向我提出如下问题：一个思维着的事物具有什么特性？那么，对此我一点儿也不知道如何先天地回答它，因为相关的答案应当是综合的（事情之所以如此，原因是：一个分析的答案或许很好地解释了思维，但是它并没有给出关于这样的东西的任何扩展了的知识，这种思维就其可能性来说就是以它为基础的）。但是，对于任何综合的解决方案来说，我们都需要拥有直观，而在此处这个如此普遍性的任务中直观却被删除了。同样，人们也不能回答如下一般性的问题：可以运动的事物必定是什么样的事物？因为，那种不可入的广延物（物质）在这种情况下并没有被给出来。现在，尽管我不知道如何一般性地回答那个问题，但是在我看来事情似乎是这样的：我能够在个别的情形中，在“我在思维”这个表［A399］达自我意识的命题中，给出这个回答。因为，这个我是第一主体，即实体，它是简单的，等等。不过，在这样的情况下，这些命题必定纯粹是经验命题了。然而，经验命题在没有这样一条普遍的规则的情况下不可能包含诸如此类的谓词[①]（它们不是经验性的），这一规则泛泛地且先天地断言了思维可能性的条件。以这样的方式，我的那种初看起来貌似有道理的洞见——人们可以就一个思维存在物的本性做出判断，而且

① 即上面提到的“实体”、“简单的”等。

人们可以基于纯粹的概念就此做出判断——便有些可疑了，尽管我还没有发现这个洞见的错误之处。

不过，对我归属给作为一个泛而言之的思维存在物的我的这些属性的根源的进一步的研究可以揭露这个错误。这些属性不过就是这样一些纯粹范畴，经由它们我从来没有思维一个特定的对象，而只是在思维诸表象的统一性，以便规定它们的一个对象。在没有一个处于基础地位的直观的情况下，仅仅范畴不能为我提供任何关于一个对象的概念，因为只有通过直观这样的对象才被给出了，它接着被依据范畴进行思维了。如果我将显象中的一个事物宣布为一个实体，那么事先必须已经有这样的关于它的直观的谓词被给予了我，在其上我将恒常的东西与变动的东西区别开来并且将基质（事物自身）与那些仅仅附着于其上的东西区别开来。[A400] 如果我将**显象**中的一个事物叫作**简单的**，那么我用“简单的”这个词所意指的东西是这样的：该事物的直观尽管构成了显象的一个部分，但是它本身是不能被划分的等等。但是，如果某种东西只是在概念中而非在显象中被认识成简单的东西，那么真正说来由此我根本没有拥有任何关于对象的知识，而只是拥有了关于我的概念的知识——对这样的某种泛而言之的东西我形成了这个概念，我们不能对之形成任何真正的直观。我只是在说：我将某种东西思维成为十分简单的东西，因为真正说来，我知道可以说出的东西仅仅是这点，即它是某种东西。

现在，这种单纯的统觉（我）在概念中是实体，在概念中是简单的等等。因此，那些心理学定理有其无可争辩的正确性。尽管如此，我们由此绝对没有认识到关于灵魂的这样的东西，即人们真正想要知道的关于它的东西，因为所有这些谓词都完全不适合于直观，因此，它们也没有任何会被应用于经验对象之上的后果，于是，它们完全是空洞的。因为那个实体概念并没有告诉我下面这些东西：灵魂就其自身来说是延续着的；灵魂是诸外部直观的这样一个部分，它本身不再能够被划分了，因此，它不能经由任何自然的变化而产生或消亡——此处涉及的全然是这样的性质：在经验的关联中它们可以让灵魂变成对于我来说可以认识的并且联系着其来源和未来的状态让灵魂的秘密向我透露出来。[A401]但是，如果我现在通过单纯的范畴说“灵魂是一个简单的实体”，那么下面这点是显而易见的：由于实体这个赤裸的知性概念只不过包含着这点，即一个事物只应该被表象成主体本身，而不能又一次地充当另一个事物的谓词，因此，从这个概念得不出任何关于恒常性的东西，而且简单性这个属性肯定不能补加上这种恒常性，于是，人们由此一点儿也没有被告知关于如下这点的任何信息，即灵魂在世界的变化中能够碰到什么东西。如果人们能够向我们说“灵魂是**物质的一个简单的部分**”，那么我们就能够从该物质中根据经验教给我们的关于它的东西而推导出灵魂的恒常性，如果再加上简单性，我们就能够从其中推导出灵魂的不可毁灭性。但是在（“我在思维”）这个心理学的原则中，我这个概念根本就对此①未置一词。

不过，那个在我们之内思维着的存在物之所以会自以为经由诸纯粹范畴（更准确地说，那些在诸范畴的每个条目之下表达了

① “此”指“灵魂是物质的一个简单的部分”这种说法。

绝对统一性的纯粹范畴）认识了它自己，原因如下。统觉本身是这样一些范畴的可能性的根据，就它们自己来看，它们所表象的东西仅仅是直观杂多的综合——在该杂多在统觉中拥有统一性范围内。因此，泛而言之的自我意识就是对这样的东西的表象，它构成了一切统一性的条件，自己却是无条件的。于是，对于那个思维着的我（灵魂）——他将自己［A402］思维成实体，将自己思维成简单的，将自己思维成在一切时间中从数上说同一的，并且将自己思维成一切存在的这样的关联物，所有其他存在都必须从它那里推导出来[①]——人们可以这样说：**与其说他在通过诸范畴**认识他**自己**，不如说他在认识**诸范畴**，并且在经由诸范畴在统觉的绝对统一性中认识所有对象，因此，不如说他在**经由他自己**认识它们。现在，尽管下面这点是十分明显的，即我不能将那种为了最终认识一个对象我必须预设的东西本身认作对象，并且那个做规定的自我（思维）有别于那个可被规定的自我（思维的主体），正如认识有别于对象一样，但是，没有什么东西比这样一种假象更为自然且更有诱惑力的了：将诸思想的综合中的统一性当成这些思想的主体中一种被知觉到了的统一性。人们可以将这种假象称作被实体化了的意识（apperceptionis substantiatae［被实体化了的统觉］）之偷换。

如果我们想要给予理性灵魂学的辩证的理性推理中的谬误推

---

① 此句原文如下："Man kann daher von dem denkenden Ich (Seele), das sich als Substanz, einfach, numerisch identisch in aller Zeit, und das Korrelatum alles Daseins, aus welchem alles andere Dasein geschlossen werden muß, sagen: " Hartenstein 认为应该在"sagen"前补加上"vorstellt,"; Mellin 认为应该补加上"denkt,"。科学院版接受了 Mellin 的意见，中译文据此译出。

理一个逻辑的名号（在这些辩证的理性推理尽管如此还是拥有正确的前提范围内），那么它可以被看作这样一种 sophisma figurae dictionis（修辞格诡辩），在其中大前提对相关范畴联系着其条件做了一种单纯先验的使用，而小前提及结论联系着灵魂（它被归属在了这个条件之下）对同一个范畴做了一种经验的使用。因此，比如，在关于简单性[①]的谬误推理中［A403］〔在大前提中〕实体概念是这样一个纯粹理智的概念，在没有感性直观的条件的情况下它仅仅具有先验的使用，即根本没有任何使用。但是，在小前提中这同一个概念却被应用到一切内部经验的对象之上，而同时又没有事先确定其具体应用的条件即该对象的恒常性并且将这样的条件置于基础的地位。因此，在小前提中人们对该概念做了一种经验的、然而在此却是无法允许的使用。

最后，为了在纯粹理性的一种关联中显示一个理性诡辩的灵魂学说中的所有这些辩证断言的系统的关联，进而为了显示这些断言的完全性，人们要注意下面这点：虽然统觉遍历所有类别的范畴被实施了，但是它仅仅是在这样一些知性概念之上被实施了，在每个类别的范畴中它们均构成了其他概念在一个可能的知觉中的统一性的基础。因此，这些知性概念是自存、实在、一（而非多）和存在。只不过，理性在此将所有这些知性概念均表象成一个思维存在物的可能性的诸条件，而这些条件本身则是无条件的。因此，灵魂在自身中认识到：

① Adickes 认为“简单性”（Simplizität）当作“实体性”（Substanzialität）。

[A404] 1.

关系的无条件的统一性，

这也就是说，

它不是将自己认识成依存性的，

而是

将自己认识成**自存性的**

2.

性质上的无条件的统一性，

这也就是说，

它不是将自己认识成实在的整体，

而是

将自己认识成**简单的** *

3.

在时间中的多的情况下的无条件的统一性，

这也就是说，

它不是将自己认识成在不同时间从数上说不同的，

而是

将自己认识成**一个东西**

而且是恰恰**同一个主体**

4.

在空间中的存在的无条件的统一性，

这也就是说，

它不是将自己认识成对它之外的诸多事物的意识，

而是

将自己仅仅认识成**对它自己的存在的意识，**

而将对其他事物的存在的意识仅仅认识成对它的**表象**的存在的意识。

---

* 我现在还不能表明简单的东西在此如何再一次地相应于实在范畴。在接下来的一篇中在讨论理性对这个概念所做的一种不同的使用时[1]，我会对此做出说明。〔[1]参见 B463–471/A435–443。〕

[A405] 理性是原理的能力。纯粹心理学的诸断言并非包含着关于灵魂的经验谓词，而是包含着这样一些谓词，如果它们成立，那么它们应当以独立于经验的方式进而经由单纯的理性规定了对象本身。因此，这些断言按理必须是建立在关于泛而言之的思维的自然的原理和普遍概念基础之上的。相反，事实上，我们却发现了这样的事情："我存在"这个个别的表象[①]支配着所有这些断言。由于这个表象（不确定地）表达了我的一切经验的纯粹公式[②]，因此，它将自己宣布为一个适用于所有思维存在物的普遍命题；而且，由于尽管如此，该命题在所有方面仍然是个别性的，因此，这个表象便随身携带着泛而言之的思维的诸条件的绝对统一性的假象；由此，它将自己拓展到了比可能的经验所能抵达的范围更远的地方。

第二篇　纯粹理性的二律背反

在本书这部分的导论中[③]我们已经证明，纯粹理性的一切先验假象均是建立在辩证推理基础之上的，而逻辑在泛而言之的理 [A406]

---

① "'我存在'这个个别的表象"原文为"die einzelne Vorstellung, Ich bin"。请比较 A367-368 中的如下说法："Ich（als ein denkend Wesen）bin"（我[作为一个思维存在物]存在）。进一步比较 B420、B428、B429 中的说法："ich existiere denkend"（我思维地存在着）。因此，此处的"我存在"应当为"我（作为一个思维存在物）存在"或"我思维地存在着"之简写。

② 请比较 A354 中的说法："关于我们的意识的那个公式"（der Formel unseres Bewußtseins）即"我在思维"（Ich denke）。

③ 指先验辩证论导论。

性推理的三种形式类型中为辩证推理提供了图式，正如范畴在一切判断的四种功能中遇到了其逻辑图式一样。这些诡辩的理性推理的**第一种类型**涉及（主体或灵魂的）所有泛而言之的表象的诸**主观**条件的无条件的统一性——相应于**定言的**理性推理，其大前提作为原理断定了一个谓词与一个主〔B433〕**词**的关系。于是，**第二种类型的**辩证论证依照与**假言的**理性推理的类比将显象中的诸客观条件的无条件的统一性当作其内容，正如有待在接下来的一篇中〔依照与**选言的**理性推理的类比〕处理的**第三种类型的**诡辩的理性推理以诸泛而言之的对象的可能性的诸客观条件的无条件的统一性作为处理的主题一样。

不过，值得注意的是，先验的谬误推理联系着关于我们的思维主体的理念引起了一个单纯单面的假象。就对其反论题的主张来说，我们无法在诸理性概念中为其找到哪怕是最低限度的表面上的合理性。优点完全属于普纽玛主义那一边，尽管普纽玛主义不能否认其先天的缺陷，即这点：尽管它拥有颇为有利的表面上的合理性，但是在该批判的考验之下它最终也将化为乌有。

不过，如果我们将理性应用到诸显象的**客观的综合**之上，那么结果就完全不一样了。〔A407〕在此虽然理性自认为以一种看起来颇为合理的方式确认了其关于无条件的统一性的原理，但是它很快就让自己卷入这样一些矛盾之中，以至于被迫放弃它在宇宙论中要求的这个无条件的统一性。

因为，在此人类理性表现出了一种崭新的现象，即一种极其自然的冲突论。就这种冲突论来说，任何人均无〔B434〕需冥思苦想并且无需人为地设置圈套，相反，理性会自动地且不可避免地陷入其中，并且由此理性虽然没有让自己陷入一种由某种单纯的单面的假象所导致的那种想象的信服的安睡状态，但是却同时让自己被带入这样一种企图之中：或者欲委身于怀疑论的没有任何希望的状态，或者欲采取一种独断论的固执姿态并让大脑僵硬地固守在某些主张之上，而根本不想给予反面的主张的根据以听证的机会并公正地对待之。两者[①]均是一种健全的哲学的死亡，尽管这种安睡状态或许还可以被称为纯粹理性的**安乐死**。

在我们展示纯粹理性的诸法则之间的这种冲突（二律背反）所引起的这些不和与错乱场景之前，我们想做出这样一些探讨，它们能够说明我们在处理我们的对象时所使用的方法并为之提供辩护。我将所有这样的先验理念称为**世界概念**，它们涉及诸显象的综合中的绝对总体。［A408］我之所以这样做，部分说来恰恰是因为这个无条件的总体的缘故——关于世界整体的概念也是建立在这种总体基础之上的，而该概念本身仅仅是一个理念；部分说来是因为这样的先验理念处理的仅仅是诸显象的综合进而是经验的综合，与此形成对照的是，所有泛而言之的可能的事物的诸条件的综合中的绝对总体［B435］将引起纯粹理性的一个理想，这个理想全然不同于世界概念，尽管与之不无关系。因此，正如纯粹理性的谬误推理为一种辩证的心理学提供了基础一样，纯粹理性的二律背反会将一个臆想的、纯粹的（理性的）宇宙论的诸先验原则摆放在人们面前。它之所以这样做，并不是为了发现这样的宇宙论的有效性并将其据为己有，而是为了通过宇宙论虽然极其诱

① 指前面提到的那种想象的信服的安睡状态与委身于怀疑论的没有任何希望的状态或者采取一种独断论的固执姿态。

人却是虚假的假象表明宇宙论是一个无法与显象协和一致的理念（“理性的冲突”这个名称就已经表明了这点）。

第一章　宇宙论理念的系统

现在，为了能够不无系统精确性地根据一个原理来列举这些理念，我们首先必须注意到下面这点：只有从知性那里才能产生出来纯粹而先验的概念，[A409] 而理性真正说来根本产生不出任何概念，相反，它充其量只是**让知性概念摆脱**来自某种可能的经验的不可避免的限制，进而试图将其扩展到经验事项的界限之外（当然，在这样做时它要联系着经验 [B436] 事项）。这样的事情是通过下面的途径发生的：对于一个给定的有条件者，理性要求诸条件（正是在这些条件之下，知性让所有显象听命于综合统一性）的绝对的总体，并且由此使得范畴成为先验理念，以便通过将经验的综合不断地继续下去直至到达无条件者为止的方式将绝对的完全性给予经验的综合（我们从来不会在经验中遇到无条件者，而只会在理念中遇到它）。理性是根据如下原则而提出这个要求的：**假定有条件者被给出了，那么诸条件的整个总和进而绝对的无条件者也被给出了**（因为恰恰是经由绝对的无条件者有条件者才是可能的）。因此，首先，诸先验理念真正说来将不过就是扩展到无条件者的范畴，而且诸先验理念可以放进一张依据诸范畴的条目加以排列的表之中。但是，其次，确实也并非所有范畴都适合于做这个事情，而是只有这样一些范畴才是适合的，在它们之中综合构成了一个**序列**，而且构成了一个有条件者的诸彼此隶属的（而非彼此并置的）条件的序列[①]。绝对总体只有在涉及一个给定的有条件者的诸条件的上升的[A410]序列时，才被理性所要求，因此当所谈论的是诸后果的下降线路或者是这些后果的诸并列的条件的聚集时，理性并不要求绝对总体。因为，就[B437]一个给定的有条件者来说，其诸条件已经被预设了，而且应该被看成与其一起被给出了。相反，因为诸后果并没有使得其诸条件成为可能，而是预设了它们，所以在向诸后果前行时（或者说在从给定的条件下降到有条件者时）人们可以不关心这个序列是否终止了这样的事情。而且，关于该序列的总体的问题根本不构成理性的预设。

因此，人们必定也将一个直到给定的时刻为止全然逝去了的时间思维成给定了的（尽管不是将其思维成可以由我们决定的）。但是，就将来的时间而言，由于它不是到达现在的条件，因此，为了把握现在，我们想如何处理将来的时间这点是完全无所谓的——无论人们想让它在某处停止，或者是想让它流向无穷。假定存在着这要样一个序列 m，n，o，在其内 n 联系着 m 被作为有条件者被给出，然而同时它又被作为 o 的条件被给出。该序列从有条件者 n 向上走到 m（l，k，i[②]，等等），同样它从条件 n 向下走到有条件者 o（p，q，r，等等）。于是，我就必须预设第一个序列，以便将 n 看作给定了的，而按照理性（就其对于诸条件的总体的要

---

① “隶属的”、“并置的”原文分别为“untergeordnet”、“beigeordnet”。接下来一句话中的“并列的”原文为“koordiniert”。

② “i”当作“j”或者在其前面还应该有“j”。

求来看）[A411] 只有借助于这个序列 n 才是可能的。但是，它的可能性并不取决于接续的序列 o，p，q，r，这个序列因此也不 [B438] 能被看作给定了的，而仅仅可以被看作可以给出的（dabilis）。

我要把一个序列在诸条件一边的综合称作**回溯的**综合。因此，这样的综合是从这样的条件开始的，它构成了给定的显象的最近的条件，并且以这样的方式一直进行到更远的条件。同时，我要将这样的综合称作**前行的**综合[①]，它在有条件者一边从最近的后果进展到更远的后果。回溯的综合走 in antecedentia（向先行者），前行的综合走 in consequentia（向后来者）。因此，宇宙论理念处理的是回溯的综合的总体，它走 in antecedentia（向先行者），而非走 in consequentia（向后来者）。如果宇宙论理念走向后来者，那么我们面对的就是纯粹理性的一个任意的问题，而非其必然的问题，因为为了获得对在显象中给出的东西的完全的理解，我们的确需要根据，但是并不需要后果。

现在，为了按照范畴表建立起理念表，我们首先看一下我们的所有直观的两个本源的量，**即时间**和**空间**。时间就其本身来看就是一个序列（并且是所有序列的形式条件），因此，在它之中，联系着一个给定的现在我们应当先天地将作为条件的 antecedentia（诸先行者）（过去）与 consequentia（后来者）（将来）区别开。因 [A412] 此，关于一个给定 [B439] 的有条件者的诸条件的序列的绝对总体的先验理念只涉及一切逝去了的时间。根据理性的理念，整个逝去的时间作为该给定的时刻的条件必然地被思维成给定了的。但是，至

① “回溯的综合”和“前行的综合”原文分别为“die regressive Synthesis”和“die progressive Synthesis”。

于空间，就它本身来说在它之内并不存在任何 progressus（前行）与 regressus（回溯）的区别，因为它虽然构成了一个**聚集物**，但是并没有构成**任何序列**，因为它的诸部分全部都是同时性的。联系着逝去的时间我只能将当下的时刻看作是有条件的，而从来不能将其看作逝去的时间的条件，因为这个时刻只有经由流逝了的时间（或者更准确地说，经由先行的时间的流逝）才首先产生出来。但是，由于空间的诸部分并非彼此隶属，而是彼此并置的，因此，一个部分并不是另一个部分的可能性的条件，并且就其本身来说空间并没有像时间一样构成一个序列。不过，我们借以领会空间的空间的诸杂多部分的综合的确是前后相继的，因此，它发生在时间之中并且包含着一个序列。而且，由于在这个由聚集在一起的诸空间（比如一杆[①]中包含的诸英尺）构成的序列中，从一个给定的空间开始在思想中进一步被加进来的诸空间总是前面的空间的**界线的条件**，因此，对一个空间的**测量**也可以被看成一个由一个给定的有条件者的诸条件所构成的序列的综合，只不过由诸条[A413]件构成的一边从其本身来看并非不同于有条件者所处的那一边，因此，空间中的 regressus（回[B440]溯）和 progressus（前行）似乎是同属一类的。然而，因为空间的一个部分并非经由另一个部分给定了，而只是经由其划界了，所以，我们必须将每个有边界的空间在这样的范围内也看成是有条件的，即它将另一个空间作为它的界线的条件而预设下来了，如此等等。因此，联系着划界，空间中的前行也是一

① “杆”原文为“Rute”，德国旧时的长度单位，所指长度为 2.8—5.3 米（常常指 3.766 米），包含 10、12、14 或 16 英尺。

种 regressus（回溯），而且关于诸条件序列中的综合的绝对总体的先验理念也触及空间，正如我可以追问流逝的时间中的显象的绝对总体一样，我也可以追问空间中的显象的绝对总体。不过，至于这种追问最终说来是否也是可以回答的，我们会在接下来的讨论中加以确定。

其次，以同样的方式，空间中的实在即**物质**构成了这样一个有条件者，其内在的条件是其诸部分，而且诸部分的部分是远处的条件。以这样的方式，在此这样一种回溯的综合便发生了，理性要求其绝对总体，而该总体不能经由其他方式发生，而只能经由这样一种完成了的划分发生，经由它物质的实在或者化为乌有，或者无论如何消失在那种不再是物质的东西即简单的东西之中。因此，在此也出现了一个诸条件的序列以及一种向无条件者的前进[①]。

〔B441〕再次，至于关于诸显象之间的实在的关系的范畴，〔A414〕实体范畴连同其偶性不适合于一个先验理念。这也就是说，理性没有任何根据联系着这个范畴回溯地走向诸条件。因为，诸偶性彼此是并列的（在它们依存于一个唯一的实体范围内），没有构成任何序列。但是，联系着实体来看，诸偶性真正说来并非从属于实体，而是实体本身的存在方式。在此那种可能看起来像是先验理性的一个理念的东西是关于**实体性东西**的概念[②]。不过，由于这个概念仅

---

① “前进”原文为“Fortschritt”，在此实际上意味着向后的“前进”，即“后退”（Rückschritt）或“回溯”（Regressus）。康德用“Progressus”或“Fortgang”表示通常意义上的“前进”，我将这两个词均译为“前行”。前一段话中“因此，联系着划界，空间中的前行……”一句中的“前行”原文为“Fortgang”。

② “关于实体性东西的概念”原文为“der Begriff von Substantiale”。

仅是意味着关于这样的泛而言之的对象的概念，这个对象就人们在它那里仅仅想到没有任何谓词的先验主体范围而言是自存的，但是此处所谈论的仅仅是诸显象的序列中的无条件者，因此，显而易见，实体性的东西不可能构成这样的序列中的任何一个成员。恰好同样的话也适用于共存中的诸实体。这些实体是单纯的聚集物，并不拥有任何一个序列的指数[①]，因为它们并非作为它们的可能性的条件而彼此从属，而对于诸空间人们则可以这样说——它们的界线从来并没有就其本身来说得到了确定，而总是经由另一个空间得到确定的。因此，留下来的就只有**因致性**范畴了。它确实提供了一个导致一个给定的结果的诸原因的序列，在该序列中人们［B442］能够从作为有条件者的结果攀升至作为条件的原因并且能够回答那个理性问题。

［A415］最后，可能性、现实性和必然性概念只是在如下情况下才导致一个序列，即存在中的**偶然的**事物必须总是被看作有条件的，并且根据知性规则指向这样一个条件，在其下这个条件本身必然地被引向一个更高的条件，直到理性只是在这个序列的总体中遇到无条件的**必然性**为止。

据此，依据诸范畴的那四个条目，当人们从其中将那些随身必然地带有杂多的综合中的一个序列的范畴挑选出来时，不会有多于四个宇宙论理念。

---

① 关于“指数”这个术语在这种语境中的独特意义，请参见 B387/A331 中的译者注。

[B443] 1.

所有显象的给定整体的复合的
绝对的完全性。

2.

显象中一个给定整体的划分的
绝对的完全性。

3.

一个泛而言之的显象的产生的
绝对的完全性。

4.

显象中变化的东西的存在的依赖性的
绝对的完全性。

[A416] 在此我们首先要说明的是，绝对总体的理念仅仅涉及对**诸显象**的阐明，因此并不涉及关于诸泛而言之的事物的某个整体的纯粹知性概念。因此，在此诸显象被看作已经给出了，而理性要求的是它们的可能性的诸条件的绝对的完全性（如果这些条件构成了一个序列的话），进而是一种绝对（在所有方面均）完全的综合，经由这种综合，显象能够根据知性法则而得到阐明。

其次，真正说来，理性在这种对诸条件所做的成序列地而且回溯地 [B444] 连续进行的综合中所追寻的东西仅仅是无条件者，仿佛是由这样一些前提所构成的序列中的完全性，它们合起来看不需要预设其他任何进一步的前提了。这个**无条件者**现在总是包含**在相关的序列的绝对总体之中**了（如果我们在想象中设想该总体的话）。不过，这种绝对地完成了的综合又仅仅是一个理念，因为我们至少事前不知道这样一种综合在显象那里是否也是可能的。如果人们通过单纯的纯粹知性概念来设想一切，而没有考虑感性直观的条件，那么人们可以径直说：相对于一个给定的有条件者，诸彼此从属的条件的整个序列也被给出了，因为那个有条件者仅仅是经由这个序列而被给出的。但是，在诸显象那里人们会遇到关于诸条件给出的方式的独特的限制，[A417] 即它们要经由直观杂多的前后相继的综合而被给出，而这样的综合在回溯中应当是完全的。现在，这种完全性从感性上说是否是可能的仍然是一个问题。不过，关于这种完全性的理念毕竟包含在了理性之中，而不管我们是否能够将诸相关的经验概念以适合于该理念的方式联结起来。于是，因为无条件者必然包含在显象中的杂多的回溯综合的绝对总体之中（该综合受到这样一些范畴的指引，它们将显象设想成一个给定的有条件者的诸条件的序列）——[B445] 即便在此我们对下面这点不予做出决定，即是否能够以及应当如何形成这个总体——，所以，理性在此选取了这样的道路：从关于该总体的理念出发，尽管真正说来它的终极意图是**无条件者**（不论是整个序列的无条件者，还是其一部分的无条件者）。

我们或者可以将这个无条件者看作仅仅在于这样的整个序列，因此，在其内所有的成员毫无例外地都是有条件的，只有其整体才是绝对地无条件的，这时相关的回溯被叫作无穷的；或者绝对的无条件者仅仅是该序列的一个部分，而它的其他的成员均从属于该部分，而该部分本身则不隶属于任何其他条件。* 在第一种情形中该序列 [A418] a parte priori（从先行者那边说）没有界限地（没有开始地）

* 一个给定的有条件者的诸条件的序列的绝对整体 [A418] 总是无条件的，因为在这个序列之外不再有任何这样一些条件了，联系着它们，该整体可能是有条件的。不过，这样一个序列的绝对整体仅仅是一个理念，或者更准确地说，仅仅是一个成问题的概念，其可能性恰恰是必须加以研究的，而且是要联系着该无条件者包含在该序列之内的可能的方式来进行这样的研究，而该无条件者则构成了我们在此所关心的那个真正的先验理念。

被给出了，也即无穷地但同时又是完全地被给出了，而该序列之中的回溯则从来没有被完成，它只能被叫作 potentialiter（潜在地）无穷的。在第二〔B446〕种情形中存在着序列的第一个成员：就逝去的时间来说，这个成员叫作**世界的开始**；就空间来说，它叫作**世界的界限**；就一个在其界限范围内被给出的整体的诸部分来说，它叫作**简单的东西**；就原因来说，它叫作绝对的**自我活动性**（自由）；就可变动的事物的存在来说，它叫作绝对的**自然必然性**。

我们拥有两个表达式，即世界和自然，两者有时汇合为一。第一个表达式意指所有显象的数学整体及其综合的总体——既从大处说来，也从小处说来①，也即，既从该综合经由复合而进行的前进来说，也从该综合经由划分而进行的前进来说。不过，恰恰同一个世界在如下范围内也被叫作自然*：人们将它看成一个动力学的〔A419〕整体，并且人们所关注的并不是空间或时间中的聚集物，以便将该聚集物作为〔B447〕一个量而生产出来，而是诸显象的**存在**中的统一性。现在，在此发生的事情的条件叫作原因，而原因在显象中的无条件的因致性叫作自由，相反，其有条件的因致性则在较窄意义上叫作

① 原文为“im Großen sowohl als im Kleinen”。

* 当其被用作形容词时[1]（当其 formaliter［从形式上］被看待时），“自然”意指一个事物的诸规定性根据〔A419〕一种内在的因致性原理而来的关联。与此相反，人们将被用作名词的（被 materialiter［从质料上］看待的）“自然”[1]理解为这样一些显象之全体，它们因为一条内在的因致性原理而贯通地关联在一起。在第一种意义上，人们谈论液态物质的自然、火的自然等等，并且 adjective（以形容词的方式）使用该词；相反，当人们谈论自然的诸事物时，人们想到的则是一个存在着的整体。〔[1]“当其〔‘自然’〕被用作形容词时”原文为“Natur, adjective ... genommen”，“被用作名词的……‘自然’”原文为“Natur, substantive〔genommen〕”。在此“adjective”为拉丁语形容词“adjectivus”的副词形式，作状语，相应的德语词为“adjektivisch”。“substantive”为拉丁语形容词“substantivus”的副词形式，在此作状语，相应的德语词为“substantivisch”。〕

自然原因[①]。泛而言之的存在中的有条件者叫作偶然的，而无条件者则叫作必然的。**诸显象**的无条件的必然性可以叫作自然必然性。

我在前文将我们现在所处理的这些理念称作宇宙论理念[②]。这样做的原因部分来说在于世界被理解为所有显象之全体，而且我们的理念也指向仅仅诸显象之中的无条件者；另一部分原因在于"世界"这个词就其先验意义来说意指诸存在着的事物之全体的绝对总体，而且我们仅仅将我们的注意力指向了综合的完全性（尽管[A420]真正说来在此仅仅涉及到诸条件的回溯中的综合的完全性）。考虑到如下这点，即此外这些理念总起来说都是超验的，而且尽管它们**从种类上说**没有越过对象即诸显象，而仅仅与感性世界（而非本体）有关，[③]但是它们将综合进行到了一种跨过所有可能经验的**程度**，因此，在我看来，人们可以将它们全部均十分恰当地称作**世界概念**。可是，考虑到[B448]数学上的无条件者与动力学上的无条件者（回溯的目的就在于这样的无条件者）的区别，我愿将前两个概念从较窄意义上称作世界概念（从大处说的世界概念和从小处说的世界概

---

① 此句原文是这样的："die bedingte [Kausalität der Ursache] dagegen heißt im engeren Verstande Naturursache"。在此"在较窄意义上"限定的是"自然"。因为"自然"(Natur) 也可指超感性的自然（die übersinnliche Natur），在这种意义上，甚至于理性原因（进而自由）也是一种自然原因。与超感性的自然即知性世界（Verstandeswelt）相对的是感性的自然（die sinnliche Natur）即感性世界（Sinnenwelt）。

② "前文"指 B435/A408, B438/A411, B442/A415。在这些地方康德在相同的意义上讨论了"世界概念"（Weltbegriffe）和"宇宙论理念"（kosmologische Ideen）。在后文 B517/A489 康德在同样的意义上谈到了"世界理念"（Weltidee）。

③ 此句原文为"sondern es lediglich mit der Sinnenwelt (nicht mit Noumenis) zu tun haben"。"Noumenis" 为"Noumenon"（本体）的复数与格形式。康德在此将后者当成拉丁词加以变格了。"mit Noumenis" 的标准德语形式当为"mit den Noumena"或"mit den Noumenen"。

念），而将余下的两个概念称作**超验的自然概念**。这种区别现在还不具有特别的重要性。不过，在接下来的讨论中它会变得越发重要。

第二章　纯粹理性的冲突论

如果定论是指任何一个独断学说的全体的话，那么按我的理解，冲突论[1]不是相反的学说的独断的断言，而是诸看似独断的知识（thesin[2]cum antithesi［正题和反题］）的冲突，与此同时人们并没有认定其中的一种知识而非另一种知识拥有从人们那里得到支持的优先权利。［A421］因此，冲突论根本不关心片面的断言，而仅仅从诸种普遍的理性知识彼此之间的冲突以及这种冲突的原因这个方面考察这些知识。先验的冲突论是对纯粹理性的二律背反及其原因和结果的研究。如果我们不仅为了使用知性原则的缘故而将我们的理性运用到诸经验对［B449］象之上，而且冒险将我们的理性扩展到经验的界限之外，那么这样一些**诡辩理性的**定理便产生了，它们既没有在经验中得到证实的希望，也无需担心被驳倒，并且它们中的每一个不仅就其本身来说是没有矛盾的，而且甚至于在理性的本性中遇到了其必然性的条件，只不过，不幸的是，反论题在它那一边拥有同样有效且必然的断言根据。

于是，在纯粹理性的这样一种辩证论的情形中自然而然地自

① “定论”原文为“Thetik”，“冲突论”原文为“Antithetik”。

② Erdmann 认为“thesin”当作“thesis”。

我呈现出来的问题是这样一些问题：1）在这样的情况下，真正说来，在哪些命题中纯粹理性会不可避免地陷于这样一种二律背反？2）这种二律背反是建立在哪些原因基础之上的？3）尽管如此，对于处于这种矛盾之中的理性来说，是否以及以哪种方式还敞开着一条通向确实性的道路？

据此，纯粹理性的一个辩证的定理必须随身携带着这样的将它与所有其他诡辩的命题区别开来的特征［A422］：其一，它所涉及的并不是这样一个任意的问题，人们只是为了某种随便的意图提出它的，而是这样一个问题，每个人类理性在其进展中都必然会碰到它；其二，它连同它的反命题并非携带着仅仅这样一个人造的假象，当人们洞察到它时，它便立即消失了，相反，它们随身携带着这样一种自然而然的且不可避免的假象，即便在［B450］人们不再受到它欺骗时，它也总是让人产生迷惑，尽管它此时不会骗人了，因此，尽管它可以被弄得没有危害了，但是它从来不能被根除。

这样一种辩证的学说并非关联到诸经验概念中的知性统一性，而是关联到诸单纯理念中的理性统一性。由于理性统一性作为根据规则而进行的综合首先应当与知性完全相符[①]，而作为这样的综合的绝对统一性同时又应当与理性完全相符，因此，在这种统一性适合于理性统一性[②]时其诸条件对于知性来说太大了，而在这种统一性适宜于知性时它们对于理性来说太小了。于是，由此便必定产生这样一种冲突，无论人们如何做，它都是无法避免的。

因此，诡辩理性的这些主张开启了这样一个辩证的战场，在

① “完全相符”原文为“kongruieren”。

② 在此“理性统一性”（Vernunfteinheit）当作“理性”（Vernunft）。

其上被允许进行攻击的那一方总是保持着优势，而〔A423〕总是被迫采取守势的一方则肯定是失败的一方。于是，在精力充沛的骑士那里的情况也是一样的：无论他们是在为好事或坏事提供担保，只要他们设法获得做出最后攻击的特权，而不是被迫忍受敌方的新的攻击，那么他们肯定会戴上胜利者的桂冠。人们很容易设想，这块游戏场地一直以来已经被人们足够经常地光顾了，许多场胜利已经被敌对的双方争取到手了，但是，人们总是如此地为〔B451〕那个决定相关事情的最后的胜利做好了安排，以至于只有好事的捍卫者通过禁止其敌人继续拿起武器的方式守住了阵地。作为不偏不倚的裁判员，我们必须将这样的事情放在一边，即冲突双方为之奋斗的事情是好事还是坏事，而且首先让他们在他们之间解决他们的事情。我们可以设想，他们或许在彼此厌烦了而非彼此伤害了之后，自行看清了他们的争端的无意义性，并且最后友好地分手了。

我建议，不妨将这种观察诸主张之间的争论的方法——或者更准确地说，这种挑起这个争论本身的方法——叫作**怀疑的方法**。（人们之所以如此地观察或挑起这个争论，并不是为了最后做出有利于一方或另一方的决断，而是为了研究一下所争论的对象是否或许是这样一种单纯的幻象，相关的每个人均在徒劳地追逐它，而且，即使他们根本没有遇到任何反抗，在其上他们〔A424〕也不能得到什么。）这种怀疑的方法完全不同于**怀疑论**①，不同于关于一种艺术上的且科学上的无知的原则。（怀疑论或这样的无知的原则破坏一切认识的基础，以便尽可能在任何地方都不允许存留认识的

① “怀疑的方法”和“怀疑论”原文分别为“die skeptische Methode”和“Skeptizismus”。

可靠性和安全性。）因为，怀疑的方法采取如下做法的目的是达到确实性：它企图在这样一种双方均意在诚实地且不无理智地[B452]进行的争论中发现误解的地方，以便像聪明的立法者所做的那样，从法官在诉讼时所遇到的那种尴尬处境中为自己获取关于他们的法律条文中有缺陷的地方及未得到精确地规定的地方的信息。在这些法律条文的应用过程中所暴露出来的那种二律背反，在我们的有局限的智慧的情况下，构成了对于相关立法的最好的检验尝试，以便由此而让理性注意到出现在其原则的确立过程中的诸多要素，而在其抽象的思辨过程中理性不太容易察觉其失误。

不过，这种怀疑的方法根本说来仅仅是先验哲学所特有的。它在任何其他研究领域或许都是可以省却的，只有在这个领域是不可或缺的。在数学中使用这种方法是荒唐的，因为在数学中没有任何错误的断言可能隐藏起来了并且变得不可见了，[A425]而这点则又是因为，数学的证明必定总是沿着纯粹直观的线索而且必定是经由总是自明的综合进行下去的。在实验哲学[①]中一种导致人们延后做出相关的决断的怀疑很可能是有用的。不过，至少说来，任何不易消除的误解在此均确实是不可能的。在此相关纷争的最终的决断办法最后必定出现在经验之中（无论它们可能早一点儿还是晚一点儿被发现）。道德学也能够[B453]具体地给出（至少在可能的经验中）其原则连同实践的后果，并且由此而避免因抽象而来的误解。与此相反，这样一些先验的主张（它们甚至于自以为给出了扩展到一切可能的经验的领域之外的洞见），则既不属于这样的情形，即它们的

① Wille 认为“实验哲学”（Experimentalphilosophie）当作“实验物理学”（Experimentalphysik）。

抽象的综合可以在任何一个先天的直观中被给出，同时也并非具有如此的特征，以至于其误解能够借助于某种经验被发现。因此，先验理性只允许如下形式的试验，而不允许任何其他种类的试金石：试着将其主张彼此联合在一起，因此事先让这些主张彼此之间进行自由的且无阻碍的竞争。现在我们便进行这样的试验。*

先验理念的第一个冲突

[B454/A426][①] 正 题

世界时间上有一个开始，而且就空间来说也被包围在界限之内。

证 明

因为，假定世界没有任何时间上的开始，那么，就任何一个给定的时刻而言我们都有一个直到它那里为止的永恒消逝了，并且因此在世界中一个由诸彼此接续发生的事物状态构成的无穷的序列流逝了。但是，现

[B455/A427] 反 题

世界没有任何开始，并且在空间上没有任何界限，相反，无论就时间来说，还是就空间来说，世界均是无穷的。

证 明

因为，假定世界有一个开始，那么，由于这个开始是这样一种存在，一个没有事物存在于其中的时间处于其前面，因此，一个世界不曾出现于其中的时间，即一个空的时间必定出现在前面了。但是，现

* 我们对诸二律背反的讨论将依照前面[1]提到的先验理念的次序依次进行。〔[1]参见 B443/A415。〕

① A 版原版从 426 到 461 页以及 B 版原版从 454 到 489 页没有标明页码，所附页码为后来的版本（包括科学院版）补加。

在一个序列的无穷性恰恰在于这点，即它从来不能经由前后相继的综合而被完成。因此，一个无穷的、流逝了的世界序列是不可能的，进而世界的开始是其存在的一个必然的条件，而这点恰恰就是我们首先要证明的东西。

就第二点来说，让我们再一次地假定与其相反的论点，那么，世界就将是一个由同时存在着的诸事物构成的无穷的、给定的整体。现在，对于这样一个量的大小来说，它不是在任何一个直观的某些界限之内被给出的，*〔B456/A428〕我们

在在一个空的时间之内某个事物的产生是不可能的，因为这样一种时间的任何一个部分均并非优先于另一个部分而从自身来看便拥有这样一种存在的条件，它区别于非存在的条件（无论人们假定该存在的条件是从自身产生的还是经由另一个原因产生的）①。因此，尽管在世界之内许多事物序列能够开始出现，但是世界本身则不可能拥有任何开始，所以，它联系着过去的时间来说是无穷的。

就第二点来说，让我们首先假定与其相反的论点，即世

* 就一个不确定的量来说，如果它被包围在了诸界限之内，那么，我们能够直接地将它直观成一个整体，为此无需经由测量，即对它的诸部分的前后相继的〔B456/A428〕综合，构造出它的总体。因为，诸界限已经经由切掉一切更多的东西的方式规定了此处所涉及的那种完全性。〔此注中的“一个不确定的量”原文为“ein unbestimmtes Quantum”。正文中的“这样一个量的大小”原文为“die Größe eines Quanti”。“Quanti”和“Quantum”源于拉丁文，前者是后者的属格形式。“Quantum”特指“延展量”（die extensive Größe）。请比较B203中的相关的用法：“der Begriff einer Größe (quanti)”（关于一种作为quanti的量的概念）。〕

① 这句话原文是这样的：“weil kein Teil einer solchen Zeit vor einem anderen irgendeine unterscheidende Bedingung des Daseins vor die des Nichtseins, an sich hat (man mag annehmen, daß sie von sich selbst, oder durch eine andere Ursache entstehe)”。Erdmann认为“vor die des Nichtseins”当作“vor denen des Nichtseins”，Rosenkranz

不能通过任何其他方式而只能通过对其诸部分进行的综合的方式想到它，并且只能通过完成了的综合的方式想到这样一个量的总体，或者说只能通过将一个单位重复地附加到其自身的方式想到它。* 据此，为了将充满了所有空间的世界思维成一个整体，一个无穷的世界的诸部分的前后相继的综合就必须被看成已经完成了的，即在对所有并存的事物进行彻底的点数时一个无穷的时间必须被看成已经消逝了，而这样的事情是不可能的。据此，由现实的事物构成的一个无穷的集界从空间上说是有穷的并且是有边界的。于是，世界处于一个空的空间之中，而这个空的空间是没有边界的。因此，在此不仅出现了**空间中的**诸事物之间的关系，而且还出现了诸事物**与空间的**关系。现在，由于世界是这样一个绝对的整体，在其外不［B457/A429］会出现任何直观对象，进而不会出现世界的任何这样的关联物，世界与它处于关系之中，因此，世界与空的空间的关系就会是这样一种关系，世界**并非与任何对象**处于其中①。但是，这样一种关系进而还有世界经由

（接上页）认为当作“für die des Nichtseins”，Valentiner 认为当作“vor der des Nichtseins”，Heidemann 认为当作“von der des Nichtseins”。中译文据 Heidemann 的校改意见译出。（“Bedingung des Daseins”和“die [Bedingung] des Nichtseins”字面意义为“此是的条件”和“非是的条件”。）另外，“daß sie von sich selbst”中的“sie”的最近的指代词项应当是“Bedingung”（条件）；不过，Pluhar 认为其指代的是更前面的“Welt”（世界）。

* 在这种情形中，总体概念只不过就是对于该量的诸部分的完成了的综合的表象。这点是因为，既然我们不能从对于该整体的直观中得出这个概念（因为在这种情形中这样的直观是不可能的），那么我们只能经由对这些部分的综合（该综合一直进行到这个无穷的东西的完成）才能（至少在理念中）把握它。

① 此句后半部分原文是这样的：“so würde das Verhältnis der Welt zum leeren Raum ein Verhältnis derselben zu *keinem Gegenstande* sein”。

聚物不能被看成一个给定的整体，因此也不能被看成**同时**被给出来了。因此，一个世界从空间中的延展来说**并非是无穷的**，相反，它被包围在它的诸界限之内，而这点就是上面我们要证明的第二个论点。

空的空间而来的划界什么也不是，因此世界从空间上说根本不是有边界的，即它联系着广延来看是无穷的。*

对第一个二律背反的说明

〔B458/A430〕一、对正题的说明

我并非是在这些彼此冲突的论证中寻找幻象，以便比如给出这样一种律师证明（像人们所说的那样），它利用对方的粗心大意以便为自己谋取好处，

〔B459/A431〕二、对反题的说明

关于给定的世界序列以及世界全体的无穷性的证明是建立在下面这点基础之上的：在相反的情形中，一个空的时间，类似地，一个空的空间，必定

* 空间仅仅是外部直观的形式（形式直观），而不是任何能够被外在地直观到的现实的对象。空间先于所有这样的事物，它们规定了它（充满了它或者为其划界了），或者更为准确地说，它们提供了一种合乎它的形式的**经验直观**。这样的空间在绝对空间的名义下不是其他任何东西，而仅仅是诸外部显象的单纯的可能性——在这样的范围内，即它们或者就其本身来说就是存在着的，或者还能够附加到诸给定的显象之上。因此，经验直观并不是由诸显象和空间（知觉和空的直观）复合而成的。诸显象和空间中的一个并不是另一个的综合的关联物，相反，它们仅仅是在同一个经验直观中作为其质料和形式而被连接在一起。如果人们要将这两个要素中的一个置于另一个之外（将空间置于所有显象之外），那么由此便会产生各种各样的关于外部直观的空洞的规定，而这些规定终究不是可能的知觉，比如世界在无穷的空的空间中的运动或者静止这样的规定——该规定是对〔世界与无穷的空的空间这〕两者彼此之间的关系的规定，它从来都不能被知觉到，因此也是一个单纯思想之物的谓词。

并且乐于承认对方对于一条被误解了的法律条文的援引，以便确立他自己这样的不合法的要求，即他驳倒了对方。我们上面给出的这些证明中的每一个均得自事物的本性，而在给出它们时我们根本没有考虑来自双方的独断论者的错误的推理可能给我们带来的那种好处。

表面上看，我本来也可以通过如下方式证明正题：按照独断论者的习惯，从一个关于一个给定量的无穷性的有缺陷的概念出发。〔我本来可以争辩说，〕这样一个量是**无穷的**，在它之上——即在包含在该量之内的给定的单位的数量之上[①]——不可能还有更大的量。现在，没有任何这样的数量是最大的，因为总还是有一个或者多个单位可能被附构成了世界界限。现在，下面这点并非为我所不知：人们试图通过这样的借口来回避该后果，即认为从时间和空间上说一种世界界限是完全有可能的，为此根本无需假定一种世界开始之前的绝对的时间或者一种绝对的、在现实世界之外铺展开来的空间（这两种东西均是不可能的）。莱布尼茨学派中的一些哲学家持有此种看法。我完全同意该看法的后一部分内容[②]。空间仅仅是外部直观的形式，而不是任何能够从外部直观到的现实的对象，并且不是诸显象的任何关联物，而是诸显象自身的形式。因此，空间绝对地看（仅仅就其自身来说）不能作为诸事物的存在中起规定作用的东西出现，因为它根本不是对象，而仅仅是可能的

① “包含在该量之内的给定的单位的数量”原文为“die darin enthaltene Menge einer gegebenen Einheit”。

② 即前述观点中否认存在着一种世界开始之前的绝对的时间或者一种在现实世界之外铺展开来的绝对的空间的那部分内容。

加上来。因此，一个无穷的给定的量进而还有一个无穷的世界（无论是从流逝了的序列来说还是从延展来说）是不可能的，因此，世界从两边来说均是有边界的。我本来可以这样进行我们的证明，只不过，这个概念[①]不符合人们用一个无穷的整体所意指的东西。经由这个概念人们所表象的事项并不是该整体是**多大的**，进而该整体的概念也不是一个**最大量**的概念；相反，经由这个概念人们所思维的事项仅仅是〔B460/A432〕该整体与一个任意地假定的单位的关系——联系着该单位，该整体比一切数都大。现在，根据该单位是较大还是较小地被假定了，那个无穷的东西将是更大或更小的。不过，对象的形式。所以，诸事物作为显象确实规定了空间，即它们造成了这样的情况：在空间的所有可能的谓词（大小和关系）中，这些或那些谓词属于现实；但是，作为某种独立自存的东西，空间不能反过来联系着大小或者形状规定诸事物的现实性，因为它就其本身来说并不是任何现实的东西。因此，空间（无论它是充实的还是空虚的*）肯定能够经由诸显象而被划界，但是，诸显〔B461/A433〕象不能**经由**它们之外的一**个空的空间而被划界**。恰恰这点也适用于时间。现在，假定我们承认了所有这一切，那么，下面这点便也是无可争议的了：如果人们假定有一个世界界限（无论是从空间上说，还是从时

① 指前面提到的关于一个给定的量的无穷性的概念。

* 人们很容易注意到下面这点：我们经由上面的话想要说出的是这点，即**空的空间，在其是由诸显象划界的范围内**，〔B461/A433〕从而**世界内的**空的空间，至少与先验的原理不矛盾，因此，联系着这些原理它是可以被承认的（尽管其可能性并非因此就能立即被断定）。

那个无穷性则总是一仍其旧，因为它仅仅在于与这个给定的单位的关系。当然，由此我们完全没有认识到该整体的绝对的量，不过，在此我们所讨论的也不是这样的认识。

真正的（先验的）无穷性概念是这样的：在贯通地测量一个量时相关单位的前后相继的综合从来不可能是完成了的。* 由此下面这点便十分可靠地得到了：不可能有一个由诸现实的彼此接续发生的状态构成的永恒——直到一个给定的时刻（当下的时刻）——已经消逝了，因此世界必定有一个开始。

就正题的第二个论点来说，这里不存在一个无穷然而却流逝了的序列的困难，因为一个间上说），那么他们就必须完完全全地接受这样两种非物——世界之外的空的空间和世界之前的空的时间。

因为，人们试图借以回避这样的后果——根据该后果我们断言：如果世界（从时间和空间上说）有界限，那么无穷的空无[①] 必定从其量上规定了诸现实的事物的存在——的那条出路暗中仅仅在于：人们不是考虑**感性世界**，而是考虑理知世界（没人知道这样的世界是什么样子的）；不是思考第一开始（它是这样一种存在，在其前面出现了某种非存在的时间），而是泛泛地考虑这样一种存在，它**没有预设**世界中的**任何其他条件**；不是考虑广延的界限，而是考虑世

* 这个量由此便包含着这样一个（给定的单位的）数量，它大于一切数，而这个量便是关于无穷的东西的数学概念。

① “无穷的空无”原文为“das unendliche Leere”。所谓无穷的空无在此指上一段话中谈到的“世界之外的空的空间”（der leere Raum außer der Welt）和“世界之前的空的时间”（die leere Zeit vor der Welt）。

从广延上说无穷的世界的杂多是**同时**被给出的。不过，为了思考这样一种数量的总体，由于我们不能援引这样一些界限，它们在直观中自动地构成了这个总体，因此，我们必须对我们所要借助的概念做出进一步的说明——该概念在这种情形中不能从整体进行到诸部分的特定的数量，相反，它必须经由对诸部分的前后相继的综合来确立一个整体的可能性。现在，由于这种综合必定构成了一个从来不能完成的序列，因此，人们不能在它之前进而也不能经由它而思维一个总体。因为，在这种情形中总体概念本身就是对于一个完成了的对诸部分的综合的表象，而这样的完成进而还有关于该完成的概念是不可能的。

界整体的**限制**，[①]并且由此而避开了时间和空间。但是，在此所讨论的仅仅是mundus phaenomenon（现象世界）及其量，而在这样的世界这里人们决不能抽掉上面提到的那些感性条件，否则，这个世界的本质便被去除了。如果感性世界是有界限的，那么它必然处于无穷的空无之中。如果人们要去掉这个空无进而还去掉作为诸显象的可能性的先天条件的泛而言之的空间，那么整个感性世界便消失不见了。在我们的任务[②]中，只有这个感性世界被给予我们了。mundus intelligibilis（理知世界）只不过是关于一个泛而言之的世界的一般的概念，在其中人们抽掉了对于该世界的直观的所有条件。因此，联系着这个概念，任何综合判断——无论是肯定的还是否定的——都完全是不可能的。

---

① 关于界限（Grenze）和限制（Schranke）的区别，请参见B310/A255页上的译者注，进一步参见《未来形而上学导论》（Ak 4: 352）。

② 即关于世界是有界限的还是无穷的这个问题。

先验理念的第二个冲突

［B462/A434］正　　题

世界中的每个复合而成的实体均是由诸简单的部分构成的，而且，除了简单的东西或者由简单的东西复合而成的东西以外，根本不存在任何其他东西。

证　　明

因为，假定复合而成的实体不是由诸简单的部分构成的，那么，如果一切复合均在思想中被取消了，便不会有复合而成的部分存留下来，而且也不会有简单的部分存留下来（因为按照假设，没有简单的部分），进而根本不会有任何东西存留下来，因而，便不会有任何实体被给出来。因此，或者在思想中取消一切复合这样的事情是不可能的，或者在复合被取消后必定有某种不带有任何复合地存在着的东

［B463/A435］反　　题

世界中任何复合而成的东西都不是由简单的部分构成的，而且在世界中根本不存在任何简单的东西。

证　　明

假定一个复合而成的事物（作为实体）是由简单的部分构成的。因为一切外在的关系，进而也包括诸实体的一切复合，只有在空间中才是可能的，所以，无论该复合而成的东西是由多少部分构成的，它所占有的那个空间也必定是由同样多的部分构成的。现在，空间不是由简单的部分构成的，而是由诸空间构成的。因此，该复合而成的东西的每个部分都必定占有一个空间。但是，任何复合而成的东西的绝对的初始

西——即简单的东西——存留下来了。但是，在第一种情形下那个复合而成的东西再一次地不是由诸实体构成的（因为在诸实体这里，复合仅仅是它们之间的一种偶然关系，在没有这种关系的情况下，诸实体必定作为就其自身来说恒常的存在物而存在下来）。现在，由于［B464/A436］这种情况与〔我们的〕预设[①]矛盾，因此，便只剩下了第二种情形：即世界中实体性的复合而成的东西是由诸简单的部分构成的。

由此我们便直接得到了这样的结果：世界中的事物总起来说全部都是简单的存在物，

部分都是简单的，因此，简单的东西占有一个空间。现在，因为一切占有一个空间的实在的东西都内在地包含着一个〔诸〕彼此外在的〔要素的〕杂多，因此是复合而成的，而且作为一个实在的复合而成的东西，它不是由诸偶性构成的（因为诸偶性在没有实体的情况下不可能是彼此外在的），因而，它是由诸实体构成的，所以简单的东西会是一个实体性的复合而成的东西[②]，而这点是自相矛盾的。

反题的第二个命题——即在世界中根本不存在任何简单的东西——在此应当仅仅

① 此处的“预设”（Voraussetzung）意指不明。Pluhar 认为它所指的是此段第一句话所做出的假定：“假定复合而成的实体不是由诸简单的部分构成的”（nehmet an, die zusammengesetzten Substanzen beständen nicht aus einfachen Teilen）。不过，在这种解释之下，此断言难以理解。我认为，此“预设”意指的是正题的说明中（B468/A440）提到的如下预设：“我们的从复合而成的东西到简单的东西的推理仅仅适用于独立自存的事物”，并非“无差别地适用于所有复合而成的东西”。特别说来，它不适合于由诸偶性复合而成的东西（如果果真存在着这样的复合物的话），而只适用于所谓的“实体性的整体”（参见 B466/A438）。

② “实体性的复合而成的东西”原文为“das substantielle Zusammengesetzte”。

复合仅仅是它们的外在的状态，而且，即使我们从来不能将基本实体置于这种结合状态之外并将其孤立起来，理性也必定将它们思维成一切合成的第一主体，进而必定将它们思维成在合成之前便出现了的简单的存在物。

意［B465/A437］味着这点：绝对简单的东西的存在不能从任何经验或者知觉（无论是外部的还是内部的）那里得到确立，因此，绝对简单的东西是这样一个单纯的理念，其客观实在性从来不能在任何一个可能的经验中得到确立，进而在对诸显象进行阐明时没有任何应用和对象。因为，如果我们想要做出这样的假定，即我们可以为这个先验理念找到一个经验对象，那么对某个对象的经验直观就必须被认识成这样一种绝对不包含这样的杂多的直观，这种杂多〔的要素〕彼此是外在的，而且被连接成一个统一体。现在，由于任何这样的推理——从我们没有意识到这样一个杂多这样的事实得出该杂多在任何对一个对象的直观中的不可能性——均是无效的，而这种不可能性对于绝对的简单性来说是完全必要的，因此，便有如下结论：这种简单性不能从任何形式的知觉中推导出来。所以，由于作为一种绝对简单的对象的某种东西从来不能在任何一种可能的经验中被给出来，而感性世界必须被看成所有可能的经验的全体，因此，在它之内根本没有任何简单的东西。

反题中的这第二个命题要比第一个命题走得更远。第一个命题只是将简单的东西排除在对复合而成的东西的直观之外，而第二个命题则将它从全部自然中去除了。因此，它也不能从（对复合而成的东西的）外部直观的一个给定的对象的概念那里得到证明，而只能够从该对象与一种泛而言之的可能的经验的关系那里得到证明[①]。

① 此句原文是这样的："daher er auch nicht aus dem Begriffe eines gegebenen Gegenstandes der äußeren Anschauung (des Zusammengesetzten), sondern aus dem Verhältnis desselben zu einer möglichen Erfahrung überhaupt hat bewiesen werden können"。"desselben" 有两个可能的前指词项："Begriff" 或者 "Gegenstand"。从前后文来看，后者更为恰当。

对第二个二律背反的说明

[B466/A438] 一、对正题的说明

当我谈论必然是由诸简单的部分构成的一个整体时，我将它仅仅理解成一个实体性的整体——这样的整体构成了真正的compositum（合成物），即这样的杂多的偶然的统一体，这种杂多作为**分离地**（至少在思想中**分离地**）**被给出来的东西**而被置于一种交互的连接之中，并且由此而构成了一个东西。真正说来，空间不应该被叫作compositum（合成物），而应该被叫作Totum（整体），因为空间的诸部分只有在该整体中才是可能的，而该整体并非是经由诸部分成为可能的。空间最多可以叫作compositum ideale（观念的合成物），而不能叫作compositum reale（实在的合成物）。这点当然只是涉及微妙的区别。由于空间不是任何由

[B467/A439] 二、对反题的说明

对于这个关于物质的无穷划分的命题（其证明的根据仅仅是数学性的），一些**单子论者**提出了一些异议。这些异议仅仅因为下面这点便已经是可疑的了：这些单子论者不想将诸相关的最为清楚的数学证明看成关于空间的特性的洞见（在空间事实上构成了所有物质的可能性的形式条件范围内）；相反，他们将它们仅仅看成基于抽象而任意的概念（它们不能被关联到现实的事物）的推理——好像我们竟然还可能想出这样一种直观方式一样，它不同于那种在空间的本源的直观中被给出的直观方式，而且好像空间的诸先天的规定性并非同时涉及所有那些仅仅通过充满这个空间的方式而得以可能的东西。如果我

诸实体构成的复合而成的东西（甚至于都不是由诸实在的偶性构成的复合而成的东西），因此，如果我取消了空间中的一切复合，那么必定没有任何东西存留下来，甚至于点都没有存留下来，因为点只有作为一个空间（进而一个复合而成的东西）的界限才是可能的。因此，空间和[B468/A440]时间不是由诸简单的部分构成的。那种仅仅属于一个实体的状态的东西——尽管它拥有一个量（比如变化）——也不是由简单的东西构成的，即某种程度的变化并非是经由许多简单的变化的增加而产生的。我们的从复合而成的东西到简单的东西的推理仅仅适用于独立自存的事物。但是，状态的偶性并不是独立自存的。因此，如果人们采取如下做法（实际上人们已然常常这样做了），那么他们便可能损害对于这样的简单的们听从他们的意见，那么我们就必须在数学的点——它是简单的，但并不是一个空间的任何部分，而仅仅是其界限——之外还设想这样一些物理的点，它们虽然也是简单的，但是却拥有这样的优势，即作为空间的诸部分，凭其单纯的聚集便能充满空间。人们对这样的荒唐的做法已经做出了许多常见而清楚的反驳。现在在这里我不想再一次地重复这些反驳，因为想要通过单纯推论式的概念以理性诡辩的方式去掉数学的自明性，这种企图是全然徒劳无功的。在此，我只是做出如下评论：哲学在此之所以会[B469/A441]刁难数学，是因为它忘记了这点，即在这个问题上事情只是与**显象**及其条件有关。但是，在此仅仅为关于复合而成的东西的纯粹**知性概念**找到简单的东西的概念是不够的，相反，我们要为关于复东西的必然性的证明——它们构成了所有实体性的复合而成的东西的组成成分——并且由此而最终轻易地损害他们的事业：将这种证明推广到太远的地方，并且想要让它无差别地适用于所有复合而成的东西。

此外，在此我仅仅是在这样的范围内谈论简单的东西的，即它必然地在复合而成的东西之中被给出了，因为复合而成的东西可以被化解为简单的东西，像是化解为其构成成分一样。"Monas"（单[B470/A442]子）这个词的真正的意义（按照莱布尼茨的用法）想必只是涉及这样的简单的东西，它是**直接地**作为简单的实体而被给出的（比如在自我意识中），而非作为复合而成的东西的要素而被给出的。将这样的要素称为 Atomus（原子）或许更好。由于我只是想联系着复合而成的东西证明简单的实体（作为其要素），因此，我可以将第合而成的东西（物质）的**直观**找到关于简单的东西的直观，而根据感性的法则进而在感觉能力的对象的情况下这样的事情是完全不可能的。因此，对于这样一个由诸实体构成的整体，它仅仅是经由纯粹的知性而被思维的，下面这点可能总是有效的：在该整体的一切复合之前我们必定拥有了简单的东西。但是，对于 totum substantiale phaenomenon（现象的实体性的整体）这点却是无效的。这样的整体作为空间中的经验直观随身带有如下必然的性质：它的任何部分均不是简单的，因为空间的任何部分都不是简单的。然而，单子论者是足够机智的，他们打算通过如下方式避开这个困难，即不是将空间假定为外部直观的对象（物体）的可能性的条件，而是将外部直观的对象（物体）以及诸实体之间的泛而二个二律背反的正题[1]叫作先验**原子论**。但是，因为这个词很早以前便已经被用作关于物体性的显象的（molecularum［分子的］）一种独特的解释方式的名称，因此它预设了经验概念，所以该正题可以被称作**单子论**的辩证的原则。

言之的动力学关系假定为空间的可能性的条件。现在，虽然对于仅仅作为显象的物体我们拥有一个概念，但是，作为这样的显象，物体必然地将空间假定为所有外部显象的可能性的条件了。因此，单子论者所选择的逃避困难的方式是徒劳的（我们前面在先验感性论中已经充分地去除了这种逃避方式[2]）。不过，如果物体是物本身，那么单子论者的证明的确是有效的。

［B471/A443］〔此反题的〕第二个辩证的断言拥有如下独特之处，即它面对着一个反对它自己的独断的断言，而该断言是所有诡辩理性的断言中唯一一个这样的断言，它企图在一个经验对象之上以一种显而易见的方式证明那个我们在上面仅仅将其算作先验理念的东西的

① “正题”（These）在 A 版和 B 版原版中作“反题”（Antithese）。科学院版据 Mellin 建议改正。

② 参见 B37–45/A22–30。

现实性，即实体的绝对的简单性——这个断言为：内感能力的对象，那个在此思维的我，是一个绝对简单的实体。现在，我不想讨论这点（因为上面[①]我们已经详尽地斟酌过这点），而仅仅给出如下评论：如果某种东西仅仅被思维成对象，而与此同时并没有附加上关于其直观的某种综合的规定（比如，通过我这个全然赤裸的表象这样的事情便发生了），那么，自然而然地，在这样一种表象中我们根本不能知觉到任何杂多的东西，而且也不能知觉到任何复合。此外，由于我借以思维这个对象的那些谓词仅仅是内感能力的直观，因此，在它之中也不可能出现任何这样的东西，它表明了彼此外在的〔要素的〕杂多，进而表明了实在的复合。因此，只有自我意识带来了这样的结果：因为在

① 指前文纯粹理性的谬误推理部分。

思维的主体同时就是它自己的对象，所以它不能划分它自己（尽管它能划分依存于它的诸规定性），而这点又是因为，联系着它自己，每个对象都是绝对的统一体。尽管如此，如果这个主体被**外在地**当作一个直观对象而加以考察，那么它就其本身来说肯定显示了显象中的复合。然而，如果人们想知道，一个彼此**外在的**〔要素的〕杂多是否出现在它之中了，那么人们就必须总是如此地考察它。

先验理念的第三个冲突

［B472/A444］正　　题

根据自然法则的因致性并不是唯一的这样的因致性，从其中世界的诸显象可以全部都推导出来[①]。为了解释世界的

［B473/A445］反　　题

不存在自由，相反，世界中的一切都仅仅是根据自然法则而发生的。

① “推导出来”原文为“abgeleitet”（其原形动词为“ableiten”）。在此“推导”并非仅仅意味着逻辑的推导，而是指更为一般意义上的推导，即必然地得出。在本书其他地方情况也是如此。泛而言之，在其日常的用法中，情况亦然。

诸显象，我们还必须假定经由自由的因致性。

证　明

假定除了根据自然法则的因致性以外，没有其他的因致性；因此，所**发生的**一切事情均预设了这样一个在前的状态，按照一条规则，它们不可避免地接着它而发生。但是，现在这个在前的状态本身也必须是某种发生的事情（在这样的时间中形成的东西，此时之前它并不存在），因为如果它始终是存在的，那么其后果就并非才刚刚出现，相反，将总是存在的。因此，一个原因的这样的因致性——正是经由它某种事情发生了——本身也是某种**发生的**事情，而根据自然法则，这种事情再度预设了一个在前的状态及其因致性，而该状态同样还预设了一个更前的状态，等等。因此，如果一切均按照单纯的自然法则发生，那么就始终只有一个

证　明

假定存在着作为一种独特类型的因致性的先验意义上的**自由**，世界中的诸事件可以根据这样的因致性而发生，这种自由也即一种绝对地肇始一种状态进而还有该状态的诸后果的一个序列的能力，那么，不仅一个序列经由这种自发性而绝对地开始了，而且该自发性本身之决定引起该序列这个事情——也即那种因致性——也绝对地开始了，结果，没有任何这样的事情先行发生了，正是经由它，这个进行着的行动按照恒定的法则被决定了。但是，每个开始行动起来这样的事情都预设了一个还没有行动起来的原因的一种状态，而一个行动的动力学上的第一开始则预设了这样一种状态，它与恰好同一种原因的在前的状态

从属的开始，而从来没有［B474/A446］一个第一开始[①]，于是，也就根本不会有诸彼此源出的原因一边的序列的完全性。不过，在此自然法则恰恰在于下面这点：在没有先行被充分地决定了的原因的情况下，没有任何事项会发生[②]。因此，好像一切因致性仅仅根据自然法则才是可能的这个命题就其没有任何限制的普遍性来说是自相矛盾的，所以，我们不能假定这种根据自然法则的因致性是唯一的因致性。

据此，我们必须假定这样一种因致性，经由它这样的某种事情发生了，其原因并非进一步经由另一个在前的原因按照必然的法则而被决定的，也即必须假定原因的一种绝对的自发性，这种自发性能够自行开始一个按照自然法则进行的现象序列，因而必须假定先验的自由，否则，即使在自然的进程中，现象的序列在原因一边也永远不会是完全的。

没有任何因致性关联，也即，它决不是从该在前的状态那里产生的。因此，先验自由违反了因果法则，是诸效力因的诸前后［B475/A447］相继的状态的这样一种连接，按照它，任何经验统一性均是不可能的，因此它在任何一种经验中也均不会被遇到。所以，先验自由是一种空洞的思想之物。

因此，我们只是拥有**自然**，我们必须在其内寻找诸世界事件的关联和秩序。摆脱了自然法则的自由（独立性）虽然意味着**摆脱了**强制，但同时也意味着**放弃了**一切规则的**导引**。因为，人们不能这样说：

① “一个从属的开始”和“一个第一开始”原文分别为“einen subalternen Anfang”和“einen ersten Anfang”。

② 这句话原文为：“daß ohne hinreichend *a priori* bestimmte Ursache nichts geschehe”。在此康德应当不是在“*a priori*”这个词在他那里的技术性意义上使用该词的，而是在其通常的意义上（或者说在其在以前的哲学家那里的意义上）使用它的。这也就是说，在此其意义是“先行、事先、先于、一开始等等”，而非“先天（地）”（参见 Henry Allison, *Kant's Theory of Freedom*, Cambridge: Cambridge University Press, p. 16; Jonathan Bennett, *Kant's Dialectic*, Cambridge: Cambridge University Press, 1974, pp. 185–186）。

一步地经由另一个在前的原因按照必然的法则而被决定了。也即，我们必须假定诸原因的这样一种**绝对的自发性**，借此它们**自动地**[①]肇始了诸显象的一个按照自然法则延伸的序列，因此我们必须假定先验自由。如果没有先验自由，那么即使在自然的进程中诸显象的序列在诸原因的一边也决不是完全的。

不是自然的法则而是自由的法则出现在世界进程内的因致性之中，因为如果自由是由法则所决定的，那么自由将不再是自由，相反，它本身不过就是自然。因此，自然和先验自由之区分恰如合法则性与无法则性[②]之区分。其中的自然尽管通过如下困难而让知性不胜其烦，即总是要不断地向上寻找诸原因的序列中的诸事件的来源，因为这些原因中的因致性

① "自动地"原文为"von selbst"。在与"自由"相关的语境中"von selbst"意为"没有任何原因或条件地"、"非被决定地"。请注意：这种语境中出现的"自动地"与前文B67–69、B130、B157–158Anm.、B278中讨论的"自我活动般地"或"自我活动的"（selbsttätig）进而"自我活动性"（Selbsttätigkeit）的区别与联系。在后面这些地方康德是在关于感性直观、理智直观、自我直观和统觉的关系的语境中讨论自我活动性的。不过，在B445–446/A417–418中，他则试图将两者联系起来，甚至于将"自由"直接等同于"绝对的自我活动性"（die absolute Selbsttätigkeit）。康德也常常将这两种意义上的自我活动性或自动性均称作"自发性"（Spontaneität）（参见B68）。此外，康德常常谈论概念和思维的自发性、认识的自发性（即知性）、知性的自发性、作为自发性的想象力、统觉的自发性等等，并且将知性的自发性与感性的接受性（Rezeptivität der Sinnlichkeit）对立起来。自由意义上的自发性可以说是理性的自发性（自我活动性）的一种表现形式。理性的自发性的另一种表现形式是理性通过理念所提供的统一性功能。这些不同语境中所讨论的自发性（自我活动性）的共同之处在于这点：相关的自发的事项均不是被自然原因或感性条件所决定的。

② "合法则性"和"无法则性"原文分别为"Gesetzmäßigkeit"和"Gesetzlosigkeit"。

总是有条件的，但是，作为补偿，它允诺了经验的贯通的且合法则的统一性。相反，尽管经由如下方式自由的幻象为探究的知性在诸原因的链条中预兆了一处休息之所——即自由将这个知性引导到这样一种无条件的因致性，它自动地开始行动起来——但是，因为这种因致性本身是盲目的，所以它中断了规则的导引，而只有在这样的导引之下，一种贯通地关联在一起的经验才是可能的。

对第三个二律背反的说明

〔B476/A448〕一、对正题的说明

关于自由的先验理念尽管远没构成拥有这个名称[①]的那个心理学概念的全部内容（该概念大部分说来是经验性的），

〔B477/A449〕二、对反题的说明

在与自由学说的对抗中自然全能的捍卫者（先验的**自然统治〔学说〕**[②]）会以如下方式维护其反对自由学说的诡

① 指“自由”这个名称。

② “自然全能”原文为“Allvermögenheit der Natur”，“自然统治〔学说〕”原文为“Physiokratie”。

而只是构成了一个行动的绝对的自发性的全部内容（该内容构成了该行动的可归责性的真正根据），但它却是哲学的真正的障碍物——哲学在承认诸如此类的无条件的因致性方面遇到了许多不可克服的困难。因此，在意志自由问题上一直以来让思辨理性处于如此巨大的尴尬境地的东西真正说来仅仅是**先验的**事项，而且仅仅牵涉这点：是否必须假定这样一种能力，它**自动地**肇始一个前后相继的事物或状态的序列。这样一种能力是如何可能的这个问题不必是可以回答的，因为在根据自然法则的因致性的情况下我们也同样必须满足于这点，即先天地认识到这样一辩的理性推理的命题。**如果你们不假定在世界之中有任何从时间上说的数学上的第一个东西，那么你们也不必寻找一个从因致性上说的动力学上的第一个东西。**[①]是谁吩咐你们做下面的事情的：编造出一个世界的绝对地第一的状态[②]进而编造出逐渐流逝的诸显象的序列的一个绝对的开始，并且为不受限制的自然设置界限，以便你们能够给你们的想象设法找到一个休息之所？由于世界中的实体总是存在着的（至少经验的统一性使得这样一种预设成为必然的），因此，进一步做出如下假定并没有任何困难：诸实体的状态的变易，也即其变化的序列，总

① “从时间上说的数学上的第一个东西”和“从因致性上说的动力学上的第一个东西”原文为分别为“ein mathematisch Erstes der Zeit nach”和“ein dynamisch Erstes der Kausalität nach”。

② “一个世界的绝对地第一的状态”原文为“einen schlechthin ersten Zustand der Welt”。

种因致性是必须被预设的，尽管我们根本无法理解如何经由某种存在另一个事物的存在便被设定了这样的可能性，在这种情况下我们必须坚守经验。现在，真正说来我们只是在为理解世界的来源所需要的范围内阐释了诸显象的序列之出自自由的第一开始的必要性，与此同时人们可以将所有接下来出现的状态［B478/A450］看成根据单纯的自然法则而来的序列。不过，因为由此我们的确一度证明了存在着一种完全自动地肇始一个时间中的序列的能力（尽管我们没有洞见到这种能力），因此现在我们也被是存在着的。所以，我们不需要寻找任何形式的第一开始——无论是数学上的，还是动力学上的。这种没有这样的第一个成员的无穷的源起的可能性就其可能性来说是无法理解的，联系着该成员来说所有其他的成员均仅仅是在后面接着出现的[①]。但是，如果你们因此便想弃置这些自然之谜，那么你们将看到你们不得不放弃许多综合的基础特性（基础力），它们对于你们来说同样是难以理解的，［B479/A451］甚至于一种泛而言之的变化的可能性都必定会让你们心生反感。因为，如果你们不是经由

① 此句原文是这样的："Die Möglichkeit einer solchen unendlichen Abstammung, ohne ein erstes Glied, in Ansehung dessen alles übrige bloß nachfolgend ist, läßt sich, seiner Möglichkeit nach, nicht begreiflich machen"。其中的"seiner"指代不明。Wille建议用"Das Wunder"（这个奇迹）取代"Die Möglichkeit"。这样，"seiner"便有了指代对象，即指代"Das Wunder"。根据接下来一句话提到的"这些自然之谜"（diese Naturrätsel）这种说法，这个建议不无道理。不过，从另一方面来看，"seiner Möglichkeit nach"这个修饰语在此实属多余，完全可以删除（Pluhar的英译便是如此处理的）。

允许让世界进程中的诸各种各样的序列从因致性上说自动地开始，而且归属给这些序列的实体一种根据自由而行动的能力。不过，在此人们不要受到下面这种误解的阻碍，即既然在世界之内一个前后相继的序列只能有一个比较地第一的开始，因为在世界中总是有一个事物状态先行发生了，那么或许在世界进程中任何绝对第一的开始便是不可能的了[①]。因为，我们在此谈论的并不是从时间上说的绝对第一的开始，而是从因致性上说的绝对第一的开始。如果我现在（比如）完全自由地，在没有受到自然原因的必然地决定性的影响的情况下从我的椅子上站起来，经验发现变化是真实的事情，那么你们永远不能先天地想到这样一种永不停息的存在和非存在的序列如何是可能的。

然而，即便我们退一步要承认一种先验的自由能力，以便肇始世界变化，这种能力至少也必须是处于世界之外的（尽管如下想法总归是一个大胆的非分要求：在一切可能的直观之全体之外还假定这样一个对象，它不能在任何可能的知觉中被给出）。不过，在世界自身之内将这样一种能力归属给实体，这点绝不是能够被允许的，因为，这时根据普遍的法则而彼此必然地相互决定的诸显象之间的关联（人们将其称作自然[②]）连同经验真理

① “比较地第一的开始”和“绝对第一的开始”原文分别为“komparativ erster Anfang”和“schlechthin erster Anfang”。

② 在前文康德对“自然”做出了如下界定：“诸显象从其存在上看根据必然的规则即根据法则而来的关联”（B263/A216）；特别说来，“一个事物的诸规定性根据一种内在的因致性原理而来的关联”（B446/A418-419Anm.）。

那么在这个事件中——连同其延续到无穷的自然的后果——一个新的序列便绝对地开始了，尽管从时间上说这个事件仅仅是一个先行进行着的序列的继续。因为我的这个决定和行动根本没有处于单纯的自然结果的序列之中，并非是该序列的一种单纯的延续，相反，它们之上的诸决定性的自然原因联系着所发生的这个事情来说完全终止了。这个事情尽管是跟着那些自然原因而来的，但是并非是从它们那里产生的。因此，这个事情尽管从时间上说不能，但从因致性上说却必须被称为一个由诸显象构成的序列的一个绝对第一的开始。

我们可以从如下事实中清楚地看到对于理性在诸自然原因的序列中要援引一种出自自由的第一开始这种需求的证实：古代的所有哲学家（伊壁鸠鲁学派除外）均看到，为了的特征（正是这种特征将经验与梦幻区分开来）大部分说来便消失不见了。因为，在这样一种无法则的自由能力旁边自然几乎是不可设想的了，而这点又是因为，自然的法则被自由的影响无休止地加以改变了，而诸显象的游戏——根据单纯的自然该游戏本来是规则性的并且是齐一性的——由此便被弄得混乱不堪且丧失了关联。

解释世界的运动，他们不得不假定**第一推动者**，也即这样一种自由地行动的原因，它首先并且自动地肇始了诸状态的这个序列。因为，他们均不敢依据单纯的自然而使得某个第一开始成为可以理解的。

先验理念的第四个冲突

[B480/A452] 正 题

世界需要一个绝对地必然的存在物[①]——或者作为世界的一个部分，或者作为其原因。

证 明

感性世界，作为所有显象的整体，同时包含了一个诸变化的序列。因为，如果没有这样的序列，那么甚至于关于作为感性世界的可能性的条件的时间序列的表象都不会被给予

[B481/A453] 反 题

根本不存在任何绝对地必然的存在物——无论是在世界之内还是在世界之外（作为世界的原因）。

证 明

假定世界本身就是一个必然的存在物，或者在世界之内有一个必然的存在物，那么或者在世界的诸变化的序列中有这样一个开始，它是无条件地必然的，进而是没有原因

① “绝对地必然的存在物”原文为“schlechthinnotwendiges Wesen”（或作“absolutnotwendiges Wesen”）。

我们。* 但是，每一种变化均隶属于其条件，而该条件从时间上说先行发生了，并且在这样的条件之下该变化是必然的。现在，每一个给定的有条件者联系着其存在来说都预设了一个直到绝对无条件者为止的诸条件的完全的序列，而只有这个绝对的无条件者才是绝对必然的。因此，必定有某种绝对必然的东西存在了——如果一个变化作为它的后果而存在了。但是，这个必然的东西本身属于感性世界。因为，假定它处在感性世界之外，那么诸世界变化的序列便会从它那里得到其开始，[B482/A454] 与此同时这个必然的原因本身却不属的，而这点与关于时间内的所有显象之决定的动力学法则相冲突；或者这个序列本身没有任何开始，并且，尽管它在其所有部分中是偶然的且有条件的，但是就整体说来它是绝对地必然的且无条件的，而这点是自相矛盾的，因为就一定数量的东西①来说，如果其任何一个部分均并非拥有一种就其自身来说必然的存在，那么它的存在就不可能是必然的。

与此相反，让我们假定在世界之外存在着一个绝对必然的世界原因，那么这个世界原因作为诸世界变化的**诸原因的序列**中的 [B483/A455] 至上的成员首先开始了诸世界变化的存在

---

* 尽管时间作为诸变化的可能性的形式条件客观上[1]说先行于这些变化[2]，不过，主观上说[1]并且在意识的现实之中，〔时间〕这个表象正如任何其他表象一样却是由知觉的诱发所给出的。〔[1] Wille 认为“客观上说……主观上说”次序颠倒了，当作“主观上说……客观上说”。[2] 在 A 版和 B 版原版中，“这些变化”（diesen）作“这种可能性”（dieser）。Erdmann 认为当作“这些变化”。科学院版据此改正。〕

① “一定数量的东西”原文为“eine Menge”。

于感性世界。现在，这点是不可能的。因为，既然一个时间序列的开始只能经由那种从时间上说先行发生的东西而被决定，那么，一个诸变化的序列的开始的至上的条件就必定存在于这样的时间之中，在那时这个序列还没有存在（因为开始是这样一种存在，这样一种时间出现在其前面了，在其中那个开始存在的事物还不曾存在）。因此，诸变化的必然的原因的因致性进而还有该原因本身属于时间，进而属于显象（只有在显象之上，时间，作为显象的形式，才是可能的）。因此，该原因不能在与作为所有显象之全体的感性世界相分以及世界变化的序列。* 但是，现在在这种情况下，这个世界原因也必须开始行动起来，并且其因致性将属于时间，恰因如此它将属于诸显象的全体，即属于世界。因此，它本身，这个原因，并非处于世界之外，而这点与开始的预设矛盾。因此，无论是在世界之内，还是在世界之外（但却与世界处于因果联系之中），都不存在任何绝对必然的存在物。

---

* “开始”这个词是在两种意义上被理解的。第一种意义是**主动的**，在此原因开始了（infit）一个作为其结果的诸状态的序列。第二种意义是**被动的**，在此因致性在原因本身中开始发挥作用（fit）。在此我从第一种意义上的开始推导出第二种意义上的开始。〔此句中第一和第二个“开始”原文为“Anfangen”和“anfängt”，第三个“开始（发挥作用）”原文为“anhebt”。此处的“infit”和“fit”均为拉丁语词，前者意为开始做某事，后者为“facio”（意为开始、发生或出现、做、发起、发动、促使、制造等等）的被动式“fio”之第三人称单数直陈式形式。〕

离的情况下而被思维。所以，在世界本身中便包含有某种绝对必然的东西（无论现在这个东西是整个世界序列本身，还是其一个部分）。

对第四个二律背反的说明

〔B484/A456〕一、对正题的说明

为了证明一个必然的存在物的存在，我在此只是致力于使用一种**宇宙论**论证（而不使用其他的论证），即这样的论证，它从显象中的有条件者攀升到概念中的无条件者，因为人们将这种无条件者看作相关序列的绝对总体的必然的条件。这样的尝试——欲从关于所有泛而言之的存在物中的某个至上的存在物的单纯理念出发而给出这样的证明——属于理性的一个不同的原理，因此，这样一种证明必须分别地予以处理。

现在，纯粹的宇宙论证明只能通过如下方式确立一个必

〔B485/A457〕二、对反题的说明

如果人们在诸显象的序列中向上攀升时以为自己遇到了不利于一种绝对地必然的至上原因的存在的困难，那么这些困难必定也不是建立在关于一个泛而言之的事物的必然的存在的单纯的概念基础之上的，进而它们必定不是存在论的困难，而是源起于〔这样的至上原因〕与一个诸显象的序列的因果联系，以便借助于这种因果联系为诸显象假定这样一个条件，它本身是无条件的。因此，它们必定是宇宙论的困难并且必定是根据经验法则推导出来的。因为，事实必定会

然的存在物的存在，即同时让下面这点处于未定的状态：这个必然的存在物是世界本身还是一个不同于世界的事物。因为，为了弄清楚后面这点，我们需要这样一些原则，它们不再是宇宙论的原则，而且并非在诸显象的序列中继续进行下去，而是关于诸泛而言之的偶然的存在物的概念（在这些存在物仅仅被思考成知性的对象范围内）以及一条关于这样的事情的原理，即将这些偶然的存在物通过单纯的概念而与一个必然的存在物联系起来。但是，所有这一切均属于一种**超验的**[①]哲学，而此处还不适合对这种哲学进行讨论。

但是，一旦人们开始通过如下方式以宇宙论的方式给出这个证明，即将诸显象的序列以及在该序列中依照关于因致表明：在（感性世界中的）诸原因的序列中的攀升从来不能终结于一个经验上无条件的条件，并且基于诸世界状态的偶然性（依据世界状态的变化）而进行的宇宙论的论证最后是不利于关于这样一个原因的假定的，这一原因是第一原因，并且绝对地首先肇始了这个原因序列。

[B487/A459] 但是，在这个二律背反中出现了这样一种奇怪的对比，即从恰好同一个证明的根据人们在正题中推导出了一个原初存在物的存在，而在反题中人们则推导出了这同一个存在物的非存在，而且两种推导都带有同样的精确性。首先，人们说：**存在着一个必然的存在物**，因为整个过去了的时间内在地包含着所有条件的序列并且因此也包含着无条件

① Görland 认为“超验的”（transzendente）当作“先验的”（transzendentale）。

性的经验法则进行的回溯置于基础的地位，那么人们事后便不能从此跳转到那种根本并非作为一个成员而属于该序列的东西之上。因为，我们必须在这［B486/A458］样的意义上将某种东西看作条件，我们正是按照该意义来理解这样的序列——在连续的前进中该序列应当通向这个最高的条件——中的有条件者与其条件的关系的。现在，如果这种关系是感性的并且属于知性的可能的经验的使用，那么这个至上的条件或者至上的原因只能根据感性的法则进而只能作为属于时间序列的东西而结束这个回溯，而且必然的存在物必须被看成世界序列的至上的成员。

尽管如此，人们还是擅自做出了这样一种跳转（μετάβασις εἰς ἄλλο γένος［转到另一个类型］）。这也就是说，人们从世界中的诸变化推导出经验的偶然者（必然的东西）。现在人们又说：**不存在任何必然的存在物**，之所以如此，恰恰是因为整个流逝了的时间内在地包含着所有条件的序列（而这些条件总起来看因此又一次地是有条件的）。这种现象的原因在于这点：第一个论证只关注诸条件的序列的**绝对的总体**（这些条件中的一个在时间中决定了另一个），并且由此得到了一个无条件者（一个必然的东西）；相反，第二个论证则将所有**在时间序列中**被决定了的东西的**偶然性**纳入考虑之中（因为在每个在时间序列中被决定了的东西之前都有这样一个时间先行出现了，在其中一个条件本身必定再一次地作为有条件的东西而被决定了），由此一切无条件者［B489/A461］并且一切绝对的必然性便完全消失不见了。然而，两个论证中的推理方式甚至于都完全适合于性，即这些变化对于经验上决定性的原因的依赖性，并且得到了诸经验条件的一个上升的序列——这样做也是十分恰当的。但是，由于人们在此不能找到任何第一开始并且不能找到任何至上的成员，因此，人们突然离开了关于偶然性的经验概念并且拿来〔偶然性〕这个纯粹范畴。该范畴于是诱发了一个单纯的理知序列，而该序列的完全性是建立在这样一个绝对地必然的原因的存在基础之上的，它从现在起也摆脱了借以开始实施其因致性本身的时间条件（因为它并没有被连接在任何感性条件之上）。但是，这种做法完全是不合法的——从下面的讨论人们可以推知这点。

在〔偶然性〕这个范畴的纯粹这样的普通的人类理性，它在从两个不同的视角考虑其对象之后，多次地陷于这样的情形，即与自身产生不和。麦兰[①]先生将两位著名的天文学家之间的争论——该争论源起于一种关于视角选择的类似困难——看成一个足够令人惊奇的现象，值得对之专门撰写一篇论文。因为，其中的一个天文学家这样推论道：**月亮围绕着它的轴旋转**，因为它始终将相同的一面对着地球；另一个天文学家则推论说：**月亮并非围绕着它的轴旋转**，这点恰好是因为它始终将相同的一面对着地球。依据人们所选择的从其上观察月亮运动的不同的视角，两个推论都是正确的。

① 麦兰（Jean-Jacques Dortous de Mairan，1678—1771），法国物理学家和数学家。

粹的意义上，这样的东西是偶然的：其矛盾的反面是可能的。现在，人们根本不能从经验的偶然性推导出这种理知的偶然性。被改变了的东西的反[B488/A460]面（其状态的反面）相对于另一个时间来说是现实的，因而也是可能的。因此，这个反面并不是前面的状态的矛盾的反面。矛盾的反面所需要的是这点：在前面的状态在其上发生的那个时间之上，取而代之的是，其反面本来可以发生于其上，而这点根本不能从变化那里推导出来。一个曾经处于运动中的（=A）物体现在静止下来了（=非A）。现在，从这个事实——即一个与状态A相反的状态跟着状态A发生了——我们根本不能推导出这点：A的矛盾的反面是可能的，进而A是偶然的。因为，为此我们需要如下这点：在该运动发生在其上的那个时间之上，取而代之的是，静止本来可以发生在其上了。现在，我们所知道的东西并不多于下面这点，即在接下来的时间之中静止是现实的，进而也是可能的。但是，一个时间中的运动与另一个时间中的静止彼此并不是矛盾地对立的。因此，两个相反的规定性的前后相继的发生即变化绝对没有证明依据纯粹知性的概念的偶然性，因而也不能导致一个必然的存在物依据纯粹知性概念的存在。变化只是证明了经验的偶然性，即新的状态，在不存在一个属于前面的时间的原因的情况下，就其自身来看、根据因致性法则本来根本就不可能发生。这个原因——即便它被假定为绝对地必然的——终究必须以这样的方式在时间中被遇到，而且必须属于诸显象的序列。

[B490/A462] 第三章 论理性在它的这种冲突中的兴趣

现在在这里我们完成了宇宙论理念的全部辩证的游戏。这些宇宙论理念完全不允许这样的事情发生：在某个可能的经验中给予它们一个与它们完全相符的对象。它们甚至于不允许这样的事情：理性以与普遍的经验法则一致的方式思考它们。尽管如此，它们终究不是随意地构想出来的；相反，在经验综合的连续前进中，如果理性想要让那种总是只能按照经验的规则而被有条件地决定的东西摆脱一切条件并且想要在其无条件的总体中把握它，那么理性将必然地被引导到这些理念。这些诡辩的理性断言就是人们为解决理性的那四个自然而然的且不可避免的问题而做出的诸多尝试。只能有恰好四个这样的断言（它们不可能多于四个，也不可能少于四个），因为不存在更多这样的综合的预设的序列，它们先天地为经验的综合划定了界限。

在前文中，我们仅仅是以一些枯燥乏味的表述形式——它们只包含着理性的合理要求的根据——呈现了这样的理性的令人眼花缭乱的狂妄要求，它企图将其领地拓展到经验的一切界限之外。[B491/A463] 而且，我们还将这些表述形式与一切经验事项剥离开来（像在一种先验哲学中应该做的那样），尽管诸理性断言的全部壮观之处只能在与经验事项的联系中才能发出其光芒。但是，在这种应用中并且在理性的使用通过如下方式进行的这种不断前进的拓展中，即从经验的领域开始并且向上一直逐渐地推进到这些崇高的理念，哲学显示出了一种远远超越了人类的所有其他科学的价值的尊严（只要它能够主张它的狂妄的要求），因为它预示了我们对于这样一些最终目的的最大的期待和展望的基础，理性的所有努力最后都必定在它们之中联合起来。请看我们所讨论过的这些问题：世界是否有一个开始以及世界是否有它在空间中的延展的某种界限？在某个地方并且或许是在我的思维的自我之中有一种不可划分的且不可毁灭的统一性吗，还是仅仅存在着可划分且倏忽即逝的东西？我在我的行动中是自由的吗，还是像其他存在物一样，我也是在自然和命运的绳索的牵引之下行动的？最后，存在着一个至上的世界原因吗，还是自然物及其秩序构成了最后的对象，我们在我们的所有考察中都必须停留在其上？这些问题是这样的问题，数学家们甚至甘愿放弃他们的整个科学而得到它们的解决。因为，联系着［B492/A464］人类的最高的且最让人关切的目的来说，他们的这门科学不能为他们带来满足。甚至于数学（人类理性的这个令人骄傲的作品）的真正的尊严也是建立在如下事实基础之上的：数学指导着理性如何以一种远远超过建立在普通经验基础之上的哲学的所有期待的方式，既从大处又从小处洞察自然——处于其秩序和规则性之中的自然，同样地，处于推动着它的诸种力的令人惊叹的统一性之中的自然。通过这样的方式，数学甚至于为理性之拓展到一切经验之外的使用提供了机缘和鼓励。类似地，它为专注于理性这样的使用的世界智慧提供了这样一些极好的材料，经由一些适当的直观它们可以用来支持世界智慧的探究（只要这种探究的特性允许人们这样做）。

对于思辨来说不幸的是（但是，对于人的实践的使命来说或许幸运的是），理性看到自己在其诸多最大的期待中被如此地困在了一大堆拥挤不堪的根据和反对的根据[①]之中，以至于采取这样的做法是不可取的：一方面出于维护其荣誉的缘故，另一方面甚至于出于维护其安全的缘故，从此退缩回来并且以无所谓的态度看待这场纷争（将其看作单纯的游戏战）。但是，在此绝对地命令人们保持平静这样的做法更加不可取，因为争论的对象是很让人感兴趣的。因此，留给理性的就只有这样的选择了：思考自己与自己无法达成一致的根源，以便看一下是否一种单纯的误解可能对此负有责任。在阐明了这种误解之后，虽然［B493/A465］两方面的骄傲的要求或许均消失不见了，但是理性会因此开始了其对知性和感性的持久平静的统治。

现在，我们想要延后一点儿再讨论这种彻底的阐明，而是首先讨论一下这个问题：如果我们被迫选择一方的话，那么我们或许最想选择支持哪一方？由于在这种情形中我们并非是在追问真理的逻辑的试金石，而只是在追问我们的兴趣，因此，尽管这样一种研究没有就双方有争议的权利确定任何东西，但是它还是拥有这样的用处，即让人们理解了这点：为什么参与这场争论的人更乐意支持一方而不是另一方，而且人们这样做的原因并不是他们恰好拥有对于相关的对象的一种出色的洞见。类似地，这种研究还可以用来解释其他附带的事情，比如一方的宗教信徒式的狂热以及另一方的冷静的断言，为何他们欢呼着兴高采烈地支持一方，而对另一方则事先便持有不可调和的反感。

---

① “根据和反对的根据”原文为“Gründen und Gegengründen”。

不过，存在着这样的某个事项，在做出这个预备性的评判的时候它决定了这样一个视角，只有从该视角出发我们才能带有适当的彻底性地做出这种评判。这个事项就是对作为双方的出发点的诸原理进行比较。人们注意到，在反题的诸断言之间存在着一种思维方式上的完美的齐一性以及准则的完全的统一性，［B494/A466］即一条纯粹**经验论**的原理——不仅在对世界中的显象的解释之中，而且也在关于宇宙本身的先验理念的解决[①]之中。与此相反，正题的诸断言除了将诸显象的序列之内的经验的解释方式置于基础的地位以外，还将一些理智的来源[②]置于基础的地位，而其准则在这样的范围内不是单纯的。不过，由于该准则的本质上的区别特征，我要将它称作纯粹理性的**独断论**。

因此，在规定宇宙论的理性理念时，在**独断论**一方，或者说在**正题**一方，我们发现了：

首先，这样一种**实践的兴趣**，每个善意的人在了解了它对自己的真正的好处时都发自内心地享有它。世界有一个开始；我的思维的自我拥有一种简单的进而不可腐坏的自然；这个思维的自我同时在其受意愿支配的行动中是自由的并且超越于自然的强制之外；最后，构成世界万物的整个秩序源自一个原初存在物，正是从这个原初存在物一切事物获得了其统一性且合目的的联系——如许事项构成了道德和宗教的基石。反题从我们这里夺走了所有这些支撑物，或者至少看起来将它们夺走了。

其次，在正题一方也有一种理性的**思辨的兴趣**表露出来。因

① “先验理念的解决”原文为“Auflösung der transzendentalen Ideen”。康德常常将先验理念看成“问题”（Problem）（参见 B384/A328、B510/A428）。

② “理智的来源”原文为“intellektuelle Anfänge”。

为，如果人们以这样的方式假定和使［B495/A467］用先验理念，那么人们便可以完全先天地把握诸条件的整个链条并且掌握有条件者的推导，因为人们是从无条件者开始的。与此相反，反题则做不到这点。因为下面的原因，反题在向他人做自荐时表现得很差：对于关于其综合的条件的问题，反题不能给出这样的回答，它并非没完没了地总是让人继续往下追问。按照它，人们必须从一个给定的开始攀升到一个更高的开始，每个部分均导向一个更小的部分，每个事件均总是在自己之上还有另一个事件充当其原因，而且泛而言之的存在的诸条件总是再一次地以其他的条件作为其支撑物，在任何时候均没有在一个作为原初存在物的独立的事物中获得无条件的支持和支撑。

最后，正题一方还有**受欢迎性**的优点，而这样的优点肯定并非仅仅构成了其值得推荐的最小程度的原因。普通知性在一切综合的无条件的开始的理念中没有发现哪怕是一丁点儿困难，因为它本来就更习惯于向下走到后果，而非向上攀升到根据，并且它在关于绝对第一者（它并不绞尽脑汁地思考其可能性）的概念中感到很是惬意，同时在此它拥有了一个固定之点，以便将其步伐的准绳拴在其上；与此相反，在从有条件者向条件的无休止的攀升过程中它总是一只脚悬在空中，在此它完全无法找到任何快乐。

［B496/A468］在规定宇宙论理念时，在**经验论**一方，或者说在**反题**一方，我们发现了下面几点：

首先，我们没有发现任何源自理性的纯粹原理的实践的兴趣，而道德和宗教则随身携带着该兴趣。相反，单纯的经验论似乎剥夺了两者的全部力量和影响力。如果不存在任何不同于世界的原初存在物，如果世界没有开始并且也没有创造者，如果我们的意志不是自由的，而且灵魂与物质一样，同样是可划分的且可腐坏的，那么**道德**理念和原则就失去了一切有效性，它们就与那些构成了其理论支撑的**先验**理念一起作废了。

〔其次，〕但是，与此相反，经验论则给理性的思辨的兴趣带来了这样一些好处，它们是很吸引人的，而且远远超出了理性理念的独断的教师可能允诺的那些好处。按照经验论，知性总是停留在其独特的基地即单纯可能的经验的领域之上，它探究经验的法则，并且借助于这些法则它能够无穷地扩展它的可靠的且可以把握的知识。在此它能够而且应当将对象表现给直观（不仅就对象自身来说，而且就对象所处的关系来说），或者无论如何它能够而且应当在这样一些概念中表现对象，这些概念的图像[①]能够在给定的类似的直观中清晰而明确地被呈现出来。事情不仅是这样的，即知性不需要离开这条自然秩序的链条，以便［B497/A469］附着在这样一些理念之上，它对它们的对象一无所知，因为这样的对象作为思想之物从来不能被给出来；而且，甚至于它也不被允许这样做：离开它的事务并且在已经办理完了它的事务的借口下转到理想化的理性的领地[②]并且转到先验概念这里，在这里它不再需要进行观察并且按照自然法则进行研究了，相反，它只需要**进行思维**并且**进行虚构**就行了——在此它确信：它不能被诸自然事实所驳倒，因为它恰好并非束缚在它们的见证之上，相反，它可以略过它们，甚或可以让它们自己从属于一个更高的权威，即纯粹理性的权威之下。

于是，经验论者从来不允许人们这样做：将自然的某个时期

---

① 关于此“图像”的意义，请参见前文 B179–182/A140–143 中的讨论。

② “理想化的理性的领地”原文为“das Gebiet der idealisierenden Vernunft”。

假定为绝对地第一时期，或者将他们对自然的范围的展望的某种界限看作最外层的界限；或者从这样一些自然的对象（即从有广延的东西）——他们能够经由观察和数学分析它们并且能够在直观中综合地对其进行规定——转到这样一些对象（简单的东西），无论是感觉能力还是想象力在任何时候都不能具体地表现它们。他们也不允许人们甚至于在**自然**中便将一种独立于自然法则地起作用的能力（自由）置于基础的地位，并且由此而侵蚀知性的事务，即按照必然规则的指引探究诸显象的产生。[B498/A470] 最后，他们也不允许人们在自然之外寻找某种事项的原因（原初存在物），因为我们所知道的东西仅仅限于自然，而这点则又是因为，只有自然能够为我们提供诸对象并且能够告诉我们关于它们的法则的信息。

不过，假定经验哲学家在提出他们的反题时只是怀有这样的意图，即打击一下误认了自己的真正的使命的理性的好奇心和狂妄。这种理性吹嘘自己在这样的地方拥有**洞见**和**知识**[①]，在那里真正说来洞见和知识已经停止存在了，并且它要将人们联系着实践兴趣而认为有效的东西冒充成对于思辨的兴趣的一种提升，以便在会给它带来安逸的地方切断自然研究的绳索，并且在知识扩展的借口下将这个绳索联结到这样一些先验理念之上，经由它们人们真正说来只是认识到了**他们一无所知**[②]。我认为，如果经验论者满足于此，那么他们的原则就会是一条关于这样的事情的准则：提出要求时要有所节制，提出断言时要谦虚，同时要通过真正任

---

① 在此“知识”原文为“Wissen”，指较窄意义上的知识，即理论或科学知识，进而指思辨知识。

② “他们一无所知”原文为“daß man nichts wisse”。在此“知”指理论或科学认识。

命给我们的教师——即经验——最大可能地扩展我们的知性。因为，在这种情况下，人们并没有剥夺我们的那些有利于我们的实践事务的理智**预设**和**信念**；只不过，人们不能让它们以科学和理性［B499/A471］洞见的名头和排场出场，因为真正的、思辨的**知识**①最终说来只能涉及经验的对象，而且，如果人们越过了经验的界限，那么那种尝试获得崭新的且独立于经验的知识②的综合便没有这样的直观的基质了，在其上它能得到实施。

但是，如果经验论以这样的方式联系着诸理念自身变得独断起来（事情事实上常常如此），并且大胆地否认那些处于它的直观认识范围以外的东西，那么它自己便犯下了不够谦虚的错误，而这个错误在此因为如下原因而变得更加可以指责的了：它会给理性的实践的兴趣造成无法弥补的损害。

［B500/A472］我们在此所面对的是**伊壁鸠鲁主义***与**柏拉图主义**之间

---

① 在此“知识”原文为“Wissen”。

② 在此“知识”原文为“Erkenntnisse”，本指宽泛意义上的知识，在此特指较窄意义上的知识，即理论或科学知识。

* 然而，在此还有这样一个问题：伊壁鸠鲁是否曾经将这些原则当作客观的断言而提出？如果它们仅仅是比如理性的思辨使用的准则，那么他以它们表明的是这样一种哲学精神，它比**古代**哲人中的任何一位所拥有的哲学精神都更为真诚。请考虑如下原则：在解释诸显象时，人们必须这样投入工作，好像研究的领域没有被任何界限或者世界开始所切断；人们必须假定世界的材料就像当我们想要经由经验而获得关于它的情况时它必须是的那样；除了诸事件的这样的生成方式以外，即它们是由不变的自然法则所决定的，人们一定不要使用其它的事件生成方式；最后，人们一定不要使用任何与世界不同的原因。［B500/A472］这些原则现在仍然是十分正当却很少被遵守的关于如何扩展思辨哲学的原则，同时也是关于如何以独立于外在辅助来源的方式找出道德的诸原理的原则。因此，那个提出这样的要求的人——他要求人们在关注单纯的思辨之事时要**忽略**那些独断的命题〔1〕——就不应因之受到如下指责：他想要**否认**它们。〔〔1〕Smith（2003: 428）认为，康德在此想到的是这样一些命题：“世界有一个界限”、“世界有一个开始”、“有一个神性的原因”等等。〕

的一场对立。

两方中的每一方均说出了比他所知道的东西更多的东西，不过是以这样的方式：伊壁鸠鲁主义鼓励并且促进了知识，尽管是以不利于实践事项的方式，而柏拉图主义则为实践事项提供了绝好的原理，但是恰因如此，它联系着所有这样的事项——只有在其中我们才被赐予了思辨的知识[①]——允许理性沉浸于对诸自然显象的理念性的解释之中，并且耽误了关于它们的自然的探究。

最后，我们讨论我们在争论双方之间做暂时性的选择时我们可以关注的第三个要素。下面这点让人特别感到奇怪：经验论与受欢迎性全然相斥，尽管人们会认为普通知性将渴望接受一个向其保证了如下事情的计划，即仅仅用经验知识及其合乎理性的关联满足它，而先验的独断论则迫使它攀升到这样一些概念，它们远远超出了那些在思维之事上训练有素的头脑的洞见和理性能力。[B501/A473]但是，恰恰这点构成了普通知性〔之所以偏好先验的独断论〕的动机。因为，普通知性在这种情况下发现自己处于这样一种情形，在其中甚至于最有学问的人也不能放肆地做出超越于它之上的任何事情。如果说普通知性对这些概念知道得很少甚或一无所知，那么当然也没有人能够在此自诩知道得更多，并且尽管普通知性就此不能像其他人一样合乎学院标准地发表言论，但是它毕竟能够就此一再地进行无休止的理性诡辩，因为它正在这样一些纯粹理念之间来回游荡，人们之所以口若悬河地谈论它们，恰恰是因为人们**对它们一无所知**[②]。与此相反，对于自然的探究它

---

① 此段话中前后两处出现的“知识”原文均为“Wissen”。

② “知”原文为“weiß”，即“wissen”的第三人称单数现在时形式。

不得不完全保持沉默，并且必须承认自己的无知。因此，惬意和虚荣心已经向人们强烈地推荐了这些原则。此外，尽管对于一个哲学家来说，很难将某种东西作为原则假定下来——如果他不能给自己说明之所以这样做的原因；或者，也很难引入这样一些概念，人们无法洞察其客观实在性，但是对于普通知性来说，没有比这样的事情更为稀松平常的了。普通知性想要拥有某种它能够借以充满信心地开始其工作的东西。关于如何把握这样一种预设本身的困难没有让它感到不安（它根本就不知道什么叫作把握），因为它根本就没有想到这种困难，而且它将它通过经常性的使用所熟悉了的东西当作已经知道了的东西。但是，最后在它这里一切思辨的兴趣在实践事项面前均消失不见了，而且它想象它洞察了并且知道了［B502］它的担心或希望驱使它假定或者相信的东西。［A474］因此，经验论被剥夺了先验的、理想化的理性所享有的一切受欢迎性[①]。而且，无论经验论包含着多少不利于至上的实践原则的东西，我们都完全不用担心这点：它什么时候会越过学院的界限，在普通大众中赢得一些可观的威望并在大众那里获得一些偏爱[②]。

人类理性从其本性上看是建筑术性质的，即它将所有知识都看作属于一个可能的系统的，并且因此也只允许这样一些原理，

① 此句原文是这样的："So ist der Empirismus der transzendental-idealisierenden Vernunft aller Popularität gänzlich beraubt"。语序有误，Erdmann 认为应作"So ist der Empirismus aller Popularität der transzendental-idealisierenden Vernunft gänzlich beraubt"。中译文据此译出。

② 在科学院版中此句话中的"经验论"（Empirismus）和后面的"它"原文均为"er"。在 A 版和 B 版原版中"er"作"sie"（指代"Vernunft"）。Mellin 认为当作"er"，科学院版接受了此建议。

它们使得一种预期的知识至少并非不能与其他知识一起处于某个系统之内。但是，反题的诸命题是这样的：它们使得一个知识大厦的完成变得完全不可能了。按照它们，在一个世界状态之上总是还有一个更古老的状态，在每个部分中总是还有其他可再一次划分的部分，在每个事件之前还有另一个事件，这另一个事件再一次地同样是在其他地方被生产出来的，而且在泛而言之的存在中一切事项总归只是有条件的，不能承认任何无条件的第一存在。所以，由于反题从来没有承认某种第一个东西以及任何这样的开始，它能够绝对地充当建筑的基础，因此，在这样一些预设之下，诸多知识的一座完全的大厦是完全不可能的。［B503/A475］于是，理性的建筑术上的兴趣（这种兴趣要求的不是经验的统一性，而是纯粹的、先天的理性统一性）随身携带有对于正题的断言的一种自然而然的推荐。[①]

但是，假定一个人能够表示放弃一切兴趣，而且能够仅仅根据诸理性断言的诸根据的内容而完全不关心任何后果地考察这些断言，那么这样一个人便会处于一种不停地摇摆的状态——在此假定他只知道这条逃脱此种困境的出路，即声明信仰有争议的学说中的一个或者另外一个。今天他会觉得，人的意志是**自由的**这点是令人信服的；但是，当他明天考虑不可消解的自然链条时，他又坚持认为自由不过是自我欺骗，一切都仅仅是**自然**。然而，当他现在要有所行动时，单纯思辨的理性的这种游戏便就像梦境中的影子式的图像一样消失不见了，而且他会仅仅根据实践的兴趣选择他的原理。但是，因为对于一个有所深思且有所探究的存在物来说，适当的做法确实是这样的，即拿出一些时间，只用来

① 此段话中出现的“知识”原文均为“Erkenntnis(se)”。

检验他自己的理性，然后完全抛开学派归属上的事情，公开地将他的看法传达给他人，供其评判，所以，我们不能责怪、更不能阻止人们采取这样的做法：让命题［B504］和［A476］反命题像它们能够进行自我辩护而不被任何威胁所吓到那样出现在那些来他们自己的阶层（即来自就此而言虚弱的人类阶层）的陪审法官面前。

第四章 论纯粹理性的诸先验任务——在它们绝对必须可以得到解决范围内

想要解决所有任务并且回答所有问题这样的想法将会是一通无耻的大话并且是一种如此无节制的自负，以至于人们必定由此便立即失去了所有信任。尽管如此，存在着这样一些科学，其本性便导致这样的结果：出现于其中的每个问题都必定可以无条件地从人们所知道的东西中得到回答，因为答案必定源自这样一些源泉，问题就是从那里产生出来的，而且在这里绝对不允许人们以不可避免的无知为借口，相反，在此解决方案是可以被要求的。人们必定能够按照规则就知道那种在所有可能的情形中都是**正当的**或者**不正当**的东西，因为这样的东西涉及我们的责任，而对于**我们所不能知道的东西**我们没有任何责任。然而，在解释［B505/A477］自然的诸显象时，对于我们来说必定有许多事情处于不确定的状态并且必定有许多问题处于不可解的状态，因为我们所知道的关于自然的事情对于我们应当解释的东西来说远非在所有情形中都是足够的。现在便产生了如下疑问：在先验哲学中是否有这样一个问题，它涉及一个呈现给理性的对象，而它恰恰通过这种纯粹的理性不可得到解答；而且，人们是否可以通过如下方式正当地逃避对该问题给以决定性的回答，即将该对象作为绝对不确定的东西（基于我们能够知道的一切）算在这样一些东西之列，对于它们我们虽然拥有如许概念，以至于可以提出一个问题，但是我们完全缺少在某个时候对其给以回答的手段或能力。

我现在断言，在所有思辨的知识[1]中先验哲学拥有如下独特之处：任何涉及一个被给予纯粹理性的对象的问题，对于同一个人类理性来说，均并非是不可解决的，而且没有任何不可避免的无知[2]和相关任务的不可测知的深度的借口能够让我们摆脱彻底而完全地回答它的责任，因为恰好那使得我们有能力提出问题的同一个概念，也必定完全使得我们有能力回答这个问题，因为相关的对象在该概念之外根本是遇不到的（像在正当和不正当的情况下那样）。

[B506/A478]但是，在先验哲学中只有宇宙论问题是这样一些问题，联系着它们人们可以正当地要求对于对象的特性的令人满意的回答，与此同时哲学家们在此不被允许以无法穿透的晦暗性这样的借口逃避它们。这些问题只能涉及宇宙论理念。因为，相关的对象必须从经验上被给出来，而且相关的问题只是涉及该对象与一个理念的适宜性。如果相关的对象是先验的，进而它本身是未知的——比如联系着如下问题来说：这样的某种东西，其（在我们自身之

① “思辨的知识”原文为“spekulativen Erkenntnis”。

② “无知”原文为“Unwissenheit”。

内的）显象是思维（灵魂），是否是一种就其本身来说简单的存在物？是否存在着所有事物总起来看的这样一种原因，它是绝对地必然的？等等，那么我们应当为我们的理念寻找这样一个对象，对于它，我们可以承认这点：对于我们来说它是未知的，但是它并非因此就是不可能的。* 只有诸宇宙〔B507/A479〕论理念拥有如下独特的特征：它们可以将它们的对象以及该对象的概念所要求的那种经验综合假定为已经给出来了，并且源自它们的问题仅仅涉及这种综合的前行——在该前行应当包含着这样一种绝对的总体范围内，这种绝对的总体不再是任何经验性的事项了，因为它不能在任何经验中被给出。现在，由于在此所讨论的仅仅是一个作为一种可能的经验的对象的事物，而并非一个作为一个事物本身的事物，因此，对于超验的宇宙论问题的解答不可能出现在理念之外的任何地方，因为该问题并非涉及对象本身。而且，联系着可能的经验，人们所追问的并不是什么东西能够在某一种经验中被具体地给出来，而是什么东西处于经验综合仅仅应当接近的理念之中。因此，相关的问题必须能够仅仅根据该理念而得到解决。因为这个理念是理性的一种单纯

---

* 对于一个先验对象具有什么样的特性这个问题，人们虽然不能给出这样的回答，即**它是什么**，但肯定可以回答说：**这个问题**本身**什么也不是**，因为人们并没有给出这个问题所讨论的对象。因此，〔依这样的方式，〕先验灵魂学说的所有问题也都是可以回答的并且事实上已经被回答了，因为它们涉及所有内在显象的先验主体，而该主体本身并不是显象，因此并不是作为对象被**给出的**，并且没有任何范畴遇到了其在这个主体之上应用的条件（这个问题真正说来肯定是〔B507/A479〕指向这些范畴的）。于是，在此我们所面对的是这样一种情形，在其中下面这个惯常的说法是适用的：不回答也是一种回答。这也就是说，一个追问这样的某种东西的特性的问题——人们不能经由任何确定的谓词思维它，因为它完全被置于那些能够被给予我们的对象的范围之外了——是全然无效的，并且是空洞的。

的产物，所以理性不能从自身拒绝这个责任[①]并且将其推到未知的对象之上。

[B508/A480]下面这点并非像初看起来那样不同寻常：一门科学联系着所有属于其全体之内的问题（quaestiones domesticae[本地的问题]）都可以要求和期待纯然确实的解决（尽管这样的解决目前或许还没有被发现）。除了先验哲学以外，还有两门纯粹的理性科学，其中之一拥有单纯思辨的内容，另一门拥有实践的内容。它们是**纯粹数学**和**纯粹道德学**。有人什么时候听到过这样的说法吗：好像是由于对于诸条件的必然无知，下面这点据称是不确实的，即直径与圆周十分精确地说来具有什么样的以有理数或者无理数形式表现出来的关系？由于这种关系根本不能经由有理数同余地被给出，而经由无理数人们还没有发现这种关系，因此，人们断定，至少这样的解决的不可能性能够被确实地认识到，而且兰姆伯特[②]对此给出了证明。在关于伦理的普遍原理中不可能存在任何不确实的东西，因为这些命题或者是完全无效的并且是没有任何意义的，或者必定仅仅源自我们的理性概念。相反，在自然科学中则存在着无数这样的猜测，联系着它们人们从来不能期待确实性，因为自然显象是这样一些对象，它们是以独立于我们的概念的方式被给予我们的，因此，其钥匙不在我们及我们的纯粹的思维之内，而是处于我们之外，正因如此，在许多情况下它是不能被找到的，[B509/A481]进而我们不能期待得到关于它的确实的信息。我不将先验分析论的问题——它们涉及对于我们的

① Grillo 认为“责任”（Verantwortung）当作“回答”（Beantwortung）。

② 兰姆伯特（Johann Lambert，1728–1777），德国物理学家、天文学家和数学家，在 1761 年提交给柏林科学院的一篇论文中证明了 π 的不可通约性。

纯粹知识的演绎——算在此处，因为现在我们仅仅处理诸判断联系着对象而非我们的概念的来源的确实性。

因此，我们不能通过如下方式逃避至少批判性地解决呈现出来的诸理性问题的责任：抱怨我们的理性的狭小的限度，并且以一种看似谦卑的自我认识的形式承认：确定下面这些问题超出了我们的理性的范围——世界是永恒地存在着的，还是有一个开始？宇宙空间是无穷无尽地被存在物填满了，还是被包围在某些界限之内？在世界内某种东西是简单的，还是所有东西都必定被无穷地划分了？是存在着源自自由的产生和引起，还是所有东西都附着在自然秩序的链条之上？最后，是存在着一种完全无条件的且从自身来看必然的存在物，还是所有东西从其存在上看都是有条件的，进而都是外在地依附性的并且从自身来看都是偶然的？因为所有这些问题均涉及这样一个对象，也即诸显象的综合的绝对无条件的总体，它只能在我们的思想中被给出来。如果我们不能根据我们自己的概念就这个对象［B510/A482］说出并且确定任何确实的东西，那么我们不能将相关的责任推到那些向我们隐藏起来的事物身上，因为诸如此类的事物根本不能被给予我们（因为我们在我们的理念之外的任何地方均遇不到它们），相反，我们必须在我们的理念本身中寻找我们不能做到这点的原因。我们的理念是这样一个问题，它不允许任何解决，但是我们却固执地假定有一个现实的对象对应于它[①]。对于包含在我们的概念本身之内的辩证论的一种明确的阐述会立即使我们完全确实地确定这点：对这样一

① 此句后半段原文为“als entspreche ihr ein wirklicher Gegenstand”。Görland认为“als”当作“es”。中译文据此译出。

个问题我们必须做出什么样的评判。

人们首先可以用如下问题对抗你们在这些问题上所给出的那种非确实性借口，而且你们至少必须明确地回答这个问题：你们是从哪里得到这样一些理念的，它们的解决在此将你们卷入了这样的困难之中？或许，你们需要解释的东西是诸显象，而且就诸显象来说，按照这些理念，你们只需要寻找关于它们的阐明的诸原理或者规则？假定自然完全在你们面前被揭示出来了，没有任何东西向你们的感觉能力以及所有呈现给你们的直观的东西的意识隐藏起来，那么你们终究还是不能经由任何唯一的经验而具体地认识你们的理念的对象（因为，除了这种完全的直观以外，为此我们还需要一种完成了的综合[B511]以及对于该综合的绝对的[A483]总体的意识——任何经验认识均不可能提供这样的东西）。因此，你们的〔宇宙论〕问题对于所出现的任何一种显象的解释而言都不可能是必要的，进而也不可能似乎是经由对象自身作为任务而提出的。因为，这个对象从来不能出现在你们这里，而这点则又是因为它不能经由任何可能的经验被给出来。你们连同所有可能的知觉始终困于**诸条件**之中（无论是空间中的条件，还是时间中的条件），而且达到不了任何无条件的东西，以便确定这点：是应该将这种无条件的东西置于综合的一个绝对的开始之中，还是应该将它置于没有任何开始的序列的一个绝对总体之中。但是，经验意义上的全部总是仅仅比较性的。量的绝对的全部（宇宙）、划分的绝对的全部、来源的绝对的全部、泛而言之的存在的条件的绝对的全部——连同所有关于这样的事情的问题，即这种全部是否可以通过有穷的综合或者连续地进行着一直到无穷的综合产生——与可能的经验无关。比如，无论你们假定一个物体是由简单的部分构成的，还是假定它总是毫无例外地由复合而成的部分构成的，你们均不能以更好一点儿的方式或者仅仅以其他的方式解释该物体的显象，因为不可能有任何简单的显象出现在你们面前，而且同样不可能有一种无穷的复合在某个时候出现在你们面前。诸显象只是在这样的范围内要求得到解释，即它们的解释的条件在［B512］知觉中给出来了。在任何时候可能在它们之中[①]被给出的所有东西，当其一起被放在［A484］一个**绝对的整体**之中时，就其本身来说都不是一个知觉[②]。但是，真正说来，这个全部恰恰是这样的东西，在先验的理性任务中人们要求对其进行解释。

于是，由于甚至于这些任务的解决都从来不能出现在经验之中，因此，你们不能说下面这点是不确实的，即就此什么东西应该被归属给对象。因为，你们的对象仅仅处在你们的大脑之中，在你们的大脑之外根本不能被给出来。于是，你们只需要操心这点就可以了，即要与你们自己达成一致，并且防止在此出现这样的歧义，它让你们的理念变成关于经验上被给出的东西的假定的表象，进而还让其变成关于要按照经验法则加以认识的对象的假定的表象。因此，独断的解决肯定不是不确实的，而是不可能的。但是，批判的解决——它可以是完全确实的——根本不是客观地看待这个问题的，而是根据该问题借以建立起来的那种认识基础来看待它的。

---

① “在它们之中”（in ihnen）原作“在它们之上”（an ihnen）。据 Erdmann 的建议更正。

② “就其本身来说都不是一个知觉”原文为“ist selbst keine Wahrnehmung”。“keine”原作“eine”，据 Mellin 意见更正。

[B513/A485] 第五章 宇宙论问题的怀疑的呈现——贯穿全部四个先验理念

如果我们事先已经了解了下面这点，那么我们会很愿意放弃这样的要求，即看到我们的问题得到独断的回答：无论这样的答案最后会是什么样的，它只会再一次地增加我们的无知，而且将我们从一种不理解状态抛进另一种不理解状态，从一种晦暗状态抛进一种更大的晦暗状态，甚或将我们抛进诸多矛盾之中。如果我们的问题仅仅瞄准肯定或否定，那么明智的做法是将回答的那些猜测的根据暂时搁置不论，并且首先考虑一下这点，即如果答案最后落入一方，人们会得到什么，而如果它落入另一方，人们会得到什么。假定现在情况刚巧是这样的，即在两种情况下出现的均是全然空无意义的话（Nonsens[胡话]），那么我们便面对着这样一种不无根据的请求：要批判性地研究一下我们的问题本身，看一下它本身是否是建立在一种毫无根据的预设基础之上的，而且它是否在玩弄这样一个理念，该理念在应用中并且经由其后果而不是在抽象的呈现中更好地暴露了它的错误本性。这点就是[B514/A486]处理纯粹理性施加给纯粹理性自身的诸问题的那种怀疑的方式所拥有的巨大好处，并且借助于这种好处人们得以用极少的花费便免除了一大堆独断的断言，以便在其位置上放置这样一种冷静的批判，它作为一种真正的"通便剂"幸运地清除了妄想连同其伴随物——即所谓的“万事通”[①]。

据此，如果我对于一个宇宙论的理念事先能够洞察到这个事实，即无论它加入关于诸显象的回溯的综合的无条件者的哪一方，对于每个**知性概念**来说它都确实或者是**太大了**，或者是**太小了**，那么我便会了解这点[②]：由于这个宇宙论理念的确仅仅与这样一个经验对象有关，它应当适合于一个可能的知性概念[③]，因此，该理念就必定是全然空洞的且缺乏意指的，因为该对象并不适合于它——无论我如何让该对象迁就它[④]。而且，真正说来，所有世界概念[⑤]的情况均是这样的。也正因如此，诸世界概念让理性——只要理性追随着它们——卷入了一种不可避免的二律背反。因为：

首先，假定**世界没有一个开始**，那么它对于你们的〔知性〕概念来说就**太大了**。因为，这个概念——它在于一种前后相继的回溯——决不可能达到整个流逝的永恒。假定**世界有一个开始**，那么它再一次地对于你们的处于必然的经验回溯中的知性概念来

---

① “通便剂”原文为“Kathartikon”。此为科学院版采用的拼写形式。在 A 版和 B 版原版中作“Catarcticon”。

② 此句原文是这样的：“so würde sie doch für einen jeden *Verstandesbegriff* entweder *zu groß* oder *zu klein* sein; so würde ich begreifen, daß ...”。Hartenstein 认为当修改成如下形式：“sie doch für einen jeden *Verstandesbegriff* entweder *zu groß* oder *zu klein* sein würde, so würde ich begreifen, daß ...”。中译文据此译出。

③ 此句在 A 版和 B 版原版中原文是这样的：“da jene doch es nur mit einem Gegenstande der Erfahrung zu tun hat, welche einem möglichen Verstandesbegriffe angemessen sein soll”。Erdmann 认为“welche”（指代“Erfahrung”）当作“welcher”（指代“Gegenstand”）。科学院版据此修改，中译文据此译出。

④ 这句话原文为：“ich mag ihn derselben bequemen”。Mellin 建议在“derselben”前面补加上“nach”。中译文据此译出。

⑤ 世界概念即宇宙论理念。

说就**太**［B515/A487］**小了**。因为，由于这个开始总是还预设了一个出现在前面的时间，因此它还不是无条件的，而且关于知性的经验使用的法则责令你们接着去追问一个更高的时间条件，因此，世界对于这样的法则来说显然太小了。

对于世界从空间上说的量的问题的双重回答来说，情况恰好是一样的。因为，如果**世界是无穷的**并且是无边界的，那么它对于所有可能的经验概念来说就**太大了**。然而，如果**它是有穷的**并且是有边界的，那么你们还会正当地问道：什么东西决定了这个边界？空的空间并不是诸事物的一个独立自存的关联物，并且不可能是这样一个条件，你们可以停留在其上，更不可能是一个构成了某个可能的经验的一个部分的经验条件。（因为，谁能拥有一种关于绝对的空无[①]的经验？）但是，对于经验综合的绝对总体来说，人们总是要求下面这点：无条件者是一个经验概念。因此，一个**有边界的世界**对于你们的概念来说**太小了**。

其次，假定空间中的每个显象（物质）都是由**无穷多的部分**构成的，那么相关的划分的回溯对于你们的概念来说就总是**太大了**。然而，如果空间的**划分**竟然在该划分的一个成员（简单的东西）那里**停下来了**，那么这个回溯对于无条件者的理念来说就**太小了**。因为，这个［A488］成员还总是［B516］给我们留下了一种到包含在它之内的更多的部分的回溯。

再其次，如果你们假定在世界内所发生的所有事项中除了按照**自然**法则所出现的结果之外再也不包含其他的事项了，那么原

---

① “绝对的空无”原文为“das Schlechthinleere”。

因的因致性就始终再一次地是这样的某种事项，它发生了，而且该因致性使得你们的到更高的原因的回溯进而诸条件的序列 a parte priori（在先行者一边上的）无休止的延长成为必然的。因此，在诸世界事件的综合中单纯的、产生着结果的**自然**[①]对于你们的所有概念来说都**太大了**。

如果你们偶尔选择承认**自动地**被产生出来的事件，进而承认出自**自由**的产生，那么那种依据一条不可回避的自然法则而来的"为什么"便纠缠着你们，并且迫使你们依据关于经验的因果法则走出这个节点，而且你们发现，诸如此类的联结的总体[②]对于你们的必然的、经验的概念来说**太小了**。

最后，如果你们假定有一个**绝对必然的**存在物（无论这个存在物是世界本身，还是世界内的某种东西，抑或是世界原因），那么你们便将它置于一个与给定的时刻无穷遥远的时刻之上，因为否则的话，它就会依赖于另一个更为古老的存在。但是，在这样的情况下，这种存在对于你们的经验概念来说是不可接近的而且**太大了**，以至于你们不能在某个时候经由某种连续不断的回溯到达它那里。

[B517/A489] 但是，如果根据你们的意见，所有属于世界的东西（无论它们是作为有条件者还是作为条件属于世界）都是**偶然的**，那么每一种给予你们的存在对于你们的概念来说都**太小了**。因为，这样的存在总是一再地迫使你们四处寻找它所依赖的另一种存在。

---

① "单纯的、产生着结果的自然"原文为"Die bloße wirkende Natur"（也可译作"单纯的、起作用的自然"）。

② "联结的总体"原文为"Totalität der Verknüpfung"。

在所有这些情形中我们都说：**世界理念**[①]对于经验回溯来说，进而对于任何可能的知性概念来说，或者是太大了，或者对同样的回溯或概念来说太小了。那么，在此为什么我们没有采取一种相反的表达方式，并且这样说：在第一种情形中，经验概念对于理念来说总是太小了，而在第二种情形中则太大了，因此，过错好像是在经验的回溯一方？相反，我们却控告宇宙论理念，说它们或者因为太多了或者因为太少了而偏离了其目标，即可能的经验。事情之所以如此的根据是这样的：可能的经验是唯一能够为我们的概念提供实在性的东西，在没有可能的经验的情况下，所有概念均只是理念，没有真理性和与一个对象的关联。因此，可能的、经验的概念是这样的准绳，一个理念必须根据它们而被评判：它是单纯的理念和思想之物，还是在世界中遇到了其对象？因为，人们只是针对这样的东西说它在与另外某种东西相比较时是太大了或者是太小了，它仅仅是为了这个另外的东西而被假定的，并且它要根据这个东西而得到安排。这样的问题也属于古[B518/A490]老的辩证学派的玩物：如果一个球不能放进一个洞内，那么此时是球太大了，还是洞太小了？在这个情形中无论你们怎么说都无所谓，因为你们不知道两者中的哪一个是为了另外的东西而存在的。与此相反，你们不会说一个人对于他的衣服来说太长了，而是要说衣服对于这个人来说太短了。

因此，我们至少被带到了这样一种不无根据的怀疑这里：诸宇宙论理念连同所有彼此陷于争论中的诡辩的理性断言或许是以一个关于这些理念的对象之被给予我们的方式的空洞的并且仅仅

---

① 世界理念（Weltidee）即世界概念，进而即宇宙论理念。

想象出来的概念为基础的。而且，这种怀疑已然能够将我们带到这样的正确的轨道之上，在其上我们可以发现那种长久以来一直误导我们的幻象。

第六章　作为解决宇宙论的辩证论之钥匙的先验唯心论

在先验感性论中我们已经充分地证明了：在空间或者时间中被直观到的一切东西进而一种对于我们来说的可能经验的所有对象均只不过是显象，即〔B519/A491〕这样的单纯的表象，它们——像它们被表象的那样，作为有广延的存在物或者诸变化的序列——在我们的思想之外没有就其自身来说有根据的存在。我将这种学说系统称作**先验唯心论**。* 然而，先验意义上的实在论的坚持者则使得我们的感性的这些变状成为就其本身来说自存的事物，因此让**单纯的表象**成为事物本身。

如果人们想要将那种早已变得声名狼藉的经验唯心论强加给

---

* 在其他地方，我偶尔也将这种学说称为**形式**唯心论，以便将它与那种怀疑或者拒绝外部事物自身的存在的**实质**唯心论即通常的唯心论区别开来。在一些情形中，这样的做法似乎是恰当的：宁可使用这些表达式而不使用上面提到的那些表达式[1]，以便防止各种误解。〔[1]“这些表达式”指此注中刚刚提到的“形式唯心论”（der formale Idealism）和“实质唯心论”（der materiale Idealism），“那些表达式”指正文中刚刚提到的“先验唯心论”（der transzendentale Idealism）以及接下来要提到的“经验唯心论”（der empirische Idealismus）。〕〔此注为B版所加。〕

我们，那对我们是不公正的，因为，经验唯心论虽然接受空间自身的现实性，但是否认空间中的有广延的存在物的存在，至少觉得这种存在是可疑的，而且在此不承认在梦境与真实之间有任何足够可以证明的区别。就时间中的内感能力的诸显象来说，在将它们看作现实的事物方面经验唯心论没有发现任何困难；它甚至于断言，这种内部经验唯一充分地证明了其对象（对象本身，连同所有这些时间规定性）的现实的存在。

[B520]与此相反，我们的先验唯心论则允许这点：外部直观的诸对象，恰如它们在空间中被直观的那样，是现实的；而且，在时间中，所有变化，像内感能力表象它们的那样，也是现实的。因为，由于空间已经是那种我们称作外部直观的直观的一种形式，[A492]而且，在没有空间中的对象的情况下，根本不会有经验表象，因此，我们能够而且必须将空间中的有广延的存在物假定为现实的，而且时间的情况也是一样的。但是，那种空间本身，加上这个时间，而且与两者一起还有所有显象，它们就其本身来说确实不是**事物**，而不过是显象，并且在我们的心灵之外根本就不能存在。甚至于我们的心灵（作为意识的对象）的内部的和外部的直观——心灵的规定性是经由时间中的不同的状态的前后相继而被表象的——也不是真正的自我（像其就其自身来说存在那样的自我）或者先验主体，而仅仅是这样一种显象，它被给予了这个为我们所不知的存在物的感性。这样的内部显象的存在——它构成了一种如此地就其自身来说便存在的事物——是不能允许的，因为内部显象的条件是时间，而时间不可能是任何物本身的规定性。但是，在空间和时间中诸显象的经验的真实性是得到了足够的保证的，而且，如果这种真实性和

梦境按照经验法则在一个经验中正确地并且贯通地关联在一起，那么该真实性是充分地区［B521］别于其与梦境的亲缘性的。

据此，经验的对象**从来不是就其本身来说**被给出的，而仅仅是在经验中被给出的，而且在经验之外根本就不存在。［A493］我们的确必须承认，月球上可能有居民，尽管没有人在什么时候知觉到了它们。但是，这点仅仅意味着这么多东西：在经验的可能的前进中我们能够遇到它们。因为，所有根据经验前行的法则而与一种知觉处于一种关联中的东西均是现实的。因此，如果那些居民与我的现实的意识处于一种经验的关联之中，那么它们就是现实的——尽管它们并非因此就它们本身来说，即在经验的这种前进之外，就是现实的。

现实地被给予我们的东西仅仅是知觉以及从这个知觉到其他可能的知觉的经验的前进。因为，就其本身来说，诸显象作为单纯的表象，只有在知觉中才是现实的，而知觉实际上只不过是一种经验表象的现实性，即显象。在知觉之前便将一个显象称作现实的事物，这样的做法或者意味着我们在经验的进展中必定会遇到这样一种知觉，或者根本没有任何意义。因为，当我们所讨论的是一个物本身时，我们的确可以这样说：显象就其本身来看、在没有关联到我们的感觉能力和可能的经验的情况下存在着①。［B522］但是，在此我们讨论的仅仅是空间和时间中的显象，而空间和时间这两者并不是物本身的规定性，而仅仅是我们的感性的规

① 这句话原文是这样的："Denn, daß sie an sich selbst, ohne Beziehung auf unsere Sinne und mögliche Erfahrung existiere, könnte allerdings gesagt werden, wenn von einem Dinge an sich selbst die Rede wäre"。从上下文来看，"sie"只能指代前面的"Erscheinung"（显象）。Pluhar 认为，"sie"进而"Erscheinung"（显象）在此意指的实际上是"那个显现着的事物"（the thing that appears）（参见 Pluhar [tr.] 1996: 508n. 131）。

定性，因此，它们之内的东西（显象）[A494]就其本身来说并不是某种东西，而是这样一些单纯的表象，如果它们不是在我们之内（在知觉中）被给出的，那么根本就没有在任何地方被遇到。

真正说来，感性的直观能力仅仅是一种接受性，即一种以某种方式带有表象地受到刺激的能力。相关的诸表象彼此之间所处的关系是对于空间和时间的一种纯粹直观（空间和时间纯然是我们的感性的形式），而且它们在按照经验统一性的法则在这种关系中（在空间和时间之内）被联结起来并且可以由此得到规定范围内，叫作**对象**。这些表象的非感性的原因对于我们来说是完全未知的，因此，我们不能将其直观成对象，因为这样的对象不可以被表象在空间中，也不可以被表象在时间中（空间和时间构成了感性表象的单纯的条件），而在没有这样的条件的情况下我们根本不能设想任何直观。然而，我们可以将诸泛而言之的显象的单纯理知的原因称作先验对象——这样做的目的仅仅是为了借此拥有某种对应于作为一种接受性的感性的东西。我们可以将我们的[B523]可能的知觉的所有范围和关联归因于这种先验对象，并且这样说：它在一切经验之前就其本身来说就被给出来了。但是，诸显象并不是根据先验对象就其本身被给出的，而仅仅是根据它在这个经验之中而被给出的，因为它们是这样一些单纯的表象，这些表象仅仅作为知觉而意指一个现实的对象——即当这个知觉与所有其他知觉根据经验统一性的规则而关联在一起时，它们才意指一个现[A495]实的对象。因此，人们可以说：那些过去的时间的现实的事物是在经验的先验对象[①]中被给出的；但是，对于我来

① “经验的先验对象”原文为“transzendentalen Gegenstande der Erfahrung”。

说，它们只有在我设想了下面这点这样的范围内才是对象并且才在过去的时间是现实的，即一个诸可能的知觉的回溯的序列（无论是按照历史的线索，还是依照原因和结果的足迹）根据经验法则导向——简言之，世界进程导向——一个作为当下的时间的条件的流逝了的时间序列。在这种情况下，这个时间序列肯定只有在一种可能的经验的关联中而非就其本身来说而被表象成现实的东西，以至于所有长久以来在我的存在之前已经流逝了的事件终究仅仅意指这样的经验的链条的延长的可能性，它从当下的知觉向上延伸到这样一些条件，它们从时间上决定了这个知觉。

据此，当我一起表象在所有时间和所有空间中存在着的感觉能力的所有对象时，那么我并不是在经验之前将它们放进时间和空间之中的，[B524]相反，这个表象不过就是关于一种处于其绝对的完全性之中的可能的经验的思想。那些对象（它们不过就是单纯的表象）仅仅是在该可能经验中被给出的。[A496]因此，当我们说它们在我的一切经验之前便存在了时，这点仅仅意味着：它们可以在经验的这个部分上被遇到，我从这个知觉开始必须首先**前进到它那里**。这种前进的诸经验条件的原因——进而我可以遇到哪些成员，或者还有在回溯过程中我能够在多远的地方遇到它们这样的问题——是先验的，因此，对于我来说必然是未知的。不过，我们在此所关心的也不是这种原因，而仅仅是这样的经验的前进的规则，在其中诸对象即诸显象被给予我。而且，如下两种说法最后结果均完全是一样的：在经验的前行中我能够在空间中遇到这样的恒星，它处于比我所见到的最远的恒星还要远一百倍的距离之上；或者，在宇宙空间中我或许可以遇到这样的恒星，从来没有一个人知觉到了它们，或者会知觉到它们。因为，即便它们作为物本身、在没有与泛而言之的可能经验的任何关联的情况下被给出来了，对于我来说它们仍什么都不是，进而不是任何对象，除非它们被包含在了经验回溯的序列之中。只有在另外的关系中，当恰好这些显象应被用作关于一个绝［B525］对整体的宇宙理念时，并且因此，当所要处理的是一个超出了可能经验的界限的问题时，那种关于人们如何看待所提到的感觉能力的对象的现实性的方式上的区别才［A497］为了如下目的而具有重要性，即预防这样一种骗人的妄想，它不可避免地必然源起于对于我们自己的经验概念的误解。

第七章　理性与它自身的宇宙论争论的批判的决断

纯粹理性的全部二律背反都是建立在如下辩证的论证基础之上的：**如果一个有条件者被给出了，那么该有条件者的所有条件的整个序列也被给出了**；现在，感觉能力的诸对象作为有条件的东西被给予了我们，因此，它们的所有条件的整个序列也被给予了我们。通过这个理性推理——其大前提看起来非常之自然且非常之明显——依照（诸显象的综合中的）诸条件的不同之处〔的多少〕（如果这些条件构成了一个序列的话），恰好同样多不同的宇宙论理念被引入了。这些宇宙论理念设定[①]了这些序列的绝对总体，而且

① “设定”原文为“postulieren”。该德语词的字面意义为“将……当作公设（Postulat）”。

恰恰这点让理性不可避免地与其自身发生了冲突。不过，在揭露这种诡辩的理性论证中的欺骗之处之前，我们必须通过［B526］修正和规定出现在其中的某些概念的方式让我们自己具备这样做的能力。

首先，下面这个命题是清楚的并且是毫无疑问地确实的：如果一个有条件者被给出了，那么恰恰由［A498］此这个有条件者的所有条件的序列中的一种回溯便**作为任务而被交给了**我们[①]。因为有条件者的概念就已经如此地蕴涵了这点，以至于经由这个概念某物被关联到一个条件，而且，如果这个条件又是有条件的，那么该物被关联到一个更远的条件，并且以这样的方式它被贯通地关联到该序列的所有成员。因此，这个命题是分析的，并且摆脱了所有对于一个先验的批判的恐惧。它是理性的一个逻辑公设：要通过知性追逐一个概念与其诸条件之间的这种联结（这种联结已经附着在该概念本身之上了），并且尽可能远地延伸该联结。

其次，**如果不仅有条件者而且其条件均是物本身**，那么，如果有条件者被给出了，就并非仅仅到其条件的回溯**作为任务而被设置了**，相反，这个条件由此实际上已经被一起**给出了**[②]。而且，由于这点适用于该序列的所有成员，因此诸条件的完全的序列进而还有无条件者便同时经由下面这个事实而被给出了，或者更准确地说，由其预设了：仅仅经由该序列才得以可能的有条件者被给出了。**在此，有条件者与其条件的综合是一种单纯知性的综合**——知性**像诸事物本来所是的那样**表象它们，而没有关注这点：

---

① “**作为任务而被交给了我们**”原文为“uns ... *aufgegeben* sei”。

② “**作为任务而被设置了**……被一起**给出了**”原文为“ist ... *aufgegeben*, ... ist ... mit *gegeben*”。

我们是否能够达到以及如何能够达到［B527］关于它们的直接知识。与此相反，如果我所处理的是诸显象（就作为单纯的表象的诸显象来说，如果我没有达到［A499］关于它们的直接认识［也即没有达到它们本身，因为它们不过是经验的直接认识］，那么它们根本就没有被给出），那么我便不能在恰好同样的意义上说：如果有条件者被给出了，那么其所有（作为显象的）条件便也被给出了，进而我也决不能推导出这些条件的序列的绝对总体。因为，**诸显象**自身在领会中不过就是（空间和时间中的）一种经验综合，因而仅仅是在**这种综合**中被给出的。现在，我们根本得不出如下结论：如果（显象中的）有条件者被给出了，那么构成了其经验条件的那种综合也由此而一起被给出了并被预设了。相反，这种综合首先发生在相关的回溯之中；如果没有这种回溯，它从来不会发生。不过，在这种情形中人们的确可以这样说：一种到诸条件的**回溯**——也即一种〔在诸条件〕这边的连续的经验综合——被要求了或者被**作为任务而设置了**，而且不可能缺少这样的条件，它们经由这个回溯被给出。

由此可知，宇宙论理性推理的大前提是在一个纯粹范畴的先验的意义上看待有条件者的，而小前提则是在一个应用于诸单纯的显象之上的知性概念的经验的意义上看待有条件者的，于是在这样的推理中人们便遇到了那种［B528］被称作 Sophisma figurae dictionis（修辞格诡辩）的辩证的欺骗。但是，这种欺骗［A500］并不是人造的，而是普通理性的一种十分自然的错觉。因为，当某物作为有条件的东西而被给出时，通过普通理性我们（在大前提中）好像是**未加细查地**就预设了诸条件及其序列，因为这种预设不过是这样的逻辑要求[①]：要假定一个给定的推理结论的完备的前提。在此在有条件者与其条件的联系中我们不会遇到任何时间次序，它们[②]是就其本身、**作为同时被给出的东西**被预设的。进而，同样自然的是，人们（在小前提中）将诸显象看作诸物本身，并且同样将它们看作给予单纯知性的对象，像在大前提中所发生的那样（在其中我抽掉了所有这样的直观条件，只有在其下对象才能被给出）。但是，在此我们忽略了相关的概念之间的一种值得注意的区别。（在大前提中）有条件者与其条件的综合以及诸条件的整个序列根本没有随身携带着与经由时间而来的限制有关的任何东西并且也没有携带着任何关于前后相继的概念。与此相反，经验的综合以及显象中的诸条件的序列（相关的显象在小前提中被归属了[③]）则必然是前后相继地且仅仅在时间中一个条件跟在另一个之后地被给出的。因此，在小前提中我不能像在大前提中那样预〔B529〕设此种综合的绝对**总体**以及由此种综合所呈现的那个序列的绝对**总体**，因为在大前提中该序列的所有成员是就其本身（不带时间条件地）而被给出的，而在小前提中它们只有通过这样的前后〔A501〕相继的回溯才是可能的，只有通过人们现实地实施它的方式它才被给出。

我们已经指出了包含在那个作为（诸宇宙论断言之）共同基础的论证中的错误的步骤。由于争论的双方均没有将他们的要求建立

① “逻辑要求”原文为“die logische Forderung”，请比较前文关于“理性的逻辑公设”（ein logisches Postulat der Vernunft）的说法。“Postulat”（公设）本来就有“Forderung”（要求）之义。

② “它们”从语法上说既可指代“这些完备的前提”，也可指代“有条件者及其条件”。不过，从语境看，当指代后者。

③ 即被归属在了作为规则的大前提的条件之下。

在任何坚实的权利基础之上，因此他们均可被正当地拒绝。但是，由此双方之间的纷争在如下意义上还是没有得到终结，即他们均被证明出错了，他们（或者双方之一）在他们（或他）所断定的事情自身上（在推理的结论上）是错误的（尽管他们都不知道如何将这样的事情建立在坚固的证明根据基础之上）。的确，下面这点似乎无比清楚：如果有这样两个人，其中的一个人断言世界有开始，另一个人断言世界没有开始，而是一直就存在着的，那么其中之一必定是正确的。但是，如果情况是这样的，那么我们便决无可能查明哪一方是正确的了，因为双方都同样是清楚的。这样，争论便一如既往地持续下去，尽管在理性的法庭上双方均被责令保持安静。因此，彻底地并且令双方均满意地终结这个争论的途径只有一条，即：既然他们能够如此漂亮地驳倒对方，那么他们最终被证明都是错误的：他们在就不存在的东西进行争论，在这里某种先验的假象给他们描绘了一种现［B530］实情况，而在此人们并没有发现任何现实情况。［A502］现在我们便走上这条调解一个难以决断的争论的道路。

* * *

埃利亚的芝诺[①]是一位细致的辩论家。从柏拉图开始人们就因为下面这点而将他作为一个爱搞恶作剧的诡辩家而予以谴责：为了显摆其艺术，他试图通过貌似合理的论证证明一个命题，紧接着又试图通过其他同样强有力的论证来推翻之。他断言，神（在他那里神或许与世界无异）既不是有穷的，也不是无穷的；它既

① 芝诺（Der eleatische Zeno，生年大约为公元前490年），巴门尼德（Parmenides）的学生和朋友，以提出各种各样的悖论（特别是关于复多和运动的悖论）著称。

非处于运动中，又非处于静止中；既非类似于任何其他事物，也非不类似于其他事物。在就此而评判他的人看来，他想同时完全否定两个彼此矛盾的命题，而这种做法是荒唐的。不过，我觉得我们不能正当地将这点归咎于他。我一会儿将进一步说明这些命题中的第一个。就其中的其他命题来说，如果他用“**神**”这个词意指宇宙，那么他的确必须说：宇宙既非固守在其位置之上（处于静止中），也非改变着其位置（处于运动中），因为所有位置都仅仅处于宇宙之中，而**宇宙**自身则**不**处于**任何位置**。如果宇宙将所有存在的东西均包含在自身之内了，那么它在这样的范围内既非类似于也非不类似于**其他任何事物**，因为在它之外**没有任何其他的**、[B531]它可以与之加以比较的**事物**了。如果两个[A503]互相反对的判断预设了一个不允许的条件，那么尽管两者之间是冲突的（这个冲突仍然不是真正的矛盾），它们两个还是均被取消了，因为这样的条件被取消了，只有在其下，这些命题中的每一个才会是有效的。

如果有人说，或者任何物体均散发好的气味，或者任何物体均散发不好的气味[①]，那么便有另外的第三种情形，即〔有的〕物体根本不散发气味（不释放气味），因此两个互相冲突的命题均可能是假的。如果我说，或者任何物体均散发好的气味，或者并非任何物体均散发好的气味（vel suaveolens vel non suaveolens），那么这两个判断彼此矛盾地对立，而且只有第一个判断是假的，

---

① 此选言判断原文是这样的：“ein jeder Körper riecht entweder gut, oder er riecht nicht gut”。该判断等价于如下判断：“Entweder ein jeder Körper riecht gut, oder ein jeder Körper riecht nicht gut”。

而其矛盾的反面，即一些物体不散发好的气味，也涵盖了这样一些物体，**它们根本就不散发气味**。[①] 在前一个（per disparata［经由被划分的方式而产生的］）对立中物体概念的那个偶然的条件（即气味）在那个冲突的判断中还仍然**保留着**，并没有经由这个判断被取消，因此这个判断并非构成了第一个判断的矛盾的反面。[②]

据此，如果我说“世界从空间上说或者是无穷的，或者并非是无穷的（non est infinitus）”，那么如果第一个命题是假的，其矛盾的反面，即“世界并非是无穷的”，就必定是真的。借助于这个矛盾的反面，我只是将一个无穷的世界取消了，而并没有设置另一个世界，即那个有穷的世界。［B532/A504］不过，如果人们说“世界或者是无穷的，或者是有穷的（非无穷的）”[③]，那么这两个命题

---

① “或者任何物体均散发好的气味，或者并非任何物体均散发好的气味”原文为“er ist entweder wohlriechend, oder er ist nicht wohlriechend”。这个德语命题应当读作：“Entweder ein jeder Körper ist wohlriechend, oder ein jeder Körper ist nicht wohlriechend”。（即：“er”指代的是“ein jeder Körper”。）其中的后一个支命题“Ein jeder Körper ist nicht wohlriechend”是德语中的不完全否定命题，等价于“Nicht ein jeder Körper ist wohlriechend”或者“Nicht alle Körper sind wohlriechend”（并非任何物体均散发好的气味，或者并非所有物体均散发好的气味），进而等价于“einige Körper sind nicht wohlriechend”（一些物体不散发好的气味）。当我们断言“一些物体不散发好的气味”时，我们也断言了“有这样一些物体，它们根本就不散发气味”。因此，“一些物体不散发好的气味”是真的，进而“并非任何物体均散发好的气味”也是真的，尽管其矛盾的反面（das kontradiktorische Gegenteil）即“任何物体均散发好的气味”是假的。

② “前一个对立”指“或者任何物体均散发好的气味，或者任何物体均散发不好的气味”。“那个冲突的判断”和“这个判断”指该选言判断中的后一个判断，即“任何物体均散发不好的气味”。该判断断言了：所有物体均散发气味且散发的是不好的气味。该选言判断中的前一个判断断言了：所有物体均散发气味且散发的是好的气味。这也就是说，该选言判断包含的这两个判断均包含着一个共同的断言或预设，因此，两者并非构成了矛盾的对立（die kontradiktorische Entgegenstellung）。于是，两者均可以而且事实上是假的。

③ 此断言原文为：“die Welt ist entweder unendlich, oder endlich (nichtunendlich)”。

均可以是假的。因为这时我将世界看作就其本身来说从其量上被规定好了的，而这点则又是因为，在该对立的命题中我不仅将无穷性取消了，进而随之或许将世界的整个的分离的存在取消了，而且给世界——作为一个就其本身来说现实的事物——附加上了一种规定性[①]。后面这种做法在如下条件下可能同样是错误的，即如果世界**根本就不会**是**作为一个物本身**而被给出的，进而也不会是从其量上被给出的——既不是作为无穷的量也不是作为有穷的量。请允许我将这种对立称作**辩证的对立**，而将矛盾的对立称作**分析的对立**[②]。于是，就两个彼此辩证地对立的判断来说，二者均可以是假的，因为一个判断并非单纯地与另一个判断发生矛盾，相反，在此它说出了某种比为了生成矛盾所需要的东西更多的东西。

就“世界从量上说是无穷的”和“世界从量上说是有穷的”[③]这两个命题来说，如果人们将它们看作彼此矛盾地对立的命题，那么人们就假定了这点：世界（诸显象的整个序列）是一个物本身。因为，即使我终止了其显象序列中的无穷的或者有穷的回溯，世界还是存留下来了。但是，如果我去掉了这个假定或者这个先

---

① “就其本身来说从其量上被规定好了的”原文为“an sich selbst, ihrer Größe nach bestimmt”；“该对立的命题”原文为“Gegensatz”；“世界的整个的分离的存在”原文为“ihre ganze abgesonderte Existenz”；“一个就其本身来说现实的事物”原文为“einem an sich selbst wirklichen Dinge”。“世界的整个的分离的存在”当是指下面将要谈到的就其本身来看待的世界或“独立于我的诸表象的回溯的序列”的世界。

② “辩证的对立”（die dialektische Opposition）和“分析的对立”（die analytische Opposition）分别等同于下一段话中提到的“辩证的冲突”（der dialektische Widerstreit）和“矛盾的冲突”（der kontradiktorische Widerstreit）。

③ 这两个命题原文分别为“die Welt ist der Größe nach unendlich”和“die Welt ist ihrer Größe nach endlich”。

验的假象，否认世界是一个物本身，那么这两个断言之间的矛盾的冲突便转变［B533/A505］成一个单纯辩证的冲突。而且，因为世界[①]就其本身来说（独立于我的诸表象的回溯的序列）根本就不存在，所以它既非作为**一个从其本身来说无穷的**整体存在，也非作为**一个从其本身来说有穷的**整体存在[②]。只是在诸显象序列的经验的回溯中我们才能遇到世界，而就其本身来说我们根本不可能遇到它。因此，如果这个序列[③]总是有条件的，那么它决不会被完全地给出，因此世界决不是无条件的整体，进而它也并非作为这样一种整体而存在——既非带有无穷的量如此存在，也非带有有穷的量如此存在。

在此对于第一个宇宙论理念（即关于显象中的量的绝对总体的理念）所说的话也适用于所有其他宇宙论理念。诸条件的序列只有在回溯的综合本身中才能被遇到，就其本身来说，我们在被看作一种独立的、在一切回溯之前便已经给出的事物的显象中[④]不可能遇到它。因此，我也必须说：一个给定的显象中的诸部分的数量就其本身来说既非有穷的也非无穷的，因为显象并不是任何从本身来说存在着的东

---

① “世界”在此指前面提到的作为诸显象的整个序列的世界。

② 此句原文为：“weil die Welt gar nicht an sich (unabhängig von der regressiven Reihe meiner Vorstellungen) existiert, so existiert sie weder als *ein an sich unendliches*, noch als *ein an sich endliches* Ganzes”。

③ “这个序列”原文为“diese”。“diese”指代前面提到的“empirischen Regressus der Reihe der Erscheinungen”（诸显象序列的经验的回溯）中的“Reihe”（这个序列）。Valentiner 认为“diese”当作“dieser”。“dieser”指代的是“empirischen Regressus”（经验的回溯）。

④ “一种独立的、在一切回溯之前便已经给出的事物”原文为“einem eigenen, vor allem Regressus gegebenen Dinge”。

西[①]，并且其诸部分首先是通过分解的综合的回溯[②]并且是在这种回溯之中被给出的，而该回溯则从来没有绝对**完全地**被给出——既非作为有穷的东西也非作为无穷的东西如此地被给出。恰恰这点适用于一个原因被安排在另一个原因之上的诸原因的序列，或者从有条件的存在直到无条件地必然的存［B534/A506］在的序列。这样的序列就其本身来说从总体上看既不能被看作有穷的，也不能被看作无穷的，因为作为诸彼此从属的表象的序列，它仅仅在于动力学的回溯，而在这样的回溯之前，作为诸事物独立自存的序列，它就其本身来看根本就不可能存在[③]。

因此，根据如上原因，纯粹理性在其宇宙论理念那里所遭遇的二律背反通过如下途径被消除了：我们证明，它仅仅是辩证的，并且是关于这样一种假象的冲突，该假象源自如下事实，即人们将仅仅作为物本身的条件才有效的绝对总体的理念应用到了诸显象之上，而诸显象仅仅存在于表象之中，而且，如果它们构成了一个序列，那么它们仅仅存在于前后相继的回溯之中，否则，它们根本就不存在。但是，人们也可以反过来从这种二律背反中获

① 此句原文为："weil Erscheinung nichts an sich selbst Existierendes ist"。

② "分解的综合的回溯"原文为"der Regressus der dekomponierenden Synthesis"。这种回溯与接下来谈到的"动力学的回溯"（der dynamische Regressus）相对。两种回溯均为经验的回溯（der empirische Regressus），也为前后相继的回溯（der sukzessive Regressus）。

③ 这句话原文是这样的："welche niemals weder an sich ihrer Totalität nach als endlich, noch als unendlich angesehen werden kann, weil sie als Reihe subordinierter Vorstellungen nur im dynamischen Regressus besteht, vor demselben aber, und als für sich bestehende Reihe von Dingen, an sich selbst gar nicht existieren kann"。科学院版删除了"Dingen, an sich selbst"中的逗号，因此这部分中译当作："而在这样的回溯之前，作为诸物本身的独立自存的序列，它根本就不可能存在"。

取一种真实的、尽管不是独断的但的确是批判性的并且是学说上的好处：即由此间接地证明了显象的先验的观念性（假如有人或许不满足于先验感性论中所给出的那种直接的证明的话）。这个证明在于如下二难处境。假定世界是一个就其本身来说存在的整体[①]，那么，它或者是有穷的，或者是无穷的。现在，第一个选项和第二个选项均是假的（根据前面提到的反题和正题的证明）。因此，下面的断言也是假的：世界（所有显象的全[B535]体）是一个就其本身来说存在的整体。[A507]于是，由此我们得到如下结论：在我们的诸表象之外诸泛而言之的显象什么也不是。这点恰恰就是我们想要通过显象的先验的观念性所说的东西。

上述说明非常重要。人们由此看到，上面所给出的对四重二律背反的证明不是骗局，而是有根据的，也即在如下预设之下：诸显象，或者那个将它们悉数包含于自身之内的感性世界，是诸物本身。但是，从这些证明中得出的诸命题之间的冲突却揭示了，在这个预设中包含着一种错误。由此，这种冲突让我们发现了作为感觉能力的对象的诸事物的真正的特性。因此，先验辩证论绝对没有助长怀疑论，但是的确助长了怀疑的方法。如果人们任由理性的诸论证互相反对地、极其自由地先后出场，那么怀疑的方法在先验辩证论中能够展示其巨大的好处的一个例证。尽管这些理性的论证最终说来并不会提供人们所寻找的东西，但是它们总是会提供某种有益的东西且可用来修正我们的判断的东西。

---

① “世界”在此指作为诸显象的整个序列的世界或者说作为诸显象之全体的世界。“一个就其本身来说存在的整体”原文为“ein an sich existierendes Ganzes”。

[B536/A508] 第八章　纯粹理性的联系着诸宇宙论理念的调节性原理

因为经由关于总体的宇宙论原则，没有任何诸条件的序列的最大值在一个作为一种物本身的感性世界中[①]**被给出**，相反，这样的最大值只能在诸条件的序列的回溯中**当作任务被设置**，所以，上面所提到的那条纯粹理性的原则在其以如此的方式修正的意义之上还是保留有其良好的有效性——尽管在此它不是被看作这样的**公理**，根据这种公理，我们要将对象中的总体看作现实的；相反，它被看作知性进而主体的一个**问题**，以便按照理念中的完全性进行一个给定的有条件者的诸条件的序列中的回溯并且将其继续下去。因为，在感性中，也即在空间和时间之中，我们在对诸给定的显象的阐明中所能够达到的每个条件又是有条件的，因为这些显象决不是这样的对象本身，绝对的无条件者或许能够发生在其上，而仅仅是这样的经验表象，它们必定总是会在直观之中遇到其条件，而这个条件则从空间或时间上对其做出规定。所以，这个理性原则真正说来仅仅是这样一条**规则**，它在诸给 [B537/A509] 定的显象的诸条件的序列之中要求这样一种回溯，人们决不允许它停留在一个绝对的无条件者之上。因此，这个原则决不是经验

① “在一个作为一种物本身的感性世界中”（或作：“在一个被看成物本身的感性世界中”）原文为“in einer Sinnenwelt, als einem Dinge an sich selbst”。

以及关于感觉能力的对象的经验认识的可能性的原理，进而也就决不是知性的原则，因为每个经验均（根据给定的直观）被包围在其界限之内了。该原则也决不是让人们将关于感性世界的概念扩展到所有可能的经验之外的理性的**构成性原理**，而是一条让人们最大可能地将经验继续下去并最大可能地扩展它的原则。按照这样的原则，不必将任何经验的界限视作绝对的界限。因此，该理性原则就是这样的理性原理，它**作为规则**设定了在回溯中应当经由我们而发生的事情，而**并非预示了**在一切回溯之前**在对象中**就其本身而被给出的东西[①]。所以，我将该理性原则称为理性的**调节性**原理[②]。与此相对照的是，关于诸条件的序列的这样的绝对总体的原则会是一条构成性的宇宙论原理，这一绝对总体被看作在对象本身之中（在诸显象本身之中）被给出了。在此我恰恰想通过这个区分指明这样的构成性原理的无效性[③]，并且我想借此防止人们（通过一种先验的偷换操作）将客观实在性赋予一个仅仅充当着规则的理念（通常这样的事情却无可避免地发生了）。

现在，为了适当地确定纯粹理性的这条规则的意义，我们首先要注意下面这点：[B538/A510]它不可能说出**对象是什么**，而可以说

---

① “设定了”和“预示了”（预先显示或给出了）原文分别为“postuliert”（此德语词在此应当包含有“要求”的意思）和“antizipiert”。

② “理性的构成性原理”和“理性的调节性原理”原文分别为“konstitutives Prinzip der Vernunft”和“regulatives Prinzip der Vernunft”。

③ “无效性”原文为“Nichtigkeit”。“Nichtigkeit”此外还有无意义性、无价值性、琐屑性等意义。通过与后文B544/A516中的如下说法的比较，可以看出在此处其意义当为无效性：“nachdem seine Ungültigkeit, als eines konstitutiven Grundsatzes der Erscheinungen an sich selbst, hinlänglich dargetan worden”（在我们充分地说明了作为关于诸显象本身的构成性原则的理性原理的无效性之后）。

出**我们应当如何进行经验的回溯**，以便达到关于对象的完全的概念。因为，如果这条规则说出了对象是什么，那么它将是一条构成性的原理。但是，仅仅依赖于纯粹理性，这样的原理是决不可能的。因此，借助于这条规则，人们决不能怀有这样的意图：断言一个给定的有条件者的诸条件的序列就其本身来说是有穷的或者无穷的。因为，以这样的方式，一个关于这样一个绝对总体的单纯的理念——它仅仅是在该理念本身中被造作出来的[①]——便经由如下途径思维了一个不可能在任何一个经验中被给出的对象：即一种独立于经验综合的客观实在性被分配给一个诸显象的序列。因此，理性理念仅仅是为诸条件的序列中的回溯的综合颁布了一条规则。按照这条规则，回溯的综合从有条件者经由所有彼此隶属的条件向无条件者不断地前进，尽管人们从来达不到无条件者，因为绝对的无条件者在经验中根本就是遇不到的。

为了这个目的[②]，现在我们首先应该来准确地规定一下所谓序列的综合（在其决不是完全的范围内）。人们本着这样的意图通常使用两个表达式，它们应该区分开了该综合中的某种东西，但是人们并不知道如何适当地给出这个区分的根据。数学家们只谈论 progressus in infinitum（无穷的前行）[③]。相反，概念的研究者〔B539/

① 此句原文是这样的："die lediglich in ihr selbst geschaffen ist"。Valentiner 认为"ihr"当作"sich"，Erdmann 猜测"geschaffen"（造作）当作"geschlossen"（封闭），Vorländer 认为该词当作"beschlossen"（包含）。按照这些建议，此句当中译为："它〔这个绝对总体〕仅仅被包含在了自身之内"。另外，Görland 认为"ihr"指代的是"Vernunft"（理性）。

② 即为了进一步地了解理性理念为诸条件的序列中的回溯的综合颁布规则到底是怎么一回事儿。

③ "progressus in infinitum"字面意义为"向无穷者的前行"，在数学中译作"无穷级数"（infinite progression）。

A511]（哲学家）则只愿承认 progressus in indefinitum（不定的前行）[①]这个表达式。我在此不想停留在下面这样的事情上：审查那种建议他们做出这样一种区分的考虑并考察这种区分的好的或没有任何成果的使用，我将试图联系着我自己的意图准确地规定这些概念。

就一条直线来说，人们可以正当地说，它可以被延长至无穷者。在此，无穷的前行和无法确定地远的前行（progressus in indefinitum［不定的前行］）的区分仅仅涉及一种空洞的细微之处。事情之所以如此，原因如下：尽管当人们说"请将这条线继续画下去"时，如果人们此时接着补充说"in indefinitum"（不定地〔画下去〕），这种做法当然要比接着补充说"in infinitum"（无穷地〔画下去〕）更正确一些，因为前一种说法仅仅说出了如下事情：请如**你们所愿地**延长这条直线，而后一种说法说的却是：**你们**永远不**应该**停止延长它（在此这点恰好并非我们的意图所在）。因此，如果所谈论的仅仅是**能够**，那么前一种说法是完全正确的，因为你们能够让这条直线变得越来越长，直到无穷者。在人们仅仅谈论前行（即从条件到有条件者的前行）[②]的所有情形中事情均是如此。这种可能的前行在诸显象的序列中走向无穷者。就一对父母来说，你们可以在下降的生殖线路上无穷地继续下去，并且你们也完全可以认为，在世界上此生殖线路实际上［B540/A512］就是这样地继续下去的。因为，在此理性从来不需要序列的绝对总体，而这点则又是因为，这样的总体在此并非是作为条件且作为给定的东西（datum）而被预设的，而仅仅是被预设为这样的有条件者，它仅

① "progressus in indefinitum"字面意义为"向不定者的前行"。

② 前一个"前行"原文为"Progressus"，后一个前行原文为"Fortgang"。

仅是可以给出的（dabile），而且是被无穷地补加进来的[①]。

不过，如下问题的情况是完全不一样的：在一个序列中从一个给定的有条件者攀升到其诸条件这样的回溯，伸展到多远？就此我是可以说：该回溯是一种**向无穷者的后退**，还是只能说：它是一种**无法确定地远地**（in indefinitum［不定地］）伸展着的后退？[②]因此，对于此刻活着的人，我是可以在其祖先的序列中向上攀升至无穷者；还是仅仅可以这样说：无论我后退到多远，我从来不会遇到这样一个经验的根据——它让我将该序列看作在某一点上是有界限的——以至于我有权利并且有责任这样做：对于其祖宗中的每一个成员都进一步地追寻其祖先，尽管我并非就预设其祖先？

据此，我要说：如果一个整体在经验直观中被给出了，那么在其诸内部条件的序列中进行的回溯走向无穷者。但是，如果仅仅该序列的这样一个成员被给出了，通向绝对总体的回溯首先要从它那里继续下去，那么仅仅发生了向不确定的远处的后退[③]［B541］（in［A513］indefinitum［不定的］后退）。因此，对于某种在其界限之内被给出的物质（一个物体）的划分来说，人们必须这样说：它走向无穷者。因为这个物质完全地——进而带着其所有可能的部分——在经验直观中被给出了。现在，因为这个整体的条件是其部分，而这个

① 此句话原文是这样的："Denn hier bedarf die Vernunft niemals absolute Totalität der Reihe, weil sie solche nicht als Bedingung und wie gegeben (*datum*) vorausgesetzt, sondern nur als was Bedingtes, das nur angeblich (*dabile*) ist, und ohne Ende hinzugesetzt wird"。Valentiner 认为"weil sie solche"中的"sie"应当删除。Hartenstein 认为"was Bedingtes"应作"etwas Bedingtes"。中译文据此译出。

② "一种向无穷者的后退"和"一种无法确定地远地伸展着的后退"原文分别为"ein Rückgang ins Unendliche"和"ein unbestimmbar weit sich erstreckender Rückgang"。

③ "向不确定的远处的后退"原文为"ein Rückgang in unbestimmte Weite"。

部分的条件则是该部分的部分，如此等等，而且在这种分解的回溯中我们从来不会遇到诸条件的这个序列的一个无条件的（不可划分的）成员，所以不仅在任何地方均不存在停止划分下去的经验根据，而且继续下去的划分的进一步的成员自身在这种继续进行的划分之前便已经在经验上被给出了，也即，这个划分走向无穷者。与此相反，一个给定的人类成员的祖先的序列绝对没有在任何可能的经验中（在其绝对总体中）被给出，但是，该回溯的确从这种生殖的每个成员行进到一个更高的成员，以至于人们不能碰到任何这样的经验界限，它将一个成员表现为绝对地无条件的。不过，由于甚至于能够为此提供条件的那些成员在该回溯之前也并非已经包含在对该整体的经验直观之中，因此，该回溯并非走向（在对给定的东西的划分中的）无穷者，而是走向无法确定的远处——在对一个给定的成员寻找更多的成员的过程中（这些成员又总是仅仅有条件地被给出的）。

［B542/A514］无论是在 regressus in infinitum（无穷的回溯）还是在 regressus in indefinitum（不定的回溯）中，诸条件的序列均没有被看作在对象中被无穷地给出了。这些条件并不是就其本身来说被给出的事物，而仅仅是这样一些显象，它们作为彼此的条件只是在回溯本身中被给出的。因此，问题不再是这样的：诸条件的这个序列就其本身来说多大——它是有穷的还是无穷的，因为就其本身来说它什么也不是[①]；相反，问题是这样的：我们应该如何进行这个经

---

① 此句原文是这样的：“Also ist die Frage nicht mehr: wie groß diese Reihe der Bedingungen an sich selbst sei, ob endlich oder unendlich, denn sie ist nichts an sich selbst”。这句话也可译成这样：“因此，问题不再是这样的：诸条件的这个序列本身有多大——它是有穷的还是无穷的，因为它根本不是任何东西本身。”

验回溯以及我们应该将其继续进行到多远。于是，在此出现了一种关于这种前进的规则的显著区别。如果一个整体在经验上被给出了，那么在其诸内在条件的序列中往回走**向无穷者**是**可能的**。但是，如果该整体没有被给出，相反，它首先要通过经验回溯而被给出，那么我只能说：继续行进到该序列的更高的条件是**无穷地可能的**。在第一种情形中我可以说：总是存在着比我通过（分解的）回溯所达到的成员更多的成员，而且它们经验上被给出了；但是，在第二种情形中我只能说：在回溯中我总是可以一再地继续下去，因为没有任何成员作为绝对地无条件的东西从经验上被给出了，因此，任何一个成员总是允许人们将一个更高的成员看作可能的，进而允许人们将对它的追寻看作必然的。在第一种情形中人们必然会**遇到**该序列的更多的成员，而在第二种情形中人们总是必须**追问**更多的成员，因为没有任何[B543/A515]经验是绝对地进行划界的。因为你们或者没有任何这样的知觉，它绝对地划出了你们的经验回溯的界限，于是你们一定不要将你们的回溯看作完成了；或者，你们拥有这样一种为你们的序列划界的知觉，这时这个知觉就不可能是你们所走过的序列的一个部分（因为**划界者**必然有别于**被划界者**），因此你们必须还要将你们的回溯继续下去，直到这个条件，如此等等。

在接下来的一章我们将通过其应用尽可能地彰显这些说明的优点。

第九章 论理性的与所有宇宙论理念相联的调节性原理的经验使用

因为正如我们已经多次表明的那样，既不存在任何对于理性概念的先验的使用，也不存在任何对于纯粹知性概念的先验的使用，因为感性世界中的诸条件的诸序列的绝对总体只是建立在理性的先验的使用基础之上的，而理性针对被它假定为物本身的东西要求这种无条件的完全性，[B544/A516]但是，因为感性世界并不包含这样的完全性，所以，在此我们谈论的不再可能是关于感性世界之中的诸序列的绝对的量的问题——它们是有界限的，还是**就其本身来看**是没有界限的；相反，我们谈论的只可能是这样的问题，即在将一个经验引回到其条件时，我们应当在经验回溯过程中往回走多远，以便按照理性的规则，仅仅停留在对理性的诸问题的与对象相宜的回答之上[①]。

因此，在我们充分地说明了作为关于诸显象本身的构成性原则的**理性原理的无效性**之后，留给我们的只有作为关于一种可能

① 此句后半部分原文是这样的："um nach der Regel der Vernunft bei keiner anderen, als dem Gegenstande angemessenen Beantwortung der Fragen derselben stehenzubleiben"。Grillo 认为"als dem"当作"als der dem"。中译文据此译出。

的经验的**延续**及其量的规则的理性原理的有效性[①]。此外，如果我们能够将理性原理的这种有效性无可置疑地呈现在人们面前，那么理性与其自身的那种争论也就得到了彻底的终结，因为我们不仅通过批判的解决清除了那种使得理性与其自身之间产生不和的假象，而且，取而代之的是，我们揭示了这样的意义，在其上理性与其自身协和一致（而恰恰是对这种意义的误解才引起了那种争论），并且将那种（要不然）仅仅是一条**辩证的**原则的东西转变成为一条**学说**原则。事实上，如果这条原则能够根据其主观的

---

① 此句原文是这样的："Es ist also nur die *Gültigkeit des Vernunftprinzips*, als einer Regel der *Fortsetzung* und Größe einer möglichen Erfahrung, die uns allein übrig bleibt, nachdem seine Ungültigkeit, als eines konstitutiven Grundsatzes der Erscheinungen an sich selbst, hinlänglich dargetan worden"。Erdmann 认为"Erscheinungen an sich selbst"（诸显象本身）当作"Erscheinungen als Dingen an sich selbst"（作为诸物本身的诸显象），Adickes 认为当作"Dinge an sich selbst"（诸事物本身）。这些修正建议均是不必要的，甚至于是不可接受的。请比较 B537/A509 中的相关说法："da hingegen der Grundsatz der absoluten Totalität der Reihe der Bedingungen, als im Objekte (den Erscheinungen) an sich selbst gegeben, ein konstitutives kosmologisches Prinzip sein würde"（与此相对照的是，关于诸条件的序列的这样的绝对总体的原则会是一条构成性的宇宙论原理，它被看作在对象本身之中［在诸显象本身之中］被给出了）。不难看出，康德在此应该是在其通常的意义上而非其专门意义上使用"an sich selbst"一语的。这也就是说，"Erscheinungen an sich selbst"同义于"Erscheinungen selbst"（显象自身，或就其自身来看的显象）。实际上，即便就"Dinge an sich"或"Dinge an sich selbst"（或"Gegenstände an sich selbst"）来说，康德也并非总是在其专门的意义上（即先验的意义上）使用它们的（即并非总是用它们来表示与显象相对应的物本身——抽离了直观形式的事物）。有时他也在通常意义上理解它们，即用它们来表示这样的意思：就相关的事物自身来看，即就其自身的性质、条件、资格或权利等等来看的相关的事物（things in their own right）。比如，在如下地方情况就是如此：B182/A143，B358/A301-302, A359-360，A370-373，A385-87，A390-391，B545/A517。（参见 Pluhar [tr.] 1996: 215n. 105）另外，他有时也用"Dinge an sich"或"Dinge an sich selbst"表示所谓经验意义上或物理学意义上的事物本身（参见 B45/A29-30，B62-63/A45-46）。

意指——即用来以与经验对象相宜的方式规定知性在经验中的最大可能的使用——得到证实的话，那么这点就恰好等同于这样的事情：它似乎像［B545/A517］一条公理一样先天地规定了诸对象本身（而根据纯粹理性，这样的事情是不可能的）。因为，即使这种先天的规定，联系着经验的对象来看，对我们的认识的拓展和修正所产生的影响也只能限于这点，即在我们的知性的最为广泛的经验使用中积极地展现自身。

一、关于诸显象之合为一个世界整体的复合的总体的宇宙论理念的解决

不仅在这里，而且在其他宇宙论问题那里，理性的调节性原理的根据是如下命题：在经验回溯中不会遇到**任何关于绝对的界限的经验**，进而在其中不会遇到任何关于这样一种条件的经验，**从经验上说**它是**绝对地无条件的**[①]。而此命题的根据则是这点：这样一种经验将势必包含着一种经由虚无或者空无对诸显象所做出的划界，而继续进行下去的回溯借助于一种知觉能够碰到这种划界，但是这样的事情恰恰是不可能的。

下面这个命题——它恰恰断言了这点：在经验回溯中我总是仅仅达到这样一个条件，［B546/A518］它本身又必须被看作经验上有条件的——in terminis（明确地）包含着如下规则：无论我在上升

① 这句话原文是这样的："daß im empirischen Regressus *keine Erfahrung von einer absoluten Grenze*, mithin von keiner Bedingung, als einer solchen, die *empirisch schlechthin unbedingt* sei, angetroffen werden könne"。Erdmann 认为"von keiner Bedingung"中的"keiner"当作"einer"。中译文据此译出。

的序列中走到了多远，我总是必须追问该序列的一个更高的成员，而不管这个成员是否能够经由经验被我所认识到。

那么，对于第一个宇宙论任务的解决来说，只是还需要确定下面这点就够了，而不需要进一步的事情：在向世界整体（从时间和空间上说）的无条件的量的回溯过程中，这种从来没有边界的攀升是可以被称作一种**向无穷者的后退**，还是只可以被称作一种**无法确定地继续下去的**（in indefinitum［不定的］）**回溯**①。

关于所有逝去的世界状态的序列以及在宇宙空间中同时存在的诸事物的序列的单纯的、一般的表象本身不过就是我所设想的（尽管还是以不确定的方式）这样一种可能的经验回溯，正是经由它，关于一个给定的知觉的诸条件的这样一种序列的可能的概念才能够出现。* 现在，我总归只是在概念中拥有世界整体，而决非在直观中拥有（作为整体的）世界［B547/A519］整体。因此，我不能从世界整体的量推导出该回溯的量，并且不能根据世界整体的量来确定该回溯的量；相反，我必须首先经由经验回溯的量来形成关于世界的量的概念。但是，就经验回溯来说，我从来不会知道比如下事实更多的东西：我必须总是从诸条件的序列的每个给定

---

① “一种无法确定地继续下去的回溯”原文为“ein unbestimmbar fortgesetzter Regressus”。

* 因此，这个世界序列既不可能比那个可能的经验回溯大，也不可能比其小（世界序列的概念仅仅是建立在这个回溯基础之上的）。而且，由于这个回溯不能提供任何确定的无穷者，同样也不能提供一个确定地有穷者（绝对地有界限者）[1]，所以很明显，我们既不能假定世界的量是有穷的，也不能假定它是无穷的，因为这个回溯（世界的量正是借助于它得到表象的）不允许二者中的任何一方。〔[1]“确定的无穷者”原文为“bestimmtes Unendliches”。“一个确定地有穷者”和“绝对地有界限者”在A版和B版原版中原文分别为“ein bestimmtendliches”和“schlechthinbegrenztes”，在科学院版中作“ein bestimmt Endliches”和“schlechthin Begrenztes”。〕

的成员继续前进到一个更高的（更远的）成员。因此，诸显象的整体的量根本就没有由此而得到绝对的确定，进而，人们也就不能说：这个回溯走向无穷者。因为，这样的说法会预示该回溯还没有达到的成员，并且会将其数量设想得如此巨大，以至于没有任何经验回溯能够达到它那里，于是，它将会在该回溯之前便**确定了**（尽管仅仅是负面地**确定了**）世界的量。但是，这样的事情是不可能的，因为，世界并不是经由任何直观（按照其总体）而被给予我的，因此世界的量也完全不是在该回溯之前被给予我的。据此，对于世界的量本身，我们根本不能说出什么，甚至于也不能这样说：在世界之内发生了一种 regressus in infinitum（无穷的回溯）。相反，我们必须仅仅根据这样的规则——它决定了世界之内的经验回溯——寻找关于世界的量的概念。但是，这条规则只是断言了下面这点：无论我们在诸经验的条件的序列中行进了多远，我们都不应该在任何地方假定一个绝对的界限；[B548/A520] 相反，每个作为有条件者的显象均必定隶属于另一个作为其条件的显象，因此均必须进一步前进到这另一个显象，而这样的事情恰恰就是 regressus in indefinitum（不定的回溯）。由于这种回溯并没有确定对象中的任何量，因此，它足够清楚地区别于 regressus in infinitum（无穷的回溯）。

据此，我不能说：就逝去的时间或者就空间来说世界是**无穷的**。因为这样的关于作为一种给定的无穷性的量的概念从经验上来说是不可能的，进而就作为感觉能力的对象的世界来说也是绝对不可能的。我也不能说：从一个给定的知觉开始到所有这样的事项的回溯走**向无穷者**，这些事项在一个序列里既在空间中又在逝去的时间中为该知觉划出了界限。因为，这样的说法预设了无穷的世界的量。我也不能说：世界是**有穷的**，因为绝对的界限从经验上说同样是不可能的。因此，我将不能就经验的整个对象（就感性世界）说出任何东西，而只能就这样的规则说出一些东西，按照它，我们应当以适合于经验的对象的方式从事经验并将其继续下去①。

因此，对于关于世界的量的宇宙论问题，初步的且否定的回答是这样的：从时间上说，世界没有第一开始；并且从空间上说，世界没有最外层的界限。

因为，假定情况相反，世界从一方面来说将由空的时间划界，从另一〔B549/A521〕方面来说将由空的空间划界②。由于现在作为显象，世界就其本身来说不可能是这两种情况中的任何一种（这点是因为显象决非物本身），因此，一种对由绝对地空的时间或者绝对地空的空间而给出的划界的知觉就必将是可能的，正是经由这种知觉，这些世界终端在一个可能的经验中被给出了。但是，这样一种经验从内容上说是完完全全空洞的，因此也是不可能的。于是，一种绝对的世界界限从经验上说是不可能的，因此也就是绝对地不可能的。*

---

① 此句原文是这样的："Demnach werde ich nichts von dem ganzen Gegenstande der Erfahrung (der Sinnenwelt), sondern nur von der Regel, nach welcher Erfahrung ihrem Gegenstande angemessen, angestellt und fortgesetzt werden soll, sagen können"。Valentiner 认为"sagen"前应该补加上"etwas"。中译文据此译出。

② "空的时间"（虚时）和"空的空间"（虚空）原文分别为"die leere Zeit"和"der leere Raum"。空的时间与空的空间合在一起等于虚无（Nichts）或空无（das Leere）。

* 人们会注意到：这里所给出的这个证明是以与前面〔1〕在讨论第一个二律背反的反题时所提到的那个独断论的证明完全不同的方式进行的。在那里，我们允许人们根据普通的且独断的表现方式将感性世界看作这样一种事物，它就其本身来说、在一切回溯之前从其总体上说被给出了，而且，如果感性世界没有占有所有时间和所有空间，那么我们便否认它出现在两者中的任何一个特定的位置之上。于是，那里的结论也与这里的结论有所不同，即在那里人们推导出了感性世界的现实的无穷性。〔〔1〕参见 B455–457/A427–429。〕

于是，我们由此同时得到了下面这个**肯定的**回答：在世界的诸显象的序列中进行的那种回溯，作为对世界的量的一种确定，是in indefinitum（不定地）行进的。这点恰恰就是说：感性世界没有任何绝对的量，相反，经验的回溯（正是经由该回溯感性世界才能在其诸条件的那一边被给出）拥有这样的规则：总是要从该序列的每个作为有条件者的成员那里前进到一个更远的成员（无论这点是经由自己的经验做到的，还是〔B550/A522〕在历史的引导下做到的，抑或是经由结果与其原因的链条做到的），在任何地方都不要让自己免除拓展自己的知性的可能的经验使用的任务，而这点恰恰也是理性在其原理之中所担负的真正的并且唯一的事务。

在此我们并没有被指定要做这样一个特定的经验回溯，它在某种显象中不停歇地继续进行下去。比如，人们必须从一个活着的人那里开始在一个祖先序列中总是向上攀升，而不要期待有第一对父母，或者在天体序列中，人们必须不断地向上攀升，而不要认为有最遥远的太阳。相反，人们只是被要求要从显象前进到显象——即使这些显象并没有给出现实的知觉（如果就我们的意识而言，这种知觉从程度上说太过微弱，以至于根本变不成经验），因为尽管如此它们的确属于可能的经验。

任何开始均处于时间之中，而且有广延的东西的任何界限均处于空间之内。但是，时间和空间仅仅处于感性世界之内。因此，只有**世界内的**诸显象才有条件地被划界了，而**世界**本身则既非有条件地也非以无条件的方式被划界了。

恰因如此，而且因为世界从来**不能完全地被给出**，甚至于作为世界序列的一个给定的有条件者的诸条件的序列也从来**不能完**

全地被给出，所以关于世界的量的概念仅仅是通过回［B551/A523］溯而被给出的，而非在回溯之前便在一个集体的直观中被给出了。但是，这样的回溯总是仅仅在于量的**确定**，因此并没有给出任何**确定的**概念，进而也没有给出关于这样一个量的概念，它就某个计量单位来说是无穷的，因此该回溯并非走向（好像是给定了的）无穷者，而是走向不确定的远处，以便给出这样一个（经验的）量，它首先通过该回溯才成为现实的。

二、关于在一个直观中给出的整体的划分的总体的宇宙论理念的解决

如果我要划分一个在直观中给出的整体，那么我从一个有条件者来到其可能性的诸条件。对诸部分的划分（subdivisio［子划分］或 decompositio［分解］）是一种在这些条件的序列中进行的回溯。这个**序列**的绝对总体只有在该回溯能够达到诸**简单的**部分时才被给出。但是，如果一个连续地进行着的分解中的所有部分总是可以一再地被划分的，那么该划分即该回溯便无穷地从有条件者来到其诸条件，因为诸条件（诸部分）被包含在了有条件者本身之中，而且，由于这个有条件者在一个［B552/A524］被包围在它的诸界限之间的直观中被完全地给出来了，因此，诸条件也一起被给出来了。因此，该回溯不能仅仅被叫作 in indefinitum（不定的）后退，像前面那个宇宙论理念唯一允许的那样——根据这个理念我应当从有条件者前进到它的这样的诸条件，它们是在它之外被给出的，因此并非经由它而同时被给出来了，相反，它们是

在经验的回溯中才补加进来的。尽管如此，我们却绝对不被允许说：这样一个可以无穷地划分的整体**是由无穷多的部分构成的**。因为，尽管所有部分都被包含在了该整体的直观之中，但是**相关的整个划分并没有**被包含在其内。该整个划分只在于连续进行的分解或者这样的回溯本身，正是它首先使得该序列成为现实的。现在，由于这个回溯是无穷的，因此，**尽管**它所达到的所有成员（所有部分）都被包含在了作为**聚集物**的该给定的整体之中，但是**该划分的**整个**序列**并没有被包含在其中，这样的序列是前后相继地无穷的，并且从来不是**完全的**，因此，它不能表现任何无穷的数量以及该数量在一个整体中的归拢[①]。

这个一般性的提醒首先可以很容易地被应用到空间之上。每一个在其诸界限之内被直观的空间都是这样一个整体，其诸部分在所有分解之中总是再一次地是诸空间。因此，每一个这样的空间都是无穷地可划分的。

［B553/A525］由此十分自然地出现了该提醒在一个被包围在其诸界限之内的外部显象（物体）之上的进一步的应用。物体的可划分性是建立在空间的可划分性基础之上的。空间构成了作为一个有广延的整体的物体的可能性。因此，物体是无穷地可划分的，与此同时它并非因此就是由无穷多的部分构成的。

事情看起来的确是这样的：一个物体由于必须被表象成空间中的实体，因此，从空间的可划分性的法则方面说，它与空间是不同的。因为，人们肯定至少可以承认，空间中的分解从来不能

---

① “无穷的数量”原文为“unendliche Menge”，“归拢”原文为“Zusammennehmung”（字面意义为“放在一起”）。

去除一切复合，因为，如果这样的分解去除了一切复合，那么甚至于一切空间都将停止存在了（因为空间除此而外并没有任何独立的东西），而这点是不可能的；不过，如下这点——如果物质的一切复合均在思想中被取消了，那么根本就不应该有任何东西存留下来——似乎无法与实体概念一致起来，因为实体真正说来应当构成了一切复合的主体，而且必定在复合的诸要素中存留下来，尽管诸要素借以在空间中构成一个物体的联结被取消了。但是，那种在**显象**中叫作实体的东西的情况不同于人们经由纯粹知性概念对一个物本身可能会思维的东西。显象中叫作实体的东西不是绝对的主体，而是感性的恒常的图像，［B554/A526］它只不过是直观，而在直观中根本遇不到任何无条件的东西。

不过，尽管现在这条关于无穷前进的规则在作为空间的一种单纯的充满的显象的进一步的划分的情况下毫无疑问是成立的，但是，当我们还想要将它引申到以某种方式在给定的整体中已经分离开了的诸部分的数量（由此这些部分构成了一个 quantum discretum［离散的量］）之上时，它肯定就不可能有效了。让我们假定：在每个分成诸部分的（有组织的）整体中[①]每个部分再一次地是分成诸部分的，而且依这样的方式在将诸部分进行无穷的分解时人们总是遇到新的精巧的部分，简言之，该整体是无穷地分成诸部分的。这样的假定根本是不可设想的，尽管如下假定肯定是可以设想的：物质的诸部分在其无穷的分解时可以被分成诸部分。因为，空间中的一个给定的显象的划分的无穷性仅仅是建立在如下事实基础之上的：经由这个显象，仅仅可划分性——即

① 此句原文为：“in jedem gegliederten (organisierten) Ganzen”。

诸部分的一个就其自身来说绝对地不确定的数量——被给出来了，而诸部分本身只有经由进一步的划分才被给出并得到确定，简言之，该整体并非就其本身来说就已经被划分好了。因此，相关的划分可以确定该整体中的这样一个数量，它达到了像人们想要在该划分的回溯过程中前进得那么远。与此相反，在一个被无穷地划分成诸部分的、有机的物体的情况下[①]，〔B555/A527〕该整体恰好已经由这个〔关于这样的物体的〕概念而被表象成划分好了的，并且诸部分的一个就其自身来说确定好了的、然而无穷的数量在划分的一切回溯之前就在该整体之中被遇到了——由此人们便陷入了自相矛盾。这是因为，这个无穷的进展一方面被看成了一个从来不能完成的序列（被看成是无穷的），尽管如此，另一方面它又被看成在一个归拢中完成了。无穷的划分仅仅将显象标示成 quantum continuum（连续的量），并且它与空间的充满是无法分开的，因为无穷的可划分性的根据恰恰包含在这种充满之中。但是，某种东西一旦被假定为 quantum discretum（离散的量），那么其内的诸单位的数量[②]就被确定好了，因此，该数量也就总是等于一个数。于是，只有经验能够确定，一个被划分成诸部分的物体之中的组织能进行到多远，并且即使经验没有确实地达到任何非有机的部分，这些部分也必定至少包含在了可能经验之中[③]。至于对一个泛而言之的显象的先验的划分会延伸到多远，这根本不是经验的事情，而是一条关

① 此句原文为："bei einem ins Unendliche gegliederten organischen Körper"。

② "其内的诸单位的数量"原文为"die Menge der Einheiten darin"。

③ "一个被划分成诸部分的物体之中的组织"原文为"die Organisierung in einem gegliederten Körper"。"非有机的部分"原文为"unorganischen Teile"。

于如下事情的理性原理，即依据这个显象的本性，从来不要将对有广延的东西的分解过程中的经验回溯看成绝对地完成了的。

* * *

[B556/A528] 对数学的先验理念的解决的最终说明以及对动力学的先验理念的解决的先行提示

当我们上面遍历一个表中的所有先验理念来呈现纯粹理性的二律背反时，我们指明了这种冲突的根据以及清除它的唯一的手段（该手段在于这点：两个互相反对的断言均被宣布为假的）。在此[①]，我们处处都将诸条件设想为根据空间和时间关系而属于其有条件者的。这点构成了普通人类知性的通常的预设，那种冲突于是也完全是建立在这点基础之上的。就这个方面来看，所有关于一个给定的有条件者的诸条件的序列中的总体的辩证的表象也都完全是同属一类的。在此总是出现了这样一个序列，在其中条件与有条件者作为该序列的成员被联结在一起并且因此而是**同属一类**的，于是，在此回溯一定不要被看作完成了的，或者，如果它竟然被这样地看待了，那么人们一定是将一个就其本身来说有条件的成员错误地当成某个第一个成员了，进而将其当成无条件的了。因此，尽管对象即有条件者没有处处被仅仅依据其量来加以衡量，但是对象或有条件者的诸条件的序[B557/A529]列的确被如此地加以衡量了。在此，困难在于这点：理性使这样的序列对于知性来说或者**太长**或者**太短**了，以至于知性从来不能与理性的理念相匹配。这个困难不能

① 原文作“so”（以这样的方式），Valentiner 建议将其改为“da”。中译文据此译出。

通过和解而只能通过将其症结完全切除的方式得到消除。

不过，在此我们忽略了一个出现于这样一些对象即诸知性概念之间的根本性的区别，理性力图将它们提升为理念。因为，按照我们上面给出的范畴表，其中的两种范畴意指诸显象的**数学的**综合，而其余两种则意指诸显象的**动力学的**综合。不过，到现在为止，我们尽可以忽略这个区别，因为，正如我们在一般性地呈现所有先验理念时总是仅仅停留**在显象之中**一样，在两个数学上先验的理念中我们所拥有的也仅仅是显象中的**对象**。不过，由于我们现在进展到了知性的**动力学**概念这里（在其应当适合于理性理念范围内），因此这个区别变得重要起来。联系着理性缠绕于其中的如下争执，该区别向我们展露了一个全新的前景：此前我们**拒绝了**这个争执，因为它那时是建立在从两方面看均为错误的预设基础之上的。但是，现在，由于一方面，我们可以认为，在动
[B558/A530] 力学二律背反中人们或许做出了一个与理性的自负能够达成一致的预设，另一方面，法官弥补了双方均误认了的法律根据方面的缺陷，因此，这个争执可以令双方均满意地得到**和解**。不过，在数学的二律背反的争论中我们无法做出这样的和解。

就诸条件的序列来说，如果人们只是关注其**延伸**的话，即只关注它们是否适合于理念或者对于它们来说理念是否是太大了或太小了这样的问题，那么它们自然是同属一类的。不过，作为这些理念之基础的知性概念或者仅仅包含着**同类的事项的综合**或者还包含**非同类事项的综合**。在任何量的情况下同类的事项总是被预设了——无论是在量的复合中，还是在量的划分中；而非同类的事项在动力学的综合的情况下至少是可以被允许的——无论是

在因果联系的动力学综合中，还是在必然的事项与偶然的事项的联系的动力学综合中。

因此，我们便有了如下结论：就诸显象的诸序列的数学联系来说，只有**感性**条件——也即这样一种条件，它本身就是诸显象的序列的一个部分——才能进入其中；与此相反，诸感性条件的动力学序列还允许这样一种非同类的条件，它不是该序列的一个部分，相反，作为**仅仅可理知的**事项，它处于该序列之外，由[B559/A531]此理性得到了满足并且无条件者被置于诸显象的前面，而诸显象的序列，作为总是有条件的事项，并没有因此而陷于混乱，也没有因此而被以违反知性原则的方式中断。

现在，经由如下这个事实——即动力学理念允许诸显象在其序列之外拥有一个条件，这个条件本身不是显象——发生了这样的事情，它完全不同于数学的二律背反①的后果。因为，数学的二律背反导致了如下结果：两个辩证的互相反对的断言均必须被宣布为假的。与此相反，诸动力学序列的这样的贯通的有条件者——它与作为显象的诸动力学序列不可分离，与经验上无条件的但又是**非感性的**条件联系在一起——则能够一方面满足**知性**，另一方面也满足**理性***。尽管那些以一种或者另一种方式在单纯的显

① “数学的二律背反”在A版和B版原版中作“二律背反”。Hartenstein认为应加上“数学的”这个限制语。科学院版接受了这个意见。

* 因为知性不允许任何这样的诸条件出现**在诸显象之中**，它们本身从经验上说是无条件的。但是，我们可以为（显象中的）一个有条件者设想这样一种**可理知的**条件，它因此并非作为一个成员而一起属于诸显象的序列，而与此同时我们却丝毫没有因此而中断诸经验条件的序列。因此，这样一种条件可以作为**经验上无条件的**事项而被允许，以至于经验的连续的回溯在任何地方均没有因此而受到损害。

象中寻找无条件的总体的辩证的论证被取消了，但是，[B560/A532] 拥有如此修正了的意义的诸理性命题中的双方则**都**可以是**真的**。而在那些仅仅涉及单纯数学上说无条件的统一性的宇宙论理念的情况下，这种事情则决不会发生，因为在它们那里我们只是遇到了诸显象序列的这样一种条件，它本身是显象，作为显象它又与其他显象一起构成了该序列的一个成员。

三、关于从诸世界事件的原因得出它们的那种推导的总体的宇宙论理念的解决

就发生的事情来说，人们只能设想两种因致性，即或者是根据**自然**的因致性，或者是出自**自由**的因致性。根据自然的因致性是感性世界中一个状态与前一个状态的联系，这个状态根据一条规则接着前一个状态发生。现在，因为诸显象的**因致性**是以时间条件为基础的，而如果在前的状态总是存在着的，那么它也不会引起任何首先在时间中产生的结果，因此，发生的事情或者形成的事情的原因的因致性也是**形成的**，根据知性原则，它本身再次需要一个原因。[①]

[B561/A533] 与此相反，我将宇宙论意义上的自由 [②] 理解成**自动地**肇始一个状态的能力，因此，该自由的因致性 [③] 并非根据自然法则再

① 在其所使用的 A 版样本中，康德在此补充说："结果和原因的联系根本不适合于感性世界之外的事物，因为上帝如何可能是一个原因，是一个存在物？"（AK 23: 41）

② "宇宙论意义上的自由"（Freiheit im kosmologischen Verstande）即"先验自由"（transzendentale Freiheit）。

③ "该自由的因致性"原文为"deren Kausalität"。其中的"deren"指代前文的"Freiheit"（自由）。Erdmann 认为"deren"当作"dessen"。"dessen"指代的是前文的"Vermögen"（能力）。

次隶属于另外一个原因，而这个原因在时间上决定了它。这种意义上的自由是这样一个纯粹的先验理念：首先，它不包含来自经验的任何东西；其次，其对象也不能在任何经验中被确定地给出，因为下面这点是一条普遍的法则，甚至于是一切经验的可能性的普遍法则：发生的一切事情均必须拥有一个原因，因此该原因的因致性也必须再次地拥有一个原因，因为该因致性**本身发生了**或形成了，于是，由此整个经验的领域便被转变成为一个单纯自然的全体（无论经验的领域延伸到多远）。但是，因为以这样的方式我们没有得出任何因果关系中的诸条件的绝对总体，所以理性给自己创制了关于这样一种自发性的理念，它能够自动地开始行动起来，而不需要事先得到另外一个原因，这个原因再次根据因果联系法则决定它行动起来。

下面这点值得特别注意：关于自由的实践概念是建立在**关于自由的**这种**先验理念**基础之上的，而且关于自由的先验理念构成了关于自由的实践概念中诸困难的真正的因素，而这些困难一直围绕着关于自由的可能性的问题[①]。［B562/A534］**实践意义上的自由**就是意愿[②]对于来自感性动力的**强迫性**的独立性。因为，就意愿来

---

① 这句话原文是这样的："Es ist überaus merkwürdig, daß auf diese *transzendentale Idee der Freiheit* sich der praktische Begriff derselben gründe, und jene in dieser das eigentliche Moment der Schwierigkeiten ausmache, welche die Frage über ihre Möglichkeit von jeher umgeben haben"。Wille 认为，"dieser"（指代"Freiheit"）当作"diesem"，后者指代的是"der praktische Begriff"。相应地，"jene"指代的当是"diese transzendentale Idee der Freiheit"。中译文据此译出。

② "意愿"原文为"Willkür"。此处讨论的意愿构成了康德 1793 年以后的著作中所谈论的狭窄意义上的意志（Wille）之一种。这样的意志或意愿就是一个人决定自己根据理性法则、以独立于其自然本能的方式而行动起来的能力，或者说一个人决定自己作为有理性的存在物或理智物而行动起来的能力。作为这样的意志的直接的决定根据的理

说，如果它**从内心冲动上说**[①]（经由感性动因）受到了**影响**，那么它便是**感性的**[②]；如果它**从内心冲动上说**可以被**必然化**，那么它被叫作**兽性的**（arbitrium brutum［兽性的意愿］）。人的意愿虽然是一种 arbitrium sensitivum（感性的意愿），但并不是 brutum（兽性的），而是 liberum（自由的），因为感性并没有使得人的意愿的行动成为必然的，相反，一种独立于来自感性动力的强迫性而自动地决定自身的能力寓于人之内。

显而易见，如果在感性世界中一切因致性都仅仅是自然[③]，那么每个事件都将在时间中被另一个事件按照必然的法则所决定，

（接上页）性即实践理性。康德又将决定了意愿的实践理性本身称作意志——即“纯粹意志”。此种意志构成了另一种狭窄意义上的意志。这种狭窄意义上的意志就是作为立法能力的意志，而前一种狭窄意义上的意志即意愿则是作为执行能力（die ausübende Kraft）或选择能力的意志（参见 Allison, H.: *Kant's Theory of Freedom*, Cambridge: Cambridge University Press, 1990, pp. 129–135; *Kant's Conception of Freedom. A Developmental and Critical Analysis*, Cambridge: Cambridge University Press, 2020, pp. 451–452）。

① “从内心冲动上说”原文为“pathologisch”。这个词通常的意义为“病理学的”或“与病理学相关的”。但是，在康德文本的一些地方，其意义与其希腊语词根即“πάθος /pathos”密切相关。“pathos”指发生在某个事物特别是某个人之上的事情，特别是指个人的经验、感受（特别是有快乐和痛苦相伴的感受）、情绪、情感等等。据此，“pathologisch”在此处语境中的意义应当为“基于内心冲动或内心激动（Gemütsbewegung）的”或“基于感受活动或感触（Gefühlsregung）的”或者“从内心冲动或感受活动上说”。在后文相关的地方，康德对这个词的意义做出了更为明确的提示：“Eine Willkür ... ist bloß *tierisch* (*arbitrium brutum*), die nicht anders als durch sinnliche Antriebe, d. i. *pathologisch* bestimmt werden kann”（如果一个意愿只能经由感性动力即**从内心冲动上**被决定，而不能以其他方式被决定，那么它便是单纯**兽性的**……）（B830/A802）。按照这句话的表述，“pathologisch”与“durch sinnliche Antriebe”（经由感性动力或从感性动力上说）同义。

② 在此请注意，按照康德的理解，对愉快和不快等感受的感受力也构成了一种特殊的感性。

③ 更准确地说，“都仅仅是自然”当作“都仅仅是根据自然法则的因致性”。

因此，既然诸显象——在它们决定了意愿范围内——必定使得每个作为它们的自然的后果的行动成为必然的，那么取消了先验自由便同时去除了一切实践自由[①]。因为，实践自由预设了下面这点：尽管某事没有发生，但是它本来**应当**发生，而且其在显象中的原因因此并非是这样的，即它如此地起着决定的作用，以至于在我们的意愿之中不存在这样一种因致性了，它独立于那些自然原因甚至于抗拒着其强力和影响地引起了某种东西，那种在时间秩序中根据经验法则而被决定的东西，因此它**完全自动地**肇始了一个诸事件的序列。

[B563/A535] 因此，在此所发生的事情就是一般说来人们在这样的冲突之中——敢于越过可能经验的界限的理性陷于其中——所遇到的事情，即这样的事情：相关的任务真正说来并不是**自然学上的**，而是**先验的**。因此，自由的可能性的问题虽然对心理学提出了挑战，但是因为它纯然是以纯粹理性的辩证的论证为基础的，所以它与它的解决一起必然仅仅构成了先验哲学的事务。现在，为了让先验哲学能够为此而提供一个令人满意的回答（它无法拒绝此项任务），我必须首先通过一个说明尝试进一步地确定其在处理这个任务时所遵循的程序。

如果诸显象就是诸物本身，进而空间和时间就是诸物本身的存在的形式，那么诸条件与有条件者便总是作为成员而属于同一个序列，并且由此在当前的情形中也出现了如下二律背反（此二律背反是所有先验理念所共同面对的）：对于知性来说，该序列最终必定不可避免地或者是太大了，或者是太小了。但是，我们

---

① “实践自由”（die praktische Freiheit）即前文所谓“实践意义上的自由”（die Freiheit im praktischen Verstande）。

在此节和下一节中所关心的动力学的理性概念拥有如下独特之处：因为与它们相关的并不是一个被看作量的对象，而仅仅是对象的**存在**，所以，人们可以不考虑诸条件的序列的量。并且，就这些理性概念来说，重要的事情仅仅是条件与有条件者之间的动[B564/A536]力学的关系，因此在自然与自由的问题上我们已经遇到了这样的困难，即自由到底是否是可能的；并且如果自由是可能的，那么它与关于因致性的自然法则的普遍性是否可以并存，因此，“世界中的每个结果必定**要么**出自自然，**要么**出自自由”这个命题是否是一个正当的选言命题①，抑或毋宁说，就同一个事件来说，**两者**②在不同的关系中可以同时发生。那条关于感性世界的所有事件依据不可改变的自然法则而来的贯通的关联的原则的正确性已经作为先验分析论的一条原则被确立下来，无法容忍受到任何损害。因此，问题仅仅在于这点：尽管如此，联系着恰恰同一个结果——它根据自然而被决定了——自由也是可以发生的；抑或，自由已被上述那条不可侵犯的规则完全地排除了。在此那种关于显象的**绝对的实在性**的普遍的却是欺骗人的预设立即显示出了其有害的影响，即让理性产生混乱。因为，假定诸显象就是诸物本身，那么自由将是无可挽救的。这时，自然就是每个事件的完全的且就其本身来说充分地决定性的原因，而且每个事件的条件就总是仅仅包含在诸显象的序列之中，诸显象连同其结果必然地隶属于自然法则之下。与此相反，如果[B565/A537]诸显象仅仅被看作它们事实上所是的东西，即不是被看作物本身，而是被看作根据

① 康德在此想到的只是不相容的选言命题。

② “两者”指源自自然和出自自由。

经验法则而关联在一起的单纯的表象，那么它们自身就还必须拥有一些不是显象的根据。但是，这样一种理知的原因就其因致性而言并非是经由诸显象而被决定的，尽管其诸结果显现了并且因此能够经由其他显象而被决定。因此，它连同它的因致性处于相关的序列之外；与此形成对照的是，它的结果则出现在诸经验条件的序列之中。于是，该结果就其理知的原因来说可以被看作自由的，但与此同时就诸显象来说它又可以被看作根据自然的必然性而源自这些显象的后果。在此我们遇到了这样一种区别，当我们一般地且全然抽象地阐述它时，它必定显得极其微妙且晦暗，但是在应用中它会得到澄清。在此我只是想做出如下说明：既然在自然的情境中一切显象的贯通的关联是一条无情的法则，如果人们想固执地坚守显象的实在性，那么这样的法则必定必然地推翻了一切自由。因此，在此遵循着普通意见的那些人也决不能做到这点，即将自然与自由彼此联合起来。

[B566/A538] 与关于自然必然性的普遍法则联合在一起的经由自由而来的因致性的可能性

我将一个感觉能力的对象[①]中就其自身来说不是显象的东西称作**可理知的**。据此，如果在感性世界中必须被看作显象的那个事物就其本身来说还拥有这样一种能力，这种能力决不是感性直观的对象，但是经由它该事物却可以是诸显象的原因，那么人们便可以从两个方面来看待该存在物的**因致性**，即根据该因致性作为一个物本身的**行动**而将其看作**可理知的**，并且根据该因致性作为

① 此“感觉能力的对象”特指感性世界中的主体。

感性世界中的一个显象的**结果**而将其看作**可感知的**。据此，就这样一种主体的能力来说，关于其因致性，我们将形成一个经验的概念，同时还将形成一个理智的概念，而且这两个概念一起出现在同一个结果那里。以这样的双重方式来思考一个感觉能力的对象的能力这种做法与我们就显象和可能的经验而不得不形成的任何概念均不相矛盾。因为，既然显象就其本身来说并不是任何事物，那么它们必定是以一个先验对象为基础的，而该先验对象将它们决定为单纯的表象，因此，没有任何因素阻止我们在该先验对[B567/A539]象借以显现出来的性质之外还将这样一种**因致性**归属给它，**此因致性**不是显象，尽管其**结果**在显象中被遇到了。但是，每一个效力因都必定有一个**品格**，也即一条关于其因致性的法则，如果没有这样的法则，它根本就不会是原因了。于是，在一个属于感性世界的主体身上我们便首先拥有了一种**经验品格**，经由该品格，该主体的诸多行动作为显象根据恒定的自然法则而完完全全地处于与其他显象的关联之中，并且可以从作为其条件的这些其他显象之中推导出来，因此，在与这些其他显象的联系之中它们一起构成了唯一的自然秩序的序列的成员。其次，人们还将必须允许该主体拥有一种**理知品格**①，经由该品格，它虽然构成了作为显象的那些行动的原因，但是该品格本身并不隶属于任何感性的条件，甚至于根本就不是显象。人们也可以将前一种品格称为这样一个事物在显象中的品格，而将后一种品格称为该物本身的品格。

现在，这个行动着的主体根据其理知品格不隶属于任何时间

① “经验品格”和“理知品格”原文分别为“der empirische Charakter”和“der intelligibele Charakter”。

条件，因为时间只是诸显象的条件，而非诸物本身的条件。在它之内没有任何**行动**会**产生**或**消失**，因此〔B568/A540〕它也不会听命于关于一切时间规定的法则，关于一切可变事项的法则：即一切**发生的事情**均**在**（前一个状态的）**显象中**遇到其原因。简言之，该主体的因致性，在其是可理知的范围内，根本不处于这样的诸经验条件的序列之中，它们使得感性世界内的事件成为必然的。尽管我们从来不能直接地认识到这种理知品格（因为我们只能知觉到显现出来的事物），但是我们必定要按照经验品格来**思维**它，正如无论如何我们都必须在思想中以一个先验对象作为诸显象的基础一样，尽管对于它就它本身所是的样子我们一无所知。

因此，按照其经验品格，这个主体作为显象将根据所有决定法则而隶属于因果联系，而且在此范围内它只不过是感性世界的这样一个部分，其结果恰如每个其他的显象一样，将毫无例外地源自自然。正如外部显象影响到该主体一样，也如其经验品格即其因致性的法则是经由经验而被认识到的一样，其所有行动都必定可以根据自然法则而得到解释，为了对这些行动做出完全的且必然的决定而需要的一切事项均必定会在一种可能的经验中被遇到。

〔B569/A541〕但是，按照其理知品格（尽管对于该品格我们只能有一个一般的概念），同一个主体却必须被宣布为不受制于任何感性的影响以及来自于显象的决定。而且，因为在它之内——在它是**本体**范围内——没有任何事情**在发生**，没有任何变化进而没有任何与作为原因的诸显象的联系会被遇到（变化需要动力学上的时间决定），所以这个活动着的存在物在这样的范围内在其行动中将独立于并且摆脱一切自然必然性，因为这种必然性只是在感性世界中才会被遇到。对于这个主体，如下说法将是完全正确的：它**自动地**肇始了它在感性世界中的诸结果，与此同时并非该行动**在它本身之内**开始了。而且，这种说法的有效性并不需要下面这点：在感性世界中的诸结果因此便可以自动地开始。因为这些结果在感性世界中总是由处于前面的时间中的诸经验条件而先行得到决定了（不过，只有借助于经验品格——它不过是理知品格的显象——这种决定才能发生），而且它们只有作为诸自然原因的序列的一种继续才是可能的。于是，自由和自然二者中的每一方就其完全的意义来说在恰恰相同的行动之上同时地并且没有任何矛盾地被遇到了——至于我们所遇到的是自由还是自然，这点取决于我们是将这些行动与它们的可理知的原因加以比较，还是将它们与它们的可感知的原因加以比较。

[B570/A542] 对关于与普遍的自然必然性结合在一起的自由的宇宙论理念的阐释

我发现如下做法不错：首先设计出对于我们的先验的问题解决的梗概，以便人们借此可以更好地综观理性解决这个问题的进程。现在，我们想要阐明在决断该解决方案时所涉及的诸多真正重要的要素并且特别地考量其中的每个要素。

如下的自然法则是一条知性法则：发生的任何事情均是有原因的，而且该原因的因致性即那个相关的**行动**，因为在时间中先行发生了并且联系着在此**所产生的**这个结果来看本身不可能总是存在着的，而必定是**发生了的**，所以它也在诸显象中拥有它的原因（由此它便被决定了），于是，自然秩序中的所有事件均是经验上被决定了的。正是经由这条法则，诸显象才能首先构成一个**自然**，并且才能提供某个经验的对象。不能允许人们因任何借口而偏离这条知性法则，或者说不能允许任何一个显象构成其例外。因为，否则，人们便将这个显象置于所有可能的经验之外了，但是由此便将其与可［B571/A543］能经验的所有对象区别开来了，并让其变成单纯的思想之物和幻影。

在此，尽管事情看起来像是这样的，即仅仅存在着这样一个诸原因的链条，它不允许向诸原因的诸条件的回溯过程中存在任何**绝对的总体**。但是，这个疑虑根本不会妨碍我们。因为，我们已经在关于理性的二律背反的一般性评判中清除了这种疑虑（当理性在诸显象的序列中将目光放在无条件者之上时，它便会遭遇这样的二律背反）。如果我们愿意屈服于先验实在论的幻觉，那么我们就会既失去自然，也失去自由。在此问题仅仅是这样的：如果人们在所有事件的整个序列之中只承认自然必然性，那么就恰好同一个事件来说，尽管它一方面是单纯的自然结果，但是，另一方面我们是否还是可以将其看作出自自由的结果，抑或，在这两类因致性之间我们会遇到一种直接的矛盾。

在显象内的诸原因之中肯定不可能存在任何能够绝对地并且自动地肇始一个序列的东西。作为显象，每个行动本身，在其引起了一个事件范围内，就是这样一个事件（或发生的事情），它预设了另一个状态，它的原因便出现在该状态之内。因此，发生的一切事情均仅仅是相关序列的延续，在该序列之内任何这样的开始均是不可能的，它自动地发生了。［B572/A544］所以，时间序列中的诸自然原因的所有行动本身再一次地是这样的诸结果，它们同样预设了它们在时间序列中的原因。我们不能指望在诸显象的因果联系中找到这样一种**本源的**行动，经由**它**某种先前不曾存在的东西发生了。

但是，难道情况也必然是这样的吗：如果诸结果是显象，那么它们的原因的因致性——它（即该原因）本身也是显象——就必须仅仅是经验性的？相反，如下事情难道不是可能的吗：尽管对于显象中的每个结果我们的确都要求一种根据关于经验的因致性的法则而来的与其原因的联系，但是这种经验的因致性本身毕竟可以是一种非经验的然而可理知的因致性的结果，而与此同时这点一点儿也没有中断该经验的因致性与诸自然原因的关联？也即，这种经验的因致性难道不可以是这样一种原因的一种本源性的（联系着诸显象来说）行动的结果吗？——该原因就此而言不是显象，相反，根据这种能力，它是可理知的，尽管除此而外它作为自然链条中的一个环节而必须被完全地算作属于感性世界的？

为了寻找并且能够给出诸自然事件的自然条件，也即其在显象中的诸原因，我们需要关于诸显象彼此间的因致性的命题。如果这点得到了承认并且没有因为任何例外而被弱化，那么知性——它在其经验的使用中在所有发生的[B573/A545]事情中只是看到了自然，而且它这样做也是正当的——便拥有了它所能够要求的一切，而自然的解释便继续其没有任何障碍的历程了。现在，下面的假定一点儿也不会损害到知性（即使假设此外这个假定仅仅是虚构出来的）：在诸自然原因中也有这样一些自然原因，它们拥有这样一种能力，这种能力仅仅是可理知的，因为它决定行动起来这样的事情从来不是以经验的条件为基础的，而是以纯然知性的根据为基础的——而且以这样的方式，以至于这样的原因**在显象中的行动**与关于经验的因致性的所有法则均符合一致。因为，以这样的方式那个行动着的主体作为 causa phaenomenon（现象原因）在该现象原因的所有行动的不可分离的依赖性中便与自然链接在一起了。只不过，这个主体的现象[①]（连同该主体在显象中的一切因致性）会包含某些这样的条件，如果人们想要从经验的对象攀升至先验的对象，那么它们必须被看成单纯可理知的。因为，如果我们在诸显象中可以充当原因的东西中只是遵循着自然规则，那么我们便可以不关心在先验主体中（从经验上说该主体是为我们所不知的）这些显象及其关联的什么样的根据被思维了。这个可理知的根据根本没有与经验问题发生纠缠，而或许仅仅涉及纯粹知性中的思维。［B574/A546］而且，虽然纯粹知性的这种思维和行动的诸结果在诸显象中被遇到了，但是这些显象还是必定可以根据自然法则通过如下方式根据它们在显象中的原因而得到完全的解释，即追究它们的单纯经验的品格（作为最高的解释根据），而将理知品格（它构成了经验品格的先验的原因）作为我们所不知的东西而完全地予以忽略——除非它仅仅是通过作为它的感性标记[②]的经验品格而被给出的。让我们将这点应用于经验之上。人是感性世界的诸显象之一，就此而言，他也是这样的诸多自然原因之一种，其因致性必定隶属于经验法则。据此，作为这样一种自然

① Hartenstein 认为“现象”（phaenomenon）当作“本体”（noumenon）。此修改建议不可接受，请参见 Pluhar 为此所提出的几点论据。不过，Pluhar 的如下解释也是错误的：“这个主体的现象”（this subject's phenomenon）或“这个主体的显象”（the subject's appearance）就是指“这个显现着的主体”（the appearing subject）（参见 Pluhar [tr.] 1996: 543n. 314）。在此“这个主体的现象”当意指作为（或者说被看作）现象或显象的主体。造成此句理解上的困难的实际上是其谓词“包含”（enthalten）。如果将此“包含”理解成“蕴含”，那么困难便得到消解了。

② “感性标记”原文为“das sinnliche Zeichen”。

原因，他也必定拥有一种经验品格，正如所有其他自然物一样。我们通过他在他所引起的诸多结果中所表露出来的那些能力[①]注意到了这种经验品格。在无生命的自然或者在有生命但却是单纯兽性的自然那里，我们找不到任何这样的根据，按照它，我们要以一种不同于如下方式的方式思维某种能力，即将其思维成单纯地受到感性条件的制约的。不过，尽管人通常仅仅是通过感觉能力来直接认识整个自然的，但是此外他还通过单纯的统觉认识他自身，而且是在这样的行动和内在的规定性中这样地认识他自身的，他根本不会将它们算作感觉能力的印象。一方面，对他自己来说，一个人当然是现象；但是，另一方面，也即联系着某些能力来看，对他自己来说，一个人又是一个单纯可理知的对象，因为他的行动［B575/A547］根本不能被算作感性的接受性。我们将这些能力称作知性和理性。其中的理性尤其全然特别地并且出色地区别于所有经验上有条件的能力，因为它仅仅根据理念来考量其对象，并且据此来规定知性，而知性接着对其概念（尽管也是纯粹的概念）做出经验的使用。

现在，我们可以从我们在所有实践事项中以规则的形式交付给执行能力[②]的**诸多命令**之中清楚地看出如下这点：这个理性拥有因致性——至少我们在它那里设想了这样一种因致性。此处所涉及的**应当**表达了这样一种必然性以及与诸根据的联系，它们通常并非出现于整个自然之中。关于自然，知性只能认识到**什么东西现在存在**，或者什么东西曾经存在过，抑或什么东西将要存在。

① “那些能力”原文为“Kräfte und Vermögen”。

② “执行能力”（ausübenden Kräften）在此指康德后期著作中所谓“意愿”（Willkür）——狭窄意义上的意志之一种（请进一步参见前文 B562/A534 之译者注）。

下面这样的事情是不可能的：自然中的某种东西**应当是**其他样子的——不同于其在所有这些时间关系中实际上所是的样子。如果我们想到的只是自然的进程，那么这种应当甚至是完全没有任何意义的。我们根本不能问这样的问题：自然中应当发生什么事情？正如我们不能这样问一样：一个圆应当具有什么样的性质？相反，我们可以问的只能是这样的问题：在自然中发生了什么事情，或者一个圆具有哪些性质？

现在，这种应当表达了这样一个可能的行动，其根据恰恰就是一个单纯的概念，而不是别的东西；与此相反，一个单纯的自然行动的［B576/A548］根据必然总是一个显象。就一个行动来说，如果应当指向了它，那么它的确在诸自然条件之下必须是可能的。不过，这些自然条件并不涉及意愿的决定本身，而是只涉及意愿的决定在显象中的结果和后果。不管有多少自然的根据——也不管有多少感性的刺激——驱使我**有所意欲**[①]，它们均不能引起这个**应当**，相反，它们只能引起一种远非必然的、而总是有条件的意欲。与此相反，理性所宣示的那种应当则用尺度和目标甚至于禁令和威望来与这种有条件的意欲相抗衡。无论涉及的是单纯感性的对象（愉快）还是纯粹理性的对象（善），理性均没有听命于那个经验地给出的根据，没有遵从诸事物在显象中所呈现出的那种秩序，而是完全自发地按照理念为自己制作出了这样一种独特的秩序，它要将诸经验的条件放进该秩序之中。根据这些理念，理性甚至于将这样一些行动宣布为必需的，它们虽然的确**没有发生**，或许也不会发生，但是尽管如此，对于它们，人们还是做出了如下预设：理性对它们能够拥有因

① “有所意欲”原文为“Wollen”。该德语词的字面意义为意志的行使。

致性。因为，否则，理性将不会期待其理念会在经验中产生结果。

现在，让我们在此停留一会儿，假定下面的事情至少是可能的：理性实际上［B577/A549］对诸显象拥有因致性。那么，尽管它还是理性，但它却必定展现出一种经验品格，因为每个原因均预设了这样一条规则，根据它某些显象作为结果跟着发生了，而且每条规则均要求诸结果的某种齐一性，正是这种齐一性为作为一种能力的原因的概念提供了基础。在该概念必须从单纯的显象中得到阐明范围内，我们可以将其称为该能力的经验品格。该品格是恒定的，而诸结果则依据伴随的并且部分说来限制性的条件而以可变的形态显现出来。

于是，每个人都有一种属于其意愿的经验品格，该品格恰恰就是其理性的某种因致性，而不是其他什么东西——在该因致性在其在显象中的诸结果之上显示出了这样一条规则范围内，根据它，人们能够推断出诸理性根据和理性行动（从其种类和程度上说）并且评判他的意愿的主观原理。因为这种经验品格本身必须从作为其结果的诸显象并且从经验所提供的关于诸显象的规则中得出，所以人在显象中的所有行动都从其经验品格以及共同起作用的其他原因那里按照自然的秩序被决定了。而且，如果我们能够将人的意愿的一切显象探究［B578/A550］到底，那么我们将找不到哪怕是一个这样的人类行动，我们不能肯定地预言它并且根据其前面的诸条件将它认作必然的。因此，联系着这种经验品格，不存在任何自由。如果我们仅仅**观察**一个人，而且想以自然学的方式探究其行动的动因（正如在人类学那里的情况那样），那么我们的确只能根据这种品格考虑他。

但是，如果我们联系着理性来考虑恰恰同一些行动，而且不是联系着思辨理性，以便根据其来源来**解释**这些行动，而是仅仅在这样的范围内，即理性就是**产生**这些行动本身的原因，简言之，如果我们从**实践的**方面将它们与理性加以比较，那么我们就会发现一种与自然秩序完全不同的规则和秩序。因为，在此所有这样的事情或许均**应当没有发生**，按照自然的进程，它们**事实上发生**了，而且根据其经验的根据它们必然会毫无例外地发生。不过，我们偶尔发现了，或者至少我们相信我们发现了如下事实：理性的理念联系着作为显象的人的行动实际上表现出了因致性，而且，这些行动之所以发生了并不是因为它们由经验的原因而被决定了——不是这样，相反，这是因为它们由理性的根据而被决定了。

［B579/A551］现在假定人们可以这样说：理性对显象具有因致性。那么，当理性的行动在理性的经验品格中（在感觉模式中）受到了精准的决定并且是必然的时，它还可以被称作自由的吗？经验品格反过来是在理知品格中（在思维模式中）被决定的[①]。不过，我们并不直接认识思维模式，而是经由诸显象标示它。诸显象真正说来只是让我们直接地认识了感觉模式（经验品格）。* 但是，一个行动，在其应该归因于作为其原因的思维模式范围内，决不是按照经验法则从思维模式中**产生的**，也即，它并不是以这样的方式从其中**产生的**，以至于纯粹理性的诸条件**先行发生了**，相反，它只是以这样的方式从其中**产生的**，以至于纯粹理性的诸条件在

① “感觉模式”和“思维模式”原文分别为“Sinnesart”和“Denkungsart”。

* 因此，诸行动（甚至我们自己的行为）的真正的道德性（功与过）对于我们来说完全地隐藏起来了。我们的归责活动只能被关联到经验品格。至于经验品格中的多少成分是自由的纯粹的结果，其中的多少成分要归因于单纯的自然及性情的无辜的缺点，或者要归因于性情的幸运的特性（merito fortunae［命运的功劳］），没有人能够对此进行探究，因此也没有人能够就此完全公正地做出判断。

内感能力的显象中的结果**先行发生了**。纯粹理性，作为一种单纯理知的能力，并不听命于时间形式，进而也不听命于时间序列的诸条件。理知品格中的理性的因致性**决非**在某个时间**发生了**或者开始发挥作用了，以便引起一个结果。因为，[B580/A552] 否则的话，它自身就将听命于关于显象的自然法则了（在该法则从时间上说决定了诸因果序列范围内），这时这种因致性就是自然了，而不是自由。因此，我们便可以这样说：如果理性对诸显象拥有因致性，那么它便是这样一种能力，**经由**它诸结果的经验序列的感性条件才开始发挥作用。因为，包含在理性中的条件不是感性的，因此它本身也就不开始发挥作用。据此，这时便发生了我们在一切经验序列中都没有发现的事情：一个由诸事件构成的前后相继的序列的**条件**本身可以是经验上无条件的。因为，此处的这个条件是**处于**诸显象序列**之外**的（处于可理知的事项之中），因此并不听命于任何感性的条件以及任何来自先行的原因的时间决定。

不过，恰恰同一个原因在另一种关系中也属于诸显象的序列。人本身就是显象。其意愿拥有一种经验品格，该品格构成了其所有行动的（经验上的）原因。在那些根据这种品格决定了一个人的诸多条件之中找不到任何这样一个条件，它没有包含在诸自然结果之中，并且不服从自然法则。按照自然法则，我们根本不会遇到发生在时间中的事情的经验上无条件的因致性。因此，没有任何给定的行动能够绝对地自动开始（因为它们仅仅可以被知 [B581/A553] 觉为显象）。不过，对于理性，人们不能说：在这样的状态之前——理性在其中决定着意愿——另一个状态先行发生了，在其中前一个状态本身被决定了。因为在此理性本身根本不是任何显象，根本不听命于任何感性的条件，因此，在它之内，甚至于就其因致性来说，没有任何时间序列发生了，于是，那种按照诸规则决定时间序列的关于自然的动力学法则不能应用于它之上。

因此，理性是所有这样的受意愿支配的行动的恒常的条件，在它们之中人显现出来。每个受意愿支配的行动甚至于在其发生之前就已经先行在人的经验品格中被决定了。就理知品格来说——经验品格仅仅是其感性图式——没有任何**先行**或者**后来**是有效的[①]。任何行动，在不考虑其与其他显象所处的那种时间关系的情况下，均是纯粹理性的理知品格的直接的结果。因此，纯粹理性是自由地行动起来的，而没有在自然原因的链条中被诸多外部的或内部的、然而从时间上说先行发生了的根据动力学地加以决定。人们不仅可以消极地将理性的这种自由看作对于诸经验条件的独立性（因为由此这种理性能力便不再是诸显象的原因了），而［B582/A554］且可以积极地通过理性的这样一种能力来标示这种自由，即凭借它理性如此自动地肇始了诸事件的一个序列，以至于在理性自身之内没有任何事情开始了，相反，作为每个受意愿支配的行动的无条件的条件，理性不允许在它自身之上还有任何从时间上说先行发生了的条件，然而，理性的结果的确在诸显象的序列中开始了，不过，该结果从来不能在这样的序列中构成某种绝对第一的开始。

为了通过一个出自其经验的使用的例子阐释理性的调节性原理，而不是为了证实它（因为诸如此类的证明对于先验的断言来说是不适合的），我们举出一个受意愿支配的行动的例子，比如

---

① “感性图式”原文为“das sinnliche Schema”。“先行或者后来”原文为“Vorher, oder Nachher”。

一个恶意的谎言——一个人通过这个谎言给社会造成了一些混乱。我们首先探究其形成的动因，接着评判一下如何能够将它连同它的后果归责于这个人。在贯彻第一个意图时，我们审查他的经验品格，一直追踪到其根源。我们在糟糕的教育、不良的社交圈子中寻找这些根源，部分说来也在一种对羞耻不敏感的天性的恶意中寻找它们。部分说来，我们还将他的经验品格的根源推到轻率和考虑不周之上。在此过程中我们也不会忽略那些诱发性的偶然原因。在整个过程中，我们的做法均类似于人们通常在探究一个给定的自然结果的诸决定性的原因的序列时所采取的做法。在此，尽管我们［B583/A555］相信该行动由此被决定了，但是我们还是要责备这个行动者，而且我们这样做并不是因为他的不幸的天性，并不是因为那些影响了他的环境，甚至于不是因为他先前所采取的那种生活方式，因为在此我们做出了这样的预设：人们可以完全不考虑这种生活方式具有什么样的特征，并且将逝去的诸条件的序列看作根本就没有发生过，将这个行动看作相对于在前面发生的状态而言全然是无条件的，好像这个行动者由此而完全自动地开始了一个诸后果的序列。这种责备是以一条理性法则为基础的，根据该法则，我们将理性看作这样一种原因，它本来能够而且本来应当在不顾及上面提到的所有那些经验条件的情况下以不同的方式决定人的举动。而且，在此我们决不是将理性的因致性仅仅看作一种共现情形[①]，而是就其本身来将其看作完全的——即使诸

---

① “共现情形”原文为“Konkurrenz”。“Konkurrenz”在此处的基本意义当为：某些特定的情形的一起出现，或者互相补充地同时发生或成立（das Zusammentreffen bestimmter Umstände，gleichzeitig sich ergänzend geschehen, stattfinden）。进而，它

感性的动力根本不是支持它的，而是相反，根本就是反对它的。我们将该行动归因于他的理知品格：在其撒谎的这一刻，他是完全有过错的；因此，不管该行动有什么样的经验条件，理性都是完全自由的，而他的行动完全要归因于它的不作为。

从这种归责判断我们很容易看到，在此人们持有如下想法：理性根本没有受到所有那些感性〔动力〕的刺激，它并不发生变化（尽管它的诸显象，也[B584/A556]即它在它的诸结果中显示自身的那种方式，发生变化），没有任何这样的状态在它之内先行发生了，这种状态决定了接下来的状态，因此，它根本不属于诸感性条件的序列，而正是这些感性条件根据自然法则使得诸显象成为必然的。它，理性，出现于人们在一切时间情形中所做出的所有行动之中，而且总是同一的，但是它本身并不出现在时间之中①，而且并不陷入比如这样一个新的状态，此前它未曾处于其内。对于这个新的状态，它是**进行决定的**，而不是**可以被决定的**②。因此，人们不能这样问：为何理性没有以不同的方式决定**自身**？而只能这样问：为何它没有以不同的方式经由它的因致性决定**诸显象**？不过，这样的问题是无法回答的。因为，一种不同的理知品格本来会给出一种不同的经验品格，而且，当我们说出诸如"不管他直

（接上页）应当还包含着相关的事项的合作或协同作用的意思（请进一步参见此词在A351–352中的用法）。正因如此，Smith将其译作"a co-operating agency"（一种协作的施动性）。Guyer和Wood将其译作"a mere concurrence with other causes"（与其他原因的一种单纯的共现），并且认为康德在此是在与"concursus"同义的意义上使用这个词的，而后一个词在神学语境中意为"神助"（divine assistance）（参见Guyer and Wood [tr.] 1997: 544n. e）。

① 此句话原文是这样的："Sie, die Vernunft, ist allen Handlungen des Menschen in allen Zeitumständen gegenwärtig und einerlei, selbst aber ist sie nicht in der Zeit"。

② 此句原文为："sie ist *bestimmend*, aber *nicht bestimmbar* in Ansehung desselben"。

到现在为止所采取的整个生活方式，这个行动者毕竟本来是可以不说谎的”这样的话时，这点仅仅意味着：说谎是直接从属于理性的威力的，而且理性在其因致性中并不听命于任何显象的条件和时间进程的条件；此外，尽管时间上的区别或许构成了诸显象彼此之间的一种主要的区别，但是，由于诸显象决不是事物本身，进而也不是原因本身[①]，因此它不能造成联系着理性来看的行动上的区别。

［B585/A557］因此，在评判自由的行动时，对于其因致性，我们只能探究到理知的原因，而不能**超出该原因**之外。我们能够认识到这点：理知的原因是自由地做出决定的，也即是以独立于感性的方式做出决定的，并且以这样的方式可以是诸显象的感性上说无条件的条件。至于为何理知品格在当前的情形中恰恰给出了这些显象以及这种经验品格，这个问题远远超出了我们的理性回答它的一切能力，甚至于超出了我们的理性仅仅提出它的一切权利。这就像是人们提出了这样的问题一样：为何我们的外部感性直观的先验对象恰好只是给出了**空间中的**直观，而非任何其他形式的直观？我们所要解决的问题并没有使得我们对此负有责任，因为我们的问题仅仅是这样的：在同一个行动中自由是否与自然必然性相冲突？我们已经充分地回答了这个问题，因为我们表明了，既然在自由的情况下与这样一些条件的关系是可能的，从种类上说这些条件完全不同于在自然必然性的情况下所涉及的条件，那么关于自然必然性的法则就影响不到自由，因此自然必然性与自由可以彼此独立地并且彼此互不干扰地一并成立。

* * *

① “原因本身”原文为“Ursache an sich selbst”。

在此人们必须好好地注意到下面这点：经由上面的考察，我们并不是想要阐明作为这样的诸多能力之一种的自由的**现实性**，[B586/A558]它们包含着我们的感性世界中的诸显象的原因。因为，首先，这样的阐明根本就不会是任何仅仅与概念有关的先验的考察。其次，它也不可能获得成功，这是因为我们从经验中从来不能推导出这样的某种东西，我们一定不要按照经验法则来思考它。而且，我们甚至于也根本没有想过要证明自由的**可能性**，因为这点也成功不了——因为，我们根本不能从单纯的先天概念认识任何实在的根据的可能性以及因致性的可能性。在此，自由仅仅是作为先验理念而得到处理的。经由先验理念，理性想着经由感性上无条件的东西绝对地肇始显象中诸条件的序列。但是，在此它使得自己深深地陷入了一种与它自己的诸法则（而这些法则恰恰是它为知性的经验的使用所确立的）之间的二律背反之中。就此我们所能完成的唯一的事项，而且我们在此所关心的唯一的事项，不过就是下面这点：这种二律背反是建立在单纯的假象基础之上的，而且，自然与出自自由的因致性至少**没有发生冲突**。

[B587/A559]四、关于诸显象（就其泛而言之的存在而言）的依赖性的总体的宇宙论理念的解决

在前一小节我们考察了处于其动力学的序列中的感性世界的诸变化。在这样的序列中每一变化均隶属于另一个作为其原因的变化。现在，对于我们来说，这个诸状态的序列的用处仅仅在于

引导我们达到这样一种存在，它可能构成了所有可变化东西的最高条件，即**必然的存在物**。在此我们所关心的并不是无条件的因致性，而是实体本身的无条件的存在。因此，我们所面对的序列真正说来仅仅是诸概念的序列，而不是诸直观的序列——在一个直观构成了另一个直观的条件这样的范围内。

不难看出，由于诸显象的全体中的一切事项均是变化着的，进而在存在上都是有条件的，因此，在依赖性的存在的序列中根本不可能存在任何这样的无条件的成员，其存在是绝对必然的；而且因此，如果诸显象就是物本身，如果恰因如此它们的条件便与有条件者总是属于诸直观的同一个序列，那么一个作为感性世界的诸显象的存在的条件的必然［B588/A560］的存在物就决不可能出现了。

但是，动力学的回溯与数学的回溯相比拥有如下独特的并且区别性的特征：由于数学的回溯真正说来只与诸部分之复合成一个整体或者一个整体之分解为其诸部分有关，因此，这个序列的诸条件必须总是被看成该序列的诸部分，进而必须被看成是同属一类的，因此必须被看成显象；然而，在动力学的回溯中，由于所涉及的并不是一个无条件的整体之从给定的诸部分复合而成的可能性，或者一个无条件的部分之相对于一个给定的整体的可能性，而是一个状态之从其原因那里得出的过程，或者实体本身的偶然存在之从必然存在[①]那里得出的过程，因此，在此相关的条件不必恰好必然地与相关的有条件者构成一个经验序列。

因此，在呈现在我们面前的这个貌似的二律背反这里还有一条出路向我们开放着，即：由于这两个彼此冲突的命题可以在不

① “必然存在”原文为“der notwendigen [Dasein]”。Smith 认为，“der”当作“dem”。

同的关系中同时都是真的，因此，感性世界的所有事物都完全是偶然的，进而也总是仅仅具有经验上有条件的存在，尽管如此，整个序列的一个非经验的条件，即一个无条件地必然的存在物，还是出现了。因为这个无条件地必然的存在物作为一个理知的条件将根本不作为该序列的一个成员（甚至于不作为其至上的成员）［B589/A561］而属于该序列，而且也不会让该序列的任何成员成为经验上无条件的，而是让整个感性世界处于其贯穿于所有成员的、经验上有条件的存在之中。因此，这种将一种无条件的存在置于诸显象的基础的地位的方式在下面这点上将不同于前面的条目中所讨论的那种经验上无条件的因致性（自由）：在自由那里，事物自身作为原因（substantia phaenomenon［现象实体］）仍然还属于诸条件的序列之内，而只是它的**因致性**被思维成理知的了；但是，在这里必然的存在物则必须被思维成完全处于感性世界的序列之外的（被思维成 ens extramundanum［世界之外的存在物］）并且是单纯可理知性的，只有经由这样的方式我们才能避免下面这样的事情发生，即必然的存在物自身要听命于关于所有显象的偶然性和依赖性的法则。

因此，联系着我们的这个任务的理性的**调节性原理**就是这样的：感性世界中的一切事项均拥有一种经验上说有条件的存在，而且在感性世界之内联系着任何性质来说都根本不存在一种无条件的必然性；不存在诸条件序列的这样一个成员，对于它人们不必总是期待着一种可能的经验中的经验的条件，并且不必在可能的范围内寻找这样的条件；而且，没有任何东西使得我们有权利从一个处于经验序列之外的条件那里推导出某种存在，或者没有任何东西使得我们有权利还将这种存在——作为属于该序列本身中的东西——看成绝对地非依赖性的并且独立的；但是，我们由此并没有否认这点，[B590/A562]即整个序列可能是在某种理知的存在物之中得到奠基的（正因如此，这种存在物摆脱了一切经验条件，并且反而包含了所有这些显象的可能性的根据）。

但是，在这些讨论中我们并不是想要证明一个存在物的无条件地必然的存在，甚至于并非只是想要在此基础之上建立起感性世界的诸显象的存在的一种单纯可理知的条件的可能性；相反，我们的想法仅仅是这样的：正如我们限制理性以便它不会离开经验条件的线索而迷失在**超验的**并且不能具体地加以呈现的解释根据之中一样，另一方面，我们也要如此地限制关于知性的单纯经验的使用的法则，以便它不会就泛而言之的事物的可能性做出决断并且不会因此将理知的事项宣布**为不可能的**（尽管我们无法利用它解释显象）。因此，经由上面的讨论我们只是表明了，所有自然事物以及它们的全部（经验的）条件的贯通的偶然性完全可以与一种必然的、尽管仅仅是可理知的条件的随意的预设很好地相处，因此，在这两个断言之间不会有任何真正的矛盾，进而它们**两者均**可以**是真的**。尽管这样一种绝对必然的知性存在物就其本身来说或许总是不可能的，但是我们无论如何不能从所有属于感性世界的东西的[B591/A563]普遍的偶然性和依赖性推导出这点，同样也不能从这样的原理——不要停留在感性世界的任何唯一的成员之上（在它是偶然的范围内）并援引世界之外的一个原因——推导出这点。理性在经验使用中按照一种程序行进，而在先验使用中则按照一种独特的程序行进。

感性世界仅仅包含着诸多显象，而诸显象是这样一些单纯的表象，它们总是又一次地从感性上说是有条件的，而且，由于在这里我们的讨论对象从来不是诸物本身，因此，毫不奇怪，我们从来没有权利从经验序列的一个成员那里（无论它是哪个成员）一跃而起并跳到感性的关联之外，好像这些成员是这样一些物本身一样，它们存在于它们的先验根据之外，并且人们可以离开它们，以便在它们之外寻找它们的存在的原因。这样的寻找外部原因的活动在偶然的**事物**的情况下最终的确必然会发生，但是它在事物的单纯的**表象**的情况下并没有发生。这些表象的偶然性本身仅仅是现象，而且只能导致这样的回溯，这种回溯规定了现象并且是经验的。但是，设想诸显象即感性世界有一个可理知的根据，并且设想这种根据摆脱了感性世界的偶然性，这样做既没有违反诸显象的序列中的无限制的经验回溯，也没有违反诸显象的贯通的偶[B592/A564]然性。不过，确定这点是我们为了去除貌似的二律背反而不得不完成的唯一的事情，而且这个事情也只可以这样的方式来完成。因为，如果每个有条件者的每一次的条件（从其存在上看）都是感性的，而且恰因如此而属于相关的序列，那么该条件本身又一次地是有条件的（正如第四个二律背反所展示的那样）。因此，或者与要求无条件者的理性的一种冲突必定存留下来，或者这个无条件者必须在这个序列之外被置于这样的可理知的事项之中，其必然性不要求也不允许任何经验的条件，因此相对于诸显象来说它是无条件地必然的。

理性的经验使用（联系着感性世界内的存在的诸条件）不会受到人们承认一种单纯理知的存在物这样的事情的影响；相反，它按照关于贯通的偶然性的原理从诸经验条件前进到诸更高的条件，而这些更高的条件同样总是经验性的。但是，这样的调节性原则同样没有排除这样一种理知原因的假定，它不处于该序列之中——当我们所关心的是理性的纯粹的使用（联系着目的）的时候。因为，在此理知原因仅仅意味着泛而言之的感性序列的可能性的那种对我们来说单纯先验的且未知的根据。这种根据的这样的存在——它独立于感性序列的所有条件并且联系着这些条件来说是无条件地必[B593/A565]然的——根本没有违反感性序列的无边界的偶然性，并且因此也根本没有违反诸经验条件的序列中的没有在任何地方终结的回溯。

对纯粹理性的全部二律背反的最终说明

在处理我们的理性概念时，只要我们仅仅以感性世界内的诸条件的总体以及联系着这些条件可能发生的服务于理性的事情为对象，那么我们的理念尽管是先验的，但却是**宇宙论的**。不过，一旦我们将无条件者（在此我们所关心的事项真正说来恰恰是无条件者）置于完全处于感性世界之外的事项之中，进而将其置于一切可能的经验之外，那么诸理念便成为**超验的**了。此时，它们不是仅仅服务于理性的经验的使用之完成的（这样的完成依然是一个从来不能实施但却是须加以服从的理念），相反，它们完全脱离开此种使用了并且给自己制作出了这样的对象，其材料不是从经验那里取来的，其客观实在性也并非是建立在经验序列之完成基础之上的，而是建立在纯粹的先天概念基础之上的。诸如此类的超验理念拥有这样一个单纯可理知的对象，我们当然可以将其作为一个我们此外一无所知的先验的对象而承认下来。但是，对于这样的目的，即将该先验的对象思考成一个可以经由其区别性的且内在的谓词得到规定的事物，我们在我们这一边并没有〔B594/A566〕相关的可能性的根据（因为它是独立于所有经验概念的）；我们也没有任何根据假定这样一个对象。因此，这样的先验的对象是一个单纯思想之物。但是，在所有宇宙论理念中，那个引起第四个二律背反的理念恰恰逼迫我们冒险走出这一步。因为诸显象的从其自身内部来看完全没有根据的而始终有条件的存在敦促我们做这样的事情：四处寻找某种不同于所有显象的东西，进而寻找可理知的对象，在那里这种偶然性终止存在了。但是，由于一旦我们允许自己在全部感性的领域之外假定一个独立自存的现实，那么我们就要将诸显象仅仅看成这样一些存在物表象诸可理知的对象的偶然方式，这些存在物本身就是理智物，因此，留给我们的就只有这样的类比了，我们依照它使用诸经验概念，以便为自己制作出些许关于这样一些可理知的事物的概念，我们不曾拥有关于它们本身的丝毫知识。因为我们只是通过经验来认识偶然的事项的，但在这里我们所谈论的却是这样一些事物，它们根本不应当是经验的对象，所以我们必须从就其本身来说必然的事项中，从关于这些泛而言之的事物的纯粹概念中，推导出它们的知识。因此，我们在感性世界之外所迈出的第一步迫使〔B595/A567〕我们从对绝对必然的存在物的研究那里开始我们的新的认识，并且从关于这样的存在物的概念推导出所有事物的概念（在它们是单纯可理知的范围内）。在接下来的一篇中我们便做出这样的尝试。

第三篇　纯粹理性的理想

第一章　论泛而言之的理想

上面我们已经看到，在没有任何感性条件的情况下，经由诸纯粹**知性概念**我们根本不能表象任何对象，因为在此它们的客观实在性的条件付诸阙如。在纯粹知性概念那里人们只是遇到了单纯的思维形式。尽管如此，如果人们将它们应用到显象上，它们还是能够被具体地表现出来，因为在显象上它们真正地得到了经验概念的条件，而经验概念不过就是具体的知性概念。不过，与**范畴**相比，**诸理念**与客观实在性的距离更为遥远，因为我们不能找到任何显象，在其上它们能被具体地表象出来。它们包含着这样一种［B596/A568］完全性，对于这种完全性来说，没有任何可能的经验是足够的。理性在此想到的仅仅是一种系统的统一性，它试图让经验上可能的统一性接近这种统一性，但是经验上可能的统一性从来没有完全地达到这种统一性。

但是，与理念比起来，我称作**理想**的那种东西与客观实在性的距离更为遥远。按照我的理解，理想不仅仅是 in concreto（具体的）理念，而且是 in individuo（个别的）理念。也即，我将理想理解为一个个别的、仅仅可以由理念规定的甚或已由其规定了的事物。

就其全部的完满性来说，人性包含着对所有那些属于此本性的根本性质所做的这样的拓展，这一拓展一直进行到这些根本性质与人性之目的完全相符为止——这些根本性质构成了我们关于人性的概念，而其如上意义上的拓展则构成了我们关于完满的人性的理念。而且，不止于此，就其全部的完满性来说，人性还包含着所有超出于此人性概念之外的、属于此人性理念的贯通的规定的东西。因为，就所有相关的对立的谓词来说，的确只能有唯一一个谓词适合于那个最完满的人的理念。那种对于我们来说构成理想的东西，对于柏拉图来说就是**神性知性之理念**[①]，就是神性知性的纯粹直观中的一个个别的对象，就是任何一种可能的存在物之最完满者，并且就是显象中的所有摹本的原初根据。

［B597/A569］不过，我们不会〔像柏拉图那样〕如此大胆地行事。尽管如此，我们还是必须承认，人类理性不仅包含着理念，而且包含着理想。这些理想尽管并非像**柏拉图式的**理想那样拥有创生性的力量，但是它们（作为调节性原理）的确拥有**实践的力量**，而且构成了某些**行动**之完满性的可能性的基础。道德概念并不是完全纯粹的理性概念，因为它们是以某种经验性的东西（愉快或不快）为基础的。尽管如此，道德概念联系着理性凭之为就其本身来说无法则的自由设置了界限的原理（因此，如果人们仅仅关注道德概念的形式的话），还是完全可以充当纯粹理性概念的范例。德行以及与其相连的、处于完全纯净状态的人类智慧是理念。不过，（斯多噶学派的）智者是一个理想，即一个这样的人，他虽

---

① “神性知性之理念”原文为“eine Idee des göttlichen Verstandes”。

然仅仅存在于思想之中，但是与智慧的理念完全相符。因此，正如理念提供了**规则**一样，理想在这种情形中充当着摹本的贯通的规定的**原型**。此等神人之行为构成了我们的行动的唯一的准绳。[①]除此而外，在我们之内，没有其他的行动准绳可以凭借。我们将我们自己与这个准绳加以比较，根据它评判自己，并且借此改进我们自己，尽管我们从来不能达到它。尽管我们不想承认这些理想拥有客观的实在性（存在性），但是它们并非因此就应该被看成幻影，相反，它们提供了一条不可或缺的理性准绳，而理性是需要关于这样的东西的概念的，这种东西［B598/A570］从其种类上来说是十分完全的，以便据之来评估和量测不完全的东西的程度和缺陷。但是，要在一个实例中——也即在显象中——实在化一个理想（像要实在化一部小说中的智者那样）这样的想法是不适当的。此外，这种想法还包含着某种荒唐之处和不太具有教育意义的成分，因为那些不断地破坏这个理念中的完全性的自然而然的限制让这种尝试中的一切幻想成为不可能的了，而且由此使得包含在这个理念之中的那种善本身成为可疑的了，并使之显得像是一种单纯的虚构。

纯粹理性的理想的情况就是这样。这个理想必定总是以确定的概念为基础，并且必定充当着规则和原型——无论是要服从的规则和原型，还是据以做出评判的规则和原型。想象力的诸多产物的情况则完全不同，就此没有人能够做出解释并给出一个可以理解的概念，它们就好像是**字母组合图案**一样。字母组合图案只

① “摹本”和“原型”原文分别为“Nachbild”和“Urbild”。“此等神人”原文为“dieses göttlichen Menschen”。

是给出了这样一些个别的特征，它们并非根据任何可以给出的规则规定好了，与其说它们构成了一幅确定的图像，不如说它们构成了一幅好似浮现在各种不同的经验的媒介中的图样。画家和相面师声称在他们脑海中就浮现着这样一些东西，据说它们是他们的作品或者判断的不可传达的阴影图。我们可以将想象力的诸多产物不太恰当地称为感性的理想，因为据说它们是可能的经验直观难以达到的范型，尽〔B599/A571〕管它们没有提供任何可以解释的且可以检验的规则。

相反，就其理想来说，理性的意图是这样的：按照先天的规则对事物做出贯通的规定。因此，理性设想出了这样一个对象，按照原理，它应当是可以得到贯通的规定的，尽管在经验中并不存在做出这样的规定的充分条件，因此，〔理想〕这个概念本身是超验的。

第二章　论先验理想（Prototypon transzendentale［先验原型］）

每个**概念**，就它本身不包含的东西来说，都是没有得到规定的，都要受制于下面这个**可规定性**原则：就**每对**彼此矛盾地对立的谓词来说，只有其中的一个谓词能够属于该概念。这个原则是以矛盾原则为基础的，因此是这样一条纯粹逻辑的原理，它抽掉了一切认识内容，而只关注认识的逻辑形式。

不过，每个**事物**，按照其可能性，还要受制于**贯通的**规定原则。按照该原则，就**诸事物的所有可能的**谓词来说，[B600/A572] 如果它们被与它们的反面加以比较，其中之一必定属于该事物。这个原理并非仅仅以矛盾原则为基础，因为它除了在两个彼此冲突的谓词的关系中考察每个事物之外，还联系着作为诸泛而言之的事物的所有谓词之全体的**全部可能性**考察它们。而且，由于它将这种可能性作为先天的条件加以预设了，因此它这样设想每个事物，好像它们是从它们在那个全部的可能性中所占有的份额得出它们自己的可能性的。* 因此，贯通的规定原理涉及内容，而并非仅仅涉及逻辑形式。它是关于所有这样的谓词的综合的原则，这些谓词应当构成了一个事物的完全的概念；而并非仅仅是关于这样的分析的表象[①]的原则，它是借助于两个对立的谓词之一进行的。它包含着一个先验的预设，即 [B601/A573] 关于**一切可能性**的质料的预设——该质料应当先天地包含着每个事物的**独特的**可能性的材料。

"每个存在的东西都得到了贯通地规定"这个命题不仅意味着：就**给定的**每一对彼此对立的谓词来说，其中之一总是属于这个东西，而且也意味着：就所有**可能的**谓词来说，〔如果它们被与它们的反面加以比较〕，其中之一总是属于它。经由这个命题，不

---

* 因此，经由这条原则，每个事物都被联系到一个共同的关联物，即全部的可能性。如果这种可能性（也即所有可能谓词的材料）在关于一个唯一的事物的理念之中被遇到，那么它就通过所有可能事物的贯通规定的根据的同一性表明了它们之间的亲和性。每个**概念**的**可规定性**隶属于那条排除两个对立的谓词之间的中间者的原则的**普遍性**（Universalitas），而对一个**事物**的**规定**则隶属于所有可能的谓词之**全部**（Universitas）或全体。

① "分析的表象"原文为"analytische Vorstellung"。

仅诸谓词被在彼此之间逻辑地加以比较了，而且这个事物自身被与所有可能的谓词的全体先验地加以比较了。因此，它说出了恰好这么多东西：为了完全地认识一个事物，人们必须认识一切可能的东西，并且借此对之进行规定——无论是肯定地，还是否定地做出这样的规定。因此，贯通的规定是一个我们从来不能具体地按照其总体加以表现的概念，因此它是以一个仅仅在理性中占有位置的理念为基础的，而理性为知性确立了其完全的使用的规则。

尽管这个关于**一切可能性之全体**的理念——在该全体作为条件构成了每个事物的贯通的规定的基础范围之内——就可能构成该全体的那些谓词来说本身还未得到规定，而且我们借助这个理念仅仅思维了所有可能的泛而言之的谓词的全体，但是，经过进一步的研究，我们还是发现，这个理念作为初始概念排除了大量这样的谓词，它们或者作为派生的谓词已经由其他谓词给出了，[B602/A574]或者不能彼此谐和一致，并且这个理念将自己纯化至一个先天地得到了贯通的规定的概念，进而由此变成为关于一个个别的对象的概念，而该对象经由这个单纯的理念得到了贯通的规定，因此必须被称为纯粹理性的**理想**。

就一切可能的谓词来说，如果我们不仅从逻辑上考量它们，而且先验地考量它们，即根据它们的这样的内容考量它们，这些内容可以在它们那里被先天地加以思维，那么我们发现，经由这些谓词中的一些我们表象了一种存在，经由另一些我们表象了一种单纯的非存在。逻辑的否定——它仅仅经由“不”这个小词标示出来——真正说来决非附着在一个概念之上，而仅仅附着在一个概念与另一个概念在判断中的关系之上，因此，它远远不能此外还联系着一个概念的内容充分地标示该概念。“不死的”[①] 这个说法根本不能让人们认识到如下这点，即借此人们在对象之上表象了一种单纯的非存在；相反，它没有触及任何内容。与此形成对照的是，一个先验的否定则意味着这样的非存在本身，先验的肯定与之形成对立。先验的肯定是这样的某种东西，其概念本身就已经表达了一种存在，因此它被称为实在（事物性）。[②] 因为，只有经由先验的肯定，而且在其所抵达的范围内，对象才是某种东西（事物）；相反，与之对立的〔先验的〕否定则[B603/A575]意味着一种纯粹的缺乏，在人们仅仅思考了这种否定的地方，人们也表象了一切事物的取消。

于是，没有人能够以确定的方式思考否定，除非他以与之对立的肯定作为基础。天生的瞎子不能对黑暗形成哪怕是最低限度的概念，因为他对明亮没有任何概念。野蛮人对贫穷没有任何概念，因为他们对富裕一无所知。* 无知者对其无知没有任何概念，因为他对知识没有任何概念，等等。因此，所有关于否定的概念都是派生的，而诸实在则包含着所有事物的可能性及其贯通的规定的材料和质料（不妨这样说）或者说先验的内容。

---

① 原文为“Nichtsterblich”。按照上下文以及前文 B97-98/A71-73 中的相关讨论，“Nichtsterblich”当作“[ist]nicht sterblich”（不［是］有死的）。

② “先验的否定”和“先验的肯定”原文分别为“die transzendentale Verneinung”和“die transzendentale Bejahung”。“存在”和“非存在本身”原文分别为“Sein”和“das Nichtsein an sich selbst”。“概念本身”原文为“Begriff an sich selbst”。在此“an sich selbst”是在其日常意义上被使用的。“非存在本身”与前面提到的“一种单纯的非存在”（ein bloßes Nichtsein）同义。

* 天文学家的观察和计算教给了我们许多值得惊奇的东西，但其最重要之点或许是这样的：他们向我们揭示了我们的**无知**的深渊。如果没有这种〔天文学〕知识，人类理性决不能想象到这个深渊是如此之深，而且对这种无知的深思必定会在如何规定我们的理性的使用的终极意图问题上引起巨大的转变。〔Wille 认为此注当置于下一句话之后。〕

因此，如果我们理性中的贯通的规定是以这样一个先验的基质为基础的，它包含着好比说这样的材料的全部存货，从它那里可以拿来诸事物的所有可能的谓词，那么这个基质恰恰就是关于［B604/A576］实在的某种全部（omnitudo realitatis）的理念。于是，所有真正的否定均仅仅是**限制**。如果那个未受到限制的东西（那个全部）没有作为基础的话，那么我们也就不能将诸否定称为限制。[①]

不过，也是经由对实在的这种完全的占有[②]，人们将关于一个**物本身**的概念表象成得到了贯通的规定的，而一个ens realissimum（最实在的存在物）的概念就是一个个别的存在物的概念，因为就所有的可能的对立的谓词来说，其中之一，也即那个绝对地属于存在的谓词，出现在了其规定之中。因此，一种先验**理想**构成了这样的贯通的规定的基础，它必然会在一切存在的东西之中被遇到。而且，这种先验理想构成了所有存在的东西的可能性的至上的且完全的质料条件。对泛而言之的对象所做的一切联系着其内容的思维均必须追溯至这个条件。但是，它也是人类理性能够胜任的唯一真正的理想，因为只有在这个唯一的情形中，一个就其本身来说普遍的关于一个事物的概念才经由其本身得到了贯通的规定，并且被认识成关于一个个体的表象。

经由理性而对一个概念所做的逻辑规定是以一个选言的理性推理为基础的。在这个推理中，大前提包含一个逻辑划分，即对一个普遍概念的范围的划分，而小前提则将这个范围限制到一个

① “实在的某种全部”的德文是“einem All der Realität”。“限制”、“那个未受到限制的东西”、“那个全部”原文分别为“Schranken”、“das Unbeschränkte”、“das All”。

② “对实在的这种完全的占有”原文为“diesen Allbesitz der Realität”。

部分，[B605/A577] 推理的结论则通过这个部分对这个概念做出规定。关于一个泛而言之的实在的普遍概念不能被先天地划分，因为如果没有经验，人们认识不到这样一些特定种类的实在，它们被包含在那个属之下。因此，对所有事物进行贯通地规定的先验的大前提恰恰就是关于一切实在之全体的表象，它并非仅仅是这样一个概念，它将所有谓词从其先验的内容上包摄**在它自己之下了**，而是这样一个概念，它将它们包摄**在它自己之内了**[①]。对每个事物的贯通的规定的基础就是对实在的这个**全部**通过如下方式所做的限制，即实在中的一些部分被归属给该事物，而其余的部分则被排除了。这样的程序与选言的大前提之或者和或者[②]以及在小前提中经由这个划分中的诸成员之一对该对象所做的规定是一致的。据此，理性的这样的使用——经由它，理性将先验理想置于它对所有可能的事物所做的规定的基础地位——与理性在选言推理中据以行事的那种使用是类似的。这点恰恰就是上面被我当成所有先验理念的系统的划分的基础的那个命题——按照该命题，所有先验理念均是以平行于且相应于理性推理的三种类型的方式被生产出来的。

不言自明的是，理性为了实现它的这个意图，即仅仅表象诸事物的必然的、贯通的规定，并没有 [B606/A578] 预设一个合乎这个理想的存在物的存在，而只是预设了这样的存在物的理念，以便从一个贯通的规定的无条件的总体推导出有条件的总体，即有限制的东西的总体。因此，对于理性来说，理想是所有事物的原型（Prototypon），

---

① “包摄**在它自己之下了**……包摄**在它自己之内了**”原文为“*unter sich* ... *in sich* begreift”。

② A 版中作“或者-或者”。

这些事物合在一起，作为有缺陷的副本[①]（ectypa），从该原型那里拿来其可能性的材料。它们尽管在或大或小的程度上接近着该原型，但是相对于到达该原型这个目标而言，却总是处于无穷遥远的距离之外。

因此，人们将诸事物的一切可能性（就诸事物的内容来看的杂多的综合的可能性）看作派生的，而只将包含一切实在于自身之内的东西的可能性看作本源性的。因为，所有否定（它们的确是所有其他的东西能够借以被与最实在的存在物区别开来的唯一的谓词）都是一个更大的且最终说来最高的实在的单纯的限制，因此它们均以该实在为前提，并且从内容上说只是从它那里派生而来的。诸事物的一切杂多性仅仅是如此多样的限制最高的实在的概念的方式（而该概念则构成了诸事物的共同的基质），恰如所有图形都仅仅作为限制无穷的空间的不同的方式才是可能的一样。正因如此，仅仅出现在理性之中的、理性的理想的对象也被称作**原初存在物**（ens originarium）；在不存在任何居于其上的存在物范围内，它被称作**最高存在物**（ens summum）；并且在所有事物作为有条件者均属于其下范围内，它被称作**所有**［B607/A579］**存在物的存在物**（ens entium）。[②]但是，所有这一切并非意味着一个现实的对象与其他事物的客观的关系，而是意味着**理念与诸概念之间的**关系，并且它们让我们在一个拥有如此出色的长处的存在物的存在方面处于完全的无知状态。

因为，人们也不能这样说：一个原初存在物是由许多派生的

---

① “原型”和“副本”德文分别为“das Urbild”和“Copeyen”（现今拼写形式为“Kopien”）。

② “最实在的存在物”、“最高的实在”、“原初存在物”、“最高存在物”和“所有存在物的存在物”德文分别为“das realeste Wesen”（或“das allerrealeste Wesen”）、“die höchste Realität”、“das Urwesen”、“das höchste Wesen”和“das Wesen aller Wesen”。

存在物构成的，——这点则又是因为这些派生的存在物中的每一个均以原初存在物为前提，因此也就不能构成它，因此原初存在物的理想也必须被设想成简单的。

因此，一切其他的可能性从这个原初存在物那里被推导出来的过程准确说来也不能被看作对该存在物的最高的实在的一种**限制**，不能被看作好像是对它的一种**划分**一样。因为这样的话，这个原初存在物就会被看作诸派生的存在物[①]的一个单纯的聚集物，而根据前面的叙述，这是不可能的，尽管一开始时我们是这样粗略地设想它的。毋宁说，最高的实在是作为一个**根据**而非作为**全体**构成了所有事物的可能性的基础；所有事物的杂多性并非是以对原初存在物自身的限制为基础的，而是以原初存在物的完全的后承为基础的。于是，我们的全部感性，加上显象中的一切实在，也均将属于这样的后承，而感性不能作为一个成分属于最高存在物的理念。

[B608/A580] 现在，如果我们通过实体化我们的这个理念的方式进一步地追究它，那么我们可以借助于关于最高的实在的单纯的概念将这个原初存在物规定为一个唯一的、简单的、十足的、永恒的存在物，等等，简言之，我们可以在该存在物的无条件的完全性中经由全部谓述项来规定它。这样一个存在物的概念就是从先验意义上加以思考的**上帝**概念。因此，纯粹理性的理想是一种先验**神学**的对象，正如我在上面已经提到的那样。

然而，对这个先验理念的这种使用的确已经超越了其使命和

---

① “一切其他的可能性从这个原初存在物那里被推导出来的过程”和“诸派生的存在物”原文分别为“Die Ableitung aller anderen Möglichkeit von diesem Urwesen”和“abgeleiteten Wesen”。“abgeleiteten Wesen”也可以译作“诸被推导出来的存在物”。

可允许的界限。因为理性只是将该先验理念当作关于一切实在的**概念**而置于泛而言之的事物的贯通的规定的基础地位，它并没有要求这点：一切这样的实在都被客观地给出了并且本身就构成了一个事物。这样的事物是一种单纯的虚构。正是经由这样的虚构，我们将我们的理念的杂多在一个理想——作为一个独特的存在物的理想——之中总括在一起并且将其实在化了。但是，我们没有任何权利这样做，甚至于都没有权利直接假定这样一种假说的可能性，正如得自这样一个理想的所有结论也均无关乎对泛而言之的事物的贯通的规定并对此产生不了一丁点儿影响一样，而这个理念恰恰仅仅是为了对事物做出贯通的规定的目的才是必需的。

［B609/A581］在此仅仅描述我们的理性的程序及其辩证论是不够的。此外，我们必须努力发现这种辩证论的根源，以便能够（像解释知性的一种现象那样）解释这种假象本身，因为我们所谈论的这种理想是建立在一个自然而然的而非纯粹任意的理念基础之上的。因此，在此我提出这样的问题：理性是如何走到这样一步的，即将诸事物的一切可能性均看作是从一个作为基础的、唯一的可能性即最高的实在的可能性派生而来的，并且接着将这个最高的实在当作包含在一个独特的原初存在物之中的东西而预设下来？

答案自动地呈现于先验分析论的讨论之中。感觉能力的对象的可能性是它们与我们的思维之间的一种关系。在这种关系之中，我们能够先天地思维某种东西（即经验的形式）；但是，那种构成质料的东西，显象中的实在（相应于感觉的东西），必须被给出来。如果构成质料的东西没有给出来，我们也就不能思维它，进而我们也就不能表象它的可能性。现在，只有在如下情况下我们才能贯通地规定一个感觉能力的对象，即将它与显象的所有谓词加以比较并且借助于这些谓词来肯定地或否定地表象它。但是，由于在此那个（在显象中）构成了事物自身的东西，也即实在的东西，必须被给出来了，如果它没有被给出来，我们也根本不能思维它；而那个东西，在其中［B610/A582］所有显象中的实在的东西都被给出来了，是那个唯一的囊括一切的经验，因此，所有感觉能力的对象的可能性的材料必须作为在一个全体中给出的东西而被预设下来。诸经验对象的一切可能性，它们彼此间的区别及其贯通的规定，仅可能是建立在对这个全体的限制基础之上的。因为事实上，只有感觉能力的对象才能被给予我们，而且只有在一个可能经验的关联中它们才能被给予我们，所以，就任何东西来说，如果它没有将一切经验实在的全体作为其可能性的条件预设下来，那么**对于我们来说**，它决不是一个对象。现在，根据一个自然而然的错觉，我们将这种预设看成这样一条原则，对所有泛而言之的事物来说，它都必定是有效的；但是，真正说来，这种预设〔作为一条原则〕仅仅适用于这样一些事物，它们是作为我们的感觉能力的对象被给出的[①]。因此，通过去除这样的限制的方式，我们将关于我们关于作为显象的事物的可能性的概念的经验原理当成

---

① 这句话原文是这样的："Nach einer natürlichen Illusion sehen wir nun das für einen Grundsatz an, der von allen Dingen überhaupt gelten müsse, welcher eigentlich nur von denen gilt, die als Gegenstände unserer Sinne gegeben werden"。"das" 指代前一句话中提到的那种预设。由于这样的预设实际上是就意味着一条 "Grundsatz"（原则），所以在此句接下来的部分中康德使用了指代 "Grundsatz" 的关系代词 "welcher"。但是，正是他的这种独特用法使得此部分的文义变得难以理解了。因为，按照语法关系，在此 "welcher" 指代的当是 "für einen Grundsatz" 中的 "Grundsatz"；但是，在如此理解之下，这部分的文义便前后矛盾了。如果将 "welcher" 改作 "welches"，那么相关的理解困难便可以迎刃而解。

一条关于泛而言之的事物的可能性的先验原理。

至于我们为何此后将这个关于一切实在之全体的理念实体化了，原因在于下面这点：我们将知性的经验使用的**分布的**统一性辩证地转换成了经验整体的**集体的**统一性①，并且在这个显象整体之上设想出了这样一个个别的事物，它将一切经验实在均包含在自身之内了。接着，经由上面［B611/A583］已经考虑过的先验的偷换操作，人们将这个个别的事物混同于关于这样一个事物的概念，它处于所有事物的可能性的顶点，并为它们的贯通的规定提供了实在的条件。*

第三章　论思辨理性推导出一个最高的存在物的存在的证明的根据

尽管理性有如下这种迫切的需求，即预设某种能够为知性提

---

① “分布的统一性”和“集体的统一性”原文分别为“die distributive Einheit”和“die kollektive Einheit”。分布的统一性指每个个别的经验的统一性，而集体的统一性则指全部可能经验的统一性。可进一步参见《未来形而上学导论》中的相关讨论（Ak 4: 328）。

* 因此，这个关于最实在的存在物的理想虽然是一个单纯的表象，但是它首先被**实在化了**，即被做成一个对象；接着被**实体化了**；最后，经由理性走向统一性的完成的自然而然的进展，它甚至于被**人格化了**（我们马上就要讨论这点）。——因为，经验的调节性的[1]统一性并非以显象自身为基础（并非仅仅以感性为基础），而是以**知性**（在一个统觉中）对显象杂多的联结为基础，因此最高的实在的统一性和所有事物的贯通的可规定性（所有事物的可能性）似乎就包含在一个最高的知性之中，进而似乎包含在一个**理智物**之中。〔[1]“调节性的”原文为“regulative”。Wille 认为“regulative”当作“relative”（相对的）。〕〔“实在化”、“实体化”、“人格化”原文分别为：“realisiert”、“hypostasiert”、“personifiziert”。〕

供完全的基础的东西，以便对其概念进行贯通的规定，但是它如此轻易地注意到了这样一种预设的理想之处及其单纯的虚构之处，以至于它不会仅仅由此便被说服采取这样的做法，即将其思维的一种［B612/A584］单纯的自我创造物立即假定为一种现实的存在物，除非还有其他事项逼迫它这样做，即在从给定的有条件者到这样的无条件者的回溯中在某个地方寻找其歇息之地，虽然该无条件者就其本身来说、按照其单纯的概念并不是作为现实的东西而被给出的，但是只有它能够完成那个由那些向外延伸到其根据的条件所构成的序列。现在，进行这样的寻找是每个人类理性所采取的自然而然的程序（即便最普通的人类理性也是如此），尽管并非每个人类理性都在这样的程序中坚持下来。人类理性并不是从概念出发的，而是从普通的经验出发的，因此它将某种存在的东西置于基础的地位。但是，如果这个地基不是建立在绝对必然的东西这块不可移动的岩石之上，那么它便会下沉。不过，如果在这块岩石的外面和下面还有空的空间，如果它不是这样的，即充满了一切东西并且由此不再给“**为什么**”留下任何位置了，即如果它并非从实在性上说是无限的，那么它本身也毫无支撑地飘浮在空中。

如果某种东西——无论它是什么东西——存在了，那么我们就必须承认有某种东西**必然地**存在着。因为，偶然的东西只有在另一种作为其原因的东西的条件之下才存在，而且对于这个条件同样的推理继续是适用的，一直到这样一种原因，它不是偶然的，而且正因如此没有条件地必然地存在着。以上所述就是这样的论证，在其上理性确立了其通向原初存在者的前进征程。

［B613/A585］现在，理性四处寻找关于这样一个存在物的概念，它

适合于拥有像无条件的必然性这样一种存在上的优势地位。不过，理性这样做的目的与其说是为了从关于这样一个存在物的概念先天地推导出其存在（因为，如果它敢于这样做，那么它最终只需要在单纯的概念之中进行探寻就行了，而不必将一个给定的存在置于基础的地位），不如说只是为了在关于可能的事物的所有概念之中找到这样的概念，它并非内在地包含任何与绝对必然性相冲突的东西。因为，理性认为，根据前面的推理，某种东西必定绝对必然地存在着这点已经得到了确定。现在，如果它能够去除除了一个东西以外的所有与这种必然性不相容的东西，那么这种东西就是绝对必然的存在物——无论现在人们是否可以把握这种东西的必然性，即是否可以仅仅从其概念就推导出其必然性。

现在，这样的东西，它的概念内在地包含着回答所有“**为什么**”的“**因为这个**”[①]，它在任何部分和任何方面均没有缺陷，在所有地方作为条件它都是充分的——这样的东西正因如此似乎就是那种适合于绝对的必然性的存在物，因为，既然它自身便具备了一切可能的事物的一切条件，那么它自身就不需要任何条件了，甚至于它根本就不能拥有条件，因此它至少在一个地方满足了无条件的必然性的概念，而在这方面没有任何其他概念能够与它相提［B614/A586］并论——其他概念由于都是有缺陷的并且需要补充的，因此，都没有在自身之上显示出这种独立于所有进一步的条件的特征。的确，由此我们还不能可靠地推导出这点：没有内在地包含着最高的且在所有方面均完全的条件的东西本身因此从其存在上看就必然是有条件的。但是，无论如何，这样的东西并非内在

① 此句原文为：“dasjenige, dessen Begriff zu allem Warum das Darum in sich enthält”。

地拥有无条件的存在的这样的唯一的标记，即理性掌握着它，以便经由一个先天的概念而将某个存在物认识成无条件的。

因此，在关于可能的事物的所有概念中，那个关于拥有最高的实在性的存在物的概念最好地适合于一个无条件地必然的存在物的概念。而且，即便拥有最高的实在性的存在物的概念并非让无条件地必然的存在物的概念完全满意，我们也没有其他选择，而是看到自己被迫坚守着它，因为我们不能将一个必然的存在物的存在抛到九霄云外，而如果我们承认了这种必然的存在物的存在，那么在可能性的整个领域中我们不可能找到这样的东西，它能够对存在中的这样一种优势地位做出更有根据的要求〔与拥有最高的实在性的存在物所提的同样的要求相比〕。

因此，人类理性的自然而然的进程就是这样的。首先，人类理性深信存在着**某种**必然的存在物。在这种存在物中它认识到了一种无条件的存在。现在，它寻找独立于一切条件的东西的概念，并且［B615/A587］在这样的东西之中——它自己便构成了所有其他东西的充分条件——找到了这个概念，即在那种包含着一切实在的东西中找到了这个概念。但是，无限制的全部就是绝对的一①，而且随身携带着关于一种唯一的存在物即最高的存在物的概念，因此，最后它推断说：最高的存在物，作为所有事物的原初根据，绝对必然地存在着。

如果所讨论的是**做出决定**问题，即如果某种必然的存在物的

---

① “无限制的全部”和“绝对的一”原文分别为“das All ohne Schranken”和“die absolute Einheit”。“无限制的全部”和“绝对的一”即中国古典哲学中所谓“大全”和“至一”。

存在已经得到了承认，并且人们一致地认为，他们必须选择他们所支持的一方，即必须决定要将该存在物安置在哪里，那么〔最高的存在物〕这个概念的彻底性是无可争议的。因为，在这种情况下，人们不能做出更为适当的选择了，或者更准确地说，人们没有其他选择了，而只是被迫投票赞成作为可能性的原初源泉的整全的实在的绝对的一。但是，如果没有什么事项驱使我们做出选择，而且我们也乐意暂时不就整个这件事情做出决定，直到诸证明的根据的全部分量强使我们做出支持的决定，也即，如果我们所关心的仅仅是就如下事情**做出评判**，即就这个任务我们知道多少东西，以及我们自诩知道了多少关于它的什么东西，那么上面的推理就远非如此顺理成章了，相反，为了弥补其合法要求方面的缺陷，它需要人们对它表示出好意。

因为，如果我们全盘接受在此摆在我们面前的一切说法，即：首先，以某种［B616/A588］给定的存在（或许还仅仅是我自己的存在）为前提，一个由此得出一种无条件地必然的存在物的存在的正确的推理发生了；其次，我必须将这样一个存在物看成是绝对地无条件的，它包含着一切实在，进而也包含着一切条件，因此，关于这样的事物的概念由此便被发现了，它适合于绝对的必然性，那么，由此我们根本不能推导出如下结论：一个关于这样一种有局限的存在物的概念——它并非拥有最高的实在性——因此就与绝对的必然性互相矛盾。因为，虽然我在有局限的存在物的概念中没有遇到这样的无条件者，它已经随身携带着诸条件的全部，但是由此可是完全不能推导出如下结论：这个有局限的存在物的存在恰因如此就必定是有条件的。——正如在一个假言的理性推理中我不能这样说一样：在某个条件不存在的地方（在此即根据概念而来的完全性的条件），在那里相关的有条件者也不存在。相反，我们仍然可以根据我们的意愿而将所有余下来的有局限的存在物同样看作无条件地必然的，尽管我们不能从我们所拥有的关于它们的一般概念推导出它们的必然性。但是，依照这样的方式这个论证不会为我们带来关于一种必然的存在物的性质的哪怕是最低限度的概念，而且根本带不来任何东西。

尽管如此，这个〔关于最高的存在物的〕论证仍然保有某种重要性和权威，我们不能因为这种客观的［B617/A589］不充分性就立即剥夺其权威。因为，假定存在着这样一些责任，虽然它们在理性的理念中会是完全正确的，但是，如果我们没有预设这样一种最高的存在物，它能够给予实践法则以效力和力量，那么这些责任在应用于我们自身之上时将没有任何实在性，即它们将没有推动力。在这种情况下，我们也会拥有一种遵循这样一些概念的责任，尽管它们客观上说或许是不充分的，但是按照我们的理性的标准它们却具有压倒性的力量，而且，与它们相比，我们并没有认识到任何更好的且更有说服力的东西。在此选择的义务会经由一种实践上的补充而让思辨上的未做决定的状态失去平衡。的确，如果理性在诸多迫切的动因的作用之下、在尽管是仅仅有缺陷的洞见的指导下没有遵循其判断的这些根据（我们至少不知道还有比这些根据更好的根据），那么它在作为最为宽恕的法官的它自身那里不会找到任何辩护。

这个论证尽管事实上是先验的（由于它是建立在偶然的事项的内在的不充分性基础之上的），但它是如此地单纯而自然，以至于适合于最普通的人类理解力——只要人类理解力被引导到它这里。人们看到诸事物在变化着，在产生和消亡，因此，它们或者至少它们的状态需要一个原因。但是，对于在经验[①]中在任何时候可能［B618/A590］被给出的每一个原因，我们都恰好可以再一次地追问同样的事情。现在，究竟还有什么地方比**最高的**因致性也存在于其中的地方更适宜于放置**至上的**因致性呢？[②]这也就是说，最适宜于放置至上的因致性的地方是这样的存在物那里，它本源地内在包含着相对于每一种可能的结果的[③]充足性，其概念也是经由包罗一切的完美性的那个唯一特征很容易地产生出来的。于是，我们将这种最高的原因看成绝对地必然的，因为我们发现要一直攀升到它那里为止这点是绝对地必然的，而且我们没有发现任何还要走出它之外的根据。因此，我们在所有民族那里都看到总是有些许一神教的火星透过他们的最为盲目的多神教而发出光亮，而最终将他们引领到一神教的东西不是深思和深刻的思辨，而仅仅是普通知性的一种渐渐变得让他们可以理解的自然而然的进程。

只可能有三种基于思辨理性的对上帝存在的证明

人们为了这样的意图[④]可能选取的道路共有三条：或者从特定的经验以及由此而认识到的我们的感性世界的独特的特性出发，

---

① Hartenstein 认为“经验”（Erfahrung）当作“显象”（Erscheinung）。

② “最高的因致性”和“至上的因致性”原文分别为“die höchste Kausalität”和“die oberste Kausalität”。

③ 在 A 版和 B 版原版中“相对于每一种可能的结果的”（zu jeder möglichen Wirkung）作“相对于该可能的结果的”（zu der möglichen Wirkung）。科学院版据 Erdmann 的意见修改。中译文据此意见译出。

④ “这样的意图”指上面的标题中提到的这点：基于思辨理性证明上帝的存在。

并且从这种经验依照因致性法则向上一直攀升到世界之外的最高的原因；或者只是将不确定的经验即某种存在经验地置于基础的地位；或者最后，抽掉一切经验，完全先天地从单纯的概念推导出一种最高的原因的存在。[B619/A591]第一种证明是**自然神学的**证明，第二种证明是**宇宙论的**证明，第三种证明是**存在论的**证明。没有更多的相关证明了，也不可能有更多的这样的证明。

我将阐明：理性在一条路（经验之路）上与其在另一条路（先验之路）上同样无所成就；它徒劳地在这些道路上展开双翼试图经由单纯的思辨的力量飞到感性世界之外。不过，我们必须依其呈现这些类型的证明以便让它们接受检验的次序恰好与逐渐地扩展自身的理性所采取的那种次序相反（我们在上面首先也是依照这种次序来安置它们的）。因为，事实将表明：虽然经验为这些证明提供了最初的诱因，但是在理性的这种追求中，只有**先验概念**引导着理性，并且在所有这些尝试中它标记出了理性为自己设置的那个目标。因此，我将从对先验证明的检验开始，并且接着看一下经验事项的附加能够为这种证明的证明力的增益做些什么。

[B620/A592]第四章　论关于上帝的存在的存在论证明的不可能性

从到现在为止的讨论人们不难看出：关于一个绝对地必然的存在物的概念是一个纯粹的理性概念，即这样一个单纯的理念，它的客观实在性经由理性需要它这点远远还没有得到证明，它只是就某种完全性做出了指示（尽管这种完全性是难以达到的），而且，真正说来，它的作用与其说在于将知性拓展到新的对象，不如说在于为知性划界。现在，在此出现了这样一种令人吃惊而荒唐的现象：从一个给定的泛而言之的存在到某种绝对地必然的存在的推理看起来是人们迫切需要的而且是正确的[①]，然而我们借以形成关于这样一种必然性的概念的所有知性条件却悉数反对我们这样做。

人们一直以来都在谈论**绝对地必然的**存在物，而且花费了大量精力试图证明其存在，而不是去尝试理解这点：他们终究是否能够思维这样一种事物以及他们终究如何能够思维它。现在，尽管对这个概念做出一种名义上的解释是轻而易举的，即它是这样的某种东西，其不存在是不可能的，但是由此我们一点儿也没有[B621/A593]联系着这样一些条件而变得更为聪明，它们使得将一个事物的非存在看成绝对地不可思维的这样的事情成为不可能的[②]，而且真正说来这些条件就是我们想要知道的东西，即我们想要知道：我们经由〔绝对地或无条件地必然的存在物〕这个概念究竟是思维了还是没有思维某种东西。因为，这样的做法——通过“**无条件地**”这个词去除所有这样的条件，为了将某种东西看成必然的，知性总是需要它们——还远远没有让我们理解下面这点，即在这

① “一个给定的泛而言之的存在”和“某种绝对地必然的存在”原文分别为“einem gegebenen Dasein überhaupt”和“irgendein schlechthinnotwendiges Dasein”。

② 这句话原文是这样的：“aber man wird hierdurch um nichts klüger, in Ansehung der Bedingungen, die es unmöglich machen, das Nichtsein eines Dinges als schlechterdings undenklich anzusehen”。Noiré 认为其中的“unmöglich”当作“notwendig”；Adickes 则建议将“undenklich”改为“denkbar”。比较起来，Noiré 的修改建议与此处的文义更为吻合。

种情况下我们通过一个无条件地必然的东西的概念仍然思维了某种东西，还是或许根本就没有思维任何东西。

还有：对这个我们仅仅碰运气地冒险提出的并且最终对之变得完全熟悉的概念，我们此外还相信已经通过大量的例子对之进行了解释，以至于所有关于其可理解性的进一步的追问显得完全都是不必要的。几何学的每个命题——比如一个三角形有三个角——都是绝对地必然的，而且人们也如此地谈论一个完全处于我们的知性的范围之外的对象，好像他们完好地理解他们用该对象的概念所要说出的东西。

所有预先给出的例子都毫无例外地取自**判断**，而不是取自**事物**及其存在。但是，判断的无条件的必然性不是事物的绝对的必然性。因为，判断的绝对的必然性仅仅是事物的一种有条件的必然性或者［B622/A594］判断中的谓词的一种有条件的必然性。前面那个命题说的并不是：三个角是绝对地必然的，而是：在存在着（给定了）一个三角形这个条件之下，（它之内的）三个角也必然地存在着。不过，这种逻辑的必然性在人们对其的错觉中却表现出了一股如此巨大的力量，以至于人们通过为自己形成这样一个关于某个事物的先天概念的方式——它是如此地被设置的，以至于他们根据他们自己的意见而将存在包括在了它的范围之中——便相信由此他们就能够可靠地推导出这样的结论：因为存在必然地属于这个概念的对象，即在这样的条件之下，我将这个事物作为已经给出来的东西（存在的东西）而设定了，所以它的存在也必然地（根据同一性规则）被设定了，而且这个存在物自身于是就是绝对地必然的，因为其存在在一个随意假定的概念中而且在我设定了它的对象这样的条件下被一起加以思维了。

如果我取消一个同一性判断中的谓词并且保留下主词，那么一个矛盾便会出现。于是，我说：谓词必然地属于主词。但是，如果我在取消主词时，一并取消了谓词，那么没有任何矛盾产生出来，因为**在此不再有任何**可以与之发生矛盾的**东西**了。设定一个三角形但却同时取消了其三个角，这样的操作是矛盾的；但是，将该三角形连同其三个角一并取消，这种做法并不矛盾。关于某个绝对地必然的［B623/A595］存在物的概念的情况恰恰是这样的。如果你们取消了该存在物的存在，那么你们便一并取消了该事物自身连同其所有谓词。在这样的情况下，矛盾还会从哪里产生出来？从外部来看，没有任何会与之发生矛盾的东西了，因为这个事物从外部来看不应当是必然的[①]；从内部来看，也没有任何会与之发生矛盾的东西了，因为你们通过取消这个事物自身的方式而同时取消了一切内在的事项。"上帝是全能的"[②]这个判断是一个必然的判断。如果你们设定了一个上帝，即这样一个无限的存在者，全能概念与其概念是同一的，那么全能是不能被取消的。但是，如果你们说"**上帝不是**"[③]，那么全能并没有被给出来，而且它的其他的谓词也没有被给出来，因为它们全部都与主词一起被取消了，而且在这种思想中全然没有出现哪怕是一丁点儿矛盾。

因此，你们已经看到，当我将一个判断的谓词连同其主词一并取消掉时，一种内在的矛盾从来不可能产生出来——无论这个谓词是什么样的谓词。现在，留给你们的出路只有一条，即你们

---

① 此句意为：这个事物不可能被除了它之外的任何其他东西所必然化（即被后者必然地决定了），因为它是绝对地必然的存在物或绝对地无条件的存在物。因此，取消该事物的存在并不会导致这样的矛盾，即与那个它之外的会使它的存在成为必然的事物的矛盾。

② 此句原文为："Gott ist allmächtig"。

③ 此句原文为："Gott ist nicht"。在此其意义等同于（至少包含着）这点："Gott existiert nicht"（上帝不存在）。

不得不这样说：存在着这样一些主词，它们根本不能被取消掉，因此，它们必定存留下来了。但是，这样的说法恰恰就等于说：存在着绝对地必然的主词。我恰恰一直在质疑这个预设的正确性，而你们则想要向我表明其可能性。因为，我不能对这样一个事物形成哪怕是一丁点儿概念，当它被与它的所有谓词一起取消掉时［B624/A596］，它会留下一个矛盾；而在没有矛盾的情况下仅仅经由纯粹的先天概念我得不到关于不可能性的任何特征。

你们想反对所有这些一般性的推断（实际上，没有人能够拒绝它们），欲通过这样一个情形向我发起挑战（你们是把它当作一个事实证明而提出来的）：毕竟存在着一个而且**唯一一个**这样的概念，在它那里它的对象的非存在或者其取消是内在地自相矛盾的，而这个概念就是最实在的存在物的概念。你们说，这个存在物拥有全部实在，而且你们有权利将这样一个存在物假定为可能的（现在我也同意这点，尽管与自身不矛盾的概念远没有证明相关的对象的可能性）。* 现在，存在也一起包含在了一切实在之中，因此，存在包含在了这个关于一个可能的事物的概念之中。现在，［B625/A597］如果这个事物被取消了，那么该事物的内在的可能性便被取消了，而这点是矛盾的。

对于如上挑战，我的回答是这样的：就一个你们只是想就其可能性而对之进行思考的事物来说，如果你们已经将关于它的存在的

---

* 如果一个概念不自相矛盾，那么它无论如何是可能的。这点是可能性的逻辑特征，由此该概念的对象便与 nihil negativum（否定的无）区别开来了。不过，如果该概念借以被生产出来的那种综合的客观实在性没有被特别地确立起来，那么它仍然可能是一个空洞的概念。但是，像前文已经表明的那样，这种综合的客观实在性的确立始终是建立在可能经验的原理基础之上的，而不是建立在分析的原则（矛盾原则）基础之上的。这点构成了一种警告：不要试图从概念的可能性（逻辑的可能性）立即推导出事物的可能性（实在的可能性）。

概念放进它的概念之中（无论在这样做时你们使用了哪种隐晦的名字），那么你们已经犯了自相矛盾的错误。假定人们允许你们这样做，那么你们虽然表面上看达到了目的，但是事实上你们却没有说出任何东西，因为你们说出的不过是同语反复。我问你们：**“这个或者那个事物存在”**[①]（无论相关的事物是哪个事物，我都向你们承认它是可能的）这个命题是一个分析命题还是一个综合命题？如果它是分析命题，那么你们通过该事物的存在并没有给你们关于该事物的思想附加上任何东西，但是在这种情况下或者那个在你之内的思想必定就是这个事物自身，或者你们将一种存在预设为属于可能性的东西了，并且接着声称从这种内在的可能性推导出了这种存在——这个断言不过是一种可怜的同语反复而已。“实在”这个词——它在〔作为主词概念的〕该事物的概念中听起来不同于谓词概念中的“存在”〔这个词〕——在此也无济于事。因为，即便你们将一切设定（你们设定什么东西这点还不确定）均称作实在，你们也已经在主词概念中设定了这个事物及其所有谓词，并且已经将它假定为现实的，而你们只是在谓词中重［B626/A598］复了这点而已。相反，假定你们承认（正如每个有理性的人都必须正确地承认一样），每个存在命题均是综合的，那么这时你们怎么会想要断定说：存在这个谓词不可无矛盾地被取消掉？因为，这种优势真正说来仅仅属于分析命题（因为它们的独特之处恰恰是建立在这点基础之上的）。

如果我本来没有发现，因混淆一个逻辑谓词和一个实在谓词（即一个事物的规定性）[②]而引起的那种错觉拒绝接受几乎所有教

---

① 此句原文为：“*dieses oder jenes Ding existiert*”。

② “实在谓词”德文为“reales Prädikat”。“real”源自拉丁文“res”（事物），意为与存在的事物有关的，在此也有真正的、真实的意思。

导，那么我确实会希望通过对存在概念的一种精确的规定径直终结这种冥思苦想的精微的争论。人们可以用他们乐于采用的任何东西充当**逻辑谓词**，甚至于主词也可以被述谓给它自身，因为逻辑抽掉了一切内容。但是，**规定性**是这样一个谓词，它在主词的概念之外附加进来并且增益了它。因此，它一定并非已经包含在主词的概念之中了。

"是"[①] 显然不是任何实在谓词，即不是关于这样的某种东西的概念，它可以附加到一个事物的概念之上。它仅仅是对一个事物或者说某些规定性本身的设定[②]。在逻辑的使用中，它仅仅是一个判断的系词。**"上帝是全能的"**这个命题包含两个拥有其对象的概念：上帝和全能。**"是"**这个小词并不是此外的另一个谓词，而 [B627/A599] 仅仅是那种**联系着**该主词设定[③] 该谓词的东西。现在，如果我将这个主词（上帝）连同其所有谓词（全能也属于其内）放

① "是"原文为"Sein"。康德在此讨论到了"sein"这个词的两种不同但却密切相关的用法，即其作为独立动词的使用，比如在"Gott ist"（上帝是）中，以及其作为系词的使用，比如在"Gott ist allmächtig"(上帝是全能的)中。就前一种用法来说，其意义就是存在（existieren，dasein）(进一步参见下一注释)。

② "设定"原文为"Position"。康德是在与"Setzung"（在与此处相关的语境中该词意为设定、设置）同义的意义上使用"Position"这个词的。在出版于 1763 年的著作 *Der einzig mögliche Beweisgrund zu einer Demonstration des Daseins Gottes*（《关于上帝存在的证明之唯一可能的证明根据》）中，康德写道："Position 或者 Setzung 概念是十分简单的，它与泛而言之的 Sein 概念是一回事儿。现在，某种东西可能被思维成仅仅从关系上被设定了（blos beziehungsweise gesetzt），或者更好的说法是这样的，即我们可能仅仅思维了作为一个特征的某种东西与一个事物的关系（respectus logicus [逻辑关系]），此时 Sein——它就是这种关系的 Position——不过就是一个判断中的连接概念。如果我们所考虑的并非仅仅是这种关系，而是就其自身被设定的事物（die Sache an und für sich selbst gesetzt），那么这种 Sein 就是 Dasein"（Ak 2: 73）。

③ 此"设定"原文为"setzt"。"setzt"的原形动词为"setzen"。在接下来的段落中出现的"设定"原文大部分均为"setzen"。

在一起并且说“**上帝是**”[①]，那么我并没有给上帝概念设定任何新的谓词，而是仅仅设定了该主词本身连同其所有谓词，也即，我联系着我的**概念**设定了该**对象**。两者[②]必定包含着完全一样的东西。于是，不可能有任何进一步的东西因为如下原因而附加在了那个仅仅表达了〔该对象的〕可能性的概念之上，即我将该概念的对象（经由“它是”这个表达式）思维成绝对地被给定了的。因此，现实的东西所包含的东西决不多于单纯可能的东西所包含的东西。一百个现实的塔勒所包含的东西一点儿也不多于一百个可能的塔勒所包含的东西。因为，既然一百个可能的塔勒意指相关的概念，而一百个现实的塔勒则意指相关的对象及其设定[③]本身，如果该对象所包含的东西多于该概念，那么我的概念就没有表达该整个对象，并且因此也就不是它的适当的概念了。但是，与在一百个塔勒的单纯的概念（即它们的可能性）那里的情况相比，在一百个现实的塔勒那里有更多的东西出现在我的财产状况中。因为，在现实性的情况下该对象不是仅仅分析地包含在我的概念之中，而是综合地附加在我的概念之上（这个概念不过是我的状态的一种规定性）；与此同时，经由我的概念之外的这种“是”[④]，这一百个被思维的塔勒本身一点儿也没有因之而变多。

〔B628/A600〕因此，无论我经由哪些谓词并且经由多少谓词思维一

---

① 此句原文为“*Gott ist*, oder es ist ein Gott”（意译当作：“**上帝存在**，或者说有一个上帝”）。在此“es”仅仅是一个占位词，做句法主语，不意指任何东西。

② “两者”指该对象和我的概念。

③ 此“设定”原文为“Position”。

④ 此句原文为：“durch dieses Sein außerhalb meinem Begriffe”。“这种‘是’”在此意即这种存在。

个事物（甚至于在对其进行贯通的规定过程中），通过附加说“这个事物是”[①] 的方式，没有任何东西被附加到了这个事物之上。因为，否则的话，所存在的东西将不会是那个正好与我在该概念中所思维的东西相同的东西，而是比后面这种东西更多的东西，并且我就不能说恰好我的概念的那个对象存在了[②]。甚至于，即便我在一个事物之中思维了除一个实在以外的一切实在，通过我说“这样一个有缺陷的事物存在”[③] 的方式，那个缺失的实在并没有补充进来，相反，这个事物恰好像我思维它那样带着这个缺点存在着，否则，所存在的东西就会是某个与我所思维的东西不同的东西。现在，如果我将一个存在物思维成（没有任何缺点的）最高的实在，那么下面这个问题还总是存留下来了，即它是否存在。因为，尽管在我〔关于该存在物〕的概念中一个泛而言之的事物的可能的、实在的内容中的任何东西均没有缺失，但是在我的概念与我的思维的整个状态的关系中还是有某种东西缺失了，即对于那个对象的认识也是后天可能的这点缺失了。此处存在的那种困难的原因在此也显示出来了。如果所谈论的是一个感觉能力的对象，那么我不可能将事物的存在与事物的单纯的概念混淆在一起。因为，经由概念对象仅仅是被思维成与一种泛而言之的、可

---

① 此句原文为：“dieses Ding *ist*”（意译当作：“这个事物**存在**”）。

② 此句原文是这样的：“Denn sonst würde nicht eben dasselbe, sondern mehr existieren, als ich im Begriffe gedacht hatte, und ich könnte nicht sagen, daß gerade der Gegenstand meines Begriffs existiere”。从这句话及前一句话的表述来看（进而从本节及本书中的其他大量相关表述看），康德自己实际上就将“dieses Ding *ist*”或“Gott *ist*”等表述中的“ist”（是）直接理解成了“existiert”（存在）。

③ 此句原文为：“ein solches mangelhaftes Ding existiert”。

能的、经验的认识的一般条件协调一致，而经由存在对象则被思维成包含在了全部经〔B629/A601〕验的关联之中。于是，在此经由与全部经验的内容的联系，对象的概念一丁点儿也没有得到增益，但是我们的思维则经由该内容而获得了又一种可能的知觉。与此相反，如果我们想要仅仅经由纯粹的范畴思维存在，那么毫不奇怪，我们不能给出任何借以将存在与单纯的可能性区分开来的特征。

因此，无论我们关于一个对象的概念可能包含了什么东西和多少东西，为了将存在赋予该对象，我们终究都必须从该概念那里走出来。在感觉能力的对象的情况下，这样的事情是通过依照经验法则建立起与我的诸知觉中的某一个知觉的关联的方式发生的；但是，对于纯粹思维的对象来说，我们根本没有认识它们的存在的手段，因为，这种存在必须被完全先天地加以认识，然而，我们对于一切存在的意识（无论是直接地经由知觉，还是经由这样一些推理，它们将某种东西与知觉联系起来）却完完全全属于经验的统一性，而这个〔经验〕领域之外的一种存在尽管不能被绝对地宣布为不可能的，但它是一种我们不能经由任何东西予以辩护的预设。

关于一种最高的存在物的概念是一个在一些方面十分有用的理念。但是，正是因为这个理念仅仅是一个理念，所以它完全不能做到这样的事情：让我们仅仅借助于它而扩展我们关于什么东西存在这方面的知识。〔B630/A602〕它甚至于不能做到这样的事情：联系着某种更多的东西的可能性为我们提供教导。[①] 诚然，我们不能否认这个概

① 此句原文为“Sie vermag nicht einmal so viel, daß sie uns in Ansehung der Möglichkeit eines Mehreren belehrte”。这句德语不无歧义，也可以译作：“它甚至于不能做这样的事情：联系着可能性教给我们更多的东西。”

念拥有可能性的分析的特征，即诸单纯的设定[①]（诸实在）没有产生任何矛盾，但是，由于所有实在的性质在一个事物之中的联结是这样一种综合，关于其可能性我们不能先天地做出判断（这点则是因为，诸实在并没有被以特定的方式[②]给予我们，而且，即便它们被如此地给予了我们，在此也根本不会发生任何判断，因为综合的知识的可能性的特征总是必须只在经验中寻找，而一个理念的对象则不可能属于经验），因此，著名的莱布尼茨远远没有完成他自诩做到的那件事情，即要先天地洞察一种如此崇高的、理想的存在物的可能性[③]。

所以，人们在基于概念而做出的如此著名的关于一个最高的存在物的存在的存在论证明（笛卡尔式的证明）之上所花费的所有力气和劳动都是徒劳无益的。一个人一定不要想着基于单纯的理念而让自己在洞见上变得更为富有，正如一个商人不要想着经由如下做法而让自己在财产上变得更为富有一样，即为了改善他的状况，他要在他的现金〔账户〕余额后面附加上几个零。

[B631/A603] 第五章　论关于上帝的存在的宇宙论证明的不可能性

欲从一个十分随意地设计出来的理念挑选出与其相应的对象

---

① 此“设定”原文为“Positionen”。

② “以特定的方式”原文为“specifisch”。Adickes 认为“specifisch”当作“spekulativ”（思辨地）。Görland 将“specifisch”释作“in concreto”（具体地）。

③ “理想的存在物”原文为“idealisches Wesen”。

自身的存在，这种企图是十分不自然的，而且不过是学院机智[①]的一种创新之举。事实上，如果我们的理性的这样一种需求没有先行发生，即要对泛而言之的存在假定某种必然的东西（人们在向上攀升过程中可以停留在其上），并且如果理性没有因为这样的事实，即这种必然性必定是无条件的而且是先天地确实的，而被迫去寻找这样一个概念，它在可能的情况下满足了这样一种要求而且给人们提供了一种存在以让人们完全先天地认识它，那么人们决不会尝试走上这条道路。现在，人们相信他们在关于一个最实在的存在物的理念之中找到了这个概念，因此这个理念在此只是被用来获取关于这样的东西的更加确定的知识的，关于它，人们已经经由其他方式信服了或者被劝说接受了它必然存在这点——这也就是说，这个理念在此只是被用来获取关于必然的存在物的更加确定的知识的。然而，人们却隐瞒了理性的这个自然而然的进程，并且不是最后停留在这个概念之上，而是试图从它那里开始，以便从它那里推导出该存在的必然性——但它的使命终究仅仅在于补充这种必然性。［B632/A604］由此现在便产生了那个失败的存在论证明，而该证明无论是对于自然而然的且健全的知性来说，还是对于合乎学院标准的检验来说，都没有随身携带着让人满意的东西。

我们现在要研究的**宇宙论证明**保留了绝对必然性与最高的实在性之间的联系，但不是像前一个证明那样从最高的实在性推导出存在中的必然性，相反，它从某个存在物的事先给定的无条件的必然性推导出其无边界的实在性，并且在这样的范围内至少将

① “学院机智”原文为“Schulwitz”。“学院机智”与前文提到的“天生的机智”（Mutterwitz）相对，指后天获得的机智。

一切均放进了这样一种推理方式的轨道之上，虽然我不知道它是合乎理性的，还是理性以诡辩的方式做出的，但它至少是自然而然的，而且不仅对于通常的知性来说，而且对于思辨的知性来说，它都随身带有最大程度的说服力，正如它显然也为自然的神学的所有证明制定了这样一些初始的基本路线一样，人们一直是遵循着它们的，而且也将继续遵循它们——尽管他们现在用他们喜欢使用的卷叶形和涡卷形花饰装饰并掩盖了它们。莱布尼茨也将这个证明称作 a contingentia mundi（基于世界的偶然事物的）证明。现在，我们就把它呈现在大家面前并且对其进行一番检验。

这个证明的内容是这样的：如果某个东西存在着，那么某个绝对地必然的存在物也必定存在着。现在，至少我自己存在着，因此，某个绝对地必然的存在物存在着。小前提包含一个经［B633/A605］验，而大前提则包含着从一个泛而言之的经验到必然的东西的存在的推理序列。* 因此，这个证明真正说来是从经验开始的，进而它并非是完全先天地或者说以存在论的方式进行的，而且，因为一切经验的对象叫作世界，所以它因此而被叫作**宇宙论**证明。由于它也抽掉了经验对象的所有这样的独特性质，正是经由它们这个世界能够与任何可能的世界区别开来，因此，它在它的名称中便已经与自然神学的证明区别开来了——自然神学的证明将对我们的这个感性世界的独特特性的观察用作其证明的根据。

---

* 这个推理序列对于大家来说是如此地熟习，以至于在此没有必要对其进行详尽的阐述了。它建立在关于因致性的假定为先验的自然法则基础之上：一切**偶然的东西**均有其原因，而如果这个原因再一次地是偶然的，那么它同样必须有一个原因，直到这个彼此从属的诸原因的序列必然终结于一个绝对地必然的原因那里——在没有这样一个绝对地必然的原因的情况下，这个诸原因的序列将不会有任何完全性。

现在，该证明继续这样进行下去：这个必然的存在物只能以一种唯一的方式——只能经由所有可能的互相对立的谓词中的一个——得到规定，因此，它必须经由它的概念而被**贯通地**加以规定。现在，关于一个事物，只有唯一一个这样的概念是可能的，它先天地、贯通地规定了该事物，这个概念就是 entis realissimi（最实在的存在物的）概念。因此，最实在的存在物的概念是［B634/A606］唯一这样的概念，一个必然的存在物能够经由它而被思维。这也就是说，一个最高的存在物必然地存在着。

在这个宇宙论论证中如此多诡辩的理性原则汇聚在了一起，以至于思辨理性在此似乎动用了它的所有辩证的艺术，以便产生最大可能的先验假象。不过，我们打算暂时将对这些诡辩的理性原则的检验工作放在一边，以便仅仅揭露思辨理性的狡计——正是借助于这样的狡计它将一个旧有的论证以乔装打扮的形式当作一个新的论证提出，并且援引这样的两个证人的一致：一为纯粹理性的证人，一为经验上认证了的证人。但是，在此事实上仅仅存在着第一个证人，只不过它改变了自己的装束和声音，以便让人将它看成第二个证人。为了十分可靠地确立起其基础，这个证明立足于经验并且由此而装出这副样子，好像它与仅仅毫无保留地信任纯粹的先天概念的存在论证明有所区别一样。但是，宇宙论证明之所以利用这个经验，仅仅是为了由此完成一个唯一的步骤，即达致一个泛而言之的必然的存在物的存在的步骤。经验的证明根据不能告诉人们这种必然的存在物具有什么样的性质，相反，理性在此彻底告别了这种证明根据并且只是对概念进行探究——即它只是研究这样的问题：一个泛而言之的绝对必然的存在物必须具有什么样的[B635/A607]性质，即在所有可能的事物之中哪个事物内在地包含着那些为一种绝对的必然性所需要的条件（requisita[必需的条件]）。现在，理性相信它只是在一个最实在的存在物的概念中才碰到了这些必需的条件，并且接着推论道：最实在的存在物就是那个绝对地必然的存在物。但是，显而易见的是，人们在此预设了这点：那个关于某个拥有最高的实在性的存在物的概念完全满足了存在上的绝对的必然性的概念，也即，我们可以从最高的实在性推导出存在上的绝对的必然性。而这个命题恰恰是存在论论证所断定的命题。因此，在宇宙论证明中人们假定了存在论论证并且将其置于基础的地位，尽管在那里人们本来是想要避免这个论证的。因为，绝对的必然性是一种源自单纯的概念的存在。现在，假定我说entis realissimi（最实在的存在物的）概念就是这样一个概念，而且是唯一一个适合于并且合乎于必然的存在的概念，那么我就必须也承认如下这点：必然的存在可以从最实在的存在物的概念推导出来。因此，真正说来，在所谓的宇宙论证明中，只有纯粹基于概念的存在论证明才包含着全部的证明力量，而所谓的经验完全是多余的，或许它的作用仅仅是为了将我们引导到绝对的必然性的概念，而并不是为了在某个确定的事物之上确立这种绝对的必然性。因为，一旦我们的意图是要在某个确定的事物之上确立这种绝对的必然性，我们就必须立即离开一切经验，到纯粹的概念之间去寻找，以便确定它们中的哪一个或许[B636/A608]包含着一种绝对地必然的存在物的可能性的条件。但是，只要依这样的方式我们洞察到了一个这样的存在物的可能性，那么其存在便也被确立起来了。因为，这点恰恰就意味着：在所有可能的事物之中存在着这样一个事物，它随身携带着绝对的必然性，即这个存在物绝对必然地存在着。

如果我们将这种推理过程中的所有幻象依照学院标准呈现出来，那么它们便极其轻易地暴露在人们面前了。下面便是这样一种呈现。

如果“每个绝对地必然的存在物都同时就是最实在的存在物”这个命题是正确的（这个命题是宇宙论证明的nervus probandi［证明核心］），那么它必定像所有肯定判断一样至少是可以 per accidens（偶然地）换位的，因此我们有如下命题：“一些最实在的存在物同时就是绝对地必然的存在物。”但是，现在一个 ens realissimum（最实在的存在物）与另一个最实在的存在物在任何一点上均无所区别，而且因此，适用于包含在这个概念之下的**一些事物**的事项也适用于包含在其下的**所有事物**。因此，我（在这种情况下）也可以**绝对地**对它进行换位操作，即给出如下命题：“每个最实在的存在物都是一个必然的存在物。”现在，由于这个命题仅仅是由其[①]概念先天地决定的，因此，最实在的存在物的单纯概念必定随身就携带着该存在物的绝对的必然性。而这点恰恰就是存在论证明所断定的东西，而且就是宇宙论证明不想承［B637/A609］认的东西，尽管如此，它还是将这点置于它的推理的基础的地位（尽管是以隐藏的方式）。

于是，思辨理性为了证明最高的存在物的存在所采取的第二条道路不仅与第一条道路同样是欺骗性的，而且还携带有如下可受指责的地方：它犯了一种 ignoratio elenchi 的错误[②]，因为它向我

---

① Erdmann 认为“其”（seinen）当作“纯粹的”（reinen）。

② 此拉丁术语的字面意义为“对辩驳的无知”。在逻辑中它意指这样的诡辩的论证方式：通过歪曲要证明的论题的方式给出证明或反证。康德在此是在稍微不同的意义上使用这个术语的：不是通过自己声称要使用的前提而是通过不同的前提证明自己的论题。

们预告说它要走上一条新的道路，但是在绕了一小圈后却又将我们带上了那条我们已经因为其内在的问题而放弃了的老路。

我刚刚在前面说过，在这个宇宙论论证中隐藏着一大堆辩证的狂妄主张，而先验的批判可以很容易地发现和摧毁它们。现在，我仅仅罗列出这些主张，而将继续探究这些欺骗性的原则并且取消它们这样的任务留给业已训练有素的读者。

于是，在此便包含着比如下面这些狂妄之举：1）从偶然的事项推导出一个原因的先验原则，该原则只是在感性世界中才有所意指，但是，在其外它甚至于是没有意义的。因为，关于偶然事项的单纯理智的概念根本不能产生像因致性命题那样的综合命题，而且因致性原则只是在感性世界中才有意指并且才有其使用的标志，而在其他地方则根本没有意指并且没有其使用的标志；但在这里它的作用恰恰是要帮助人们超出感性世界。2）〔B638/A610〕从感性世界中这样的诸原因——它们中的一个是在另一个之上被给出的——的无穷的序列的不可能性推导出某种第一原因的原则[①]。理性使用的诸原理甚至于没有让我们有权利在经验中做出这样的推导，它们更不能将此原则扩展到经验之外（这个链条根本不能被延长到那里）。3）联系着这个序列的完成理性经由如下方式而得到的虚假的自我满足：人们最后去掉所有这样的条件，没有它们必然性的概念确实不能发生，并且由于人们这时不能把握任何更进一步的东西了，因此，人们将这点假定为他们〔关于该序列〕的概念的完成。4）关于（没有内在矛盾地）联合在一起的一切实在的概念的逻辑的可能性与这样的先验的可能性的混淆，该先验的

① 在A版和B版中“原则”作“推理”。据Erdmann的意见改正。

可能性需要一条关于这样一种综合的可行性的原理，而该原理再一次地只能应用于诸可能经验的领域，等等。

宇宙论证明这种特别的技巧的目标仅仅在于回避这样的证明：经由单纯的概念先天地证明一种必然的存在物的存在。（这个证明必须以存在论的方式进行，而我们感到自己完全没有能力做这样的事情。）本着这样的意图，我们从一个被置于基础地位的现实的存在（一个泛而言之的经验）出发尽我们所能地推导出某个绝对必然的条件。在这种情况下，我们就不必解释该条件的可能性了。因为，如果[B639/A611]这种条件存在这点已经得到了证明，那么关于其可能性的问题就完全是不必要的了。现在，如果我们想要从其特性的角度进一步地规定这种必然的存在物，那么我们不是去寻找那种对于从该存在物的概念把握该存在物的存在的必然性这样的事情来说充分的东西，因为，如果我们能够这样做，那么我们就不需要任何经验的预设了；不是这样，我们只会寻找那种消极的条件（conditio sine qua non[①]），即没有它，一个存在物就不会是绝对地必然的。现在，这种寻找消极的条件的做法在所有其他种类的这样的推理——即从一个给定的后果推导出其根据——中是没有问题的，但是在此情况不幸恰好是这样的：人们为了得到绝对的必然性所需要的那个条件只能在一个唯一的存在物那里被遇到，因此这个存在物在其概念之中必定包含着所有为绝对的必然性所需要的东西[②]，并且因此使得一种得出该必然性的先天的推理成为可能的。这也就是说，我必须也能够反过来做出这样的

① 此拉丁术语意为不可或缺的条件（即必要条件）。

② 即最高的实在性。

推理：这个（最高的实在性的）概念所适合的那个事物是绝对地必然的。而且，如果我不能做出这样的推理（就像我如果想要避开存在论证明就必须承认的那样），那么我在我的这条新的道路上便失败了，并且发现自己又一次地处在了我所出发的地方。最高的存在物的概念肯定满足所有可以就一个事物的内在的规定性而提出的先天的问题，而且因为如下原因也是一个无[B640/A612]与伦比的理想，即这个一般概念同时也让该存在物作为一个个体而在所有可能的事物中变得卓尔不群。但是，这个关于最高的存在物的概念完全不满足因该存在物自己的存在而产生的问题，而真正说来我们在此所关心的却仅仅是这个问题。并且，对于这样一个人的探询——他假定了一个必然的存在物的存在，并且只是想知道在所有事物中究竟哪个事物必须被看成这样的存在物——，人们还是不能做出这样的回答：这个东西在此就是必然的存在物。

为了便利理性寻找诸解释根据的统一性，**假定**一种作为所有可能的结果的原因的拥有最高的充足性的存在物的存在这种做法肯定是可以允许的。不过，如果人们在这方面走得太远，以至于人们甚而说**这样一种存在物必然地存在着**，那么这样的做法就不再是一个所允许的假设的谦虚的表露了，而是关于绝然的确实性的大胆狂妄的要求。因为，关于这样的东西的知识——人们声称他们认识到了它是绝对地必然的——必定也随身携带着绝对的必然性。

先验理想的整个任务取决于下面这点：或者为绝对的必然性找到一个〔关于拥有这样的必然性的存在物的〕概念，或者为关于某个事物的概念找到该事物的绝对的必然性。如果人们能够做到其中一件事情，那么他们也能够做到另一件事情。因为，理性仅仅将这样的东西认识成绝对必然的，这种东西根据它的概念就是必然的。但是，这两［B641/A613］件事情均完全超出了我们所有这样的最大的努力，即让我们的知性就这点**感到满意**，而另一方面，它们也超出了一切这样的尝试，即让我们的知性就它的这种无能保持平静。

我们不可或缺地需要的这种无条件的必然性，作为所有事物的承载者，对于人类理性来说就是真正的深渊。即便永恒——尽管根据一个叫作哈勒[①]的人的描述，它是如此令人可怕地崇高——也远没有在我们的心灵上造成如此令人眩晕的印象。因为，永恒只是**测量了**事物的延续，并没有**承载着**它们。人们不能摆脱如下思想，但是也不能忍受它：这样一个存在物，我们将其表象成所有可能的存在物中最高的存在物，好像对它自己说："我从永恒到永恒地存在着，在我之外，除了这样一些东西以外不存在任何东西，它们仅仅因为我的意志才是某种东西；但是，**我究竟是从哪里来的**？"在此一切均在我们中间陷落了，无论是最大的完善性，还是最小的完善性，均毫无支持地漂浮在思辨理性面前。思辨理性可以毫无障碍地让其中的一种完善性还是让另一种完善性消失不见，而且这不会给它造成任何损失。

许多经由某些结果表露出其存在的自然的力还依然保持着其不能为我们所探究的状态，因为我们不能经由观察追踪它们到足够远的程度。处于诸显象之基础地位的先验对象以及随着它而来的关于如下事项的根据——为什么我们的感性拥有这些而非另［B642/A614］一些

---

① 康德在此谈论的是哈勒（Albrecht von Haller，1708—1777) 的如下诗作中的想法："Unvollkommenes Gedicht über Ewigkeit"（关于永恒的不完善的诗作），载于 *Hallers Gedichte*，hrsg.，Ludwig Hirzel（Bibliothek älterer Schriftwerke der deutschen Schweitz，1882），3: 151。

至上的条件——对于我们来说是不可探究的，而且总是处于这种不可探究的状态，尽管这个事物自身此外被给出来了，只不过没有被人们洞察到[①]。但是，纯粹理性的一个理想不能被叫作**不可探究的**，因为它只是在理性的这样的需求范围内——即借助于这个理想完成所有综合的统一性——需要展示关于它的实在性的认证，而不必更进一步地做出这样的展示。因此，在此理想甚至于不是作为可思维的对象被给出的，因此，它也不是作为这样一个对象而是不可探究的。相反，作为单纯的理念，它[②]必定在理性的本性之中有其居所及其解决，因此它必定是可以探究的。因为，理性就在于这点：我们能够解释我们的所有概念、意见和断言——无论是依据客观的根据，还是依据主观的根据（如果这些概念、意见和断言是一种单纯的假象的话）。

对包含于所有关于必然的存在物的存在的先验证明中的辩证假象的揭示和解释

到现在为止所进行的两种证明均是以先验的方式即以独立于经验原理的方式尝试做出的。因为，尽管宇宙论证明是以一个泛而言之的经验为基础而进行的，但是它并不是基于这个经验的某种独特的性质而做出的，而是基于纯粹的理性原理联系着一种经

---

① 此句后半部分意为：尽管这个先验对象作为可思维的对象被给出了，但并不可认识。参见接下来的论述："因此，在此理想甚至于不是作为可思维的对象被给出的，因此，它也不是作为这样一个对象而是不可探究的"（Wille 建议删除"甚至于不是"中的"不"。根据上下文，此建议不可接受）。

② 在 A 版和 B 版原版中，"它"原文为"er"（指代的只能是前面的"Gegenstgand"［对象］）。Hartenstein 认为"er"当作"es"（指代前面的"Ideal"［理想］）。科学院版接受了此意见。

由泛而言之的经验意识给出的存在而做出的，[B643/A615]并且最后甚至于离开了这种引领，以便仅仅以纯粹的概念作为其支撑物。那么，在这些先验的证明中，什么是这样的辩证的却也是自然而然的假象的原因，它将必然性概念和最高的实在性概念联系在一起，并且实在化且实体化了那种终究只能是理念的东西？什么是这样的不可避免性的原因，即要将存在着的诸事物之中的某种东西当作本身来说必然的东西假定下来，但面对着这样一种存在物的存在时又像是面对着一个深渊一样颤巍巍地退缩回来了？人们如何着手做到这点，即让理性就此对自己有所了解，并且从这样一种摇摆不定的状态——一会儿胆怯地做出了赞成的表示，一会儿又收回了这种赞成的表示——走出来，达到一种平静的洞见？

非常值得注意的是，如果人们假定某种东西存在，那么人们便不能回避这样的结论，即还有某种东西必然地存在。宇宙论论证便是建立在这样的十分自然的（尽管并非正因如此就是可靠的）推理基础之上的。与此相反，无论我假定了我愿意假定的哪种关于某个事物的概念，我发现，该事物的存在从来不能被我表象成绝对地必然的，而且，无论在此可能存在着什么样的东西，没有什么东西会阻挡我思维它的非存在。因此，尽管相对于泛而言之的存在着的东西，我必须假定某种必然的东西，但是，我不能将任何唯一的东西自身思维成就其本身说来就是必然的。这[B644/A616]也就是说：尽管在没有假定一个必然的存在物的情况下我从来不能**完成**向存在的诸条件的后退，但是，我从来不能从这样一种存在物**开始**。

如果我必须为泛而言之的存在的事物设想某种必然的东西，但是我无权将任何事物思维成就其本身来说是必然的，那么由此我便不可避免地得到了如下结论：必然性和偶然性一定与事物自身无关，而且一定影响不到事物自身，因为否则，一个矛盾便会产生了。因此，这两个原则[①]中的任何一个均不是客观的，相反，充其量它们仅仅可以构成如下形式的理性的主观的原理，即：一方面，要为所有作为存在着的东西而被给出来的东西寻找某种必然的东西，即从来不停留在任何其他地方，而仅仅停留在一个先天地完成了的解释那里；但是另一方面，也从来不要指望这种完成，即不要将任何经验的事项假定为无条件的并且因此而省掉进一步的推导工作。在这种意义上，这两条原则作为单纯启发性的和**调节性的**原则——它们仅仅关心理性的形式的兴趣——完全可以彼此共存。因为，其中的一个原则说的是：你们应当如此地就自然进行哲学的研究，好像对于所有属于存在的东西来说都存在着一个必然的第一根据，而你们之所以被要求这样做，仅仅是为了通过追踪这样一个理念即一个想象的至上的根据的方式而将系统的统一性带入你们的知识之中；但是，另一个原则则告诫你们：不要将任何一个涉及诸事物的存在的［B645/A617］唯一的规定性假定为这样一种至上的根据，即不要将其假定为绝对地必然的，而总是要让你们的道路向进一步的推导开放，因此，总是将这种规定性处理成还是有条件的。但是，如果我们在诸事物之上所知觉到的所有东西都必须被看成有条件地必然的，那么便没有任何事物（它们可以是经验上被给定了的）可以被看成绝对地必然的了。

不过，由此我们便有如下结论：你们必须假定绝对地必然的

① 即本自然段第一句话所谈到的两个原则。

东西**处于世界之外**。因为，绝对地必然的东西只应当被用作诸显象的最大可能的统一性的原理（作为诸显象的至上的根据），而且你们在世界之内从来不能达到它那里，因为第二条规则命令你们总是将这种统一性的所有经验的原因看成派生性的。

古代的哲学家们将自然的任何形式均看作偶然的，但是他们根据普通理性的判断而将物质[①]看成本源性的且必然的。不过，如果他们本来不是将物质联系着诸显象看成诸显象的基质，而是**就其本身**从其存在上看待它的，那么〔物质的〕绝对的必然性的观念便立即消失不见了。因为，不存在将理性绝对地绑定在这种存在之上的东西，相反，理性总是可以毫无冲突地在思想中取消这种存在。但是，〔物质的〕这种绝对的必然性也仅仅存在于思想之中。[B646/A618]因此，就劝服〔人们相信物质的必然性〕这样的事情来说，必定有某一条调节性的原理处于其基础的地位。事实上，广延性和不可入性（它们一起构成了物质概念）也是关于诸显象的统一性的至上的经验原理，而且在其从经验上说是有条件的范围内该原理拥有调节性原理的性质。尽管如此，由于构成了诸显象的实在部分的物质的每一种规定性，进而还有不可入性，都是这样一种结果（行动），它必定拥有其原因，于是，总还是派生性的，因此，物质毕竟不适合于关于这样一种必然的存在物的理念，它构成了所有派生的统一性的原理。这是因为物质的诸实在的性

① “物质”原文为“Materie”。当与“Form”（形式）相对使用时，“Materie”通常译作“质料”。物质与精神相对；质料与形式相对。两对概念之间的关系简单说来是这样的：物质和精神分别为质料和形式的一种。在此“Materie”当兼有物质和质料二义。

质中的每一个性质作为派生的性质均只是有条件地必然的，因此就其本身来说均可以被取消掉，但是以这样的方式物质的整个存在便被取消掉了。另一方面，如果这样的事情没有发生，那么我们便已经从经验上达到了统一性的最高的根据，而这点是被第二条调节性原理所禁止的。因此，我们便有了如下结论：物质并且一般说来属于世界的东西不适合于关于这样一种必然的原初存在物的理念，它构成了一条关于最大的经验统一性的单纯的原理；相反，这种存在物必须被置于世界之外，因为这样的话，我们便可以总是放心大胆地将世界的诸显象及其存在从其他的显象中推导出来，好像不存在任何必然的存在物一样，尽管如此，我们还是可以不停地追求达到推导的完全性，〔B647/A619〕好像这样一种必然的存在物作为一种至上的根据而被预设下来了一样。

根据这些考虑，最高存在物的理想只不过是这样一条**调节性的**理性**原理**，即人们要这样看待世界中的一切联系，**好像它们**源自一个十足的、必然的原因一样，以便在对这样的联系进行解释时在此基础上确立起关于系统的并且必然的统一性的规则（这种必然性是依据普遍的法则而来的）；该理想并不是一个关于某个从其本身来看必然的存在物的断言。但与此同时，经由一种先验的偷换操作，人们却不可避免地将这条形式的原理表象成构成性的，并且实体性地[①]思维这种统一性。我们知道，就空间来说，因为它本源地使得所有形状成为可能（所有形状均仅仅是空间的不同的限制而已），所以尽管它仅仅是一条感性的原理，人们还是因此将它看成是某种绝对地必然的、独立自存的东西，一个先天地就其

---

① “实体性地”（即将……作为一个实体）原文为“hypostatisch”。

本身而被给出的对象。在这里，同样的事情也十分自然地发生了：因为，除非我们以作为至上原因的最实在的存在物的理念为基础，否则，我们不能以任何方式将自然的系统的统一性确立为我们的理性的经验使用的原理，所以，这个理念由此而被表象成一个现实的对象，而这样的对象转而又被表象成必然的（因为它构成了至上的条件），因此一条**调节性**原［B648/A620］理便被转换成了一条**构成性**原理。这种调包操作在下面的事实中暴露无遗了：虽然这个至上的存在物相对于世界来说是绝对地（无条件地）必然的，但是如果我现在将其看成独立自存的事物[①]，那么这种必然性便无法理解了。因此，这种必然性必定只是作为思维的形式条件而非作为存在的质料的且实体性的条件才能在我的理性中被遇到。

第六章　论自然神学的证明的不可能性

如果无论是关于泛而言之的事物的概念，还是关于某种**泛而言之的存在**的经验均不能完成我们所要求的事情[②]，那么还剩下一条途径有待尝试一下，即看一下是否**某种特定的**经验——进而关于现在这个世界的诸事物的经验、这些事物的性质和安排——提供了这样一种证明根据，它能够可靠地帮助我们达致对于一种最

① “这个至上的存在物”原文为“dieses oberste Wesen”，“独立自存的事物”原文为“Ding für sich”。

② “我们所要求的事情”即证明上帝的存在。在此提到的是上面讨论过的两种证明：存在论证明和宇宙论证明。

高的存在物的信服。我们将这样一种证明称作**自然神学的**证明。如果这种证明也是不可能的，那么任何仅仅基于思辨理性而做出的令人满意的对于这样一种存在物的存在的证明都根本是不可能的，这种存在物相应于我们的先验理念。

[B649/A621]根据前面的所有论述，人们立即就会看到，可以期待对于这个追问的答复是十分容易而确凿的。因为，这样一种经验如何能够在某个时候被给出来，它竟然适合于一个理念？理念的独特之处恰恰在于这点：从来没有任何一种经验能够完全地与其相符。关于一种必然的、十足的原初存在物的先验理念是如此过分地巨大，如此高程度地超过了所有总是有条件的经验事项，以至于一方面来说，人们从来不能在经验中找到足够的材料，以便填满这样一个概念，另一方面来说，人们总是在有条件者之间摸索着前行，并且始终徒劳地寻找这样的无条件者，没有任何关于某种经验综合的法则提供了关于它的实例或者为此提供了哪怕是最低限度的引导。

如果最高的存在物出现于诸条件的这个链条之中，那么它自身便将是这些条件的序列的一个成员，而且，与所有处于其下面的较低级的成员一样，还需要进一步的研究，以便确定其更高的根据。如果人们不这样做，而是要将它当作一个单纯理知的存在物与这个链条分离开来，并且不将它包含在诸自然原因的序列之中，那么在这种情况下理性或许还能够架起一座什么样的桥梁，以便借之而达到它那里？由于所有关于从结果到原因的过渡的法则，甚至于对于我们的泛而言之的知识的一切综合和扩展，都仅仅是指向可能经验的，因此，它们指向的仅仅是[B650/A622]感性世界的对象，而且仅仅联系着这样的对象才可能拥有一种意指。

当前的这个世界向我们开启了这样一个如此不可测度的舞台，在其上多样性、秩序性、合目的性和美的性质均悉数登场（无论人们现在是在空间的无穷性方面还是在空间的无边界的划分方面追踪这些东西），以至于甚至按照我们的微弱的知性所能获得的关于它们的知识，面对着如此众多且无法预见地巨大的奇观，一切语言均失去了其力量，所有数字均丧失了其测量的力量，甚至我们的思想也失去了一切边界，结果，我们关于该整体的判断最后必定化为一种无言的、却也说出了更多的东西的惊奇。我们处处都看到有一条由诸结果和诸原因、诸目的和诸手段构成的链条，看到产生和消亡中的规则性，并且由于没有任何东西是自动地进入它目前所处的状态之中的，因此，它总是不断地指向另一个作为其原因的事物，而这个原因恰好让同样的继续的追问成为必然的。于是，如果人们没有假定下面这样的某种东西，那么以这样的方式整全[①]就必定陷入虚无的深渊之中了：它作为处于这个无穷的偶然之物之外的东西、作为本源性地且独立地凭借自身存在着的东西支撑着这个整全，并且同时作为该整全的来源的原因确保了其延续。这个最高的原因（联系着世界的所有事物而言）——人们应该将其设想得多么巨大？从其全部内［B651/A623］容的角度看，我们无法直接地认识这个世界，我们更不知道如何经由与所有可能的东西的比较估计其量的大小。但是，有什么事情阻止我们这样做吗：既然我们一度联系着因致性而需要一种至外的且至上的存在物[②]，我们同时也

① “整全”原文为“das ganze All”。“das ganze All”在此与“Weltall”（宇宙）同义，二者均可更为恰当地译为中国哲学术语“大全”。

② “一种至外的且至上的存在物”原文为“ein äußerstes und oberstes Wesen”。

可以从完善性的程度上将这样的存在物置**于所有其他的可能的东西之上**？如果我们设想一切可能的完善性均在作为一个唯一的实体的这种存在物之内联合在一起了，那么我们便可以轻而易举地做到这点——尽管，自然而然地，只有通过某个抽象概念的精致的轮廓我们才能做到这点。这个概念有利于我们的理性在原理的节俭方面所提出的要求，在其自身内部没有遭受到任何矛盾，甚而对于理性在经验中间的使用上的扩展也是大有益处的（经由这样一个理念给予秩序和合目的性的指导），另一方面它在任何地方均断然不会与某种经验相违背。

这个证明始终值得人们每次提起时都对之表示敬意。它是最为古老、最为清晰且最适合于普通人类理性的证明。它让人们对自然的研究富有生机，正如它自身就是从这种研究中获得其存在的并且总是经由该研究而获得新的力量一样。它将目的和意图带到这样的地方，在那里我们的观察并非自动地就发现了它们，并且经由这样一种独特的统一性的线索扩展了我们的自然知识，其原理处于自然之外。但是，这种知识又反作用于其原因，即那个[B652/A624]引起它的理念，并且增强了人们对于一个最高的原初创造者的信念[①]，直至这种信念变成一种不可抗拒的信服。

因此，任何想贬损这个证明的威望的企图都不仅是没有希望的，而且是完全徒劳的。理性因为如此强有力的且在其手中总是不断地增加着的（尽管仅仅是经验性的）证明根据而持续不断地得到提升，它不可能因为任何源自精致和抽象的思辨的怀疑而变得如此沮丧，以至于不能通过查看自然的奇迹和世界大厦的威严

① “一个最高的原初创造者”原文为“ein höchster Urheber”。

的方式而从任何苦思冥想的犹豫不决状态中脱身（好像是从睡梦中醒来一样），以便将自己从一个量级提升到另一个量级，直到最高的量级——将自己从有条件者提升到条件，直到至上的且无条件的创造者为止。

尽管我们对于这个程序之适合于理性的特点及其有用性不必有任何反对意见，相反，还要推荐和鼓励该程序，但是我们却不能因此就同意这种证明方式对绝然的确实性和这样一种赞同的可能的要求——根本不需要好意或者外在的支持人们就做出了它——，而且如下做法绝对不会给此处的好事带来任何损失：将某个蔑视一切的理性诡辩家的独断的言语调低为人们表达这样一种信念时的那种有节制和谦逊的语调，它足够让人们在此获得平静，尽管它恰恰不要求人们无条件地听命于它。[B653/A625] 据此，我断言：自然神学的证明单独来看从来不能确立一个最高的存在物的存在，相反，它总是不得不将弥补这个缺点的工作留给了存在论证明（它只是充当着存在论证明的向导而已）。因此，存在论证明终归还是包含着人类理性根本无法绕过的唯一**可能的证明根据**的证明（在终究发生了某种思辨的证明范围内）。

下面几点是我们所讨论的这个自然神学的证明的核心要素：1）在世界中处处都出现了一种根据确定的意图并且以巨大的智慧做出的安排的清晰的迹象，而且这些迹象出现在这样一个整体之中，从内容上看它具有无法描述的多样性，而且从范围上说它具有无边无界的量级。2）这种合目的的安排对于世界中的诸事物来说是完全外在的，只是偶然地附着于它们之上。这也就是说，各种各样的事物的本性不可能经由如此多样的、联合在一起的手段而自动地与诸特定的终极意图协调一致——如果这些事物不是由一条进行安排的、合理的原理并根据处于基础地位的理念为此完全特别地选择出来并且放置在这里的。3）因此，存在着这样一种（或者说这样一些）崇高的且充满智慧的原因，它（它们）必定并非是仅仅作为盲目地起作用的、全能的自然经由**多产性**，而是作为理智物经由**自由**，构成了世界的原因。4）这种原因的统一性可以从世界的诸部分（它们构成了一［B654/A626］部艺术性的建筑作品的部件）的交互关联的统一性那里推导出来——在我们的观察所触及的事物之上这种推导是确实地进行的；而就处于更远的地方的事物来说，这种推导是根据所有类比原则或然地[①]进行的。

在此我们不想因为自然的理性[②]做出了如下形式的推理而刁难它：它根据自然产物与人类艺术粗暴地对待自然，并且强迫自然不要按照自然自己的目的行事，而是要迁就我们的目的时生产出来的东西的类似性（从这些自然产物与房屋、轮船、钟表的相似性）进行推理。当自然的理性还从一种不同的、尽管是超人类的艺术品[③]中推导出自由地起作用的自然[④]的内在的可能性（正是这种自然使得一切艺术、甚或理性本身首先成为可能）时，恰好是这样一种因致性，即知性和意志，在自然那里被置于基础的地位了。这样的推理方式或许经受不住最为严厉的先验批判。但是，人们必须承认这点：当我们在某个时候要提出一种原因时，最为可靠的做法只能是这样的：根据与诸如此类的合目的的产生的类似性提出原因，它们

① “或然地”原文为“mit Wahrscheinlichkeit”。

② “自然的理性”原文为“die natürliche Vernunft”。

③ “超人类的艺术”原文为“übermenschliche Kunst”。

④ “自由地起作用的自然”原文为“freiwirkende Natur”。

是我们唯一完全熟悉其原因和起作用的方式的产生。实际上，当理性想要从它所知道的因致性过渡到那些它所不知道的晦暗的且不可证实的解释根据时，它甚至于都不能对此向自己做出解释。

按照这样的推理，这么多的自然的安排的合目的性及其和谐一致必定仅仅证明了世界中的形式的偶然〔B655/A627〕性，而并没有证明世界中的质料的偶然性，即实体的偶然性。因为，为了证明质料的偶然性，我们还需要下面这点：我们可以证明，如果世界中的诸事物并非——甚至于**从其实体上看**——一种最高的智慧的产物，那么它们就其本身来说便不适合于根据普遍的法则而来的诸如此类的秩序和一致性。但是，为了证明这点，我们需要这样一些证明根据，它们完全不同于与人类艺术的类似性的证明根据。因此，这种证明至多能够确立这样一位**世界建筑大师**，他总是在很大程度上受到了他所处理的材料的适合性方面的限制，而不能确立这样一个**世界创造者**，所有东西都要听命于它的理念。但是，仅仅确立这样一位世界建筑大师这点对于人们心中想到的这样的伟大的意图来说远远是不够的，即要证明一个十足的原初存在者。[①] 如果我们想要证明质料本身的偶然性，那么我们最后就必须求助于一个先验论证。但是，在此我们恰恰本来应当避免这样做。

因此，这个推理从可以在世界中如此贯通地观察到的秩序和合目的性（这样的秩序和合目的性是一种彻底偶然的布置）来到一种**与其成比例的**原因的存在。但是，关于这个原因的概念必须

① “世界建筑大师”、“世界创造者”和“一个十足的原初存在者”原文分别为“Weltbaumeister”、“Weltschöpfer”和“ein allgenugsames Urwesen”。

为我们提供关于该原因的某种十分**确定的**东西以供我们认识，因此，这个概念只能是关于这样一种存在物的概念，它拥有一切权力、智慧等等，一句话，它作为一个十足的存在［B656/A628］物而拥有全部的完善性。因为，诸如**很大的**、令人惊奇的、深不可测的权力和卓越性等等谓词均没有提供任何确定的概念，真正说来没有说出事物就其本身来说是什么样的，相反，它们仅仅是关于这样的对象的大小的关系表象，（世界的）观察者正在将它与他自身和他的理解力加以比较。无论人们增大了这个对象还是联系着它缩小了观察主体，这些谓词最后都同样是颂扬性的。在关系到一个泛而言之的事物的（完善性之）大小的地方，只有这样的概念才是确定的概念，它包含着全部可能的完善性，并且只有实在的全部（omnitudo）才在这个概念中被贯通地加以规定了。

现在，我不希望发生这样的事情：某个人竟然敢于洞察他所观察到的世界的量（无论是从范围上说还是从内容上说）与全能的关系、世界秩序与最高的智慧的关系、世界统一性与创造者的绝对统一性的关系等等。因此，自然神学不能提供任何关于至上的世界原因的确定的概念，并且因此它对于神学的这样一条原理来说——该原理反过来应当构成了宗教的基础——不可能是足够的。①

企图经由经验的路径而走向绝对总体，这样的步骤是完全不

① 此句在A版和B版原版中原文是这样的："Also kann die Physikotheologie keinen bestimmten Begriff von der obersten Weltursache geben, und daher zu einem Prinzip der Theologie, welche wiederum die Grundlage der Religion ausmachen soll, nicht hinreichend sein"。"welche" 指代的是"Theologie"（神学）。Erdmann认为"welche"当作"welches"，后者指代的是"Prinzip"（原理）。科学院版据此修改。中译文据此译出。

可能成功的。但是，现在在自然神学的证明中人们却采取了这样的步骤。因此，人们可能利用哪〔B657/A629〕种手段来越过一条如此宽广的鸿沟？

在人们走到这一步——即对世界创造者的智慧、权力等等的巨大性表现出惊奇——并且不能继续走下去之后，他们立即离开了这个借助于经验的证明根据做出的论证，并且来到从一开始便从世界的秩序和合目的性推导出来的世界的偶然性那里。现在，从仅仅这种偶然性出发，仅仅经由先验的概念，人们来到了一种〔作为第一因的〕绝对地必然的东西的存在这里，并且从关于第一原因的绝对的必然性的概念来到关于这种绝对必然的东西的被贯通地规定了或者进行着贯通的规定的概念，即关于一个囊括了一切的实在的概念。于是，自然神学的证明在其活动中卡住了，在这种困境中它突然跑到了宇宙论证明那里，并且由于宇宙论证明只不过是一个乔装打扮的存在论证明，因此，自然神学的证明真正说来仅仅是通过纯粹理性来贯彻其意图的，尽管一开始它拒绝了与纯粹理性的一切亲缘性并把所有赌注都压在了源自经验的自明的证明之上。

因此，自然神学家们根本没有任何理由冷淡地对待先验的证明方式，并且像俯视着阴森的冥思苦想者的蜘蛛网那样以明察秋毫的自然认识者的自负俯视这种证明方式。因为，只要他们愿意检视一下他们自己，他们便会发现，他们在〔B658/A630〕自然和经验的基地上连续地走了好长一段路并且看到自己仍然与那个向着他们的理性闪耀的对象相距甚远之后，突然离开了这个基地，并且转到诸单纯可能情况的王国，在那里他们希望借助于理念的翅膀接近那种避开了他们的所有经验的探究的东西。他们在自认为经过如此有力的一跳而最终站稳了脚根以后，便将这个现在已经得到了确定的概念（他们不知如何就拥有了这个概念）散布到创造物的整个领域之上，并且经由经验来阐明这个仅仅是纯粹理性的产物的理想——尽管以一种足够可怜的且远还没有触及到其对象的尊严的方式。但是，在这样做时，他们不愿意承认这点：他们是通过一条不同于经验道路的道路而达到这样的知识或者预设的。

据此，关于作为最高的存在物的唯一的原初存在物的存在的宇宙论证明处于关于该存在的自然神学证明的基础的地位，而关于该存在的存在论证明则处于该宇宙论证明的基础的地位，而且，由于除了这三条道路以外，没有更多的道路向思辨理性开放了，因此，单纯基于纯粹的理性概念而做出的存在论证明在此是唯一可能的证明——如果对于一个如此遥远地超越了知性的所有经验的使用的命题的证明终究还是可能的话。

［B659/A631］第七章　对所有基于理性的思辨原理的神学之批判

如果我将神学理解成关于原初存在物的知识，那么它或者是源自单纯的理性的神学（theologia rationalis［理性神学］）或者是源自天启的神学（theologia revelata［天启神学］）。现在，理性神学或者仅仅通过纯粹理性、单纯借助于先验概念（ens originarium, realissimum, ens entium［原初存在物、最实在的存在物、存在物的存在物〕）思维其对象，并且叫作**先验**神学；或者通过一个取自自然（我们的灵魂的自然）的概念而思维其作为最高的理智物的对象，并且必须叫作**自然的**神学[①]。只承认先验神学的人被称为**理神论者**，也接受自然的神学的人则被称为**有神论者**[②]。理神论者承认，我们充其量能够通过单纯的理性认识原初存在物的存在，但是我们关于原初存在物的概念仅仅是先验的，即仅仅是关于这样一个存在物的概念，它拥有一切实在，而对于这种实在人们则不能做出进一步的规定。有神论者断言，理性能够根据与自然的类似性而对〔神学的〕对象做出进一步的规定，即将其规定为这样一种存在物，它经由知性和自由而内在地包含着所有其他事物的原初根据。因此，理神论者将原初存在物仅仅表象成一种**世界原因**（至于它是如何成为这种原因的——是经由［B660/A632］其本性的必然性，还是经由自由——这点还有待决定）；而有神论者则将原初存在物表象成一种**世界创造者**。

先验神学又有两种形式。第一种先验神学打算从一种泛而言之的经验推导出原初存在物的存在（在这样做时这种神学并没有对这种经验所属的世界做出进一步的规定）。这样的先验神学被叫作**宇宙神学**。第二种先验神学相信经由单纯的概念而无需一丁点儿经验的协助便可以认识原初存在物的存在。这样的先验神学被叫作**存在神学**。[③]

自然的神学从这样的特性、秩序和统一性——它们是在这个

---

① “最高的理智物”原文为“die höchste Intelligenz”。“自然的神学”原文为“die natürliche Theologie”。请注意与所谓“自然神学”（Physikotheologie）的区别和联系。

② “理神论者”和“有神论者”原文分别为“Deist”和“Theist”。

③ “宇宙神学”和“存在神学”原文分别为“Kosmotheologie”和“Ontotheologie”。

世界之内被遇到的，我们必须假定在这个世界之内存在着两类因致性及其规则，即自然和自由——推导出某个世界创造者的性质及其存在。因此，自然的神学从这个世界攀升到这样的最高的理智物：它或者构成了所有自然秩序和完善性的原理，或者构成了所有伦理秩序和完善性的原理。在第一种情形中它叫作**自然神学**，在第二种情形中它叫作**道德神学**。*

由于人们通常用上帝概念意指的决非仅仅是一种作为诸事物的根源的、盲目起作用的、永恒的自然，而是这样一种最高的存在物，它由于知性［B661/A633］和自由而应该是诸事物的创造者，而且也只有这个概念才让我们感兴趣，因此，严格说来，他们可以否认**理神论者**拥有对于上帝的信仰，而仅仅将关于一个原初存在物或者最高的原因的主张留给他。然而，由于没有任何人因为不敢断定某种东西就可以受到这样的指责：他甚至想要拒绝它，因此，如下说法在此更为温和而适当：**理神论者**相信某个**上帝**，而**有神论者**则相信一个**有生命的上帝**（summam intelligentiam［最高的理智物］）。现在，我们打算寻找理性〔在神学中〕的所有这些尝试的可能的来源。

在此我满足于经由这样一种知识来解释理论知识，借助于它我认识到了什么东西**存在**；而经由这样一种知识来解释实践知识，借助于它我设想什么东西**应当存在**①。据此，理性的理论的使用就

---

* 后一种自然的神学被叫作道德神学，而不是神学道德学。因为，神学道德学包含着这样一些伦理法则，它们**预设了**一个最高的世界统治者；与此相反，道德神学则是对于一种最高的存在物的信服，而这样的信服是建立在伦理法则基础之上的。〔“道德神学”原文为“Moraltheologie”，“神学道德学”原文为“theologische Moral”。〕

① “什么东西**存在**”和“什么东西**应当存在**”原文分别为“was *da ist*”和“was *da sein soll*”。“设想”原文为“vorstelle”（在大多数情况下，我将此词译作“表象”）。

是理性的这样的使用，借助于它我先天地认识到了某种东西存在（我先天地认识到了某种东西存在这点是必然的）；而理性的实践的使用则是理性的这样的使用，经由它人们先天地认识到了什么东西应当发生。现在，如果“某种东西或者存在，或者应当发生”这点是毫无疑问地确实的，只不过是有条件的，那么这点的某个确定的条件或者可能是绝对地必然的，或者仅仅能够作为任意的且偶然的东西而被预设下来。在第一种情形中这个条件被（per thesin［以论题的形式］）设定了，在第二种情形中这个条件被（per hypothesin［以假设的形式］）假定了[①]。由于存在着绝对地必然的实践法则（道德法则），因此，［B662/A634］如果这些法则必然地将某种存在作为其**约束性的**力量的可能性的条件预设下来，那么这种存在因为如下原因就必须被**设定下来**，即这个有条件者——正是从它那里该推理走到了这个确定的条件——本身被先天地认识成绝对地必然的了。以后[②]我们将就诸道德法则表明：它们并非仅仅预设了[③]一种最高的存在物的存在，相反，由于它们在另外的考察中是绝对地必然的[④]，因此，它们正确地但当然仅仅是实践地

---

① 此“设定”（以及接下来两处出现的“设定”）原文为“postuliert”。在此该词当是在其字面意义（即“将……当作公设”）上加以使用的。“假定”原文为“supponiert”（或译作“假设”）。

② 参见 B832-847/A804-819，特别是 B836-847/A808-819。

③ “预设了”原文为“voraussetzen”。这种意义上的预设就是一种“假定”。

④ 此句原文为：“da sie in anderweitiger Betrachtung schlechterdings notwendig sind”。Wille 认为“sie ...sind”当作“es ...ist”。据此此句中译当为：“由于它〔即这种最高的存在物的存在〕在另外的考察中是绝对地必然的”。从前一句话的表述来看，这种校改意见不可接受，有违康德原意。“另外的考察”是指这样的考察：就诸道德法则（或者说合乎诸道德法则的行动）而言，并非因为它们是最高的存在物（或上帝）的命令，所以它们对我们来说拥有约束力量（或者说我们对之负有责任）；相反，就其自身来看（或者说内在地看），它们就拥有这样的约束力量（或者说我们就对之负有责任）（参见 B847/A819）。

设定了这种最高的存在物的存在。不过，现在我们还是将这种推理方式放在一边，对它不做进一步讨论了。

由于当我们讨论的仅仅是什么东西存在（而不是什么东西应当存在）的时候，在经验中被给予我们的有条件者总是被思维成偶然的，因此，属于有条件者的条件不能由此而被认识成绝对地必然的，相反，该条件仅仅充当着对于该有条件者的理性认识的一种相对地必然的（或者更准确地说，**必需的**）[①]、但就其自身来说并且先天地看却是随意的预设。因此，如果在理论认识中一个事物的绝对的必然性应当被认识到，那么这样的事情只能根据诸先天概念发生，而从来不能〔像在实践认识中那样〕根据作为一种原因的诸先天概念、联系着一种经由经验给出的存在发生。

如果一种理论知识涉及这样一个对象或者涉及一个对象的这样一些概念，人们在任何经验中都不能达〔B663/A635〕到它或它们那里，那么该理论知识便是**思辨的**。思辨的理论知识与**自然的**〔理论〕**知识**相对，后者仅仅涉及能够在一种可能的经验中被给出的对象或者对象的谓词。

关于从作为结果的、发生的事项（经验上偶然的事项）到一个原因的推导的原则是一条关于自然知识的原理，而非关于思辨知识的原理。因为，如果人们不考虑作为这样的原则的这条原则——它包含着泛而言之的可能的经验的条件——并且通过去除一切经验事项的方式而将该原则表述给泛而言之的偶然的东西，那么便不会有哪怕是一丁点儿关于这样一个综合的命题的辩护存留下来，从而让

① “相对地必然的”和“必需的”原文分别为“respektiv notwendig”和“nötig”。

我由此而看出我如何能够从所存在的东西过渡到与其完全不同的东西（所提到的原因）。确实，在这样的单纯思辨的使用之中，关于一种原因的概念，正如关于偶然的东西的概念一样，失去了任何这种意义上的意指，其客观实在性可以具体地得到理解。

如果现在人们从世界中的**事物**的存在推导出其原因，那么这点不属于理性的**自然的**使用，而是属于理性的**思辨的**使用。因为，理性的自然的使用并非是将诸事物自身（实体）而仅仅是将所**发生的**事项进而这些事物的**状态**当作经验上偶然的东西而关联到某种原因。实体自身（物质）从存在上说是偶然的这点将必定是一种单纯思辨的理性知识。［B664/A636］但是，如果所谈论的即便仅仅是世界的形式、世界的连接的方式以及这种连接的变易，然而我却想要由之推导出这样一种原因，它完全不同于世界，那么这再一次地会是单纯思辨的理性的一个判断，因为在此相关的对象根本不是某种可能经验的对象。但是，在这样的情况下因致性原则便被完全带离了其使命，因为，它仅仅在经验的领域有效，在该领域之外没有任何使用，甚至于没有任何意指。

现在，我断言，所有这样的企图——欲联系着神学对理性做出某种单纯思辨的使用——均是完全没有成果的，并且从其内在的特性来看是无效的；但是，理性的自然使用的原理根本不导致任何神学，因此，如果人们没有将道德法则置于基础的地位，或者将其用作线索，那么就根本不会有任何形式的理性的神学。因为知性的所有综合的原则都具有内在的使用；但是，对于一个最高的存在物的认识来说，所需要的是这些原则的一种超验的使用，而我们的知性根本就不是为此而准备的。如果经验上有效的因致性法则竟然会导致原初存在物，那么原初存在物必定属于经验的对象的链条了。但是，在这种情况下，它本身就像所有显象一样又是有条件的了。不过，如果人们也允许〔B665/A637〕我们借助于关于结果与其原因的关系的动力学法则跳出经验的界限，那么，这种做法能够给我们带来哪种概念？它绝对不能给我们带来任何关于某个最高的存在物的概念，因为经验从来没有为我们呈献所有可能的结果中的最大的结果（这样的结果应给出其原因[①]的见证）。假定人们竟然允许我们通过一个关于最高的完善性和本源的必然性的单纯的理念弥补这种〔关于最高的存在物的概念的〕完全的规定性方面的缺陷（人们允许我们这样做的目的仅仅在于不让我们的理性之内留有任何空隙），那么，虽然出于好意的考虑这样的做法是可以允许的，但是，我们却不能基于一个无法抗拒的证明的正当性而要求这样做。因此，自然神学的证明或许确实能够通过将思辨与直观联系在一起的方式为其他证明（如果这样的证明是可以获得的）提供力量，但是，就其自身来说，它只是让知性为神学的认识做好准备，并且为知性提供了通向这种认识的笔直而自然而然的方向，而并非**独自**就能够完成这样的事务。

因此，人们由此肯定看到了，先验的问题只允许先验的回答，即纯粹基于先天概念的、没有哪怕是一丁点儿经验掺杂物的回答。但是，在此问题显然是综合的，而且它要求将我们的认识扩展到经验的所有界限之外，即扩展到这样一种存在物的存在，它应当相〔B666/A638〕应于我们的这样的单纯的理念，从来不可能有任何一种经验与之相当。现在，按照我们上面的证明，所有先天综合的

① 即最高的原因。

知识仅仅经由下面这点才是可能的，即它们表达了一种可能的经验的形式条件，因此，所有原则仅仅拥有内在的有效性，即它们仅仅关联到经验认识的对象或者显象。所以，即便经由先验的程序，联系着一种单纯思辨的理性的神学来说，我们也不会做成任何事情。

但是，如果人们宁愿怀疑我们前面在分析论中给出的所有证明，而不愿失去对长久以来所使用的那些证明根据的分量的信服，那么他们当然不能拒绝这样的任务，即考虑如何应对当我提出如下要求时所提出的那种挑战：他们至少应当就如下事情为自己进行辩护，即他们如何并且经由哪一种灵感而敢于凭借单纯的理念的力量而越过一切可能的经验。在此我请求人们不要用新的证明或者旧证明的修修补补了的作品打扰我。因为，尽管人们在此没有太多的证明可供选用（因为最终说来所有单纯思辨的证明都归结为一个唯一的证明，即存在论的证明，所以我根本不担心会被那种独立于感觉能力〔的运用〕的理性的独断的捍卫者的多产性而特别地弄得不胜其烦），尽管我此外也［B667/A639］不想拒绝接受这样的挑战，即发现所有此类尝试中的推理错误，并且由此而挫败其过分的要求（我不觉得这种说法是很有争议的），但是，我们也不会因此而完全放弃这样的希望，即一度习惯了独断论劝服的人或许会有更好的运气。因此，在此我只是坚守这样的唯一的适当的要求：人们要一般性地且根据人类知性的本性连同所有其他的认识来源为他们的如下做法提供辩护，即他们如何想要将他们的知识完全先天地加以扩展并且将其延伸到这样的地方，在那里任何可能的经验进而任何手段均不足以确保为我们自己构想出来的诸多概念中的任何一个提供客观的实在性。无论知性是如何达到这样的概念的，该概念的对象的存在都不能分析地在该概念中被发现，因为关于该对象的**存在**的知识恰恰在于这点，即该对象**在思想之外**就其自身而被设定了。但是，下面这样的事情完全是不可能的：凭借自身的力量走到一个概念之外，并且在没有追踪经验的联系的情况下（不过，经由追踪经验的联系的方式总是只有显象被给出来了），发现新的对象以及过分的存在物[①]。

不过，尽管作单纯思辨使用的理性对于这个如此宏大的意图——即达到一个至上的存在物的存在——来说是远远不够的，但是，它在下面这个事项中确实拥有非常大的［B668/A640］用处，即**修正**关于这种存在物的知识（假定人们可以从其他地方获取这种知识），让这种知识与它自身以及每一种理知的意图协调一致，并且清除它之中所有可能与一个原初存在物的概念相抵触的东西以及掺杂进它之内的所有经验限制。

据此，先验神学尽管有这么多不足之处，它仍然具有重要的消极的使用，而且构成了我们的理性的一种恒常的审查机制——当我们的理性仅仅处理这样一些纯粹理念时，这些理念正是因为是纯粹理念，因此不允许其他的准绳，而只允许先验的准绳。因为，一旦在其他的方面，或许是在实践的方面，关于一个最高的且十足的存在物（作为至上的理智物）的**预设**无可辩驳地维护了自己的有效性，那么下面这样的事情便拥有巨大的重要性了：从其先验的方面精确地规定这个概念（作为一个必然的且最实在的存在物的概念），并且清除有违最高的实在性的东西和属于单纯的

① “过分的存在物”原文为“überschwengliche Wesen”，在此特指超验的或超自然的存在物。

显象的东西（属于较宽意义上的人神同形同性论[①]的东西），与此同时将所有反对的主张均一并排除掉——无论它们现在是**无神论的**，还是**理神论的**，抑或是**人神同形同性论的**。在这样一种批判的处理中，这样的事情是很容易办到的，因为我们借以向人们展示人类理性在主张一种诸如此类的［B669/A641］存在物的存在方面的无能的根据也足以证明每一种反面主张的不适当性。因为，人们要在哪里通过理性的纯粹的思辨而获得如下洞见：不存在作为所有事物的原初根据的最高的存在物[②]；或者，这样一些性质中的任何一个性质均不属于这样的存在物，我们根据它们的后果将它们表象成与某个思维着的存在物的诸动力学的实在类似的东西[③]；或者，在后一种情况下[④]，这些性质也必须听命于所有这样的限制，感性不可避免地将它们加在了我们经由经验而知道的那些理智物之上[⑤]。

因此，对于理性的单纯思辨的使用来说，最高的存在物依然是一种单纯的、但确实是**无缺陷的理想**，即这样一个概念，它完成了整个人类认识并且为其加冕，其客观的实在性虽然不能在这条〔思辨的〕道路上得到证明，但是也无法在其上被驳倒。而且，如果竟然会有一种能够弥补这个缺陷的道德神学的话，那么在这种情况下那种此前只是成问题的先验神学通过对其概念的规定以及对这样一种理性的不间断的审查而证明了自己的不可或缺性——该理性常常受到了感性的太多的欺骗并且与它自己的理念并非总是一致。必然

① “人神同形同性论”原文为“Anthropomorphismus”。

② 像无神论所主张的那样。

③ 像理神论所主张的那样。“诸动力学的实在”原文为“dynamischen Realitäten”。

④ 即：如果相关性质果真与某个思维着的存在物的诸动力学的实在类似的话。

⑤ 像人神同形同性论所主张的那样。

性、无限性、统一性、在世界之外的存在（不是作为世界灵魂）、没有时间条件的永恒、没有空间条件的遍在[①]、[B670/A642]全能等等全都是先验谓词，因此关于它们的被纯化了的概念——每种神学都非常需要这样的概念——只能从先验神学那里获得。

先验辩证论之附论

论纯粹理性的理念的调节性使用

纯粹理性的所有辩证尝试的结果不仅证实了我们已经在先验分析论中所证明的东西，即我们所进行的任何形式的这样的推理——它们欲将我们引领到可能的经验的领域之外——均是欺骗人的并且是没有根据的，而且同时它还告诉了我们下面这个独特的事实：人类理性在此拥有一种自然而然的企图跨越界限的禀好[②]，并且先验理念对它而言非常之自然，恰如范畴之于知性一样。

---

① “没有时间条件的永恒”和“没有空间条件的遍在”原文分别为“die Ewigkeit ohne Bedingungen der Zeit”和“die Allgegenwart ohne Bedingungen des Raumes”。

② “禀好”原文为“Hang”。与“Hang”（康德使用的相应的拉丁语词为“propensio”）密切相关的另一个概念是“Neigung”（偏好）。关于两者之间的关系，在《单纯理性范围内的宗教》中康德写道：“我将禀好（propensio）理解为偏好（习惯性的欲求，concupiscentia）的可能性的主观的根据——在偏好对于人性来说终究是偶然的范围内。”“禀好真正说来仅仅是追求这样一种享受的先在的倾向（Prädisposition），一旦一个主体体验过它，它就会在该主体那里引起对于它的偏好”（Ak 6: 28, 28Anm.）。

不过，这两种情况之间还是存在着如下区别：正如范畴导致真理性即我们的概念与对象的一致一样，先验理念则产生了一种单纯的、但却无法抗拒的假象。而且，即使借助于最敏锐的批判，人们也几乎不能抵挡住该假象的迷惑。

所有奠基于我们的能力的本性之上的东西都必定是合目的的并且是与我们的能力的适当的使用一致的——只要我们防止了［B671/A643］某种误解并且找到了这些能力的真正的方向。因此，按照所有猜测，诸先验理念拥有其良好的进而**内在的**使用，尽管当人们误认了其意指并将它们当成关于现实的事物的概念时，它们在应用时可以是超验的，并且恰因如此，它们可以是欺骗性的。因为并非是一个理念本身，而仅仅是其使用，联系着全部可能的经验，可能或者是**飞越性的**（超验的），或者是**本地性的**（内在的）①——这点取决于人们的相关的不同做法：是将该理念直接地指向一个假定相应于它的对象，还是将其仅仅指向联系着诸对象的泛而言之的知性的使用（知性处理的就是这些对象）。一切偷换错误总是应该悉数归因于判断力的缺失，而从来不应该归因于知性或理性。

理性从来不直接地关联到一个对象，而仅仅关联到知性，并且借助于知性关联到它自己独特的经验使用。因此，理性并没有**创制**任何（关于对象的）概念，而仅仅是**给**诸概念**排序了**，并且赋予诸概念以这样的统一性，该统一性是诸概念在其最大可能的扩展使用中可能有的，也即联系着诸序列的总体可能有的。知性根本不关注这个总体，相反，知性仅仅关注这样的联系，**正是经由它**，诸条件

---

① “飞越性的”和“本地性的”原文分别为“überfliegend”和“einheimisch”。

的**诸序列**处处依据诸概念**形成了**。因此，真正说来，理性［B672/A644］仅仅以知性及其合目的的任用为对象。而且，正如知性经由诸概念将杂多联合成对象一样，理性从它那一方面通过如下方式经由诸理念将诸概念的杂多联合在一起：将某种集体的统一性设置成知性行动的目标。否则的话，知性行动则只是忙于处理分布的统一性。

据此，我断言：诸先验理念决无这样的构成性使用，以至于由此关于某些对象的概念被给出了。如果人们这样理解它们，那么它们便成了单纯诡辩的理性概念（辩证的概念）。与此相反，它们拥有一种出色的、不可或缺地必然的调节性使用，即将知性指向某个这样的目标，在对这一目标的展望中知性的所有规则的方向线都汇聚到这样一个点之上，尽管它仅仅是一个理念（focus imaginarius［虚焦点］），也即仅仅是这样一个点，诸知性概念实际上并不是从它那里出发的（因为它完全处于可能的经验的界限之外），但它却起着这样的作用：不仅为诸知性概念谋得最大的扩展使用，而且为它们谋得最大的统一性。现在，由此我们便产生了这样的错觉，好像这些方向线是从一个处于经验上可能的认识的领域之外的对象身上发出的[①]（正如对象被从镜子的后面看到了一样）。尽管如此，这个错觉（人们的确可以防止自己受到它的欺骗）却是不［B673/A645］可或缺地必然的——如果我们除了要看到眼

---

① 在科学院版中此句话原文是这样的："als wenn diese Richtungslinien von einem Gegenstande selbst, der außer dem Felde empirisch möglicher Erkenntnis läge, ausgeschossen wären"。在A版和B版原版中"ausgeschossen"作"ausgeschlossen"（排除于……之外）。Mellin认为"ausgeschlossen"应作"geflossen"（流出的），Rosenkranz认为应作"aus geschlossen"（从……推导出来的），叔本华认为应作"ausgeschossen"。科学院版采用了叔本华的修改建议，中译文据叔本华的意见译出。

前的对象，与此同时还想看到远远地放在我们后面的对象，也即，如果在我们的情形中我们想将知性指向每一种给定的经验（全部可能的经验的一个部分）之外，进而还想将其指向最大可能的并且最大程度的扩展。

如果我们在其整个范围中综览一下我们的知性知识，那么我们就会发现，理性为它们十分特别地指定的东西并且十分特别地试图形成的东西就是知识的**系统性**，也即知识基于一条原理而来的关联。这种理性统一性总是预设了一个理念，即关于这样的知识整体的形式的理念，它先行于关于诸部分的特定的知识，而且包含着这样一些条件，它们为每个部分先天地规定了其位置及其与其他部分的关系。据此，这个理念设定了[①]知性知识的完全的统一性，由此知性知识就不仅仅是一个偶然的聚集物，而是一个根据必然的法则关联起来的系统。真正说来，人们不能说这个理念是一个关于对象的概念，而应说它是一个关于这样一些〔关于对象的〕概念的贯通的统一性的概念——在这个理念作为规则而服务于知性范围内。诸如此类的理性概念并不是从自然那里提取而来，毋宁是我们根据这些理念询问自然，并且如果我们的知识[B674/A646]不符合于它们，那么我们便将其看作是有缺陷的。人们承认：很难找到**纯粹的土**、**纯粹的水**、**纯粹的空气**等等。尽管如此，人们还是需要这些概念（因此，就完全的纯粹性来说，它们仅仅来源于理性），以便恰切地确定这些自然原因中的每一个在诸显象中所占有的份额。因此，为了根据关于一种机制的理念来解释诸物质彼此之间的化学作用，人们将所有物质都还原成土（可以说，

---

① “设定了”原文为“postuliert”（在此该德语词包含有“要求”的意思）。

还原成单纯的重量)、盐和燃烧物(作为力),最后将它们还原成作为载体的水和空气(在此诸载体可以说就是这样一些机械,借助于它们,前面的东西[①]才起作用)。因为,尽管人们实际上没有这样表述,但是我们很容易发现理性对自然研究者所做出的划分所产生的这种影响。

如果理性是一种从一般的东西推导出特殊的东西的能力,那么或者一般的东西**就其本身来说**已经是**确实的**,并且已经被给出了,这时为了做出归属,仅仅需要**判断力**,而特殊的东西经由这种归属必然地得到了规定。我将理性在这样的情形中的使用称为其绝然的使用。或者,普遍的东西仅仅是**成问题地**被假定了,它只是一个单纯的理念,而特殊的东西则是确实的,但导向这个结论的那条规则的普遍性还是一个问题。因此,人们在一条规则上测试许多特殊的情形(它们全都是确实的),以便看一下它们是否源自这条规则,而在这种情形下,如果所有[B675/A647]可以指明的特殊情形似乎都得自这条规则,人们便推导出该规则的普遍性。此后,人们从这种普遍性推导出所有就其本身来说还没有被给出的情形。我将理性在这样的情形中的使用称为其假设的使用。

根据那些被置于基础地位的理念(作为成问题的概念)而进行的理性的假设的使用真正说来不是**构成性的**,也即不具有这样的特征:由此那条被假定为假设的普遍规则的真理性便得出了(如果人们想要极其严格地做出判断的话)。因为,人们要如何知道所有这样的可能的结论——它们由于均得自同一个被假定的原则,因此证明了该原则的普遍性?相反,这样的假设的使用仅仅

① 指重量和力。

是调节性的，以便由此尽可能地将统一性带入诸特殊的知识，并且由此让该规则**接近于**普遍性。

因此，理性的假设的使用指向知性知识的系统的统一性，而这种统一性恰恰构成了诸规则的**真理性的试金石**。反言之，系统的统一性（作为单纯的理念）仅仅是这样的**投射的**统一性[①]，就其自身来说，人们一定不要将它看成是已经给定了的，而必须仅仅将它看成问题。这种统一性是服务于如下目的的：为杂多的、特殊的知性的使用找到一条原理，并借此也指导知性在没有给出的情形中的使用并且使其前后一贯。

[B676/A648]但是，人们由此只是看到了，杂多的知性知识的系统的统一性或理性统一性是一条**逻辑**原理，这一原理在知性独自对于规则来说不足够的地方借助理念对其施以援手，并且与此同时尽可能地为诸知性的规则的不同性谋得一条原理之下的一致性（系统的一致性）并由此为它们谋得关联。不过，能够决断如下问题的原则将是理性的**先验**原则：诸对象的特性或者将诸对象作为对象来认识的知性的本性是否就其本身来说就注定拥有这样的系统的统一性，并且人们是否能够以某种方式先天地设定[②]这种统一性——即使不考虑理性的这样一种兴趣——因此人们是否能够这样说：所有可能的知性知识（包括经验的知识）均拥有理性统一性，并且均隶属于这样一些共同的原理，诸知性知识尽管是不同的，但是均可以从它们中推导出来。因此，理性的先验原则将使得系统的统一性不仅仅作为方法是主观地且逻辑地必然的，并且

① “投射的统一性”原文为“projektierte Einheit”。

② “设定”原文为“postulieren”。

将使它成为客观地必然的。

我们将通过理性使用的一个情形来阐释这点。一个实体的因致性的统一性也属于基于知性概念的不同类型的统一性之列。实体的因致性叫作力。同一个实体的不同的显象初看起来显示出如此大的非同类性，以至于人们一开始必须假定差不多像诸结果所呈现出的那么多类型的该实体的力。比如，在［B677/A649］人类心灵情况下，我们一开始似乎必须假定这些不同的力[①]：感觉、意识、想象、回忆、机智、辨别力、愉快、欲求等等。一开始一条逻辑准则便要求人们尽可能地通过如下方式减少这种貌似的不同性：通过比较发现隐藏的同一性，查看一下与意识配合在一起的想象是否就是回忆、机智、辨别力，甚或就是知性和理性。逻辑根本不能确定是否存在着**基础力**，但是关于**基础力**的理念至少构成了关于诸种力的杂多性的系统的呈现的问题。逻辑的理性原理要求人们尽可能地促成这种统一性，一种力和另一种力的诸显象越多被发现是彼此同一的，如下事情就越发是可能的：这些显象只不过是同一种力的不同的表露而已。这同一种力可以（比较地）被称为它们的**基础力**。其他力的情况也是一样的。

我们必须对诸比较的基础力再次进行比较，以便通过揭示它们的一致性的方式让它们接近一个唯一的根本的基础力，即绝对的基础力。不过，这种理性统一性仅仅是假设性的。我们并没有断定，人们事实上必然遇到了这样一种力，而只是断定：为了理性的好处，即为了给［B678/A650］经验可能提供的各种各样的规则确

① “力”原文为“Kräfte”（在此也可以译作“能力”）。

立某些原理，人们必须追寻它，并且必须尽可能地以这样的方式将系统的统一性引入知识之中。

不过，如果我们注意到知性的先验的使用，那么我们就会发现，这种关于泛而言之的基础力的理念并非仅仅作为问题而注定被作假设的使用，相反，它还声称拥有客观的实在性，由此一个实体的各种各样的力的统一性便被设定了[①]，而且一条绝然的理性原理便被确立起来了。因为，即使在没有尝试追寻各种各样的力的一致性的情况下，甚至于在做了多次尝试而没有成功地发现这种一致性的情况下，我们就预设了如下这点：人们会遇到这样一种一致性。而且，我们之所以这样做，并非仅仅是因为实体的统一性的缘故（像在前面所述情况中那样），而且即使在我们遇到了许多不同的、尽管某种程度上同属一类的实体的地方（像在泛而言之的物质的情况中那样），理性也预设了诸杂多的力的系统的统一性（在此，特殊的自然法则隶属于较普遍的自然法则）。原理之节俭不仅仅是理性的一条经济原则，而且变成了自然的内在的法则。

事实上，如果不预设这样一条关于诸规则的理性统一性的先验原理，经由它这样一种系统的统一性作为附着于诸对象自身之上的东西先天地被假定为必然的，那么我们难以看出，为什么能够存在一条关于这种理性统一性的逻辑原理。[B679/A651] 因为，在如下情况下，理性在其逻辑的使用中有什么权利要求人们要将自然让我们认识到的那些力的杂多处理成一种仅仅隐藏的统一性，并且要尽可能地将它们从某种基础力之中推导出来：理性可以随意地假定事情同

① “设定了”原文为“postulieret”。

样可能是这样的，即所有的力都并非同属一类的，关于它们的推导的系统的统一性并非合乎自然？因为，这时理性的做法将是直接违背其使命的，因为它将一个与自然的布置完全相悖的理念设置成目标了。人们也不能说，理性事先已经从自然的偶然的特性那里获取了这种依据理性原理的统一性。因为，那条要求人们追寻这种统一性的理性法则是必然的，因为如果没有该法则，我们根本就不会有理性了，而如果没有理性，我们也就不会有连贯的知性使用了，而在缺失这样的知性使用的情况下，我们也就不会有经验真理的充分的特征了。因此，鉴于这个特征，我们无论如何都必须将自然的系统的统一性当作客观有效的且必然的东西预设下来。

我们发现，这个先验预设也以一种令人惊奇的方式隐藏在哲学家们的诸原则之中，尽管他们并非总是在这些原则中认识到了这个预设或者承认这个预设。请看如下命题：诸个别事物的杂多性并没有排除**种**上的同一性；多[B680/A652]种多样的**种**必须仅仅被处理成少数**属**的不同的规定性，而这些属还必须被处理成更高的**科**的不同的规定性[①]；因此，我们必须寻找所有可能的经验概念的某种系统的统一性（在它们都能够从更高的且更为一般的概念推演出来范围内）。这些命题构成了这样一条学院规则或者说逻辑原理，在没有它的指导的情况下，理性的任何使用均不会发生，因为我们只是在这样的范围内才能从一般的东西推导出特殊的东西，即诸事物的一般的性质——其诸特殊的性质隶属于这样的一般的性质——被置于基础的地位了。

---

① “种”、“属”和“科”原文分别为“Art”、“Gattung”、“Geschlecht”。

在“除非必需，一定不要增加始原（本原）”[①]（entia praeter necessitatem non esse multiplicanda［如无必要，勿增实体］）这一著名的学院规则中，哲学家们预设了如下之点：在自然中人们也会遇到这样一种一致性。人们借这一规则说出了如下内容：诸事物自身的本性为理性统一性呈献了材料，而且表面上的无穷差异性不能妨碍我们猜测在其后存在着某些基础性质上的统一性，而杂多性只可能是通过更进一步的规定从它们那里推导而来的。尽管这种统一性是一个单纯的理念，但是人们在所有时代总是如此热切地追踪着它，以至于人们找到了要节制一下他们对它的欲求而非鼓励这种欲求的原因。分离艺术家[②]能将所有盐均还原为两种主要的类别，即酸性的和碱性的。至此，他们已经做得很多了。不过，他们还不满足于此，而是进一步尝试将这个区别看作仅仅同一种基础材料的某种变体［B681/A653］或不同的表现。人们尝试逐渐地将各种各样的土[③]（石头甚而金属材料）归约为三种土，最后归约为两种土。不过，人们还不满足于此，进而无法打消这样的想法，即猜测在这些变体之后仍然还有一个唯一的属，甚至于猜测有一条适用于土的这些变体和盐的共同的原理。人们或许想要认为，这点是理性的一种单纯经济的操作（以便为自己省下尽可能多的力气），并且也是这样一种假设的尝试，如果它成功了，那么恰恰经由这种统一性它便将极大的可能性给予了那个所预设的解释根据。不过，这样一种自私自利的意图可以非常容易与这样

---

① “始原”和“本原”原文分别为“Anfänge”和“Prinzipien”。

② 原文为“Scheidekünstler”，在此康德特别想到的应当是化学家。

③ Hartenstein 认为“土”（Erden）当作“Erzen”（矿石，矿砂）。

的理念区别开来，按照它，每个人均假定：这种理性统一性是适合于自然本身的；而且，理性在此并不是在行乞，而是在下命令，尽管它不能决定这种统一性的界限。

假定在呈现给我们的诸显象中存在着如此大的差异（在此我说的不是形式上的差异，因为它们在这方面可能是彼此相似的，而是内容上的差异，也即存在着的诸存在物的杂多性），以至于最为敏锐的人类知性也不能通过比较它们找到最低限度的相似性（这种情况肯定是可以设想的），那么关于属的逻辑法则也就不会成立了，［B682/A654］甚至于关于属的任何概念或任何普遍概念都不会存在了，乃至于知性也不会存在了，因为知性仅仅与普遍概念有关。因此，如果关于属的逻辑原理应当被应用于自然之上（在此我将自然仅仅理解为给予我们的诸对象），那么它就预设了一条先验原理。根据该先验原理，同类性必然被预设在一个可能经验的杂多之中了（尽管我们不能先天地确定同类性的程度），因为，如果没有同类性，任何经验概念，进而任何经验，都将是不可能的。

关于属的逻辑原理设定了[①]同一性。与之相对的是一条不同的原理，即关于**种**的原理，它要求诸事物的杂多性和差异性（尽管诸事物在同一个属下拥有一致性），并且让下面这点成为知性要遵守的规章，即正如要关注同一性一样，也要同样关注杂多性和差异性。这条原则（关于洞察力或者辨别力的原则）在很大程度上限制了关于属（关于机智）的逻辑原理的轻率性。理性在此显示出了一种双重的、彼此冲突的兴趣：一方面是联系着属的对于**范围**[②]（普

---

① “设定了”原文为“postuliert”。

② “范围”原文为“Umfang”（也可译作“外延”）。

遍性）的兴趣，另一方面是联系着种的杂多性的对于**内容**（规定性）的兴趣。因为，尽管知性在第一种情形中将许多东西思维**在**它的诸概念**之下**，但是在第二种情形中它则将更多的东西思维**在**这些概念**之中**[①]。这点也表露［B683/A655］在自然研究者的非常不同的思维方式之上：他们中的一些人（特别思辨之人）可以说对非同类性持有敌对态度，总是盼望着属的统一性，而另一些人（特别经验性的脑袋）则试图不停地将自然分裂成如此多的杂多，以至于人们几乎必须要放弃根据一般的原理评判自然的诸显象的希望。

显然，也有一条逻辑原理处于后面这种思维方式[②]的基础的地位。该原理的意图在于帮助我们在做下面这样的事情时达到所有知识的系统的完全性：我们从属开始下降到可能包含在属之下的杂多的东西，并且我们试图以这样的方式为相关的系统带来展开；正如在前一种情形中——在那里我们攀升到属——我们试图为该系统带来单一性一样[③]。因为，从那个表示一个属的概念的范围我们看不出该范围的划分能够进行到多远，正如从一个物质能够占据的那个空间我们看不出该物质的划分能够进行到多远一样。因此，每个**属**均要求一些不同的**种**，而这些不同的种又要求一些不同的**亚种**。而且，由于这些亚种中的任何一个均不成立，除非它总是再一次拥有一个领域（作为 conceptus communis［共同概念］的范围），因此，理性在其整个扩展中要求下面这点，即就其自

---

① “思维**在**它的诸概念**之下**……思维**在**这些概念**之中**”原文为“*unter* seinen Begriffen ... *in* denselben denkt”。

② 即经验的思维方式。

③ “展开”和“单一性”原文分别为“Ausbreitung”和“Einfalt”。

身来看任何种均不要被看成最低的种。因为，既然任何种毕竟总是这样一个概念，它只包含着共同于诸不同的事物的东西，不能够被贯通地确定下来，进而也不能被［B684/A656］就近地关联到一个个体，于是，它总是必定在其下面包含着其他概念，即其他亚种。这个明细化原则可以这样来表达：entium varietates non temere esse minuendas（一定不要轻易地减少实体的多样性）。

但是，人们也不难看出，如果没有一条**关于明细化的**先验**法则**处于基础的地位，那么这条逻辑法则也是没有意义和应用的。诚然，这条先验法则并没有对那些可以成为我们的对象的诸事物联系着诸差异性要求一种现实的**无穷性**（因为这条逻辑原理并没有为此提供诱因，而这点则又是因为，该原理仅仅联系着可能的划分而断言了逻辑范围的**不确定性**），尽管如此，它还是将如下任务交付给了知性：要寻找我们所遇到的每个种之下的亚种，并且为每种差异寻找更小一些的差异。因为，如果没有**更低的**概念，那么也不会有**更高的**概念。现在，知性只是经由概念而认识所有事物的，因此，它从来不是经由单纯的直观而总是经由**更低的**概念认识所有事物的（在它在划分过程中所抵达的范围内）。如下这点——在诸显象的贯通的规定中认识它们（只有经由知性这样的认识才是可能的）——要求对知性的概念进行一种不间断地连续进行的明细化，以及向还总是留存下来的差异性的前进，而在关于种的概念中这些差异性均被抽掉了，并且在关于属的概念中情况更是如此。

［B685/A657］即便这条明细化法则也不可能是从经验那里得到的，因为经验不可能为人们提供如此广泛的展现。在对杂多进行区分过程中，如果经验的明细化没有受到已经走在前面的关于明细化

的先验法则（作为一条理性原理）的引导，那么它便会立即陷于停顿——正是在这样的引导之下我们在对经验进行明细化过程中寻找相关的区别，并且即便在这样的区别没有将自己表露给感觉能力的情况下我们仍然猜测它已经存在了。为了发现吸水性的土还是[①]有不同的种类（石灰质的土和含盐酸的土）这点，我们还需要这样一条先行的理性规则，它通过如下方式使得要寻找差异性这点成为知性的任务，即它假定自然是如此地丰富多彩，以至于我们可以猜测在自然中存在着这样的差异性。因为，正如只有在自然的诸对象内在地拥有同类性这样的条件之下我们才拥有知性一样，只有在自然中存在着差异性这样的预设之下我们也才拥有知性。这点则又是因为，恰恰是那种能够被总括在一个概念之下的东西的杂多性构成了该概念的使用，并且构成了知性的事务。

因此，理性通过如下方式为知性准备好了其领域：1）经由一条关于更高的属之下的杂多的东西的**同类性**原理；2）经由一条关于较低的种之下的同类的东西的**多样性**的原则；3）并且为了完成这种系统的统一性，理性又附加上了这样一条关于所有概念的**亲和性**的法则，它责令人们经由差异性的梯级增长而从每一个［B686/A658］种连续地过渡到每一个另外的种。我们可以将它们分别称作诸形式的**同质性**原理、**明细化**原理和**连续性**原理[②]。最后这条原则是经由如

① 在A版和B版原版中“还是”（noch）作“按照”（nach）。Mellin认为“nach”是笔误，当改为“noch”。科学院版据此改正。中译文据此译出。

② “同质性”、“明细化”和“连续性”原文分别为“Homogenität”、“Spezifikation”和“Kontinuität”。“Spezifikation”与“Spezifizierung”同义。后者的动词形式“spezifizieren”源于拉丁词“species”（意为种）和“facere”（意为使……成为、做出）。因此，“Spezifikation”也可译作“种类化”（意即将属划分为种）。

下方式产生的：在人们既在向更高的属攀升过程中又在向更低的种下降过程中完成了相关理念中的系统的关联之后，将前两条原则联合起来。因为，在这种情况下所有杂多性彼此均是有亲缘关系的，而这点则又是因为它们全部都历经扩展了的规定的所有程度而源自一个唯一的至上的属。

我们可以通过如下方式让这三条逻辑原理之间的系统的统一性变得让人可以感知到。我们可以将每个概念都看成这样一个点，它作为一个观察者的观察点拥有其视域，即拥有众多这样的事物，它们可以从这个观察点上被表象并且好像是被通观到。在这个视域之内必定有众多这样的点——直到无穷——可以被指出来，它们中的每一个再一次地拥有它们自己的较窄的视野[①]。这也就是说，根据明细化原理，每个种都包含着诸多亚种，而且逻辑的视域仅仅是由诸多较小的视域（亚种）构成的，而不是由这样一些点构成的，它们没有任何范围（它们构成了个体）。不过，对于这样一些不同的视域即不同的属，它们是由同样多的概念分别决定的，我们可以设想有这样一个共同的视域为它们画出了，从该视域出发人们将这些不同的视域或不同的属全部都通观成是从这样一个中心点看到的，[B687/A659]它构成了更高的属，最后直到那个最高的属，而这样的属就是那个普遍且真正的视域，它是由最高的概念的观察点所决定的，而且将所有杂多性作为属、种和亚种而包含在自身之内。

同质性法则将我引导到这个最高的观察点之上，而明细化法则则将我引导到所有较低的观察点及其巨大的多样性之上。但是，

---

① “视域”和“视野”原文分别为“Horizont”和“Gesichtskreis”。康德应当是在相同的意义上使用这两个词的。

由于以这样的方式在所有可能的概念的整个范围之内没有任何空虚的地方了，而且在该范围之外也没有任何东西能够被遇到了，因此，从关于那个普遍的视野及其贯通的划分的预设产生了如下原则：non datur vacuum formarum（不存在诸形式的虚空）——也就是说，不存在这样一些不同的、本源性的且初始的属，它们好像是孤立的并且彼此分开的（经由一个空虚的居中空间），相反，所有杂多的属均仅仅是一个唯一的、至上的且普遍的属的划分。因此，这条原则产生了其如下的直接后果：datur continuum formarum（存在着诸形式的连续体）——也就是说，诸种之间的所有差异均彼此相邻并且不允许人们通过一次跳跃从一个种过渡到另一个种，而只允许历经所有较小程度的区别的过渡，经由这样的过渡人们便能够从一个种到达另一个种。简言之，不存在任何这样的种或亚种，它们彼此（在理性的概念中）是最接近的，相反，总还是可能存在着这样一些居间的种，它们与第一个种和［B688/A660］第二个种之间的区别小于第一个种和第二个种彼此之间的区别。

因此，第一条法则防止人们过分地追求不同的、本源的属的杂多性，并且推荐同类性；与此相反，第二条法则则再一次地限制了这种追求一致性的倾向，责令人们在他们带着他们的一般概念转向个体之前要对亚种进行区分。第三条法则通过颁布如下规定的方式将这两条法则联合起来，即即便面对着最高程度的杂多性，人们还是要历经从一个种到另一个种的梯级过渡而寻求同类性（这点表明了不同的支系之间的某种亲缘性——在它们均源自同一个世系范围内）。

但是，这条关于 continui specierum（formarum logicarum）（诸种［诸逻辑形式］的连续体）的逻辑法则预设了一条先验法则

（lex continui in natura［自然中的连续性法则］）。在没有这样一条先验法则的情况下，知性的使用只会受到那条规章[①]的误导，因为它或许会走上一条与自然恰好相反的道路。因此，这条逻辑法则是建立在纯粹先验的且非经验的根据基础之上的。因为，如果它是建立在经验的根据基础之上的，那么它将会跟在该系统后面出现；但是，真正说来，它首先引起了自然知识的系统性。这些法则之后绝对没有隐藏这样一些意图，即人们要将它们当作单纯的尝试来进行检验——尽管在这种关［B689/A661］联出现的地方，它诚然为如下做法提供了一个强有力的根据，即将这种假设地设想出来的统一性看作是有根据的，因此，这些法则在这个方面也有其用处。相反，人们从它们那里清晰地看到了下面这点：它们将诸基础原因的节俭性、诸结果的杂多性以及由此而来的自然的诸成员的亲缘性这些事项本身就判定为合乎理性的并且与自然相宜的，因此，这些原则直接地（而非仅仅作为方法的帮手）随身就携带着其值得向人推荐的特征。

但是，人们很容易看到，诸形式的这种连续性是这样一个单纯的理念，我们无法在经验中给出一个与它完全相符的对象。事情之所以如此**不仅仅**是因为：诸种在自然中实际上是彼此分离的，因此就其本身来说必定构成了一个 quantum discretum（离散的量），而且，假定诸种的亲缘性[②]中的梯级前行是连续的，那么该亲缘性也必定包含着诸中间成员（它们处于两个给定的种之间）的一种真正的无穷性，而这样的事情是不可能的；**而且**，这点还

① “那条规章”（jene Vorschrift）即上述关于诸种（诸逻辑形式）的连续体的逻辑法则。

② “亲缘性”原文为“Verwandtschaft”。我们译作“亲和性”的德语词为“Affinität”。

是因为：我们完全不能对这条法则做出一种确定的经验的使用，因为经由它亲和性的关乎如下事项的特征丝毫都没有被指示出来，即我们要根据什么寻找这种亲和性的差异的程度序列并且要将这种寻找进行到多远，相反，在此给出的仅仅是这样一种一般性的指示：我们要寻找这种程度序列。

［B690/A662］如果我们调换一下现在所提到的这些原理的次序，以便以合乎**经验使用**的方式提出它们，那么关于系统的**统一性**的诸原理可能处于这样的顺序：**杂多性**、**亲缘性**和**统一性**。不过，在此这些原理中的每一个均被理解成处于其最高程度的完全性的理念。理性预设了诸知性知识（这些知识首先被应用于经验之上），并且根据理念寻找这些知性知识的这样的统一性，它远远超过了经验所能抵达的范围。杂多的东西在一条统一性原理之下的亲缘性（这点无损于其多样性）不仅涉及诸事物，而且还进一步涉及诸事物的单纯的性质和力。因此，如果比如经由一种（还没有完全得到修正的）经验诸行星的轨道作为圆形的而被给予我们，并且我们发现了一些偏差，那么我们便猜测这些偏差存在于这样的东西之中，它能够根据一条恒定的法则历经所有无穷的中间程度而改变相关的圆形轨道，使之变成这些有所偏离的运转之一。这也就是说，诸行星的运转虽然不是圆形的，但是或许会或多或少地接近于圆形的性质，并且最后变成椭圆形的。彗星的轨道则显示出了一种更大的偏差，因为它们甚至于都不转圈儿返回（在观察所及的范围内）。不过，我们猜测在此出现的是一条抛物线轨道，它当然与椭圆相近，而且如果椭圆的长轴被拉伸得很远，那么在我们的所有［B691/A663］观察中这条轨道与椭圆便无法区分了。以这样的方式，按照那些原理的指

引，我们来到了这些轨道的属在其形状方面来看的统一性，并且由此进一步地来到了关于这些星体的运动的所有法则的原因的统一性（即引力）这里。从这里我们接着继续扩张我们的征服的范围，并且还试图根据同一条原理解释所有多样性以及表面上与那些规则的偏离。最后，我们甚至于还附加上了比经验在任何时候能够证实的东西还要多的东西，即甚至于根据亲缘性规则设想出双曲线形的彗星轨道，在其上这些物体完完全全离开了我们的太阳系，并且它们在从一个太阳到另一个太阳的运行过程中，在其轨道上将一个对我们来说无边无界的世界体系（它是由同一个驱动力联系在一起的）的诸更为遥远的部分联合在一起。

在这些原理中值得注意的地方并且也是我们唯一关心的地方是：它们似乎是先验的，而且，尽管它们包含着这样一些单纯的理念——理性的经验的使用要遵循这些理念，但该使用仅能好比说渐近线式地遵守它们，即仅能大致地遵守它们，而从来达不到它们那里——但它们作为先天综合命题拥有着客观的、尽管是不确定的有效性，而且充当着可能经验的规则。此外，在处理经验时，人们事实上很成功地将它们作为启发性原则加以使用了，尽管人们的确不能完成关于它［B692/A664］们的先验演绎。正如前面已经证明的，就理念来说，我们永远不可能给出这样的演绎。

在先验分析论中我们将知性的原则区分为两种：一是作为关于**直观**的单纯调节性的原理的**动力学的**知性原则；一是**数学的**知性原则，它们联系着直观是构成性的。尽管如此，所提到的这些动力学法则联系着**经验**来说的确是构成性的，因为它们使得这样一些**概念**——在没有它们的情况下任何经验均不成立——成为先天可能的。与此相反，纯粹理性的原理甚至于联系着经验的**概念**来说也不可能是构成性的，因为没有任何相应的感性图式能够被给予它们，因此，它们不能具体地拥有任何对象。现在，如果我放弃了对于作为构成性原则的纯粹理性的原理的这样一种经验的使用，那么我如何还要为它们确保一种调节性的使用并且连同这种使用一起还为它们确保一些客观的有效性？这样的调节性使用能够具有什么样的意指？

知性构成了理性的一个对象，正如感性构成了知性的一个对象一样。让知性的所有可能的经验行动的统一性具有系统性是理性的一种事务，正如知性经由概念将诸显象的杂多联结在一起并且将其置于经验法则之下一样。但是，在没有感性图式的情况下知性的行动是**未得到规定的**。同样，联系着这样一些条件，在其下知性应当将它的诸概念系统地连接在一起，并且联系着这样的程度，即在什么范围内知性应当将它的诸概念系统地连接在一起，理［B693/A665］性的统一性就其本身来说也是**未得到规定的**。不过，尽管我们不能在**直观**中为所有知性概念的贯通的系统统一性找到任何图式，但是这样一种图式的**类似物**[①]确实能够而且必须被给出，而这个类似物就是关于知性知识在一个原理中的划分及其联合的**最大化**的理念。因为，最大的且绝对地完全的东西是可以确定地加以思维的，而这点则又是因为所有那些提供不确定的杂多性的限制性的条件均被去掉了。因此，理性的理念就是感性图式的一种类似物，但是带有这样的区别之处：知性概念在理性图式上的应用并非（像在诸范畴在它们的感性图式之上的应用那里一样）是一种关于对象自身的知识，相反，它仅仅是一条关于知

① “类似物”原文为“Analogon”。

性的一切使用的系统的统一性的规则或原理。现在，由于每条这样的原则——它为知性先天地确立了其使用的贯通的统一性——也适用于（尽管仅仅是间接地适用于）经验的对象，因此，纯粹理性的诸原则联系着经验的对象也拥有客观实在性。只不过，它们之所以拥有这样的客观实在性，并不是为了**确定**关于经验对象的某种东西，而仅仅是为了指明这样一种程序，正是依照该程序，知性的经验性的且确定的［B694/A666］经验使用能够通过如下方式而与它自身变得贯通地一致起来，即它被**尽可能地**置于与贯通的统一性的原理的关联之中并且被从该原理那里推导出来。

我将所有这样的主观的原则均叫作理性的**准则**，它们不是取自对象的特性，而是取自理性对于对象的认识的某种可能的完善性的兴趣。因此，存在着思辨理性的这样一些准则，它们仅仅是建立在理性的思辨的兴趣之上，尽管看起来它们似乎是客观的原理。

如果诸单纯调节性的原则被看成构成性的，那么它们作为客观的原理就可能是彼此冲突的；但是，如果人们把它们仅仅看作**准则**，那么就不会有任何真正的冲突，而只会有理性的不同的兴趣，而这样的兴趣则引起了思维方式上的分野。事实上，理性只有一种统一的兴趣，而其准则之间的冲突仅仅是满足这种兴趣的诸方法上的一种差异和交互的限制。

以这样的方式，**这个**理性诡辩家（依据明细化原理）对**杂多性**更有兴趣，而**另一个**理性诡辩家（依据聚集原理[①]）对**统一性**更有兴趣。［B695/A667］这两者中的每个人均相信自己的判断来自对对象的洞见，但是他们的判断实际上仅仅是建立在对两条原则中的

① “聚集原理”（Prinzip der Aggregation）当指同质性原理。

一条的或大或小的忠实度基础之上的。这两条原则均不是建立在客观的根据基础之上的，相反，它们仅仅基于理性的兴趣。因此，它们可以被更恰当地叫作准则，而非原理。我有时看到不无洞见的人们就如下事情彼此争论不休：人的独特特征、动物或植物的独特特征、甚至于矿物界的物体的独特特征。在此一些人假定存在着比如独特的且基于出身的民族性格，或者还存在着明确的且遗传性的家族、种族的区别等等；与此相反，另一些人则将心思放在下面这点之上，即自然在这方面制造出了完全一样的禀赋，而且一切区别仅仅取决于外在的偶然性。在这个时候，我只需要考虑相关的对象的特性，以便了解这点：相关的对象对于双方都隐藏得太深了，以至于他们不能基于对于对象的本性的洞见而表达自己的意见。在此所存在的仅仅是理性的这样的双重兴趣，这一方将其中的一种兴趣放在心上，而另一方则将另一种兴趣放在心上（他们甚至于分别假装这样做了）；进而，还有那些关于自然杂多性或自然统一性的准则上的差异。这些准则甚至可以被联合在一起。但是，只要它们被当成了客观的洞见，那么它们便不仅会引起争论，而且会导致这样一些长久地阻断了真理的障碍，直到人们找到这样一种手段，借助于它［B696/A668］人们可以将彼此争论着的兴趣联合起来，并且让理性在此获得满足。

人们在维护或反对关于创造物的**连续的梯级**的法则时情况是一样的。这条如此可靠的法则是由莱布尼茨率先提出的[①]，鲍内

① 康德在此讨论的是莱布尼茨所提出的自然的连续性原则。参见 *Nouveaux essais sur l'entendement humain*（《人类理智新论》，完成于 1704 年，出版于 1765 年），bk. III，ch. vi，§ 12。

特[①]出色地修饰了它。它[②]只不过就是对于基于理性的兴趣的亲和性原则的遵循，因为对自然的布置的观察和洞见根本不能将它作为客观的断言而提供出来。这样一架梯子的诸梯级——像经验能够向我们提供的那样——彼此相距甚远，而且我们认为是很小的区别在自然中通常都是如此宽广的鸿沟，以至于基于这样一些观察（特别是考虑到诸事物的巨大杂多性——在此找到某些相似性和接近性必定总是非常容易的）根本不会有任何东西作为自然的意图而被估算出来。与此相反，按照这样一条原理在自然中寻找秩序这样的方法以及要求人们将这样的秩序看成在某个泛而言之的自然中有其根据（尽管我们还不能确定这点：这样的秩序在什么地方或者在多大程度上在自然中有其根据）这样的准则的确构成了理性的一条合法的且出色的调节性原理。不过，尽管这条原理作为这样一条原理所触及的范围要远远大于经验或者观察能够与它比肩的范围，但它还是没有规定任何东西，相反，它只是为经验或观察指明了通向系统的统一性的道路[③]。

---

① 鲍内特（Charles Bonnet，1720–1793），瑞士博物学家和哲学家。在其著作 *Contemplation de la nature*（《冥思自然》，出版于 1764–1765 年）中，他力图改进莱布尼茨的自然的连续性原则，认为该原则只能联系着时间次序来理解，而不能像莱布尼茨那样将其理解成预定的和谐之结果（参见该书德文版：*Betrachtungen über die Natur*, tr. Johann Daniel Titus, Leipzig: Junius, 1766, S. 29–85）。

② “它”原文为“welche”。Erdmann 认为“welche”当作“welches”，指代前面提到的“Gesetz”（法则）。

③ 这句话原文是这样的：“welches aber, als ein solches, viel weiter geht, als daß Erfahrung oder Beobachtung ihr gleichkommen könnte, doch ohne etwas zu bestimmen, sondern ihr nur zur systematischen Einheit den Weg vorzuzeichnen”。“welches” 指“ein rechtmäßiges und treffliches regulatives Prinzip der Vernunft”。Erdmann 认为“ihr gleichkommen”中的“ihr”当作“ihm”，指代“welches”，进而指代“Prinzip der Vernunft”（理性原理）。中译文据此译出。（Erdmann 进一步认为“sondern ihr nur”中的“ihr”指代的是理性。这种解读不可接受。）

［B697/A669］论人类理性的自然而然的辩证论之终极意图

纯粹理性的诸理念就其本身来说从来不可能是辩证的，相反，其单纯的误用必定导致如下结果：从它们那里产生一种对于我们来说骗人的假象。因为它们是我们的理性的本性交付给我们的任务，而我们的思辨的所有权利和要求的这个最高的法庭本身决不可能包含着本源性的错觉和幻象。因此，它们或许在我们的理性的自然禀赋中拥有其良好的且合目的的使命。但是，像往常一样，一群理性诡辩家却叫嚷着说在此存在着荒唐和矛盾之处，并且谩骂着〔理性的〕政府。然而，他们不能侵入该政府的最内部的规划，甚至于他们自己也应该将他们的维持、乃至这样的化育之功归功于这个政府的有益的影响，正是它让他们能够谴责和批判该政府。

就一个先天概念来说，在没有给出其先验演绎的情况下，人们不能可靠地使用它。纯粹理性的诸理念虽然不允许范畴所允许的那种类型的演绎，但是，假定它们至少还应当拥有一点儿——尽管是不确定的——客观的有效性，而并非仅仅表象了空洞的思想之物（entia rationis ratiocinantis［诡辩的理性之物］），［B698/A670］那么，关于它们的某种演绎必定是完全可能的——即便这样的演绎与人们能够对范畴所进行的演绎有很大的不同。这种演绎构成了纯粹理性的批判的事务的完结，现在我们就给出这样的演绎。

某种东西是作为一个**地地道道的对象**还是仅仅作为一个**理念中的对象**而被给予我的理性的[①]，这两种情况之间的区别是巨大的。在第一种情况下，我的概念是为了规定对象；而在第二种情况下，实际上仅仅存在着这样一个图式，没有任何对象被直接地给予它，甚至于没有任何对象被假定地给予它，相反，它只是服务于如下目的的，即借助于与该理念的关系，将其他的对象按照它们的系统的统一性表象给我们自己，因而间接地将它们表象给我们自己。依这样的方式，我说：一个最高的理智物的概念是一个单纯的理念，即其客观的实在性不应该在于这点：它直接地关联到一个对象（因为就这种意指来说，我们不能为其客观的有效性提供辩护）；相反，它仅仅是一个关于一个泛而言之的事物的概念的图式。该图式是按照最大的理性统一性的诸条件安排好了的，其作用仅仅在于通过如下方式获得我们的理性的经验使用中的最大的系统的统一性，即好像是将经验的对象从作为其根据或者原因的、该理念的想象的对象那里推导出来。于是，人们比如这样说：世界的诸事物必须[B699/A671]被这样看待，**好像**它们是从一个最高的理智物那里获得它们的存在的。以这样的方式，理念真正说来不过是一个启发性的而非实指性的概念[②]，而且，它所表明的并不是一个对象具有什么样的特性，而是我们应当如何在该启发性的概念

---

① “地地道道的对象”和“理念中的对象”原文分别为“ein Gegenstand schlechthin”和“ein Gegenstand in der Idee”。“地地道道的对象”即B725/A697中所谓“实在中的对象”（Gegenstand in der Realität）。

② “一个启发性的而非实指性的概念”原文为“ein heuristischer und nicht ostensiver Begriff”。

的引导下去**寻找**泛而言之的经验的对象的特性和联系。如果人们现在能够表明，尽管三种先验理念（**心理学的**、**宇宙论的**和**神学的理念**）并非能够被直接地关联到任何相应于它们的对象及其**规定性**，但是关于理性的经验使用的所有规则在这样一个**理念中的对象**的预设之下还是可以导致系统的统一性并且总是可以扩展经验知识，而从来不可能违反这样的统一性[①]，那么要按照诸如此类的理念行事这点便构成了理性的必然的**准则**。以上便是关于思辨理性的所有理念的先验演绎。在此，这些理念并非构成了关于如何将我们的知识扩展到比经验所能够提供的对象更多的对象之上的**构成性**原理，而是关于泛而言之的经验的知识的杂多的系统的统一性的**调节性**原理。经由这样的调节性原理，经验的知识在其自身的界限之内得到了更大程度的扩建和修正[②]——与在这样的情况下所可能发生的事情相比，在那里这些理念不存在，人们仅仅使用知性原则。

［B700/A672］我要让这点变得更加清楚明白。我们想按照前面提到的理念（它们被看成了原理）首先（在心理学中）根据内部经验

① 此句原文是这样的："Wenn man nun zeigen kann, daß, obgleich die dreierlei transzendentalen Ideen (*psychologische*, *kosmologische*, und *theologische*) direkt auf keinen ihnen korrespondierenden Gegenstand und dessen Bestimmung bezogen werden, dennoch alle Regeln des empirischen Gebrauchs der Vernunft unter Voraussetzung eines solchen *Gegenstandes in der Idee* auf systematische Einheit führen und die Erfahrungserkenntnis jederzeit erweitern, niemals aber derselben zuwider sein können"。Grillo 认为"alle"（所有）当作"als"（作为），这样，后半部分的中译文当是这样的："但是，它们〔这三种先验理念〕作为关于理性的经验使用的规则在这样一个**理念中的对象**的预设之下还是可以导致系统的统一性并且总是可以扩展经验知识，而从来不可能违反这样的统一性"。

② "得到了……修正"原文为"berichtigt"，Kirchmann 认为"berichtigt"当作"berechtigt"（得到了……权利）。

的指导线索将我们的心灵的一切显象、行动和感受性如此地联结在一起，**好像**我们的心灵是这样一个简单的实体一样，它携带着人格同一性恒常地存在着（至少在我们活着时），然而，它的诸状态（身体状态仅仅作为外部条件而属于它们）却连续地发生着变化。其次，（在宇宙论中）我们必须在一种永远不会完成的研究中追踪诸内在的还有外在的自然显象的诸条件，**好像**自然本身是无穷无尽的，并没有第一个或者至上的成员一样。尽管我们并不因此就否认在所有显象之外还存在着它们的单纯可理知的最初的根据，但是我们决不可以将这些根据放进自然解释的关联之中，因为我们根本认识不到它们。最后，我们必须（联系着神学）如此地看待所有可能总是仅仅属于可能的经验的关联之中的事项，**好像**经验构成了一个绝对的、但却是完完全全依赖性的而且总是在感性世界之内有条件的统一体，但与此同时**好像**所有显象之全体（感性世界本身）在它们的范围之外还拥有一个唯一的、至上的且十足的根据，也即一个好像是独立的、本源性的且造物性的理性。联系着这样的理性，我们［B701/A673］如此地校准**我们的**理性的一切经验的使用，直到其最大的扩展，**好像**诸对象自身就源自一切理性的上面那种原型一样。这也就是说：我们并不是从一个简单的思维实体推导出灵魂的诸内部显象的，而是根据一个简单的存在物的理念将它们彼此从对方推导出来；我们并不是从一个最高的理智物推导出世界秩序以及世界的系统的统一性的，而是从一个关于最智慧的原因的理念那里拿取来这样的规则，正是根据它，理性在将世界内的原因和结果联结在一起时，才能令自己满意地得到最佳的使用。

现在，没有哪怕一丁点儿障碍阻止我们将这些理念也**假定**为客观的且实体性的[①]——不过，宇宙论理念的情况除外，理性在想要形成这个理念时遇到了二律背反（而心理学理念和神学理念则根本不包含这样的二律背反）。由于在它们之内并不包含矛盾，因此某个人如何能够与我们争辩其客观实在性？因为正如我们不知道它们的可能性而去肯定该可能性一样，他也不知道它们的可能性而去否定它。尽管如此，为了假定某种东西，仅仅有下面这点还是不够的：没有正面的障碍反对它；而且，在此我们不能被允许这样做：仅仅凭借乐于完成其事务的思辨理性的信誉就将虽然超越了我们的所有概念、但与我们的任何概念均不矛盾的思想之物作为现实的且确定的对象而引入进来。[B702/A674]因此，就其本身来说，在此相关的诸事物不应该被假定，而只是〔关于〕它们〔的理念〕作为所有自然知识的系统统一性的调节性原理的一个图式的实在性才应该有效。因此，它们只是作为现实的事物的类似物而不是作为这些事物自身才应该被置于基础的地位。我们从理念的对象那里取消了这样一些条件，它们限制了我们的知性概念，但是也只有它们才使得如下事情成为可能的，即我们能够对某个事物拥有一个确定的概念。现在，我们思考了某种这样的东西，我们对于它就它本身来说所是的样子完全没有任何概念，但是关于它我们确实思考了这样一种与诸显象之全体的关系，它类似于诸显象彼此之间所拥有的那种关系。

如果我们据此假定了这样一些理想的存在物，那么真正说来我们并没有将我们的认识扩展到可能经验的对象之外，而仅仅是通过这样的系统的统一性——理念为我们提供了其图式——扩展

---

① “将这些理念也**假定**为客观的且实体性的”原文为“diese Ideen auch als objektiv und hypostatisch *anzunehmen*”，意即：把这些理念看作对象进而看作实体（Substanz）。

了经验的经验统一性，因此，理念并不是作为构成性原理而是作为调节性原理起作用的。因为，假定我们说我们设定了一个相应于理念的事物，即某种东西或者某种现实的存在物，那么我们借此说出的东西并非是这点：我们想要利用超验的[①]概念扩展我们关于事物的认识。因为，我们只是在理念中而非就其本身说将这个存在物置于基础的地位，因此我们之所以将其置于基础的地位，仅仅是为了表达这样的系统的统一［B703/A675］性，它应当为我们充当理性的经验使用的准绳；与此同时借此我们根本没有就如下事情而确定什么东西，即这种统一性的根据是什么，或者这样一种存在物的内在的性质是什么，这种统一性就是以作为原因的该存在物为基础的。

因此，单纯思辨的理性给予我们的关于上帝的先验的且唯一而确定的概念是**理神论的**（在该语的最为精确的意义上），即理性甚至于没有提供这样一个概念的客观的有效性，而仅仅提供了关于这样的某种东西的理念，正是在其上一切经验实在建立起了其最高的且必然的统一性，而且我们只能根据与这样一个现实的实体的类比来思维它，按照理性法则该实体构成了所有事物的原因——假使我们终究要将它思维成一个独特的对象，而不是因为满足于关于理性的调节性原理的单纯理念而宁可选择这样的做法：将思维的所有条件的完成作为对于人类知性来说过分的[②]东西而弃置不顾。但是，后面这种做法无法与我们认识中的完全的系统的统一性的意图协调一致——理性至少没有为这种统一性设置任何限制。

---

① 在原版第四版中“超验的”（transzendenten）作“先验的”（transzendentalen）。

② “过分的”原文为“überschwenglich”。在此“过分”意为超越本分或超过一定的程度或限度。

因此，现在事情是这样的：当我假定一个神性存在物时，尽管我对其最高的完善性的内在可能性形成不了一丁点儿概念，对其存在的必然性也同样没有任何概念，[B704/A676] 但是，在这种情况下我的确能够令人满意地处理所有其他涉及偶然的东西的问题，并且能够给理性带来完全的满足——联系着理性的经验使用中的需要加以深究的最大的统一性，而不是联系着这个〔神性存在物的〕预设本身。这点证明了，是理性的思辨的兴趣而非其洞见使得它有权利从一个远远地处于其范围之外的点出发，以便从其上考察处于一个完全的整体之中的理性的诸对象。

现在，就同一种预设来说思维方式上的这样一种区别便显示出来了，它极其微妙，但在先验哲学中仍然具有巨大的重要性。我可能拥有足够的根据相对地假定某种东西（suppositio relativa［相对的假定］），但是却无权绝对地假定它（suppositio absoluta［绝对的假定］）。如果所涉及的仅仅是这样一条调节性原理，那么这种区别便是适用的：我们虽然认识到了该原理的必然性本身，但是却不认识该必然性的来源，而且我们仅仅是出于如下意图而假定了此种必然性的一种至上的根据，即以一种比例如在这样的时候更为确定的方式思考该原理的普遍性——此时我将这样一种存在物思维成存在着的，它相应于一个单纯的、然而却是先验的理念。因为，在此我决不能就其本身而假定这个事物的存在，而这点又是因为，没有任何我能够借以确定地思维某 [B705/A677] 个对象的概念达到了该存在[①]，

① 该句原文是这样的："weil keine Begriffe, dadurch ich mir irgend einen Gegenstand bestimmt denken kann, dazu gelangen"。Mellin 认为"dazu gelangen"当作"zulangen"（够用）。据此，相应的中译文是这样的："而这点又是因为，没有任何我能够借以确定地思维某个对象的概念在此是够用的"。

而且我的诸概念的客观有效性的诸条件被该理念本身排除了。实在概念、实体概念、因致性概念、甚至于存在中的必然性概念在这样的使用之外——在那里它们使得一个对象的经验认识成为可能——没有任何这样的意指，这一意指规定了某个对象。因此，它们虽然可以被用来解释感性世界内的诸事物的可能性，但是不能被用来解释一个**世界整体自身**的可能性，因为后面这种解释根据必定是处于世界之外的进而必定不是某种可能经验的对象。现在，我仍然可以相对于感性世界假定这样一个无法把握的存在物、某个单纯的理念的对象，尽管我不能就其本身而假定它。因为，如果这样一个（关于系统地完全的统一性的）理念（我马上就将以更为确定的方式谈论该理念）——就其本身来说它从来不能在经验中被适当地加以表现，尽管为了让经验的统一性接近于最大可能的程度它是不可避免地必然的——处于我的理性的最大可能的经验使用的基础的地位，那么我不仅有权而且被迫要实在化这个理念，即为其设定一个现实的对象。不过，在此我仅仅将这个现实的对象设定为这样一个泛而言之的事物，就其本身来说我根本不知道它为何物，而且就作为系统的统一性的一个根据的它来说，我只是联系着这种统一性而将那些［B706/A678］类似于经验使用中的知性概念的性质赋予它。因此，我将能够根据与世界中的诸实在、与诸实体、与因致性和必然性的类比而思维这样一个存在物，它拥有所有这些事项（在其最高的完善性上），并且由于这个理念仅仅是以我的理性为基础的，因此我将能够将这个存在物思维成**独立自存的理性**，即经由这个关于最大的和谐和统一性的理念而构成了世界整体的原因的东西。结果，我去除了所有限制该理念的条件，仅仅是为了在这样一种原初根据的庇护之下经由如下方式使得世界整体内的杂多的东西的系统的统一性成为可能并且经由这种统一性使得理性的最大可能的经验使用成为可能：我如此地看待所有联系，**好像**它们是这样一种最高的理性的安排一样，我们的理性构成了它的一个微弱的摹本。于是，我纯然经由这样一些概念思维这种最高的存在物，真正说来它们仅仅在感性世界内有其应用。但是，另一方面，由于我只是相对地使用上述那个先验预设，即通过这种使用该预设应当提供了最大可能的经验统一性的基质，因此，我完全可以经由仅仅属于感性世界的性质思维这样一个存在物，我将它与该世界区别开来。因为，我决不要求，而且我也无权要求，根据我的理念的这个对象就其本身来说所可能是的样子认识它，而这点则又是因为，我没有适用于此事的概［B707/A679］念，甚至于就实在概念、实体概念、因致性概念、甚而存在中的必然性概念来说，如果我敢于利用它们走到感觉能力的领域之外，那么它们就都失去了任何意指，变成了没有任何内容的概念的空洞的称号。我现在所思维的仅仅是一个就其本身来说完全不为我所知的存在物与世界整体的最大的系统统一性的关系——我的这种思维的目的仅仅在于让这个存在物成为我的理性的最大可能的经验使用的调节性原理的图式。

现在，如果我们将目光投向我们的理念的先验对象，那么我们看到，我们不能根据实在概念、实体概念、因致性概念等等**就先验对象本身**而预设先验对象的现实性，因为这些概念在某种与感性世界完全不同的东西之上没有哪怕是一丁点儿应用。因此，理性关于一种作为至上的原因的最高的存在物的假定仅仅是相对地即出于感性世界的系统的统一性的考虑而被思维的，而且该存在物是理念中的某种单纯的东西，对它**就它本身来说**所是的东西我们没有任何概念。由此下面这点的原因也得到了解释：尽管我们联系着以存在的方式被给予感觉能力的东西需要关于一种就其本身来说**必然的**原初存在物的理念，但是我们从来不能有关于这种存在物及其绝对的**必然性**的哪怕是一丁点儿概念。

现在我们可以将整个先验辩证论的结果清晰地呈现在眼前了，并且可以［B708/A680］精确地确定纯粹理性的理念的终极意图了（只是因为误解和不小心纯粹理性的理念才变成辩证的）。纯粹理性所关心的事实上仅仅是它自己，它不可能拥有任何其他的事务，因为被给予它的东西并不是通向经验概念的统一性的对象，而是通向理性概念的统一性（即通向一个原理中的关联的统一性）的知性知识。理性统一性是系统的统一性，而这种系统的统一性并不是客观地作为一条原则服务于理性的，以便让其铺展在诸对象之上，而是主观地作为准则服务于理性的，以便让其铺展在关于诸对象的所有可能的经验认识之上。尽管如此，理性能够给予知性的经验使用的这种系统的关联不仅推进了该使用的分布范围，并且同时也证明了该使用的正确性。而且，关于这样的系统的统一性的原理也是客观的，尽管是以不确定的方式（principium vagum［模糊原理］）——即不是作为构成性原理，要联系着它的直接的对象来确定某种东西，而是作为单纯调节性的原则和准则，要通过开启知性所不曾知道的新的道路的方式无穷地（不确定地）推进并加固理性的经验使用，同时丝毫不违反经验使用的法则。

［B709/A681］但是，理性只能以如下方式思维这种系统的统一性，

即它同时给予它的理念一个对象，但是该对象却不能经由任何经验而被给出来。因为，经验从来提供不了关于完全的、系统的统一性的例子。诚然，这个理性存在物（ens rationis ratiocinatae［合乎理性地起作用的理性所创造的理性之物］）是一个单纯的理念，[①] 因此并非绝对地并且**就其本身**而被假定为现实的东西；相反，它只是被成问题地置于基础的地位（因为我们不能通过任何知性概念达到它那里），以便感性世界的诸事物的一切联系都可被看作

---

① 请比较 B697/A669 中有关“entia rationis ratiocinantis”（诡辩的理性之物）的讨论。根据 B347–348/A290–292 和 B394/A337 中的表述，ens rationis（理性之物）同于 Gedankending（思想之物）。ens rationis 既可以是 ens rationis ratiocinantis（诡辩的理性之物），即 ein vernünfteltes Wesen（诡辩的理性之物）或 ein leeres Gedankending（空洞的思想之物）（或者说随意地设想出来的思想之物），也可以是 ens rationis ratiocinatae（合乎理性地起作用的理性所创造的理性之物），即 Vernunftwesen（理性存在物）或非空洞的思想之物，还可以是像本体那样的理知物（进一步参见 *Kritik der Urteilskraft*, Ak 5: 467–468）。按照《纯粹理性批判》中的用法，Vernunftwesen（理性存在物）是指假定与诸先验理念（包括心理学理念、世界理念和上帝理念）相应的对象；而在《关于伦理的形而上学》（*Metaphysik der Sitten*）中，Vernunftwesen（理性存在物）是指“拥有内在的自由的存在物”（mit innerer Freiheit begabtes Wesen）即“人格”（Person）或“本体的人”（homo noumenon）。因此，Vernunftwesen（理性存在物）不同于 das vernünftige Wesen（有理性的存在物），因为后者既可以指 das vernünftige Naturwesen（有理性的自然存在物）即所谓现象的人（homo phaenomenon），也可以指上面所讨论的后一种意义上的 Vernunftwesen（理性存在物）（参见 Ak 4: 411f., 448; 5: 15f., 61, 162; 6: 26f., 418）。相应地，Gedankending（思想之物）也不同于 das denkende Wesen（思维存在物）。后者指有思维能力的存在物，比如人类成员。按照 B346–349/A290–292 的讨论，对于人类来说，ens rationis（理性之物）或 Gedankending（思想之物）不是某种实在地可能的东西，不属于实在的可能性之列，在这种意义上属于虚无。但是，它们并非是逻辑上不可能的，相反，它们拥有逻辑的可能性。因此，它们与 Unding（非物）不同。Unding（非物）属于逻辑的不可能性之列。不过，对于人类来说，“ens rationis”（理性之物）或“Gedankending”（思想之物）与“Unding”（非物）一样，均是空洞的概念，因为没有任何可以给出的直观相应于它们。

好像在这个理性存在物之中有其根据一样。不过，人们这样做的意图仅仅在于：要在该理念基础上建立起这样的系统的统一性，对于理性来说它可能是不可或缺的，另一方面，对于经验的知性认识来说，它又可以以一切方式具有促进作用，而从来不会构成其障碍。

如果人们将这个理念当成关于这样一种现实事物的断言，或者即便将其仅仅当成关于这样一种现实事物的预设，他们打算将世界的系统的状况[①]的根据归属给它，那么他们便立即错认了其意指。相反，我们让如下这点完全处于未定的状态：那种避开了我们的概念的世界的系统的状况的根据就其本身来说具有什么样的特性，而只是将一个理念设置为这样一种视点，只有从其上我们才能够将那种对于理性来说如此地具有本质意义并且对于知性来说如此地具有益处的统一性铺展开来。简言之，［B710/A682］这个先验之物仅仅是那条调节性原理的图式，正是借助于它理性尽其可能地将系统的统一性铺展到一切经验之上。

我自己——仅仅被看成思维的自然（灵魂）的我自己——构成了这样一种理念的第一个对象。如果我想要搜寻这样一些性质，一个思维存在物带着它们就其自身来说存在着，那么我就必须询问经验，而且我甚至于不能将所有范畴中的任何一个应用到这个对象之上，除非其图式在感性直观中被给出来了。但是，借助于经验我从来到达不了内感能力的所有显象的系统的统一性。因此，理性没有使用（关于灵魂实际上所是的东西的）经验概念（经验概念无法将我们带到很远的地方），而是拿来关于一切思维的经验统一性的概念并且经由这样的方式——无条件地且本源性地思维

① “世界的系统的状况”原文为“systematischen Weltverfassung”。

这种统一性——从该概念制作出了一个关于这样一种简单的实体的理性概念（理念），它就其本身来说是不变动的（从人格上说是同一的），而且它与它之外的其他现实的事物处于共存状态之中——简言之，一个关于某种简单的、独立自存的理智物的概念。但是，在此进入理性视野之中的仅仅是在解释灵魂的诸显象过程中所使用的系统的统一性原理，即：要将所有规定性均看作是处于一个唯一的主体之中的，要尽可能地将所有能力均看作是从一个唯一的基础能力推导而来的，要将一切变易均看作是属于［B711/A683］同一个恒常的存在物的诸状态的，要将空间中的所有**显象**均表象成是完全有别于**思维**的诸行动的。该实体的那种简单性等等都只应当是这条调节性原理的图式，而不是这样地被预设的，即好像它是诸灵魂性质的现实的根据。因为，这些性质也可能是以我们完全不知道的全然不同的根据为基础的，正如真正说来我们也不能经由这些假定的谓词按其本身来认识灵魂一样——即便我们想让它们绝对地适用于灵魂，因为它们构成了一个根本不能被具体地加以表象的单纯的理念。现在，就这样一种心理学理念来说，只要人们避免让人将它看成某种比单纯的理念更多的东西，即只要人们仅仅相对于理性联系着我们的灵魂的诸显象的系统的使用而承认它，那么从它那里只会产生好处。因为，在这样的情况下没有任何关于物体性的显象的经验法则（这样的显象属于完全不同的类别）混入对于那种仅仅属于**内感能力**的东西的解释之中；在此任何关于灵魂的生成、毁灭和转生等等的不可靠的假设均是不被允许的。因此，对于内感能力的这个对象的考察是十分纯净地并且以没有与不同类的性质混合在一起的方式做出的。此外，理性的这种研究的目标是这样的：将这个主体内的解释根据尽可能地引向一条唯一的原理。[B712/A684]所有这一切均是——甚至于最好均唯一地是——经由这样一个图式造成的，它**好像**就是一个现实的存在物一样。心理学理念也只能意指一个调节性概念的图式。因为，即便我们只是提出这样的问题，即灵魂是否就其本身来说属于精神性的自然，这个问题就已经是没有任何意义的了。因为，经由这样一个概念我不仅移除了物体性的自然，而且根本就移除了一切自然，即某种可能的经验的所有谓词，因此我也移除了为这样一个概念思维一个对象的所有条件，然而，只有为一个概念思维一个对象这样的事情才造成了如下结果，即人们说该概念具有一个意义。

单纯思辨性的理性的第二个调节性理念是泛而言之的世界概念。因为，自然真正说来恰恰是唯一这样的给定的对象，联系着它理性需要调节性原理。这种自然是双重的：或者是思维的自然，或者是物体性的自然[①]。不过，就物体性的自然来说，为了按照其内在的可能性思维它，即规定诸范畴在其上的应用，我们无需任何理念，即无需跨越经验的表象。而且，联系着物体性的自然，理念也是不可能的，因为在此我们只是被感性直观引导着，而非像在心理学基础概念（我）那里那样，那个概念先天地包含着思维的某种形式，即思维的统一性。因此，对于[B713/A685]纯粹理性来说，留给我们的东西就仅仅是泛而言之的自然以及在这样的自然之中根据某一原理而来的诸条件的完全性。这些条件的诸序列的绝对总体（在这些序列的诸成员之得出过程中）是这样一个理念，尽管它在理性的

① “思维的自然”和“物体性的自然”原文分别为“die denkende Natur”和“die körperliche Natur”。前一段话中提到的“精神性的自然”原文为“die geistige Natur”。

经验使用中从来不能完全地实现出来，但它的确起到了一条规则的作用，该规则指导着我们联系着这些序列应当如何行事，即在对给定的显象做出解释时（在回溯或者上升时）我们应当这样行事，**好像**相关的序列就其本身来说是无穷的，也即我们应当 in indefinitum（不定地）进行下去。不过，在理性本身被看成决定性原因的情形中（在自由那里），进而在实践原理的情况下，我们应当这样行事，好像我们面对的不是一个感觉能力的对象，而是一个纯粹知性的对象，在此诸条件不再能够被置于诸显象的序列之中，而是可以被置于其外，而诸状态的序列可以被这样地看待，**好像**它被绝对地（经由一个理知原因）肇始了。这一切均证明了：诸宇宙论理念不过是调节性原理，它们远没有好比说构成性地设定一个由这样一些序列构成的现实的总体。至于其他相关的一切，人们均可以在关于纯粹理性的二律背反的章节中属于它们的位置之上找到它们。

纯粹理性的第三个理念是关于**上帝**的理性概念。这个理念包含着一个关于这样一种存在物的单纯相对的假定，它构成了所有宇宙论序列的唯一的且十足的原因。[B714/A686]我们没有哪怕是一丁点儿根据绝对地假定这个理念的对象（**就其本身假设它**）。因为，如果不是世界，还有什么能够使得我们有能力——或者仅仅让我们有权利——基于其单纯的概念本身便相信或断定一个具有最高的完善性的存在物，而且让我们相信或断定它从本性上说就是绝对地必然的？正是联系着世界，这个假设才可能是必然的。在此，事情显而易见是这样的：关于这种存在物的这个理念，正如所有思辨的理念一样，想要说出的东西只是这点，即理性责令人们要根据关于一种系统的统一性的原理考察世界的一切联结，因此，

好像它们全都源自这样一个唯一的囊括一切的存在物一样，这一存在物构成了至上的且十足的原因。由此下面这点也变得清楚了：理性在此的意图仅仅可能在于在扩展自己的经验使用过程中自己所遵循的那条形式规则，而从来不可能在于**向经验的使用的所有界限之外的**扩展，因此，没有任何关于理性的指向可能经验的使用的构成性原理隐藏在这个理念之下。

这种仅仅基于理性概念的最高的形式的统一性就是事物的**合目的的**统一性。理性的**思辨的**兴趣使得人们必然这样来看待世界中的一切安排，好像它们均源于某个最高的理性的意图。因为这样一条原理为[B715/A687]应用于经验领域之上的我们的理性展示了一种涉及如下事情的全新的前景，即按照目的论法则联结世界中的诸事物，并由此而达到诸事物的最大的系统的统一性。因此，关于一个作为世界整体的唯一的原因的至上理智物的预设（不过，当然仅仅是在理念之中）总是有益于理性的，而从来不会对其带来伤害。因为，如果我们联系着地球的形状（圆形，尽管有些扁平）*、山脉的形状、海洋的形状等等先行假定了一个创造者的纯然智慧的意图，那么我们就能够以这样的方式做出大量的发现。如果我们只是将这个预设作为一条单纯**调节性的**原理而坚守它，那么即便出现错误也不能对我们造成危害。因为相关的错误充其量只能导致如下结果：在

---

* 对于球形的地球形状所带来的好处，大家都已经知道了。但是，很少有人知道如下这点，即只有地球作为一个球体所拥有的扁平率才阻止了发生下面这样的事情：陆地的凸起或者还有或许是由地震引起的较小的山脉让地轴在不是很长的时间内连续地发生可观的位移——如果地球在赤道上的隆起不是这样一座如此巨大的山脉的话，所有其他山脉的推力从来不能让这个山脉相对于地轴发生显著的位移。然而，人们却毫不犹豫地根据地球曾经的液态团块的平衡状态来解释这种聪明的安排。

我们期待一个目的论关联（nexus finalis［目的因联系］）的地方，我们只是遇到了一个单纯机械的或者物理的关联（nexus effectivus［效力因联系］）。［B716/A688］在这样一种情形中，我们由此只是缺失了又一个统一性，但是并没有毁掉理性的经验使用中的理性统一性。不过，甚至于这个挫败也根本不能影响到这条拥有普遍的、目的论意图的法则本身。因为，尽管一个解剖学家在如下情况下可能被证实犯了一个错误，即他将一个动物的身体的某个部分关联到一个目的，而对这个身体部分人们能够清楚地证明，它并不是这个目的的结果，但是根据一种情形**证明**如下结论是完全不可能的：一种自然的布置——无论它是什么样的——根本没有任何目的。正因如此，（医生们的）生理学也通过仅仅由纯粹理性引入的一条原则而拓展了其关于有机的身体的构造的目的的非常有限的经验的知识。这种拓展来得如此深远，以至于人们在此毫无顾忌地做出了这样的假定（所有明智的人都一致同意这个假定）：动物身上的任何东西都是有用处的并且是有着很好的意图的。如果这个预设应当是构成性的，那么它走得便比迄今为止人们所做的观察所能够授权的范围更远。于是，由此人们看出，它只不过是一条调节性原理，以便让人们借助于关于至上的世界原因的合目的的因致性的理念达到最高的、系统的统一性（而且，这个作为最高的理智物的至上的世界原因根据最为智慧的意图**好像**构成了一切事物之原因）。

［B717/A689］但是，如果我们放弃这种限制，即将理念限制在单纯调节性的使用之上，那么理性就会以多种多样的方式受到误导，因为，在这种情况下理性便离开了这样的经验的基地，它必定终究包含着理性的进程的标记，并且敢于越过这个基地而来到不可

把握且不可探究的事项那里。但是，在这样的事项的高度之上，理性必定会感到眩晕，因为从这样的事项的立足点之上它看到自己与所有与经验一致的使用的联系全都被切断了。

如果人们不是仅仅调节性地使用关于最高的存在物的理念，而是构成性地使用它（这样的做法有违一个理念的本性），那么由此会产生的第一个错误是所谓懒惰的理性（ignava ratio）。* 人们可以如此地称呼每一条这样的原则，它造成了如下结果：人们将他们的自然研究——无论这种研究是在自然的哪个方面进行的——［B718/A690］看成是绝对地完成了的，因而理性让自己就寝了，好像它已经完全地完成了自己的事务一样。因此，如果心理学理念被用作解释我们的灵魂的诸显象的构成性原理，并且接着甚至于被用来将我们关于这个主体的认识进一步扩展到一切经验之外（即我们的灵魂在死后的状态），那么，尽管心理学理念会让事情对理性来说变得很是惬意，但是同时它也完全毁坏和毁灭了理性之遵照经验的指导的一切自然的使用。因此，独断的精神论者根据思维实体的统一性——他们相信他们在我之中直接地知觉到了这种统一性——解释历经一切状态的变易而不变地存在着的人格统一性；而且，他们根据对于我们的思维着的主体的非物质性的本性的意识来解释我们对于这样一些事项的兴趣，它们只应该在我们死后才会发生，等等。因此，他们免除了自己的这样的任务，即要从自然的解释根据

* 古代的辩证论者就是如此命名下面这种欺骗性的推理的：如果是命运导致如下这点的，即你终将摆脱这种疾病，恢复健康，那么无论你是否请了一个医生，这样的事情都会发生。西塞罗说道：这种推理是从下面这点获得其名称的，即如果人们遵从它，那么在生活中便没有理性的用武之地了。这点也是我为什么用这个名称命名纯粹理性的诡辩的论证的原因。

出发对我们的这些内部显象的原因进行全面的自然的研究，因为他们好像是由于某个超验的理性的强令而略过了经验的内在的认识来源——他们之所以这样做是出于惬意的考虑，但是他们因此而丧失了所有洞见。这种有害的后果在我们关于某种最高的理智物的理念所涉及的那种独断论以及错误地奠基于这种独断论上的关于自然的神学系统（自然〔B719/A691〕神学）那里更加清晰可见。因为，在那里所有在自然中显示出来的、常常仅仅是由我们自己为此制造出来的目的是用来让事情在对诸原因的探究过程中对我们来说变得十分惬意的，即不是在关于物质的机制的普遍法则中寻找这些原因，而是直接求助于最高智慧的玄妙莫测的意旨，并且接着将理性的努力看作完成了。但是，实际上，此时人们只是免除了自己对于理性的这样的使用，它确实只有在这样的地方才找到了一条线索，在那里自然的秩序和诸变化的序列按照自然的内在的且普遍的法则为我们提供了该线索。我们可以通过如下方式避免这种错误，即不是从目的的视角仅仅考察一些自然部分，比如陆地的分布和结构、山脉的特征和位置，甚至于仅仅考察植物界和动物界的组织，而是相反，联系着关于某种最高的理智物的理念让自然的这种系统的统一性变得**十分普遍**。因为，在这样的情况下我们将一种依据普遍的自然法则的合目的性置于基础的地位（任何特殊的布置均没有构成这些法则的例外情形，它们仅仅是以在这方面或大或小程度上让我们可以识别的方式被这些法则给标明出来了），并且拥有了一条关于某种目的论联结的系统的统一性的调节性原理。不过，我们不应该预先决定好了这种系统的统一性，相反，我们只是应当在期待着它的〔B720/A692〕过程中按照普遍的法则追踪那种物理的、机械的联结。因为，只有以这样的方式合目的的统一性原理才能总是联系着经验扩展理性的使用，而在任何情况下均不会损害它。

对上面提到的系统的统一性原理的误解所导致的第二种错误是颠倒的理性（perversa ratio, ὕστερον πρότερον rationis［理性的前后颠倒］）的错误。关于系统的统一性的理念只应当服务于如下目的，即作为调节性原理，让人们依据普遍的自然法则在诸事物的连接中寻找该统一性，而且在人们在经验的道路上可以遇到该统一性中的一些东西范围内，让他们相信，他们已经接近了该理念的使用的完全性，尽管他们自然从来不会达到这种完全性。但是，人们却不这样做，而是反其道而行之，一开始便将合目的的统一性原理的现实性作为实体性的东西[①]置于基础的地位，并以拟人论的方式规定这样一个最高的理智物的概念（因为就其本身来说该概念是完全不可探究的），并且接着将目的粗暴地、专横地强加给自然，而不是采取这样的适当的做法，即在物理探究的道路上去寻找目的。人们的这种做法导致了这样的结果，即目的论现在致力于消除自然统一性（事实上，目的论本来应该仅仅服务于如下目的：依据普遍法则对自然统一性做出补充）［B721/A693］；而且[②]，此外理性自己也因此而丧失了其目的，即根据这些法则从自然那里证明这样一种理智的至上原因的存在。因为，如果我们不能在自然中先天地预设最高的合目的性，即不能将其作为适合于自然之本质的东西而预设下来，那么这时我们将如何被指示去寻

① “作为实体性的东西”原文为“als hypostatisch”。Erdman 认为“als hypostatisch”当作“als Ursache hypostatisch”（作为原因实体性地），Valentiner 认为当作“als hypostatische Ursache”（作为实体性的原因）。

② “而且”（und）原作“相反”（sondern）。据 Grillo 的建议改正。

找它，并且在合目的性的阶梯上接近创造者的最高的完善性——作为绝对地必然的进而可以先天地加以认识的完善性？调节性原理要求人们将系统的统一性作为这样的**自然统一性**绝对地（进而作为得自于事物的本质的东西）预设下来，它并非仅仅是经验地被认识到了，相反，它先天地——尽管还是不确定地——被预设下来了。但是，如果我事先以一个最高的、进行着排序的存在物为基础，那么自然统一性事实上便被取消了。因为，这时它便完全外在于事物的本性了，是偶然的，也不能从普遍的自然法则那里被认识到。因此，在证明中便出现了一个错误的循环，因为人们预设了真正说来应该被证明的东西。

将关于自然的系统的统一性的调节性原理当成一条构成性原理，并且将只是在理念中被当作理性的一致的使用的基础的东西当作原因而实体性地[①]预设下来，［B722/A694］这样的做法只是意味着要让理性陷于混乱之中。自然的研究仅仅沿着自然原因的链条、根据普遍的自然法则按照常规进行着。在此过程中，自然的研究虽然遵循着创造者的理念，但是它之所以这样做，并不是为了从创造者那里推导出它处处都在追踪的那种合目的性，而是为了从这种合目的性中认识创造者的存在，进而是为了认识到创造者的存在是绝对必然的，因为这种合目的性是在诸自然物的本质中被寻找的，而且在可能的情况下也是在所有泛而言之的事物的本质中被寻找的[②]。无论我们是否能成功地认识到创造者的存在是绝对必然的这点，该理念

---

① “实体性地”（即将……作为一个实体）原文为“hypostatisch”。

② 这句话后半部分原文是这样的：“dieser Zweckmäßigkeit, die in den Wesen der Naturdinge gesucht wird, womöglich auch in den Wesen aller Dinge überhaupt”。Hartenstein 认为“den Wesen”（诸存在物）当作“dem Wesen”（本质）。中译文据此译出。

总是正当的，而且只要该理念的使用被限制在单纯调节性的原理的诸条件之上，那么该理念的使用同样也是正当的。

完全的合目的统一性就是（绝对地看待的）完善性。如果我们没有在那些构成了经验的全部对象（也即我们的一切客观地有效的知识的全部对象）的事物的本质之中进而没有在普遍的且必然的自然法则之中发现这种统一性，那么我们如何想要由此而径直推导出关于原初存在物的最高的且绝对地必然的完善性的理念（原初存在物是一切因致性的源泉）？最大的、系统的统一性进而合目的的统一性是人类理性的学校，甚至于构成了人类理性的最大的使用的可能性的基础。因此，这种统一性的理念与［B723/A695］我们的理性的本质密不可分。因此，恰恰这同一个理念对于我们来说是立法性的。这样，人们自然而然地会假定一个与该理念相应的立法的理性（intellectus archetypus［原型理智］），自然的一切系统的统一性均要从这个作为我们的理性的对象的立法的理性推导出来。

我们在讨论纯粹理性的二律背反时说道：纯粹理性所提供的所有问题都必定是绝对地可以回答的，而且借口我们的认识的限度而做出的辩解是不能被允许的（尽管此种辩解在许多关于事物的本性的问题中既是不可避免的，也是适当的），因为在此向我们提出问题的事项并不是事物的本性，而仅仅是理性的本性，而且所提出的问题仅仅是关于理性的内在的布置的。现在，我们可以联系着纯粹理性最感兴趣的两个问题[①] 证实一下这个初看起来十分大胆的断言，

① 康德在此所提到的“两个问题”或者指接下来的段落中所讨论的前两个问题，或者也可能指他一直在讨论的如下两个问题：灵魂是否是不死的？上帝是否存在？（参见 Pluhar [tr.] 1996: 657。）

并借此圆满地结束我们对于纯粹理性的辩证论的考察。

于是，首先，如果人们（就先验神学）* 提出这样的问题：是否存在着这样的某种 [B724/A696] 不同于世界的东西，它依据普遍的法则而包含着世界秩序以及世界的关联的根据？那么回答是这样的：**事情毫无疑问是这样的**。因为，世界就是诸显象的总和，因此必定存在着这些显象的某种先验的即仅仅对于纯粹知性来说可以思维的根据。其次，如果人们的问题是这样的：这种存在物是否是实体、是否具有最大的实在性、是否是必然的等等？那么对此我的回答是这样的：**这样的问题根本就没有任何意指**。因为，我试图借以为我自己形成关于这样一个对象的概念的所有范畴都仅仅具有经验的使用，而且，如果它们不是被应用到可能经验的对象之上，即不是被应用到感性世界之上，那么它们根本不具有任何意义。在这个领域之外，它们只不过是诸概念的名号，尽管我们可以承认这些名号，但是由此我们并没有理解任何东西。最后，如果问题是这样的：我们是否至少可以**按照**与经验对象的**类比**思维这个与世界不同的存在物？那么回答是这样的：**我们的确可以这样做**——不过，只是在将它当作理念中的对象 [B725/A697] 而非实在中的对象时，即只是在该对象构成了世界的布置的系统的统一性、秩序和合目的性的一个不为我们所知的基质范围内（理性自己必须将这样的统一性、秩序和合目的性变成其自然研究的

---

* 我在前文就心理学理念及其真正的使命 [B724/A696] ——作为关于理性的单纯调节性使用的原理——所说的话免除了我的如下任务，即特别地详尽阐释这样的先验错觉，按照它那种关于内感能力的一切杂多性的系统的统一性被实体性地加以表象了。此处的程序非常类似于此批判联系着神学的理想所遵循的那种程序。

调节性原理)。而且,我们可以无所畏惧地且不受苛责地允许在这个理念中包含某些拟人化的东西,而这些东西对于所提到的调节性原理来说是有促进作用的。因为,在此所存在的总归只是这样一个理念,它根本没有被直接地关联到一个与世界不同的存在物,而是被直接地关联到那条关于世界的系统的统一性的调节性原理——这样的关联仅仅是借助于该统一性的一种图式做出的,即仅仅是借助于这样一个至上的理智物做出的,它根据智慧的意图构成了世界的创造者。我们经由这个理念所思维的东西不应当是世界统一性的这种原初根据[①]就其本身来说所是的东西,而应当是我们使用该原初根据(或者更准确地说,其理念)的那种方式(相对于理性之联系着世界中的诸事物的系统的使用而言)。

但是,以这样的方式我们终究**能够**(人们将继续这样追问)假定一个唯一的、智慧而全能的世界创造者吗?**毫无疑问,我们可以这样做**。而且,不止于此,我们还**必须**预设这样一个创造者。那么,在这种情况下,我们终究将我们的知识扩展到了可能经验的领域之外了吗?**绝对没有**。因为,我们只是预设了这样的某种东西,关于[B726/A698]它,就它本身所是的东西(一个单纯先验的对象),我们根本没有任何概念。不过,联系着世界大厦的系统的且合目的的秩序(当我们研究自然时,我们必须预设这样的秩序),我们只是**按照**与某个理智物(一个经验概念)的**类比**而思维了那个不为我们所知的存在物,即联系着基于该存在物的目的和完善性恰恰将这样一些性质赋予它,根据我们的理性的诸条件它们可能包含着这样

---

① 在A版原版(和科学院版)中的"原初根据"(Urgrund)在B版原版中作"无根据性"(Ungrund)。

一种系统的统一性的根据。因此，这个理念**相对于**我们的理性的**世界使用**[①]是完全有根据的。但是，如果我们想要将客观的有效性绝对地给予该理念，那么我们便忘记了下面这点：我们所思维的仅仅是理念中的存在物。而且，由于在这种情况下我们是从一个经由这样的世界考察完全无法确定的根据出发的，因此，我们由此便没有能力以适合于理性的经验的使用的方式应用这条原理了。

但是，（人们会进一步追问）以这样的方式我终究能够在对世界进行理性的考察时使用关于一个最高的存在物的概念和预设吗？是的，真正说来，也正是为了这个目的这个理念被理性置于基础的地位的。不过，现在我可以通过如下方式将类似于目的的诸多安排看作意图吗？——［B727/A699］即将它们从神性意志中推导出来，尽管为此我要借助于世界中目的为这样的安排的独特的装置？是的，你们也可以这样做，但是要以这样的方式这样做，以至于对于你们来说下面两种说法必定具有相同的效力：“神性智慧是为了其[②]至上的目的而如此地安排一切事情的”；或者，“最高的智慧的理念是自然研究中的一项调节性因素[③]，并且是关于自然根据普遍的自然法则而来的系统的且合目的的统一性的原理——即便是在我们没有察觉到这种统一性的地方”。这也就是说，在你们

---

① “我们的理性的世界使用”（Weltgebrauch unserer Vernunft）意即我们的理性在世界之内的使用。

② “其”原文为“ihren”。在 A 版和 B 版原版中“ihren”作“seinen”。前者指代前面的“die göttliche Weisheit”（神性智慧），后者指代的当是“Gott”（上帝），但是，前面并没有出现“Gott”一词。因此，Erdmann 认为当作“ihren”。科学院版接受了此建议。

③ “一项调节性因素”原文为“ein Regulativ”。

知觉到了该统一性的地方，如下两种说法对于你们来说必定是完全一样的："上帝富有智慧地意欲事情是这样的"；或者，"自然富有智慧地将事情做了如此的安排"。因为，这样的最大的、系统的且合目的的统一性——你们的理性要求你们将其当作调节性原理置于一切自然研究的基础的地位——恰恰就是那种授权你们将关于某种最高的理智物的理念当作该调节性原理的一个图式而置于基础的地位的东西。你们现在根据这种图式在世界中在多大范围内遇到了合目的性，你们也在同样的范围内拥有了对于你们的理念的合法性的证实。但是，由于所提到的那个原理的意图仅仅在于寻找必然的且最大可能的自然统一性，因此，尽管在我们达到了这种统一性的范围内我们将不得不将其归功于某种最高的存在物的理念，但是我们不可能在没有与我们自己发生矛盾的情况下绕开普遍的自然法则（因为仅仅是联系着普遍的自然法则该理念才被置于基础的地位），〔B728/A700〕来将自然的这种合目的性看作偶然的并且从其来源上看作是超自然的。因为，我们没有权利在自然之上[①]假定一个具有所提到的那些性质的存在物，相反，我们仅仅有权利将关于这样的存在物的理念置于基础的地位，以便根据与一种因果决定的类比而将诸显象看成是彼此系统地联系在一起的[②]。

---

① "在自然之上"原文为"über der Natur"。在A版和B版原版中"der"作"die"，据Rosenkranz的意见改正。

② 此句最后这部分原文是这样的："um nach der Analogie einer Kausalbestimmung der Erscheinungen als systematisch untereinander verknüpft anzusehen"（以便根据与对诸显象的一种因果决定的类比而将〔……〕看成是彼此系统地联系在一起的）。显然，按照现有形式，此表述缺少宾语。Hartenstein认为"der Erscheinungen"当作"die Erscheinungen"。科学院版据此改正，中译文据此译出。

因此，我们也有权利这样做：不仅根据一种精微的拟人论在理念中思维世界原因（在不考虑拟人论的情况下，我们无法就它[①]思维任何东西）——即将其思维成这样一种存在物，它拥有知性、喜欢和不喜欢感受[②]，同样还有一种与这些东西相匹配的欲求和意志等等——而且赋予该存在物以无穷的完善性，因此这样的完善性远远超过了我们经由关于世界秩序的经验的知识而能够有权利赋予该存在物的那种完善性。因为，关于系统的统一性的调节性法则想要我们这样来研究自然：**好像**处处——直到无穷——均会出现系统的且合目的的统一性，尽管同时我们也面对着最大可能的杂多性。这点又是因为，尽管我们只是会研究出或者说将达到这样的世界完善性[③]中的些许内容，但是我们还是要到处去寻找并且猜测这样的完善性这点确实属于我们的理性的立法，而且根据这条原［B729/A701］理对自然进行考察这样的事情对于我们来说总是有利的，而从来不可能是有害的。不过，在这种关于某个最高的创造者的理念的构想之中（我们要将这个理念置于基础的地位）[④]，下面这点也是显而易见的：我并不是在将关于这样一种存在物的存在和知识置于基础的地位，而仅仅是在将关于该存在物的理念置于基础的地位，因此，真正说来，我并没有从这种存在物推导

---

① “它”原文为“ihm”。“ihm”指代的当是前一段话中谈论的“das höchste Wesen”（最高的存在物）。Wille 认为“ihm”当作“ihr”，指代这句话前面的“Weltursache”（世界原因）。

② “喜欢和不喜欢”原文为“Wohlgefallen und Mißfallen”。

③ “世界完善性”原文为“Weltvollkommenheit”。

④ 此部分原文是这样的：“unter dieser Vorstellung, der zum Grunde gelegten Idee eines höchsten Urhebers”。科学院版删除了“Vorstellung, der zum Grunde”中的逗号。

出任何东西，而仅仅是从关于该存在物的理念推导出一些东西，即根据这样一个理念从世界中的诸事物的本性推导出了一些东西。对于我们的这个理性概念的真实的使用的某种意识（尽管该意识未获得展开）似乎诱发了所有时代的哲学家们的谦虚的且适当的语言，因为他们把自然的智慧和操心与神性的智慧说成是同义的表达式，甚至于更为偏爱第一个表达式（在所涉及的仅仅是思辨理性范围内）——因为该表达式制止了这样一种断言的狂妄要求，这一断言要比我们有资格做出的断言更为宏大，而且同时让理性返回到其专属的领域，即自然。

因此，纯粹理性一开始时似乎向我们保证要提供至少这样的事项，即将知识扩展到经验的一切界限之外。但是，当我们正确地理解了纯粹理性时，它所包含的东西不过是这样一些调节性原理，它们虽然要求一种比知性的经验使用所能达到的统一性更大程度的统一性，但它们恰恰通过这样的方式，即将知性的经验使用要接近的目标向外移动了那么远，［B730/A702］经由系统的统一性而将知性的经验的使用与其自身的协调一致带到了最高的程度。但是，如果人们误解了这些调节性原理，并且将它们当成关于超验的知识的构成性原理，那么它们便会通过一种耀眼而欺骗人的假象引起说服和想象的知识，但由此也引起永恒的矛盾和争论。

* * *

因此，人类的一切认识均始自直观，从那里来到概念，并且结束于理念。尽管人类的认识联系着这三种要素来说均拥有这样一些先天的认识来源，它们初看起来似乎蔑视一切经验的界限，但是，一种完成了的批判让我们确信：任何理性在其思辨的使用中均不能通过这些要素走出可能经验的领域；而且，这种至上的认识能力的真正的使命就在于仅仅使用理性的一切方法和原则，以便按照关于统一性的所有可能的原理（在其中关于目的的统一性是最为重要的统一性）追究自然，一直追究到自然的最内部的地方，但是从来不飞越到其界限之外——**对于我们来说**，在这样的界限之外只有空洞的空间。我们在先验分析论中对于所有这样的命题——它们能够将我们的认［B731/A703］识扩展到现实的经验以外——所进行的批判的研究已经足够地让人们信服下面这点：它们只能导致可能的经验，而从来不能导致比可能的经验更多的东西。而且，如果人们没有对于甚至最为清晰的、[①] 抽象而普遍的学说充满了不信任，如果迷人的且似是而非的前景没有诱惑我们摆脱那些学说的束缚，那么我们的确可以免除对所有辩证的证人的费力的考问（某种超验的理性为了满足其过分的要求的目的而让这些证人出场作证），因为我们事先就已经完全确实地知道了这点：这些证人的一切断言尽管或许是真诚地做出的，但是必定是绝对地无效的，因为它们涉及一种从来没有人能够得到的信息。但是，尽管如此，由于这点，即如果我们不深入到这样的假象的真正的原因之后，最为理性的人甚至于也会被它欺骗，那么相关的言论便会没完没了，而且将我们所有超验的知识均消解成其要素这样的事情（作为对于我们的内在本性的一种研究）不仅就其本身来说就具有非同小可的价值，对于哲学家们来说甚至于构成

① A 版此处加上了“或者”字样。

了义务，因此，我们不仅有必要深究思辨理性的这番完整的、尽管是无用的操作，直到其最初的来源为止，而且，因为此处的辩证的假象不仅依据我们给出的判决是欺骗性的，而且〔B732/A704〕从人们在此对判决所表现出的兴趣来看它是诱人的，并且因为它总是自然而然的且在将来的任何时间它会依旧如此，所以，在此如下做法是可取的：详尽地撰写这个〔审判〕程序的档案，并且将其保存在人类理性的档案馆内，以便防止将来出现类似的错误。

下编　先验方法论

[B735/A707] 如果我像看待这样一座建筑物那样——我们至少在我们之内拥有关于该建筑物的理念——看待纯粹的且思辨的理性的一切知识之全体，那么我便可以说，我们在先验要素论中估算了我们的建筑材料，并且确定了这些材料足够用以建起什么样的建筑物——多么高和多么坚固的建筑物。当然，事实最后表明事情是这样的：尽管我们原本想着要建起一座应当直入云霄的高塔，但是我们的材料的存货却只够用来建起这样一所住宅，对于我们在经验的地面上的诸多事务来说，它是恰如其分地宽敞的，而且其高度也足以让人对这些事务一览无余；然而，那种勇敢的举动[①]必定会因为缺少材料而失败——在此我们甚至于还没有算上这样的语言混乱，它不可避免地让工人们就相关的规划产生不一致，并且必然让他们分散到世界各处，让每个人都按照自己的设计独立地建造住宅。[②]现在，我们所关心的与其说是建筑材料，不如说是规划，而且，由于我们被警告不要按照这样一种随意的、盲目的设计——它或许超出了我们的全部能力——冒险搞建筑，尽管如此，我们肯定还是不能放弃建立起一座稳固的住所这样的事务，因此，我们要对比着给予我们的并且同时也适合我们的需求的存货来制定我们的建筑规划。

因此，我将先验方法论理解为对纯粹理性的 [B736/A708] 完全的

---

① 指前面提到的建起一座直入云霄的高塔的活动。

② 康德在此借用了《圣经·旧约·创世记》(11: 1–9)中关于巴别塔(der Turm zu Babel)的故事。

系统的诸形式条件的确定。本着这样的意图，我们将依次处理纯粹理性的**训导**、纯粹理性的**范则**、纯粹理性的**建筑术**、最后还有纯粹理性的**历史**。我们将从先验的方面完成人们在学院中以**实践逻辑**的名义联系着泛而言之的知性的使用所追寻的那种东西。① 在学院中人们在这方面做得非常差，这是因为，既然普通逻辑没有被限制在任何特定种类的知性知识之上（比如没有被限制在纯粹的知性知识之上），也没有被限制在某些对象之上，在没有从其他科学那里拿来相关知识的情况下它也就只能做到这点，即报告这样一些**可能的方法**的名号和技术表达式，人们在各种科学中联系着系统性都会使用到它们，它们让学徒一开始就知道了一些名字，但是只有在将来他才会了解这些名字的意指和用法。

第一篇 纯粹理性的训导

这样一些否定判断——它们不仅就逻辑形式上来看是否定性的，而且就内容来看也是否定性的——在人类的求知欲那里没有受到任何特别的尊重。人们甚至于会将它们看作我们的永无止息地追求扩展知识的认识欲望的充满妒忌的敌人。［B737/A709］为了让人们容忍它们，我们几乎需要给出一番辩解，而为了让人们给予它

① 康德在此讨论的是沃尔夫学派逻辑学家 Georg Meier 所理解的实践逻辑（die praktische Logik），请参见后者的著作：*Auszug aus der Vernunftlehre*, Halle, 1752, Einleitung, §7（相关段落也载于 Ak 16: 72–73）。按照 Meier 的定义，实践逻辑关心的课题是如何将逻辑规则应用到特殊种类的知识之上。

们以认可和高度的评价，我们更需要这样做。

尽管**从逻辑上说**人们可以以否定的方式表达人们想要给出的所有命题，但是，联系着我们的泛而言之的认识的内容来说——即我们的知识是经由一个判断得到了扩充，还是经由它而受到了限制——否定着的命题具有这样的独特的事务，即仅仅**防止出现错误**。因此，那些应当防止一种错误的认识的否定命题在事实上从来不可能产生错误的地方尽管是真的，但却是空洞的，即根本不适合于其目的，而且正因如此常常显得可笑。——像某个学院演说家的如下命题那样："如果没有战斗部队，那么亚历山大本来没有可能征服任何国家。"

但是，在这样的地方，在那里我们的可能的认识的范围十分狭窄，做出判断的诱惑非常大，暴露出来的假象极具欺骗性，并且因错误而来的害处非常大，指教的**消极方面**——其功用仅仅在于保护我们免于出错——就比许多积极的教导更为重要（经由积极的教导，我们的认识可以得到增长）。人们将这样的**强制**——经由它偏离某些规则的恒常的禀好受到了限制并且最后被根除了——叫作**训导**。训导区别于**化育**——化育只是应当造成一种技巧，而并没有同时去除另一种已经存在的**技巧**。因此，对于这样一种才能的培育来说［B738/A710］——就其自身来说它便已经拥有了一种表露出来的动力——训导将做出一种消极的贡献，* 而化育和学说则会做出一种积

* 我很清楚地知道，在学院语言中人们习惯于等效地使用"**训导**"和"指教"这两个名词。不过，与此种习惯用法相反的是，存在着如此多的不同情形，在那里第一个表达式（作为**管教**）被与第二个表达式（作为**教导**）小心地区别开来，而且，事情的本性本身也要求如下这点，即为这种区别保留那些唯一适当的表达式，以至于我希望事情是这样的：人们从来不会允许在一种与消极的意义不同的意义上使用那个语词[1]。〔[1] 即"训导"。〕

极的贡献。[①]

每个人都能很容易地承认气质在许多方面需要训导，并且这样一些才能（诸如想象力和机智）的情况也是一样的，它们乐于允许自己做出自由的且不受限制的活动。不过，理性本身还需要这样一种训导这点的确显得奇怪，因为，真正说来理性的责任就在于为所有其他的努力指定训导，而且，事实上理性之所以迄今为止都逃避了这样一种屈辱，其原因恰恰在于这点：面对着理性出场时所带有的那种庄严和彻底的体面，没有人会轻易地突然怀疑它在玩一场轻浮的游戏：不使用概念而玩弄想象，不研究事物而玩弄语词。

我们不需要对经验使用中的理性进行批判，因为这样的理性的原则在经[B739/A711]验的试金石上经受了不间断的检验。同样，在数学中理性的批判也是不需要的，因为数学的概念必定在纯粹直观之上立即被具体地加以表现了，而且每个没有根据的且任意的事项由此立马会变得昭然若揭。但是，在既没有经验直观也没有纯粹直观让理性保持在可见的轨道之上的地方，即在其依据单纯概念的先验的使用中，理性如此地需要这样一种训导，这种训导抑制了理性欲扩展到可能经验的狭窄范围之外的禀好，并且阻止了理性的放纵和错误，以至于甚而关于纯粹理性的整个哲学都仅仅与这种消极的用处有关。个别的迷失可以经由**审查**得到纠正，而导致这些迷失的原因可以经由批判而被去除。但是，在像纯粹理性这样的地方——在此人们遇到了一个由众多这样的错觉和幻象构成

① 这段话及其注释中出现的"强制"、"训导"、"指教"、"管教"、"教导"等词原文分别为"Zwang"、"Disziplin"、"Unterweisung"、"Zucht"、"Belehrung"，"化育"和"培育"原文分别为"Kultur"和"Bildung"（通常译作"教化"）。按照康德相关的表述不难看出，所谓指教包含训导和教导。

的整个系统，它们彼此很好地联系在一起并且被联合在共同的原理之下——一种全然独立的且消极的立法似乎是需要的，它在一种**训导**的名义之下根据理性的本性及其纯粹使用的对象的本性建立起了一个可以说关于小心和自检的系统。在这样的系统面前，没有任何错误的理性诡辩的假象能够存在下去，相反，这样的假象必定会立即自我暴露出来——不管人们提供了什么样的根据对其进行粉饰。

[B740/A712]不过，我们要注意这点：在先验批判的这第二个主要部分中我不是将纯粹理性的训导指向源自纯粹理性的认识的内容，而是仅仅将其指向该认识的方法。我们已经在要素论中给出了针对源自纯粹理性的认识的内容的纯粹理性的训导。但是，无论理性的使用可能被应用到了哪种对象之上，该使用都具有如此多的相似性，而且在它应当是先验的范围内，它同时如此根本地区别于所有其他的使用，以至于在没有关于一种目的特别地在于该使用的训导的警告性的消极学说的情况下，这样一些错误——它们必定源自对于这样一些方法的一种不适当的遵循，它们虽然在其他地方适合于理性，但在这里并不适合于它——将是不可避免的。

第一章　独断的使用中的纯粹理性的训导

数学提供了关于一种不借助于经验、幸运地自动扩展着自身的纯粹理性的极好的例子。例子具有传染性，特别是对于这样的同一种能力来说，它自然而然地自诩在其他情形中拥有它在一种情形中所享有的那种运气。因此，纯粹理性希望，[B741/A713]如果它在先验的使用中出色地应用那种在数学的使用中具有显而易见的用处的方法，那么，像它在数学的使用中成功地做到的那样，在先验的使用中它也能够恰好同样幸运地且彻底地扩展自身。于是，知道下面这点对于我们来说是非常重要的：达到绝然的确实性的这种方法——在后面这种科学中它被叫作**数学的**方法——是否与这样一种方法是一回事儿，在哲学中人们试图利用它追求相同的确实性，并且在那里它必须被叫作**独断的**方法。

哲学知识是源自**概念的理性知识**，数学知识是源自概念的**构造的理性知识**。但是，**构造**一个概念意味着这点：先天地表现与其相应的直观[①]。于是，对于一个概念的构造来说一个**非经验的**直观是需要的。因此，这个非经验的直观作为直观是一个**个别的**对象，但是，尽管如此，作为一个概念（一个一般的表象）的构造，它必定在表象中表达出相对于所有属于该概念的可能的直观的普遍有效性。因此，我通过表现那个与三角形概念相应的对象的方式构造一个三角形——这种表现或者是经由单纯的想象在纯粹直观中进行的，或者是按照这种想象在纸上、在经验直观中进行的，但是在两种情形中它都是完全先天地进行的，而没有从某种经验中借取相关的范例。个别的、在某个地方画出的图形是[B742/A714]经验性的，但是仍然是用来以一种无损于这个概念的一般性的方式表达该概念的，因为在这种经验直观中我们所关注的始终仅仅是构造这样的概

---

① 此句原文是这样的："Einen Begriff aber *konstruieren*, heißt: die ihm korrespondierende Anschauung a priori darstellen"。"darstellen"也可以译作"展示，展现，呈现"。

念的行动，对于它来说众多的规定性，比如边和角的量，是完全无所谓的，因此，在此我们抽掉了这些不改变三角形概念的差异。

因此，哲学知识只是在普遍的事项中考察特殊的事项。与此相反，数学知识则在特殊的事项中甚至于在个别的事项中考察普遍的事项，不过，它还是先天地且借助于理性进行这样的考察的，结果，正如这个个别的事项在某些普遍的构造条件之下被规定了一样，这样的概念的对象——这个个别的东西只是作为其图式对应着它——必定被思维成得到了一般性的规定。

因此，这两种理性知识的本质区别在于这种形式，而并非取决于它们的材料或者对象。那些以为可以通过如下方式将哲学与数学区别开的人实际上是将结果当成原因了：对哲学说它仅仅以**性质**为对象，而对数学说它只是以**数量**为对象。数学知识的形式是如下事实的原因：数学知识只能处理量。因为，只有量的概念才可以被构造出来，即只有它才可以先天地在直观中被展示出来，而性［B743/A715］质则只能在经验直观中而不能在任何其他直观中被表现出来[①]。于是，关于性质的理性知识只有经由概念才是可能的。因此，没有人能够从其他地方而只能从经验中获取相应于实在概念的直观，人们从来不能先天地从其自身并且在经验意识之前就享有这样的直观。就圆锥形状来说，在没有任何经验的辅助手段的情况下仅仅根据该概念人们便能够让它变成直观性的，但是这

① 此句原文是这样的："Denn nur der Begriff von Größen läßt sich konstruieren, d. i. a priori in der Anschauung darlegen, Qualitäten aber lassen sich in keiner anderen als empirischen Anschauung darstellen"。通过与前一注释中的引文的比较，不难看出康德在此是在相同的意义上使用"darlegen"和"darstellen"这两个语词的。请注意，此句前一句中的"量"原文为"quanta"，从上下文看，"quanta"当作"Größen"。

个锥形物体的颜色则必须在一种或另一种经验中事先被给出来。我不能以任何其他的方式在直观中表现关于某个泛而言之的原因的概念，而只能在经验所提供给我的一个例子上做到这点，等等。此外，正如数学一样，哲学也处理量，比如总体、无穷性等等。数学也研究作为拥有不同的性质的诸空间的线和面之间的区别，研究作为广延的一种性质的广延的连续性。不过，尽管哲学和数学在这些情形中拥有一个共同的对象，但是在哲学和数学的考察中人们经由理性处理该对象的方式确实是完全不同的。哲学仅仅坚守住一般的概念；而数学利用单纯的概念不能做成任何事情，相反，它立即匆忙地来到这样的直观这里，在其中它虽然具体地但却不是经验地考察概念——它只是在〔B744/A716〕一种它先天地表现出来的即构造出来的直观中考察概念，并且在该直观之中那种得自关于构造的普遍条件的东西也必定一般性地适用于被构造的概念的对象。

假定我们给一个哲学家提供一个三角形的概念，并且让他按照他的方式发现该三角形的诸角的和与直角会处于什么样的关系。他现在仅仅有关于这样一个图形的概念——它是由三条直线围成的——以及关于（该图形上的）恰好同样多的角的概念。现在，无论他多么长时间地思考这个概念，他都找不出任何新的东西。他可以分解关于直线的概念、关于一个角的概念、或者关于数三的概念，并且澄清这些概念，但是他不能遇到根本没有出现在这些概念之中的其他性质。不过，假定几何学家来研究这个问题。他会立即开始构造一个三角形。因为，他知道，两个直角加在一起得出的和恰好同于可以从一条直线上同一个点画出的三个邻角加在一起的和，于是他延长他的三角形的一个边，由此得到两个邻角，它们等于两个直角的和。现在，他通过如下方式划分这两个邻角中的那个外邻角，即画出一条与该三角形的相对的边平行的直线。他看到，在此产生了这样一个外邻角，它与一个内角相等，等等。以这样的方式经由一[B745/A717]连串推理——总是在直观的引导下——他达到了对于该问题的总是全然明白易懂的并且同时又是一般性的解决。

但是，数学不仅仅构造作为 quanta 的量，像在几何学中那样，而且构造单纯的量（作为 quantitatem 的量），像在代数学中那样——在此数学完全抽掉了那个应当按照这样一个量的概念而被思维的对象的特性。[①] 于是，数学选取某个表示诸泛而言之的量（数）的所有构造（比如加、减等等，还有求根）的记号，并且在按照诸量的不同的关系而表示了诸量的一般概念之后，它在直观中按照某些普遍的规则表现出所有这样的操作，经由它量被生产出来并且被改变了——在此如果一个量经由另一个量相除了，那么它便根据除法的表示形式而将两个量的符号复合在一起，等等。因此，借助于一种符号构造数学在此到达了这样的地方（正如几何学按照一种［对于对象自身的］明示性的构造或者说几何学的构造所做到的那样），推论式的认识从来不能借助于单纯的概念而到达那里。

我们看到，这两位理性艺术家[②]中的一位依据诸概念从事着其研究事业；而另一位则依据他按照诸概念先天地加以表现的诸直观从事着其研究事业。他们面对的处境是非常不同的。那么，其中的原因会是什么？[B746/A718]根据前面所阐述的先验的基础理论，这个

---

① “quantitatem”为拉丁词，是“quantitas”（数量）的单数宾格形式。关于作为 quanta 的量和作为 quantitatem 的量的区分，请参见前文 B182/A142 和 B202–206/A162–165。

② “理性艺术家”（Vernunftkünstler）在此特指哲学家和数学家。

原因是显而易见的。在此重要的事项不是可以通过单纯的概念分解而生产出来的分析命题（在此方面哲学家毫无疑问拥有超过他的竞争者的优势地位），而是综合命题，而且是那些应当被先天地加以认识的综合命题。因为，我不应该关注我在我的三角形概念中所现实地思维的东西（这样的东西不过就是单纯的定义），相反，我应该走出这个概念，来到那些虽然没有包含在该概念之中但却属于它的性质。现在，这样的事情只有通过如下方式才是可能的，即我或者按照经验直观的条件或者按照纯粹直观的条件规定我的对象。第一种做法仅仅会提供这样一个经验的命题（通过测量该三角形的角的方式），它没有包含任何普遍性，更没有包含必然性，而且在此我们讨论的根本就不是这样的命题。第二种做法是数学的做法，在此更准确地说来它是这样的几何学构造，借助于它我在一个纯粹直观中，正如在经验直观中一样，附加上了杂多的东西，即那种属于一个泛而言之的三角形的图式的东西，进而那种属于其概念的东西。普遍的综合命题确实必须经由这样的做法而被构造出来[①]。

因此，如果我就三角形进行哲学的探讨，即推论式地深思之，那么这样的做法是徒劳的，因为由此我丝毫［B747/A719］不会到达比单纯的定义更远的地方。但是，适当地说来，在此我必须从定义开始我的研究。尽管存在着一种纯粹源自概念的先验的综合（再一次地只有哲学家才成功地做出了这样的综合），但是，这样的综合从来没有涉及比一个泛而言之的事物更多的东西——它涉及关于这样的

① 此句在B版中原文是这样的：“wodurch allerdings allgemeine synthetische Sätze konstruiert werden müssen”。在A版原版中“konstruiert”缺失，因此，全句中译为：“普遍的综合命题确实必须经由这样的做法而形成。”Erdmann认为“konstruiert werden müssen”当作“erkannt werden können”（能够……而被认识到）。

事物的这样的问题：在哪些条件下对于这样的事物的知觉可以属于可能的经验？不过，在数学任务中人们所讨论的问题根本不是关于这点的，而且一般说来也不是关于存在的，而是关于诸对象自身的性质的——仅仅在这些性质与诸对象的概念联系在一起范围内。

在前面提到的例子中，我们只是试图弄清楚下面这点：人们可以在依据概念进行的推论式的理性使用与经由概念的构造而进行的直观的理性使用之间遇到哪种巨大的区别？现在，人们会自然而然地提出这样的问题：使得这样一种双重的理性使用成为必然的原因是什么？在哪些条件之上人们可以认识到这点，即：是只有第一种使用发生了，还是还有第二种使用也发生了？

我们的所有知识终究关联到诸可能的直观，因为只有经由诸直观一个对象才被给出了。现在，一个先天概念（一个非经验的概念）或者已经内在地包含着一种纯粹直观，在这种情况下它便能够被构造出来；或者，它只是包含着这样一些可能的直观的综合，它们并没有被先天地给出，在这种情况下人们或许可以［B748/A720］经由它综合地且先天地做出判断，但是仅仅是根据概念推论式地如此做出判断，而从来不是直观地经由对概念的构造而如此地做出判断。

在一切直观中只有诸显象的单纯的形式即空间和时间是先天地被给出的。一个关于作为定量的空间和时间的概念①或者是可以同时与它们的性质（它们的形状）一起在直观中被先天地表现出来，即被构造出来，或者是仅仅它们的数量（同类的杂多的东西的单纯的综合）可以在直观中经由数被先天地表现出来，即被构造出来。但

---

① “一个关于作为定量的空间和时间的概念”原文为“ein Begriff von diesen, als Quantis”。拉丁词“quantis”为“quantum”的与格复数形式。“quantum”在此特指“延展量”（die extensive Größe）。

是，诸显象的质料——经由质料**诸事物**在空间和时间中被给予我们——只能在知觉中被表象出来，进而只能后天地被表象出来。那个先天地表象诸显象的这一经验内容的唯一的概念是关于**泛而言之的事物**的概念，而且，关于这个事物的先天综合的知识只能提供关于知觉能够后天地提供的东西的综合的单纯的规则，而从来不能先天地提供关于实在的对象的直观，因为这样的直观必定是经验性的。

那些涉及这样一些泛而言之的**事物**的综合命题是先验的，它们的直观根本不能先天地被给出。据此，诸先验的命题从来不能根据概念的构造而只能经由先天概念被给出。它们仅仅包含这样的规则，我们应当根据它经验地追寻那种不能以直观的方式先天地加以表象的东西（诸知觉）的某种综合的统一性。[B749/A721]但是，它们不能在某种情形中先天地表现它们的概念中的任何一个，而只能后天地借助于这样的经验做到这点，这种经验根据那些综合的原则才首先是可能的。

如果人们应该对一个概念综合地做出判断，那么他们必须从这个概念中走出来，而且是走到它由之被给出的直观。因为，如果他们停留在包含于该概念中的东西，那么相关的判断便仅仅是分析的，并且只是根据实际上包含在相关思想之中的东西而对该思想所做出的一种解释。不过，我可以从该概念来到相应于它的纯粹的或经验的直观，以便在这样的直观中具体地斟酌它，并且先天地或者后天地认识那种适合于它的对象的东西。第一个选项给出的是经由对概念的构造而来的理性的且数学的知识，第二个选项给出的是单纯经验的（力学的）知识——这样的知识从来不能提供必然的且绝然的命题。因此，我可以分解我关于黄金的经验概念，但由此我没有得到比这样的事项更多的东西，即我能够列举出我实际在这个语词之下所思维的东西。经由这样的事项，虽然在我的知识中发生了一种逻辑上的改善，但我的知识并没有获得任何增益或者添加。不过，现在，我拿来那种（出现在“黄金”这个名称之下的）物质并且对之进行观察，由此获得这样一些知觉，它们为我提供了各种各样的综［B750/A722］合的但却是经验的命题。我将会构造关于一个三角形的数学概念，即在直观中先天地给出该概念，并且经由这样的方式获得一种综合的且是理性的知识。但是，当关于实在、实体、力等等的先验概念被给予我时，它们既没有表示一个经验直观，也没有表示一个纯粹直观，相反，它们只是表示了诸经验直观的综合（这些经验直观因此是不能被先天地给出的）。因此，从它们不能产生任何规定性的综合命题（因为相关的综合不能先天地走出来并且来到相应于它的直观），而只能产生一条关于诸可能的经验直观的综合*的原则。于是，一个先验命题是一种根据单纯的概念而来的综合的理性知识，因此它是推论式的，因为尽管经由它经验的知识的一切综合的统一性才首先是可能的，但是经由它并没有任何直观被先天地给出来了。

［B751/A723］于是，存在着这样一种双重的理性使用，尽管这两种使用都包含着知识的普遍性及其先天的产生，但是在进展上却大不相同，而且这点是因为，在显象中存在着两个部分（所有对象都是经由显象而被给予我们的）：直观的形式（空间和时间），它可以被完全先天地认识到并且以这样的方式得到规定；以及质料（物理事项）或者内容，该内容意指某种在空间和时间中被遇

---

* 借助于原因概念我事实上从关于一个事件（在此某种事情发生了）的经验概念那里走出来了，但是由此我并没有走到具体地表现了原因概念的直观这里，而是走到了这样一些泛而言之的时间条件，它们可以在经验中依据原因概念而被发现。因此，在此我只是根据诸概念行事的，而不能通过对诸概念的构造行事，因为这个概念是一条关于这样一些知觉的综合的规则，它们不是纯粹直观，因此不能先天地**被给出**。

到的东西，因此它包含着一种存在并且相应于感觉。联系着内容（它只能经验上被确定地给出，而决不能以其他的方式被确定地给出），我们不能先天地拥有其他任何东西，而只能先天地拥有关于诸可能的感觉的综合的不确定的概念——在这些可能的感觉属于（在一个可能的经验之内的）统觉的统一性范围内。联系着直观的形式，我们能够通过这样的方式在直观中先天地规定我们的概念，即在空间和时间中经由齐一的综合为我们自己制作出诸对象自身（我们是通过将诸对象仅仅看成量的方式做到这点的）。前一种使用叫作理性依据概念的使用，在这种使用中我们所能做的事情仅仅是根据实在的内容将诸显象置于诸概念之下，而这些概念由此只能被经验地即后天地加以规定（不过，这种规定是按照那些作为一种经验综合的规则的概念进行的）。后一种使用是理性依据对诸概［B752/A724］念的构造的使用，在这种使用中这些概念已经涉及一种先天的直观，正因如此，它们能够以确定的方式在纯粹直观中被先天地给出来，而且在此过程中没有涉及任何经验的材料。从所有以下这些方面来斟酌任何存在着的事物（空间或者时间中的一个事物），这一切工作均属于源自概念的**理性认识**——这样的认识被叫作**哲学的认识**：这个事物是否是一个量，在多大范围内它是一个量？是一种存在还是其缺失必定在这个事物中被表象了？在多大范围内这个（填充了空间或者时间的）事物是某种第一实体？抑或它是单纯的规定性？在多大范围内它拥有一种从它的存在到某种作为原因或结果的其他的东西的关联？最后，联系着存在，它是孤立的还是处于与其他事物的交互的依赖关系之中？这个事物的存在是否是可能的、是否是现实的、是否是必然的？但是，如下工作则属于经由对诸概念的构造而进行的**理性事务**，并且被叫作**数学的事务**：先天地规定空间中的一个直观（形状），划分时间（延续），或者仅仅认识同一个事项在时间和空间中的综合中的普遍之处以及一个泛而言之的直观的源自这种综合的量（数）。

理性借助于数学所碰到的那种巨大的好运气十分自然地产生了这样的猜测：如果不是数学本身，那么无论如何是其方法，即便在量的领域之外也会获得成功，因为它将它的所有概念均带到了它能够先天地给出的诸直［B753/A725］观那里，并且由此它可以说变成了自然的行家里手；与此相反，纯粹哲学则使用诸推论式的先天概念在自然中马马虎虎地行事，而未能让这些概念的实在性成为先天直观性的，并且恰因如此而没有让该实在性得到认证。此外，对于数学这种艺术中的大师们来说，他们根本不缺少对于自身的这种信心，而且对于普通大众来说，他们也不缺少对于这些大师的娴熟技巧的期待——只要有朝一日这些大师从事起相关的研究。因为，既然他们几乎从来没有就他们的数学进行哲学的思考（一种困难的事务！），那么他们心中也就从来不会想到理性的一种使用与理性的另一种使用的种类上的区别。在他们那里起作用的是他们从普通理性那里借来的通行的并且经验上得到了使用的规则，而不是公理。至于他们所处理的空间和时间概念（作为唯一本源的 quantis［定量］）是从哪里来到他们这里的，这点对于他们来说一点儿也不重要。同样，探究纯粹的知性概念的来源以及由此而来的它们的有效性的范围这样的事情对于他们来说似乎也是没有用处的。对于他们来说，只有使用这些概念才是有用的。在所有这一切事情上他们做得完全正确——只要他们没有逾越指定给他们的那些界限，即**自然**的界限。但是，他们如此不经意地离开了感性的领域而闯入纯粹的甚至于先验的概念的不牢靠的基地之中，在这里地基既不允许他们站立于其上，〔B754/A726〕也不允许他们在其上游泳（instabilis tellus, innabilis unda［无法在其上站立的大地，无法在其中游泳的大海］①），而只允许他们匆忙地迈出几步，而时间没有留下这些步骤的哪怕是一丁点儿痕迹；与此相反，他们在数学中的进展则铺就了这样一条坦途，其最近的后代还能够信心百倍地走在其上。

由于我们让如下事情成为我们的义务，即精确而确实地确定先验使用中的纯粹理性的界限，而〔做出这样的先验使用的〕那种努力自身带有这样的独特之处，即尽管面对着强有力的且清楚明确的警告，做出此等努力的人仍然总是让自己被希望拖住，直到他们完全放弃这样的规划，即欲越过经验的界限而达到理智事项的诱人的地带，因此，下面这样的事情就是必要的：还要拔出可以说此处最后的充满幻想的希望之锚，并且表明在这种认识中遵循数学的方法不会带来丝毫好处（除非相关的好处是这样的，即更为明确地揭露该方法自身的弱点），同时表明测量艺术②和哲学是两种完全不同的事情（尽管在自然科学中它们彼此向对方伸出了援手），因此两者中的一个的做法不能被另一个加以效仿。

数学的彻底性③的基础在于定义、公理和演证。我将满足于表明下面几点：在数学家理解这些项目的那种意义上，它们均不能由〔B755/A724〕哲学来完成，也不能被哲学所效仿；测量艺术家按照

---

① 语出奥维德（Ovid）的 *Metamorphoses*(《变形记》)，I. 16。

② “测量艺术”原文为“Meßkunst”，在此特指几何学，进而代表整个数学。

③ “彻底性”原文为“Gründlichkeit”。此德语词此外还有周密性、缜密性、坚实性等意义。

他们的方法在哲学中只会建造起纸板房，而哲学家按照他们的方法在数学的这个份额[①]中只能产生废话。然而，哲学的任务恰好在于认识它自己的界限；甚至于数学家也不能拒绝哲学的警告，更不能漠视它们——如果数学家的才能或许并非已经受到了自然的限制并且被限制在他的专业之上。

1. 关于定义。所谓**下定义**[②]真正说来应当仅仅意味着——像这个表达式自身所表明的那样——将一个事物的详尽的概念在其界限之内本源地表现出来。*按照这样一种要求，〔第一，〕一个**经验**概念根本就是不可定义的，而只能被**阐发**[③]。因为，既然我们在它之上仅仅拥有一些关于某种感觉能力的对象的特征，那么下面这点就从来不是确定无疑的：人们是否在表示同一个对象的语词之下一次想到了该对象的更多的特征，而另一次则想到了其更少的特征。[B756/A728]因此，一个人可能在**黄金**概念中除了想到重量、颜色、韧性之外，还想到了不生锈性质，另一个人或许对这种性质一无所知。人们只是在这样的范围内利用某些特征，即它们对于区分来说是充分的；与此相反，新的说明则取消了这些特征，并且补上了另一些特征，因此，这个概念从来没有处于可

① “份额”原文为“Anteil”。Görland认为“Anteil”当作“Abteil”（隔间）。在此“数学的这个份额（或隔间）”或许指几何学。

② 原文为“Definieren”。

* **详尽性**意味着特征的清晰性和充足性；**界限**意味着精确性——不存在比属于该详尽的概念的特征更多的相关的特征了；而**本源的**则意味着这种对于界限的确定不是从某个地方推导出来的，进而它不再需要这样一个证明了，这一证明将使得那个假定的解释没有能力位居关于一个对象的所有判断的顶部。

③ 原文为“expliziert”。该动词的名词形式为“Explikation”。

靠的界限之内。那么，定义这样一个经验概念这样的事情还能够服务于什么样的目的？因为，当人们比如谈论水及其性质时，他们并没有停留在他们用这个语词所想到的东西之上，而是着手去做实验。而且，带有少数特征的这个语词应该是仅仅构成了一个**名号**，而并没有构成关于事物的概念。因此，在此所谓的定义不过就是语词规定。第二，准确说来，一个先天地给定的概念也是不能被定义的，比如实体、原因、公正、公平等等概念。因为，对下面这点我从来不能有把握，即对于一个给定的（还含糊不清的）概念的明确的表象被详尽地展开了——除非我知道了这个表象适合于该对象。但是，由于关于该对象的概念，像它被给出的那样，可能包含着许多这样的模糊的表象，在分解它时我们忽略了它们，尽管在应用时我们总是使用它们，因此，对于我的概念的分解的详尽性总是可疑的，而且只能通过以多种［B757/A729］多样的方式正确的例子而被弄成**大约**确实的，而从来不能被弄成**绝然地**确实的。〔于是，在先天的概念的情况下，〕我不打算使用"定义"这个表达式，而更乐于使用"**阐明**"这个表达式。后面这个表达式仍旧是谨慎的，就它来说批判家在某种程度上承认阐明，不过，从阐明的详尽性上来看他可能还是会怀有一些顾虑。因此，无论是经验地给定的概念还是先天地给定的概念均是不能定义的。于是，剩下来的可以在其上试验这种定义技巧的概念就只有那些任意地想出的概念。在这种情况下我总是能够定义我的概念，因为我毕竟必然地知道我想要借之思维的东西，而这点则又是因为，是我自己蓄意地[①]

① "蓄意地"德文为"vorsätzlich"。"vorsätzlich"原作"vorsetzlich"。据 Valentiner 的意见改正。

制作出该概念的，该概念既不是经由知性的本性也不是经由经验而被给予我的。但是，在此我却不能说我由此定义了一个真实的对象。因为，如果该概念是以经验条件为基础的，比如航行表，那么相关的对象及其可能性还没有经由这个任意的概念而被给出来，我由此甚至于还不知道这个概念是否最终拥有一个对象，而且我的解释最好被叫作（我的规划的）声明，而不是被叫作一个对象的定义。因此，剩下来适合于定义这个事情的概念就只有这样一些概念了，它们包含着一种能够被先天地构造出来的任意的综合，因此只有数学拥有定义。因为，数学也将它所思维的对象在直观中先天地表现出来，这样的对象所包含的东西肯定［B758/A730］既不可能多于也不可能少于该概念所包含的东西，因为该对象的概念经由该解释被本源地给出来了，即在该解释没有从某处推导出来的情况下被给出来了。在德语中对应于 *Exposition*（**阐明**）、*Explikation*（**阐发**）、*Deklaration*（**声明**）和 *Definition*（**定义**）这些表达式的只有一个语词即 *Erklärung*（**解释**）。因此，我们大概必须放弃这个要求的严格性中的一些东西——因为按照这个要求，我们已经拒绝将定义这个尊贵的名称给予哲学的解释——并且愿意将该整个说明限制到下面这点上，即哲学的诸定义只是被作为对给定的概念的阐明而被给出的，而数学的诸定义则是作为对本源地被制作出来的概念的构造而被给出的；哲学的诸定义只是分析地经由分解（该分解的完全性不是绝然地确实的）形成的，数学的诸定义则是综合地形成的，因此它们**制作了**概念本身，相反，哲学的定义则只是**解释了**概念。由此我们有如下结论：

a. 在哲学中人们一定不要如此地仿效数学，即将定义放在最前面——除非他们在此或许是在做出一种单纯的尝试。因为，既然定义是对诸给定的概念的分解，那么这些概念就是先行出现的，尽管它们还仅仅是混乱的，而且不完全的阐明出现在完全的阐明之前，以至于我们在到达完全的阐明即定义之前，能够从这样一些特征——它们是我们从一种还未完成的分解中得到的——先行推导出许多东西。简言之，在［B759/A731］哲学中，定义作为严格的明确性应当完成了工作，而非开启了工作。* 与此相反，在数学中我们在定义之前根本没有任何概念，因为只有通过定义概念才首先被给出来，因此，数学必须而且也总是能够从定义开始。

b. 数学的定义从来不会出错。因为，既然相关的概念是经由其定义才被给出来的，那么它就恰好仅仅包含着该定义本来要经由它所思维的东西。不过，尽管就内容来说不会有任何不正确的东西出现在该定义之中，但是在其形式（外表）中的确有时会出现某种缺陷——即就其精确性来说（尽管这种情形比较罕见）。因此，通常关于圆周的解释——圆周就是这样一条**曲**线，其上的所有点距离某个［B760/A732］唯一的点（中点）都同样远——包含有这样的错误，即**弯曲性**这种规定性不必要地进入其中了。因为，必定存在着这样一条独特的定理，它得自于该定义，并且很容易得

* 哲学中充斥着错误的定义，特别是这样一些定义，它们尽管确实包含着定义的一些要素，但还是没有完全地包含着它们。现在，就一个概念来说，如果在人们已经定义了它之前，人们不能用它做任何事情，那么一切哲学活动的处境将是非常糟糕的。但是，由于在（分解的）诸要素所达到的范围内，我们总是可以对其做出良好的且可靠的使用，因此，即便有缺陷的定义——即这样一些命题，它们真正说来还不是定义，但是从其他方面来看是真的，进而是定义的近似物——也可以被十分有益地加以使用。在数学中定义属 ad esse（于存在），而在哲学中定义属 ad melius esse（于更好的存在）。达致定义是好事，但是我们常常难以达致定义。法学家还在寻找对于他们的权利概念的定义。

到证明：每条这样的线，其所有点距离一个唯一的点都同样远，都是弯曲的（它的每个部分均不是笔直的）。与此相反，诸分析的定义可能以各种各样的方式出错——或者因为它们引入了这样的特征，这些特征实际上并没有出现在该概念之中，或者它们缺乏构成了定义的本质之处的详尽性，因为人们对于他们对该概念的分解的完全性不能如此完全地有把握。正因如此，数学在下定义时所采用的那种方法在哲学中是无法效仿的。

2. 关于**公理**。公理就是这样一些先天综合的原则，它们是直接地确实的。现在，一个概念不能与另一个概念综合而又直接地连接在一起，因为，为了能够走出一个概念，**居间调停的**第三个知识是必要的。那么，由于哲学仅仅是依据概念的理性知识，因此，在它之内我们遇不到任何值得享有公理之名的原则。与此相反，数学则能够提供公理，因为它借助于对概念的构造能够在对对象的直观中先天地且直接地将对象的诸谓词联结起来——［B761］比如这个公理：三个点总是处于一个平面之上。相［A733］反，一个仅仅基于概念的综合原则则从来不可能是直接地确实的，比如这个命题：“所有发生的事项均有其原因。”在此我必须到处寻找某个第三者，即一个经验中的时间规定的条件，而不能直接地、没有经由任何中间环节地仅仅从诸概念那里认识这样一条原则。因此，推论式的原则完全不同于直观的原则，即公理。推论式的原则总是需要一个演绎，而直观的原则即公理则完全可以省去演绎，并且，由于直观的原则恰恰因为如上原因是自明的，而哲学的原则尽管是完全确实的，但却从来不能假装拥有这样的自明性，因此，事情远远不是这样的：纯粹的且先验的理性的某个综合命题像“**二乘二得四**”这个命题那样显而易见（尽管人们常常固执地说它是这样的）。尽管我在分析论中在关于纯粹知性的原则的表中也提到了某些直观公理，不过，在那里提到的原则本身并不是公理，而仅仅是服务于如下目的的，即我们用它来说明关于诸泛而言之的公理的可能性的原理，它本身仅仅是一条基于概念的原则。因为，甚至于数学的可能性也必须在先验哲学之中得到指明。因此，哲学没有公理，并且它决不能如此绝对地要求它的先天的原则，而必须［B762/A734］勉强做这样的事情，即经由彻底的演绎辩护其对于其先天原则的权利。

3. 关于**演证**。只有绝然的证明——在它是直观性的范围内——才能被叫作演证。经验虽然告诉我们什么东西存在，但是它并没有告诉我们所存在的东西根本不可能是其他样子的。因此，经验的证明根据不能给出绝然的证明。但是，（在推论式的认识中）从先天的概念从来不能产生直观的确实性，即自明性，尽管相关的判断从其他方面看可能是绝然地确实的。因此，只有数学包含着演证，因为它不是从诸概念而是从对诸概念的构造即这样的直观之中推导出其知识，这种直观可以被以符合相关概念的方式先天地给出。即便代数学家们利用他们的方程所进行的操作（他们从这些方程通过约简生产出真理还有其证明）不是任何几何学构造，但是它的确是这样一种字符构造，在其中人们通过诸符号在直观中展现了诸相关的概念，特别是关于诸量之间的关系的概念。而且，即便不考虑这种构造的启发作用，该操作也通过这样的方式而确保了所有推理远离错误，即将诸推理中的每一个推理均置于人们眼前。与此相反，哲学的认识则不得不舍弃这样的好处，因为它必须总是抽象地（经由概念）考察普遍的东西，然而，数学则能够具体地（在个别的直观中）——但却是通过先天的纯粹表[B763/A735]象——斟酌普遍的东西，在此过程中每个错误的步骤都是明显可见的。因此，我更愿意将前一种证明称作**口传的**（推论式的）**证明**[①]，因为它们只可以纯然通过话语（思想中的对象）进行，而不愿将其称作**演证**——演证是在对对象的直观中进行的（像这个表达式[②]已经表明的那样）。

现在，从所有这一切我们得到如下结论，即对于哲学的本性来说，特别是在纯粹理性的领域，这样的做法是完全不适当的：以一种独断论的姿态趾高气扬地行事[③]并且用数学的名号和绶带装饰自己。因为哲学根本不属于数学的行列，尽管它有各种各样的原因希望与数学达成姐妹般的联合体。诸如此类的做法只会产生一些从来不能实现的自负的过分要求，相反，它们必定使得哲学的如下意图变成无效的了：发现一种误认了其界限的理性的幻象，

---

① “口传的证明”原文为“akroamatische Beweise”。

② 即“演证”（为“演示证明”之简写），相应的德语词为“Demonstration”。这个德语词的字面意义为“anschauliche Darlegung，Beweisführung，Veranschaulichung an Beispielen”（直观的说明、证明，通过例子给出直观的说明）。康德将演证与通常意义上的证明（Beweise）严格区分开来，用其特指直观的且绝然的证明（intuitiver und apodiktischer Beweis）。

③ 此句原文是这样的：“mit einem dogmatischen Gange zu strotzen”。“strotzen”意为充斥（在这种意义上，它应当与介词“von”或者“vor”搭配使用）；从字源上说它也有屹立、高耸的意思。根据前后文义及语法关系看，康德在此应当是在该词的字源意义进而相关的引申意义上使用它的。Pluhar、Guyer 和 Wood 均将其译作“strut about”（趾高气扬地到处走，昂首阔步）。另外，按照 Johann Christoph Adelung 编著的 *Grammatisch-Kritisches Wörterbuch der Hochdeutschen Mundart*（Ausgabe letzter Hand, Leipzig, 1793－1801）中的解释，“Gang”的一个义项为思想和行为方式（die Art und Weise zu denken und zu handeln）；当与介词“mit”连用时，“strotzen”意为以某事自夸、对某事感到很得意（sich mit etwas brüsten）。据此，这句话也可以译作：“洋洋得意于独断论的思想和行为方式”。

并且借助于对于我们的概念的充分的澄清引领思辨的自负回到谦虚而彻底的自我认识上来。因此，理性在其先验的尝试中将不能如此充满自信地向前展望，好像它所走过的道路会笔直地通向目的地，而且理性将不能如此大胆地指望它的被置于基础地位的前提，以至于下面这样的事情变成完全不必要的了，即时常回看一下并且注意一下是否在推理的进展中有这样一些错误会暴露出来，它们在诸原理中［B764/A736］被忽略了，而且它们使得这样的事情成为必要的——即或者进一步地规定诸原理，或者完全地修改它们。

我将所有绝然的命题（无论它们现在是可以证明地确实的，还是直接地确实的）分成**教条**（Dogmata）[①] 和**数理**（Mathemata）。一个源自概念的直接地综合的命题是一个**教条**；而一个经由对概念的构造而来的直接地综合的命题则是一个**数理**。诸分析判断告诉我们的关于一个相关的对象的东西真正说来并不多于我们拥有的关于该对象的概念已经内在地包含的东西，因为它们并没有将知识扩展到主词的概念之外，而只是阐释了它。因此，它们不能被恰当地叫作 Dogmen（教条）（“Dogmen”这个词或许可以通过“Lehrsprüche”［**学理**］来翻译）。但是，按照通常的语言用法，在所提到的这两种先天综合命题中只有属于哲学知识的命题才能拥有〔“教条”〕这个名称，人们很难把算术或几何学命题叫作教条。因此，这种用法证实了我们所给出的如下解释：只有源自概念的判断而非源自对概念的构造的判断才可以被叫作独断的。

现在，整个纯粹理性在其单纯思辨的使用中没有包含任何唯一一

① “Dogmata”也可译作“独断的断言”，以与其相应的形容词用法“dogmatisch”的译文“独断的，独断论的”（该词也可以译作“教条的”）形成更好的呼应关系。

个源自概念的直接地综合的判断。因为，正如我们已经表明的那样，经由诸理念纯粹理性根本不能给出任何拥有客观有效性的综合判断；而经由诸知性［B765/A737］概念它虽然建立起了可靠的原则，但是它根本不是直接地基于诸概念做到这点的，而总是仅仅间接地经由将这些概念与某种完全偶然的东西即**可能的经验**关联起来的方式做到这点的。在此，如果这种经验（某种作为可能的经验的对象的东西）被预设了，那么这些原则的确是绝然地确实的；但是，就其自身来说它们甚至于根本不能被（直接地）先天地认识到。因此，没有任何人能够仅仅从给定的相关概念彻底地洞察到如下命题："所有发生的事情均是有其原因的。"于是，这个命题根本不是教条，尽管从另一个角度看，即在它的可能的使用的那个唯一的领域即经验之中，它能够十分肯定而绝然地被证明。尽管它必定被证明了，但是它被叫作**原则**，而非**定理**，因为它拥有如下独特的性质，即它甚至于使得它的证明根据即经验首先成为可能的，而且它总是必定被经验预设了。

现在，如果在纯粹理性的思辨的使用中，即便按照内容也根本没有教条，那么所有**独断的**方法就其本身来说便是不适当的——不管现在它是从数学家那里借来的，还是应当变成了一种独特的风格。因为，独断的方法只是隐藏了错误和谬误，而且欺骗了哲学。哲学的真正的意图就在于让大家在其最为明亮的光线之下察看理性的一切步骤。尽管如此，方法可以总是**系统性的**。因为，我们的理性［B766/A738］（主观地说）本身就是一个系统。不过，在其借助于单纯的概念进行的纯粹的使用中，它仅仅是一个根据统一性原则做出的研究的系统，而只有**经验**才能为该研究提供材料。但是，对于一种先验哲学中的独特的方法，在此我们不能说出任何东西，因为我们所需要关心的仅仅是对于我们财产状况的批判，以确定我们在此究竟是否能够建造什么，并且从我们所拥有的材料（诸纯粹的先天概念）能够将我们的大厦建造得多么高。

第二章　联系着其论战性的使用来看的纯粹理性的训导

理性必须在其一切活动中都听命于批判。如果它经由一个禁令损害了批判的自由，那么这样做势必会对它自身造成损害并且带来一种不利于它的怀疑。因为，现在不存在任何这样的东西，它联系着用处来说如此地重要而且如此地神圣，以至于它可以逃避这种检验性的且追根究底的搜查——该搜查无视任何人的权威[①]。甚至于理性之存在本身就是以这种〔批判的〕自由为基础的，因为理性并非享有独裁者的权威，相反，其宣告总是仅仅意味着[②]诸自由的公民的同意，而这些公民中的每个人均必须能够毫无阻拦地表达出自己的顾［B767/A739］虑甚至于**否决立场**。

现在，尽管理性从来不能**拒绝**批判，但是它也并非总是有理由**害怕**批判。不过，纯粹理性在其独断的使用中（并非是在其数

---

① 此句话原文是这样的："Da ist nun nichts so wichtig, in Ansehung des Nutzens, nichts so heilig, das sich dieser prüfenden und musternden Durchsuchung, die kein Ansehen der Person kennt, entziehen dürfte"。Erdmann 认为"das sich"当作"daß es sich"。中译文据此译出。

② "意味着"原文为"ist"。Wille 认为当作"sucht"（寻求）。

学的使用中）并没有做到这点，即如此彻底地意识到了对于其至上的法则的极为严格的遵守，以至于它不必以这样的状态——有些害羞甚至于完全放弃了一切自以为拥有的独断的权威——出现在更高级的且担任法官职务的理性的批判之眼前面。

当理性所要处理的不是法官的审查，而是其同胞的要求，而且其任务仅仅在于在这些要求面前保护好自己，那么情况便完全不一样了。因为，既然这些要求同样是想要成为独断的，尽管在这样做时它们是在否认什么，正如前面提到的理性自己的要求在有所肯定时想要成为独断的一样，那么这样一种 κατ' ἄνθρωπον（依照人的能力而进行的）辩护在此就发生了，它确保了我们自己的要求免受一切损害之苦，并且设法找到了这样一种带有所有权凭证的所有物，它不会害怕其他人的狂妄要求，尽管它自己不能 κατ' ἀλήθειαν（依照真理）被充分地证明。①

现在，我将纯粹理性的论战的使用理解为这样的事项：保护它的命题免受其他人对它们的独断的否认的侵害。在此重要的事情不是它的断言是否可能是错误的，而仅仅在于没有人在任何时候能够绝然确实地（甚至于没有人能够［B768/A740］仅仅貌似更加有道理地）断言其反面。因为，在这种情况下如果我们面前拥有一张关于这些断言的所有权凭证（尽管这张凭证不太充分）并且下面这点是完全

① 关于 κατ' ἄνθρωπον 和 κατ' ἀλήθειαν 的区分，请参见如下段落："因此，道德的论证可以叫作 argumentum κατ' ἄνθρωπον（依照人的能力而进行的论证）。这种论证相对于所有作为泛而言之的有理性的世界存在物的人而言均有效，而并非仅仅相对于这个人或者那个人偶然地假定的思维方式才有效。而且，我们一定要将道德论证与理论的、独断的、κατ' ἀλήθειαν（依照真理的）论证区别开来，后者将比人或许能够知道的东西更多的东西断定为确实的。"（Ak 20: 306）

确实的，即没有人能够在某个时候证明该所有物的不合法性，那么我们便不是对他人有所恳求地拥有我们的所有物的。

下面这点让人忧心且令人沮丧：竟然存在着纯粹理性的一种冲突论，而且纯粹理性——它终究构成了凌驾于一切争论之上的最高法庭——竟然会陷于与自身的争论之中。我们在上面虽然遇到了这样一种理性与它自身的貌似的冲突论，但是事情最后证明是这样的：这种冲突论是建立在一种误解基础之上的。因为，在那里人们按照通常的偏见将诸显象看成诸事物本身，并且接着以一种或者另一种方式要求它们的综合的绝对的完全性（不过，这样的完全性以两种方式均同样是不可能的）；但是，我们根本不能对诸显象期待这样的事项。因此，在那里在下面两个命题之中根本不存在**理性**与它自身的真正**的矛盾**：“**就其本身而被给定的**诸显象的序列具有一个绝对第一的开始”与“**就其本身而被给定的**诸显象的序列绝对地且**就其本身来看**没有任何开始”。因为，这两个命题完全可以和谐共存，而这点则又是因为从其（作为显象的）存在来看的**诸显象就其本身而言**根本什么也不是，即它们是某种矛盾的事项①，因此，对它们的预设自然而然地必然带来矛盾的结论。

［B769/A741］不过，在如下情况下我们不能拿这样一种误解作借口并且由此解决理性的相关争论：比如一个人以有神论的方式断言“**存在着一个最高的存在物**”，而另一个人以无神论的方式做出相

① 此句原文为：“weil *Erscheinungen* nach ihrem Dasein (als Erscheinungen) *an sich selbst* gar nichts d. i. etwas Widersprechendes sind”。“*Erscheinungen … an sich selbst*”（**诸显象就其本身而言**）也可以译作“**诸显象本身**”，即被看作物本身的诸显象（相关的用法请参见 B528/A500）。在此“an sich selbst”应当是在康德的专门的意义上使用的。

反的断言“**不存在任何最高存在物**”；或者，在心理学中一个人说“任何思维的东西都拥有绝对的、恒常的统一性，因此，它区别于任何易逝的物质的统一性”，而另一个人则反驳说“灵魂并不是非物质的统一性，并且不能构成易逝性的例外”。因为，在此问题所讨论的对象摆脱了一切有违它的本性的外在的东西，并且知性所关心的只是**诸事物本身**而非诸显象。因此，在这里我们毫无疑问遇到了一种真正的冲突——只要纯粹理性不得不站在做出否定断言的一方的立场上说出某种接近于一个断言的根据的东西。因为，就对于独断地做出肯定断言的一方所使用的证明根据的批判来说，人们肯定可以同意将该批判给予他，[①] 但是人们并没有因此就要放弃这些肯定断言，因为它们毕竟至少在理性的兴趣那里得到了支持，而反方则完全不能援引这种兴趣。

一些优秀而深刻的人士（比如苏尔策[②]）由于感觉到迄今为止人们给出的证明均比较弱，因此，他们经常表达了这样的观点：可以希望，有朝一日人们还会发明出关于我们的纯粹理性的这两个主要命题的自明的演证，即上帝存在和来生存在。事实上，我不同意这种观点，[B770/A742] 相反，我确信这样的事情决不会发生。因为，理

① 此句原文为“denn was die Kritik der Beweisgründe des Dogmatischbejahenden betrifft, die kann man ihm sehr wohl einräumen”。Erdmann 认为此句后半部分中的“die”指代的是“Beweisgründe”，而 Görland 认为它指代的是“Kritik”。另外，Erdmann 认为“ihm”意指“dem Kritiker des Dogmatismus”（独断论的批评者）；Görland 认为它意指的是下面要提到的“Gegener”（反方）；Wille 则认为“ihm”当作“ihr”，后者指代的是前面提到的“die reine Vernunft”（纯粹理性）。我认为，“die”指代的是“Kritik”，而“ihm”则意指“Dogmatischbejahenden”（独断地做出肯定断言的一方）。

② 苏尔策（Johann Georg Sulzer，1720–1779），瑞士作家和理论家，其主要著作是 *Allgemeine Theorie der Künste*（《艺术通论》）。

性要从哪里获取到这些并非关联到经验的对象及其内在的可能性的综合断言的根据？不过，同样绝然确实的是：从来不会出现这样一个人，他能够貌似有一丁点儿道理地断定这些断言的**反面**，更不用说他能够独断地断定这些**反面**了。因为，既然他毕竟只能通过纯粹理性确立这点，这样一来他就必须着手证明如下断言：一个最高的存在物是**不可能的**，那个在我们之内思维着的主体作为纯粹理智物也是**不可能的**。但是，他是从哪里获取到这样的知识的，它让他有权利就超出了所有可能的经验范围的事物以如此综合的方式做出判断？因此，我们完全可以不担心这样的事情：某个人将来有一天给我们证明了相反的断言。不过，我们并非因此就有必要冥思苦想地给出符合学院标准的证明，相反，我们无论如何可以将那些命题接受下来：它们与我们的经验使用中的理性的思辨兴趣完好地结合在一起，而且，此外它们还构成了我们借以将我们的理性的这种思辨兴趣与其实践兴趣联合在一起的唯一的手段。对于反方（在此我们一定不要将他仅仅看成批判者），我们总是可以用我们的准备好了的回答 non liquet[①] 回击他。这样的回答毫无疑问必然让他陷入困惑，而且他也会如法炮制，以同样的方式回击我们。不过，我们不用拒绝这种回击，因为我们始终保有理性的主观准则，［B771/A743］而反方则必然缺少这样的准则，而在这样的准则的庇护下我们便可以泰然自若地看着反方在空中做出的徒劳的比画了。

真正说来，以这样的方式根本不会产生纯粹理性的冲突论。

---

① “non liquet”为拉丁语法律术语，意为缺乏可适用的法律条文的情况（通常译作“事态不明”、“无法决断”），在此意为：（你们）缺乏作为你们的证明的根据的原则（或法则）。请进一步参见下文 B814–815/A786–787 的相关讨论。

因为这样的冲突论的唯一的战场将要到纯粹神学和心理学的领域去寻找，但是这个基地承载不了全副武装的、携带着令人生畏的武器的战士。这个战士只能带着讥笑和大话出场，而这样的出场方式只能被耻笑为儿戏。这点是这样一个让人稍感安慰的说明，它让理性重拾了勇气。因为，如果理性被召唤要独自去除所有谬误，但是它却内在地受到了破坏，无望获得平静和不受人打扰的所有物，那么，理性还能到其他什么地方找到依靠？

自然所安排的所有东西都是有益于某种意图的。甚至于某些毒药也是用来攻击在我们自己的体液中所产生的其他的毒药的，因此，在（配药室的）完整的药物陈列清单中是不可缺漏的。对我们的单纯思辨的理性的信念和自负所提出的那些异议本身也是经由该理性的本性作为任务而交付给我们的，因此它们必定拥有其良好的使命和意图，我们一定不要将这样的使命和意图抛到九霄云外。那么，天意为了什么目的而将这样一些对象——它们与我们的最高的兴趣关联在一起——置于如此高的地方，以至于我们几乎［B772/A744］只是被允许在一种不清晰的且被我们自己所质疑的知觉中遇到它们，而经由这样的知觉那些企盼的目光与其说是被满足了，不如说是被刺激起来了？至于联系着这些展望冒险做出一些大胆的规定这样的事情是否是有用的，这点至少是有疑问的，甚或是有害的。但是，毫无疑问，将进行着探究和检验工作的理性置于完全自由的状态，以便它可以毫无阻碍地照顾它自己的兴趣，这样做无论如何是有用的。正如理性可以通过扩展其洞见的方式促进其兴趣一样，它同样可以通过为其洞见设置限制的方式促进其兴趣。但是，如果外在的力量插手进来，要以违背理性的自然的进程的方式、按照强加进来的意图操控理性，那么理性的兴趣便肯定会受到伤害。

据此，请让你们的反方显示出理性[①]，并且你们只使用理性的武器与其战斗。此外，你们不用为（属于实践的兴趣的）好事担心，因为这样的好事在单纯思辨的争论中从来不起作用。于是，这个争论所发现的仅仅是理性的某种二律背反。由于这种二律背反是以理性的本性为基础的，因此，它必须被倾听且被检验。这个争论通过从两个方面考察理性的对象的方式培育了理性，并且通过限制理性的判断的方式修正了该判断。在此有争论的事项不是**事情**，而是**语调**[②]。因为，最后还是有足够多的东西留给了你们，以便让你们讲那种在最为敏锐的理性面前得到了辩护的关于某种坚定的［B773/A745］**信仰**的语言，尽管你们必须放弃**知识**的语言[③]。

---

① 此句在 A 版和 B 版原版中原文是这样的："Lasset demnach euren Gegner nur Vernunft sagen"。Görland 认为"Vernunft"（理性）当作"Vernünftiges"（合乎理性的东西）。Erdmann 认为"sagen"（说出）当作"zeigen"（显示出）。科学院版接受了 Erdmann 的校改意见。中译文据此译出。

② "事情"和"语调"原文分别为"Sache"和"Ton"。此"事情"应当是指前面提到的"（属于实践的兴趣的）好事"（guten Sache［des praktischen Interesses］）。联系着接下来的话看，此句话大意当是这样的：在此争论的不是此事情本身，即是否存在着属于实践兴趣的好事（善事），而是言说这个事情的语调或语气——是以信仰的语气言说之，还是以知道的语气言说之，即是讲那种坚实的道德信仰或理性信仰的语言，还是讲那种（理论）知识（或知道）的语言。

③ 在此"知识"原文为"Wissen"，指较窄意义上的知识，即理论或科学知识。关于这句话，请参见《未来形而上学导论》中的如下段落："据此，对于任何形而上学家来说，在他们令人满意地回答'**先天综合知识是如何可能的？**'这个问题之前，我们都要郑重地且合法地免去他们所承担的工作。因为，当形而上学家们要在纯粹理性的名义下在我们这里兜售某种东西时，他们必须向我们出示的那张全权证书仅仅就在于这个回答。在缺少这个全权证书的情况下，他们只能期待如下结果：常常受到欺骗的明白事理之人在没有对他们所兜售的东西做任何进一步的研究的情况下便拒绝了他们。""相反，如果形而上学家们不是将他们的业务当作**科学**而是当作一种有益的并且适合于普通的人类知性的说服的**艺术**来从事，那么人们便不能正当地阻止他们从事这个

假定人们可以向冷静的、专门为达到判断的平衡状态而生的大卫·休谟提出如下问题：是什么原因促使你通过费力的长期思索得来的疑虑去埋藏对于人们来说如此地具有安慰作用且如此地有益的信念，即他们的理性洞见足以让他们获得关于一个最高存在物的断言和关于该存在物的确定的概念？那么，他会给出这样的回答：他这样做的原因仅仅在于要推进理性的自我认识这样的意图以及表达对于人们通过如下方式给理性造成的约束的不满，即人们因理性而自我吹嘘，同时又阻碍它坦率地承认它的弱点（在进行自我检验时，它会清楚地看到这些弱点）。与此相反，如果你们向仅仅忠实于理性的**经验**使用的原则并且反感所有超验的思辨的普瑞斯雷[①]提出这样的问题：他出于什么动机而要拆毁一切宗教的这两个支柱，即我们的灵魂的自由和不灭性（来生的希望对于他来说仅仅是对复

（接上页）职业。在这种情况下，他们会讲那种关于合理的信仰的谦虚的语言（die bescheidene Sprache eines vernünftigen Glaubens）。而且，他们会承认这点：人们甚至于不会允许他们就处于所有可能的经验的界限另一边的东西**做出任何猜想**，更别提要就此而**知道**些什么了；在此他们只是被允许**假定**这样的某种东西（不是为了思辨的使用的目的——因为他们必须放弃这样的使用——而仅仅是为了实践的使用的目的），对于在生活中如何引导知性和意志这样的事情来说它是可能的甚至于是不可或缺的。只是以这样的方式他们才能拥有有用且明智之人的名号。而且，他们越是放弃形而上学家的名号，越是能够享有有用且明智之人的名号。这是因为，形而上学家们想要做思辨的哲学家，而且，由于当人们所关心的是先天判断的时候，他们便不能指望乏味的或然性了（因为声称要被先天地加以认识的东西恰恰因此就要被宣布为必然的），因此，形而上学家们不会被允许玩弄猜想，相反，他们的断言必须是科学，否则，它们根本就什么也不是了”（Ak 4: 278-279）。

① 普瑞斯雷（Joseph Priestley，1733-1804），英国科学家和哲学家，坚持唯物论和决定论，主要哲学著作包括 1777 年出版的如下两部著作：*Disquisitions Relating to Matter and Spirit*（《关于物质和精神的论文》）和 *The Doctrine of Philosophical Necessity Illustrated*（《哲学必然性学说阐释》）。

活奇迹的期待），那么他（作为一个虔诚而热心的宗教老师）只会给出如下回答：理性的兴趣。如果人们要让某些对象摆脱关于物质性的自然[①]的法则（我们能够准确地知道并且确定的唯一的法则），[B774/A746]那么理性会因此而有所损失。在此诋毁普瑞斯雷（他知道如何将他的悖谬性的断言与宗教意图联合在一起）并且让这样一个善意的人痛苦看起来是不适当的，因为一旦他迷失在自然学说的领域之外，他就无法找到头绪了。不过，这种偏爱同样必定有益于与他一样心地善良并且从其道德品格来看无可指责的休谟。休谟之所以不能离弃其抽象的思辨，是因为他正确地认为它的对象完全处于自然科学的界限之外，而处在纯粹理念的领域。

现在，就此争论来说，我们应该如何做？——特别是联系着那种看起来因此而威胁着公众的最大利益的危险来说。没有什么比你们因为这个争论而做出的决定更为自然、更为适当的了。尽管让这些人按照他们的意愿去做吧！如果他们表现出了才能，如果他们表明他们在从事着深入的且新颖的探究，简言之，只要他们表现出了理性，那么理性就总是获得了胜利。如果你们不采用一种无拘无束的理性所使用的手段，而是采用其他的手段，如果你们大喊着说有人要谋反，将根本不擅长如此精致的研讨的大众召唤在一起，好像是要让他们一起参与灭火一样，那么你们便让自己陷于可笑的境地了。因为，在此我们所谈论的根本不是这样的事情，即争论的双方中哪一方有利于公众的最大利益，哪一方不利于这种利益；相反，我们所谈论的仅仅是这点：理性在其抽

---

① “物质性的自然”原文为“materielle Natur”。请比较 B712/A684、B874/A846 等处所讨论的“物体性的自然”（die körperliche Natur）。

掉了一切兴趣的[B775/A747]思辨中能够做成多少事情，以及人们是否必须终究要对这种思辨有所指望，还是必定出于实践的考虑而更乐意放弃它。因此，在这种情况下不是胡乱地摆动刀剑，而是要从该批判的安全位置安静地注视着这场争论——对于参与此争论的人来说此争论是很辛苦的，但是对于你们来说它则是娱乐性的，而且在某种肯定不会流血的结果中最后对于你们的洞见来说它必定是有益的。因为下面这样的事情是非常荒谬的：期待着从理性那里得到澄清，但是却事先规定它必须必然地选择哪一方。此外，理性已经自动地经由理性自己如此好地被约束了并且被置于限制之内，以至于你们根本不必出动巡逻队，以便用公民的抵抗来对抗争论中的这样一方——你们觉得其让人担心的优势非常危险。在这种辩证论之中根本不存在你们有理由对之表示担心的胜利。

理性也十分需要这样一场争论。我们希望事情是这样的：这场争论本来早已进行了，并且是在获得了不受限制的、官方的许可的情况下进行的。因为，在这种情况下，这样一种成熟的批判就会在更早的时候形成了，在其出现时一切争论必定自动地消失不见了，而这点则又是因为，参与争论的诸方学习看清楚了他们的迷惑和偏见，而正是这些迷惑和偏见让他们彼此产生了不和。

在人的本性之中存在着某种非纯正性。但是，正如所有来自[B776/A748]自然的东西一样，这种非纯正性最后必定包含着一种导向善良目的的禀赋，即一种隐藏起自己的真正的意向并且有意表现出这样一些装出来的意向的偏好，人们认为它们是好的、值得称赞的。十分肯定的是，人们通过这种禀好——不仅要隐藏自己，而且要呈现出一种对他们有利的假象——不仅**文明化了**自己，而且逐渐**道德化了**自己（在某种程度上），因为没有人能够看穿伪装的诚实、正派和庄重，因此人们在那些他们在自己周围看到的假定真实的好人的例子上为自己找到了一所改良学校。不过，这种禀赋——要装得比自己事实上更好并且表露出人们实际上并不具有的意向——好像仅仅是**临时**用来达到如下目的的：把人从粗野中带出来，并且让他至少首先装他拥有他所知道的好人的**教养**。因为，事后，一旦真正的原则发展出来了并且转变为思维方式，那种虚假就将渐渐地受到强有力的反对；因为，否则，它就会败坏心灵，不会让善良的意向在徒有美丽的外表的丛生的杂草之间涌现出来。

令人遗憾的是，恰好同样的非纯正性、装假和虚伪甚至于也可以在思辨的思维方式的表露中察觉到。不过，在思辨的思维方式中，人们在做如下事情时遇到了更少的障碍，即以适当的方式坦率地且毫不掩饰地承认他们的思想；而且，[B777/A749]〔如果不这样做，〕人们根本不会得到什么好处。因为，对于洞见来说，还能有什么事情比下面的做法更加有害的了：甚至于以掺假的方式互相传达单纯的思想，隐藏我们所感受到的对我们自己的断言的怀疑，或者给予那些我们自己都不满意的证明根据以自明性的色彩？然而，只要仅仅是私人的虚荣心引起了这些秘密的阴谋（在这样一些思辨的判断中情况通常是这样的，它们没有任何特别的兴趣，不能轻易地获得一种绝然的确实性），那么它们必定会受到其他人的虚荣心的抗拒（**这种抗拒受到了大众的赞同**），而且诸相关的事情最后来到了这样的地方，最为纯正的意向和正直本来就会更早地将它们引领到那里。但是，如果大众认为钻牛角尖的理性诡辩家所处理的事情是会动摇公众福祉的地基这样的大事儿，而决不是比这样的事情还小的事情，那么如下做法似乎不仅是明智的，而且也是可允许的，甚至于是值得称赞的：宁可通过貌似的根据支援相关的好事，而不是给予该好事的假定的敌人哪怕是仅仅如下有利条件，即调低我们的语调，直至将其降到一种单纯实践的信念所拥有的那种有所克制的程度，并且迫使我们自己承认我们缺乏思辨的且绝然的确实性。然而，我会想到，在世界上或许没有什么事项比诡计、装假和欺骗这样的事项更难以与坚守一件好事这样的意图统一起来的了。在权衡一种单纯思辨的理性［B778/A750］根据的过程中一切事情均须诚实地进行这点或许是人们所能要求的最低限度的东西了。不过，只要人们能够有把握期待这么少的一点儿东西，那么思辨理性关于上帝、（灵魂的）不死性和自由的问题的争论或者早已得到了决断，或者会很快地被终结。因此，意向的纯正性与事情自身的良好性常常处于反比关系之中，相关的事情或许拥有更多正派而诚实的敌人而非辩护者。

因此，我预设了这样的读者，他们不想看到人们不公正地辩护正当的事情。现在，联系着这种正当的事情下面这点已经决定好了：根据我们的批判的原则，如果人们不是关注所发生的事情，而是关注适当说来应当发生的事情，那么真正说来纯粹理性的论战根本就是不必发生的。因为，两个人如何能够就这样的事情进行争论，他们中的每个人均不能在一种现实的或者哪怕可能的经验中展现其实在性，他们只是在就其理念进行苦思冥想，想从其中得出某种比理念**更多的**东西，即对象自身的现实性？他们打算通过什么手段从该争论中脱身？——因为双方中的每一方均不能让他的事情变成直接可把握的并且确实的，而只能攻击和反驳其敌人的事情？因为，纯粹理性的所有断言的命运均不过如此：[B779/A751] 它们由于超出了一切可能经验的条件，而在这些条件之外在哪里我们也遇不到真理的任何证据，但它们还是必须利用那些注定仅仅拥有经验的使用的知性法则（在没有知性法则的情况下我们在综合思维中无法迈出任何一步），因此，它们总是向对方暴露了弱点，并且总是能够交互地利用对方的弱点。

人们可以把对于纯粹理性的批判看作纯粹理性的所有争论的真正的法庭，因为这个批判没有卷入这些争论之中（因为它们直接地处理对象），而是为了这样的目的而被设置的，即按照其最初被授职时的原则确定并且评判泛而言之的理性的合法之处。

在没有这样的批判的情况下，理性好像是处于自然状态之中，此时它只能通过**战争**而不能通过其他任何方式确认其主张和要求的有效性或者说确保它们。与此相反，这个批判——它根据关于它自己的任命的基本规则得到其一切决断，而没有人能够质疑这些基本规则的权威——为我们设法提供了这样一种合法的状态的宁静，在其中我们只应当按照**诉讼程序**来进行我们的争论。在第一种情形中结束争执的是**胜利**——争执双方均炫耀说自己获得了胜利，而大多数情况下跟着这样的胜利出现的是一种当权者通过居中调停而促成的不牢靠的和平。[B780/A752] 但是，在第二种情形中结束争执的则是那种必定提供了某种永久的和平的**判决**，因为该判决在此找到了争执本身的根源。而且，一种单纯独断的理性的无休无止的争论使得如下事情成为不得不做之事：最终要在对于该理性本身的某种批判中并且在基于该批判的一种立法之中寻求平静。正如霍布斯所主张的那样，自然状态是一种不公正且充满暴力的状态，人们必定要离开该状态，以便听命于这样的合法的强制，只有它将我们的自由限制到了这样的程度，以至于我们的自由与所有其他人的自由都能够共存，并且恰好经由这样的方式它也能够与公众的最大利益共存。

于是，属于这种自由的还有这样一种自由，即一个人将自己的思想以及自己的怀疑（人们不能自己消释这种怀疑）公开地展示出来以供人评判，而与此同时他并没有因此而受到诋毁，被当成一名不安分的且危险的公民。这点已经包含在人类理性的本源性的权利之中，该权利不承认任何其他的法官，而只是承认普通的人类理性本身这个法官，在此每个人都有发言权。而且，由于我们的状态所能得到的任何改善都来自普通的人类理性，因此，这样一种权利是神圣的，不应该被贬损。另外，如下做法也是不明智的，即将这样一些大胆的断言或者对于它们的放肆的攻击——它们已经获得了公众中的大多数而且是其中优秀分子的赞同——宣布为危险的。因为，采取这种做法就意味着给予这些断言以一种〔B781/A753〕它们完全不应该拥有的重要性。如果我听说有一个非同寻常的脑袋，他竟然通过演证取消了人类意志的自由、来生的希望和上帝的存在，那么我会迫不及待地读一下他的大作，因为我期待着他的才能会进一步地增益我的洞见。不过，我事先就已经完全确定地知道了，这个人不会完成所有这些事情中的任何一项。这点并不是因为，比如，我相信自己已经拥有了对于这些重要的命题的无法攻破的证明，而是因为，先验的批判（它向我揭示了我们的纯粹理性的全部存货）已经让我完全地信服了这点：正如纯粹理性在这个领域中完全不足以获得肯定的断言一样，它也同样少地甚或更少地知道如何能够就这些问题以否定的方式断言某种东西。因为，所谓的自由思想家要从哪里获得其知识[①]，比如这样的知识：不存在任何最高的存在物？这个命题超出了可能经验的领域，而且正因如此，它也处于一切人类洞见之外。我也根本不会去阅读此种好事的独断的辩护者为了反击这个论敌所撰写的著作，因为我事先已经知道了，他之所以要攻击论敌的貌似的根据，仅仅是为了提倡他自己的根据。此外，一种日常的假象为新的说明所提供的材料肯定比不上一种陌生的且巧妙地构思出来的假象为此所提供的材料。相反，那个以自己的方式同样独［B782/A754］断的宗教反对者则会为我的批判提供这样一些所希望的事务和机缘，即借此我们可以对我的批判的诸原则做出多所修正，与此同时我并非因为他的缘故便要对什么东西感到害怕。

但是，我们难道不是至少要警告那些被托付给大学课堂的年轻人，在其判断力成熟之前不要接触那些著作，并且要阻止他们过早地了解这些如此危险的命题吗？——或者更准确地说，在我们要在他们之内确立起来的理论变得根基牢固（以便让他们强有力地抵抗住其他人劝他们接受相反的命题的努力——无论这种劝说来自于哪里）之前他们最好不要这样做？

如果在纯粹理性的事业中我们必须停留在独断的做法之上，并且对论敌的处理真正说来必须是论战性的，即必须是这样的，我们加入战斗，并且以用相反的断言的证明根据武装好了的架势出场，那么**眼下**最为适当的做法自然而然就是将年轻人的理性长时间地置于监护之下，并且至少在同样长时间内保护其免受他人

---

① Wille 认为此句语序有误，当作“自由思想家要从哪里获得其所谓的知识”。

的诱骗。但是，**长久来看**，这种做法同时也是最为徒劳且最无成果的做法。不过，如果以后或者是好奇心或者是时代风气的基调故意把诸如此类的著作放在年轻人的手上，那么这时那种年轻人的信念还会经得起考验吗？这样一个人——他只是带着独断的武器来反击其敌人的攻击，并且他不知道如何展开那种隐藏的辩证论（这样的辩证论不仅［B783/A755］存在于对方的胸中，而且也在同样程度上存在于他自己的胸中）——看着这样一些拥有新奇的优势的貌似的根据出场了，它们旨在反对另一些貌似的根据，即那些不再拥有这样的优势的貌似的根据（相反，它们激起了人们的这样的怀疑：年轻人的轻信在此被误用了）。这个人相信，下面这种方式是借以表明他已经过了青年管教期这点的最好的方式，即无视那些善意的警告，并且在独断的习惯的驱使下长时间地吸入那剂以独断的方式破坏了他的原则的毒药。

在大学教导中恰好与人们在此所建议的事情相反的事情必须发生——诚然，只是在预设了关于纯粹理性批判的一门彻底的课程的条件之下。因为，为了让该批判的原理尽可能早地投入使用，并且为了表明其在最大的辩证假象的情形中的充足性，下面这样的事情是绝对必要的：将那些对于独断论者来说如此可怕的攻击指向年轻学生们的虽然依旧弱小但是已经受到了批判的启蒙的理性，并且让他们做这样的试验，即按照批判的原则逐个地检验论敌的那些毫无根据的断言。对于他们来说，分析这些断言并让它们完全消失可能根本不是什么困难的事情，因此他们就可很早地感受到他们自己的力量——即他们能够完全确保他们不受诸如此类的有害的幻象的侵害，而且对于他们来说，这些幻象最终必定会失去其任何貌似的合理性。现在，至于那些［B784/A756］摧毁论敌的建筑物的击打是否必定也恰好威胁到他们自己的思辨的建筑物（如果他们想过要建立起这样的建筑物的话），他们事实上是完全不担心的，因为他们根本不需要住在这个建筑物之内，相反，他们眼前还拥有对于这样的实践的领域的展望，他们有根据能够希望在那里拥有一个坚固的基地，以便在其上建立起他们的合理的且有益的系统。

据此，在纯粹理性领域之上根本就没有真正的论战。相关的双方均是这样的空中舞剑者，他们与他们的影子扭打在一起，因为他们都走到了自然之外，而在自然之外对他们的独断的动作不存在任何可以把握和抓紧的东西。他们进行了一场不错的战斗。但是，他们所击碎的那些影子瞬间又长在了一起，就像瓦尔哈拉殿堂[①]中的英雄们一样，以便能够重新在不流血的战斗中获得乐趣。

但是，也不存在任何可以允许的对于纯粹理性的怀疑的使用。人们可以将这种使用称作理性的所有争论中的**中立性**原则。这种做法——即煽动理性反对它自己，同时又从两个方面递给它武器，接着安静地且不无讥讽地观看着它的最为激烈的战斗——从独断的观点来看不是太好，相反，它呈现出一种幸灾乐祸的且阴险的性情的样子。然而，如果人们关注一下理性诡辩家的那种难以压制的迷惑和自我吹嘘[B785/A757]（任何批判都无法让其有所节制），那么在此实际上我们也没有其他建议，而只能建议人们这样做：针对一方的自吹自擂，用另一种恰好基于同样的权利的自吹自擂对抗之，以便通过一个论敌的反对至少让理性在此惊异起来，从而对其狂妄的要求有所怀疑，并且开始倾听我们的批判。不过，如果人们仅仅满足

① 瓦尔哈拉殿堂（Walhalla），北欧神话中死亡之神奥丁（Odin）款待阵亡将士英灵的殿堂。

于这些怀疑并且打算将对他们自己的无知的信服和承认推荐给他人（不仅仅是将其看作对付独断的自负的手段，而且同时将其看作结束理性与其自身的争论的方式），那么这样的做法不过是一项全然徒劳的计划而已，并且绝对不可能适合于如下目的，即设法让理性得到歇息之所，相反，它至多不过是这样一种手段，即将理性从其甜美的独断的睡梦中唤醒，以便对其状态进行仔细的检验。然而，由于这种旨在让自己从令人恼火的理性的争论中逃脱出来的怀疑的手法看起来好像是通达一种恒常的哲学平静的捷径（至少似乎是这样一条坦途，这样一些人乐于选取走上它，他们想着要在对所有这类研究的冷嘲热讽的蔑视中给予自己以一种哲学的权威），因此，我发现有必要在其独特的光线之下呈现一下这种思维方式。

［B786/A758］论与自身不和的纯粹理性的怀疑的满足的不可能性

如果我的无知没有被认作必然的，那么对于它的意识[①]不会终结我的研究，相反，这样的意识是激发起我的研究的真正的原因。任何无知或者是对于诸事物的无知，或者是对于我的认识的规定性和界限的无知。如果无知仅仅[②]是偶然的，那么在第一种情形中它必定驱使我**独断地**研究诸事物（诸对象），而在第二种情形中它则驱使我**批判地**研究我的可能的认识的界限。但是，我的无知是绝对地

---

① 在 A 版和 B 版原版中“对于它的意识”原文为“sie”（指代前面的“Unwissenheit”）。Kirchmann 认为“sie”当作“es”（指代前面的“Bewußtsein”）。科学院版接受了这个建议。

② “仅仅”（nur）原作“现在”（nun），根据 Erdmann 的建议改动。

必然的，因此它免除了我的一切进一步的研究工作这点不能经验地根据**观察**而确定，而只能批判地经由对于我们的认识的最初的来源的**探究**而确定。因此，对我们的理性的界限的确定只能根据先天的原理进行，但是，理性的限制（它是一种对于某种从来不能完全地去除的无知的知识——尽管该知识仅仅是不确定的）也能够后天地通过那些仍然有待我们知道的东西（尽管我们已经拥有了我们所拥有的所有知识）被认识到。因此，第一种仅仅经由对理性本身的批判才得以可能的一个人对于自己无知的认识是**科学**，而第二种对于无知的认识则不过是这样一种**知觉**，关于它［B787/A759］人们无法说出从它那里所进行的推理可以抵达多远。如果我将地球的表面（根据可以感觉到的样子）表象成一个碟形，那么我无法知道它延伸到多远。但是，经验告诉我：无论我去到哪里，我总是看到我周围有一个空间，在其内[①]我可以继续前进下去。因此，我认识到了在每一情形中我的现实的地理学的限制，但是并没有认识到一切可能的地理学的界限。不过，如果我的地理学知识已经达到了这样的程度，以至于事实上我已经知道了地球是一个球形物体，并且其表面是一个球面，那么，从地球的一小部分，比如某个经度或纬度的量值，我也能够确定地并且根据先天的原理认识地球的直径并且通过直径确定地球的全部边界，即其表面积。而且，尽管我不知道该表面所包含的对象，但并非不知道它所包含的周长、它的量值和限度。[②]

---

① “在其内”（darin）原作“向那里”（dahin），根据 Erdmann 的建议改动。

② 这句话原文是这样的：“und ob ich gleich in Ansehung der Gegenstände, die diese Fläche enthalten mag, unwissend bin, so bin ich es doch nicht in Ansehung des Umfanges, der sie enthält, der Größe und Schranken derselben”。Hartenstein 认为“der sie enthält”（包含着它的那个周长）中的“der”当作“den”，科学院版接受了这个意见。中译文据此译出。

我们的认识的所有可能的对象之全体对于我们来说似乎构成了这样一个平面，它拥有它的貌似的视域，即那种包含着所有这些可能的对象的整个范围并被我们称作关于无条件的总体的理性概念的东西。经验地达到这个视域是不可能的，而且一切试图按照某一原理先天地规定它的企图均已然是徒劳无功的了。然而，[B788/A760]我们的纯粹理性的所有问题最终都涉及那种可能处于这个视域之外的东西，或许还有可能处于其界线之上的东西。

著名的大卫·休谟是这些人类理性的地理学家之一，他以为他已经通过如下方式将那些问题全部都充分地处理掉了，即将它们悉数放逐到他终究不能加以确定的人类理性的视域之外。他特别地讨论了因致性原则，并且对该原则十分正确地评论道：人们根本没有将因致性原则的真理性（甚至于没有将关于一种泛而言之的效力因的概念的客观的有效性）建立在任何洞见即先天的知识的基础之上；于是，并非是这条法则的必然性（哪怕是在最低限度上说），而是其在经验进程中的一种单纯普遍的可用性以及一种由此而来的主观的必然性（休谟将其称作习惯）确立了该法则的全部威望。现在，从我们的理性的这样一种无能——即它不能对这条原则做出一种超出一切经验范围的使用——休谟推导出了如下结论：泛而言之的理性之超出经验事项的一切僭越之举均是无效的。

人们可以将这样一种做法——即让理性的事实接受检验并且根据相关的意见让其接受指责——称作对理性的**审查**。毫无疑问，这种审查不可避免地导向对于诸原则的任何超验的使用的怀疑。[B789/A761]不过，这样做仅仅是相关的工作的第二步，它还远没有完成这个工作。纯粹理性事务中的第一步——它构成了纯粹理性的孩童时代的独特特征——是**独断的**。刚刚提到的第二步是**怀疑的**，它证明了[①]经由经验而变得圆滑起来的判断力的谨慎态度。不过，现在我们还有必要迈出第三步，即不是让理性的事实，而是让理性本身，根据其全部的能力以及对于纯粹先天的知识的适合性，接受评估。这第三步仅仅属于成熟了的且拥有男子气概的判断力——这样的判断力以稳固的且从其普遍性上看得到了证实的准则为基础。这样的步骤不是对于理性的审查，而是对于理性的**批判**——经由这样的批判，我们并非仅仅证明了理性的**限制**，而是证明了理性的确定的**界限**，并非仅仅证明了我们对这一个或那一个部分的无知，而是证明了我们对某种类型的所有可能的问题的无知；而且，我们决非仅仅是猜测到了上述相关事项，而是根据原理对它们进行了证明。因此，怀疑论构成了人类理性的这样一处休息之所，在那里人类理性能够思索其独断的漫游历程并且能够制定其所处的地域的布局图，以便接下来更有把握地选取其道路；但是，怀疑论并非构成了人类理性的恒定的居留处，因为这样的居留处只能在这样一种完全的确实性那里被遇到——它或者是关于诸对象自身的认识的确实性，或者是关于这样一些界限的确实性，[B790/A762]我们关于诸对象的一切认识均被包围在其内。

我们的理性决不是这样一个无法确定地远地扩展着自身的平面，人们只能如此一般性地认识到其限制。相反，我们必须将它与这样一个球体加以比较，我们可以从其表面的弧线的曲率（从先天综合命题的本性）发现其半径，而且可以由此不无把握地给

① 在B版原版中“证明了”原文为“zeugt von”；在A版原版中“zeugt von”作“zeigt von”，此当为笔误或印刷错误所致。

出其体积和边界。在这个球体之外（在经验领域之外）没有任何东西构成了我们的理性的对象，甚至于关于诸如此类的假定的对象的问题也仅仅涉及关于这样一些关系的某种贯通的规定的主观原理，在这个球体之内它们可以出现在诸知性概念之间。

我们事实上拥有先天综合知识，那些预知了经验的知性原则阐明了这点。现在，如果有人完全不能理解先天综合知识的可能性，那么尽管他一开始可能怀疑如下这点，即这种知识事实上先天地出现在我们这里，但是他还是不能声称他的这种理解上的无能就是经由单纯的知性能力获得这样的知识的不可能性，并且不能声称理性以这样的知识为准绳所采取的所有步骤都是无效的。他只能这样说：假定我们洞察了这种知识的来源和真实性，那么我们便能够确定我们的理性的范围和界限；但是，在我们的理性的范围和界限被确定以前，[B791/A763]我们的理性的所有断言都是盲目地冒险做出的。以这样的方式，对于任何这样的独断的哲学的一种贯通的怀疑肯定是有根据的，它在没有对理性进行批判的情况下进行着。不过，我们不能因此就完全否认理性会取得这样一种进展——如果经由一种更好的奠基工作人们为这种进展做好了准备并且为其做出了保证。因为，纯粹理性一度置于我们面前的所有概念甚至于所有问题肯定并非包含在经验之中，相反，它们自身又一次地处于理性之中，因此，它们必须能够被解决并且根据其有效性或无效性而得到把握。此外，我们没有权利以我们的无能为借口拒绝这些任务并且拒绝对它们做进一步的探究，好像它们的解决实际上在于事物的本性，因为是理性本身在其内部产生了这些理念，因此，它有责任对它们的有效性或者辩证的假象做出解释。

一切怀疑的论战方式真正说来只是面向这样的独断论者的，他未对他的本源性的客观的原理加以怀疑，即未加批判就架子十足地进行着其工作。这种论战的目的仅仅在于让独断论者不知所措，并让其进行自我认识。就其本身来说，联系着我们所能知道的东西以及我们所不能知道的东西，怀疑的论战完全不能确定任何东西。理性的所有失败的独断尝试都［B792/A764］是这样的诸事实，让它们接受审查总是有用处的。但是，对它们进行审查这种做法并不能决定关于理性的这样的期待的任何事项，即希望它的未来的努力有一个更好的成果并且对该成果提出一些要求。因此，这样的单纯的审查从来不能终结关于人类理性的合法之处的争论。

由于休谟或许是所有怀疑论者中最有才智的人了，而且毫无疑义，就怀疑做法对唤醒彻底的理性检验这件事情能够产生的影响来说，休谟是最为出色的怀疑论者，因此，在此展现一下他的相关的推理过程以及这样一个如此有洞见且应当给予高度评价的人士的迷失（这样的迷失毕竟是在真理的轨道上开始发生的），这样的事情肯定是值得费力做的（在这样做适合于我的意图的范围内）。

休谟或许心中怀有这样的想法，尽管他从来没有完全将其展开，即：在某些判断中我们走到了我们关于对象的概念之外。我把这种类型的判断称作**综合的**。至于我如何能够借助于经验走出迄今为止我所拥有的那个概念，这点是没有任何疑问的。经验本身就是诸知觉的这样一种综合，它经由其他补加进来的知觉增益了我借助于某个知觉所获得的概念。不过，我们相信我们也能够先天地走出我们的概念并［B793/A765］扩展我们的知识。我们试图通过如下两种途径做到这点：或者联系着那种至少可以构成一个**经验对象**的东西经由纯粹知性做到这点；或者还可能联系着诸事物的这样一些性质——或许还联系着这样一些对象的存在——经由纯粹理性做这点，这些性质和对象从来不能出现在经验之中。我们的这个怀疑论者没有区别开这两类判断（像他应当做到的那样），并且直接将概念从其自身而得到的这种增益以及我们的知性（连同理性）的这种自我生产（在没有通过经验而受孕的情况下）看成是不可能的，进而将我们的知性和理性的所有假定的先天的原理均看成是想象出来的，并且发现这些原理不过是一种源自经验及其法则的习惯，因而仅仅是经验的规则，即这样一些就其自身来说偶然的规则，我们将一种假定的必然性和普遍性归属给它们。但是，为了主张这个令人诧异的命题，他援引了那条关于原因与结果的关系的得到了普遍承认的原则。因为，既然没有任何知性能力能够将我们从关于一个事物的概念引导到这样的某种不同的东西的存在，经由该概念它被普遍而必然地给出来了，他便相信他能够由此推导出这样的结论：在没有经验的情况下，我们不会拥有任何能够增益我们的概念并且能够让我们有权利拥有这样一个先天地扩展自身的判断的事项。请看这个事实：照亮蜡烛的日光［B794/A766］同时会熔化蜡烛，而且会让黏土变硬。知性不能根据我们事先拥有的关于这些事物的概念猜到上述事实，更不能合法则地从其中推导出它们，只有经验能够教给我们这样一条法则。与此相反，我们在先验逻辑中看到：尽管我们从来不能**直接地**走到被给予我们的概念的内容之外，但是，我们能够完全先天地认识关于一个事物与其他事物的联系的法则——不过，为此要联系着某个第三者即**可能的**经验（因此我们最终还是能够先天地认识这条法则)。因此，如果先前曾经是固态的蜡烛熔化了，那么我便能够先天地认识到这点：必定有这样一个事件先行发生了(比如来自太阳的热量)，蜡烛熔化了这个事件依据一条恒定的法则跟着它发生了，尽管在没有经验的情况下，从这个结果我不能**以确定的方式**先天地且没有受到该经验教导地认识该原因，也不能从该原因如此地认识该结果。因此，休谟从我们**根据该法则**所做出的〔关于原因或结果的〕确定之事的偶然性错误地推导出**该法则**本身的偶然性，并且将从关于一个事物的概念中走出并来到可能的经验这样的事情(这样的事情是先天地发生的并且构成了该概念的客观的实在性)与对现实的经验的对象的综合(该综合固然总是经验性的)混淆在一起。但是，经由这样的方式，他让一条关于亲和性的原理——它存在于知性之中并且陈述了必然的联系——变成了这样一条关于联想的规则，它仅仅是在模仿式的想[B795/A767]象力[①]中被遇到的，并且仅仅表现了偶然的而决非客观的连接。

这位从其他方面来看极为敏锐的人士的这种怀疑的迷失特别源于一种他与所有独断论者所共同拥有的缺陷，即他们没有系统地综观所有类型的知性的先天综合。因为，如果他这样做了，那么他本来能够发现比如**恒常性原则**(在此无需提到其他原则)[②]就是这样一条原则，它恰好与因致性原则一样，预知了经验。他也本来能够经由这样的方式为先天地扩展着自己的知性和纯粹的理性预先规定好确定的界限。但是，由于他只是**限制了**我们的知性，

① “模仿式的想象力”原文为“nachbildende Einbildungskraft”，即前文(A100-102和B152)所谓“再生的想象力”(die reproduktive Einbildungskraft)。

② 关于实体的恒常性原则，请参见前文B224-232/A182-189。

而并没有**为其画出界限**[①]，并且尽管他做到了普遍的不信任，但是并没有对我们的不可避免的无知形成任何确定的知识（因为他虽然让一些知性原则接受审查，但并没有将知性本身联系着其全部能力置于批判的检验天平之上），而且，在否认知性拥有它实际上不能完成的事情的过程中，他进一步地否认知性拥有任何先天地扩展自身的能力（尽管他并没有对其全部的能力加以评估），因此，他便遭遇到了那种始终会击倒怀疑论的事情，即它自己也受到了怀疑，因为它的异议仅仅是以偶然的事实为基础的，而非建立在这样一些原〔B796/A768〕理基础之上，它们会导致对于独断的断言的权利的必然的放弃。

由于休谟也不知道在知性的有根据的要求与理性的辩证的过分要求之间存在着区别，而他的攻击针对的主要是后者，因此，理性感觉到适合于它的扩展的空间并没有被封闭起来（理性的独特的冲劲在此丝毫没有受到干扰，而只是受到了阻碍），它决不可能完全放弃它的努力，尽管它在这里或那里受到了刁难。因为，在受到攻击时人们便武装起来进行防御，而且更为坚定地贯彻其要求。不过，一个人对于他自己的全部财产的全面的评估以及由此而来的对于一小部分所有物的可靠性的信服取消了一切相关的争论（更高的要求是徒劳无益的），并且促使他要心平气和地满足于虽然有限但却是无可争议的财产。

非批判的独断论者没有对他的知性的范围进行测量进而没有根据原理确定他的可能的知识的界限，因此他并非已经先行知道了他能做多少事情，相反，他想着通过单纯的试验发现这点。对

① “限制”和“画出……界限”原文分别为“einschränkt”和“begrenzen”。这两个德语词分别对应着名词“Schranke”（限制）和“Grenze”（界限）。

于这样的独断论者来说，这些怀疑的攻击不仅是危险的，而且甚至于是毁灭性的。因为，只要他被逮到做出了哪怕一个这样的断言，他不能为之提供辩［B797/A769］护，另一方面他也不能根据原理展开其假象，人们就会质疑其所有断言，无论它们通常多么有说服力。

因此，怀疑论者是独断的理性诡辩家的管教员，旨在〔让其〕对知性和理性本身做出一种有益的批判[①]。如果理性诡辩家做出了这样的批判，那么他就不必再害怕任何反驳了，因为他这时将他的财产与那些完全处于他的财产之外的东西区别开来了，他对它们没有提出任何要求并且也不可能卷入关于其的争论。因此，尽管就其自身来看怀疑的做法对于理性问题来说是不能**令人满意的**，但它却是**预备性的**，以便提醒理性要小心行事，并且它指向这样一种彻底的手段，该手段能够保障理性的合法的所有物。

第三章 联系着假说来看的纯粹理性的训导

因为经由对我们的理性的批判我们最终知道了这么多东西：在理性的纯粹的且思辨的使用中我们根本不能知道任何东西，所

---

① 此句原文为："Und so ist der Skeptiker der Zuchtmeister des dogmatischen Vernünftlers auf eine gesunde Kritik des Verstandes und der Vernunft selbst"。叔本华认为当作："Und so führt der Skeptiker, der Zuchtmeister des dogmatischen Vernünftlers, auf eine gesunde Kritik des Verstandes und der Vernunft selbst"。据此中译当为："因此，怀疑论者，作为独断的理性诡辩家的管教员，导致了对知性和理性本身的一种有益的批判。"

以，难道它不能为**假说**开启了一个更为广大的领域吗？——因为我们至少被允许进行虚构和提出意见，即使不被允许做出断言？

［B798/A770］如果想象力比如不是**耽于幻想**，而是在理性的严格的监视下**进行虚构**，那么事先就必定总是有这样的某种东西，它是完全确实的，不是虚构的，也不是单纯的意见。这种东西就是对象自身的**可能性**。在这种情况下，如下做法肯定是允许的：就对象的现实性最后求助于这样的意见，为了不成为没有根据的事项，它必须被置于与那种作为解释根据的、现实地被给出的进而确实的东西的联系之中，在这种情况下它被叫作**假说**。

现在，由于我们无法对动力学的联结的可能性先天地形成哪怕是最低限度的概念，而且纯粹知性的范畴并不是用来构想出诸如此类的联系的，而仅仅是用来理解它的（在它出现在经验中时），因此，我们不能根据一种新的且经验上无法指明的特性并且依据范畴本源地构想出一个唯一的对象并且将它置于一个被允许的假说的基础的地位[①]，因为这样做就意味着将空洞的幻象而非关于事物的概念当作基础置于理性的下面。因此，我们不被允许试图构想出某些新的、本源性的能力——比如，这样一种知性，它有能力在没有感觉能力的情况下直观其对象；或者一种无需任何接触的吸引力[②]；或者一种新的实体，比如一种没有不可入性而在空间中存在的实体。因此，我们也不被允许构想出诸实体的这样

① 此句后半部分原文是这样的："und sie einer erlaubten Hypothese zum Grunde legen"。Erdmann 认为"sie"（指代前面的"Beschaffenheit"）当作"ihn"（指代前面的"Gegenstand"）。中译文据此译出。

② 在科学院版中"吸引力"（Anziehungskraft）作"膨胀力"（Ausdehnungskraft），Mellin 认为当作"排斥力"（Zurückstoßungskraft）。

一种共存，它不〔B799/A771〕同于经验所提供的所有共存，也不被允许构想出任何不同于空间中的在场的在场，任何不同于单纯时间中的延续的延续。一言以蔽之，对于我们的理性来说，只有将可能经验的条件用作事物的可能性的条件才是可能的；但是，如下事情是绝对不可能的，即完全独立于可能经验的条件，我们的理性好像是为自己创造出了事物的可能性的条件，因为诸如此类的概念尽管是没有矛盾的，但也将是没有对象的。

正如我们已经说过的那样，理性概念是单纯的理念，自然而然地并非拥有处于某一经验中的对象，不过，它们并非因此就表示虚构的且同时在此被假定为可能的对象。它们〔的对象〕仅仅是成问题地被思维的，以便联系着它们（作为启发性的虚构物）为关于知性在经验领域内的系统的使用的调节性原理提供根据。如果人们不考虑这点，那么它们就是这样一些单纯的思想之物，它们的可能性是不可证明的，而且它们因此也不能被置于那种通过一个假说而对现实的显象所做的解释的基础的地位。将灵魂**思维**成简单的这点是完全可以允许的，以便根据这个**理念**而将所有心灵能力的某种完全的且必然的统一性（尽管人们不能具体地洞察到这种统一性）确立为一条我们借以评判灵魂的诸内部显象的原理。但是，将灵魂**假定**为简单的实体（一个超验的概念）这点构成了这样一个命题，它不仅是不可证明〔B800/A772〕的（像许多自然的假说是不可证明的那样），而且也是完全任意地且盲目地冒险提出的，因为简单的东西根本不能出现在任何经验之中。另外，如果人们在此将实体理解成感性直观的恒常的对象，那么这样一种**简单的显象**的可能性根本就是不可洞察到的。单纯理知的存在物，或者感性世界的诸事物的单纯可理知的性质，不能在某个来自理性的有根据的权限之下作为意见而被假定，尽管它们也不能经由任何假定的、更好的洞见而被独断地拒绝（因为人们对于它们的可能性或者不可能性根本没有任何概念）。

为了解释诸给定的显象，我们只能援引这样的事物和解释根据，它们根据大家已经知道的关于诸显象的法则被置于与这些给定的显象的联系之中。因此，这样一个**先验的假说**——在其中一个单纯的理性理念被用来解释诸自然事物——将根本构不成任何解释，因为，在此那种人们根据熟知的经验原理还没有被充分地理解的东西会被那种人们对之完全没有任何理解的东西加以解释了。另外，关于这样一种假说的原理真正说来只是用来满足理性的，而不是用来促进知性联系着对象的使用的。自然中的秩序和合目的性必须再一次地从自然根据并且按照自然法则而得到解释。［B801/A773］在此即便最为疯狂的假说，只要它们是自然的，那么它们就要比一种超自然的假说[①]——即对于这样一种神性创造者的援引，它是人们为此目的而预设的——更为可以忍受。因为，这种援引构成了这样一条懒惰的理性（ignava ratio）的原理，即一下子错过了所有这样的原因——人们还可以通过接下来的经验了解它们的客观实在性（至少从可能性上看）——从而安静地待在一个让理性感到十分惬意的单纯的理念之中。但是，就涉及这些原因的序列中的解释根据之绝对的总体的事项来说，这样的事项联系着诸世界对象[②]不会造成任何困难，因为，既然这些对象不过就

① “自然的”和“超自然的”原文分别为“physisch”和“hyperphysisch”。

② “诸世界对象”（Weltobjekte）即诸自然事物（Naturdinge）。

是显象，我们就决不能指望在它们之上找到诸条件的序列的综合中的某种完成了的东西[①]。

关于理性的思辨使用的先验假说以及为了弥补自然的解释根据的不足必要时使用超自然的解释根据的自由是根本不能允许的。事情之所以如此，其部分原因是这样的：理性根本没有由此而被带到更远的地方，相反，它由此而切断了它的使用的整个进程；另一部分原因在于，这种许可最后必定让理性失去了它在它的专属的基地即经验之上的劳作的所有成果。因为，如果对于我们来说自然的解释在这里或那里变得困难了，那么我们手边始终拥有这样一种超验的解释根据，它免除了我们进行自然研究的责任，[B802/A774]并且它不是经由洞见而是经由这样一条原理的完全的不可把握性结束了我们的自然研究——人们事先已经如此地思考了该原理，以至于它必定包含着关于绝对地第一者的概念。

属于一个假说的值得接受性的第二个必要的成分是它对于如下目的的充分性，即从它那里我们可以先天地确定所给定的结果。如果人们为了这个目的而被迫求助于诸辅助性的假说，那么这些假说会给人以单纯虚构的嫌疑，因为它们中的每一个就其自身来说都需要这样一种辩护，这一辩护恰好是那个被置于基础的地位的思想急需的，因此它不能提供有资质的见证。如果说在预设了一个无限地完善的原因之后，我们便不缺乏对于出现于世界中的一切合目的性、秩序和量的解释根据了，那么在面对着那些显示出来的偏离和坏事（至少根据我们的概念相关的事情是偏离和坏事）的时候，这个原因无论如何还需要新的假说，以便让自己安

① 参见前文 B386-396/A330-338。

全地躲过来自这些作为反对的理由而提出的偏离和坏事的攻击。〔同样，〕如果人类灵魂的简单的独立自主性（这样的独立自主性是作为灵魂的诸显象的根据而被确立下来的）受到了源自灵魂的这样一些现象的困难的攻击，这些现象类似于某种物质的改变（物质的增益和减小）[①]，那么我们在此就必须求助于一些新假说，尽管这些假说表面上看并非没有任何道理，但是它们得不到任何认证——除了这样的认证，它［B803/A775］是由那个被假定为主要根据的意见提供给它们的，然而，它们恰好应该为该意见提供支持。

如果在此作为例子提到的理性断言（灵魂的非物体性的统一性和某个最高的存在物的存在）不应当是作为假说而有效的，而应当是作为先天地得到了证明的教条而有效的，那么我们所谈论的东西根本就不是它们。不过，在这种情况下，人们要注意到这点：这个证明在此会具有某种演证的绝然的确实性。因为，想要让这些理念的现实性仅仅成为**或然的**这点是一种荒唐的打算，正如当人们想着仅仅或然地证明一个几何学命题时那样。脱离了一切经验的理性只能或者先天地认识一切东西并且只能将其认识成必然的，或者根本就不能认识它们。因此，其判断从来不是意见，相反，它或者是对一切判断的放弃，或者是绝然的确实性。关于那种属于诸事物的东西的意见和或然判断[②]只能或者作为对现实地给出的东西的解释的根据而出现，或者作为这样的东西而出现，

① 灵魂之类似于某种物质的改变（比如物质的增益和减小）的现象是指灵魂能力（精神能力）的增益和减少现象。参见 B806/A778 中的进一步的讨论。

② 在此“或然判断”原文为“wahrscheinliche Urteile”。前面两次出现的“或然的（地）”原文同为“wahrscheinlich”。通过比较康德在讨论范畴表时对“problematisch”这个词的用法，不难看出，在这些语境中，康德是同义地使用这两个词的。

它按照经验的法则构成了那种作为现实的事项而处于基础的地位的东西的后果，因此，它们只能出现在诸经验的对象的序列之中。在这个领域之外**拥有意见**就等同于玩弄思想，除非情况必定是这样的：对一条没有把握做出判断的道路人们仅仅拥有这样的意见，即或许在其上可以发现真理。

[B804/A776]不过，尽管在纯粹理性的思辨的问题中，我们要在它们之上建立起一些命题的假说是不成立的，但是，如果人们使用它们的目的仅仅是为了辩护相关的命题，那么它们还是完全可以允许的——也即不是在理性的独断的使用中，而是在其论战性的使用中。不过，在此我不是将辩护理解成人们的断言的证明根据的增加，而是将其理解成对论敌持有的貌似的洞见的单纯的击破（这些貌似的洞见本来是要损害我们所断定的命题的）。不过，所有源自纯粹理性的综合命题都拥有如下独特之处：尽管那个断言了某些理念的实在性的人从来没有知道如此多的东西，以至于他的这个命题因此变成确实的了，但是，另一方面，其论敌也同样不能知道更多的东西，从而可以断言该命题的反题。现在，尽管人类理性的运气的这种均等性在思辨的认识方面确实并非有利于两方中的任何一方，而且，一些从来不会得到解决的争论的适当战场就存在于思辨的认识的领域，但是，我们在下文将表明，联系着其**实践的使用**，理性确实拥有假定这样的某种东西的权利，在纯粹的思辨领域理性在没有充足的证明根据的情况下决没有权限预设它。因为，所有这些预设都损害了思辨的完善性，而实践的兴趣根本不关心这种完善性。因此，在实践领域理性拥有这样的某种东西，理性不必证明其合法性，而且事实上它也不能对此

［B805/A777］给出证明。因此，论敌应该给出证明。但是，由于论敌对于受到怀疑的对象知道得与断言了该对象的现实性的第一个人同样少，以至于他也不能确立该对象的非存在，因此，在此这样一方的优势便显现出来了，他将某种东西断定为实践上必然的预设（melior est conditio possidentis［在此拥有者的境况更佳］）。因为，他可以自由地使用——可以说出于正当自卫的需要——这样一种手段来捍卫他的好事，论敌恰好也可以自由地使用它来破坏这桩好事。这种手段就是这样一些相关的假说，它们根本不应该是用来加强这桩好事的证明的，而仅仅应该是用来说明这点的，即论敌对于争论的对象知道得太少，以至于他不能自诩，相较于我们的思辨的洞见来说，他在思辨洞见方面拥有优势。

因此，在纯粹理性的领域诸假说只有作为战争武器才是被允许的——我们之所以如此地允许它们，并不是为了在它们之上建立起一种权利，而仅仅是为了对这种权利进行辩护。但是，在此我们必须总是在我们自己之内寻找论敌。因为，在其先验的使用中思辨理性**就其本身来说**就是辩证的。那些或许让人害怕的异议就处于我们自己之内。我们必须把它们找出来（好像它们是古老而又从来不会失效的要求一样），以便在消灭了它们之后建立起一种永久的和平。外表的平和只是貌似的平和。那种包含在人类理性的本性之中的攻击的胚芽必须被根除。［B806/A778］但是，如果我们不给予这样的胚芽以破土而出以至长成小草的自由甚至于为之提供营养，以便让胚芽由此而暴露自身并且接着将长出的小草连根拔起，那么我们如何能够根除胚芽？请你们据此想一想论敌还没有想到过的那些异议，甚至于为他提供武器，或者给他让出他特别希望得到的那个最有利的位置。在此，根本没有任何要害怕的东西，而是有一些可以希望的东西，即：你们会为你们自己谋得一份在将来的任何时候均不会再受到攻击的财产。

现在，这样的纯粹理性的假说也属于你们的全部的装备，尽管它们仅仅是铅制的武器（因为它们没有经过经验法则的钢化），但是它们能够做到的事情总是与某个论敌为了反对你们而可能利用的假说能够做到的事情同样多。因此，如果你们假定（在某种不同的、非思辨的方面），灵魂的本性是非物质性的并且不会经受任何身体上的转变，但是你们遇到了不利于该假定的困难，即经验似乎还是证明了我们的精神能力的提升和失常[①]仅仅是我们的器官的各种各样的变状，那么你们可以通过如下方式弱化这个证明的力量，即你们假定，我们的身体不过就是这样一种基础显象，在当下的状态中（在生命活动中）感性的全部能力并且与此相连还有全部思维都把它作为条件而关联到它。与身体的分离是你们的认识能力的这种感性的使用的终结并且是其理智的使用的开始。[B807/A779] 因此，身体并不是思维的原因，而是思维的一种单纯地限制性的条件，因此，尽管它必须被看成感性的且动物性的生命活动的促进者，但是它更加应该被看成纯粹的且精神性的生命活动的障碍。感性的且动物性的生命活动对于身体的特性的依赖性并没有对整个生命对于我们的器官的状态的依赖性提供什么证明。不过，你们还可以再往前走一步，甚至于找到或者还没有人提出过的新的怀疑，或者人们还没有足够远地进行下去的新的怀疑。

---

① “我们的精神能力的提升和失常”原文为“sowohl die Erhebung, als Zerrüttung unserer Geisteskräfte”。

生殖之事具有偶然性。在人类成员这里，正如在无理性的创造物那里一样，生殖依赖于时机，此外还依赖于生计、依赖于政府及政府人员的心情和想法，甚至于常常依赖于邪恶。这种偶然性为如下意见制造出了一种巨大的困难：这样一种创造物——其生命首先是在如此微不足道的并且完全听任我们的自由摆布的环境之中开始的——拥有一种延伸到永恒的延续。就整个人类（在地球上的）的延续来说，这种困难并不重要，因为在个别人那里的偶然情况仍然要听命于从总体上说的一条规则。但是，联系着每个个人来说，期待着从如此微不足道的原因那里得到如此重大的结果，这点看起来的确是可疑的。不过，对于这种看法，你们可以动用这样一种先验的假说：真正说来，一切生命都仅仅〔B808/A780〕是理知性的，它们根本不听命于时间的变化，而且既不是经由出生而开始的，也不是经由死亡而结束的；此生不过是一种单纯的显象，即一种对于那种纯粹的、精神的生命的感性表象，而整个感性世界不过是这样一幅单纯的图像，它浮现在我们当下的认识方式之前并且它就其自身来说就像梦境一样没有任何客观的实在性；如果我们能够**像诸事物以及我们自身本来所是的那样**直观它们〔以及我们自身〕，那么我们会将我们看成是存在于这样一个由诸多精神性的自然构成的世界[①]之内，我们与它的唯一真实的共存既不是经由出生而开始的，也将不会经由肉体的死亡（作为诸单纯的显象）而终止，等等。

现在，尽管我们对我们在此为了反击他人的攻击以假说的形式建立起来的东西一无所知，我们也并非严肃地断定了它们，相

① “一个由诸多精神性的自然构成的世界”原文为“eine Welt geistiger Naturen”。

反，所有这一切甚至于都不是理性理念，而仅仅是为了防守而**构想出来的**概念，但是，我们在此确实是以完全合乎理性的方式行事的，因为我们只是向这样的论敌——他自以为通过如下方式穷尽了一切可能性，即将我们所相信的东西的经验条件的缺乏错误地冒充为对于其完全的不可能性的证明——表明了这点：正如我们不能在经验之外以一种有根据的方式为我们的理性赢得某种东西一样，他也同样不能经由单纯的经验法则而囊括诸可能的事物本身的整个领域。有人为了反［B809/A781］对大胆地做出否定的论敌所提出的狂妄主张拿出了这样一些假设性的解救办法。我们一定不要如此地看待这个人，好像他要将这些解救办法作为他的真实意见而据为己有一样。实际上，一旦他将论敌的独断的自负处理掉了，他就离弃了它们。因为，尽管当某个人仅仅拒绝性地且否定性地处理他人的主张时，他的做法要被看成是谦逊的并且有节制的，但是，一旦他想让他的异议作为反论题的证明而起作用，那么他的要求就总是同样地自负和傲慢的了，好像是他选择了做出肯定的一方及其断言一样。

因此，人们由此看到，在理性的思辨的使用中假说作为意见就其自身来说没有任何有效性，相反，只是相对于相反的超验的狂妄主张才具有有效性。因为，正如断定这样一些概念的客观实在性这种做法是超验的一样，它们只能在一切可能的经验的界限之外找到其对象，将关于可能经验的原理扩展到泛而言之的事物的可能性之上这种做法同样是超验的。纯粹理性实然地断定的东西必定是必然的（正如理性所认识的所有东西一样），否则，它就根本什么也不是。据此，纯粹理性事实上根本不包含任何意见。

但是，所提到的那些假说仅仅是这样一些或然的判断[①]，它们至少不能被驳倒，尽管自然而然也不能经由任何东西被证明。因此，它们［B810/A782］是纯粹的私人意见[②]。不过，适当地说来，面对着人们自动流露出来的怀疑，它们是不可或缺的（即便是为了获得内在的平静的目的）。另一方面，人们必须让它们保持着这样的身份，甚至于要小心谨慎地避免将它们当作就它们本身来说得到了认证的东西并且拥有一些绝对的有效性的东西，而且避免让理性淹死在虚构和幻象之中。

第四章　联系着其证明来看的纯粹理性的训导

在所有关于先天综合的知识的证明中，先验的且综合的命题的证明具有如下的独特特征：理性在它们那里不可以借助于它的概念直接地转向对象，而是必须事先先天地确立这些概念的客观有效性及其综合的可能性。这决不仅仅是必要的谨慎规则，而是涉及这些证明的本质及其可能性。如果我要先天地走出关于一个对象的概念，那么，在没有一条独特的且处于这个概念之外的线

① “或然的判断”原文为“problematische Urteile”。

② 在科学院版中此句话相关部分原文是这样的：“Die gedachten Hypothesen … sind also reine Privatmeinungen”。科学院版采用的是 Hartenstein 的校改意见。中译文据此译出。在 A 版和 B 版原版中“reine”（纯粹的）作“keine”，据此全句中译当为：“因此，它们并不是任何私人意见”。

索的情况下这样的事情是不可能的。在数学中是先天的直观指导着我的综合，而且在那里所有推理都能够直接地受到纯粹直〔B811/A783〕观的引导。在先验的认识中，只要所处理的仅仅是知性概念，那么这个准绳就是可能的经验。因为，在此相关的证明并没有表明，一个给定的概念（比如关于发生的事情的概念）直接地导致了另一个概念（关于一个原因的概念），这点则又是因为，诸如此类的过渡是一次根本无法为自己做出辩护的跳跃；相反，该证明表明了，经验本身进而经验的对象在没有这样一种〔因果〕联系的情况下是不可能的。因此，这个证明必定同时指明了综合地且先天地达到某种这样的关于诸事物的知识的可能性，该知识并没有包含在关于这些事物的概念之中。如果人们没有关注到这点，那么人们在此会试图给出的诸多其他形式的证明就会像冲破了堤岸的河水一样，狂暴地越过田野，流向隐藏着的联想的禀好偶然地将其所引向[①]的任何地方。这些证明可能造成的信服的假象——这样的假象实际上是建立在联想的主观原因基础之上的，并且被当成了关于某种自然而然的亲和性的洞见——根本不能抗衡人们对于诸如此类的冒险步骤理所应当地必定会产生的疑虑。因此，像相关专家们普遍承认的那样，任何试图证明充足根据原则的努力都是徒劳的。在先验的批判出场之前，人们宁可固执地——因为人们确实不能离弃这条原则——援引健全的人类知性（即求助于这样一个庇护所，它〔B812/A784〕总是证明了这点：理性的事业是令人绝望的），而不是想着尝试给出新的独断的证明。

---

① “引向”原文为“hinleitet”。在A版和B版原版中“hinleitet”作“herleitet”（推导，源自），Mellin认为此为笔误或印刷错误所致。科学院版接受了这种修改意见。中译文据此译出。

但是，如果那个我们应该对之给出一个证明的命题是纯粹理性的一个断言，并且我甚至于要借助于单纯的理念走出我的经验概念，那么这个证明就更必须还内在地包含着对这样一个综合步骤的辩护（该辩护构成了它的证明力的一个必然的条件）——如果该综合步骤是以其他的方式成为可能的。于是，无论根据统觉的统一性而对我们的思维的实体的简单本性所进行的假定的证明如何貌似合理，它都不容拒绝地要面对人们的如下疑虑：由于绝对的简单性无论如何不是这样一个概念，它可以被直接地关联到一个知觉，相反，作为理念它必定是被推导出来的，因此，我们无法洞察这点，即那种包含于（或者至少能够包含于）**一切思维之内**的单纯的意识如何能够——尽管在这样的范围内它不过是一个简单的表象——将我带到关于这样一个事物（只有思维才可能包含**在其内**）的意识和知识。因为，如果我对自己形成关于处于运动中的我的身体的力的表象，那么我的身体在这样的范围内对于我来说构成了绝对的一，而我对于它的表象就是简单的；因此，我也可以通过一个点的运动来表达该表象，因为我的身体的体积在此没有做任何事情，而且，该体积可以被设想得像人们所希望的那么小而不减少力，因此它也可以被设想为［B813/A785］处于一个点之内。但是，由此我不会做出推论说：如果被给予我的仅仅是一个物体的推动力，那么该物体因为如下原因而可以被设想成简单实体，即它的表象被抽掉了空间内容上的一切量，因此是简单的。现在，经由下面这点，我发现了一个谬误推理：抽象中的简单的东西完全不同于对象中的简单的东西，而且第一种意义上的我根本没有将任何杂多性包含**在其内**，而就第二种意义上的我来说，由于它意指的是灵魂本身，因此它可以是这样一个非常复杂的概念，即**在其下**包含着许多东西并且它表示的就是这些东西。不过，为了事先模模糊糊地预感到这个谬误推理[①]，（因为如果没有这样一种预备性的猜测，人们根本不会对该证明产生怀疑，）手边拥有一个关于这样一些综合命题的可能性的永久的标准是绝对必要的，它们可以证明比经验所能提供的东西更多的东西。这个标准是这样的：相关的证明不是直接地被引向所要求的那个谓词，而是仅仅借助于一条关于这样的事情的可能性的原理而被引向该谓词的，即如何将我们的给定的先天的概念扩展成理念并且如何将这些理念实在化。如果人们总是这样地谨慎行事，如果人们在尝试给出证明之前明智地斟酌一下这点，即他们如何能够——以及通过什么样的希望根据肯定可以——期待通过理性而进行的这样一种扩展，并且在这样的情况下人们究竟想要从哪里获得这样一些洞［B814/A786］见，它们不可能是从概念发展出来的，而且也不能联系着可能的经验而被预知，那么，人们便可以省去许多困难的、而且是毫无成果的努力，因为这时人们没有过高地要求理性提供那些明显超出了其能力的东西，或者说，这时人们让这样的理性——它在其思辨的扩展欲发作时不愿让自己受到限制——听命于要有所节制的训导。

因此，第一条规则是这样的：在没有事先思考过下面这些问题并就此而为自己进行过辩护的情况下，不要尝试给出任何先验证明——这些问题是：人们打算从哪里得到那些他们想着要在其

---

① 此句原文为："um diesen vorher zu ahnden"。在 Heidemann 版中，"ahnden"（惩罚，制裁）被改为"ahnen"。在旧时德语拼写法中，"ahnen"（预感）也拼写为"ahnden"（参见 *Etymologisches Wörterbuch der deutschen Sprache*, hrsg. Friedrich Kluge und Elmar Seebold, Berlin and New York: Walter de Gruyter, 1989, S. 14）。

上建立起该证明的原则？而且，人们能够有什么权利期待从这些原则获得好的推理成果？如果这些原则就是知性的原则（比如关于因致性的原则），那么欲借助于它们达到纯粹理性的理念的企图是徒劳的，因为知性的原则仅仅适用于可能经验的对象。如果这些原则应当是纯粹理性的原则，那么所有力气再一次地被白费了。因为，虽然理性拥有了它们，但是作为客观的原则，它们总起来说是辩证的，而且，它们充其量仅仅只能像关于系统地关联在一起的经验的使用的诸调节性原理那样发挥效用。不过，如果诸如此类的所谓的证明已经存在了，那么你们就要用你们的成熟的判断力的 non liquet 对抗相关的欺骗性的说服[①]［B815/A787］；而且，尽管你们还不能看穿这些证明的幻象，但是你们的确拥有做出如下要求的全部权利，即人们要提供在证明中所使用的诸原则的演绎，而如果这些原则应当源自单纯的理性，那么人们从来不能为你们提供这样的演绎。因此，你们甚至于不必要关注任何无根据的假象的展开和反驳，相反，你们可以在那个要求人们为其提供法则的批判的理性的法庭上一次性地一股脑儿拒绝一切拥有无穷的诡计的辩证论。

先验证明的第二个独特之处是：对于每个先验的命题，我们只能为其找到**一个唯一的**证明。如果我不应该基于概念而是应该基于相应于一个概念的直观——无论现在这个直观是一个纯粹直观（像在数学中那样），还是一个经验直观（像在自然科学中那

① “non liquet”意为：此处缺乏可适用的法律条文。因此，这句话的意义是这样的：“此时你们的成熟的判断力所秉持的这样的立场——即请你们给我提供此处可适用的法律条文（法则，即作为证明根据的原则）——就会对抗着相关的欺骗性说信服”（参见前文 B770–771/A742–743 的讨论）。

样）——进行推理，那么那个被置于基础的地位的直观为我提供了我借以构造综合命题的杂多的材料，而我可以通过不止一种方式联结这些材料，并且由于我可以从不止一个点出发，因此，我可以通过各种各样的道路达到同一个命题。

但是，每个先验的命题仅仅是从一个概念出发的，并且根据这个概念说出了[①]相关的对象的可能性的综合条件。因此，相关的证明根据只能是一个唯一的根据，因为在这个概念之外不再存在更多的这样的东西了，根据它该［B816/A788］对象能够得到规定。于是，这个证明只能包含着根据这个概念（它在此恰恰也是独一无二的）而对一个泛而言之的对象所做出的规定，而不能包含更多的东西。比如，在先验分析论中我们从一个关于泛而言之的发生的东西的概念的客观可能性的那个唯一的条件得出了这条原则："所有发生的东西都有一个原因。"这个唯一的条件是这样的：时间中的一个事件的规定进而这个属于经验的东西的事件，在没有隶属于一条动力学规则的情况下，是不可能的。这点现在也是唯一可能的证明根据，因为只有经由如下方式那个被表象的事件才拥有客观的有效性，即真实性：我们借助于因致性法则为该概念规定了一个对象。尽管人们还尝试对这条原则给出其他的证明，比如基于偶然性而进行的证明，但是，如果人们仔细考察一下这个证明，那么人们只能发现偶然性的这样的标志，即**事情的发生**[②]，也即这样的存在，相关的对象的非存在在其前面先行发生了，因此，人们总是一再地返回到同样的证明根据。如果要证明的是

① Grillo 认为"说出了"（sagt）当作"设置了"（setzt）。

② 原文为"*das Geschehen*"。

“所有思维的东西都是简单的”这个命题，那么人们在此就不会纠缠于思维的杂多之上，而会仅仅固守在关于我的这样的概念之上，该概念是简单的并且一切思维均被关联到其上。关于上帝的存在的先验证明的情况是一样的。该证明仅仅建立在最实在的存在物和必然的存在物这两个概念的可互换［B817/A789］性基础之上，它不可能从任何其他地方被找到。

经由这个警告性的说明，对理性断言的批判已经被简化到最低程度。在理性借助单纯的概念从事其事务的地方，如果究竟还有某种证明是可能的话，那么便只有唯一一种证明是可能的。于是，当人们看到独断论者携带着十个证明出场时，此时人们便可有把握确信他根本不拥有任何证明。因为，假定他拥有一个这样的证明，它绝然地证明了什么东西（在纯粹理性的事业中情况必定是这样的），那么，为何他还需要其他的证明？他的意图仅仅是类似于那个议会律师所拥有的意图：他的一个论证针对的是这个人，另一个论证针对的则是另一个人，即为了利用他的法官们的弱点。这些法官没有深入地参与他们的事务，而且为了迅速地摆脱这个事务，他们抓住了那个恰好引起他们的注意的第一个的论证并据此做出判决。

当纯粹理性联系着先验证明而要接受一种训导时，它需要遵循的第三条独特的规则是这样的：其证明决不能是**反证式的**，而必须总是**明显的**。在所有种类的认识中，直接的或者明显的证明是这样一种证明，它将对一个真理的信服同时与对于该真理的来源的洞见连接在一起；与此相反，反证式证明尽管能够导致人们对该真理的确信，但是不能给出该真理的可把握性——就其与其可能性的根据的关联来说。［B818/A790］因此，反证式证明与其说是一种满足了理性的所有意图的程序，不如说是一种紧急的自卫措施。不过，与直接证明相比，反证式证明的确拥有一种自明性方面的长处——在这点上：与最好的联结相比，矛盾总是随身带有表象中的更高的清晰性，并且由此而更为接近演证的可直观性。[①]

在各种各样的科学中人们使用反证式证明的真正原因或许是这样的。如果这样的根据——人们可以从其中推导出某个知识——太过杂多了，或者隐藏得太深了，那么人们便尝试确定一下这个知识是否可以经由其后承达到。现在，modus ponens（肯定前件式的推理）——即从一个知识的后承的真理性推导出该知识的真理性——只有在如下情况下才是允许的，即从该知识得出的所有可能的后承都是真的。因为，在这种情况下对于这些后承来说只有一个唯一的根据是可能的，因此该根据也是真的根据。但是，这样的程序是不可行的，因为洞察某个假定的命题的所有可能的后承这点超出了我们的能力范围。不过，如果人们所关心的事情是将某种东西仅仅作为假说而对其加以证明，那么他们就利用这种推理方式（尽管在这样做时他们自然而然地是抱着宽容的态度的），因为在此他们允许如下形式的根据类比而进行的推理：如果人们所试用的那些后承都与一个假定的根据很好地协调一致，那么所有余下来的可能的后承也将与其一致。因为在此人们使用了

---

① “反证式证明”和“明显的证明”原文分别为“der apagogische Beweis”、“der ostensive Beweis”。反证式证明是一种间接证明，即这样的证明：它通过确定一个命题的矛盾命题的假的方式来证明该命题的真。明显的证明在此特指直接证明。这段话中的“最好的联结”（die beste Verknüpfung）中的“联结”当指前面说到的“将对一个真理的信服同时与对于该真理的来源的洞见连接在一起”和“其与其可能性的根据的关联”中的“连接”（verbindet）和“关联”（Zusammenhang）。

类比的缘故，经由这条［B819/A791］道路一个假说决不能被转变成得到了演证的真理。理性推理中的 modus tollens（否定后件式推理）——它从后承推导出根据——不仅十分严格地而且也绝对轻易地进行证明。因为，即便只有唯一一个假的后承可以从一个命题中得出，那么这个命题就是假的。现在，人们根本不需要通观出现于一个明显的证明中的诸根据的完整的序列（该序列借助于对于一个知识的真理性的可能性的完全的洞见可以导致该知识的真理性），人们只需要在从该知识的反面得出的诸多后承中发现唯一一个后承是假的，那么这个反面就也是假的，进而人们要证明的那个知识就是真的。

但是，只有在这样一些科学中这种反证式的证明方式才是可以被允许的，在那里如下事情是不可能的：用我们的表象中的主观的事项**顶替**客观的事项，即用其**顶替**对于存在于对象之中的东西的认识。[①] 然而，在这样的顶替之事盛行的地方，如下事情必定常常发生：某个命题的反面或者仅仅与思维的主观条件矛盾，而非与相关的对象矛盾，或者两个命题仅仅在这样一种主观条件之下才彼此矛盾，它被错误地当成客观的条件，而由于这个条件是错误的，因此，两者均可以是假的，从其中的一个命题的假不能推导出另一个命题的真。

［B820/A792］在数学中这种偷换是不可能的。因此，反证式的证明方式在那里也拥有其适当的位置。就自然科学来说，因为在那里一切均是建立在经验直观基础之上的，所以通过对诸观察所做的多所比较，那种骗取在很大程度上可以被防止。不过，这种证明

① 此句原文为“das Subjektive unserer Vorstellungen dem Objektiven, nämlich der Erkenntnis desjenigen, was am Gegenstande ist, *unterzuschieben*”。下一段话中谈到的“偷换”（Subreption）或“骗取”（Erschleichung）即指此处讨论的“顶替之事”。

方式在那里在很大程度上的确是不重要的。但是，纯粹理性的先验的尝试总起来说是在辩证的假象——即这样的主观的事项，它在理性的诸前提中将自己当作客观的东西提供给理性，甚或将自己强加给理性——这个适当的介质中进行的。现在，在此就综合命题来说，人们根本不被允许通过反驳相反的主张来辩护他们的主张。因为，在此或者情况是这样的：这种反驳不过就是对相反的意见与相对于我们的理性的可把握性的主观的条件的冲突的单纯的呈现，但是这样的呈现根本没有为这样的目的做出什么事情，即让人们因此而拒绝事物自身（比如，一个存在物的存在之中的无条件的必然性绝对地不能被我们所把握，因此**主观地说来**，它正当地抗拒着关于某种必然的、至上的存在物的每种思辨的证明，但是，它并非正当地抗拒着这样一种原初存在物**本身**的可能性）。或者，情况是这样的：双方——肯定的一方和否定的一方——在先验的假象的欺骗之下都将一个关于对象的不可能的概念置于基础地位，并且［B821/A793］在此如下规则是适用的：non entis nulla sunt praedicata（非存在物没有谓词）。这也就是说，人们对一个对象肯定地断定的东西和人们对其否定地断定的东西均是不正确的，而且，人们不能通过使用反证式证明的方式通过对反面的反驳而达到对于真理的认识。因此，比如，如果人们假定，感性世界**就其本身来说**从总体上看已经被给出来了，那么如下说法就是假的：感性世界从空间上说**或者**必定是无穷的，**或者**必定是有穷的且有边界的。这是因为，这两个选项均是假的。因为，这样的〔构成感性世界的〕诸显象（作为单纯的表象），它们竟然**就它们本身来说**（作为对象）被给出来了，是不可能的东西，而且，这个想象出来的整体的无穷性尽管是无条件的，但是它与毕竟被预设在了该概念之中的无条件的量的规定性矛盾（因为显象中的一切均是有条件的）。

这种反证式的证明方式也是这样一种真正的幻象，我们的独断的理性诡辩家的彻底性的钦佩者总是被它拖住了。它好像是这样一名斗士，他要证明他所选择的一方的荣誉和无可争议的权利，于是自告奋勇地去同每个想质疑这种荣誉和权利的人打架，经由这样的自吹自擂他并没有在事物之中确立任何东西，而只确定了论敌各自的力量，而且，这也仅仅确定了攻势一方的力量。这场论战的旁观者看到参与论战的双方［B822/A794］依次地一会儿是胜者，一会儿又被打败了，他们常常由此而得到了这样的机会，即对该争论本身的对象以怀疑论的方式产生了怀疑。不过，他们没有理由要这样做。在此，他们只要大声地向双方说出下面的话就够了：non defensoribus istis tempus eget（现在不需要这样的捍卫者了）[①]。每个人均必须借助于一种通过对证明根据的先验演绎而进行的合法证明——即直接地——做好他们的事情，以便让人们看到他们的理性要求必须为他们自己提供什么根据。因为，如果他们的论敌是以主观的根据为基础的，那么他自然可以很容易地被驳倒，但由此独断论者不会得到任何好处，他通常恰好同样地依附于该判断的主观的原因，并且同样地会被他的论敌逼入困境。不过，如果双方都只是直接地行事的，那么他们或者自动地注意到了找出他们的断言的权利的困难甚至于不可能性，并且最后只能援引〔对方断言的〕失效；或者我们的批判将轻易地揭露独断的假象，并且迫使纯粹理性

① 语出 Virgil（维吉尔，公元前 70–公元前 19 年）的 *Aeneid*（《埃涅阿斯纪》），ii，521–522。

放弃其在其思辨的使用中过高的狂妄要求，并且让自己退回到自己专属的基地的界限之内，即退回到诸实践的原则的界限之内。

[B823/A795] 第二篇　纯粹理性的范则

下面这点对于人类理性来说是耻辱：它在其纯粹的使用中一无所成，甚而还需要一种训导，以便抑制其放纵的行为，并且避免这样的行为给它造成的那些幻象。不过，另一方面，下面这两点又让它振作起来并且让它产生了对于自己的信任：它自己就能够而且必须对自己进行这样的训导，而不允许人们对它进行另一种审查；它被迫为它的思辨的使用设置的那些界限同时也限制了每个论敌通过理性诡辩的方式提出的狂妄要求，进而它能够让它先前过分的要求中所有还能留下来的东西安全地对抗所有的攻击。因此，纯粹理性的所有哲学的最大的而且或许是唯一的用处或许是消极的，因为它不是作为工具而用来进行扩展的，而是作为训导用来给出界限规定的。并且，它不是要去发现真理，相反，它仅仅拥有防止谬误这样一种悄无声息的功劳。

然而，必定在什么地方存在着这样一些积极的知识的来源，这些知识属于纯粹理性的领地，它们或许只是由于误解 [B824/A796] 而引起了谬误，而事实上却是理性努力的目标。因为，否则，我们能将理性的这样一种无法抑制的欲望——一定要在经验之外的某个地方站稳脚跟——归于什么样的原因呢？它预感到存在着这样一些对象，它对它们有巨大的兴趣。它走上了单纯思辨的道路，以便接近它们，但是它们避开了它。或许，在还留给它的那条唯一的道路即**实践的**使用的道路之上，它还可以希望有更好的运气。

我将范则理解为关于某些泛而言之的认识能力的正确使用的先天原则之全体。因此，普通逻辑的分析部分是泛而言之的知性和理性的范则——不过，只是从形式上说，它才是这样的，因为它抽掉了一切内容。于是，先验分析论就是纯粹**知性**的范则，因为只有纯粹知性能够提供真正的先天综合知识。但是，在不可能正确地使用认识能力的地方，不存在任何范则。现在，根据到目前为止所给出的所有证明，在其思辨的使用中纯粹**理性**的一切综合的知识均完全是不可能的。因此，根本不存在任何纯粹理性的思辨的使用的范则（因为这样的使用完完全全是辩证性的），相反，一切先验逻辑在这方面均只不过是训导。所以，如果［B825/A797］最终还是存在着对于纯粹理性的一种正确的使用的话，在这种情况下也必定存在着纯粹理性的一个**范则**，那么，这个范则将不涉及理性的思辨的使用，而是涉及**理性的实践的使用**。现在我们就打算研究一下这个范则。

第一章　论我们的理性的纯粹使用的最终目的

理性受源自其本性的禀好的驱使，欲走到经验的使用之外，想在一种纯粹的使用中并且借助于单纯的理念冒险地走到一切认识的最远的界限之外，只是在其范围结束的地方、在一个独立自存的系统的整体之中才首先找到休息之所。那么，理性的这种努力仅仅建立在理性的思辨的兴趣之上？抑或相反，它仅仅建立在理性的实践的兴趣之上？

我现在将把纯粹理性在思辨意图中的好运气放在一边，而仅仅追问这样一些问题，它们的解决构成了纯粹理性的最终目的（不管它现在是否达到了这样的目的），而且就该目的来说，所有其他的目的均仅仅具有手段的价值。根据理性的本性，这些最高目的［B826/A798］必须再一次地拥有统一性，以便以联合为一的方式促进人类的这样的兴趣，它不再隶属于任何更高的兴趣。

理性的思辨在其先验使用中最后指向的终极意图涉及三个对象：意志之自由，灵魂之不死与上帝之存在。对所有这三个对象，理性的单纯思辨的兴趣都非常小。考虑到理性的兴趣如此低，人们或许难以去做一种会让人疲倦的、牵涉与无休止的障碍进行的斗争的先验的探究工作，因为人们毕竟不能对人们在此想要做出的任何发现做出这样一种使用，它具体地——也即在自然研究中——证明了它的用途。即使意志是自由的，这也可能仅仅涉及我们的意欲的理知的原因。因为〔首先，〕就意志的表露的诸现象即诸行动来说，我们必须总是按照不可违犯的基本准则来解释它们（如果没有这样的准则，我们便不能在经验使用中行使理性），像我们在自然的所有其他显象那里所做的那样，也即，按照不变的自然法则解释它们。其次，即使我们可以洞察灵魂的精神性的自然（还有与这种自然连在一起的灵魂的不死性），我们也不能指望这样的精神性的自然能够充当此生诸显象的解释根据，也不［B827/A799］能指望它告诉我们将来的状态的独特的性质，因为我们对于某种非物体性的自然[①]的概念仅仅是负面的，它一点儿也没有扩展我们的知识，也没有为任何推论提供一些适合的材料——或许只是为这样的推论提供了材料，它们只能被看作虚构，而哲学是不允许这样的虚构的。最后，即使某种最高的理智物的存在已经得到了证明，那么尽管由此我们泛泛地理解了世界布置和秩序中的合目的的方面，但是我们决没有权限由此推导出某种独特的安排和秩序，或者，在我们没有知觉到它们的地方大胆地推导出它们，因为，理性的思辨使用的一条必然的规则就是：不要做这样的事情，即略过自然原因、放弃我们可以通过经验而教导给我们自己的东西，以便从完全超越我们的一切知识的东西推导出我们所直接认识的东西。简言之，对思辨理性来说，这三个命题总归是超验的，没有任何内在的即对于经验的对象来说可以允许的使用——进而对于我们来说以一些方式有用的使用。相反，就其本身来看，它们是我们的理性的完全无用的、与此同时还是极其困难的努力。

据此，如果这三个主要命题相对于知识而言[②]对于我们来说根本就是不必要的，但我们的理性还是急切地将它们推荐给我们，那么它们的［B828/A800］重要性或许真的仅仅涉及**实践的**事项。

经由自由而可能的一切事项均是实践的。但是，如果我们的自由意愿的实施的诸条件是经验性的，那么理性在此仅仅能够具有调节性的使用，而且仅仅是用来引起诸经验法则的统一性的。

---

① “非物体性的自然”（die unkörperliche Natur”），与B712/A684、B874/A846等处所讨论的“物体性的自然”（die körperliche Natur）相对。

② “知识”在此原文为“Wissen”。在此提到的三个主要命题即上面讨论到的如下命题：意志是自由的，灵魂是不死的，上帝是存在的。

比如，在明智理论中[①]，理性的全部事务就在于将我们的偏好给予我们的所有目的联合成唯一的目的即**幸福**并且使得用以达到这个目的的诸手段协调一致。有鉴于此，理性在此所能够提供的仅仅是关于这样一些自由行为的**实用的**法则，它们旨在达到感觉能力向我们推荐的目的，因此，它不能提供纯粹的法则——完全先天地得到了规定的法则。与此相反，纯粹的实践的法则——它们的目的是由理性完全先天地给出的，并且它们不是以经验上说有条件的方式给出命令的，而是以绝对的方式给出命令的——会是纯粹理性的产品。**道德**法则恰恰就是这样的法则，因此它们属于纯粹理性的实践的使用，并且允许有一个范则。

因此，在可以称为纯粹哲学的那种操作中理性的全部准备工作实际上仅仅指向着所提到的这三个问题。不过，这三个问题本身又有其更远大的意图，即这样的意图：如果意志是自由的，如果上帝存在并且来世存在，那么**我们应当做什么**。因为这点涉及我们［B829/A801］相对于最高目的的行为，所以聪明地照顾着我们的自然的最后意图在我们的理性的布置的情况下真正说来仅仅指向着道德事项。

不过，在我们将目光放在一个先验哲学所陌生的对象之上时*，我们有必要倍加小心，以便一方面不会过分沉溺于插曲而破坏了系统的统一性，另一方面也不会因为对新材料谈论得太少而让明确性或可信性在此付诸缺如。因此，我希望通过如下做法完成这

---

① “明智理论”原文为“Lehre der Klugheit”。

* 所有实践概念均处理喜欢或不喜欢也即愉快或不快概念，因此至少间接地处理我们的感受力的对象。不过，因为感受力不是对于事物的表象能力，而是处于全部认识能力之外，因此我们的判断的诸要素——在它们涉及愉快或不快范围内——进而实践判断的诸要素不属于先验哲学之全体。先验哲学只与纯粹的先天知识有关。

两件事情：尽可能紧密地把守住先验事项，并且将此处或许是心理学的即经验的事项完全放在一边。

于是，在此我们首先要给出如下说明：我现在将仅仅在其实践意义上使用自由概念，在此将先验意义上的自由概念作为前面已经处理过的概念放在一边。先验意义上的自由概念不能作为诸显［B830/A802］象的解释根据而从经验上加以预设，相反，对于理性来说，它本身就是一个问题。这也就是说，如果一个意愿只能经由感性动力即**从内心冲动上**被决定，而不能以其他方式被决定，那么它便是单纯**兽性的**（arbitrium brutum［兽性的意愿］）。相反，如果一个意愿能够独立于感性动力进而经由这样的动因——它只是通过理性而被表象的——被决定，那么它叫作**自由的意愿**（arbitrium liberum），而所有与这样的意愿关联在一起的东西——无论是作为根据还是作为后果——均被称作**实践性的**。实践自由可以通过经验而得到证明。因为，并非仅仅起刺激作用的东西，即直接地刺激感觉能力的东西，决定了人的意愿；相反，我们拥有这样一种能力，即经由关于甚至于从更为长远的时间来看对我们有利或有害的东西的表象而战胜施加于我们的感性欲求能力之上的印象的能力。不过，这种对于就我们的整个状态来说值得追求的东西即好的且有利的东西的慎思[①]是以理性为基础的。因此，理性也提供这样一些法则，它们是命令，即**关于自由的**客观的**法则**，并且它们说出了**什么事情应当发生**，尽管它或许从来没有发

---

① “慎思”原文为“Überlegungen”。按照前一句话的表述，对于康德来说，所谓慎思就是指“关于甚至于从更为长远的时间来看对我们有利或有害的东西的表象〔或构想〕”。

生。这样的法则就此来说不同于仅仅处理**发生的事情**的**自然法则**，正因如此，它们也被称作实践法则。

[B831/A803]不过，就实践事项来说如下问题与我们无关：理性自身在这样一些行动——经由它们它制定法则——之中是否又是由其他方面的影响而被决定的，并且就感性动力来说被称作自由的东西就更高的且更远的起作用的原因[①]来说是否可能又会是自然。这样的问题是单纯的思辨问题，在我们的意图指向的是作为还是不作为[②]这个范围内，我们可以将其放在一边。在实践事项那里，我们首先询问理性，仅仅是为了得到关于行为的**规章**。因此，我们通过经验认识到实践自由，认识到它是自然原因之一种，也即这样的自然原因：理性在决定意志过程中的某种因致性[③]；而先验自由则要求这种理性本身对于感性世界中所有决定性原因的独立性（联系着理性开始一个诸显象的序列的因致性）。就此说来，先验自由似乎违反了自然法则，进而违背了一切可能的经验，因此依然还是一个问题。不过，这个问题并不属于实践使用中的理性。因此，在纯粹理性的范则中我们仅仅与两个涉及纯粹理性的实践

① “起作用的原因”原文为“wirkenden Ursachen”（大多数情况下，我将其译作“效力因”）。

② “作为还是不作为”原文为“Tun oder Lassen”。

③ 这句话原文是这样的：“Wir erkennen also die praktische Freiheit durch Erfahrung als eine von den Naturursachen, nämlich eine Kausalität der Vernunft in Bestimmung des Willens”。按照康德的思想，实践自由是一种理知原因或理知因致性，因此严格说来不能说它是自然原因之一种，除非将此处的“自然”理解成广义的自然——既包括感性的自然，也包括超感性的自然（参见 B447/A419 中的相关表述）。不过，这句话实际上也可以这样来解读和翻译：“因此，我们通过作为自然原因之一种的经验认识到了实践自由，即理性在决定意志过程中的某种因致性。”在如此解读之下，这句话便不难理解了。

兴趣的问题有关，而且就这两个问题来说，一种关于理性的使用的范则必定是可能的，即：上帝存在吗？来生存在吗？关于先验自由的问题仅仅涉及思辨的知识。如果我们关心的是实践事项，那么我们可以将这个问题作为完全不相关的东西而放在一边。[B832/A804] 在纯粹理性的二律背反中已经可以找到对于该问题的充分的讨论。

第二章　论作为纯粹理性的最终目的的决定根据的最高的善的理想

理性在其思辨的使用中引领着我们穿越了诸经验的领域，而且，它因为在那里不能得到完全的满足，所以又将我们从那里引向思辨的理念，而这些理念最后又将我们带回到经验那里，因此，它们以一种虽然有用但却根本不符合我们的期待的方式满足了它们的意图。现在，我们还可以做出这样一种尝试：即看一下纯粹理性是否也能在实践使用中被遇到，它是否在这种使用中会导向这样一些理念，它们达到了我们上面提到的那些纯粹理性的最高目的，因此，从其实践的兴趣的视角来说纯粹理性是否能够提供这样的东西，联系着思辨的兴趣它完全彻底地向我们拒绝了这个东西。

我的理性的一切兴趣（既包括思辨的兴趣也包括实践的兴趣）都汇合于下面三个问题之中了：

[B833/A805]　1. **我能够知道**[①] 什么？

① “知道”在此原文为“wissen”，特指从理论上或思辨上知道（认识到）。

2. **我应当做什么？**

3. **我可以希望什么？**

第一个问题是纯然思辨性的。我们已经穷尽了这个问题的所有可能的回答（我不无自夸地这样认 为），并最终找到了这样的回答，理性确实必须对其感到满意，并且即使理性关注的不是实践事项，它也有理由对此感到满意。尽管如此，我们还是远未达到纯粹理性的整个努力真正针对的那两个伟大的目的①，好像我们出于舒适的考虑从一开始便拒绝了这个工作一样。因此，如果我们关心的是知识②，那么至少下面这点是确定无疑的，即我们决不能得到关于那两个任务的知识。

第二个问题是纯然实践性的。尽管它作为这样一个问题可以属于纯粹理性，但这时它终究不是先验性的，而是道德性的，因此它本身并不能让我们的批判忙碌起来。

第三个问题——即如果我现在做了我应当做的事情，那么我这时可以希望什么？——既是实践性的，又是理论性的，以至于其实践的方面只是作为线索而导向对于理论问题的回答，并且，如果理论问题被提升至极高的程度，那么该实践的方面导向对于思辨问题的回答。因为，一切**希望**均指向幸福，并且联系着实践事项和伦理法则来说希望恰恰就是联系着事物的理论知识来说认识③和自然法则所是的那种东西。[B834/A806] 希望最后归结到这样的推理：**因为某个事项应当发生**，所以某个事项（决定最后的可能的目的的东西）

---

① 即上帝之存在和灵魂之不死。

② “知识”在此原文为“Wissen”。

③ 在此“知识”原文为“Erkenntnis”，“认识”原文为“Wissen”。

存在；认识最后归结到如下推理：**因为某个事项事实上发生了**，所以某个事项（作为至上的原因而起作用的东西）**存在**。

幸福是我们的一切偏好的满足（既**从范围上说**——按照这些偏好的复多性，又**从强度上说**——按照它们的程度，**还从延续上说**——按照它们持续的时间）。[①] 我将基于**幸福**的动机而制定的实践法则称为实用的实践法则（明智规则），将那种仅仅以**配得幸福性**[②] 为动机的实践法则（在存在着这样的实践法则范围内）称为道德的实践法则（伦理法则）。实用的实践法则建议，如果我们想要享有幸福的话，那么我们就要做什么事情；而道德的实践法则则命令，为了仅仅配得幸福，我们应当如何行事。实用的实践法则建立在经验原理基础之上，因为除了借助于经验以外，我不能以任何其他方式知道存在着哪些想要得到满足的偏好，也不知道哪些东西是能够导致其满足的自然原因。道德的实践法则则抽掉了诸偏好以及满足它们的自然的手段，而仅仅考察一个泛而言之的有理性的存在物的自由以及这样的必然的条件，只有在其下自由才与按照原理进行的幸福的分配协调一致，因此它们至少**能够**建立在纯粹理性的单纯的理念基础之上并且可以被先天地认识到。

［B835/A807］我假定，实际上存在着这样一些纯粹的道德法则，它们完全先天地（在没有考虑经验的动机也即幸福的情况下）决定

---

① 在A版中此句原文是这样的："Glückseligkeit ist die Befriedigung aller unserer Neigungen, (sowohl extensive, der Mannigfaltigkeit der selben, als intensive, dem Grade, als auch protensive, der Dauer nach)"。在B版中后一个"als"作"und"。其中的"extensive"、"intensive"和"protensive"均为拉丁语副词（相应的德语形式分别为"extensiv"、"intensiv"和"protensiv"），在此做状语，修饰前面的动词性名词"Befriedigung"（满足）。

② "配得幸福性"原文为"die Würdigkeit, glücklich zu sein"。

了人们的作为和不作为，也即泛而言之的有理性的存在物的自由的使用，而且这些法则是**绝对地**（而并非仅仅假设地，在预设了其他经验的目的的情况下）做出命令的，因此在所有方面均是必然的。我可以通过如下方式正当地假定这个命题[①]：不仅求助于最开明的道德学家的证明，而且求助于每个人的伦理判断——只要他愿意明确地思考这样一条法则。

因此，纯粹理性包含着（尽管不是在它的思辨的使用之中，而是在它的某种实践的即道德的使用中）**关于经验的可能性**的原理，也即包含着关于这样一些行动的**可能性**的原理，它们**能够**以合乎伦理规章的方式出现在人类**历史**上。因为，既然纯粹理性命令说这些行动应当发生，那么它们也必定能够发生。因此，一种独特类型的系统统一性即道德的系统统一性必定是可能的；然而，**依据理性的思辨原理的**自然的系统统一性则是不能得到证明的，因为，尽管联系着泛而言之的自由来说理性拥有因致性，但是联系着全部自然来说理性并非拥有因致性，而理性的道德原理尽管能够引起自由的行动，但是不能引起自然法则。［B836/A808］据此，处于实践的使用特别是道德的使用中的纯粹理性的原理拥有客观实在性。

就世界来说，如果它符合所有伦理法则（根据有理性的存在物的**自由**它**可以**是这样的，而根据关于**伦理性**的必然法则它**应当**是这样的），那么我将它称作**道德世界**。道德世界在这样的范围内仅仅被思考成理知世界，因为在这样的世界之中我们抽掉了所有条件（目的），甚至于抽掉了道德性的所有障碍（人性的弱点或不纯正性）。因此，在这样的范围内道德世界是一个单纯的理念，不

① “这个命题”即前面提到的命题“实际上存在着这样的纯粹的道德法则”。

过，它是这样一个实践理念，它真的可以而且应当对感性世界施加它的影响，以便让感性世界尽可能地符合这个理念。因此，道德世界的理念拥有客观实在性。在此，事情并不是这样的，即好像道德世界的理念涉及某种理知直观[①]的对象（我们根本就不能思维这样的对象），相反，事情是这样的：它涉及感性世界。不过，在此感性世界被看作实践使用中的纯粹理性的一个对象，并且被看作感性世界之内的诸有理性存在物的某种 corpus mysticum[②]——在他们的自由的意愿在道德法则之下不仅与它本身而且与所有其他有理性的存在物的自由有着贯通的系统的统一性这样的范围内。

这就是对纯粹理性那两个涉及其实践兴趣的问题中的第一个问题的回答：**要做这样的事情，经由它你变得**［B837/A809］**配得幸福了**。现在，第二个问题所追问的是：如果我现在如此地行事，以至于我并非不配得幸福，那么我如何也可以希望，经由这样的方式我能够享有幸福？在回答这个问题时重要的事情是下面这点：这样一些纯粹理性的原理——它们颁布了先天法则——是否也必然地将这种希望与此法则结合在一起。

据此我要说：正如按照**实践**使用中的理性道德原理是必然的一样，按照**理论**使用中的理性我们也必然要假定，每个人均有理由希望得到幸福（在他在他的行为中已经做得让自己配得幸福的

① “理知直观”原文为“intelligibele Anschauung”，与“理智直观”（intellektuelle Anschauung）同义。

② “corpus mysticum”字面意义为神秘的身体，通常指基督的身体进而指通过圣餐等仪式维护着基督的身体的基督教会。在此康德是在其比喻或引申意义上使用它的，即用其指这样的感性世界，其内的所有有理性存在物均自觉地严格按照道德法则行事——此即康德所谓的“道德世界”。

程度上)，并且因此，伦理性的系统与幸福的系统是密不可分地联结在一起的——不过，仅仅是在纯粹理性的理念之中。

在这样一个理知世界即道德世界之中(在其概念中我们抽掉了伦理性的所有障碍，也即抽掉了诸偏好)，这样一个与道德性联结在一起的、成比例的幸福的系统也可以被思考成必然的，因为部分说来受到伦理法则推动部分说来又受到其限制的自由本身就是普遍的幸福的原因，因此在这样的原理的指导之下的诸有理性的存在物自身就是他们自己的同时也是其他有理性的存在物的持久的福祉的创造者。不过，这个自我奖赏的道德性的系统仅仅是[B838/A810]一个理念，其实施是以如下条件为基础的：**每个人均做他应当做的事情**，即诸有理性存在物的所有行动均是这样发生的，好像它们均源自这样一个至上的意志，它将一切私人的意愿包含在自身之内或之下了[①]。但是，由于即便其他人并没有按照道德法则行事，源自道德法则的责任对每个人对于自由的特殊的使用依然是有效的，因此，诸行动的后果与幸福会处于什么样的关系，这点无论是从世界中的诸事物的自然，还是从诸行动本身的因致性以及它们与伦理性的关系都得不到确定。而且，如果人们只是将自然置于基础的地位，那么前面提到的那种存在于幸福之希望与想让自己配得幸福的无休无止的努力之间的必然的联结不能经由理性而被认识到。相反，只有在我们将一个按照道德法则做出命令的**最高的理性**同时作为自然的原因[②]置于基础地位的时候，这

① “包含在自身之内或之下了”原文为“in sich, oder unter sich befaßt”。

② 请不要将前面提到的“自然原因”(Naturursache)与此处所说的“自然的原因”(Ursache der Natur)混淆在一起。自然原因是指自然中的原因；自然的原因是指作为显象之全体的自然的原因。

种必然的联结才是可以希望出现的。

我将关于这样一种理智物的理念称作**最高的善的理想**，在其中与最高的幸福联结在一起的道德上最完善的意志构成了世界内一切幸福的原因——在幸福与伦理性（作为配得幸福性）处于精准的比例之中范围内。因此，纯粹理性只有在关于最高的**本源性的**善的理想之中才能遇见最高的派生性的善的两个［B839/A811］要素间的实践上必然的联结的根据[①]，也即一个理知的即**道德的**世界的根据。因为我们现在必须必然地经由理性而将我们自己设想成属于这样一个世界的，尽管感觉能力仅仅给我们表现了一个由诸显象构成的世界，所以我们将必须假定，道德世界是我们在感性世界中的行为的后果，而且，由于感性世界并没有向我们呈现这样一种联结，因此我们将必须假定，道德世界是一个对于我们来说的来世。因此，上帝和来生构成了两个这样的预设，根据纯粹理性的原理，它们与恰好同一理性交付给我们的那种责任不可分离。

伦理性本身就构成了一个系统，而幸福则并非如此——除非它是以精确地符合于道德性的方式被分配的。不过，后面这样的事情只有在这样的理知世界之中才是可能的，它是由一个智慧的创造者和统治者来管理的。理性看到自己要么不得不假定这样一个创造者和统治者连同在这样一个世界内的生活，我们必须将它看成来世；要么不得不将诸道德法则看成空洞的幻象，因为如果不做出这样的假定，那么它们的这样的必然后果——同一个理性

① “最高的善”（或“至善”）、“最高的幸福”（或“至福”）、“最高的本源性的善”、“最高的派生性的善”原文分别为“das höchste Gut”、“die höchste Seligkeit”、“das höchste ursprüngliche Gut”、“das höchste abgeleitete Gut”。

将该后果与它们联结在一起——必定就缺失不见了。因此，每个人也都会将诸道德法则看成**戒律**。但是，如果它们没有将先天适当的后果与它们的规则联结在一起，进而如果它们没有随身携带着**应许**和**威胁**，那么它们便不可能是戒律[①]。不过，〔B840/A812〕如果它们没有包含在这样一个作为最高的善的必然的存在物之中，只有它才能够使得这样一种合目的的统一性成为可能，那么它们也不能随身就携带着**应许**和**威胁**。

就世界来说，在我们只是关注其中的有理性的存在物以及他们在最高的善的统治之下根据道德法则而来的关联这样的范围内，莱布尼茨将其称作**恩典的王国**，并且将其与**自然的王国**区别开来[②]。在自然的王国中，有理性的存在物虽然受到道德法则的支配，但他们只是期待他们的行为按照我们的感性世界的自然进程所产生的后果，而不期待任何其他的后果。相反，在恩典的王国中，一切幸福均在等待着我们——除非我们因为不配得幸福自己限制了我们的幸福的份额。因此，将我们自己看成属于恩典的王国的，这是理性的一个实践上说必然的理念。

就诸实践法则来说，在它们同时变成了诸行动的主观根据即主观原则范围内，它们叫作**准则**。从伦理性的纯粹性及其后果来对伦理性加以**评判**这样的事情是根据**理念**进行的，而对伦理性的法则之**遵守**则是根据**准则**进行的。

下面这点是必然的：我们的整个生活方式都要受制于伦理准

---

① “戒律”、“应许”和“威胁”原文分别为“Gebote”、“Verheißungen”、“Drohungen”。

② “恩典的王国”和“自然的王国”原文分别为“Reich der Gnaden”和“Reich der Natur”。

则。但是与此同时，如果理性没有将这样一种效力因与作为一种单纯的理念的道德法则联结在一起，那么这样的事情也是不可能发生的——该效力因为按照道德法则而做出的行为决定了一个精确地相应于我们的诸最高目的的结局（无论是在此生还是在彼[B841/A813]生之内）。因此，如果没有上帝以及一个现在对我们来说不可见的但为我们所希望的世界，那么关于伦理性的诸美好的理念虽然构成了人们赞许和钦佩的对象，但却构不成人们的决心和实施的动力，因为它们并没有实现人们的这样的整全目的，对于每一个有理性的存在物来说这一目的都是自然而然的，而且经由恰好同一个纯粹理性而被先天地规定好了并且是必然的。

对于我们的理性来说，幸福单独来看远非完全的善①。如果幸福没有与配得幸福性即合乎伦理的良好的行为联合为一的话，那么理性不会允准幸福（无论偏好如何希望获得它）。不过，单独来看，伦理性还有随之而来的单纯的**配得**幸福**性**也远非完全的善。为了让善变得完全起来，这样的人，他如此地行事，以至于让自己并非不配得幸福，必须能够希望享有幸福。即使就摆脱了一切私人意图的理性来说，当它让自己处于这样一个存在物的位置之上的时候，该存在物要将一切幸福分配给其他人而与此同时并没有考虑自己的利益，它也不能以其他的方式做出判断。因为，在实践理念中这两个部分是本质性地联系在一起的——尽管它们是如此地联系在一起的，以至于道德意向作为条件使得对幸福的分享成为可能，而不是相反，对幸福的展望首先使得道德意向成为可能。因为，在后一种情况下，这种意向也就不是道德的了，进而[B842/A814]也就不配得整

① “完全的善”原文为“das vollständige Gut”。

全的幸福了，而在理性面前幸福[①]只承认源自我们自己的不合乎伦理的行为的限制，而不承认任何其他的限制。

因此，只有与诸有理性的存在物的这样的伦理性——正是经由它他们才配得幸福——处于精确的相称关系之中的幸福才构成了这样一个世界的最高的善，根据纯粹而实践性的理性的规章我们无论如何都必须让我们自己置身于其中，而且它自然而然地仅仅是一个理知世界，因为感性世界并没有从诸事物的自然那里向我们预示诸目的的这样一种系统的统一性。这个世界的实在性也只能建立在关于一种最高的本源性的善的预设的基础之上，而不能建立在其他基础之上，因为独立的理性，在装备上了一种至上的原因的全部的充分性之后，按照最为完善的合目的性，建立、维持并完成了那种普遍的事物秩序，尽管在感性世界中该秩序向我们深深地隐藏起来了。

现在，这种道德神学与思辨神学相比拥有如下独特的优越之处，即它不可避免地导致关于**唯一的**、**最完善的**且**有理性的**原初存在物的概念，而思辨神学甚至于都没有基于客观的根据为我们**指向**这样的存在物，更不用说能让我们对其**产生信服**了。因为，无论是在先验神学之中还是在自然的神学之中（不管在其中理性可能将我们引导到多远）我们均没有发现这样一个有意义的根据，它让我们假[B843/A815]定这样一个唯一的存在物，我们有充分的原因将它置于所有自然原因的前面，同时又让这些自然原因在所有方面均依赖于它[②]。

---

① Wille 认为“在理性面前幸福”（die vor der Vernunft）当作“对于幸福来说理性”（für die die Vernunft）。

② 此句后半部分原文是这样的：“welches wir allen Natururachen vorsetzen, und von dem wir zugleich diese in allen Stücken abhängend zu machen hinreichende Ursache hätten”。Wille 认为“vorsetzen”当作“vorzusetzen”。中译文据此建议译出。

与此相反，如果我们从作为一条必然的世界法则的伦理统一性的视角来衡量这样的原因，恰恰只有它能给予该法则以适当的效果，进而也只有它能给予该法则以相对于我们而言的约束力量，那么就必须存在着这样一个唯一的至上的意志，它将所有这些法则均包含在自身之内了。因为，我们如何想要在诸不同的意志之中找到诸目的的完全的统一性？这个意志必须是全能的，以便整个自然及其在世界中对于伦理性的关联均听命于它；它必须是全知的，以便它知道诸意向的最内在的部分及其道德价值；它必须是遍在的，以便它直接地贴近世界中的至高无上的最好的东西①所提出的一切需求；它必须是永恒的，以便在任何时候自然与自由之间的协调一致均不会付诸阙如，等等。

但是，在这个由诸理智物所构成的世界中——虽然该世界作为单纯的自然只能被称为感性世界，但是它作为一个自由的系统则可以被称为理知的世界，即道德的世界（regnum gratiae［恩典的王国］）——诸目的的这种系统的统一性还不可避免地导致所有事物（它们构成了这个巨大的整体）依据普遍的自然法则而来的合目的的统一性（正如诸理智物的世界中的诸目的的这种系统的统一性所依据的是普遍而必然的道德法则一样），并且将实践理性与思辨理性联合在一起。如果世界应当与这样的理性的使用协调一致的话，［B844/A816］那么它就必须被设想成是源自一个理念的——在没有该使用的情况下，我们会认为我们自己不配享有理性。这样的理性的使用就是理性的道德的使用，因为理性的道德的使用

① “世界中的至高无上的最好的东西”原文为“das höchste Weltbeste”。

完全是建立在最高的善的理念基础之上的。一切自然的研究经由这样设想世界的方式便获得了一个指向诸目的的系统的形式的方向，而且从其最广大的扩展来看就变成了自然神学。但是，由于自然神学毕竟是从这样的伦理秩序开始的，它是一种植根于自由的本质而非是经由外在的戒律偶然地造成的统一性，因此，自然神学将自然的合目的性带到了这样一些根据那里，它们必定先天地与诸事物的内在的可能性不可分离地联系在一起。自然神学由此还将自然的合目的性带到这样一种**先验神学**那里[①]，它将关于最高的、存在论的完善性的理想当作一条关于系统的统一性的原理接受下来，而该原理则根据普遍而必然的自然法则将所有事物均联系在一起，因为它们全部都在一个唯一的原初存在物的绝对必然性那里有其来源。

如果我们没有为自己先行设置目的，那么我们能够对我们的知性做出什么样的**使用**——即使是联系着经验？但是，最高的目的是关于道德性的目的，而只有纯粹理性才能让我们认识这些关于道德性的目的。现在，即使配备上了这些关于道德性的目的，并且受其引导，但如果自然本身没有确立下合目的的统一性，那么我们也不能联系着知识对自然的直接认识本身做出任何合目的的使用。［B845/A817］因为，在没有这种合目的的统一性的情况下，我们甚至于都不会拥有理性了；而这点则又是因为，此时我们便不会有针对理性的

---

① 这句话相关部分的原文是这样的："Diese aber ... bringt die Zweckmäßigkeit der Natur auf Gründe, die a priori mit der inneren Möglichkeit der Dinge unzertrennlich verknüpft sein müssen, und dadurch auf eine *transzendentale Theologie*"。Erdmann 认为"und dadurch auf"当作"und führt dadurch auf"。据此，中译文是这样的："因此，自然神学将自然的合目的性带到了这样一些根据那里……自然神学由此还导致了这样一种**先验神学**。"

学校了，而且不会有经由这样一些对象而对其所进行的化育，这些对象为这样的〔合目的性〕概念提供了材料。不过，道德的合目的的统一性是必然的，而且奠基于意愿本身的本质之中，因此，自然的合目的的统一性——它包含着前一种合目的的统一性在具体情况下的应用条件——也必定是必然的。于是，我们的理性认识的先验的提升就不是纯粹理性加给我们的实践的合目的性的原因，而是其结果。

正因如此，我们也在人类理性的历史中发现了如下事实：在诸道德概念得到足够的纯化、规定，并且诸目的的系统的统一性按照这些概念且根据必然的原理被洞察到以前，对自然的认识甚至在许多其他科学中对理性所做的相当大程度的化育部分说来仅仅能够产生粗糙而散漫的神性概念，部分说来只是留下来一种对这个问题的让人惊异的普遍的漠不关心的态度。对诸伦理理念的一种更为详尽的处理（我们的宗教的极其纯净的伦理法则使得这样的处理成为必然的）通过迫使人们对相关的对象产生的兴趣而让理性相对于该对象变得敏锐，而且这些伦理理念产生了一个关于神性存在物的概念——无论是扩展了的自然认识还是正确而可靠的先验洞见（在任何时候这样的洞见都是缺〔B846/A818〕乏的）对此均无所贡献。我们现在把这个概念看成是正确的，而且我们之所以这样看待它，并不是因为思辨理性让我们对其正确性产生了信服，而是因为它与理性的道德原理完全协调一致。因此，最终说来，总归只有纯粹理性享有这样的功劳（不过，在此所涉及的仅仅是处于实践使用中的纯粹理性），即将一种〔关于上帝的〕知识——单纯的思辨只能臆测之而不能使之变得有效——联系到我们的最高的兴趣之上，并且尽管由此没有让该知识成为一个得到了演证的教条，但是确实由此让它在纯粹理性的最为根本的目的那里变成一种绝对必然的预设。

但是，如果实践理性现在达到了这样一个高位，即关于一个作为最高的善的唯一的原初存在物的概念，那么它现在完全不可以擅自从这个概念出发[①]并且将诸道德法则本身从该概念那里推导出来，好像它已经将自己提升到了该概念的应用的一切经验条件之上，并且升至对新的对象的直接的认识。因为，这些道德法则恰恰就是这样的事项，其**内在的**实践必然性将我们引导到关于一个独立的原因或者一个智慧的世界统治者的假定，以便给予这些法则以效力。因此，我们不能根据这个概念重又将这些法则看作是偶然的并且将其看作是得自于一个单纯的意志的，特别是，不能将其看作是得自于这样一种意志的〔B847/A819〕——如果我们还没有按照那些法则将关于它的概念构造出来，那么我们根本不会拥有关于它的任何概念。在实践理性有权利引导我们这样的范围内，我们并不是因为〔合乎实践理性的法则即道德法则的〕诸行动是上帝的诫命而将它们看作是我们有责任做出的；相反，我们之所以将它们看作上帝的诫命，是因为，对于它们我们是内在地负有责任的。我们将在依据理性原理的合目的的统一性的视角之下研究自由，而且我们只有在这样的范围内才相信我们遵循了上帝的意志，即我们将理性从诸行动本身的本性中教给我们的那种[②]伦理法则看成神圣的，并且我们相信只有通过如下方式我们才服务于

---

① 此部分原文是这样的："so darf sie sich gar nicht unterwinden, … um von diesem Begriffe auszugehen"。Hartenstein 认为"um"当作"nun"。中译文据此译出。

② "理性从诸行动本身的本性中教给我们的那种"原文为"welches uns die Vernunft aus der Natur der Handlungen selbst lehrt"。Wille 认为此句语序有误，当作"welches uns die Handlungen aus der Natur der Vernunft selbst lehren"（根据理性本身的本性而做出的行动教给我们的那种）。

该意志，即我们促进我们和其他人中那些在世界中最好的东西[①]。因此，道德神学只拥有内在的使用——即其作用在于让我们在此通过让我们自己嵌入所有目的的系统的方式来完成我们在世界之内的使命，而不在于让我们狂热地甚或邪恶地离弃在良好生活方式中从道德上进行着立法的理性的引导，以便直接地将这种引导联结到最高存在物的理念之上。后一种做法虽然会给出超验的使用，但它却必定会像单纯思辨的使用那样倒置且破坏理性的最终目的[②]。

［B848/A820］第三章　论认为、知道和信仰

当真[③]是我们的知性中的这样一个事件，它可能是建立在客观的根据基础之上的，但是也要求包含那个在此做出判断的人的心灵中的主观的原因。如果这个当真对于每个人来说都是有效的（只要他是有理性的），那么其根据便是客观上充分的，在这种情况下该当真就叫作**信服**。如果它只是在一个主体的独特的性质之中有其根据，那么它被叫作**劝服**[④]。

① “那些在世界中最好的东西”原文为“das Weltbeste”。

② 这句话原文是这样的：“welches einen transzendenten Gebrauch geben würde, aber ebenso, wie der der bloßen Spekulation, die letzten Zwecke der Vernunft verkehren und vereiteln muß”。Grillo 认为应当在“aber”前补加上“er”（指代前面的“einen transzendenten Gebrauch”）。这样，中译当为：“后一种做法虽然会给出超验的使用，但是这样的超验的使用却必定会像单纯思辨的使用那样倒置且破坏理性的最终目的。”

③ 在此，“当真”为“把……当作或认作真的”之简写，德文为“das Fürwahrhalten”。

④ “信服”和“劝服”原文分别为“Überzeugung”和“Überredung”。

劝服是一种单纯的假象，因为仅仅处于主体之中的判断的根据被当成客观的了。因此，这样一个判断也仅仅拥有私人的有效性，而相关的当真是不可传达的。但是，真理性是以与对象的一致性为基础的，因此，联系着对象来说，每个知性的判断都必须是彼此一致的（consentientia uni tertio，consentiunt inter se［由于它们都与一个第三者一致，所以它们彼此一致］）。因此，当真的试金石——它是信服，还是单纯的劝服——从外部来看就是将当真传达出来的可能性以及发现当真对于每个人的理性均有效的可能性，因为在这种情况下就至少存在着这样一种猜想，即所有相关的判断的一致［B849/A821］性的根据[①]——不管诸主体彼此之间的差异性——都将建立在一个共同的根据即那个相关的对象之上，因此，这些判断都将与该对象协调一致并且由此它们便证明了〔它们所共同表达的〕那个判断的真理性。

据此，如果一个主体眼中所看到的是仅仅作为它自己心灵的显象的当真，那么，从主观上说，劝服无法与信服区别开来。尽管如此，人们用对我们有效的当真的诸根据在另一个知性之上所做的试验——以便确定这些根据在他人的理性之上是否恰好起到了像它们在我们的理性之上所起到的那种作用——无论如何构成了这样一种手段，它尽管仅仅是主观的，没有导致信服，但它的确揭示了相关的判断的私人的有效性，即该判断中的某种这样的东西，它是单纯的劝服。

如果人们此外还能够展开相关判断的这样一些主观的**原因**，

---

① 根据接下来的表述，“的根据”当删除（参见 Pluhar [tr.] 1996: 748n. 119）。

我们将它们看成了该判断的客观的**根据**，并且因此能够将这个欺骗性的当真解释成我们心灵中的一个事件（与此同时，为了做出这样的解释，我们无需援引对象的特性），那么我们便揭露了相关的假象并且将不再受到该假象的欺骗，尽管某种程度上说我们还总是会受到它的诱惑——如果该假象的主观原因附着于我们的本性之上的话。

除了产生信服的东西以外，我不能**断定**其他任何东西[①]，即我不能将其作为对于每个人都必然地有效的判断说出来。［B850/A822］就劝服来说，如果就此我感觉良好，那么我便可以将它保留给自己。但是，我不能也不应该想着让它在我之外还有效。

联系着信服来看（信服同时是客观地有效的），当真或者判断的主观的有效性有以下三个阶段：**认为**、**信仰**和**知道**[②]。**认为**是一种人们意识到无论从主观上说还是从客观上说均不充分的当真。如果当真只是主观上说充分的，但同时却被看成客观上不充分的，那么它就叫作**信仰**。最后，那种无论从主观上说还是从客观上说均充分的当真叫作**知道**。主观的充分性叫作**信服**（对于我自己来说），客观的充分性叫作**确实性**（对于每个人来说）。在此，我将不再对这些如此容易理解的概念做进一步的阐释了。

在没有事先至少**知道**这样的某种东西的情况下，我决不能贸然地“**认为**……”：正是借助于它，那种就其本身来说仅仅或然的

---

① “断定”原文为“behaupten”。

② “认为”、“信仰”和“知道”原文分别为“Meinen”、“Glauben”和“Wissen”。“meinen”字面意义为“拥有（持有）、形成、给出意见（Meinung）”。“glauben”从较弱的意义上说意为相信，相应的名词形式“Glaube”意为信念。“wissen”指理论或科学意义上的知道。

判断[①]获得了一种与这样的真理的某种联结，尽管该真理不是完全的，但它无论如何并非仅仅是任意的虚构。此外，关于这样一种联结的法则必须是确实的。因为，如果我联系着该法则也仅仅拥有意见，那么一切就都不过是与真理没有丝毫联系的想象的游戏了。在源自纯粹理性的诸判断中，“**认为**……”是完全不允许的。因为，既然这些判断不是以经验根据作为基础的，［B851/A823］相反，在一切均是必然的地方，一切均应当被先天地认识到，那么关于此种联结的原理就要求普遍性和必然性，进而要求完全的确实性，否则，我们根本就不会遇到任何关于如何达到真理的引导。因此，在纯粹数学之中，“认为……”是荒唐的。在此，人们必定“知道……”，否则，我们就要放弃任何判断。关于伦理性的原则的情况是一样的，在此人们不能根据这样的意见，即认为某种事情是**允许的**，就冒险做出一个行动，相反，在做出这个行动之前，人们必须知道某种事情是**允许的**。

与此相反，在理性的先验的使用中“认为……”无疑太弱了，而“知道……”又太强了。因此，从单纯思辨的方面来看，我们在此根本不能做出判断，因为当真的那些主观根据——比如那些能够导致信仰的主观根据——在思辨的问题这里赢得不了任何赞许，而这点又是因为，在独立于任何经验的协助的情况下，当真的这些主观的根据不能维持下去，也在同样的程度上不能被传达给其他人。

但是，最终说来只是从**实践的方面**来看理论上不充分的当真才能被叫作信仰。现在，这个实践的方面或者是**技艺的**方面，或者是**伦理性**的方面。前一个方面是相对于任意的且偶然的目的的，

① 此句原文为：“das an sich bloß problematische Urteil”。

而第二个方面则是相对于绝对地必然的目的的。

一旦目的被设定在前面了，那么，达到其的条件便是假设地必然的。这种必然性虽然是主观地充分的，但是，[B852/A824] 如果我根本不知道任何这样的其他条件，该目的要在其下达到，那么它便仅仅是比较地充分的；但是，如果我确实地知道没有人能够认识导致所设定的目的的其他条件，那么它就是绝对的且对于每个人来说都是充分的。在第一种情形中我的预设和对某些条件的当真是一种单纯偶然的信念，在第二种情形中它们则是一种必然的信念。医生必须对一个处于危急状态中的病人做点儿什么，但是他不认识这种疾病。他看了一下病人的外表，并且做出了初步的诊断，说病人得了肺结核（由于他不知道更好的诊断了）。即便就他自己的判断来看，他的这个信念也仅仅是偶然的，另一个人或许运气更好。我将诸如此类的信念——它们虽然是偶然的，但是却构成了借以做出某些行动的手段的现实的使用的基础——称作**实用的信念**。

对于下面这样的事情的通常的试金石是**打赌**：某人所断定的某种东西是单纯的劝服，还是至少是主观的信服，即坚定的信仰。某人常常以如此充满信心且难以控制的固执态度说出他的命题，以至于他似乎完全摆脱了对于错误的一切担心。但是，一次打赌让他对此产生了怀疑。有时事情被证明是这样的：尽管他拥有的劝服经评估足以值一个杜卡特[①]，但是它不值十个杜卡特。因为，他或许可以拿第一个杜卡特冒险，但是在数到第十个杜卡特时他将 [B853/A825] 首先觉察到他以前没有意识到的东西，即他有可能出

① 杜卡特（Dukaten），十四到十九世纪在欧洲通用的金币名。

错了。如果我们在思想中设想我们要以整个一生的幸福作赌注在相关的事项上面进行冒险，那么我们的得意扬扬的判断便完全消失了，我们变得极其胆怯，并且才发现我们的信念是远远不够用的。因此，实用的信念仅仅拥有这样一个程度，根据在此起作用的兴趣上的差异，它可以是很大的，也可以是很小的。

不过，因为，尽管联系着一个对象我们什么也不能做，因此相关的当真仅仅是理论性的，但是在许多情况下我们还是能够在思想中理解并且想象这样一个行动，我们自以为我们拥有关于它的足够的根据（假定存在着一种确定相关的事情的确实性的手段的话），所以，在单纯理论性的判断中存在着**实践判断的类似物**，而“信仰”这个词是适合于这样的理论性判断之当真的，我们将这样的信仰称为**学说信仰**[①]。如果经由某种经验确定相关的事情这点是可能的，那么我很想以我所拥有的所有东西作赌注而冒险做出如下断言：至少在我们所看到的许多行星中的某一个之上存在着居民。因此，我说，也存在着其他世界的居民这个断言不仅是一个意见，而且是一个强有力的信念（我会冒着失去生活上的许多好处的危险而坚称该信念的正确性）。

［B854/A826］现在，我们必须承认，关于上帝存在的理论属于学说信仰。因为，尽管联系着关于世界的理论知识我没有任何这样的东西可以**支配**，它必然地将这个思想[②]当作我对世界的诸显象的解释的条件而预设下来了，相反，我有责任如此地利用我的理性，好像一切均仅仅是自然一样，但是，合目的的统一性仍然是关于

① “学说信仰”原文为“der doktrinale Glaube”。

② 即关于上帝存在的思想。

理性之在自然上的应用的一个如此巨大的条件，以至于我完全不能略过它（事情之所以如此，还有一个原因，即经验为我提供了关于这种统一性的丰富的例证）。但是，就这种统一性的这样的条件来说，它使得该统一性成为我的自然研究的线索，我只知道如下预设构成了这样的条件：一个最高的理智物已经将一切均按照最为智慧的目的以这样的方式安排好了。因此，预设一个智慧的世界创造者这点构成了这样一种意图的一个条件（该意图尽管是偶然的，但是终究并非是不重要的），即在对自然的研究中有一个向导。我的〔解释自然的〕诸多尝试的结果也如此经常地证实了这个预设的可用性，而且没有任何事项可以以决定性的方式被援引来反对该预设，以至于如果我想将我的当真仅仅叫作一种认为，那么我就说出了太少的东西，相反，甚至于在这个理论性的关系中我也可以说我坚定地信仰上帝。不过，在这种情况下，这种信仰严格说来仍然不是实践性的，相反，它必须被称作一种学说信仰，[B855/A827] 而关于自然的**神学**（自然神学）必定处处导致了这种信仰。联系着恰恰同一种智慧，考虑到人性优越的配备以及与此种配备如此不匹配的生命之短暂，我们也能够遇到对于关于人的灵魂的未来的生命的学说信仰的同样充分的根据。

“信仰”这个表达式在这些情形中从**客观的**方面说是一个谦逊的表达式，但同时在**主观的**方面说它又是信任的坚定性的表达式。如果在此我想将单纯理论性的当真甚至于也叫作我有权假定的单纯的假说，那么由此我便已经自告奋勇地要在这样一种程度上拥有关于某种世界原因及另一个世界的特性的概念，这一程度比我实际上能够展示的程度更大。因为，对于我即便仅仅作为假说而假定的东西，我也必须至少认识关于它的如此多的东西（就其性质来说），以至于我**不必**虚构**其概念，而只**需虚构**其存在**。但是，“信仰”这个词仅仅涉及一个理念给予我的指导及其对于我的理性行动的促进的主观影响，正是这种促进让我固守在该理念之上——尽管我没有能力在思辨的方面对该理念做出解释。

不过，单纯的学说信仰包含着某种摇摆之处。出现在思辨之中的诸多困难常常将人们驱离这样的信仰。［B856/A828］不过，人们总是不可避免地回到该信仰。

道德信仰的情况是完全不同的。因为，在此下面这样的事情是绝对地必然的：某种事情必须发生，即我处处要遵守道德法则。在此目的被以不可避免的方式确立下来了，而且，按照我的一切洞见，只可能存在着唯一一个这样的条件，在其下这个目的与全部目的的整体关联在一起，并且它由此拥有了实践的有效性。这个条件就是：存在着上帝和来世。我也完全确实地知道这点：没有人知道这样的其他条件，它们导致了诸目的在道德法则之下的这种统一性。但是，由于伦理规章同时就是我的准则（正如理性所要求的那样：伦理规定应当是我的准则），因此我将不可避免地相信上帝的存在以及来生。而且，我确信：没有什么东西能够动摇这个信仰，因为否则，我的伦理原则本身也由此而被推翻了。但是，如果我竟然放弃了这些原则，那么我必定变得让自己感到厌恶了。

以这样的方式，在漫游到一切经验的界限之外的理性之所有沽名钓誉的意图均遭到挫败之后，还是有足够的东西留给我们，以至于我们在实践的方面有理由对此感到满足。尽管如此，当然没有任何人能够自夸说：他**知道**存在着上帝并且存在着来［B857/A829］

生。因为，如果他知道了这点，那么他恰好就是我长久以来一直寻找的那个人。人们能够传达任何知识（如果它涉及单纯理性的一个对象），因此我也可以希望看到，通过他的教导我的知识得到令人惊异的扩展。但是，情况并非是这样的。信服在此并不是**逻辑的**确实性，而是**道德的**确实性，而且，由于它是以（道德意向的）主观的根据为基础的，因此，我甚至于一定都不要说“从道德上说**这点是**确实的，即存在着上帝等等”，而是必须这样说：“从道德上说**我是**确信这点的，即存在着上帝等等。”这也就是说，我对于上帝和另一个世界的信仰与我的道德意向如此地交织在一起，以至于正如我不会面临着丧失我的道德意向的危险一样，我也不担心这样的事情，即某个时间我的这种信仰被人从我这里夺走了。

在此出现的唯一令人忧虑的事项是这样的：这种理性信仰是建立在道德意向的预设基础之上的。如果我们去掉了这个预设并且假定有这样一个人，他对伦理法则采取了完全无所谓的态度，那么理性所提出的这个问题就仅仅是一个思辨的任务，而且在这种情况下它虽然还能得到来自类比的强有力的根据的支持，但是却不能得到这样一些根据的支持，固执的怀疑欲望必须屈从于它们。* 不过，没有［B858/A830］人在这些问题上摆脱了一切兴趣。因为，尽管人们可能因为良好的意向的缺乏而被隔离于道德的兴趣之外

* 人的心灵对道德性有一种自然而然的兴趣（正如我所相信的那样，这样的事情必定发生在每个有理性的存在物那里），［B858/A830］尽管这种兴趣并非是专注的，而且从实践上说也不是压倒一切的。你们要加强并增大这种兴趣，并且你们将发现理性甚是可教的并且甚至于因此而变得更加开明了，以便也将思辨的兴趣与实践的兴趣联合在一起。不过，如果你们不关心这样的事情，即事先至少造就出还差不多的好人，那么你们也就从来不会从他们之中造就出正直的虔诚之人！

了，但是，即便在这种情况下还是有足够的事项留存下来了，以便使得事情成为这样的，即他们**害怕**某种神性的存在以及某种未来。因为，为此所需要的东西仅仅限于这点：他们至少不能把这样的所谓的**确实性**当作借口，即我们不可能遇到任何这样的存在物以及任何这样的来生。为了获得这样的确实性，他们将不得不阐明这样的存在物以及这样的来生的不可能性（因为这点——我们不可能遇到这样的存在物以及这样的来生——必须通过单纯的理性进而绝然地被证明）。但是，毫无疑问，任何有理性的人都不能承担起这样的任务。这点将会是这样一种**消极的**信仰，尽管它不能导致道德性和善良的意向，但是无论如何它能够导致它们的类似物，即它能够强有力地制止邪恶的意向的爆发。

但是，这些就是——人们会说——纯粹理性通过向人们展现处于经验的界限之外的前景的方式所完成的所有事情吗？它所完成事情就仅仅限于这两个信条吗？即便普通的知［B859/A831］性，在没有就此而向哲学家请教的情况下，肯定也能够完成这么多事情！

在此，我将不去赞颂哲学通过其艰苦的批判努力为人类理性所做出的贡献（即便假定这种贡献最后被发现甚至于仅仅是消极的），因为在接下来的一章[①]中我们还会对此做出一些讨论。但是，你们竟然要做出这样的要求吗：一种涉及所有人的认识应当超出了普通的知性的范围，并且它只应由哲学家们为你们揭示出来？恰恰是你们所指责的这点[②]最好不过地证实了我们到现在为止做出的相关断言的正确性，因为它揭示了那种人们一开始不能预见到

① “章”当作“篇”。

② “这点”指上一段提到的这个事实：即便普通的知性本来也能够发现这两个信条。

的事情，即这点：人们不能指责自然，说它在人们均无差别地关切的事项之中有所偏向地分配了它的礼物；而且，最高级的哲学联系着人类本性的根本目的所能成就的东西并非就超过了自然也给予了最普通的知性的那种指导所能够完成的东西。

[B860/A832] 第三篇　纯粹理性的建筑术

我将**建筑术**理解为关于系统的艺术。因为系统的统一性就是那种将普通的知识首先转变成科学的东西，即那种从这种知识的单纯的聚集而制作出一个系统的东西。因此，建筑术就是关于我们的泛而言之的知识之中的科学性的东西的学说[①]，因此它必然地属于方法论。

在理性的统治下我们的泛而言之的知识不可以构成一首狂想曲，而是必须构成这样一个系统，只有在其内这些知识才能够支持并促进理性的根本目的。不过，我将一个系统理解为杂多的知识在一个理念之下所形成的统一体。这个理念就是关于一个整体的形式的理性概念——这是就该杂多的东西的范围及其诸部分彼此之间的位置经由这个概念得到了先天的规定而言的。因此，这个科学性的理性概念包含着这样的整体的目的和形式，它与该概念是完全相符的[②]。这样一种目的的统一性——所有部分都关联到

① “科学性的东西”原文为“das Scientifische”。

② 此句原文是这样的：“Der szientifische Vernunftbegriff enthält also den Zweck und die Form des Ganzen, das mit demselben kongruiert”。“demselben”所指代的词项既可以是“Vernunftbegriff”，也可以是“Zweck”。我选择了前一种读法。

该目的并且在关于它的理念中所有部分也都彼此关联[①]——使得事情成为这样：每个部分在其他部分的知识中均能够被感觉到是否缺失了，[B861/A833]而且没有任何形式的偶然的附加发生，也不会出现完善性的这样的不确定的量，这个不确定的量并非拥有先天地确定好的界限。因此，相关整体被分成了诸多互相关联在一起的部分[②]（是 articulatio[接合物]），而并非是堆积而成的（coacervatio[堆积物]）；虽然它能够内在地（per intus susceptionem[通过摄入]）生长，但并非外在地（per appositionem[通过并置]）生长——就像这样一个动物的身体一样，其生长并没有补加上任何部分，相反，在没有改变诸部分的比例关系的情况下它让每个部分相对于其目的来说均变得更加强壮和能干。

理念为了得到施行[③]需要一个**图式**，即一个先天地根据目的原理而确定了的根本的杂多性和诸部分的秩序。这样的图式——它不是根据一个理念即根据理性的主要目的而被设计出来的，而是经验地、根据偶然地显露出来的意图（人们不能事先知道这些意图的数量）而被设计出来的——提供**技艺的**统一性，而那种仅仅根据一个理念而产生的图式（在此理性先天地将目的作为任务而提出，它并非经验地等待着目的出现）则为**建筑术的**统一性提供

---

① 此句原文是这样的："worauf sich alle Theile und in der Idee desselben auch unter einander beziehen"。Wille 认为此句当修改成这样："worauf sich alle Theile des Ganzen in der Idee desselben auch durch ihr Verhalten unter einander beziehen"（该整体的所有部分在该整体的理念中也都通过它们彼此之间的行为而关联到该目的）。

② "被分成了诸多互相关联在一起的部分"原文为"ist ... gegliedert"。

③ "施行"原文为"Ausführung"。"Ausführung"在此与 B384/A328 中提到的"Ausübung"（实施）同义。

了基础[①]。那种我们称作科学的东西不能以技艺的方式产生，即其产生不是出于杂多的东西的相似性的缘故，或者出于人们为了实现各种各样的随意的外在目的在具体情况下对知识所做的偶然的使用的缘故；相反，它只能以建筑术的方式产生，即其产生是由于亲缘性的缘故并且是由于从一个唯一的、至上的且内在的目的做出的推导的缘故（正是这个目的才首先使得该整体成为可能）。我们称为科学的东西的图式必然根据理念（即先天地）包含了该整体的轮廓（monogramma［字母组合图案］）以及该整体到其部［B862/A834］分的划分，并且必然根据诸原理确实地将该整体与所有其他的整体区别开来了。

没有人试图在没有一个理念为他提供基础的时候形成一门科学。不过，在完善这门科学的过程中，相关的图式，甚至于人们在他们这门科学的开始部分所给出的定义，很少符合他们的理念。因为，这个理念就像这样一个胚芽一样处于理性之中，其所有部分都被以层层包裹着的方式且以显微镜都难以识别的方式隐藏地包含在它之中。正因如此，我们一定不要根据诸门科学的创始者给予它们的描述来解释和规定它们，而是必须根据这样的理念——根据他们所放在一起的诸部分的自然而然的统一性，我们发现该理念在理性本身中有其根据——解释和规定它们，因为它们毕竟都是根据某一种普遍的兴趣而被构想出来的。因为，在此我们会发现，这门科学的创始者，还常常包括其最晚近的接班人，总是在四处寻找这样一个理念，他们自己都没有把它弄清楚，因

① “技艺的统一性”和“建筑术的统一性”原文分别为“technische Einheit”和“architektonische Einheit”。

此，他们不能规定这门科学的独特的内容、其诸部分的接合（系统的统一性）和界限。

糟糕的是，只有在我们按照一个隐藏在我们之内的理念的指示，经过很长时间狂想式地搜集了许多关联到该理念的知识（它们充当着建筑材料）之后，甚至于是经过很长时间而将它们［B863/A835］以技艺的方式复合在一起之后，我们才能够在更为明亮的光线之下审视这个理念，并且按照理性的诸目的以建筑术的方式设计出一个全体。诸系统似乎是像蛆虫一样经由一种 generatio aequivoca（歧出的生成）从积聚在一起的概念的单纯的汇合中被构造出来的（一开始这些系统还显得残缺不全，随着时间的推移它们变成完全的），尽管它们全都在单纯地展开着的理性中拥有其作为本源性的胚芽的图式，并且因此不仅它们中的每个就其自身来说均是按照一个理念而被分成诸部分的，而且此外它们又全都作为一个整体的诸部分而在人类知识的一个系统中被合乎目的地联合在一起。所以，它们允许存在着所有人类知识的这样一种建筑结构[①]，这一建筑结构在当下这个时间不仅是可能的（这时人们已经搜集了如此多材料，或者人们可以从那些倒塌的旧建筑的废墟中拿出如此多材料），而且甚至于也并非是困难的了。在此我们满足于完成我们的事务，即设计出源自**纯粹理性**的所有知识的**建筑结构**并且只是从这样一个点开始，在那里我们的认识能力的共同的根分开了，两个树干由此生长出来，其中之一为**理性**[②]。不过，

---

① “建筑结构”原文为“Architektonik”。康德主要是在“建筑术”意义上使用这个德语词的。

② 另一个“树干”是感性。

在此我将理性理解为全部高级的认识能力，因此将理性的事项与经验的事项对立起来。

如果我抽掉了客观地看待的知识的一切内容，那么一切主观地看待的知识［B864/A836］或者是历史的，或者是理性的。历史的知识是 cognitio ex datis（出自材料的知识），而理性的知识则是 cognitio ex principiis（出自原理的知识）。某个知识或许是被本源地给出的（无论它来自哪里），但是，如果拥有它的那个人只是在这样的程度和范围内对之有所认识，即在其他地方人们给予他的那种程度和那个范围（无论他所拥有的这点儿认识现在是经由直接的经验还是经由其他人的叙述被给予他的，抑或还是经由——普通知识的——教导而被给予他的），那么该知识在他那里终究是历史性的。因此，那个真正说来**学习了**一个哲学体系（比如沃尔夫的体系）的人，尽管他在脑袋中记住了它的所有原则、解释和证明，连同这个整个学术大厦的内部划分，并且能够用五指数清相关的一切事项，但是他所拥有的不过是关于沃尔夫哲学的完全的**历史**知识。他知道的并且断定的仅仅是被给予他的那么多东西。如果人们质疑他提到的一个定义，那么他不知道他应当从哪里得到另一个定义。他在按照其他人的理性进行自我塑造。但是，模仿能力不是生产能力，即相关的知识在他那里并非源自理性。而且，尽管客观上看它的确是一种理性知识，但是主观上看它仅仅是历史性的。他掌握得不错，而且记得很好，即学习得很好，并且他是某个活人的石膏模型。这样的理性知识——客观上看，它们是这样的知识（即它们起初只能源自人们自己的理性）——只有在如下情形下才能够从主观上说也拥有理性知识之名：它们取自［B865/A837］理性的一般的源泉（对所学到的东西的批判甚至于放弃也可以源自这些源泉)，即取自诸原理。

现在，所有理性知识或者是源自概念的，或者是源自对概念的构造的。前一种理性知识叫作哲学的，后一种理性知识叫作数学的。至于两者之间的内在的区别，我已经在本编第一篇中处理过了。据此，某种知识客观上看可以是哲学的，而主观上看终究是历史性的(在大多数学生那里以及在所有从来没有走出学校而终生停留在学生阶段的人那里情况就是这样的)。不过，令人奇怪的是，数学知识，像人们学习它时那样，主观上看的确也可以被看作理性知识，而且这样一种区别在它那里并不存在[①]，而在哲学知识的情况下该区别则是存在着的。其中的原因在于如下事实：教师们唯一能够从中获取其认识的诸相关的认识来源仅仅处在理性的本质性的且真正的原理之中，进而学生们也不能从任何其他的地方获取这些来源，他们也不能比如质疑它们。而且，这点的原因又在于理性的使用在此只是具体地、尽管仍然是先天地发生的，即是在纯粹的且恰因如此不含任何错误的直观之上进行的，而且它排除了一切幻觉和错误。因此，在所有(先天的)理性科学中，人们只能学习数学，而从来不能学习哲学(除非是历史性地[②])。相反，就理性而言，人们至多只能学习**做哲学**。[③]

---

① “这样一种区别”指理性的知识和历史的知识之间的区别。“它”在A版和B版原版中原文为“ihr”。Rosenkranz认为“ihr”当作“ihm”(指代前面的“das mathematische Erkenntnis”)。科学院版据此改正，中译文据此译出。

② 此附加语的意思应当是这样的：仅仅在这样的意义上，即所谓“学习哲学”就意味着获得关于哲学的历史的知识，人们才能学习哲学。

③ “做哲学”原文为“philosophieren”。此段话中出现的“知识”原文均为“Erkenntnis”。

[B866/A838] 所有哲学知识的系统就是**哲学**。如果人们按照如下方式理解哲学，那么他们必定将它看成客观的了，即将其理解为借以评判一切做哲学的尝试的原型[①]，而该原型[②]应该是用来评判每一种这样的主观的哲学的，其大厦常常是如此地多样且如此地多变。以这样的方式，哲学就是这样一个关于一门可能的科学的单纯的理念，它在任何地方都不能具体地被给出，但是人们还是尝试从多种多样的道路上接近它——直到这样的事情发生为止：人们发现了那条因为感性而十分稠密地生长出来的植物所覆盖的唯一的小路，并且迄今为止失败的模仿成功地变得与原型相同了（如果人们被允许做成这样的事情的话）。在事情发展到这一步以前，人们不能学习哲学，因为，它在哪里存在？谁拥有它？人们可以在什么东西之上认出它？人们只能学习做哲学，即人们只能在某些现存的尝试之上在遵循理性的普遍原理的过程中锻炼理性的才能。但是，在此过程中人们总是保留着理性的这样的权利，即就其来源研究那些普遍的原理本身并且证实或者放弃它们。

但是，直到那时以前，关于哲学的概念仅仅是一个**学院概念**，即关于这样的知识的系统的概念，它只是被作为科学来追求的，其目的仅仅在于这种知识的系统的统一性进而知识的**逻辑的**完善性。[③]

---

① Wille 认为“借以评判一切做哲学的尝试的原型”（das Urbild der Beurteilung aller Versuche zu philosophieren）当作“所有做哲学的尝试的原型”（das Urbild aller Versuche zu philosophieren）。

② “该原型”（welches［指代“Urbild”］）在 A 版和 B 版原版中作“诸尝试”（welche［指代“Versuche”］）。Rosenkranz 建议加以修改。中译文据此建议译出。

③ 在这句话中，第一和第三次出现的“知识”原文为“Erkenntnis”，第二次出现的“知识”原文为“Wissen”。

不过，还存在着这样一个**世界概念**（conceptus cosmicus），它总是被置于〔“哲学”〕这个名称的基础的地位，尤其是在如下情形中：人们可以［B867/A839］说将它人格化了并且在关于**哲学家**的理想中将其设想成一个原型。从这个方面来看，哲学就是关于一切知识与人类理性的根本目的之间的关系的科学（teleologia rationis humanae［人类理性的目的论］），而哲学家就不是一个理性艺术家，而是人类理性的立法者。在〔“哲学”这个词的〕这种意义上，如下做法将是一种十分大言不惭的举动：将自己称作哲学家并且狂妄地声称自己已经与仅仅处于理念中的原型不相上下了。

数学家、〔精通〕自然的专家①、逻辑学家②终究只是理性艺术家——无论前两者一般说来在理性知识方面获得了多么出色的进展，而且无论后两者特别说来在哲学知识方面获得了多么出色的进展。此外还有一个理想中的教师，他为所有这三者做出安排，将他们用作工具，以便促进人类理性的根本目的。我们只是必须将这个教师称作哲学家。不过，由于他本身毕竟是在任何地方均不会被遇到，而关于他的立法的理念则在每个人的理性之中处处被遇到了，因此，我们打算仅仅固守这个理念，并且进一步地确定，根据这个世界概念* 哲学［B868/A840］从诸目的的视角规定了什么样的系统的统一性。

---

① “自然的专家”原文为“der Naturkündiger”，即自然科学家或自然研究者。

② 在此特指研究先验逻辑的逻辑学家。

* 在此**世界概念**意味着这样的概念，它涉及必定让每个人均感兴趣的东西。因此，如果一门科学只是被看成一门关于如何达到某些任意的目的的技艺的科学，那么我便根据**学院概念**确定它的意图。〔“世界概念”和“学院概念”原文分别为“Weltbegriff”和“Schulbegriff”。请注意：此处所讨论的世界概念不同于 B432-448/A405-420 等处所讨论的世界概念。康德是这样规定后一种世界概念的：“我将所有这样的先验理念称为世界概念，它们涉及诸显象的综合中的绝对总体”（B434/A407）〕。

因此，根本目的还不是最高的目的，诸根本目的中（在理性的完全的、系统的统一性的情况下）只有一个唯一的目的才可能是最高的目的。因此，诸根本的目的或者是终极目的，或者是这样一些从属的目的，它们作为手段而必然地属于终极目的。[①] 终极目的不是其他的东西，而恰恰就是人的全部的使命，而关于这样的使命的哲学叫作道德学[②]。由于道德哲学所享有的高于所有其他的理性追求的这种优势地位的缘故，在古代的时候人们也总是用"哲学家"这个名称同时地并且特别地指称道德学家，并且甚至于经由理性进行的自我控制的外表[③] 造成了这样的结果：即便现在人们还是将某个从知识上说不无局限的人根据类比称作哲学家。

人类理性的立法（哲学）现在有两个对象，即自然和自由，因此它既包含着自然法则，也包含着伦理法则——它起初是在两个独特的哲学系统中包含着它们，不过，最后是在一个唯一的哲学系统中包含着它们。关于自然的哲学处理一切**存在的**东西；关于伦理的哲学[④] 只处理**理应当存在的**东西。

但是，一切哲学或者是源自纯粹理性的〔理性〕知识，或者是源自经验原理的理性知识。前一种哲学叫作纯粹哲学，后一种

---

① "根本目的"、"最高目的"和"终极目的"原文分别为"der wesentliche Zweck"、"der höchste Zweck"、"der Endzweck"。此外，康德还常常谈论所谓"最终目的"（der letzte Zweck）。

② "道德学"原文为"Moral"。"Moral"当与接下来说到的"Moralphilosophie"同义。

③ "经由理性进行的自我控制的外表"原文为"der äußere Schein der Selbstbeherrschung durch Vernunft"。"Selbstbeherrschung durch Vernunft"即坚守理性原则特别是道德原则的克己之举。

④ "关于伦理的哲学"原文为"die Philosophie der Sitten"。"伦理"（Sitten）在此指道德法则。

哲学叫作经验哲学。

[B869/A841] 纯粹理性的哲学现在或者〔首先〕是这样的**预备学科**（预备性练习），它联系着所有先天的纯粹知识研究理性的能力——这样的纯粹理性的哲学叫作**批判**。或者其次，纯粹理性的哲学就是纯粹理性的系统（科学），即处于系统的关联中的源自纯粹理性的全部（真的以及貌似真的）哲学知识。这样的纯粹理性的哲学叫作**形而上学**。不过，后面这个名称也可以被给予包含着批判的整个纯粹哲学，以便将这样两种东西放在一起加以把握：一是对于所有在某个时候能够被先天地认识的东西的研究；一是对于那种构成了属于这种类型的纯粹的哲学知识的一个系统的东西（那种既有别于理性的任何经验的使用、也有别于其数学的使用的东西）的表现。

形而上学区分为关于纯粹理性的**思辨的**使用的形而上学与关于纯粹理性的**实践的**使用的形而上学。因此，形而上学或者是**关于自然的形而上学**，或者是**关于伦理的形而上学**。关于自然的形而上学包含所有这样的纯粹的理性原理，它们源自单纯的概念（因此排除了数学），涉及关于所有事物的**理论**知识；关于伦理的形而上学则包含着这样一些原理，它们先天地规定了**作为和不作为**并且使之成为必然的。现在，道德性构成了关于行动的这样的唯一的合法则性，它完全可以先天地从诸原理中被推导出来。因此，关于道德的形而上学真正说来就是纯粹的道德学，在其中没有任何人类学（没有任何经验的条 [B870/A842] 件）被置于基础的地位。关于思辨理性的形而上学现在就是人们习惯于**在较窄的**[①] **意义上**

① 在原版第五版中“较窄的”（engeren）作“特有的”（eigenen）。

称作形而上学的东西。不过，只要纯粹的伦理学说终究仍然属于那一系独特的源自纯粹理性的人类知识，更准确地说，哲学知识，那么我们就打算为其保留那个名称。不过，在此我们把这个学说放在一边，因为它不属于我们**现在的**目的之列。

下面这点极其重要：将那些从其种类和来源上看区别于其他知识的知识**独立出来**并且小心地防止它们被与其他在使用中习惯性地与它们绑定在一起的知识混杂在一起。化学家们在分析物质时所做的事情，数学家们在其纯粹的量的理论内所做的事情，在很更大的程度上也构成了哲学家的责任，以便他能够不无把握地确定一种独特的知识在知性的到处漫游的使用之中所占的份额、其独特的价值和影响。因此，自从人类理性开始思维以来，或者更准确地说，自从它开始深入地思考以来，对于它来说某种形而上学就一直是不可或缺的。不过，它仍然未能以这样的方式呈现形而上学，即足够地清除了一切从种类上说外在于形而上学的东西。关于这样一门科学的理念与思辨的人类理性同样古老：哪个理性没有进行过思辨——无论这样的思辨是以学究的方式还是以通俗的方式进行的？然而，人们必须承认，我们的知识的两种要素的区分［B871/A843］——其中的一种要素完全先天地处在我们的掌控之内，其中的另一种要素只能是后天地取自经验的——甚至于在职业思想家那里也只是处于很不清晰的状态，因此，该区分从未能产生对于一种独特的知识的界限确定，进而也不能产生关于这样一门科学的真正的观念，它如此长期地且如此深入地吸引着人类理性的关注。当人们这样说时：形而上学就是关于人类知识的诸第一原理的科学，人们并没有注意到一种十分独特的知识，而只是注意到了一种从普遍性角度看的知识级别，因此，由此他们并没有能够将形而上学与经验事项以让人可以识别的方式区分开来。因为，即便在经验原理之中也有一些原理更为普遍，因此比其他原理层级更高。而且，在这样一种从属关系的系列中（在此人们没有区别开完全先天地被认识到的东西与仅仅后天地被认识到的东西），人们应当在什么地方做出这样的切分，它区别开了**第一个**部分和最上面的成员与**最后的**部分和从属的成员？如果纪年法只能如此地标记出诸世界时代，即它将世界时代划分成诸第一个世纪与诸接下来的世纪，那么我们应该对此说些什么？在此人们会问：第五个世纪、第十个世纪等等也属于诸第一个世纪吗？同样，我会提出这样的问题：关于有广延的东西的概念属于形而上学吗？你们回答说：是的！我的反应是：啊，这样！但是，物体概念也属于形而上学吗？是的！还有液体概念呢？此时你们［B872/A844］便开始变得怀疑起来，因为如果事情这样继续下去的话，那么一切东西都将属于形而上学了。由此人们看到，单纯的从属的等级（特殊的东西之从属于普遍的东西）并不能规定一门科学的界限；相反，在我们的情形中，来源的全然的非同类性及其差异性则能够做到这点。但是，使得形而上学的基本观念在另一个方面也变得模糊不清的因素是这样的：作为先天的知识，它显示出了与数学的某种同类性。尽管这种同类性就先天的来源来说使得两者彼此具有了亲缘性[①]，但是，就在形而上学那里那种源自概念的知识

① 在A版和B版原版中，此句原文为“die zwar, was den Ursprung a priori betrifft, sie einander verwandt”。Hartenstein认为应该在最后加上“macht”，科学院版接受了这个意见。中译文据此译出。

来说——与在数学那里那种单纯地经由对概念的构造而做出先天的判断的方式相比——进而就哲学的知识与数学的知识的区别来说，这样一种如此明确的非同类性便显示出来了，尽管人们总是可以说感觉到了它，但是人们从来没有能够以明确的标准的形式将其表达出来。现在，由此便出现了这样的局面：由于哲学家们在展开他们关于这门科学的观念时犯了错误，因此他们对这门科学的处理不可能具有任何确定的目的以及任何可靠的准绳；而且，他们携带着一个如此随意地做出的设计，糊里糊涂地走在他们不得不选择的那条道路上，并且总是就每个人在他自己的道路上本来打算做出的发现彼此之间争论不休，以这样的方式，他们让他们的这门科学首先在其他人那里，最后甚至于在他们自己那里受到了鄙视。

[B873/A845] 因此，所有先天的纯粹知识，由于这样一种它们唯一能寓居其中的独特的认识能力，构成了一种独特的统一性，而且形而上学就是这样一种哲学，它应当在这种系统的统一性中表现这些知识。形而上学的那个思辨的部分，那个首先霸占了这个名称的部分，就是这样的形而上学，我们将其称作**关于自然的形而上学**，而且它根据先天的概念斟酌所有东西——在它们**存在**范围内（相反，它不斟酌那种应当存在的东西）。我们将以如下方式对这种形而上学进行划分。

在较窄意义上被如此称呼的形而上学是由**先验哲学**和纯粹理性的**自然学**[①]构成的。先验哲学只是在所有这样的概念和原则的系统中考察**知性**和理性本身，它们关联到泛而言之的对象，而并没有假定**已经被给出的**对象（这样的先验哲学就是 Ontologia［存

① “纯粹理性的自然学”原文为“Physiologie der reinen Vernunft”。

在论］)；纯粹理性的自然学考察**自然**，即**给定的**对象之全体（它们现在可能被给予了感觉能力，或者被给予了另一种直观——如果人们愿意接受这样的说法的话），因此它是**自然学**（尽管仅仅是 rationalis［理性的］)。不过，现在在这种理性的自然考察之中理性的使用或者是自然的，或者是超自然的[①]，或者更好的说法是：或者是**内在的**或者是**超验的**。理性的内在的使用处理的是自然——在自然的知识可以被（具体地）应用于经验之中范围内；理性的超验的使用处理的是诸经验对象之间的那种超出了一切经验的联系。［B874/A846］于是，这种**超验的**自然学或者以一种**内在的**联系或者以一种**外在的**联系（不过，这两者均超越了可能的经验的范围）作为其对象。前一种超验的自然学是关于全部自然的自然学，即**先验的世界知识**；后一种超验的自然学是关于全部自然与自然之外的一个存在物的关联的自然学，即**先验的上帝知识**。[②]

与此形成对照的是，内在的自然学考察的是作为感觉能力的所有对象之全体的自然，进而是像其被给予**我们**那样的自然（不过，这种考察只是在这样的先天条件之下进行的，即在其内自然终究可以被给予我们）。但是，仅仅存在着两种内在的自然学的对象：1）外感能力的对象，进而这些对象之全体，即**物体性的自然**。2）内感能力的对象，即灵魂，并且按照人们关于泛而言之的灵魂的基础概念，此对象即**思维的自然**。关于物体性的自然的形而上学叫作**物理学**。不过，由于它只应当包含物理学的先天知识的原理，因此它

---

① “或者是自然的，或者是超自然的”原文为“physisch, oder hyperphysisch”。

② “先验的世界知识”和“先验的上帝知识”当分别作“超验的世界知识”（即超验宇宙论）和“超验的上帝知识”（即超验神学）。（参见 Pluhar [tr.] 1996: 766n. 231, 233）

叫作**理性物理学**。关于思维的自然的形而上学叫作**心理学**，并且因为刚刚提到的原因，在此它只应当被理解为心理学的**理性知识**。

据此，形而上学的整个系统是由四个主要部分构成的。1）**存在论**。2）**理性自然学**。3）**理性宇宙论**。4）**理性神学**。第二个部分，即纯粹理性的自然学说①，包含两个子部分，[B875/A847] 即 physica rationalis（理性物理学）* 和 psychologia rationalis（理性心理学）。

关于纯粹理性的哲学的本源性的理念自身决定了这种划分。因此，这个划分是依据纯粹理性的根本目的而做出的**建筑术上的**划分，而并非仅仅是依据偶然地被知觉到的亲缘性并且好像是幸运地做出的**技艺上的**划分。但正因如此，它也是不可变动的并且是立法性的。不过，在此我们发现有这样几个关键之点，它们引起了人们的怀疑，并且会削弱人们对该划分的合法性的信服。

首先，如果一些对象被给予了我们的感觉能力，因此它们是被后天地给出来的，那么我如何能够期待着拥有关于它们的某种先天的知识进而关于它们的形而上学？而且，我们如何能够根据

① “理性自然学”原文为“die rationale Physiologie”。“纯粹理性的自然学说”原文为“die Naturlehre der reinen Vernunft”。“纯粹理性的自然学说”即“纯粹理性的自然学”。

* 人们在此不要认为，我将理性物理学理解成了人们通常称为 physica generalis（普通物理学）的东西——即那种与其说是关于自然的哲学的东西，不如说是数学的东西。因为，关于自然的形而上学完全隔离于数学之外，也远远没有像数学那样提供了如此多扩展性的洞见。不过，联系着其对那种应用于自然之上的泛而言之的纯粹的知性知识的批判来看，这种形而上学无论如何是十分重要的。在缺少这样的批判的情况下，甚至于数学家——通过依附于某些虽然普通、但是事实上却是形而上学的概念的方式——也未加注意地通过这样一些假说让自然学说不胜其烦，在对所涉及的原理做了批判之后它们就消失了，与此同时这点丝毫没有损害数学在这个领域中的使用（这样的使用是完全不可或缺的）。

先天的原理认识事［B876/A848］物的本性并且达致一种**理性**自然学？对此我们的回答是这样的：我们从经验中所获取的东西仅限于这样的东西，为了将一个对象——部分说来是外感能力的对象，部分说来是内感能力的对象——**给予**我们，它是必需的。外感能力的对象是通过单纯的物质概念（不可入的、无生命的广延物）而被给予我们的，内感能力的对象是通过关于一个思维的存在物的概念（在我在思维这个经验的、内在的表象之中）而被给予我们的。除此而外，在关于这些对象的整个形而上学中我们必须完全放弃所有这样的经验原理，它们想要在概念之外还附加上某种经验，以便根据它而断定关于这些对象的某种东西。

其次，在人们放弃了在**经验心理学**（我们知道，它一直坚持其在形而上学中的位置，而且在我们的时代人们期待着它提供一些伟大的事物，以便用以澄清形而上学）中先天地获得某种有用的东西的希望之后，经验心理学要留在何处？对此，我的回答是这样的：它去到真正的（经验的）自然学说必须被放置的地方，即去到**应用**哲学那一边。纯粹哲学包含着应用哲学的先天的原理，因此，尽管纯粹哲学与应用哲学连接在一起[①]，但是我们一定不要将它们混为一谈。所以，经验心理学必须被完全地驱逐出形而上学，而且，经由关于形而上学的观念它就已经被全部排除出形而上学了。尽管如此，根据学院的用法，无论如何，我们还总是必须允许经验心理学在形而上学之内占有一个小小的位置（尽管仅仅是将其作为一个插曲），［B877/A849］而且我们之所以这样做，是出于经济上的动因——因

① “纯粹哲学”和“应用哲学”原文分别为“die reine Philosophie”和“die angewandte Philosophie”。

为经验心理学还没有达到如此丰富的程度，以至于它自己就构成了一个独立的研究领域，而另一方面，它毕竟又非常重要，以至于人们不能将其完全排除在外，或者将其附加到其他的地方，因为在这些地方它可能遇到的亲缘性要比它在形而上学之中遇到的还要少。因此，经验心理学纯粹就是我们所接纳的一名外来客，我们给它提供了一段时间内的居留许可，直到它可以在一门更为详尽的人类学（经验的自然学说的对应物）之内找到它自己的住处。

于是，以上就是人们关于形而上学的一般观念。由于人们开始时对形而上学要求了比能够适当地向它要求的东西更多的东西，而且长久以来人们一直因为这样的惬意的期待而感到愉快，因此，它最后遭到了人们的普遍的蔑视，因为人们发现他们在他们的希望中受到欺骗了。不过，从我们的批判的整个历程中人们会充分地确信下面这点：尽管形而上学不可能充当宗教的坚实的地基，但它必定总是构成了宗教的防御工事；而且，对于人类理性来说，这样一门科学从来就是不可或缺的（因为其本性的指向，人类理性便已经是辩证的了），它约束了这个理性，并且经由一种科学的且完全自明的自我认识，它阻挡了这样的事情的发生，即一种无视法则的思辨的理性肯定会在道德学和宗教中造成的那种荒漠化。因此，对于下面这样的事情，我们是可以拥有充分的把握的：尽管这样一些人的做法如此地冷漠或具有蔑视性，[B878]他们不知道如何根据[A850]一门科学的本性去评判它，而只知道根据其偶然的作用评判它，但是人们将总是会回到形而上学，好像总是要回到与自己不和的爱人那里一样，因为理性必定总是在不知疲倦地致力于获得彻底的洞见，或者总是在致力于摧毁已经存在的〔号称的〕良好的洞见（而这点则又是因为，在此涉及的是人的根本的目的）。

因此，只有形而上学（包括自然的形而上学，还有伦理的形而上学），特别是那种对于敢于依靠自己的翅膀飞行的理性的批判（这种批判**作为一种预备性练习**［作为一种预备学科］先行发生了），真正说来才构成了我们能够在真正的意义上称作哲学的东西。这种哲学将一切事项均关联到智慧——不过，它是通过科学的道路做到这点的。科学的道路构成了唯一这样的道路，一旦被开辟出来，它便不会因草木丛生而被阻塞，而且它不会让人们以任何形式误入迷途。数学、自然科学、甚至于还有关于人的经验的知识作为手段拥有一种很高的价值——大多数时候是为了满足诸多偶然的目的，但是最后终究是为了满足关于人类的必然的且根本的目的。不过，在涉及关于人类的必然的且根本的目的时候，它们只有经由源自单纯的概念的理性知识的中介才具有这样的价值。无论人们如何称呼这样的理性知识，真正说来它不过就是形而上学。

恰恰因为如上原因，形而上学也是人类理性之一切**化育**之完成。这样的化育是不可或缺的，［B879/A851］即便人们不考虑作为一门科学的形而上学对某些特定的目的的影响。因为，形而上学根据理性的要素和至上的准则考察理性，而这些要素和至上的准则本身必定处于一些科学的**可能性**以及所有科学的**使用**的基础的地位。作为单纯的思辨，形而上学的更大的用处是用以防止谬误，而不是用以扩展知识。这点并没有损害形而上学的价值；相反，它通过形而上学的审查职能而为形而上学提供了尊严和威望。这种审查职能确保了科学共同体的普遍的秩序与和睦，甚至于确保了其繁荣，并且防止科学共同体的勇敢的且富有成果的研究工作远离普遍的幸福这个首要目的。

[B880/A852] 第四篇　纯粹理性的历史

我们把这个标题放在这里的目的仅仅在于要标记出我们的体系中还有待填充的位置，而将来我们必须将其填充好。不过，在此我满足于从一种单纯先验的观点即从纯粹理性的本性出发对迄今为止纯粹理性所完成的工作之整体投去匆匆的一瞥。这一瞥无疑将一座大厦呈现在了我的眼前，不过，该大厦现在已变成了废墟。

下面这点是足够令人惊奇的（尽管自然而然，事情也只能是这样的）：人类在哲学的童年时期是从这样的地方开始的，我们现在更乐于以其结束，即他们首先开始研究神的认识以及对另一个世界的希望甚或另一个世界的特性。无论从一些民族粗野的状态保留下来的古老的习俗引入了什么样粗糙的宗教概念，这点终究都阻碍不了人类中的较为开明的成员献身于对这个对象的自由的探究。人们很容易看到，做到下面这点的最为彻底且最为可靠的方式就是拥有良好的品行：取悦于那种统治着世界的不可见的力量，以便至少在另一个 [B881/A853] 世界中过得幸福。因此，神学和道德学是人们后来总是献身于其中的所有抽象的理性研究的两个动力（或者更好的说法是，两个参照点）。然而，真正说来，神学恰恰就是那种将单纯思辨的理性逐渐地拉进这样的事务之中的东西，这种事务后来在形而上学的名义下变得如此著名了。

现在，我不准备对这样的诸时代做出区分，在其中形而上学的这个或那个变革出现了。相反，我只是以简略图的形式呈现一下观念上的这样的差异，正是它诱发了一系列最为根本的革新。而且，在此我找到了这样的三个方面，在其上最为著名的变革在这个论争的舞台上发生了。

1. **联系着**我们的所有理性知识的**对象来说**，一些人是单纯的**感性哲学家**，另一些人则是单纯的**理智哲学家**[①]。伊壁鸠鲁可以被称为最为出色的感性哲学家，而柏拉图则可以被称为最为出色的理智哲学家。这两个学派的区分尽管非常精致，但是它在最早的时代就已经开始出现了，而且长久以来一直不曾中断地保持下来了。感性派的哲学家断言，现实性只存在于感觉能力的对象之中，所有其他的东西均是想象而已；相反，理智派的哲学家则断言，在感觉中［B882/A854］只存在着假象，只有知性才认识到了真相。不过，感性派的哲学家决不因此就否认知性概念的实在性。对于他们来说知性概念的实在性仅仅是**逻辑上的**，而对于理智派哲学家来说，该实在性则是**神秘的**。感性派哲学家虽然承认**理智概念**，但是他们只接受感性**对象**。理智派哲学家则要求，真实的对象仅仅是**可理知的**，并且断言存在着一种经由没有任何感觉相伴的纯粹知性而成就的**直观**（按照他们的观点，这样的纯粹知性只会被感觉扰乱）。

2. **就**诸纯粹的理性知识的**来源来说**，争论的焦点在于它们是从经验推导而来的，还是独立于经验而在理性中有其源泉。亚里士多德可以被看成**经验论者**的首领，而柏拉图则可以被看成**理性论者**的

① “感性哲学家”和“理智哲学家”原文分别为“Sensualphilosophen”和“Intellektualphilosophen”。

首领[①]。在新近的时代，洛克追随着亚里士多德，而莱布尼茨则追随着柏拉图（尽管莱布尼茨与柏拉图的神秘的系统保持着相当的距离）。不过，他们两者还是没能结束这场争论。伊壁鸠鲁至少从他那方面来看要比亚里士多德和洛克（特别是比洛克）更加前后一致——根据他的感觉系统来看（因为，他从来没有带着他的推理走到经验的界限之外）。在其从经验中推导出所有概念和原则之后，洛克在使用这些概念和原则的过程中走得如此之远，以至于断定道：人们能够像证明某个数学定理那样自明地证明上帝的存在以及灵魂的不死性（尽管这两个对象完全处于可能的经验的界[B883/A855]限之外）。

3. **就方法来说**。如果人们将某种东西称为方法，那么它就必须是一种依据**诸原则**的程序。现在，人们可以将属于自然研究的这门学科中流行的方法分成**自然主义的**方法和**科学的**方法两种[②]。纯粹理性的**自然主义者**将下面这点当作原则：经由普通理性（他将这样的理性称作健全的理性）、在没有科学的情况下联系着那些构成了形而上学的任务的最崇高的问题我们可以做成的事情要多于经由思辨所做成的事情。他因此断言，根据目测比经由数学的迂回途径能够更为可靠地确定月亮的大小和距离。但是，这样的观点只是将对逻各斯的仇恨[③]以原则的形式表达出来而已。最为荒

① “经验论者”原文为“Empiristen”。“理性论者”原文为“Noologisten”。该德语词字根为希腊词：νόος（nous）。

② “自然主义的方法”和“科学的方法”原文分别为“die naturalistische Methode”和“die szientifische Methode”。

③ “对逻各斯（logos）的仇恨”（原文为“Misologie”）意为对于理性的分析和解释方式的厌恶。在一些地方，康德直接将“Misologie”译作“Vernunfthaß”（对理性的仇恨）（参见 Ak 16: 424, Ak 25: 553）。

唐的是，人们在此将对所有人为手段的忽视当作一种扩展其知识的**独特的方法**加以推荐。就**缺乏**许多洞见的自然主义者来说，我们没有根据就此而苛责他们。他们遵从着普通理性，与此同时并没有因他们的无知而感到自豪，将其看作一种据说包含着关于这样的事情的秘密的方法，即如何从德谟克里特的深井中汲取真理①。他们的座右铭是这样的："Quod sapio, satis est mihi; non ego curo, esse quod Arcesilas aerumnosique Solones"（我知道的东西对我来说已经足够了；我不想费心变成阿尔塞西拉斯或辛苦不堪的梭伦）②。本着这样的座右铭，他们得以过着心满意足且令人［B884/A856］称赞的生活，与此同时对科学毫不关心，也不想扰乱科学的事务。

现在，就遵循着**科学的**方法的人来说，他们在此可以选择**独断的**或者**怀疑的**行事方式，不过，在所有情况下他们确实都有责任要**系统地**行事。如果在此我联系着独断的方法提到沃尔夫，联系着怀疑的方法提到大卫·休谟的话，那么根据我目前的意图来说，我可以不提其他的人了。现在，唯独**批判的**道路还没有人走过。如果有读者乐意并且有耐心与我一起穿行这条道路，并且如

---

① 德谟克里特（Demokrit，约公元前 460—约公元前 370 年），希腊哲学家，坚持原子论。康德借用的可能是残篇 117 的内容（参见 G. S. Kirk and J. E. Raven, *The Presocratic Philosophers: A Critical History with a Selection of Texts*, Cambridge: Cambridge University Press, 1957, p. 424）。

② 语出 Persius（波西乌斯）的著作 *Satires*（《讽刺诗》），iii，78-79。中译文据 Weischedel 德译文译出。阿尔塞西拉斯（Arcesilaus，公元前 316/315-公元前 241/240 年），希腊哲学家，中期柏拉图学园创建人，开启了柏拉图学园的怀疑阶段。梭伦（Solon, 约公元前 630-约公元前 560 年），雅典政治家，改革家，诗人。

果他愿意为如下事业而贡献出自己的一份力量，即设法将这条小路变成大路，那么他现在便可以就下面这点做出判断了：我们是否能够在本世纪结束以前做完那份人们在许多世纪都未能完成的事业，即让人类理性在这样的事情上得到完全的满足，它始终吸引着其求知欲的关注，但迄今为止这种关注都未见成效。

《纯粹理性批判》主要德、英、中文版本

原版

Critik der reinen Vernunft. Riga, verlegts Johann Friedrich Hartknoch, 1781. (Nachdrucke: Gotha 1905, London 1994.)〔通常称作“A 版”。**本译本之底本。**〕

Critik der reinen Vernunft. Zweyte hin und wieder verbesserte Auflage, Riga, bey Johann Friedrich Hartknoch. 1787. (Nachdruck: London 1994)〔通常称作“B 版”。**本译本之底本。**〕

Critik der reinen Vernunft. Die 3. bis 7. Auflage erschienen bei Hartknoch in Riga, 1790 und 1794 sowie in Leipzig 1799 (mit zweiseitigem Druckfehlerverzeichnis), 1818 und 1828.

十九世纪主要德文版本

Immanuel Kant's sämmtliche Werke. Hrsg. von Karl Rosenkranz and Friedrich Wilhelm Schubert. 14 Bände. Leipzig: L. Voss, 1838–42. Band 2. Hrsg. von Karl Rosenkranz, 1838.

Immanuel Kant's Werke. Sorgfältig revidierte Gesammtausgabe in zehn Bänden. Hrsg. von Gustav Hartenstein. Leipzig: Modes und Baumann, 1838–39. Band 2, 1838.

Immanuel Kant's Kritik der reinen Vernunft. Hrsg. von Gustav Hartenstein. Leipzig: L. Voss, 1853.

Immanuel Kant's sämmtliche Werke. In chronologischer Reihenfolge. 8 Bänden. Hrsg. von Gustav Hartenstein. Leipzig: L. Voss, 1867–69. Band 3, 1867 [separat erschienen 1868].

Kritik der reinen Vernunft. Hrsg. von Julius Hennann von Kirchmann. Philosophische Bibliothek. Band 2. Berlin: L. Heimann, 1868.

Kritik der reinen Vernunft. Hrsg. von Karl Kehrbach. Leipzig: P. Reclam jun., 1877. Neu hrsg. von Raymund Schmidt. Leipzig: P. Reclam jun., 1924.

Kritik der reinen Vernunft. Hrsg. von Benno Erdmann. Leipzig: L. Voss, 1878.

Kritik der reinen Vemunft. Hrsg. von Erich Adickes. Berlin: Mayer & Müller, 1889.

Kritik der reinen Vemunft. Hrsg. von Karl Vorländer. Halle a. S.: Otto Hendel, 1899.

二十世纪主要德文版本

Kant's gesammelte Schriften. Hrsg. von der Königlich Preußischen Akademie der Wissenschaften (Bde. 1–16), der Preußischen Akademie der Wissenschaften (Bde. 17–22), der Deutschen Akademie der Wissenschaften zu Berlin und/oder der Akademie der Wissenschaften zu Göttingen (Bde. 23–25 und 27–29), und der Berlin-Brandenburgischen Akademie der Wissenschaften (Bd. 26), Berlin: Reimer, jetzt: de Gruyter, 1900ff. Band 3, 2. Auflage der *Kritik der reinen Vernunft*, hrsg. von Benno Erdmann, 1904 (^{2}1911). Die erste Auflage der *Kritik der reinen Vernunft* bis einschließlich 'Von den Paralogismus er reinen Vernunft' erschien in Band 4, hrsg. von Benno Erdmann, 1903 (^{2}1911).

Kant's sämtliche Werke. Hrsg. von Karl Vorländer. 10 Bände. Philosophische Bibliothek. Leipzig: F. Meiner, 1904–22. Band 37, bearbeitet von Theodor Valentiner, 1913. Band 37a, nach der ersten und zweiten Original-Ausgabe neu hrsg. von Raymund Schmidt. Leipzig: F. Meiner, 1926, ^{2}1930; Hamburg: F. Meiner, ^{3}1990.

Immanuel Kants Werke in acht Büchern. Hrsg. von Hugo Renner. 2 Bände. Berlin: Weichert, 1904, 1921. Band 1, Bücher 2 und 3.

Immanuel Kants Werke. Hrsg. von Ernst Cassirer. 11 Bände. Berlin: Bruno

Cassirer, 1912–23. Band 3, hrsg. von Albert Görland, 1913, 1922, 1973.

Immanuel Kant's sämtliche Werke. Hrsg. von Felix Gross. Großherzog Wilhelm-Ernst Ausgabe. 6 Bände. Leipzig: Inselverlag, 1913, 1920–23. Band 3, 1913, 1920.

Kritik der reinen Vemunft. Hrsg. von Ingeborg Heidemann. Stuttgart: Reclam, 1966, 1985, 1989.

Immanuel Kant. Werke. 12 Bände. Theorie-Werkausgabe. Hrsg. von Wilhelm Weischedel. Frankfurt am Main: Suhrkamp, 1968, 1977, 1995. Bände 3–4.

Kritik der reinen Vernunft. Nach der ersten und zweiten Originalausgabe hrsg. von Jens Timmermann. Mit einer Bibliographie von Heiner Klemme. Philosophische Bibliothek, Band 505. Hamburg: F. Meiner, 1998.

英译本

Critick of Pure Reason. Trans. Francis Haywood. London: W. Pickering, 1838. 2d ed., as *Critique of Pure Reason*, with notes and explanation of terms. London: W. Pickering, 1848.

Critique of Pure Reason. Trans. J. M. D. Meiklejohn. London: Henry G. Bohn, 1855. (Several subsequent editions by various publishers.) Introduced by A. D. Lindsay. London: J. M. Dent; Rutland, Vt.: C. E. Tuttle, 1991. Revised and expanded ed. by Vasilis Politis. London: Everyman, 1993.

Critique of Pure Reason. In commemoration of the centenary of its first publication. Trans. F. Max Müller. With a historical introduction by Ludwig Noiré. 2 vols. London: Macmillan, 1881. 2d, revised ed. London: Macmillan, 1896, 1924; New York: Macmillan, 1949. Anchor Books. Garden City, N.Y.: Doubleday, 1966.

Critique of Pure Reason. Trans. Norman Kemp Smith. London: Macmillan; New York: St. Martin, 1929. 2d impression with corrections. London: Macmillan; New York: St. Martin, 1933, 1989, 2003.

Critique of Pure Reason. Trans. Werner S. Pluhar. Indianapolis/Cambridge: Hackett Publishing Company, Inc., 1996.

Critique of Pure Reason. Trans. Paul Guyer and Allen W. Wood. Cambridge: Cambridge University Press, 1997.

Critique of Pure Reason. Translated, edited and with an Introduction by Marcus Weigelt, based on the translation of Max Müller. London and New York: Penguin Group, 2007.

中译本

胡仁源译、胡学诚校:《纯粹理性的批判》，上海：商务印书馆，1931 年初版，1935 年再版。

蓝公武译:《纯粹理性批判》，北京：三联书店，1957 年初版；北京：商务印书馆，1960 年再版。

牟宗三译:《纯粹理性之批判》（上、下两册），台北：学生书局，1983 年。

韦卓民译:《纯粹理性批判》，武汉：华中师范大学出版社，1991 年初版，2000 年校订版。

邓晓芒译、杨祖陶校:《纯粹理性批判》，北京：人民出版社，2004 年。

李秋零译:《纯粹理性批判》，北京：中国人民大学出版社，2004 年初版。

王玖兴（主）译:《纯粹理性批判》，合译者：王太庆、王树人、陈嘉明，北京：商务印书馆，2018 年。

校勘参考书目

Adickes, Erich: dessen Ausgabe der *Kritik* vom Jahre 1889.

Erdmann, Benno (Hrsg.): *Nachträge zu Kants Kritik der reinen Vernunft*. Kiel: Lipsius & Tischer, 1881.

Erdmann, Benno: dessen Ausgaben der *Kritik* aus den Jahren 1878 bis 1919, dessen *Akademie Ausgabe* (1911) sowie seine *Beiträge zur Geschichte und Revision des Textes der Kritik der reinen Venunft*. Berlin 1900.

Frederichs, Friedrich: *Der phänomenale Idealismus Berkeley's und Kant's. Eine kritisch-philosophische Abhandlung*. Berlin: Bahlke & Hindersin, 1871.

Goldschmidt, Ludwig: "zum Ende der Kant-Philologie" , in *Altpreußische Monatsschrift*. XXXIX (1902) sowie dessen *Kants Privatmeinungen über das Jenseits*. Gotha 1905.

Görland, Albert: dessen Ausgabe der *Kritik* vom Jahre 1922.

Grillo, Friedrich: "Druckfehleranzeige in den Schriften des Herrn I. Kant" . In *Philosophischer Anzeiger der Annalen der Philosophie und des philosophischen Geistes*. Hrsg. L. H. Jakob. 37–40. St. Halle and Leipzig: 1795.

Hartenstein, Gustav: dessen Ausgaben der *Kritik* aus den Jahren 1838, 1853, 1867, 1868.

Kehrbach, Karl: dessen Ausgaben der *Kritik* aus den Jahren 1877, 1878, später ohne Jahr.

Kirchmann, Julius Hermann von: dessen Ausgaben der *Kritik* aus den Jahren 1868 u. später.

Klein: nach Mitteilungen von Vorländer in dessen Ausgabe.

Laas, Ernst: *Kants Analogien der Erfahrung*. Berlin 1876.

Laas, Ernst: *Idealismus und Positivismus. Eine kritische Auseinandersetzung.* Theil I–III. Berlin 1879, 1882, 1884.

Leclair, Anton von: "Textkritische Bemerkungen zu Kants Schriften". In dessen *Kritische Beiträge zur Kategorienlehre Kants.* Prague: Tempsky, 1877, 104–105.

Lehmann, Gerhard: "Nachträge zur *Kritik der reinen Vernunft*". In *Akademie Ausgabe*, Band 23, *Vorarbeiten und Nachträge*, 15–49.

Medicus: nach Mitteilung von Vaihinger im *Kommentar*.

Mellin, Georg Samuel Albert: *Marginalien und Register zu Kants Critik der reinen Vernunft*. Züllichau: F. Frommann, 1794.

Meyer: "Berichtigung [zu Grillos Druckfehlerverzeichnis]", in *Philosophischer Anzeiger der Annalen der Philosophie und des philosophischen Geistes*. Hrsg. von L. H. Jakob. 54. St. Halle and Leipzig: 1795.

Michelis, Friedrich: *Kant vor und nach dem Jahre 1770*. Braunsberg 1871.

Müller, Max: dessen Übersetzung der *Kritik* ins Englische. London 1881.

Noiré, Ludwig: His introduction to F. Max Müller's translation (1881) of the *Critique*.

Paulsen, Friedrich: *Immanuel Kant. Sein Leben und seine Lehre.* Stuttgart 1898.

Riehl, A.: "Korrekturen zu Kant", *Kant-Studien*, 5 (1901).

Rosenkranz, Karl: dessen Ausgabe der *Kritik* vom Jahre 1838.

Schopenhauer, Athur: "Collation der ersten und fünften Auflage der *Kritik der reinen Vernunft*". Beilage zu Schopenhauers Brief an Rosenkranz vom 25. Sept. 1837. In *Altpreußische Monatsschrift* 1889, Bd. XXVI. S. 310f; *Schopenhauer-Briefe*, Hrsg. Ludwig Schemann, Leipzig: Brockhaus, 1893.

Vaihinger, Hans: *Kommentar zu Kants Kritik der reinen Vernunft*. Stuttgart 1881 bzw. 1892. (2. Aufl. 1922 herausgegeben von Raymund Schmidt).

Vaihinger, Hans: "Notiz, den Kanttext betreffend", in *Philosophische Monatshefte*, Bd. XVIII (1881).

Vaihinger, Hans: "Siebzig textkritische Randglossen zur Analytik" , *Kant-Studien,* 4 (1900).

Valentiner, Hans: dessen Ausgaben der *Kritik* aus den Jahren 1901–1919.

Vorländer, Karl: dessen Ausgabe der *Kritik* vom Jahre 1899.

Wille, Emil: "Verbesserung einiger Stellen in *Kant's Kritik der reinen Vernunft*" . *Philosophische Monatshefte,* 26 (1890), 399–403.

Wille, Emil: "Conjecturen zu Kants *Kritik der reinen Vernunft*" . *Kant-Studien*, 4 (1900), 311–315.

Wille, Emil: "Neue Conjecturen zu Kants Kritik der reinen Vernunft" . *Kant-Studien*, 4 (1900), 448–451.

Wille, Emil: "Über einige Textfehler in Kants Widerlegung des Idealismus" . *Kant-Studien*, 5 (1901), 123–124.

Wille, Emil: "Conjecturen zu mehreren Schriften Kants" . *Kant-Studien*, 8 (1903), 337–339.

德汉术语对照表

A posteriori 后天的
A priori 先天的
Abänderung 改动；改变
Abbruch 损害；破坏
Aberglaube 迷信
Abfolge 次序关系；序列
Abgesondert 分离的；分开的；脱离的；抽象的；独立的
Abgrund 深渊
Abhängigkeit 依赖性
Ablauf 流逝；结束
Ableitung 推导；推演；得出；派生
Absicht 意图；方面
Absolut 绝对的
Absonderung 分离
Absprung 跳跃
Abstammung 来源；源起；出身
Absteigen 下降
Abstrahieren 抽掉；抽象
Abstraktion 抽离；抽象
Abtrennung 分离
Abwiegung 权衡
Achtung 尊重；尊敬；敬意
Affektion 刺激；影响
Affinität 亲和性
Affinität, die empirische 经验的亲和性
Affinität, die transzendentale 先验的亲和性
Affizieren 刺激；影响
Aggregat 聚集物
Aggregation 聚集
Aktiv 主动的
Aktus 行动
Akzidenz 偶性
All, das 全部
All, das ganze 整全
All, das absolute 绝对的全部
All ohne Schranken 无限制的全部
All der Realität 实在的全部
Allgegenwart 遍在
Allgemein 全称的；普遍的；一般的
Allgemeine, das 普遍的东西
Allgemeingültigkeit 普遍有效性
Allgemeinheit 普遍性；周遍（性）
Allgemeinheit, die empirische 经验的普遍性
Allgemeinheit, die komparative 比较的普遍性

Allgemeinheit, die strenge 严格的普遍性
Allgütigkeit 全善
Allheit 全（性）；全部
Allmacht 全能
Allvermögenheit 全能
Allwissenheit 全知
Altertum 古代
Amphibolie 歧义
An sich (selbst) 本身；自身；就其本身来说；就其自身来说
Analogie 类比；类似性；等比
Analogon 类似物
Analysis 分析
Analyst 分析家
Analytik 分析论
Analytisch 分析的
Anfang 开始；始原；来源
Anfang, der erste 第一开始
Anfang, der dynamisch erste 动力学上的第一开始
Anfang, der komparativ erste 比较地第一的开始
Anfang, der mathematisch erste 数学上的第一开始
Anfang, der schlechthin erste 绝对第一的开始
Anfang, der subalterne 从属的开始
Anfang aus Freiheit, der erste 出自自由的第一开始
Anfang der Kausalität nach, der absolut (schlechthin) erste 从因致性上说的绝对第一的开始
Anfang der Zeit nach, der absolut (schlechthin) erste 从时间上说的绝对第一的开始
Anfangen 开始；肇始
Angenehm 愉快的；舒服的
Anheben 开始（发挥作用）；肇始
Anlage 禀赋
Anlaß 诱因；机会；机缘
Anmaßung 狂妄的主张；过分的要求；僭越
Annehmung 假定
Anordnung 安排；排序
Anreiz 刺激；诱惑
Anschauung 直观
Anschauung, die äußere 外部直观
Anschauung, die einzelne 个别的直观
Anschauung, die empirische 经验（的）直观
Anschauung, die formale 形式直观
Anschauung, die innere 内部直观
Anschauung, die intellektuelle 理智（的）直观
Anschauung, die kollektive 集体的直观
Anschauung, die leere 空的直观
Anschauung, die reine 纯粹（的）直观
Anschauung, die sinnliche 感性（的）直观
Anschauung überhaupt 泛而言之的直观
Anschauungsart 直观（的）方式；直观种类
Anschauungsvermögen 直观能力
Anschlag 规划；计划
Ansehen 威望；权威；样子
Anstalt 机构；部署；准备；安排
Anständigkeit 诚实

Anstrengung 努力
Anteil 份额；贡献；分享
Anthropologie 人类学
Anthropomorphismus 神人同形同性论
Antinomie 二律背反
Antinomie, die dynamische 动力学（的）二律背反
Antinomie, die mathematische 数学的二律背反
Antithesis 反题
Antithetik 冲突论
Antizipation 预知
Antrieb 动力
Anweisung 指导；指示
Anwendung 应用
Antwort 答案；回答；解答
Apagogisch 反证式的
Apodiktisch 绝然的
Apperzeption 统觉
Apperzeption, die empirische 经验统觉
Apperzeption, die identische 同一的统觉
Apperzeption, die reine 纯粹（的）统觉
Apperzeption, die transzendentale 先验统觉
Apperzeption, die ursprüngliche 本源（性）的统觉
Apprehension 领会
Architektonik 建筑术；建筑结构
Argument 论证；论点
Argutation 精微的论证
Armseligkeit 贫乏
Art 种；种类；方式
Artikulation 诸部分的接合
Assertion 断定
Assertorisch 实然的；断定为真的
Assitenz 协助
Assoziation 联想
Ästhetik 感性论
Ästhetisch 感性论的；感性的
Astronomie 天文学
Astronomie, die kontemplative 静观天文学
Astronomie, die theoretische 理论天文学
Atheismus 无神论
Atomistik 原子论
Attribut 属性
Aufeinanderfolgen 前后相继（性）
Aufgabe 任务；问题
Aufgeben 把……作为任务交给；放弃
Aufheben 取消
Aufklärung 澄清
Auflösung 解析；化解；消解；解决
Auflösung, die dogmatische 独断的解决
Auflösung, die kritische 批判的解决
Aufnehmung 接纳
Aufrichtigkeit 正直
Aufsteigen 攀升；上升
Ausbreitung 展开；拓展；扩展（使用）；分布范围
Ausdehnung 广延（性）；膨胀
Ausführlichkeit 详尽性
Ausführung 实施；施行；执行
Ausgang 出发；结局；结果
Auslegung 解释

Ausrüstung 武装
Äußere 外在的；外部的；从外部（看）
Äußere, das 外部；外部的东西
Äußerlich 外在的；外部的；从外部（看）
Äußerung 表露；表现
Aussicht 前景；展望
Ausspruch 声言；断言；名言；宣告
Ausstattung 配备
Ausübung 执行；实施；运用
Axiom 公理

Bauwerk 建筑作品
Beantwortung 解答；回答
Bearbeitung 处理
Bedeuten 意指；指称；意味
Bedeutung 意指；意义
Bedeutung, die empirische 经验的意指；经验的意义
Bedeutung, die logische 逻辑的意指
Bedeutung, die objektive 客观的意指
Bedeutung, die problematische 或然的意义
Bedeutung, die reine 纯粹的意指
Bedeutung, die subjektive 主观的意指
Bedeutung, die transzendentale 先验的意指；先验的意义
Bedingte, das 有条件者
Bedingung 条件
Bedingung, die empirischunbedingte 经验上无条件的条件
Bedingung, die formale 形式（的）条件
Bedingung, die höchste 最高（的）条件
Bedingung, die hypostatische 实体性的条件
Bedingung, die intelligibele（可）理知的条件
Bedingung, die materiale 质料（的）条件
Bedingung, die nichtempirische 非经验的条件
Bedingung, die nichtsinnliche 非感性的条件
Bedingung, die objektive 客观（的）条件
Bedingung, die obstere 至上的条件
Bedingung, die sinnliche 感性（的）条件
Bedingung, die subjektive 主观（的）条件
Bedürfnis 需求
Befriedigung 满足
Befügnis 权限
Begebenheit 事件
Begehrung 欲求
Begehrungsvermögen 欲求能力
Begierde 欲求
Beglaubigung 认证
Begleitung 伴随（情形）
Begreifen（概念上的）把握；掌握；理解；了解；包括；包摄
Begrenzen 划界
Begriff 概念；概括
Begriff, der abgeleitete 派生的概念
Begriff, der empirische 经验（的）概念
Begriff, der gemeinsame 共同概念
Begriff, der heuristische 启发性的概念
Begriff, der intellektuelle 理智（的）

概念
Begriff, der ostensive 实指性的概念
Begriff, der praktische 实践概念
Begriff, der reine 纯粹（的）概念
Begriff, der sinnliche 感性概念
Begriff, der transzendentale 先验（的）概念
Begriff, der transzendente 超验（的）概念
Begriff, der zur Sinnlichkeit gehörige 属于感性的概念
Begriff an sich selbst 概念本身
Begriff a priori, der synthetische 先天综合概念
Begriff des Zufälligen, der bloß intellektuelle 关于偶然事项的单纯理智的概念
Beharrlichkeit 恒常性；恒定性；持久性
Behauptung 断言；主张
Beifall 赞同；赞许；支持
Beigeordnet 并置的
Beigesellung 一起出现
Beiordnung 并置
Beisammensein 并在
Bejahung 肯定
Bejahung, die logische 逻辑（的）肯定
Bejahung, die transzendentale 先验的肯定
Belehrung 教导
Benennung 名称；命名
Beobachtung 观察
Berechtigt 有权利的；有根据的；合理的；正当的
Berichtigung 修正
Beschaffenheit 特性
Beschämung 蒙羞；羞耻
Beschluß 结论
Beschönigung 粉饰手段
Beschränktheit 局限性
Besitz 所有物；所有权；财产；拥有
Besorgnis 担心
Besondere 特称的；独特的；特殊的；特别的
Besserung 改良；改善
Beständig 恒定的；恒常的；稳定的
Bestätigung 证实；证明
Bestehend 存在的；自存的
Bestimmbar 可（被）规定的；可以被决定的
Bestimmbare, das 可（被）规定者；可（被）决定者
Bestimmbarkeit 可（被）规定性；可（被）决定性
Bestimmen 规定（行为）；决定（行为）
Bestimmend 规定性的；决定性的；做规定的；进行决定的
Bestimmende, das 规定者；决定者
Bestimmt 确定的；被规定的；被决定的；得到了规定或决定的
Bestimmung 规定（性）；决定；使命
Bestimmungsgrund 决定根据；规定根据
Bestrebung 努力
Betrachtung 考察
Betrug 欺骗
Beurteilung 评判
Bewährung 证实；证明

Beweger, der erste 第一推动者
Beweggrund 动机
Bewegung 运动
Bewegungsgrund 动机
Bewegursache 动因
Beweis 证明；明证
Beweis, der akroamatische 口传的证明
Beweis, der apagogisch 反证式证明
Beweis, der diskursive 推论式证明
Beweis, der intuitive 直观的证明
Beweis, der kosmologische 宇宙论（的）证明
Beweis, der ontologische 存在论（的）证明
Beweis, der ostensive 明显的证明
Beweis, der physikotheologische 自然神学（的）证明
Beweis, der transzendentale 先验（的）证明
Beweisart 证明方式
Beweisgrund 证明根据
Beweiskraft 证明力（量）
Bewunderung 钦佩；惊异；惊叹；惊奇
Bewußtsein 意识
Bezeichnen 表示
Bezeichnung 名称；名号
Beziehung 关联
Bild 图像
Bildung 教化；培育
Billigkeit 公平
Blendwerk 幻象；欺骗把戏
Blöße 弱点
Boden 基地；地基
Bösartigkeit 恶意
Böse, der 作恶的人（恶人）
Buchstabenrechnung 代数学

Charakter 品格；特征
Charakter, der empirische 经验（的）品格
Charakter, der intelligibele 理知品格
Charakteristische, das 刻画性特征
Chemiker 化学家

Darlegung 阐明；阐述；展示
Darstellung 表现；呈现；展现；展示
Darstellungsart 呈现方式；表现方式
Dartun 确立；阐明
Dasein 存在；此是
Dasein, das empirischbedingte 经验上有条件的存在
Dasein, das (unbedingt)notwendige（无条件地）必然的存在
Dasein, das unbedingte 无条件的存在
Dasein, das zufällige 偶然的存在
Datum 材料
Dauer 延续
Deduktion 演绎
Deduktion, die empirische 经验（的）演绎
Deduktion, die metaphysische 形而上学演绎
Deduktion, die objektive 客观（的）演绎
Deduktion, die subjektive 主观的演绎
Deduktion, die transzendentale 先验（的）演绎

Definition 定义
Deist 理神论者
Dekomposition 分解
Demonstration 演证
Denken 思维；思维活动
Denk(ungs) art 思维方式；思维模式
Denkungsvermögen 思维能力
Dependenz 依赖（性）
Despotismus 专制
Deutlichkeit 明确性
Deutlichkeit, die diskursive (logische) 推论的（逻辑的）明确性
Deutlichkeit, die intuitive (ästhetische) 直观的（感性的）明确性
Diagonale 对角线
Dialektik 辩证论
Dialektisch 辩证（论）的
Diallele 原地打转
Dignität 尊严
Ding 事物
Ding, das an sich existierende 就其自身来说存在的事物
Ding, das an sich selbst wirkliche 就其本身来说现实的事物
Ding, das an sich subsistierende 就其本身来说自存的事物
Ding, das für sich existierende 凭其本身而存在着的事物
Ding, das für sich selbst bestehende 独立自存的事物
Ding an sich (selbst)（事）物本身
Ding für sich 独立自存的事物
Ding selber 事物自身
Ding selbst 事物自身
Ding überhaupt 泛而言之的事物
Direkt 直接的
Disjunktiv 选言的
Diskursiv 推论（式）的；（概念）推进式的
Disziplin 训导
Dogma 教条
Dogmatik 独断论（立场）
Dogmatiker 独断论者
Dogmatismus 独断论
Doktrin 学说
Dokument 证据
Dritte, das 第三者
Drohung 威胁
Dualismus 二元论
Dualist 二元论者
Dummheit 愚蠢
Dunkelheit 模糊的地方；晦暗
Durchgängig 贯通的
Durchgängigbedingte, das 贯通的有条件者
Dynamik 动力学
Dynamisch 动力学的；动态的
Dynamisch Erste der Kausalität nach, das 从因致性上说的动力学上的第一个东西
Dynamischunbedingte, das 动力学上的无条件者

Echtheit 真实性
Ehrbarkeit 正派
Eigendünkel 自负
Eigenschaft 性质
Eigenschaft, die intelligibele 可理知

transzendentale 自我意识的先验的统一性
Einhelligkeit 一致性
Einrichtung 布置
Einschränkung 限制
Einsehen 洞察
Einsetzung 建立；任命
Einsicht 洞见；洞察力
Einstimmung 一致
Einteilung 划分
Eintrag 损害
Einwurf 反驳；异议；指责
Einzeln 单称的；个别的；单个的
Einzelnheit 单个性
Eitelkeit 虚荣心；无用性
Elangueszenz 淡出
Element 要素；基本原理
Elementarbegriff 基本概念
Elementarlehre 要素论
Elementarlogik 基本逻辑
Elementarsubstanz 基本实体
Elementarwissenschaft 关于要素的科学
Empfänglichkeit 感受性；接受性
Empfindung 感觉
Empfindung, die sinnliche 感觉能力的感觉
Empfindung der Sinne 感觉能力的感觉
Empirische, das 经验事项
Empirische überhaupt, das 泛而言之的经验事项
Empirismus 经验论
Empirist 经验论者
Endabsicht 终极意图
Endzweck 终极目的
Entgegensetzung 对立
Entgegensetzung, die logische 逻辑对立
Entgegenstellung 对立
Entgegenstellung, die kontradiktorische 矛盾的对立
Entscheidung 决断
Entschließung 决定；决心
Entschprechen 符合；对应；相应
Entstehen 产生
Entwicklung 展开；揭示；进展
Entwurf 初稿；起草；提纲；计划；设计；布局图
Epigenesis 渐成
Epikureisms 伊壁鸠鲁主义
Episyllogismus 后三段论
Erdichtung 虚构
Erdbeschreibung 地理学
Erdkunde 地理学
Ereignis 事件；发生的事情
Erfahrung 经验
Erfahrung überhaupt 泛而言之的经验
Erfahrungsbegriff 经验概念
Erfahrungserkenntnis 经验知识；经验认识
Erfahrungssatz 经验命题
Erfahrungsurteil 经验判断
Erfolg 成果；结果；后果
Erfüllung 充满；充实
Ergründung 探究
Erhebung 提升
Erinnerung 回忆；提醒
Erkenntnis 知识；认识
Erkenntnis, die analytische 分析的知识

Erkenntnis, die anschauende 直观认识
Erkenntnis, die empirische 经验的知识；经验的认识
Erkenntnis, die historische 历史知识
Erkenntnis, die philosophische 哲学的认识
Erkenntnis, die praktische 实践知识；实践认识
Erkenntnis, die rationale 理性知识
Erkenntnis, die reine 纯粹（的）知识
Erkenntnis, die sinnliche 感性认识；感性知识
Erkenntnis, die spekulative 思辨知识
Erkenntnis, die theoretische 理论知识；理论认识
Erkenntnis, die transzendentale 先验的认识
Erkenntnis, die transzendente 超验的知识
Erkenntnis a priori, die synthetische 先天综合（的）知识
Erkenntnisart 认识方式；知识种类
Erkenntnisgrund 认识根据
Erkenntniskraft 认识能力
Erkenntnisvermögen 认识能力
Erklärung 解释
Erklärung, die idealische 理念性的解释
Erklärung, die physische 自然的解释
Erklärungsgrund 解释根据
Erklärungsgrund, der hyperphysische 超自然的解释根据
Erklärungsgrund, der physische 自然的解释根据
Erklärungsgrund, der transzendente 超验的解释根据
Erläuterung 阐释
Erläuterungsurteil 阐释判断
Erleuchtung 灵感
Eröffnung 开启；揭示；展露；透露；展现；展示
Erörterung 阐释
Erörterung, die metaphysische 形而上学阐释
Erörterung, die transzendentale 先验阐释
Errichtung 确立；建立
Erscheinen 显现
Erscheinung 显象
Erschleichung 骗取
Erstaunen 惊奇
Erste, das absolut 绝对（地）第一者
Erweiterungsurteil 扩展判断
Erzeugung 生成；生产；产生
Erziehung 教育
Etwas 某种东西；某物
Etwas Absolutnotwendiges 某种绝对必然的东西
Etwas an sich selbst Existierendes 某种从本身来说存在着的东西
Etwas Beharrliches 某种恒常的东西
Etwas Bleibendes 某种持存的东西
Etwas Schlechthininnerliches 某种绝对内部的东西
Etwas Stehendes 某种固定的东西
Etwas überhaupt 某种（个）泛而言之的东西（事物）
Euthanasie 安乐死
Evidenz 自明性

Ewigkeit 永恒
Existenz 存在
Existenz, die an sich gegründete 就其自身来说有根据的存在
Existenz, die an sich notwendige 就其本身来说必然的存在
Existenz, die empirischbedingte 经验上有条件的存在
Existenzialsatz 存在命题
Experiment 实验
Experimentalmethode 实验方法
Experimentalphilosophie 实验哲学
Explikation 阐发
Exponent 指数
Exposition 阐明
Extensiv 延展的

Fähigkeit 能力；才能
Faktum 事实
Fall 情形
Falschheit 错误；虚假
Fassen 把握；理解
Faßlichkeit 可理解性
Fassungskraft 理解力
Fatalismus 命定论
Fehler 错误
Fehlschluß 推理错误
Fehltritt 错误的步骤
Feld 领域
Fertigkeit 技巧
Feststellung 确立
Feuerprobe 考验；耐火试验
Figur 图形；形状；（三段论的）格
Figürlich 形象的；图形的
Fließen 流淌
Folge 接续性；序列；后果；后承
Folge, die dynamische 动力学序列
Folgerung 推理；推论；结论
Forderung 要求
Form 形式
Form, die intelligibele 理知形式
Formel 公式
Fortdauer 延续（性）
Fortgang 前行；进展
Fortschritt 前进
Fortsetzung 连续；继续；延续
Freiheit 自由
Freiheit, die praktische 实践自由
Freiheit, die transzendentale 先验自由
Freiheit im kosmologischen Verstande 宇宙论意义上的自由
Freiheit im praktischen Verstande 实践意义上的自由
Freiheit im transzendentalen Verstande (in transzendentaler Bedeutung) 先验意义上的自由
Fremdartig 外来的；（从种类上说）外在的；不同类别的
Friede(n) 和平
Fruchtbarkeit 多产性
Fundament 基础
Funktion 功能；函数
Fürsorge 照顾；关怀
Für sich (selbst) 就其自身来说；从其自身来看；就其本身来看；单凭自身；凭其本身；为其自身；为自己
Fürwahrhalten 当真（把……当作或认作真的）

Fußsteig 小路；道路

Gang 道路；进程；进展；思想和行为方式
Gängelwagen 学步车
Ganze 整体
Ganze, das absolute 绝对的整体
Ganze, das an sich endliche 从其本身来说有穷的整体
Ganze, das an sich existierende 就其本身来说存在的整体
Ganze, das an sich unendliche 从其本身来说无穷的整体
Ganze, das dynamische 动力学的整体
Ganze, das mathematische 数学（的）整体
Gattung 属
Gaukelwerk 骗人的伎俩
Gebäude 建筑物；大厦
Gebiet 领地
Gebot 戒律
Gebrauch 使用
Gebrauch, der empirische 经验的使用
Gebrauch, der konstitutive 构成性使用
Gebrauch, der praktische 实践的使用
Gebrauch, der regulative 调节性使用
Gebrauch, der spekulative 思辨的使用
Gebrauch, der theoretische 理论的使用
Gebrauch, der transzendentale 先验的使用
Gebrauch, der transzendente 超验的使用
Gebrechen 缺陷
Gebrechlichkeit 弱点
Gedanke 思想
Gedankenbestimmung 思想规定性
Gedankending 思想之物
Gedankenform 思维形式
Gedankenwesen 思想之物
Gefolge 伴随物
Gefühl 感受；感受力
Gegebene, das 所予（被给予的东西）
Gegenbehauptung 反面主张
Gegenbild 对应物
Gegengrund 反对的根据
Gegenmittel 解救办法
Gegenprobe 复核检验
Gegensatz 对立；对立的命题；反命题；反论题
Gegenstand 对象
Gegenstand, der äußere 外部对象
Gegenstand, der empirische 经验（的）对象
Gegenstand, der empirisch äußerliche 经验上说的外部的对象
Gegenstand, der innere 内部对象
Gegenstand, der intelligibele 可理知的对象
Gegenstand, der transzendentale 先验（的）对象
Gegenstand an sich (selbst) 对象本身
Gegenstand in der Idee 理念中的对象
Gegenstand in der Realität 实在中的对象
Gegenstand schlechthin 地地道道的对象
Gegenstand überhaupt 泛而言之的对象
Gegenstand der Erfahrung 经验（的）对象
Gegenteil 反面

Gegenteil, das kontradiktorische 矛盾的反面
Gegenwart 在场；现在
Gegenwirkung 反作用
Gegliedert 分成了诸多（互相关联在一起的）部分的
Gegründet 得到奠基；有根据的
Gehalt 内容；含量
Gehorchen 服从
Geist 精神；精灵
Geisteskraft 精神能力
Geistesschwung 精神跃升
Gelegenheitsursache 偶然的原因
Gelehrsamkeit 博学
Geldquantum 一定的量的货币
Geldstück 硬币
Gemächlichkeit 舒适性
Gemeingültig 一般有效的
Gemeinschaft 共存
Gemüt 心灵
Gemütsart 性情
Gemütskraft 心灵能力
Gemütsvermögen 心灵能力
Genealogie 谱系
Genehmigung 赞同
Geograph 地理学家
Geograph der menschlichen Vernunft 人类理性的地理学家
Geometrie 几何（学）
Gerecht 公正的；正当的；合理的
Gerechtigkeit 公正
Gerichtsbarkeit 管辖范围
Gerichtshof 法庭
Geschäft 事务
Geschehene, das 发生的事情
Geschicklichkeit 娴熟技巧
Geschlecht 科；种类
Geschmack 鉴赏力
Geschöpf 创造物
Geschwätzigkeit 唠叨
Gesellschaft 社会；社交圈子
Gesetz 法则
Gesetz, das moralische 道德法则
Gesetz, das praktische 实践法则
Gesetz der Freiheit 自由的法则
Gesetz der Natur 自然的法则
Gesetzgebung 立法
Gesetzlich 合法（则）的
Gesetzlosigkeit 无法则性
Gesetzmäßig 合法（则）的
Gesetzmäßigkeit 合法（则）性
Gesichtskreis 视野
Gesinnung 意向
Gestalt 形状
Gewalttätigkeit 暴力
Gewißheit 确实性；确定性
Gewißheit, die anschauende 直观的确实性
Gewißheit, die apodiktische 绝然的确实性
Gewißheit, die diskursive 推论的确实性
Gewißheit, die intuitive 直观的确实性
Gewißheit, die logische 逻辑的确实性
Gewißheit, die moralische 道德的确实性
Gewohnheit 习惯
Glaube 信仰；信念
Glaube, der doktrinale 学说信仰
Glaube, der moralische 道德信仰

Glauben 信仰；相信
Glaubensartikel 信条
Gleichartigkeit 同类性
Gleichförmigkeit 齐一性
Gleichgültigkeit 漠不关心；无所谓的样子（状态，态度）
Gleichheit 相同性；均等性；相等（性）
Glied 成员
Glied, das oberste 至上的成员
Gliederbau 骨架；构造
Glück 运气；幸运
Glückseligkeit 幸福
Gott 上帝
Gotteserkenntnis 上帝知识
Gottheit 上帝；神性
Grad 程度
Grenzbegriff 界限概念
Grenze 界限
Grenzenlosigkeit 无边界性
Größe 量；量级；大小；巨大性
Größe, die absolute 绝对的量
Größe, die extensive 延展量
Größe, die intensive 强度量
Größe, die kontinuierliche 连续的量
Größe überhaupt 泛而言之的量
Größenlehre 量的理论
Großsprecherei 自吹自擂
Großtun 自我吹嘘
Grund 根据；理由；基础
Grund, der empirische 经验的根据
Grund, der intelligibele 理知的根据
Grund, der logische 逻辑（的）根据
Grund, der oberste 至上的根据
Grund, der objektive 客观的根据
Grund, der subjektive 主观的根据
Grund, der transzendentale 先验的根据
Grund, der zureichende 充足（的）根据
Grund der Vernunft 理性的根据
Grundbeschaffenheit 基础特性
Grundeigenschaft 基础性质
Gründen 确立；建立（在……基础之上）；以……为基础
Grundfeste 地基
Grundidee 基本观念
Grundkraft 基础力；基础能力
Grundlage 基础
Grundlegung 奠基
Gründlichkeit 彻底性
Grundregel 基本规则
Grundsatz 原则
Grundsatz, der dynamische 动力学的原则
Grundsatz, der empirische 经验（的）原则
Grundsatz, der immanente 内在的原则
Grundsatz, der konstitutive 构成性原则
Grundsatz, der mathematische 数学的原则
Grundsatz, der regulative 调节性原则
Grundsatz, der transzendentale 先验（的）原则
Grundsatz, der transzendente 超验（的）原则
Grundsatz der Dynamik 动力学原则
Grundsatz der Mathematik 数学原则
Gründung 确立；建立
Grundursache 基础原因
Grundvermögen 基础能力
Grundvorstellung 基础表象

Grundwissenschaft 基础科学
Gültigkeit 有效性
Gültigkeit, die innere 内在的有效性
Gültigkeit, die objektive 客观的有效性
Gültigkeit, die praktische 实践的有效性
Gültigkeit, die subjektive 主观的有效性
Gunst 好意；认可；偏爱
Gut(e), das 善
Gut, das höchste 最高的善（至善）
Gut, das höchste abgeleitete 最高的派生性的善
Gut, das höchste ursprüngliche 最高的本源性的善
Gut, das vollständige 完全的善（全善）
Gutartigkeit 良好性

Haltung und Sinn 支持与意义
Handel 争论；争执
Handelnde, das 行动者
Handgriff 操作；帮手
Handlung 行动
Handlung, die willkürliche 受意愿支配的行动（随意的行动）
Hang 禀好
Harmonie 和谐
Heer(es)straße 坦途；大路
Heeresweg 大路
Heiligkeit 神圣性
Herumtappen 探索；摸索
Hervorbringung 引起；导致
Heterogeneität 异质性
Heuchelei 虚伪
Heuristisch 启发性的
Hilfshypothese 辅助假设
Hinabgehen 下行
Hirngespinst 幻象；幻影；想象的产物
Hoffnung 希望
Homogeneität 同质性
Horizont 视域
Hyperphysisch 超自然的
Hypostasieren 实体化
Hypostatisch 实体性地
Hypothese 假设；假说
Hypothese, die hyperphysische 超自然的假说
Hypothese, die physische 自然的假说
Hypothese, die transzendentale 先验（的）假说
Hypothetisch 假定的；假设的；假言的

Ich, das 我
Ich, das bloße 单纯的我
Ich, das denkende 思维（着）的我
Ich, das gleichlautende 听起来一样的我
Ich, das subjektive 主体性的我
Ich, der ich denke 思维着的我
Ich an mir selbst 我本身
Ideal 理想的；观念的
Ideal, das 理想
Ideal, das transzendentale 先验理想
Ideal überhaupt 泛而言之的理想
Ideal der Sinnlichkeit 感性的理想
Ideal der Vernunft 理性的理想
Idealism(us) 唯心论
Idealism, der formale 形式唯心论

Idealism, der skeptische 怀疑的唯心论
Idealism(us), der dogmatische 独断唯心论
Idealism(us), der empirische 经验唯心论
Idealism(us), der materiale 实质唯心论
Idealism(us), der problematische 存疑唯心论
Idealism(us), der transzendentale 先验唯心论
Idealist 唯心论者
Idealität 观念性
Idealität, die transzendentale 先验的观念性
Idee 理念；观念
Idee, die dynamische Idee 动力学理念
Idee, die kosmologische 宇宙论理念
Idee, die moralische 道德理念
Idee, die praktische 实践理念
Idee, die psychologische 心理学的理念
Idee, die theologische 神学的理念
Idee, die transzendentale 先验理念
Idee, die transzendente 超验理念
Idee überhaupt 泛而言之的理念
Idee der praktischen Vernunft 实践理性的理念
Identität 同一性
Identität, die logische 逻辑的同一性
Identität, die numerische 数的同一性
Identität, die persönliche 人格同一性
Identität der Apperzeption 统觉的同一性
Identität der Apperzeption, die durchgängige 统觉的贯通的同一性
Identität der Funktion 功能的同一性
Identität einer Handlung 行动的同一性
Identität des Selbstbewußts, die durchgängige 自我意识的贯通的同一性
Identität des Subjekts 主体的同一性
Illusion 错觉；幻想
Immanent 内在的
Immaterialität 非物质性
Immateriell 非物质性的
Immortalität 不死性
Imperativ 命令
Imputabilität 可归责性
Inbegriff 全体
Indifferentismus 无所谓的态度
Indirekt 间接的
Individuum 个体
Induktion 归纳
Inhalt 内容
Inhalt, der empirische 经验内容
Inhalt, der transzendentale 先验（的）内容
Inhalt der Erkenntnis 认识内容；知识内容
Inhärenz 依存（性）
Inkonsequent（前后）不一致（不一贯）
Inkorruptibilität 不可毁坏性
Inner(lich) 内在的；内部的；从内部（看）
Innere, das 内部；内部的东西
Institution 授职
Intellekt 理智
Intellektual 理智的
Intellektualphilosoph 理智哲学家
Intellektuell 理智的
Intellektuieren 理智化
Intelligenz 理智物

Intelligenz, die höchste 最高的理智物
Intelligenz, die oberste 至上的理智物
Intelligenz, die selbständige 独立自存的理智物
Intelligibel（可）理知的
Intelligibele, das 理知物
Intensiv 强度的
Interesse 兴趣；利益
Interesse, das höchste 最高的兴趣
Interesse, das praktische 实践的兴趣
Interesse, das spekulative 思辨的兴趣
Intuitiv 直观的
Inventarium 清单
Irrtum 错误；谬误
Irrung 错误

Jenseit(s) 彼岸
Jugend 年轻人
Jurist 法学家

Kampfplatz 战场
Kanon 范则
Kardinalsatz 首要命题
Kassenbestand 现金（账户）余额
Kategorie 范畴
Kategorisch 定言的；绝对的
Kathartikon 疏通手段；通便剂
Kausalbestimmung 因果决定
Kausalgesetz 因果法则
Kausalität 因致性
Kausalität, die bedingte 有条件的因致性
Kausalität, die empirische 经验的因致性
Kausalität, die empirischunbedingte 经验上无条件的因致性
Kausalität, die höchste 最高的因致性
Kausalität, die intelligibele（可）理知的因致性
Kausalität, die oberste 至上的因致性
Kausalität, die unbedingte 无条件的因致性
Kausalität aus Freiheit 出自自由的因致性
Kausalität der Freiheit 自由的因致性
Kausalität der Ursache 原因的因致性
Kausalität der Vernunft 理性的因致性
Kausalität durch Freiheit 经由自由的因致性
Kausalität nach der Natur 根据自然的因致性
Kausalität nach Gesetzen der Natur 根据自然法则的因致性
Kausalverbindung 因果连接；因果联系
Kausalverhältnis 因果关系
Kausalverknüpfung 因果联结；因果联系
Keim 胚芽
Keines 无物
Kennen 认识；直接认识
Kenntnis 知识；直接的知识
Kennzeichen 标志
Kette 链条
Klarheit 清晰性
Klasse 类；类别
Kluft 鸿沟；裂隙
Klugheit 明智；聪明
Koalition 合并
Koexistenz 并存
Komposition 合成

Kongruieren 完全相符
Konkurrenz 共现（情形）
Konsequent（前后）一致（一贯）
Konsequenz 后承；后承关系；蕴涵关系；后果；结论；合乎逻辑
Konstitutiv 构成性的
Konstruieren 构造
Konstruktion 构造
Konstruktion, die charakteristische 字符构造
Konstruktion, die geometrische 几何学（的）构造
Konstruktion, die ostensive 明示性的构造
Konstruktion, die symbolische 符号构造
Konstruktion der Begriffe（对）概念的构造
Kontext 情境；（前后）关联
Kontinuität 连续性
Kontinuum 连续体
Kontradiktorisch 矛盾的
Koordiniert 并列的
Koordinierung 并列
Kopie 副本；复制品
Kopula 系词
Körper 物体；身体
Korrelatum 关联物
Korrespondieren 对应；相应；符合
Kosmologie 宇宙论
Kosmologie, die transzendentale 先验宇宙论
Kosmotheologie 宇宙神学
Kraft 能力；力量；力
Kraft, die ausübende 执行能力
Kraft, die bewegende 推动力
Kraft, die empirischbedingte 经验上有条件的能力
Kredit 信誉
Kreditiv 全权证书
Krieg 战争
Kriterium 标准
Kritik 批判
Kultur 化育；文化
Kunst 艺术
Kunstteil 精巧的部分

Lauterkeit 纯正性
Leben 生命（活动）；生活
Leben, ein anderes 彼生（来生）
Leben, ein künftig(es) 来生
Leben, dieses 此生
Lebenswandel 生活方式
Leer 空的；空洞的；空虚的
Leere, das 空无；虚空
Leere, das unendliche 无穷的空无
Lehrbegriff 学说体系；学说
Lehre 学说；理论
Lehrgebäude 学术大厦；学科体系
Lehrmeinung（学术）观点
Lehrsatz 定理
Lehrspruch 学理
Leichtsinn 轻率
Leiden 受动
Leidende, das 受动者
Leidenschaften 激情
Leitfaden（指导）线索
Limitation 限制
List 狡计

Lizenz 许可
Logik 逻辑
Logik, die allgemeine 普通逻辑
Logik, die angewandte 应用逻辑
Logik, die besondere 特殊逻辑
Logik, die formale 形式逻辑
Logik, die praktische 实践逻辑
Logik, die reine 纯粹逻辑
Logik, die transzendentale 先验逻辑
Logik überhaupt 泛而言之的逻辑
Logik des allgemeinen Verstandesgebrauchs 关于知性的普遍的使用的逻辑
Logik des besonderen Verstandesgebrauchs 关于知性的特殊的使用的逻辑
Logik des Scheins 假象的逻辑
Logik der Wahrheit 真理的逻辑
Los 运气
Lücke 空隙；间隙
Luftfechter 空中舞剑者
Lüge 谎言；说谎
Lust 愉快；快乐

Macht 力量；威力；权力
Machtspruch 强令
Majestät 威严
Mangel 缺点；缺乏；缺少；缺失；缺陷
Mannigfaltige, das 杂多（杂多的东西）
Mannigfaltige der Anschauungen, das（诸）直观（的）杂多
Mannigfaltige der Begriffe, das 诸概念的杂多
Mannigfaltige der Vorstellungen, das 诸表象的杂多
Mannigfaltige überhaupt, das 泛而言之的杂多
Mannigfaltigkeit 杂多性
Maschine 机械
Maß 尺度
Mäßigung 克制
Material 质料（的）；物质（的）；实质的
Material, das 质料；物质；材料
Materialismus 唯物论
Materialist 唯物论者
Materie 质料；物质
Materie, die transzendentale 先验的质料
Materie der Erfahrung 经验的质料
Materiell 质料的；物质的；实质的
Mathema 数理
Mathematik 数学
Mathematisch Erste der Zeit nach, das 从时间上说的数学上的第一个东西
Mathematischunbedingte, das, 数学上的无条件者
Maxime 准则
Maximum 最大化；最大量
Mechanik 力学
Mechanisch 机械的；力学的
Mechanismus 机制
Medium 媒介
Mehrheit 多（数）
Meinen 认为
Meinung 意见
Menge 数量；总量；众多；集合物
Mensch 人
Mensch, der göttliche 神（性之）人

Menschheit 人性；人类
Menschensinn 人的感觉能力；人类理解力
Menschenvernunft 人类理性
Menschenverstand 人类知性
Merkmal 特征；标志
Meßkunst 测量艺术
Metaphysik 形而上学
Metaphysik der Natur（关于）自然的形而上学
Metaphysik der Sitten（关于）伦理的形而上学
Methode 方法
Methode, die naturalistische 自然主义的方法
Methode, die skeptische 怀疑的方法
Methode, die szientifische 科学的方法
Methodenlehre 方法论
Misologie 对逻各斯（logos）的仇恨
Mißbrauch 误用
Mißdeutung 误解
Mißfallen 不喜欢
Mißtrauen 猜疑；怀疑；不信任
Mißverstand 误解
Mißverständniss 误解
Mitteilen 传达
Mitteilung 传递；传达
Mittel 手段；媒介
Mittelbar 间接的
Mittelding 中间物
Modalität 模态
Modeton 时髦语调；时髦声音；风气的基调
Modifikation 变状
Modus 样式
Möglichkeit 可能性
Möglichkeit, die absolute 绝对的可能性
Möglichkeit, die innere 内在的可能性
Möglichkeit, die logische 逻辑的可能性
Möglichkeit, die reale 实在的可能性
Möglichkeit, die transzendentale 先验的可能性
Möglichkeit der Begriffe 概念的可能性
Möglichkeit der Dinge 事物的可能性
Molekül 分子
Moment 要素；因素；力矩
Monad 单子
Monadologie 单子论
Monogramm(a) 字母组合图案
Monotheismus 一神教
Moral 道德学
Moral, die theologische 神学道德学
Moralisieren 道德化
Moralist 道德学家
Moralität 道德性
Moralphilosophie 道德哲学
Moraltheologie 道德神学
Muster 范型；范例
Mutterwitz 天生的机智

Nachahmung 模仿
Nachbild 摹本
Nachdenken 深思
Nachdruck 力量
Nacheinandersein 前后相继性
Nachfolge 效仿
Nachforscher 研究者
Nachforschung 探究；研究

Nachlassung 减弱
Nachsinnen 思考
Nachteil 坏处；害处；损害；不利
Namenerklärung 名义（上的）解释
Natur 自然；本性
Natur, die denkende 思维的自然
Natur, die freiwirkende 自由地起作用的自然
Natur, die geistige 精神性的自然
Natur, die körperliche 物体性的自然
Natur, die materielle 物质性的自然
Natur, die menschliche 人之自然；人性
Natur, die sinnliche 感性的自然
Natur, die übersinnliche 超感性的自然
Natur, die unkörperliche 非物体性的自然
Natur überhaupt 泛而言之的自然
Naturalist 自然主义者
Naturanlage 自然禀赋
Naturanstalt 自然的安排
Naturbegriff 自然概念
Naturbestimmung 自然的使命
Naturbetrachtung 自然考察
Naturding 自然物
Natureinheit 自然统一性
Natureinrichtung 自然的布置
Naturell 天性
Naturerkenntnis 自然知识；自然认识
Naturerklärung 自然（的）解释
Naturerscheinung 自然显象
Naturforscher 自然研究者
Naturforschung 自然（的）研究
Naturgabe 自然禀赋
Naturgebrauch der Vernunft 理性的自然的使用
Naturgesetz 自然法则（自然律）
Naturgrund 自然根据
Naturkenner 自然认识者
Naturkette 自然链条
Naturkunde 自然科学
Naturkündiger 自然的专家
Naturlehre 自然学说
Naturlehrer 自然教师
Natürlich 自然而然的；自然的
Naturmechanismus 自然机制
Naturnotwendigkeit 自然必然性
Naturordnung 自然秩序
Naturrätsel 自然之谜
Naturuntersuchung 自然的研究
Natursache 自然原因
Naturwirkung 自然结果
Naturwissenschaft 自然科学
Naturzwang 自然的强制
Nebenvorstellung 辅助表象
Negation 否定
Negativ 否定的；消极的；负面的
Neigung 偏好
Neuerung 创新；创新之举
Neugierde 好奇心
Neutralität 中立性
Nichtigkeit 无效（性）；无意义（性）；无价值；微不足道
Nichts, das 虚无
Nichtsein 非存在；非是
Nichtsein an sich selbst 非存在本身
Nomothetik 立法
Nonsens 胡话
Noogonie 理性发生论

Noologist 理性论者
Norm 规范
Notion 观念
Nötigung 强迫性
Notwendig 必然的；必要的
Notwendigkeit 必然性
Notwendigkeit, die absolute 绝对的必然性
Notwendigkeit, die formale 形式的必然性
Notwendigkeit, die innere 内在的必然性
Notwendigkeit, die logische 逻辑的必然性
Notwendigkeit, die materiale 实质的必然性
Notwendigkeit, die objektive 客观的必然性
Notwendigkeit, die praktische 实践必然性
Notwendigkeit, die subjektive 主观的必然性
Notwendigkeit, die unbedingte 无条件的必然性
Notwendigkeit an sich selbst 必然性本身
Noumenon (Noumen) 本体
Noumenon im negativen Verstande (in negativer Bedeutung) 消极意义上的本体
Noumenon in positiver Bedeutung 积极意义上的本体

Obersatz 大前提
Objekt 对象；客体
Objekt, das empirische 经验（的）对象
Objekt, das körperliche 物体性的对象
Objekt, das transzendentale 先验（的）对象
Objekt an sich (selbst) 对象本身
Objekt überhaupt 泛而言之的对象
Objekt der Erfahrung 经验（的）对象
Objektiv 客观的
Objektivsynthetisch 客观地综合性的
Obliegenheit 任务
Offenbarung 天启；神启；启示
Ohngefähr 偶然事件
Ontologie 存在论
Ontotheologie 存在神学
Opposition 对立
Opposition, die analytische 分析的对立
Opposition, die dialektische 辩证的对立
Ordnung 秩序；次序
Ordnung, die analytische 分析的次序
Ordnung, die synthetische 综合的次序
Organ 器官
Organisation 组织
Organisiert 有组织的
Organisierung 组织
Organisch 有机的
Organon 工具
Original 原型
Ort 位置
Ort, der logische 逻辑位置
Ort, der transzendentale 先验位置
Ostensiv 实指性的；明示性的；明显的

Palingenesie 转生
Paradox 悖谬性的；荒谬的；悖论性的

Paralogismus 谬误推理
Partialvorstellung 局部表象
Passiv 被动的
Pathologisch 内心冲动的；病理学的
Person 人格；人
Personalität 人格性
Personifizieren 人格化
Persönlichkeit 人格性
Perzeption 知觉
Petition 假设；请求
Pflicht 义务
Phänomenon (Phänomen) 现象
Phantasieren 即兴演奏
Philodoxie 爱信条
Philosoph 哲学家
Philosophie 哲学；爱智慧
Philosophie, die angewandte 应用哲学
Philosophie, die empirische 经验哲学
Philosophie, die reine 纯粹（的）哲学
Philosophie der Natur 关于自然的哲学
Philosophie der Sitten 关于伦理的哲学
Philosophieren 做哲学；哲学活动
Physik 物理学
Physik, die empirische 经验物理学
Physik, die rationale 理性物理学
Physikotheologie 自然神学
Physiognom 相面师
Physiokratie 自然统治（学说）
Physiologie 自然学；生理学
Physiologie, die immanente 内在的自然学
Physiologie, die rationale 理性自然学
Physiologie, die transzendente 超验的自然学
Physiologie der reinen Vernunft 纯粹理性的自然学
Physisch 自然的；物理的
Platonisms 柏拉图主义
Pneumatismus 普纽玛主义
Polemik 论战
Polysyllogistisch 复合三段论的
Popularität 通俗性；大众性；受欢迎性
Position 设定
Positiv 积极的；正面的
Positive, das 积极的事项
Postprädikament 后谓述项
Postulat 公设
Postulieren 设定；将……当作公设
Potential 潜在的
Prädikabilie 可谓述项
Prädikament 谓述项
Prädikat 谓词
Prädikat, das empirische 经验谓词
Prädikat, das logische 逻辑谓词
Prädikat, das reale 实在谓词；真正的谓词
Prädikat, das transzendentale 先验谓词
Präformation 预成
Pragmatisch 实用的
Praktisch 实践的
Praktische, das 实践（的）事项
Prämisse 前提
Prätension 自负
Präzision 准确性
Prinzip 原理
Prinzip, das empirische 经验（的）原理
Prinzip, das konstitutive 构成性原理
Prinzip, das regulative 调节性原理

Prinzip, das transzendentale 先验（的）原理
Prinzipium 原理；本原
Prinzipium, das empirische 经验（的）原理
Principium, das konstitutive 构成性原理
Prinzipium, das regulative 调节性原理
Prinzipium, das transzendentale 先验（的）原理
Privatgültigkeit 私人的有效性
Privatwillkür 私人的意愿
Probe 样本；检验
Probierstein 试金石
Problem 问题
Problematisch 或然的；成问题的；存疑的
Produkt 产品；产物
Progressiv 前行的
Progressus 前行
Propädeutik 预备学科；基础知识
Prosyllogismus 前三段论
Prozeß 诉讼程序
Prüfung 检验
Psychologie 心理学
Psychologie, die empirische 经验心理学
Psychologie, die rationale 理性心理学
Psychologie, die transzendentale 先验心理学
Publikum 大众；公众

Qualität 性质；身份
Quadrat 正方形
Quantität 数量
Quantum 量；定量
Quelle 源泉
Querstrich 挫败

Radikale, das 根本的东西
Radikalvermögen 根本能力
Raum 空间
Raum, der absolute 绝对（的）空间
Raum, der leere 空的空间（虚空）
Raum, der luftleere 真空
Raum(es)inhalt 空间内容（体积）
Rational 理性的；合乎理性的；有理性的
Rationalist 唯理论者
Real 实在的；真正的
Realdefinition 实在的定义
Reale, das 实在的东西；实在的事项
Realerklärung 实在的解释
Realgrund 实在（的）根据
Realisieren 实在化
Realism(us) 实在论
Realismus, der empirische 经验实在论
Realism(us), der transzendentale 先验实在论
Realist 实在论者
Realität 实在（性）
Realität, die absolute 绝对的实在性
Realität, die allbefassende 囊括了一切的实在
Realität, die dynamische 动力学的实在
Realität, die empirische 经验的实在性
Realität, die höchste 最高的实在
Realität, die objektive 客观的实在性
Realität, die subjektive 主观的实在性
Realität, die transzendentale 先验的实

在性
Rechenkunst 算术
Recht, das 权利；公正；正当；法则（法律）
Rechtfertigung 辩护（为……提供根据或理由）
Rechtmäßigkeit 合法（则）性
Rechtsame, das 合法之处
Rechtsgrund 合法性根据
Rechtshandel 诉讼
Reduktion 还原；约简
Reflexion 反思
Reflexionsbegriff 反思概念
Regel 规则
Regelmäßigkeit 规则性
Regressiv 回溯的
Regressus 回溯
Regressus, der empirische 经验的回溯
Regressus, der dynamische 动力学的回溯
Regressus, der mathematische 数学的回溯
Regressus, der sukzessive 前后相继的回溯
Regressus der dekomponierenden Synthesis 分解的综合的回溯
Regulativ 调节性的
Regulativ, das 调节性因素
Reich 王国
Reich bloßer Möglichkeiten 诸单纯可能情况的王国
Reich der Gnaden 恩典的王国
Reich der Natur 自然的王国
Reihe 序列
Reihe, die dynamische 动力学的序列
Reihe, die empirische 经验序列
Reihe, die intelligibele 理知序列
Reihenfolge 序列
Rein 纯粹的
Reinigkeit 纯粹性
Reiz 刺激；诱惑力
Rekognition 认定
Relation 关系
Religion 宗教
Reproduktion 再生（产）
Reproduzibilität 再生性
Revolution 革命
Rezeptivität 接受性
Reziprokabilität 可互换性
Rhapsodie 狂想曲
Richter 法官
Richtigkeit 正确性；正当性
Richtmaß 准绳
Richtschnur 准绳
Richtung 指向；方向
Rohigkeit 粗野
Rückgang 退回；后退
Ruhe 静止；平和；平静；安静；宁静；就寝；休息之所
Ruheplatz 休息之所
Ruhepunkt 休息之所
Ruhestand 歇息之所
Rute 杆

Sache 事物；物
Sache, die gute 好事
Sache an sich (selbst)（事）物本身
Sachheit 事物性
Satz 命题；正命题

Satz, der allgemeine 普遍命题；一般命题
Satz, der analytische 分析命题
Satz, der apodiktische 绝然的命题
Satz, der assertorische 实然命题
Satz, der disjunktive 选言命题
Satz, der empirische 经验（性）的命题
Satz, der formale 形式命题
Satz, der hypothetische 假言命题
Satz, der identische 同一命题
Satz, der negative 否定命题
Satz, der notwendige 必然（的）命题
Satz, der partikulare 特称（的）命题
Satz, der praktische 实践命题
Satz, der problematische 或然命题
Satz, der synthetische 综合（的）命题
Satz, der transzendentale 先验命题
Satz, der verneinende 否定（着的）命题
Satz a priori, der synthetische 先天综合命题
Satz des Widerspruchs 矛盾原则
Satz vom zureichenden Grunde 充足根据原则
Scharfsinnigkeit 洞察力
Schattenbild 影子式的图像；阴影图
Schauplatz 舞台
Scheidekünstler 分离艺术家
Schein 假象；貌似的合理性
Schein, der dialektische 辩证（的）假象
Schein, der empirische 经验（的）假象
Schein, der falsche 虚假的假象
Schein, der gekünstelte 人造的假象
Schein, der logische 逻辑（的）假象
Schein, der natürliche 自然而然的假象
Schein, der transzendentale 先验（的）假象
Scheinbar 表面上的；貌似（合理）的；似是而非的
Scheinbehauptung 似是而非的断言
Scheineinsicht 貌似的洞见
Scheingrund 貌似的（似是而非的）根据
Scheinwissen 似是而非的知识
Schema 图式
Schema, das sinnliche 感性图式
Schema, das transzendentale 先验图式
Schema der Sinnlichkeit 感性图式
Schema der Vernunft 理性图式
Schematismus 图式化
Schicksal 命运
Schlechthinleere, das 绝对的空无
Schlechthinunbedingte, das 绝对的无条件者
Schlummer 安睡状态
Schluß 推理
Schlußfolge 推理（序列）
Schlußfolgerung 推理；结论
Scholastiker 经院学者
Scholastisch 学究式的；学院的
Schönheit 美；美丽
Schöpfung 创造物；神创
Schranke 限制
Schulbegriff 学院概念
Schuld 过错
Schule 学院
Schulgerecht 合乎学院标准的
Schulsprache 学院语言

Schulwitz 学院机智
Schwäche 弱点
Schwärmerei 狂热
Schwere 重量
Schwere, die spezifische 比重
Seele 灵魂
Seelenlehre 灵魂学（说）
Sein 存在；是
Selbst, das 自我
Selbst, das bestimmbare 可被规定的自我
Selbst, das bestimmende 做规定的自我
Selbst, das denkende 思维着的自我
Selbst, das eigentliche 真正的自我
Selbständig 独立的；自主的
Selbständigkeit 独立自主性
Selbstanschauung 自我直观
Selbstbewußtsein 自我意识
Selbsterkenntnis 自我认识
Selbstgeschöpf 自我创造物
Selbsttätigkeit 自我活动性
Selbsttätigkeit, die absolute 绝对的自我活动性
Seligkeit（至高无上的）幸福
Seligkeit, die höchste 最高的幸福（至福）
Sensibel 可感知的
Sensifizieren 感性化
Sensualphilosoph 感性哲学家
Sentenz 判决
Setzen 设定；假定；设置；放置
Simplizität 简单性
Simultaneität 同时性
Singular 单数
Sinn 感觉能力；感觉；意义
Sinn, der äußere 外感能力；外部感觉
Sinn, der innere 内感能力；内部感觉
Sinn überhaupt 泛而言之的感觉能力
Sinnenlehre 感性论
Sinnenwelt 感性世界
Sinnenwesen 感性存在物
Sinnesart 感觉模式
Sinneseindruck 感觉能力的印象；感觉印象；感性印象
Sinnlich 感性的；可以感知的
Sinnlichkeit 感性
Sinnlichkeit überhaupt 泛而言之的感性
Sinnlichunbedingte, das 感性上说无条件的东西
Sitte 伦理
Sittengesetz 伦理法则
Sittenlehre 伦理学说
Sittlichkeit 伦理性
Sittsamkeit 庄重
Skandal 丑闻
Skeptisch 怀疑（论）的
Skeptizism(us) 怀疑论
Sollen 应当
Sophist 诡辩论者
Sophistikation 诡辩
Sparsamkeit 节俭性
Spekulation 思辨
Spekulativ 思辨的
Spezies 种
Spezifikation 明细化；种类化
Spezifisch 从种类上说；以特定的方式
Sphäre 范围
Spiel 游戏；活动
Spielgefecht 模拟战；游戏战
Spiritualismus 精神论

Spiritualität 精神性
Spontaneität 自发性
Sprache 语言
Sprachverwirrung 语言混乱
Spur 痕迹；迹象；轨道
Staatskundiger 政治家
Staatsverfassung 国家宪法
Stammbaum 谱系
Stammbegriff 主干概念
Stand der Natur 自然状态
Stattfinden 发生；成立；出现
Stehende, das 固定的东西
Steigerung 攀升
Sterblich 会死的；有死的
Streit 争论
Streithandel 争端；争执
Streitigkeit 争论
Stufenleiter 阶梯表；梯级
Subaltern 从属的
Subdivision 进一步的划分（子划分）
Subjekt 主体；主词
Subjekt, das absolute 绝对的主体
Subjekt, das beobachtende 观察主体
Subjekt, das bestimmende 做规定的主体
Subjekt, das denkende 思维（的）主体；思维着的主体
Subjekt, das gemeinschaftliche 共同的主体
Subjekt, das handelnde 行动（着的）主体
Subjekt, das transzendentale 先验主体
Subjekt an sich selbst 主体本身；主词本身
Subjekt des Denkens, das beständige logische 稳定的、逻辑的思维主体
Subjekt der Inhärenz 依存主体
Subjekt der Inhärenz, das reale 依存的实在主体
Subjektiv 主观的；主体性的
Subjektivsynthetisch 主观地综合性的
Subordination 从属
Subreption 偷换
Subsistenz 自存
Substantiale, das 实体性的东西
Substantialität 实体性
Substanz 实体
Substanz, die denkende 思维实体
Substanz, die intellektuelle 理智实体
Substanz, die intelligibele 理知实体
Substanz in der Idee 理念中的实体
Substanz in der Realität 实在中的实体
Substrat(um) 基质
Subsumtion 归属
Sukzession 前后相继（性）
Supposition 假设
Syllogistisch 三段论的
Synopsis 综览
Synthesis 综合
Synthesis, die dynamische 动力学的综合
Synthesis, die empirische 经验（的）综合
Synthesis, die figürliche 形象的综合
Synthesis, die intellektuelle 理智的综合
Synthesis, die mathematische 数学的综合
Synthesis, die progressive 前行的综合
Synthesis, die regressive 回溯的综合
Synthesis, die transzendentale 先验（的）综合

Synthesis der Apprehension 领会的综合
Synthesis der Rekognition 认定的综合
Synthesis der Reproduktion 再生的综合
Synthetisch 综合的
System 系统
System des physischen Einflusses 物理影响的系统
System der vorher bestimmten Harmonie 预定的和谐的系统
System der übernatürlichen Assistenz 超自然的协助的系统

Tadel 指责；责备
Tafel 表（格）；列表
Tat 行动
Täter 行动者
Tätigkeit 活动
Tatsache 事实
Tauglichkeit 适用性；适合性
Täuschung 幻觉；错觉；欺骗
Tautologie 同语反复
Technik 技艺
Technisch 技艺的
Teil 部分
Teilbar 可划分的；可分割的；可分的
Teilung 划分；分割
Teleologie 目的论
Temperament 性情
Text 文本；文句
Thaler 塔勒
Theologie 神学
Theologie, die natürliche 自然的神学
Theologie, die transzendentale 先验神学
Theorie 理论
Thesis 正题
Theist 有神论者
Theistisch 有神论的
Thetik 定论
Tier 动物；兽类
Tierisch 兽性的
Titel 标题；条目；名头；名号；称号；权利；凭证
Ton 语调
Tonkünstler 音乐家
Topik 正位论
Topik, die logische 逻辑正位论
Topik, die transzendentale 先验正位论
Totalität 总体（性）
Totalität, die absolute 绝对（的）总体
Totalität, die unbedingte 无条件的总体
Trägheit 惯性
Transzendent 超验的
Transzendental 先验的
Transzendentalphilosophie 先验哲学
Traum 睡梦；梦境；梦幻
Trefflichkeit 卓越性
Triangel 三角形
Trieb 欲求
Triebfeder 动力；推动力
Trugschluß 欺骗性的推理；错误的推理
Tüchtigkeit 坚实性
Tugend 德行
Tugendlehre 德行学说
Tun und Lassen 作为和不作为

Übel 邪恶之事
Übereinstimmung 一致
Überfliegend 飞越性的

Übergang 过渡
Überhaupt 泛而言之的（一般而言的）；终究；根本
Überlegung 思考；深思；慎思
Übermenschlich 超人类的
Übernatürlich 超自然的
Überredung 劝服
Überschwenglich 过分的
Übersinnlich 超感性的
Überzeugung 信服

Umänderung 转变
Umfang 范围；外延
Umkehrung 换位法
Umriß 轮廓
Umwandlung 转化
Unabhängigkeit 独立性
Unangenehm 不舒服的
Unbedingte, das 无条件者
Unbekannte, das 未知物
Unbesonnenheit 考虑不周
Unbestimmtheit 不确定性
Unding 非物
Undurchdringlichkeit 不可入性
Unendlich 无穷的；无限的
Unendlichkeit 无穷性；无限性
Unentschlossenheit 犹豫不决
Ungereimtheit 荒唐
Ungewißheit 不确定性；非确实性
Unglaube 无信仰状态
Ungleichartigkeit 非同类性
Ungrund 无根据性
Ungültigkeit 无效性
Universum 宇宙
Unlauterkeit 非纯正性
Unlust 不快
Unmittelbar 直接的
Unmöglichkeit 不可能性
Unnatürlich 不自然的
Unordnung 无序
Unorganisch 非有机的
Unrecht, das 不正当；不公正；不合理
Unrechtmäßig 不合法（则）的
Unrechtmäßigkeit 不合法（则）性
Unsterblichkeit 不死性
Unteilbar 不可划分的；不可分割的
Unterart 亚种
Untergeordnet 隶属的
Unterlage 支架
Unterordnung 从属；隶属
Untersatz 小前提
Unterscheidung 区别；分辨；辨别
Unterscheidungskraft 辨别力
Unterscheidungsvermögen 辨别力
Unterschieben 顶替；强加给
Unterschiebung 调包（操作）
Unterschied 区别
Unterstützung 支持
Untersuchung 研究
Unterweisung 指教；教导
Unterwerfen 听命
Unvermögen 无能
Unvernünftig 不合理的
Unwert 无价值
Unwissenheit 无知（状态）
Unwürdigkeit, glücklich zu sein 不配得幸福性
Unzulänglichkeit 不充分性

Unzureichend 不充分的
Urbegriff 初始概念
Urbild 原型
Urgrund 原初根据
Urheber（原初）创造者
Urheber, der höchste 最高的原初创造者
Urquelle 原初源泉
Ursache 原因
Ursache, die bestimmende 决定性的原因
Ursache, die empirischbestimmende 经验上决定性的原因
Ursache, die freihandelnde 自由地行动的原因
Ursache, die höchste 最高的原因
Ursache, die intelligente oberste 理智的至上原因
Ursache, die intelligibele 理知（的）原因
Ursache, die notwendige 必然的原因
Ursache, die oberste 至上的原因
Ursache, die schlechthinnotwendige 绝对地必然的原因
Ursache, die transzendentale 先验（的）原因
Ursache, die wirkende 起作用的原因；效力因
Ursache an sich selbst 原因本身
Ursache der Natur 自然的原因
Ursprung 本源；根源；源起
Ursprünglich 本源（性）的
Urteil 判断
Urteil, das allgemeine 全称判断；普遍的判断
Urteil, das analytische 分析判断
Urteil, das apodiktische 绝然判断
Urteil, das assertorische 实然判断
Urteil, das bejahende 肯定判断
Urteil, das besondere 特称判断
Urteil, das disjunktive 选言判断
Urteil, das einzelne 单称判断
Urteil, das empirische 经验的判断
Urteil, das gemeingültige 一般有效的判断
Urteil, das hypothetische 假言判断
Urteil, das identische 同一判断
Urteil, das kategorische 定言判断
Urteil, das problematische 或然（的）判断
Urteil, das synthetische 综合判断
Urteil, das transzendente 超验判断
Urteil, das unendliche 无限判断
Urteil, das verneinende 否定判断
Urteil, das wahrscheinliche 或然（的）判断
Urteil a priori, das synthetische 先天综合判断
Urteilskraft 判断力
Urwesen 原初存在物
Urwesen, das an sich notwendige 就其本身来说必然的原初存在物

Vakuum 虚空
Varietät 多样性；变体
Verachtung 蔑视
Veränderung 变化；改造；转变
Veranlassung 起因；诱因；诱发
Verbesserung 改进；改善

Verbindlichkeit 责任
Verbindung 连接；联系
Verbindung, die dynamische 动力学的连接
Verbindung, die intellektuelle 理智的连接
Verbindung, die mathematische 数学的连接
Verbindung, die physische 物理的连接
Verbindung, die metaphysische 形而上学的连接
Verbindung überhaupt 泛而言之的连接
Verbindungsvermögen 连接能力
Verblendung 迷惑
Verbot 禁令
Verbreiten 铺展；散布
Verdacht 质疑；猜疑；怀疑
Verdienst 功劳
Verdienst und Schuld 功与过
Vereinigung 联合；团体
Verengung 收缩
Verfahren 程序；做法
Verfahren, das analytische 分析的程序
Verfassung 宪法；状况
Verfließen 流逝
Verführung 诱骗；诱惑
Vergänglichkeit 易逝性
Vergehen 消亡
Vergleichung 比较
Verhalten 行为；举动
Verhältnis 关系
Verhältnis, das ideale 观念的关系
Verhältnis, das quantitative 数量关系
Verhältnis, das qualitative 性质关系
Verhältnis, das reale 实在的关系
Verheißung 应许；预兆
Verirrung 歧途；迷失
Verknüpfung 联结；联系
Verknüpfung, die physischmechanische 物理的、机械的联系
Verknüpfung, die teleologische 目的论联系
Vermehrung 增益；增加
Vermeint 假定的；臆想的；信以为真的
Vermessenheit 狂妄
Vermittelnd 居间调停的
Vermögen 能够；有能力做到；能产生影响
Vermögen, das 能力；财产
Vermögen, das reine intellektuelle 纯粹理智能力
Vermögen, das intelligibele 理知的能力
Vermögen, das verknüpfende 做出联结的能力
Vermögen der Anschauung 直观能力
Vermögen der Prinzipien 原理的能力
Vermögen der Regeln 规则的能力
Vermögen zu denken 思维能力
Vermögen zu schließen 推理能力
Vermögen zu urteilen 判断能力
Vermögensumstände 财产状况
Vermutung 猜测
Verneinung 否定
Verneinung, die logische 逻辑的否定
Verneinung, die transzendentale 先验的否定
Vernichtung 毁灭
Vernunft 理性

Vernunft, die gemeine 普通理性
Vernunft, die gesunde 健全的理性
Vernunft, die höchste 最高的理性
Vernunft, die idealische 与理念有关的理性
Vernunft, die idealisierende 理想化的理性
Vernunft, die menschliche 人类理性
Vernunft, die natürliche 自然的理性
Vernunft, die praktische 实践理性
Vernunft, die reine 纯粹（的）理性
Vernunft, die selbständige 独立的理性
Vernunft, die selbstständige 独立（自存）的理性
Vernunft, die spekulative 思辨理性
Vernunft, die transzendentale 先验（的）理性
Vernunft, die transzendente 超验的理性
Vernunft an sich 理性自身
Vernunft überhaupt 泛而言之的理性
Vernunftbegriff 理性概念
Vernunfteinheit 理性统一性
Vernünfteln 理性诡辩；理性以诡辩的方式做出；以理性诡辩的方式提出（做出，思考）
Vernunfterkenntnis 理性知识
Verunftform 理性形式
Verunftgebrauch 理性使用
Vernunftgeschäft 理性事务
Vernunftglaube 理性信仰
Vernunftgrund 理性根据
Vernunfthandlung 理性行动
Vernünftig 合（乎）理（性）的；有理性的；理性的
Vernunftkünstler 理性艺术家
Vernunftlehre 理性理论
Vernünftler 理性诡辩家
Vernunftmäßig 合乎理性的
Vernunftmäßigkeit 合乎理性；适合（于）理性
Vernunftprinzip 理性原理
Vernunftsatz 理性命题
Vernunftschluß 理性推理
Vernunftursache 理性原因
Vernunftvermögen 理性能力
Vernunftwesen 理性存在物
Vernunftwissenschaft 理性科学
Verrichtung 事务
Verschiedenheit 不同（性）；差异（性）；区别；各种各样
Verschiedenheit, die numerische 数的不同性（数的差异性）
Verschwinden 消失
Verstand 知性
Verstand, der gemeine 普通知性
Verstand, der gesunde 健全的知性
Verstand, der göttliche 神性知性
Verstand, der höchste 最高的知性
Verstand, der reine 纯粹知性
Verstand überhaupt 泛而言之的知性
Verstandesbegriff 知性概念
Verstandeseinheit 知性统一性
Verstandeserkenntnis 知性知识
Verstandesfähigkeit 知性能力
Verstandesgesetz 知性法则
Verstandesgrundsatz 知性原则
Verstandeshandlungen 知性行动
Verstandesobjekt 知性对象

Verstandesschluß 知性推理
Verstandesverbindung 知性的连接
Verstandesvermögen 知性能力
Verstandeswelt 知性世界
Verstandeswesen 知性存在物
Verständlich 可以理解的
Verstehen 理解
Verstellung 装假
Versuch 尝试；试验
Vertrauen 信任；自信
Veruneinigung 使不一致（不和）
Verursachen 因致；引起；导致；造成
Verwahrung 保护
Verwandtschaft 亲缘性
Verweslichkeit 可腐坏性
Verwenden 运用
Verworrenheit 混乱性
Verwüstung 荒漠化
Vielgötterei 多神教
Vielheit 多（性）；多数；复多性
Vielheit, die qualitative（性）质的复多性
Vielwisserei 万事通
Vollkommenheit 完好性；完善性；完美性
Vollständigkeit 完全性
Vollständigkeit, die qualitative（性）质的完全性
Vollständigkeit, die unbedingte 无条件的完全性
Volumen 容积
Voraussetzung 预设；假定
Vorerinnerung 提醒；先行提示
Vorgeben 断言；声称；借口
Vorrat 存货
Vorschrift 规章
Vorsatz 决心；打算
Vorsehung 天意
Vorstellung 表象；呈现
Vorstellung, die empirische 经验（的）表象
Vorstellung, die transzendentale 先验（的）表象
Vorstellung überhaupt 泛而言之的表象
Vorstellungsart 表象方式
Vorstellungsfähigkeit 表象能力
Vorstellungsform 表象形式
Vorstellungskraft 表象能力
Vorstellungsvermögen 表象能力
Vortrag 报告；阐述；阐明；呈现；表述
Vorübung 预备性练习
Vorurteil 偏见
Vorwitz 好奇心

Wahl 选择
Wahlspruch 座右铭
Wahn 狂想
Wahnsinn 发疯
Wahre, das 真相
Wahrheit 真理（性）；真实（性）
Wahrheit, die empirische 经验的真实性；经验的真理性
Wahrheit, die materielle (objektive) 实质的（客观的）真理
Wahrheit, die positive 积极的真理
Wahrheit, die transzendentale 先验的真理性
Wahrnehmung 知觉

Wahrnehmung, die äußere 外部知觉
Wahrnehmung, die innere 内部知觉
Wahrnehmung überhaupt 泛而言之的知觉
Wahrscheinlichkeit 或然性；似真性；概率
Wandelbare, das 可以变动的东西
Wechsel 变易
Wechselwirkung 交互作用
Weise, der/die 智者
Weisheit 智慧
Weisheit, die höchste 最高的智慧
Welt 世界
Welt, die intelligibele 理知世界
Welt, die körperliche 物体世界
Welt, eine künftige 来世
Welt, die materielle 物质世界
Welt, die moralische 道德世界
Weltall 宇宙
Weltanfang 世界的开始
Weltbau 世界（的）结构；世界大厦
Weltbaumeister 世界建筑大师
Weltbegriff 世界概念
Weltbeste, das 世界中最好的东西
Weltbeste, das höchste 世界中的至高无上的最好的东西
Weltbetrachtung 世界考察
Welteinheit 世界统一性
Welteinrichtung 世界（的）布置
Welterkenntnis 世界知识
Weltganze 世界整体
Weltgrenze 世界界限
Weltgröße 世界的量
Weltidee 世界理念
Weltkörper 天体
Weltlehre 世界学说
Weltobjekt 世界对象
Weltraum 宇宙空间
Weltregierer 世界统治者
Weltreihe 世界序列
Weltschöpfer 世界创造者
Weltseele 世界灵魂
Welturheber 世界创造者
Weltursache 世界原因
Weltverfassung 世界状况
Weltvollkommenheit 世界完善性
Weltweise, der/die 哲人
Weltweisheit 世界智慧
Weltwissenschaft 世界科学
Werkzeug 工具
Weltzustand 世界状态
Wert 价值
Wesen 存在物；存在者；本质
Wesen, das abgeleitete 派生的存在物
Wesen, das absolutnotwendige 绝对必然的存在物
Wesen, das allerrealeste 最实在的存在物
Wesen, das allgenugsame 十足的存在物
Wesen, das ausgedehnte 有广延的存在物
Wesen, das äußerste 至外的存在物
Wesen, das denkende 思维（的）存在物；思维着的存在物
Wesen, das eingeschränkte 有局限的存在物
Wesen, das einzelne 个别的存在物
Wesen, das endliche denkende 有限的思维存在物

Wesen, das für sich beharrliche 就其本身来说恒常的存在物
Wesen, das für sich (selbst) bestehende 独立自存的存在物
Wesen, das gemeine 大众；公众
Wesen, das göttliche 神性存在物
Wesen, das höchste 最高存在物
Wesen, das idealische 理想的存在物
Wesen, das intelligente 理智存在物
Wesen, das intelligibele 理知的存在物
Wesen, das notwendige 必然的存在物
Wesen, das oberste 至上的存在物
Wesen, das realeste 最实在的存在物
Wesen, das schlechthinnotwendige 绝对必然的存在物
Wesen, das selbst bestehende 独立自存的存在物
Wesen, das selbsttätige 自我活动的存在物
Wesen, das tätige 活动着的存在物
Wesen, das überschwengliche 过分的存在物
Wesen, das unbedingtnotwendige 无条件地必然的存在物
Wesen, das unendliche 无限的存在者
Wesen, das vernünftige 有理性（的）存在物
Wesen, das wirkliche 现实的存在物
Wesen, das zufällige 偶然的存在物
Wesen aller Wesen 所有存在物的存在物
Wesen in der Idee 理念中的存在物
Wesentlich 本质的；根本的
Wichtigkeit 重要性
Widerhalt 阻力
Widerlegung 驳倒；反驳
Widerspiel 对抗；反题；反面
Widerspruch 矛盾
Widerstand 阻力；对抗
Widerstreit 冲突
Widerstreit, der dialektische 辩证的冲突
Widerstreit, der kontradiktorische 矛盾的冲突
Wille 意志
Wille, der freie 自由意志
Wille, der oberste 至上的意志
Willkür 意愿
Willkür, die freie 自由的意愿
Willkür, die sinnliche 感性的意愿
Willkür, die tierische 兽性的意愿
Willkürlich 随意的；受意愿支配的
Winkel 角
Wir an uns selbst 我们本身
Wirklich 现实的；实际的；真正的
Wirkliche, das 现实的东西
Wirklichkeit 现实（性）；现实情况
Wirklichkeit, die für sich bestehende 独立自存的现实
Wirklichkeit, die logische 逻辑的现实性
Wirkung 作用；结果；效力
Wißbegierde 求知欲
Wissen 知道；知识；认识
Wissenschaft 科学
Witz 机智
Wohlfahrt 福祉
Wohlgefallen 喜欢
Wohlgereimtheit 和谐一致
Wohlstand 富裕

Wohltäter 赞助人
Wohlverhalten 良好的行为
Wohnsitz 住所
Wollen 意欲；意志的行使
Wortbedeutung 语词意指
Wunder 奇迹；奇观
Würde 尊严
Würdigkeit 配得性
Würdigkeit, glücklich zu sein 配得幸福性

Zahl 数
Zahl überhaupt 泛而言之的数
Zeichen 符号；标记；迹象
Zeichnung 图样
Zeit 时间
Zeit, die absolute 绝对（的）时间
Zeit, die leere 空的时间（虚时）
Zeitbedingung 时间条件
Zeitbestimmung 时间规定（性）；时间决定
Zeitfolge 时间序列
Zeitinbegriff 时间全体
Zeitinhalt 时间内容
Zeitordnung 时间次序
Zeitrechnung 纪年法
Zeitreihe 时间序列
Zensur 审查
Zerfällung 分解
Zergliederung 分解
Zerrüttung 错乱；失常
Zerstörung 毁灭；摧毁
Zerteilung 分解
Zeuge 证人
Ziel 目标
Zivilisieren 文明化
Zucht 管教
Zufall 偶然情况
Zufälligkeit 偶然性
Zufälligkeit, die durchgängige 贯通的偶然性
Zufälligkeit, die empirische 经验的偶然性
Zufälligkeit, die intelligibele 理知的偶然性
Zufälligkeit der Form 形式的偶然性
Zufälligkeit der Materie 质料的偶然性
Zufälligkeit der Substanz 实体的偶然性
Zuflucht 避难所；庇护所
Zug 特征
Zugleichsein 同时性；同时存在
Zukunft 未来；将来
Zulänglichkeit 充分性；充足性
Zumutung 过分的（过高的，无理的）要求；过分之举
Zurechnung 归责（活动）
Zureichend 充分的；足够的
Zurückgehen 原路返回；回溯；后退
Zurüstung 准备
Zusammenfassung 总括
Zusammengesetzte, das 复合而成的东西
Zusammengesetzte, das substantielle 实体性的复合而成的东西
Zusammenhang 关联
Zusammenhang, der mechanische oder physische 机械的或者物理的关联
Zusammenhang, der synthetische 综合的关联

Zusammenhang, der teleologische 目的论关联
Zusammensetzung 复合；合成
Zusammenstellung 编组
Zustand 状态
Zwang 强制
Zweck 目的
Zweck, der höchste 最高目的
Zweck, der letzte 最终目的
Zweckmäßigkeit 合目的性
Zweideutigkeit 歧义性
Zweifel 怀疑
Zwiespalt 不和
Zwischenraum 居中空间
Zwist 纷争

译　后　记

选择一个适当的版本做底本，这点不仅对于古籍整理来说至关重要，对于翻译之事来说同样重要。

《纯粹理性批判》第一版（通常称作“A版”）出版于1781年，第二版（通常称作“B版”）出版于1787年。此后，在康德逝世之前，于1790年、1794年和1799年第三至第五版先后出版。1818年和1828年，第六和第七版出版。在这些版本中，只有第一和第二版是康德亲自改定的版本，并且也积极参与了出版过程。第三至第七版基本上是第二版原版的重印而已（第五版最后附加了两页Grillo的校改意见）。据Erdmann的考证，康德并没有参与第三到第五版的出版过程。

1838年，Rosenkranz和Schubert编辑出版了第一个“康德全集”，第二卷为《纯粹理性批判》。他们选择以第一版的内容为主要文本，而将第二版中主要的不同内容以附录的形式呈现出来。同年，Hartenstein编辑出版了康德著作集，第二卷为《纯粹理性批判》。该版以第二版的内容为主要文本，而将第一版与第二版主要的不同内容以附录的形式包括在内。

此后，该书最重要的版本有如下两种：其一为Erdmann主编的科学院版（第三和第四卷），初版分别出版于 1904 和 1903 年（1911 年第二版）；其二为 Schmidt 编辑的哲学丛书版（第 37a 卷），第一版出版于 1926 年，第二版出版于 1930 年，第三版出版于 1990 年。

科学院版的基础是第一和第二版原版。该版的一个独特之处是编者直接将一些校改意见吸收进正文之中，并且在必要的情况下在书后以注释的形式提供了其他注家的校改意见。该版的另一个独特之处是在许多地方径直改动了原版的一些拼写形式和标点符号。Schmidt 版也是以第一和第二版原版为基础编辑而成，其独特之处是以页下注的形式提供了当时及以前所有注家的大量校改意见，而在正文中尽可能不改动康德的相关文本。不过，在其他方面，Schmidt 版还是对原版径直做出了许多改动。此外，该版还出现了许多印刷错误，比如将 Axxi 页上的“Willfährigkeit”（顺从态度）误作“Willfähigkeit”（德语无此词），将 A378 页上的“Einwürfe”（异议，反对意见）误作“Entwürfe”（草图，计划）等。由于诸如此类的原因，Timmermann 对 Schmidt 版做了大幅修订，该修订版编入新版哲学丛书第 505 卷，1998 年出版。不过，该修订版仍然存在着一些问题，特别是在修订时 Timmermann 去掉了 Schmidt 原版中的一些很有参考价值的校改意见。

迄今为止，英语世界出版了六个全译本。第一个全译本是于 1838 年出版的 Haywood 译本。他所翻译的是第二版。1855 年 Meiklejohn 译本出版，其基础仍然是第二版。Müller 译本出版于 1881 年，其基础为第一版，但第二版中的主要的不同内容以附录的形式出现。1929 年出版的 Smith 译本以 Schmidt 版为底本译成，但是只部分参考了 Schmidt 版的校改意见。1996 年 Pluhar 译本出版，其底本为科学院版，但也参考了 Schmidt 版的部分校改意见。Guyer 和 Wood 译本于 1997 年面世。该译本没有固定的底本，而是综合参考了几种主要的德文版本译成，而且只是在极少数的情况下参考了 Schmidt 版和科学院版的校改意见。

中文“全”译本目前有七个。1931 年出版的第一个中文译本即胡仁源译本是从 Müller 译本转译的。1957 年出版的蓝公武译本（翻译时间为 1933 年至 1935 年）则转译自 Smith 译本。分别于 1983 年和 1991 年出版的牟宗三译本（先验方法论部分未译）和韦卓民译本也是由此译本转译。2004 年出版的邓晓芒译本以 1976 年重印的 Schmidt 版为底本。同一年出版的李秋零译本则以科学院版为底本。2018 年出版的王玖兴（主）译本也是以科学院版为底本译成的（该译本不是严格意义上的全译本，因其缺失了全书最为重要的章节，即有关范畴的先验演绎的部分）。

我 1982 年进入北京大学哲学系读书。当时西方哲学史课是由杨适老师主讲的。杨老师特别重视康德。在他的影响下，大家都从图书馆借《纯粹理性批判》阅读。当时能借到的译本只有蓝公武本。我当时也大致通读过这个译本，但是大部分内容无法理解。1986 年后读研究生期间，我主要做维也纳学派和维特根斯坦的相关研究，但也偶尔翻看康德的著作。1992 年博士毕业留校任教后，也间或阅读康德的著作。1995 年在奥地利访学，回国时购买了康德三大批判德文版（Weischedel 编）。2000 年左右在撰写《分析的形而上学》一书时，为了撰写关于存在和同一性的章节阅读了该德文版《纯粹理性批判》的部分相关内容，而且还阅读了康德的其他相关著作。2003 年在哈佛大学撰写完《虚己以游世》一书之后，一时无他事可做，我便从头到尾第一次系统地读完了德文版《纯粹理性批判》，所用版本是网上下载的 Word 版 A 版和 B 版原版。2015 年开始写作《人：遵守规则的动物》一书，康德关于理性的理解构成了这本书的最核心的章节之一。于是，我开始集中阅读康德的相关文献，特别是《纯粹理性批判》。在此过程中，我翻译了该书的部分相关章节，还翻译了康德其他著作中与我要写的这本书相关的段落（包括《实践理性批判》和《判断力批判》的一些章节）。在此期间陈小文兄曾经多次向我表达了这样的希望：将《纯粹理性批判》全部译出，交由商务印书馆出版。大约在 2019 年年中，我基本完成了《人：遵守规则的动物》一书的写作。此时我最终决定承担起这个任务。经过两年多的努力，近日终于完成了这个事情。

最初翻译时，我使用的是 2003 年从网上下载的 Word 版 A 版和 B 版原版。以 B 版原版为主要文本，辅之以 A 版原版。在翻译过程中也参考了大量其他能找到的各种德文版本。在彻底修改译稿过程中，鉴于前面提到的版本情况，我决定还是以 A 版和 B 版原版为底本，而将科学院版和 Schmidt 版用作主要“对校本”。当然，为了真正做到这点，我就需要找到 A 版和 B 版原书原版。幸运的是，北京大学图书馆藏有此原书原版，解决了我的燃眉之急。

在修改过程中，我反复比较、斟酌了科学院版和 Schmidt 版以及其他版本中所包括的所有相关校改意见，并做出了自己的选择，同时将其他重要的校改意见以脚注的形式收入译本之中。

在翻译过程中，主要是为了令人满意地确定《纯粹理性批判》中众多代词所指代的词项，我参考了各种英译本，也查阅了一些重要的研究文献。同时，主要是为了尽可能地在名词术语的中译上与通行的中译习惯保持一致，我比较、参考了各种通行的中译本。

本人的主要著作和译著均是在商务印书馆出版的。在这些著作出版过程中，陈小文、关群德和王希勇诸兄给予了帮助和支持。在本书的翻译和出版过程中，小文兄和群德兄一如既往地给予了极大支持。在此一并致谢。

韩林合

北京大学外国哲学研究所

北京大学哲学系

记于 燕园一隅 無方齋

二〇二一年十月三十日

修订版说明

在本译本于去年9月重印之后，我又对译文做出了若干小的修改，同时又补加了一些必要的注释。关群德兄近日告知我此译本又要重印了。由于此次要调整之处较多，而且以后做出大的调整的可能性比较小，他建议可以动一下版。我欣然接受了此建议，并提出不妨干脆出一个修订版。因为，这样的话，一来重印时没有并入正文脚注中的几个补注便可一并纳入正文了；二来初版和重印时没有来得及编制的德汉术语对照表也可以补加进来；三来也可以附上一个校勘参考书目清单了。

在本译本出版后，一些师友提出了许多宝贵的修改意见。在重印本和此修订版中做出的一些改动和补充部分回应了这些意见。在此对诸位师友一并表示感谢！

韩林合

二〇二三年二月八日

图书在版编目（CIP）数据

纯粹理性批判 /（德）康德著；韩林合译 .--北京：商务印书馆，2025（2026.1 重印）.--（中外哲学典籍大全）.
ISBN 978-7-100-24664-4

Ⅰ. B516.31

中国国家版本馆CIP数据核字第2024YU3279号

中外哲学典籍大全 · 外国哲学典籍卷

纯粹理性批判

〔德〕康德 著

韩林合 译

商 务 印 书 馆 出 版

（北京王府井大街 36 号 邮政编码 100710）

商 务 印 书 馆 发 行

北京科信印刷有限公司印刷

ISBN 978-7-100-24664-4

2025 年 3 月第 1 版　　开本 710×1000 1/16

2026 年 1 月北京第 2 次印刷　　印张 61¾

定价：280.00 元